세계지배세력이 진행 중인

정 보 전 쟁

THE INFORMATION WAR

세계지배세력이 진행 중인
정보전쟁

초판 1쇄 인쇄 • 2018년 7월 11일
초판 2쇄 인쇄 • 2018년 9월 6일
초판 3쇄 인쇄 • 2019년 5월 27일
지은이 • 데이비드 김
펴낸이 • 데이비드 김
펴낸곳 • 디디케이 프로덕션
주 소 • 경기도 용인시 강남서로 98번길 7-5 404호
전화·팩스 • 031-308-2277
E-mail • ddkimusa@gmail.com

등록번호 • 제2018-000055
등록일자 • 2018년 6월 18일

* 책값은 표지에 있습니다
* 잘못된 책은 바꿔드립니다

ISBN 979-11-964245-0-3

Table of Contents

1 | 서론　001

| 진행 중인 제3차 세계전쟁 | --- | 아직 끝나지 않은 촛불혁명 |

2 | 미국의 무기: 달러　045

| 미국 달러를 발행하는 민영 중앙은행: 연준위 | 미국 정부가 국채를 주고 빌려 쓰는 돈: 달러 |

3 | 돈의 원리와 화폐 발권력의 시발　051

| 영국 중앙은행(Bank of England)의 시작 | 영국 화폐의 발권력이 민영은행으로 넘어간 이유 | 미국 독립전쟁의 진짜 이유 | 토머스 제퍼슨의 민영은행 재허가 거부로 도발된 1812년 영미전쟁 | 미국의 민영 중앙은행 연방 준비 위원회(연준위)의 설립 | 연준위가 일으킨 미국경제 붕괴로 시작된 세계 대공황 | 제2차 대전 후 세계 기축통화로 설정된 달러 | 미국의 브레튼우즈 국제협약 불이행과 페트로 달러의 탄생 | 아무 비용도 안 들이고 무한으로 발행하게 된 페트로 달러 |

4 | 미국 지배세력의 실체　069

| 대영제국의 배후에 있던 금권세력 | 로마 가톨릭교 예수회의 선교를 빙자한 세계정복 계획 | 시오니즘의 배경과 그들의 세계정복 전략이 담긴 의정서 | 아무 국가의 제재를 받지 않는 세계 금융제국 BIS | 달러를 이용해 독점하게 된 돈의 유통망: 세계 통화체제 | 달러로 모든 분야를 독점하게 된 그들의 국제기업들 | 전쟁을 이용한 돈 장사와 세계지배 | 그들의 세계지배를 위한 비밀군대 CIA | 인류를 정신적으로 지배하는 무기: 언론 | 인류로부터 숨기고 독점해온 최첨단 과학지식 | 숨겨온 비밀 우주항공 부대 | '시온장로들의 의정서'에서 드러난 화폐붕괴를 이용한 세계경제 붕괴 계획 |

5 | 지배세력의 원천과 역사　086

A | 고대시대　086

| 수메르에서 발견된 6000년 된 설형문자 명판들에 나오는 외계인 이야기 | 설형문자내용과 일치하는 인도 베다경전 | 명판 내용들과 일치하는 히브리 성서 | 구약성서 창세기에 출현하는 네피럼을 자칭하는 지배세력 | 고대로부터 내려온 숨겨진 지식(occult knowledge) | 교황청과 유엔의 외계인 부서 | 아인슈타인에 의해 가려진 천재물리학자 니콜라 테슬라 | 숨겨진 과학을 깨우친 위험인물 테슬라 | 아탈란티스 문명이 발견된 남극해 |

B | 로마제국 시대　094

| 로마제국의 배후 금권세력 | 로마제국을 하이퍼인플레이션으로 붕괴시킨 금권세력 | 암흑시대를 불러온 금권세력 | 루시퍼를 섬기는 미스터리 바빌론 종교 | 예수의 출현 | 예수를 죽인 이유 | 미국의 배후세력 | 예수교의 확산을 막기위해 로마교로 흡수된 로마가톨릭 | 로마

교에 의해 조작된 기독교 교리 | 지옥과 연옥을 창조해 공포로 지배한 교황청 | 로마교가 창조한 이슬람교 | 유대교로 개종된 하자르 민족 | 유대인으로 세뇌된 하자르 민족 | 템플기사단의 비밀 | 사탄을 숭배하다 드러난 템플기사단의 정체 |

C | 중세기 시대 121

| 선교를 빙자한 신세계 식민지 정책 | 종교개혁 (Reformation)에 의한 로마가톨릭교의 위기 | 반종교개혁 (Counter Reformation) | 예수회의 출범 | 개혁과 국가 영국의 침투 | 선교를 빙자한 예수회의 아시아 진출 | 예수회가 키운 이자성이 기여한 명나라의 몰락 | 도쿠가와 쇼군의 예수회 추방 | 예수회의 태국과 베트남 침투 |

D | 18~19세기 131

| 예수회의 파멸위기 | 영국 프리메이슨의 시작 | 일루미나티의 시작 | 예수회가 조작한 불란서 혁명과 나폴레옹의 부상 | 예수회를 배신한 나폴레옹의 몰락 | 나폴레옹의 워털루 전투 | 미국의 독립전쟁 | 미국의 남북전쟁 | 과다한 전쟁 비용으로 인한 미국의 도산 | 헌법 수정안 제14조의 의미 | 양도할 수 없는 권리의 박탈 | 영국제국을 앞세워 다시 시작된 아시아진출 | 인도 식민지 정책 | 중국과의 아편전쟁 | 일본의 재 침투; 일본제국 군대 설립 | 일본을 이용한 조선침략 | 유대인 '메시아' 제비i의 이슬람교 침투 | 일루미나티의 종교 Frankist 유대종파 | 시온주의의 탄생 |

6 | 시온장로들의 의정서 (Protocols of Elders of Zion) 158

A | 예수회에 의해 작성된 의정서 158

| 신이 선택한 유대민족 | 산업혁명 후 조작된 계급투쟁과 '유대인의 해방' | 반유대인 감정으로 보존시킨 민족성 |

B | 시온장로들의 의정서 내용 요약 162

| 유대인은 신이 선택한 민족이고 이방인(goy)은 가축과 다름없다 | 속임수를 이용해 세계를 영토가 아닌 경제로 정복하라 | 한 때에는 인류를 종교로 다스렸지만 이제는 금권으로 다스려라 | 우리에게 가장 중요한 무기는 언론이다 | 학계를 통제해 우리에게 불리한 역사는 지워졌다 | 학문 중 경제학이 가장 중요하다 | 문학과 저널리즘을 통제하리 | 이방인들은 이론에 불과한 공산주의, 민주주의라는 이념을 진실로 받아들이는 멍청이들이다 | 이방인들은 양떼들이고 우리는 늑대다 | 평화의 적을 퇴치하고 자유를 돌려주겠다고 약속해 이방인들의 자유를 빼앗아라 | 민주주의는 불협화음만 조성하면 아무 결정도 못 내리는 제도이다 | 많은 상반되는 정보로 혼동 시켜 대중이 알려고 하는 그 자체를 포기하게 하라 | 불협화음을 조성해 의회가 결정을 못 내리게 한 후 어두운 과거가 있는 자를 대통령으로 선정해 모든 결정을 내리게 하라 | 이방인들이 감지하지 못하게 서서히 단계적으로 헌법을 폐지하라 | 법과 법제도가 살아 있는 것처럼 속여라 | 우리가 직접 나설 수 있을 때까지 숨겨둔 과거가 있는 자들을 등용하라 | 대중을 정치적인 논의 대신 산업에 대한 논의를 하게 하라 | 신을 파멸하고 가족을 파괴하라 | 그대신 물질적인 탐욕으로 채워라 | 생활고를 어렵게 해 이익만을 추구하게 만들어 지식인들에 대한 반감을 조성하라 | 철학가들을 이용해 이방인들의 종교는 비방하되 우리의 믿음에 대

한 논의는 금지하라 | 이방인들의 정부는 우리가 발행하는 돈을 빌려 씀으로 우리 자본에 종속됐다 | 재정에 무능한 정치인들에게 불필요한 지출로 정부 빚을 늘리게 해 도산시켜라 | 이방인들을 노예로 만들기 위해 그들의 자본을 파괴시켜라 | 경찰과 군대를 이용해 대중을 통제하고 테러로 주변 국가들을 통제하라 | 우리의 숨은 계획이 드러나면 최후의 수단으로 지하 도시로 도피하고 폭파시켜라 |

  C | 궁극적으로 악을 추구하는 종교집단 188

  D | 인류를 정신으로 통제하는 숨겨진 지식 189

7 | 충성 없는 미국의 쿠데타 192

| 지배세력의 하수인 우드로 윌슨 대통령 선출 | 비밀리 작성된 연방 준비 위원회 법안 | 침몰시킬 목적으로 제조된 타이타닉 호 | 미국 소득세 입법과 국세청의 설립 | 미국의 국내 연방수사국 FBI의 설립 | 유대인의 권리를 보호하는 반 명예회손 연맹 (ADL) 신설 |

8 | 제1차 세계 전쟁 199

| 독일동맹군에게 항복해야할 위기에 처해졌던 영국동맹군 | 로스차일드의 제안을 수용한 영국 외무장관의 밸푸어 선언 | 여객선 침몰 자작극을 이용해 전쟁에 참전한 미국: 독일의 항복 | 독일에게 천문학적 배상금을 책정한 국제연맹: 독일 바이마르 공화국의 몰락 | 오토만 제국의 붕괴와 영국과 불란서의 중동지역 위탁정치 | 러시아 제국의 붕괴: 1917년 볼셰비키 혁명 | 시오니스트 은행가들의 자금으로 러시아혁명을 주도한 레닌과 트로츠키 | 로마교와 개혁교 사이의 종교전쟁의 연속 |

9 | 숨어서 세계를 움직이는 조직 210

| 외교협회(CFR) 설립 | 지배세력의 금융제국 국제결제은행(Bank for International Settlements) 신설 |

10 | 세계질서를 재편한 제2차 세계전쟁 215

| 파시스트 히틀러, 스탈린, 장제스의 부상 | 제2차 세계 대전의 준비작업 | 시오니스트들에 의한 독일의 산업화 | 미국정부의 경제지원으로 이루어진 소련의 산업화 | 지배세력이 조작해 일어난 대공황으로 인한 세계적인 대 혼란 | 일본 극우 군부세력의 부상 | 1911년 청나라를 무너트린 신해혁명의 배후에 있는 지배세력 | 중국 장제스의 부상 | 중국 공산당의 부상 | 중국을 분할 정복으로 장악하기 위해 조성된 중국 내전과 일본의 침략 | 미국에서 실패한 프랭클린 루스벨트 정권의 전복 | 지배세력이 조작한 독일 히틀러의 부상 | 유럽 유대인들을 이스라엘로 이주시키기 위한 반 유대인 정책 | 1960년대에 조작된 유대인 홀로코스트 역사 | 영국과의 전쟁을 피하려던 히틀러의 공격을 유도한 처칠 수상 | 던커에서 완전 포위돼 전멸 위기에

몰린 영국 연합군을 풀어준 히틀러 | 히틀러의 선제공격으로 전멸위기에 처한 러시아의 공격을 중단시킨 히틀러 | 소련이 승리하게 기획됐던 제2차 대전 | 그들의 적으로 전환된 나치스와 일본제국 | 미국의 전쟁개입을 위해 조작된 진주만 폭격 | 미 공군폭격에 의한 독일민간인들의 학살 | 미 공군폭격에 의한 일본민간인들의 학살 | 이미 항복의사를 전달한 일본 민간인들에게 투여한 원자폭탄 | 나치스 요원들의 등용 | 미국 원자폭탄의 비밀 | 일본 예수회 본부가 있는 지역에서 예수회 사제들에 의해 기폭된 핵폭탄 |

11 | 제2차 대전 후의 세계 질서 247

| 미국 점령군을 이용한 독일과 일본의 식민지 정부 설립 | 중동 식민지 국가들의 '독립' | 이스라엘의 건국 | 지배세력의 세계경제제국 설립 | 지배세력의 제3국들의 경제제국주의 약탈 수법 | 세계정부 유엔의 설립 | 지배세력의 세계정부 설립을 위해 만들어진 공산주의와 민주주의의 가상의 대결 | 헤겔의 변증법에 의한 세계정복 전략 | 민주주의와 공산주의의 가상의 전쟁: 냉전 | 냉전이 가상의 전쟁임을 입증하는 정황 | 미국의 가상의 적으로 조작된 소련의 공산주의 | 냉전을 위한 한국전쟁 | 남침을 유도한 미국의 정책 | 지배세력에 의해 이용당한 김일성 | 지배세력에 의해 원수가 된 남한과 북한 | 마약 밀매사업을 위해 일으킨 베트남 전쟁 |

12 | 미국 안의 숨은 정부(Deep State) 신설 270

| 지배세력의 비밀군대 CIA의 창설 | 나치스 핵심멤버들의 미국 영입과 기용 | 세계 감찰기구 신설 | 이스라엘과 중동정책 | 미국을 장악한 시오니스트 세력 | 미국을 움직이는 최고 로비 그룹 이스라엘의 AIPAC | 미국의 신보수로 알려진 네오컨 배후세력 | 지배세력의 마약과 성매매를 포함한 지하경제의 통제 | 지배세력의 국제 비밀조직 빌더버그 그룹과 삼각회 |

13 | CIA를 이용한 세계지배 287

| 전 세계 대사관과 총영사관의 영사로 배치된 CIA 요원들 | 검은 예산으로 전 세계를 지배하는 비밀 군사조직 | 미국의 언론과 출판계 통제 | 일루미나티를 이용해 통제하는 미국의 음반계와 영화계 | 지배세력을 지향하는 국가들의 정부를 진복시키는 데 이용해온 CIA | 3개월 만에 전복된 이란 수상 | 중남미 지역 | 아프리카 지역 | 중동지역 | 아시아 지역 | 인도와 파키스탄 | 유럽의 글레디오 작전(Operation Gladio) | 실패한 불란서 드골대통령 암살계획 |

14 | 케네디 대통령의 공개 암살 305

| 케네디의 예수회의 지배 거부 | 케네디의 CIA 해체로 시작한 지배세력의 숨은 정부 제거 계획 | 지배세력의 본보기로 삼기위한 케네디의 공개처형 | 지배세력에 의해 선정됐던 존슨 부통령의 취임 |

15 | 인류의 생각을 통제하는 마인드 컨트롤을 이용한 정보전쟁　311

| 최고의 무기로 등장한 텔레비전 | 물질주의로 빚을 이용한 인류의 노예화 | 언론계, 출판계, 문화계 유통채널의 독점 | 연방정부와 교육재단을 이용한 학계의 통제 | 교육내용의 통제 | 돈을 이용한 언론인들의 통제 | 미국과 전 세계의 모든 종교계의 통제 | 없애버린 미국의 기독교 전통 | 제도적으로 인종간의 분열 조성 | 정부재정적자 증가와 (가족 대신)정부를 의존하게 만들기 위한 복지정책 | 질병을 고의로 퍼트려 인구를 축소하려는 정책 | 식품을 무기로 만드는 정책 | 지배세력의 제약회사 이윤을 극대화하는 도구로 동원된 미국 의사회 |

16 | 나치스의 부활　328

| 1946년 남극해서 나치스 비행접시 부대에게 패한 미 해군 하이점프 작전 | 외계인의 도움으로 성공한 나치스 비행접시 기술과 시간여행 실험 | 정부에 의해 은폐된 1942년 '로스앤젤레스의 전투'와 1947년 로즈웰 외계인 사건 | 비행접시 기술을 인류로부터 숨기는 이유 | 1952년 워싱턴에 떼를 지어 나타난 나치스 비행접시 중대 | 1942년 롱비치 항구에 출현으로 시작된 우주선 개발 프로젝트 | 제2차 대전 중 미국해군의 첩보활동으로 확인됐던 나치스 비행접시 개발 | 나치스에게 도움을 준 파충류 외계인 | 1954년 아이젠하워 대통령이 그레이 외계인들과 맺은 그레이다 조약 | 자연 행성이 아닌 대형 인조우주선 달 | 우주항공 개발을 위해 1960년대에 급격히 늘어난 과학자들의 수요 | 우주 첨단기술을 정부가 아닌 사유로 보유하게 된 나치스와 군산복합체 | 미 해군 비밀 우주 프로젝트 |

17 | 숨겨진 과학과 외계인의 존재를 불신하도록 세뇌된 인류　344

| 실제로 존재하는 미국 지하 군사기지 | 부분화 된 교육으로 전체를 보지 못하게 세뇌된 인류 | 인간은 생물컴퓨터 | 전기와 전자기의 물리적 현상을 증명한 양자물리학 | 불과 150년 전만 해도 전기에 대해 몰랐던 인류 | 우주여행의 가능성을 이미 증명한 아인슈타인의 일반상대론 | 왕족을 자칭하는 파충류 외계인의 유전자를 보유한 지배세력 | 외계인 납치 사례가 증명하는 외계인들의 존재 | 초자연적 현상을 불신하도록 교육에 의해 세뇌된 인류 | 초자연적 능력을 소유한 아이들을 발굴해 군사적으로 활용해온 지배세력 | 텔레파시와 꿈으로 고차원세계 생명체와의 소통 | 주파수에 상승으로 진입할 수 있는 고차원 세계 | 3차원 세계는 배려하는 삶을 배워 다음차원으로 진입하기 위한 학교 | 인류가 원천의식의 분신이라는 진실을 깨닫지 못하게 하려는 지배세력의 속임수 | 인간은 결국 에너지라는 진실을 감추기 위해 예수회가 만들어낸 빅뱅 이론 | 지배세력의 방해로 발전하지 못한 인류의 문명 | 실제로 존재하는 외계인 문명들로 형성된 우주연맹 | 지배세력이 아이들을 살해해 인간제사로 숭배하는 사탄의 실체 | 지구에서 유전자 실험을 진행하고 있는 약 50 인종의 자애로운 외계인들의 존재 |

18 | 자유무역을 이용한 세계의 약탈　371

　A | 미국의 약탈　372

| 미국의 비산업화와 기업들의 이윤극대화를 위한 제조업의 수출 | 고의로 늘려온 미국 정부

예산과 그 지출에 의해 늘어난 국가 부채 | 미국의 규제완화 정책 | 자유무역을 통해 그들이 달러체제로 통제하는 세계시장 구축 | 자유무역의 가장 큰 수혜자는 그들의 국제기업 |

B | 일본의 약탈   380
| 일본 엔의 평가절상을 요구한 플라자 합의 | 국제결제은행의 일본을 향한 공격 |

C | 구 소련 국가들의 약탈   386
| 공산주의의 붕괴로 시작된 구 소련국가들의 약탈 | 화폐 공격과 에너지 가격 하락을 주도해 붕괴시킨 소련경제 | 1989년 부시대통령의 신세계질서(New World Order) 선포 | 공산주의의 붕괴 후 시작된 미국의 노골적 제국주의 정책 |

D | 대한민국의 약탈   390
| 화폐 공격으로 일으킨 한국기업들의 유동성 위기 | 위기극복을 위해 나선 대한민국 국민들의 단결된 애국심 | IMF사태로 지배세력에게 넘어간 대한민국의 경제권 |

E | 러시아의 약탈   395

19 | 러시아의 부상   399

| 지배세력을 배신한 푸틴 | 지배세력과 공조해 옐친의 후계자로 선정됐던 푸틴 | 소련의 붕괴 후 공산주의가 아닌 민주공화국으로 거듭난 러시아 | 지배세력의 볼셰비키세력을 몰아낸 러시아의 기독교 세력 | 로스차일드의 중앙은행을 거부하고 미국 남북전쟁 때 미국을 도와준 러시아 | 러시아의 푸틴의 지배세력을 도전하는 국제사회를 향한 외교전쟁 시작 |

20 | 중국의 부상   409

| 중국인구의 1/4을 죽인 제2차 대약진 운동의 실체 | 문화혁명으로 중국 지식층과 종교지도자들의 제거 | 중국의 시장경제체제 도입 | 미국의 비산업화를 위해 중국으로 보내진 미국의 제조업 | 민주화를 빙자한 천안문광장 폭동을 이용한 중국 정권교체 계획의 실패 | 지배세력의 언론과 은행가들의 침투를 제도적으로 통제한 중국 | 중국의 외국 기술과 외화자본 유치 전략 | 중국이 지배세력에게 금과 은을 대여해 주어 WTO 최혜국 지위 획득한 정황 | 지배세력이 과소평가한 중국의 군사력 |

21 | 시장경제체제에서 제외된 북한   420

| 북한의 수교를 거부한 지배세력의 의도를 간파한 북한의 방어용 핵폭탄 개발 |

22 | 유럽연합의 구축   424

| 유럽 국가들의 경제 자주권 박탈 | 유럽국민들의 유럽연합 설립 지지를 배후에서 조작한 CIA | 지배세력의 유럽중앙은행(ECB) 설립 | 자국의 화폐발행 자주권을 상실한 그리스의 울며 겨자 먹기 긴축정책 |

23 | 새 아메리칸 시대: 워싱턴 컨센서스   430

| 뉴욕 세계무역센터 폭격을 조작한 9·11 자작극 | 최첨단 에너지 무기와 소형 핵무기를 이용한 자작극 | 펜타곤은 이스라엘 잠수함이 발사한 미사일 공격 | 언론과 정부가 은폐한 자작극임을 입증하는 여러 정황들 | 테러와의 전쟁을 빙자한 국민들의 인권 유린 정책 | 나치스 게슈타포를 모방한 국토안보부 신설 | 오사마 빈 라덴을 빙자한 아프가니스탄과의 전쟁 | 그 침략으로 세계 헤로인(아편) 90%를 생산하게 된 아프가니스탄 | 대량살상무기 소유를 빙자한 이라크와의 전쟁 | 이라크 민간인들의 학살을 유발시킨 생필품과 의학품의 경제제재 | 군대 내부 고발 자가 폭로한 이라크 민간인들을 향한 미군의 횡포 |

24 | 지배세력을 저항하는 미국 군부 애국자세력의 발족과 확산된 세계적인 연대   443

| 미 군부 안의 비밀 애국자 세력인 ' 하얀 모자' (White Hat)의 출범 | 유럽으로 도피한 애국자세력과 중국과 러시아와의 연대로 지구동맹으로 발전 |

25 | 지배세력이 조작한 공산화의 공동경험을 토대로 한 중국과 러시아의 동맹   448

| 공산주의 시절부터 형성된 중국과 러시아의 인연 | 미국의 비산업화와 그들의 자유무역 정책을 역으로 이용한 중국 | 드러내지 않고 내실을 다져온 중국의 정보력과 군사력 | 중국 고유의 처세술로 지배세력을 '안심'시킨 중국 지도부 | 중국의 수출흑자로 미국의 국채를 매입해 미국의 최대 채권자로 부상 | 중국과 러시아의 지배세력의 자만을 부추기는 전략 | 지배세력을 견제하기 위한 중국의 상해협력그룹(SCO) 설립 | 후진타오와 푸틴의 미 지배세력을 상대로 시작된 공동 군사훈련 | 정보전쟁을 위한 중국과 러시아의 인터넷 영어방송 시작 |

26 | 계속된 미국의 약탈 정책이 야기한 지배세력 은행들의 위기   459

| 미국 중산층의 약탈 | 파생상품을 이용한 고도의 사기극이 야기한 대형은행들의 위기 | 2008년 미국 월스트리트에서 발발한 미 지배세력의 도산위기 | 중국의 은밀한 화폐 공격 정황 | 드러나지 않게 진행되는 고도의 화폐전쟁 전략 | 망하게 두기에는 너무 크다는(Too Big to

Fail) 대형은행들의 구제 | 연준위가 비밀리 창조한 여신으로 제공한 16조 달러의 무이자 대출 | 10억(BILLION)불의 1000배인 1조(TRILLION)불의 엄청난 규모 | 정부 구제에서 제외된 미 국민들의 주택담보 대출 | 대형은행들의 자본금 보조를 위해 진행된 '양적완화'(QE) 정책 |

27 | 지배세력을 상대로 시작된 중국과 러시아의 공동 경제 전면전　475

| 달러체제를 대체할 브릭스 연합 구축 | 오래갈 수 없는 지배세력의 돈을 남발하는 최후의 방어 전략 | 브릭스 연합의 공격에 속수무책이 된 지배세력 | 유럽의 국가 부채 위기 | 유럽중앙은행의 양적완화정책으로 모면한 유럽 국가 디폴트위기 | 아이슬란드의 저항 |

28 | 지배세력의 세계금융제국의 파멸 위기　483

| 달러 통화체제를 이용해 제도화 해 놓은 인플레이션 수출 정책 | 가장 안전한 자산으로 포장된 미국 국채 남발로 세계 최대 채무국이 된 미국 | 미국 달러의 붕괴로 세계정부를 설립하려던 지배세력의 계획 | 브릭스 통화체제로 무산된 그들의 세계정부계획 | 그들의 계획에 의해 도산으로 몰고 가던 국가들을 거꾸로 소생시켜야 하는 이유 | 다급해진 IMF가 제안한 국민들의 예금을 갈취해 은행들을 구제하려는 방안 | 세계지배세력의 무력함이 입증된 2015년 그리스 금융 위기 사태 | 그리스 정부의 긴축정책에 대한 국민들의 반발 | 유럽중앙은행을 포함한 트로이카가 그리스의 금융을 동결시키지 못한 이유 | 지배세력이 그리스에게 채무면제를 해줄 수 없는 이유 |

29 | 세계 지배세력을 세계경제에서 고립시키는 중국과 러시아의 전략　498

| 중국의 무역흑자로 실제 부를 늘리는 정책 | 미국을 고립시키는 중국의 유라시아 개발 정책 | 지배세력의 포함외교를 무력화시키는 중국의 금전외교 | 중국이 세계에 제시하는 중국식의 해결책(Chinese Solution) | 중국의 미국 페트로 달러의 기축통화 지위를 무력화시키는 전략 |

30 | 지배세력에 의해 억제돼 왔던 금의 부활　507

| 금값을 억제해 온 이유 | 지배세력의 아킬레스건인 은 | 지배세력이 선물시장을 이용해 조작해 온 금과 은값의 실상 | 지배세력의 금과 은값의 억제를 가능하게 한 선물시장에서의 공매도 | 바닥이 난 미국의 금 보유량 | 독일의 금 반환 요구와 금의 존재를 확인 요청을 거절한 미국 | 중국으로 비밀리 이송된 3만 톤의 금의 미스터리 | 중국과 러시아의 금을 이용한 달러 붕괴를 대비한 헤지 전략 |

31 | 다급해진 지배세력의 전쟁으로 판을 뒤엎으려는 전략　520

xiii

A | 오바마의 부상　520

| 위조된 오바마의 미국 태생기록 | CIA 도움으로 상원의원에 당선 후 언론이 만든 대통령 | 은행가들의 비리와 불법행위를 은폐해 준 오바마 대통령 |

B | 식량난을 이용한 아랍의 봄　523

| 리비아정부 붕괴와 카다피의 살해; 미국 리비아 대사가 살해된 벵가지 사건의 배후 | 이슬람 수니파 사우디아라비아의 정적 시아파 이란 | 지배세력의 이라크를 이용한 이란과의 전쟁도발 실패 | 이란이 핵무기를 개발한다는 허위뉴스로 전쟁유발 시도 실패 | 이란에게 저지당한 이스라엘의 레바논 침공 | 이란의 군사동맹국 시리아와의 전쟁 도발 실패 | 시리아의 방어를 위해 중국과 러시아의 군사개입 정황 | 영국의회의 이례적인 시리아 공습참여 불허로 저지된 중동전쟁 |

C | 중국을 겨냥한 아시아 피벗　533

| 천안함 침몰 자작극으로 아시아 지역 전운 조성 | 중국을 포위한 아시아 해군기지 설치 | 힐러리의 거짓 대북정책 | 지배세력의 핵을 이용한 일본 쓰나미 공격 | 후쿠시마 원전 폭발과 이스라엘 정보기관 모사드의 개입 정황 | 지구 생태계 파괴를 의도한 방사능 분출이 중화된 미스터리 | '3.11 공격' 으로 알려진 일본의 공개된 비밀 | 필리핀을 이용한 중국 비방 작전 | 아시아 공동방어를 위해 중국과 러시아가 진행하는 공동 군사훈련 | 중국을 상대로 핵 선제공격을 허용하는 미국 법안 | 비밀 지하도시의 존재(UNDERGROUND CITIES) |

D | 조작된 우크라이나 시민혁명　548

| 러시아와의 전쟁을 유발하기 위해 조작된 우크라이나 시민혁명 | 러시아의 소행으로 돌리려고 조작한 MH-17 여객기 폭발사건 | 전쟁 대신 크리미아 반도를 독립시켜 러시아에 흡수한 푸틴 | 러시아를 겨냥한 원유가격 폭락 | 러시아의 전자기의를 이용한 최첨단 무기 공개 | 러시아가 EMP 공격을 준비하고 있다는 허위 정보 유포 |

E | CIA가 창조한 용병군대(Mercenary Army) 아이시스와의 전쟁　555

| 아이시스와의 전쟁을 빙자한 시리아 폭격 | 이란과의 전략적 평화협상을 역으로 유도한 중국과 러시아 | 시리아정부의 요청에 의한 러시아군대의 시리아 전쟁 참전 | 터키의 러시아 전투기 격추를 이용한 전쟁도발행위 | 터키의 중국과 러시아를 향한 피벗과 에르도안을 상대로 일으킨 쿠데타의 실패 |

32 | 지배세력이 조작해 일으킨 유럽 난민사태　562

| 유럽정부들의 난민 허용정책 | 유럽을 혼란에 빠트린 난민들의 폭력 | 유럽난민사태가 조작된 정황 |

33 | 지배세력의 테러 자작극 시도　567

| 미국 국내에서 실패한 핵을 이용한 자작극 시도 | 실종된 MH 370 여객기의 미스터리 | MH

370을 이용한 '헤이그 국제 핵 협의회' 상대로 시도한 자작극의 실패 | 말레시아 항공 여객기가 그들의 납치 사건에 이용된 이유 |

34 | 국가안보(National Security)를 빙자한 경찰국가 설립   574

| 2012 국가방어위임법안(NDAA) | 세계를 경찰국가로 전환시키는 계획 | 미국 국민들의 무기를 압수하려는 계획 | 에드워드 스노든의 미국 NSA의 국민사찰 폭로 | 스노든을 반역죄로 몰아 체포하려는 미국 정부와 이에 공조하는 세계 언론 | 2013 G-20 정상 회담에서 거부된 미국의 단계적 달러 평가절하 |

35 | 유럽의 반발   581

| 독일이 주도한 민스크(Minsk) 평화협정 | 유럽 국가들의 중국 AIIB 개발은행 설립과 One Road One Belt 참여 | 영국 중산층의 반발: BREXIT | 드러난 유럽연합의 지배세력의 이윤을 위한 정책 | 유럽인들이 피부로 느끼기 시작한 부의 양극화 현상 | 영국 언론과 투표조작이 실패한 영국국민들의 유럽연합 탈퇴 결정 | 유럽연합의 시초부터 반대해온 Nigel Farage의 부상 | 유럽연합의 지연작전과 천문학적 금액의 배상요구 |

36 | 2016년 대선 중 드러난 민주당 후보 힐러리의 부정부패   592

| 힐러리 클린턴의 숨겨진 배경 | 드러난 힐러리의 클린턴 재단을 이용한 부정부패와 오바마 정부의 은폐 | 드러난 힐러리의 국가보안법 위반 행위와 그와 관련된 증거인멸 정황 | 대선 중 폭로사이트를 통해 힐러리가 파괴한 이메일 기록 | 폭로된 노출된 힐러리의 부정 경선 승리 | 미국 군부 애국자세력 '하얀 모자' 에 의한 힐러리 비리 노출 | 힐러리 이 메일 기록에 의해 증명된 국가보안법 위반 행위 | 이메일 기록에 의해 드러난 힐러리의 러시아뇌물 수수 혐의 | 이메일 기록에서 드러난 힐러리가 소아애 범죄와 관련된 정황 | 지배세력의 아킬레스건인 소아애 범죄 | 미국의 경찰과 검찰에 의해 철저한 보호를 받아온 지배세력의 소아애 범죄 | 소아애를 이용한 정치인들과 관료들의 협박 | 세계지배세력의 연례적으로 진행되는 사탄 숭배의식 |

37 | 트럼프 혁명   608

A | 공화당 후보로 선출된 트럼프   608

| 지배세력의 통제를 안 받는 트럼프의 공화당 후보 선출 | 불황을 피부로 느끼는 중상층의 지지로 이루어낸 시민혁명 | 실패한 투표조작과 인터넷 매체로 무력화된 언론의 선전방송 | 미국 군부 애국자세력의 결정적인 기여 | 지배세력이 배척한 트럼프의 지지를 철회할 공화당 지도부 |

B | 트럼프의 역전승   614

| 권력을 빼앗긴 지배세력의 핵을 이용한 자작극의 실패 | 다급해진 오바마의 노골적인 은폐 정황 | 지배세력이 조작한 트럼프의 러시아공모설을 이용한 방어를 위한 공격 | 트럼프가 당면한 난제들 | 트럼프가 제거해야 하는 미국 안의 숨은 정부(Deep State) |

C | 트럼프의 고도 심리전   621

D | 트럼프의 외교정책   622

| TPP로부터의 탈퇴 | 파리 기후조약에서 탈퇴 | 지배세력에 의해 조작된 지구 온난화 과학 | 트럼프의 NATO 해체 정황 | 트럼프의 시리아 폭격 | 미국 핵 항공모함 북한 출전명령의 배후 | 트럼프의 지배세력을 속이는 전략 | 트럼프의 아프가니스탄의 군 추가배치 결정의 배후 |

38 | 미국 안에서 벌어진 보이지 않는 지배세력과의 내전   632

| 러시아 공모설을 역으로 이용한 언론의 신뢰를 격추시키는 전략 | 언론공격을 허용하며 은밀히 진행된 클린턴, 오바마 정권에 대한 수사 | 언론과 지배세력을 혼동시킨 트럼프가 연출한 연기력 | 트럼프의 소아애 범죄를 이용한 지배세력 제거 작전 | 감찰감실의 감사원장을 이용한 감사로 위장한 수사 진행 | 감찰감실 보고서를 근거로 사법부가 아닌 대배심원을 이용한 비밀기소 |

39 | 트럼프정부가 시작한 숨은 정부를 향한 반격   644

| 감찰감실에서 국회에 제출한 감사 보고서 | 푸틴이 파 놓은 함정에 빠진 힐러리와 오바마 | 트럼프가 작전상 허용한 CIA가 기획한 라스베이거스 자작극 | 해병대 예비군을 동원해 지배세력의 기밀이 담긴 CIA 서버 압류 | CIA 서버 확보로 드러난 지배세력의 숨은 정부 조직도 | 군사법원을 이용한 군사재판 진행 준비 완성 |

40 | 트럼프의 세계평화 정책   656

| 트럼프의 사우디아라비아 정책의 배후 | 트럼프의 이란을 적대시하는 정책의 숨은 의도 | 사우디아라비아가 주도한 카타르 봉쇄 작전의 배후 | 트럼프의 유엔 연설의 숨은 의도 | 사우디아라비아의 지배세력의 하수인들로 형성된 왕자들의 숙청 | 사우디의 러시아 방문과 러시아의 S-400 구매 | 중동국가들의 달러 남발에 대한 우려 | 트럼프의 아시아 순방과 한반도 평화 정책 | 트럼프와 시진핑의 남북통일에 대한 비밀 합의 | 트럼프의 중국과 러시아 정책 | 트럼프의 시리아 정책 | 이란과의 핵 협약에서 철회한 트럼프의 숨은 전략 |

41 | 지배세력과의 최후의 전투가 될 경제전쟁   676

| 연준위의 금리를 올려 경제를 붕괴시키려는 계획 | 트럼프의 팬타곤과 미 주택개발부의 외

부감사 지시 | 전쟁도발 실패로 다급해진 지배세력 | 지배세력의 최후의 발악이 될 달러 붕괴 작전 | 달러를 절하시켜 정부가 발행하는 새로운 달러로 교체하려는 트럼프의 계획 | 중국의 달러를 향한 결정타: 금으로 태환이 가능한 페트로 위안의 출범 |

42 | 미국 핵 방어 시스템을 무력화시키는 러시아의 최첨단 핵미사일 공개   686

| 미 지배세력의 핵전쟁의 무모함을 국제사회에 알린 고도의 정보전쟁 | 코너에 몰린 영국정부의 러시아와의 군사전쟁도발 시도 |

43 | 대한민국 근대사   690

A | 일제 강점기 시대   690
| 일본을 앞세웠던 지배세력이 우리 민족의 적정한 적 | 일본은 우리의 동일민족 | 일본은 메이지 유신 시절부터 지배세력의 식민지 군대 | 임진왜란의 배후세력 예수회 | 지배세력에게 희생돼온 일본 | 세계정세를 제대로 봤던 명성황후 |

B | 8.15 해방 후   697
| 지배세력에 의해 제거된 독립투사들 | 조작된 이념 공산당과의 전쟁에 이용당한 한국 | CIA가 제거한 세계 민족지도자들 |

C | 5.16혁명으로 시작된 군사정권 시대   701
| 지배세력을 거부한 박정희 소장의 쿠데타 | 박정희 정권의 적은 지배세력에게 세뇌된 국민들 | 자유무역을 거부하고 보호무역으로 성장한 대한민국 | 박정희 정권의 자주적 행보가 불러온 그의 암살; 대한민국을 산업국가로 부상시킨 그의 업적 | 하나회 조직을 몰랐던 지배세력 | CIA가 북한간첩들을 이용한 광주항쟁과 군 진압의 배후 |

D | 문민정부 시대   711
| 문민정부 출범으로 시작된 민영화와 자유무역정책 | 민주화라는 이념에 속아 자유무역을 받아들인 문민정부 | 자유무역이 허용한 경제 기습약탈 공격 IMF | 김영삼, 김대중 대통령들의 의심적은 행보 | 자유무역으로 빼앗긴 대한민국 경제 자주권 | 제도화 된 금권정치; 금권정치 하에 들어간 대한민국 공권력 | 지배세력을 정면 도전한 노무현 정부 | 경제 불황의 누명을 쓴 노무현 정부 |

E | 이명박 시대   726
| 경제불황의 누명을 씌어 당선된 '경제 대통령' 이명박 | 이스라엘군의 천안함 침몰을 북한소행으로 돌리는데 공조한 이명박 | 공영자산의 민영화를 가속시킨 이명박 | 대한민국을 빚으로 구속시킨 이명박 | 국민들을 정신적으로 세뇌하기 위해 신설한 종편방송 | 기업 이윤극대화를

위해 억제한 노동임금 | 금권세력과 공조한 공권력 행사 | 거짓 경제회복 설로 국민들을 속인 언론과 학계 | 지배세력의 약탈을 모르고 동조한 문민정부와 대조되게 알고 공조한 이명박 |

F | 박근혜 시대   737

| 조작된 통합진보당의 해체 | 박근혜 정부의 자작극으로 보이는 세월호 참사 정황 | 국민들에게 드러난 박근혜정부의 오만 | 세월호 참사는 지재세력의 지령에 의한 자작극 | 박근혜 정부의 국민사찰 의혹 | 테러방지법 기습통과로 드러난 대한민국 보수세력의 정체 |

G | 대한민국 시민혁명   744

| 친노 정권 출범의 방해를 근절시킨 4.13총선 | 최순실 국정농단이 불붙인 촛불혁명 | 민심을 읽지 못한 보수세력 | 대한민국언론이 촛불혁명에 동조한 의문점 | 기득권을 지키려는 보수세력의 발악 | 진보진영 안에도 존재하는 적폐세력 | 대선 직전 감행된 사드 기습배치로 드러난 보수세력의 정체 |

H | 국민대통령 문재인   752

| 문재인 당선이 좌절시킨 북한과의 전쟁 도발계획 | 준비된 대통령 문재인의 새옹지마 | 트럼프의 북한 평화전략에 기여한 문재인 정부 | 푸틴이 전수해준 대북전략 | 문재인 정부의 대북정책이 자주적이었을 가능성 | 중국과의 관계 개선 | 평창올림픽을 이용한 남북정상 회담 | 과감한 한미 군사훈련 연기 결정 |

I | 임박한 세계불황   763

| 피할 수 없는 달러체제의 붕괴 | 세계경제의 정상화를 위해 불가피한 경제 재편성 | 세계 불황을 벗어나는데 대한민국의 돌파구가 될 남북통일 |

J | 아직 진행 중인 정보전쟁   767

| 제거돼야 하는 숨은 정부(삼성 공화국) | 국민을 속이는데 공조해 온 언론을 장악해 진실된 정보 보급 필수 | 지금도 조작된 정보로 국민을 속이고 있는 언론 | 진정한 적의 실체 폭로 급선무 | 몰라서 당했음으로 아는 것이 힘 | 숨은정부 제거해야만 촛불혁명 완수 | 국민들이 부패된 국회의원들을 끌어내릴 유일한 세력 | 진실된 정보로 무장하는게 정보전쟁에서 승리하는 길 |

경고의 머리말

또 하나의 관점을 읽는다는 유연한 자세로

　　독자들이 지금부터 읽게 될 내용들은 대부분 믿고 싶지 않을 것이다. 필자가 이 내용을 처음 접했을 때 그랬다. 이 내용들이 사실이라면 지금까지 안다고 생각했던 게 다 틀렸었다는 말이기 때문이다. 그러므로 우선 부정하고 싶을 것이다. 그럴 리가 없다고. 인정하기에는 잃을 게 너무 많다. 정계, 학계, 언론계, 종교계, 법조계, 금융계, 재계, 예술계 등등, 분야를 막론하고 자신들이 평생을 투자해 온 삶의 양식이 모두 틀렸었다고 인정해야 하므로 도저히 자존심이 허락하지 않을 것이다. 인정하면 지금까지 안다는 믿음 때문에 확신을 가지고 살아온 삶 그 자체가 불확실해져 미래에 대한 불안함이 밀려들 것이다. 안정됐던 삶 그 자체를 뒤흔들어 놓을 것이다. 그러므로 부정하고 지금까지 살아온 대로 살고 싶다는 유혹도 있을 것이다. 인간 심리학에서 말하는 스톡홀름 증후군(Stockholm Syndrome)이다. 스톡홀름 증후군은 '인질이 범인에게 정신적으로 동화되어 호감과 지지를 나타내는 심리 현상' 이라고 영한사전은 정의한다. 그러니 부정하고 싶더라도 끝까지 인내하고 읽어볼 것을 필자는 권장한다. 그냥 지금까지 알던 것에 대한 또 하나의 관점을 읽는다는 유연한 자세로 말이다.

필자는 원래 이런 책을 쓸 생각을 해본 적이 없다. 그리고 필자 역시 나름 지식인이라고 생각하고 살아왔다. 미국 명문대, 명문 로스쿨을 졸업하고 미국 캘리포니아 고시에 합격해 대형 로펌을 거쳐 나름대로 명성 있는 변호사로 살아왔다. 그리고 대학을 졸업한 이후 줄곧 배우는 것을 멈춰본 적이 없었다. 좋은 혜택을 보장하는 로펌도 박차고 나온 이유는 필자에게 법의 한 분야에서 최고 전문가가 될 것을 요구했기 때문이다. 법도 사회라는 전체의 일부분인데 법에서 한 분야의 전문가가 될 생각은 추호도 없었다. 원래 경제학을 공부하러 갔던 시카고 대학에서 전공을 바꾸어 정치학을 전공했던 이유도 경제학은 정치학의 일부분인 사실을 공부를 하며 알게 됐기 때문이다. 로스쿨도 워싱턴에 있는 조지타운 로스쿨을 선택했던 이유 또한 미국의 입법부, 행정부, 사법부, 심지어 미국 국제 통상위원회까지 모두 워싱턴에 위치하기 때문이다. 그러면서 평생을 동양과 서양에 대해 다방면으로 공부하는 것을 게을리해본 적이 없었다. 그러다가 필자 나이 50이 되는 해인 2008년 9월 미국 발 금융위기를 맞았다. 주가가 폭락하는 그 전날까지 미국 연준위의 버냉키 의장은 TV 인터뷰에서 경제가 건전하다고 장담했었다. 거기다 필자는 국제 경제와 국내 경제에 대한 기사들과 서적들도 꾸준히 읽어 왔었다. 모두 세계화의 영향으로 경제의 미래는 밝다고만 했었다. 그런데 금융위기가 왔던 것이다. 필자가 아는 상식으로는 도저히 이해가 안됐다.

그때부터 필자는 언론과 전문가들을 불신하게 됐고 독자적으로 알아보기로 결심했다. 버냉키를 비롯한 소위 전문가들은 2007

년부터 시작된 베이비붐 세대가 은퇴를 할 시기라는 통계를 계산에 넣지 않았다고 얼버무렸고 그 당시 2008년 붕괴를 예측하지 못했던 '전문가' 들은 부끄러워하기는커녕 언제 그랬냐는 식이었다. 그런데 인터넷에서 2004년부터 피터 시프(Peter Schiff)라는 투자전문가가 2008년 위기를 예측했던 인터뷰를 보았고, 그 외에도 그런 예언을 하는 경제학자들과 경제전문가들이 있었으나 주류 언론에서 외면당했다는 사실을 알게 됐다. 그들은 연준위가 발표한 자료를 분석해 몇 년 전부터 예측했었음으로, 연준위가 몰랐다는 것은 거짓말이었다. 그런데도 언론이나 학계에서 조명되지 않았다는 사실은 정부, 언론, 학계 모두가 국민들을 속이는데 공조했다는 정황이었다. 필자는 일찍부터 변호사로 터득한 증거의 신뢰성을 식별하는 노하우를 동원해 인터넷에서 리서치를 시작했다. 그랬더니 이미 1950년대부터 유스티스 멀린스(Eustice Mullins)라는 미국의회 도서관에서 근무하던 젊은 연구원이 연준위에 대한 연구를 토대로 쓴 '연준위의 비밀(Secrets of the Federal Reserve Board)'이라는 책에서 연준위가 정부 소유가 아닌 은행가들의 카르텔인 민영 중앙은행이라는 사실을 폭로했었던 사실을 알게 됐다. 그 '죄과'로 그는 의회도서관 직을 박탈당했고 그 후 그는 연준위를 비밀리 소유한 유대인게 은행가들에 관한 24권에 달하는 책을 출판했으나 서점에서는 진열되지 않아 인류는 알지 못했다. 그가 2010년 의문의 죽음으로 서거하기까지 그가 일생을 바쳐 해 온, 시오니스트 유대인들로 형성돤 금권세력을 폭로하는 강의와 인터뷰를 인터넷에서 접할 수 있었다. 그리고 그의 노력으로 깨어난 자들이 운영하는 유수한 인터넷 매체들을 통해 필자 50평생 접해보지 못했던 새로운 정보를 접하게 됐다. 자신도 모르게 언론을 통해 정보를 접하도록 길들여져 있었다는 사실을 뒤늦게 간파한 필자는 그렇게 그때부터 인터넷 매체를 통해 진실을 찾기 위한 여정을 시작했다.

처음에는 경제 관련 서적을 읽으면서 시작했던 연구가 그들의 역사 공부로 이어졌고, 그들의 역사를 공부하다 보니 자연히 세계사로 이어졌다. 그들은 고대 바빌론시대부터 내려온 금권세력으로, 로마제국의 통화를 통제하며 로마제국의 부를 약탈한 후, 기원후 424년에 하이퍼인플레이션으로 경제를 붕괴시켜 로마시민들의 부를 갈취했던 자들로서, 유럽의 암흑시대를 가져왔던 자들이었다. 줄리어스 시저는 현대판 존 에프 케네디 대통령처럼 지배세력과 대항하다 그들에 의해 암살됐다. 거기다 그들의 맨 꼭대기에는 사탄 루시퍼를 섬기는 종교집단으로 로마 가톨릭교를 신설해 기독교의 탈을 쓴 거짓 종교로 유럽을 지배했다. 수도회로 위장한 예수회로 교황청을 장악한 그들은 로마교와 개혁파를 내세운 100년 동안 지속된 종교전쟁의 배후에 있었고, 18세기부터는 영국왕실을 침투해 대영제국을 통해 세계의 대규모를 제국주의로 지배했다. 그때 그들은 선교를 빙자해 일본을 침투했고, 아편전쟁으로 중국을 굴복시켰다. 20세기부터는 미국으로 거점을 옮겨 1913년 그들이 소유한 미국 중앙은행 연준위를 설립해 미국 달러의 발권력을 손에 넣었다. 그런 후 제1차 제2차 세계전쟁을 일으켜 양 쪽에 전쟁자금을 대 주었고, 제2차 대전의 종결과 함께 미국의 배후에서 그들이 소유한 연준위를 통해 아무 비용도 안 들이고 발행하는 달러를 기축통화로 만들어 세계를 지배해 온 로스차일드를 비롯한 국제 유대인계 은행가들이라는 사실을 알게 됐다. 세계 비밀사회로 알려진 프리메이슨과 일루미나티도 그들의 비밀 조직이었다.

그들에 대한 역사를 연구하던 중 1897년 그들이 창설한 시오니즘의 세계정복 계획이 담긴 '시온장로들의 의정서'를 발견했다. 그들이 볼셰비키 혁명을 일으키기 위해 그들의 하수인들을 러시아에 침투시켰을 당시 그들의 이중 스파이로부터 입수하게 된 그 비밀 계획서는 1905년 러시아어로 번역돼 러시아인들에게 소개됐다가 볼셰비키 혁명 후 금지됐었다. 그 후 영어로도 번역됐고, 약 10년 후 그 책의 영문 번역본을 접한 헨리 포드 자동차 회사 회장은 그 내용을 그의 신문 디어본 인디펜던트(Dearborn Independent)로 미국 시민들에게 알리려 했다가 오히려 그들에 의해 그 신문이 폐지되고 말았다. 그리고 그 의정서는 '위조'라고 판결돼 모두 수거된 후 자취를 감추었었다. 19세기 말에 예수회 사제가 18세기에 작성한 문서를 인용해 작성된 그 의정서에서 그들은 세계를 경제로 정복하는 수단으로 돈의 발권력을 갈취하는 데 성공해 모든 유럽 국가들을 통제하게 됐다고 자랑했다. 그러면서 언론과 학계 역시 장악해 그들이 만들어낸 가짜과학 다원설과 추상적 이념에 불과한 공산주의로 기축과 다름없는 인류를 세뇌시키는데 성공했다고 자부했다. 그러면서 돈의 양을 고의로 늘렸다 수축시켜 국민들의 부를 약탈하라고 가르쳤고, 궁극적으로 모든 국가들을 그들이 소유한 중앙은행으로부터 빌려서 발행하는 통화인 빚으로 붕괴시켜 그들만의 세계정부를 설립하는 전략을 전수했다. 결국, 유럽과 미국에 있었던 모든 주식시장 붕괴는 그들이 조작했던 것이었음을 확인했다. 또한, 그 의정서는 언론과 학계를 통제해 인류를 그들의 돈을 숭배하는 사회로 만들어 그들이 아무 비용도 안 들이고 발행해 각 정부에게 빌려준 돈을 위해 일하는 노예로 만들라고 가르쳤고 인류는 그들이 가르친 대로 그들의 경제노예가 된 지 오래라는 사실을 깨달았다.

그들은 제1차 대전 이후 아무 정부의 제재를 받지 않는 바젤 스위스에 위치한 그들이 소유한 국제결제은행(BIS)으로 제2차 전쟁 동안 양쪽에 전쟁자금을 융통했고, 제2차 전쟁 종결과 함께 그 국제결제은행 산하에 연준위를 위시한 세계 모든 중앙은행들을 두게 됨으로 보이지 않는 세계금융제국을 설립했다. 또한 그들이 창조한 공산주의로 전 세계를 두 진영으로 나누어 서로 대결하는 가상의 전쟁으로 양쪽을 다 아무 비용도 안 들이고 발행하는 달러와 미국의 군사력으로 지배해왔다는 사실을 알게 됐다. 원자를 분해시켜 발생되는 에너지를 이용한 원자폭탄으로 이미 항복한 일본 민간인들을 학살해 자신들의 핵보유 사실을 증명한 후, 그들은 인류로부터 과학지식을 숨겨왔고, 그들만 독점하게 된 반중력 기술로 개발된 우주항공선으로 달과 화성에 기지를 두고 있다는 믿기지 않는 사실을 알게 됐다. 그러므로 인류가 미확인 비행물체로 알고 있는 UFO는 록히드 마틴 같은 그들의 무기업체들이 소유한 비밀 우주항공기들이고, 그 비행물체를 거론하는 자들을 '음모론' 자들로 몰아 비웃게 인류를 세뇌시켰다. 2001년 그들의 자작극이었던 9·11을 계기로 중동에서 일으킨 테러와의 전쟁은 그들이 제3차 세계전쟁을 일으켜 그들의 세계정부를 설립하려는 계획의 마지막 단계였다는 엄청난 사실을 알게 됐다. 그들은 로마제국을 붕괴시켰던 식으로 도저히 갚을 수 없는 빚을 진 미국 정부를 도산시킴과 동시에 세계의 통화인 달러를 붕괴시켜 하이퍼인플레이션으로 인류의 부를 약탈할 계획이었고, 이미 그들의 계획은 완성돼 가고 있다는 사실을 알게 됐을 때 필자는 무기력함을 금치 못했다. 아무 예고 없이 들이닥쳤던 2008년 금융위기도 그들이 조작한 경제 붕괴였던 것이다. 이런 황당한 정보와 지식을 접한 후 필자는 한동안 암울함과 허탈감에 빠졌다. 나름 지식인이라고 자부했던 필자는 그들이 만들어 놓은 허구 속에서 미개인으로 살아왔다는 엄청난 현실을 부인하고 싶었다. 필자는 인간이 그들이 경멸하는 대로 가축에 불과하다면 삶 그 자체가 무의미하다는 결론으로 한동안 비관 속에 헤매어야 했다.

그때부터 필자는 인간과 삶의 근본에 대한 연구를 시작했다. 정말 그들이 말하는 대로 선과 악은 하나의 이념에 불과하고, 그들이 섬기는 사탄 루시퍼의 가르침이 진리인가에 대해 연구해야했다. 그들이 억제해 온 모든 지식이 진실이라면 구태여 숨길 이유가 없었을 텐데 왜 숨겨왔는지를 탐구했다. 탐구 결과 결국 그들이 섬기는 사탄은 우주에서 악하기로 유명한 파충류 외계인들이라는 믿기지 않는 사실을 발견했다. 그리고 구약성서에 나오는 유대인을 선택했다는 야훼 역시 자신들을 아누나키라고 칭했던 같은 외계인이었고 미개한 인간들의 DNA를 자신들의 유전자와 혼합해 인류를 노예 인종으로 만들어 자신들을 신으로 숭배하게 만들었다는 사실을 알게 됐다. 모세가 신으로부터 전수받았다는 유대인들의 구약성서가 꾸며낸 이야기라는 사실은 40년 동안 방랑했다는 조그만 시나이 사막에서 단 하나의 유물이 발견되지 않았다는 것을 봐도 알 수 있다. 인류는 아프리카 미개인들이 그들을 정복하러 온 비행기를 타고 무기를 가진 자들이 신으로 보였던 것과 다를 바 없이 그 외계인들을 신으로 보았던 것이다. 그들이 과학을 억제해 온 이유는 19세기 말에 물리학자들에 의해 발견된 양자물리학에서 그 답을 찾을 수 있었다. 그 과학적 발견의 핵심은 인간의 본질은 그들이 DNA로 조작할 수 있었던 육체가 아니고 인류가 영혼으로 알고 있는 의식(consciousness)이라는 발견이었다.

인간의 몸은 생물로 구성된 컴퓨터로, 그 생물 컴퓨터의 프로세서인 두뇌가 눈, 코, 귀, 입, 손이 입수한 정보를 신경을 통해 전달받아 프로세스 해 줌으로, 우리가 아는 컴퓨터에 위치한 프로세서가 유선을 통해 전달받은 정보를 프로세스 해 컴퓨터 스크린에 유형화하듯이, 인간 두뇌 속에 위치한 장치를 통해 유형화돼 보고 느낀다는 사실이다. 다른 기능에 아무 문제가 없어도 두뇌에 이상이 생기면 식물인간이 되는 이유이다. 그리고 그 두뇌를 통해 보고 느끼고 듣고 인식하는 그 실체가 바로 인간의 자아인(과학적으로 22g으로 증명된) 의식이고 영혼인 것이다. 지배세력이 숭배하는 고차원에 존재하는 사탄은 인류가 그 진실을 깨닫지 못하게 지식을 숨겨왔던 것이다. 그러므로 그들은 그들의 의정서에서 가르친 대로 인류를 물질적인 삶에 몰두하게 조작해 인간의 본질을 파악하지 못하게 만들어, 그들의 가축으로 남겨두고 지배하기 위해서였다. 그리고 사탄을 숭배하는 지배세력이 기독교의 예수를 혐오하고 기독교를 침투해 타락시키는데 전력을 다했던 이유가 예수의 가르침이 그들이 인류를 세뇌시키려는 물질적인 삶을 배척하고 영혼을 위한 영적인 삶을 제시해 주어 그들의 속임수를 마치 빛으로 어둠을 비추듯이 드러냈기 때문이었다. 그래서 그들은 그들의 거짓을 진실로 포장해 인류를 속여야 했던 것이다.

필자는 2009년 중국과 함께 브릭스 연합을 구축해 지배세력을 대항하고 나섰던 러시아가 바로 그들의 숨은정체를 가장 잘 아는 국가였다는 사실을 발견했다. 러시아는 기원후 1054년에 시작된 대분열(Great Schism)로 로마교의 조작된 교리를 배척하고 분리돼 나와 기독교의 전통을 보존해온 국가로, 1917년 지배세력의 시오니스트 은행가들이 레닌과 트로츠키에게 막대한 자금을 지원해 주어 그 자금으로 대중을 선동해 일으킨 볼셰비키 혁명으로 국가를 빼앗겨 공산국가 소련으로 거듭났었다. 그러나 60여 년 동안 그들의 지배를 받으며 숨어서 힘을 키워온 러시아의 '영적 공산당' 기독교 세력이, 1970년대 후반기에 볼셰비키 세력을 소련 중앙정부에서 몰아냈던 사실을 알게 됐다. 그렇게 소련에서 쫓겨난 볼셰비키세력은 미국으로 건너가 네오컨세력으로 변신해, 1991년 그들이 주도한 화폐 공격으로 소련을 붕괴시켜 그들의 하수인 옐친을 앞세워 러시아를 다시 장악했고, 1998년에는 러시아마저 경제로 붕괴시켜 '민영화'라는 명분으로 러시아의 국영자산을 악달했다. 그러나 지배세력의 신임을 얻고 옐친의 후계지로 선정됐던 푸틴은, 그가 2000년 대선에서 대통령에 당선되자마자 지배세력을 배신하고 민영화됐던 러시아 에너지 회사를 포함한 기업들을 다시 국영화시키고, 지배세력이 하수인들을 러시아에서 쫓아냈다. 그와 동시에 푸틴은 제2의 경제대국으로 부상한 중국과 합세해, 지배세력의 세계지배를 가능하게 했던 그들의 달러 통화체제를 대항하는 브릭스 연합 통화체제를 설립하는 작업을 진행했다. 고로 푸틴은 러시아의 기독교 세력이 내세운 지도자였고, 그는 러시아에 전통 기독교를 다시 부상시켜 사탄을 숭배하는 지배세력의 가장 위협적인 적으로 부상했던 것이다. 결국, 사탄을 숭배하는 미국 배후의 지배세력과 러시아 배후의 기독교 세력의 대결로 궁극적으로 선과 악의 대결이 진행 중이라는 사실을 알게 됐다.

경제전에서 중국과 러시아에게 밀리자 지배세력은 바이오 연료 생산을 권장해 식량난을 조작해 일으킨 폭동인 아랍스프링을 빙자해 리비아를 폭격해 가다피정부를 전복시킨 후, 2013년 9월 시리아의 폭격으로 시리아와 이란을 상대로 세계전쟁을 일으키려 했다. 그들의 계획을 간파한 이란과 시리아의 우방국인 중국과 러시아가 시리아 전쟁에 참전하게 됨으로 제3차 세계전쟁으로 확산되기 일보 직전이었으나 그들이 소유, 통제하는 언론에서 보도하지 않음으로 세계는 알지 못했다. 다행히 그들의 계획을 간파한 영국 의회의 이례적인 불참 결정으로 극적으로 무산됐다. 그 시점 필자는 지배세력의 본부인 미국을 빠져나와, 당연히 한국이 중국의 영향권에 가담했을 거로 믿고 중국 옆에 위치한 한국으로 거점을 옮겼다. 그런데 정반대로 미 지배세력의 하수인들로 형성된 대한민국 보수정권은 국가안보를 빙자해 중국을 오히려 적대시하며 제2의 병자호란 사태를 재현하고 있다는 사실을 발견했다. 그들은 미 지배세력의 지시에 의해 2014년 세월호 참사를 조작했다가 그들의 자작극 정황이 드러나자 자신들의 공권력으로 세월호의 진실을 요구하는 국민들을 노골적으로 탄압하고 있다는 사실을 간파할 수 있었다. 그때부터 필자는 대한민국의 근대사를 연구했다. 그 결과 문민정부의 출범 이후 일어난 1997년 IMF는 지배세력의 기습 화폐 공격이었고, 그 공격으로 국가의 화폐발행권을 포함한 대한민국 경제권을 모두 그들에게 넘겨주었다는 사실을 알게 됐다. 2007년에 들어선 MB정부는 대한민국 군대를 지배세력의 군대로 전환시켜 놓았을 뿐 아니라, 지배세력의 이스라엘 군함에 받쳐 침몰한 천안함을 미 지배세력과 함께 북한의 소행으로 조작해 아시아에 전운을 조성하는데 공조했다는 사실을 알게 됐다. 더욱이 MB정부가 허가를 내준 종편방송을 이용해 지배세력과 공조해 북한과의 전쟁을 도발하기 위해 국민들을 세뇌시키는 선전방송을 하고 있다는 사실을 알게 됐다. 거기다 테러조직 아이시스의 제거를 명분으로 지배세력이 진행하던 시리아 내전을 이용한 중동전쟁 도발계획이 2015년 후반기 러시아의 개입으로 또다시 좌절되자, 다급해진 그들은 북한의 핵개발을 핑계로 전쟁터를 한반도로 옮겨와 북한과 전쟁을 도발해 중국과 러시아를 상대로 전쟁을 일으키려는 움직임을 읽을 수 있었다.

지배세력이 한반도에서 전쟁을 도발하려는 계획을 국민들이 짐작조차 하지 못하게 언론에 의해 세뇌된 정황을 알게된 필자로서는, 국민들에게 소신껏 이러한 정세를 알리는 것이야말로 일제 강점기 시절의 독립투사들을 본받는 삶이라는 신념으로, 필자의 서투른 한국어로 국민들에게 알리는 작업을 시작했다. 그러자 급박히 돌아가는 세계정세를 설명해도 이해하기를 거부하는 친지들은 필자가 변호사 업무를 중단하고 이런 책을 쓰겠다는 결정을 무모하다고 생각할 뿐 아니라, 필자의 정신 상태에 이상이 생겼다는 의심까지 하였다. 이미 지배세력의 언론과 학계에 의해 완벽히 세뇌된 대한민국 국민들이 알기 쉽게 그 광범위한 역사와 믿기지 않는 내용들을 총체적으로 소개한다는 것은 생각보다 어려웠다. 더 쉽게 설명하려면 그만큼 더 많이 알아야 가능했고, 그때부터 약 4년에 걸쳐 필자만의 세계 속에서 살아야 했다. 약 1~2년을 예상했던 책이 4년째 접어들면서는 필자 역시 친지들에게 정신 이상을 의심받는 것이 당연했다고 이해하게 됐다. 그런 연구를 하던 중 2015년 말에 2008년 미국발 금융위기가 중국과 러시아가 주도한 경제 공격이었다는 사실을 알게 됐고, 그제야 필자는 러시아와 중국과 비밀리 협력해오고 있는 하얀 모자라는 미국의 애국자 군부세력의 존재를 알게 됐다. 그 전에 그들에 대한 언급을 보았었지만 신뢰할만한 정황적 증거가 없어 지나쳤었다. 그런데 이번에는 그 애국자 군부세력을 대변하는 조셉 던포드(Joseph Dunford) 합참의장이 대선을 이용한 합법적인 혁명을 주도할 후보로 트럼프를 접근했고, 그가 수락했다는 신뢰할 수 있는 정보를 입수했다. 그러더니 2016년 11월 7일 그가 정말 대통령으로 당선되는 혁명이 성사됐다. 그 얼마 후 대한민국에서도 국민들의 촛불의 힘으로 지배세력의 하수인 박근혜 정부를 끌어내리고 국민들의 대통령 문재인이 당선됐다. 그리고 새롭게 들어선 트럼프정부는 정말로 지배세력이 제3차 세계전쟁을 위해 준비해온 한반도에서, 중국과 러시아와 비밀리 합의 한 대로 문재인 정권과 함께 전쟁의 불씨를 제거하는데 성공했다. 그리고 중국과 러시아와 합세한 트럼프는 미국 안에서도 지배세력을 은밀히 제거하는 작업을 진행하고 있어 그들의 몰락은 이제 시간문제로 정황이 반전됐다. 그들이 세계를 지배해 온 달러체제는 붕괴할 것이고 이미 중국과 러시아가 구축해 놓은 브릭스 통화체제로 교체돼가고 있음을 확인할 수 있었다. 중국과 러시아가 주도하는 브릭스 체제로 전환되는 과정의 과도기로 당분간 세계는 경제적인 어려움을 고수해야 할 것이다. 그러나 그동안 그들의 거짓을 이용한 정보전쟁을 가능하게 했던 그들의 숨겨왔던 정체가 드러난 이상 그들의 파멸은 이제 시간문제로 급전환됐다.

결국, 세계는 지난 수 천 년 동안 세계를 비밀리에 지배해온 악이 선에 의해 제거되는 결정적인 시대로 갑자기 판세가 뒤집어졌다. 그러다보니 필자가 원래 계획했던, 그들의 정체를 노출시켜 알만한 자들에게 소신껏 알리려던 책이, 오히려 미국의 트럼프와 중국과 러시아가 합세해 지배세력을 제거하고 있는 역사적인 사실을 소개하는 책으로 급전환 됐다. 그러므로 만약 지금까지 알고 살아온 패러다임 속에 차라리 머물고 싶어 현실을 부인하고 싶은 독자들이 있다면, 이제 자신들의 의지와 상관없이 현재 진행 중인 선과 악의 대결에서 지배세력은 전멸할 위기에 처해있음으로, 지금까지 그들의 지배를 가능하게 했던 패러다임은 아무래도 무너지게 돼 있어 변화는 피할 수 없는 현실이라는 사실을 알게 될 것이다. 그리고 새롭게 편성되는 새 패러다임 속에서 통일된 한국은 세계에서 가장 경쟁력 있는 국가로 거듭나게 될 것이다. 더구나 지배세력이 지금까지 인류로부터 숨겨온 과학이 공개돼 그들이 억제해 온 자유 에너지와 그 원리가 가능하게 만들 항공기술, 그들이 억제해 온 의학기술 등이 현실화돼 인류는 엄청난 발전을 하는 새로운 시대가 열릴 것이다. 그러므로 열린 마음으로 이 책이 소개하는 내용을 접해 새롭게 개최될 시대를 준비하는 유익한 정보가 되기를 바라는 바이다.

1. 서론

1. 서론

진행 중인 제3차 세계전쟁

　세계는 지금 제3차 세계전쟁 중이다. 지금 진행 중인 전쟁은 세계를 지배하고 있는 미국과 그들의 지배를 받는 수모를 겪어야 했던 중국과 러시아와의 보이지 않는 전쟁이다. 더 정확하게 표현하자면, 이 전쟁은 제2차 대전 이후 전 세계를 경제적으로 지배해 온 미국을 향해 중국과 러시아가 주도한 반란이고, 이를 제압하려는 미국과의 대결이다. 전 세계가 어수선한 이유이다. 제1차, 2차 세계전쟁에 비해 이번 전쟁은 화폐를 이용한 경제전쟁과 언론매체를 이용한 정보전쟁이 주를 이루고 있다. 그리고 경제전쟁에서 미국은 이미 패하였다. 그러나 미국은 그들이 소유, 통제하는 언론을 이용해 그들이 패한 사실을 은폐하고 있다. 오히려 경제전에서 패한 미국은, 중국과 러시아가 세계평화를 위협하고 있다는 가짜 뉴스로 군사 전쟁을 일으켜 판을 뒤집으려 하고 있다. 북한의 핵 개발을 미국과 동일한 핵보유국이며 북한의 주변국가인 중국과 러시아가 문제를 삼지 않는데 북한의 핵 개발을 빙자해 수천 마일 떨어져 있는 미국이 대한민국에 갑자기 사드를 배치하며 북한과 전쟁을 도발하려 했던 진짜 이유이다.

1944년 금으로 보장된 미국 달러를 세계 기축통화로 선정

유럽, 아시아, 중동과 아프리카를 전쟁터로 하는 제2차 대전 이후, 하와이의 진주만을 제외하고는 본토에서 전쟁을 겪지 않은 미국은 전쟁에 필요한 무기와 필수품을 생산해 수출로 많은 돈을 벌어들였다. 그리하여 세계 전쟁의 종결과 함께 그때까지 모든 국가들의 화폐의 바탕이었던 금을 가장 많이 소유한 이유로 미국의 화폐인 달러가 44개국이 모인 브래튼우즈 국제 협의에서 35달러에 1온스의 금을 태환해 주겠다는 약속을 바탕으로 세계 기축통화로 선정됐다. 전쟁 비용을 충당하느라 금이 바닥이 난 모든 국가들의 화폐는 유일하게 금으로 보장된 달러를 기준으로 그 가치가 설정됐다. 그때부터 미국의 달러 통화체제가 시작됐고 모든 국가들은 세계무역의 결제수단인 달러를 보유해야 했다. 미국은 자국이 발행하는 달러로 전 세계의 자원과 완제품을 구입할 수 있게 됐던 것이다.

1971년 달러를 금으로 태환해주겠다는 국제 협약 위배

처음부터 미국의 지배세력은 달러를 금으로 태환해 주겠다는 국제 협약을 준수할 의도가 없었다. 달러를 기축통화로 만드는데 국제사회의 동의를 끌어내기 위한 속임수였다. 1960년대 미국이 베트남전쟁 비용을 충당하며 달러를 남발해 전체 유통되는 달러가 미국의 금 보유량을 능가하고 있다는 사실을 알아차린 불란서의 드골 대통령의 시작으로, 유럽 국가들은 자국이 벌어들인 달러를 금으로 태환해 가기 시작했다. 그 결과 미국의 금 보유량이 급속히 줄었고, 더 이상 감당할 수 없게 되자, 1971년 8월 미국의 닉슨 대통령은 일방적으로 세계 국가들과 상의도 없이 브래튼우즈 협약을 깨고 더 이상 달러를 금으로 태환해주지 않겠다고 선언했다. 이 국제 협약을 무시하는 결정은 이미 계획됐던 수순이었다. 닉슨은 금값이 오르는 것은 금 투기업자들 때문이라며 미국의 달러 남발이 진짜 이유라는 사실을 세계로부터 속였다. 그러자 금으로 보장되던 달러의 가치는 금값에 비해 추락하기 시작해 달러로 환산한 금 가격이 급등하였고, 그 결과 달러의 기축통화의 지위가 흔들렸다.

군사력으로 원유를 달러로만 팔게 만들어 페트로 달러 탄생

그때 미국은 사우디아라비아를 포함한 중동 산유 국가들에게 원유가를 4배로 올려주는 댓가로 달러로만 원유를 팔도록(군사력으로) '설득' 했다. 세계에게는 원유가 소갈 되고 있어 가격이 급등하고 있다고 속였고 세계는 그런 줄 알았다. 원유가의 폭등으로 전 세계는 경제 침체를 겪어야했고, 더 비싸진 원유를 구매해야 하는 세계 국가들은 더 많은 달러를 보유할 수밖에 없게 돼, 미국은 달러의 기축통화 지위를 지킬 수 있었다. 그때부터 미국은 달러의 발행을 금 보유량에 맞추어 발행해야 하던 한계를 벗어던져 아무 한계 없이 발행할 수 있게 되었고, 아무 비용도 안 들이고 발행하는 달러로 전 세계의 자원과 완제품을 '구매(갈취)' 할 수 있게 됐다. 그렇게 무한계로 발행하게 된 달러는 그 가치가 서서히 희석됐고, 그 달러 가치의 하락을 물가가 오르는 현상인 인플레이션이라고 포장해, 그들이 통제하는 언론과 학계를 통해 인플레이션은 당연한 것으로 믿도록 세뇌시켰다. 불란서의 드골을 포함한 유럽 지도자들은 미국의 달러 과잉 발행으로 전 세계가 보유하고 있는 달러의 가치를 희석시키고 있다는 사실을 잘 알고 있었으나 미국의 배후세력의 존재를 아는 그들은 문제를 제기하지 못했다. 그때부터 미국 달러의 가치는 매년 5%에서 심할 때였던 1980년대에는 연 20%로의 인플레이션에 의해 약 90% 이상 하락했다. 그 말은 세계의 자산 값이 오른 게 아니라 달러 가치의 하락에 의해 자산 값이 상승한 것처럼 보이게 된 것이다. 그리고 이 현상은 금값의 상승으로 확인됐다. 1960년대 초에 1온스에 35불이던 금값이 2018년 지금 1온스에 약 1,300불에 머물고 있는 이유이다. 그만큼 달러는 금에 비해 그 가치가 하락했다는 증거이다. 왜냐면 6000년 인류 역사 대대로 돈이었던 금의 가치는 항상 그 가치를 유지해 왔기 때문이다. 미국 정부가 지금 달러의 가치를 측정하는 진정한 바로미터인 금값을 조작해 인위적으로 억제하고 있는 이유이다.

경제제국주의 국가 미국의 부상

세계는 미국이 제2차 대전으로 19세기부터 치열한 경쟁을 벌이던 제국주의 국가들을 제압해, 식민지국가들을 해방시켜 민주주의 국가로 거듭나게 해준 선의의 국가로 알고 있다. 그러나 미국의 지배세력은 오히려 대영제국을 지배하던 국제은행가들이 미국으로 그들의 거점을 옮긴 후, 제국주의 국가들끼리 전쟁 소모전을 벌이게 해 반사적 이익을 취한 후, 그 국가들의 자원이 고갈됐을 때 전쟁에 개입해 승전국의 지위로 전쟁 후의 세계질서를 재편성하는 수단으로 미국의 달러를 기축통화로 만들어, 전 세계를 경제로 지배해 온 금권세력이다. 아직도 세계금융은 영국 런던 안에 위치한 1평방킬로미터로 된 영국 정부의 제재를 받지 않는 독립된 도시국가인 시티 오브 런던(City of London)에서 그들이 주도하고 있다. 미국 월스트리트 은행들은 그들의 지점에 불과하다. 제2차 전쟁 직후 그들은 새로운 세계질서로 민주주의 체제와 공산주의 체제 두 진영으로 나누어 놓고, 양쪽을 다 배후에서 지배해 왔었다. 공산주의가 그들이 창조한 가상의 적이었다는 사실은 1991년 그들이 소련을 총성 한번 없이 붕괴시킨 데서 알 수 있다. 냉전 동안 민주주의를 위협하는 거대한 적으로 묘사됐던 소련은 붕괴 후 민주주의 국가들을 침략하기는커녕, 서부와 대항할만한 경제나 산업기반을 보유하지 못한 후진국에 불과했었다는 사실이 고스란히 드러났다. 그러나 이 엄현한 사실은 그들의 통제 하에 있는 세계 언론과 학계에서 은폐했고, 이미 그들의 거짓 정보에 길들여진 인류는 감지하지 못 했다. 그들이 인류를 상대로 진행해 온 정보전쟁의 여파이다. 그러므로 대영제국을 지배하던 금권세력이 전 세계를 무력 대신 경제로 지배하기 위해 공산주의와의 전쟁을 빙자해 모든 국가들을, 자본을 존중하는 유인한 정치제도인 민주주의 체제로 전환시켰던 것이다.

자유무역을 빙자한 제조업의 수출:
'민주화'와 '민영화'를 빙자한 국가 자산 약탈

미국 지배세력의 지시를 받아 일방적으로 금과 달러와의 연계를 끊었던 닉슨 대통령은, 같은 해인 1971년, 공산주의 국가인 중국을 방문해 중국과 수교를 맺어 중국시장을 개방했다. 그 후 시장경제체제로 전환된 중국으로 미국의 제조업을 옮겨가 중국의 값싼 노동력을 활용해 그들의 국제기업들의 이윤을 극대화시키는 정책을 감행했다. 1991년에는 소련을 붕괴시켜 구소련 국가들의 자산들을 '민주화' 라는 명분으로 민영화(privatize)시켜, 그들이 아무 비용도 안 들이고 발행하는 달러로 모두 인수한 후, 그들이 구축해 놓은 시장 경제로 합류시켜 전 세계를 경제로 지배하는 경제제국을 완성했다. 유일무이한 군사 강대국으로 부상한 미국은 구소련 국가들 중 그들의 '민영화' 요구를 저항하던 유고슬라비아를 '민주화'를 거부한다는 이유로 공산주의 붕괴후 그들의 공격용 군대로 전환시킨 NATO 군대로 폭격해 세 국가로 분리시킨 후, 강제로 '민영화' 시켜 그 국가의 국영자산을 인수했다. 1991년 소련의 붕괴와 함께 민주공화국으로 거듭났던 러시아도 미국 지배세력의 1998년 화폐공습으로 경제를 붕괴시켜, 모든 국영자산을 그들이 무한으로 발행하는 달러로 인수했다.

공산주의 붕괴 후 드러난 제국주의 야심 : 테러와의 전쟁 선포

그때부터 새로운 미국의 시대(New American Century)가 열렸고, 미국은 전 세계를 경제로뿐 아니라 군사적으로도 지배했다. 그들의 다음 계획은 1997년 즈비그뉴 브레진스키가 The Grand Chess Board에서 제시 했던 대로, 감히 미국을 대항할 세력이 생기기 전에 미리 제거함과 동시에 전 유럽영토의 10배가 되는 유라시아를 장악해 통제하는 것이었다. 그 계획을 위해 그들은

2001년 9월 11일 이슬람 테러리스트들이 뉴욕 세계무역센터를 여객기로 폭격하는 자작극을 벌여 3,000여 명의 미국 시민들의 생명을 희생시킨 후, 그 폭격을 빌미로 '테러와의 전쟁'을 선포했다. 그리고 그 폭격을 감행한 테러리스트 조직인 알케이다를 소탕한다는 핑계로, 유라시아의 중간에 위치한 아프가니스탄을 시작으로 이라크를 포함한 중동국가들을 침공하는 계획에 착수했다.

중국과 러시아의 대항

1999년 WTO에 가담함과 동시에 세계의 공장으로 부상했던 중국과, 2000년 미 지배세력으로부터 독립을 선언한 푸틴의 러시아는, 미국의 이런 노골적인 제국주의 정책에 공동으로 대항했다. 미국 지배세력의 하수인으로 매수돼 1998년 러시아를 지배세력에게 넘겨주는 '민영화'에 앞장섰던 옐친 대통령의 신임을 얻어 옐친의 후계자로 지명됐던 블라디미르 푸틴은, 2000년 러시아 대선에서 대통령으로 선출되자마자 세계지배세력을 저버리고 민영화됐던 러시아의 산업을 다시 국영화시켰다. 중국 역시 미국 지배세력과의 관계를 잘 유지하며 중국의 제조업의 수준을 미국의 보잉사와 유럽의 에어버스사 다음으로 항공기를 제조하는 세계적인 제조업 기술까지 획득해 경제적으로 내실을 다져왔었다. 그 두 국가는 중국이 주도하는 아시아지역에 위치한 카자흐스탄을 위시한 구소련국가 연합으로 상해 협력조직(SCO)을 정식으로 출범시켜. 미국의 '민주화'라는 명분으로 유라시아에 위치한 구소련국가들을 흡수하려는 제국주의 정책을 대항하는 군사적 동맹을 구축했다. 2003년 미국이 유엔 안보리 결의안을 무시하고 이라크를 침공하자, 2005년 중국의 후진타오와 러시아의 푸틴은 공개적으로 미국의 제국주의적 군사행위를 견제하기 위한 중국과 러시아의 공동 군사훈련을 가동함과 동시에, 미국의 노골적인 달러 남발을 가능하게 하는 달러체제를 도전하는 금을 바탕으로 하는 새로운 통화체제를 구축하기로 합의했다.

미국의 저금리 정책이 가져온 금융위기

미국은 90년대부터 지배세력의 하수인인 연준위의장 그린스펀이 주도한 저금리 정책과 함께 미국 대형투자은행들이 조작한 닷컴마니아로 주식시장에 닷컴 버블을 키웠다가, 2000년 금리를 갑자기 올려 주가를 폭락시켜 약 6조 달러어치의 부를 미국 중산층으로부터 갈취했었다. 개미투자자로 형성된 중산층들을 주식시장으로 끌어들여 자신들이 부풀려 놓은 고가 주식에 '투자' 하게 해 자신들의 주식을 처분한 후 주가를 폭락시키는, 그들이 고대부터 사용해 온 고유의 '양털 깎기' 전술의 일환이었다. 2001년 9·11 직후 또다시 가동된 연준위의 저금리 정책으로 이번에는 주택가격에 버블을 일으킨 후 그 주택을 담보로 한 여러 주택담보대출 계약서를 묶어 증권화하는 파생상품(DERIVATIVE)까지 만들어 판매해, 은행들의 수익을 극대화 했었다. 2008년 또 한 번 국민들의 부를 갈취하는 주가 붕괴를 주도하던 지배세력은 갑작스런 그들의 파생상품 가치의 폭락으로 그 파생상품을 미처 처분하지 못해 대량으로 보유하고 있던 대형은행들이 줄줄이 도산하는 위기를 맞았다. 중국의 후진타오와 러시아의 푸틴은 2005년에 이미 그 사태를 예측하고 준비했던 것이다.

테러와의 전쟁으로 세계경제를 붕괴시키는 계획의 좌절

미국의 지배세력은 1997년 닷컴 마니아를 조작할 당시에 그들이 1971년부터 무한으로 남발해 온 달러의 수요가 그 한계에 왔다는 사실을 인지했었다. 그래서 닷컴 마니아를 조작해 국민들을 상대로 사기행위를 벌였던 것이고, 아시아에서 갑자기 자금을 인출해 유동성 위기를 조성해, 한국을 포함한 아시아 국가들로 부터 급매로 쏟아져 나온 자산들을 그들의 달러로 헐값에 인수했었다. 그때부터 그들은 중국과 한국을 포함한 수출국가들이 벌어들인 수출흑자로 미국 국채를 구매하게 만들어 그렇게 '빌린' 자금으로 미국의 예산적자와 전쟁에 필요한 자금을 충당하고 있었다. 중국과 러시아는 지배세력이 전혀 갚을 의사가 없는 미국 국채를 발행해 수출국가들로부터 돈을 '빌려' 그들의 전쟁 비용을 충당하고 있는 경제식민지 전략을 이미 감지하고 있었다. 원래 미국은 2001년 9·11을 핑계로 시작된 테러와의 전쟁을 빌미로 중동의 원유를 약탈함과 동시에, 그들이 계획한 이란과의 전쟁을 일으켜, 전쟁을 핑계로 세계경제를 붕괴시켜 그들이 소유, 통제하는 IMF가 발행하는 SDR이라는 새로운 세계 화폐를 출범시키는 계획이었다. 그런데 2003년 중국과 러시아가 상임 국으로 있는 UN 안보리가 불허한 이라크 침공을 감행했다가, 미국이 그 전쟁의 명분으로 내세웠던 대량살생 무기(WMD)를 찾지 못하는 바람에 국제사회에서 신뢰를 잃었다. 그러자 미국 군부가 그들이 계획한 나머지 중동국가들과의 전쟁에 참전하기를 거부하는 위기를 맞아 그들의 계획에 차질을 빚었고, 9·11을 빙자해 시작한 테러와의 전쟁으로 5년 안에 중동에서 세계전쟁으로 확산시키려던 계획에 제동이 걸렸

9

다. 그 결과 테러와의 전쟁 시작과 동시에 가동시켰던 세계 전쟁을 빙계로 세계경제를 붕괴시키려던 계획이, 역으로 2008년 그들이 소유한 대형은행들의 위기로 전환됐다. 그들이 보유한 파생상품 가격의 폭락으로 자산가치가 증발해 재무제표상 은행의 도산으로 이어졌던 것이다.

미국의회를 이용한 대형은행들의 구제

미국의회는 미국 지배세력의 대형은행들을 '망하게 두기에는 너무 크다(TOO BIG TO FAIL)' 라는 이유로 약 1.8조의 국채를 발행해 구제해 주었다. 그와 동시에 그들의 연준위는 비밀리에 약 16조 라는 엄청난 달러 여신을 창조해 그들의 은행들에게 제로금리로 '대출' 해 주었다. 은행들은 그 자금으로 증권시장에서 채권과 주식을 구매해 주가 가격을 다시 부풀렸다. 그것으로도 모자라, 경기 활성화라는 명분으로, 그 은행들이 소유한 악성 파생상품들을 '양적완화(Quantitative Easing)' 라는 고상한 용어로 약 4조 달러를 '발행' 해 액면가로 구매해 주어 은행들의 자본금을 충당시켜 주었다. 이 양적완화 정책과 그들이 비밀리에 발행한 16조 달러는, 미국의 중앙은행이 달러를 남발해 전 세계에 유통되고 있는 달러의 가치를 노골적으로 희석시키는 달러 자산을 보유한 국가들의 부를 약탈하는 강도 행위였다. 1971년부터 표시 안 나게 서서히 달러를 발행하며 '인플레이션' 이라는 이름으로 달러를 희석시키며 세계로부터 은밀히 '조공' 을 걷어오던 것을, 갑자기 직면한 도산위기로 다급해진 그들은 이제 노골적으로 남발해야 했다. 그 남발 행위를 더 이상 숨길 수 없게 되자 이를 '양적완화' 라는 '고급' 경제용어로 포장하여 세계경제 '활성화' 라는 명분으로 감행했던 것이다.

중국과 러시아의 전면 경제전의 시작

그러자 2009년 중국과 러시아는 미 지배세력의 이런 노골적인 기축 통화 지위의 남용을 근거로 미국의 달러체제를 전면으로 도전하고 나왔다. 그때까지만 해도 중국과 러시아는 상해협력조직(SCO)을 구축해, '민주화' 라는 명분 아래 저지르는 미국의 행패를 견제하며 미국의 지속된 과잉 달러발행으로 조성해 놓은 거품경제가 빠지는 시기를 기다려 왔었다. 빚으로 인위적으로 부풀려 놓은 경제는 그 한계가 있어 언젠가는 거품이 빠져 붕괴하게 돼있기 때문이다. 중국과 러시아는 지배세력이 금리를 다시 올려 주가 폭락을 유도해 미국 중산층들의 부를 약탈하는 시기와 맞추어, 그들의 파생상품의 거품을 터트리는 은밀한 공격으로 그들의 은행들을 도산으로 몰았던 것으로 추정된다. 2007년 푸틴과 러시아가 새로운 통화체제를 구축하기로 합의한 그 다음 해에 국제은행들의 도산으로 이어졌다는 정황 때문이다. 그들의 은행들의 갑작스런 도산으로 위기에 처해, 달러를 남발해 경제를 지탱시키기에 정신이 없는 틈을 타, 중국과 러시아는 2009년 인도, 브라질, 남아공과 함께 브릭스 (BRICS) 연합을 출범시켜, 회원국가들 사이에 이루어지는 무역을 달러 대신 자국의 화폐로 결제하기 시작함으로 미국 달러 체제를 대체하는 통화체제를 구축해 미국 달러를 무역결제에서 배제하기 시작했다. 세계가 보유해야 하는 달러의 수요를 그만큼 줄여 달러의 기축통화 지위를 약화시키는 전략이었다. 동시에 중국과 러시아는 미국이 자국의 경상 적자와 정부예산 적자를 충당하기 위해 발행하는 국채를 더 이상 구매하지 않았다. 그 결과 2009년부터 새롭게 발행된 미국의 국채는 '양적완화'라는 구실로 연준위가 발행한 달러로 구입해야 했다. 그때부터 미국은 외형적으로는 세계의 가장 부강한 국가인 양 세계를 속였지만 내용적으로는 돈을 찍어 경제를 지탱하는 바나나 공화국으로 전락했다. 그들의 이런 '사기' 행각은 달러가 기축통화였기 때문에 가능했다.

미국을 우회한 새로운 유라시아 시장 개발

중국은 이미 1990년대부터 러시아, 중국, 인도, 중동, 아프리카와 유럽 전역을 관통하는 철도와 항로를 연결시키는 거대한 개발사업을 상해 협력조직 회원국가들과 함께 진행해왔었다. 또한 중국은 2013년부터 본격적으로 구 실크로드를 재현하는 일대일로(One Belt One Road) 프로젝트를 출범시켰다. 2016년 1월에는 미국이 통제해 온 세계은행과 IMF를 대체하는 BRICS 개발은행이 정식으로 문을 열었고, 그 같은 해에 미국이 통제하는 국제금융결제 시스템 스위프트(SWIFT)를 대체하는 칩스(CIPS) 시스템을 구축해 미국의 달러체제를 대체할 준비가 완성됐다. 러시아와 함께 미국의 지배세력과 경제전쟁을 시작했던 2007년의 중국 경제 규모는 미국 경제의 60%에 불과했다. 그러나 2014년 IMF는 구매력 평가지수(Purchasing Power Parity)로 환산해 중국이 미국 경제의 100% 규모로 따라잡았고 2017년에는 115%로 미국을 능가할 것으로 발표했다. 이미 2015년에는 미국이 중국과의 경제전쟁에서 패하고 있다는 사실을 알아차린 미국과 일본을 제외한 G7 국가들이, 미국의 강력한 반대에도 불구하고, 중국이 추진하는 유라시아 지역 개발자금을 조성하기 위해 설립한 ASIAN INFRASTRUCTURE INVESTMENT BANK (AIIB)에 창립멤버로 참여함으로 중국과 합세해 미국을 경제적으로 따돌렸다.

가속화된 미국의 고립과 유럽의 반발

이러한 중국과 러시아가 주도하는 대대적인 경제 연합 구도를 대항해 미국은 중국과 러시아를 제외시킨 환태평양 경제 동반자 협정(Trans-pacific Partnership(TPP))을 출범시켜 한국을 포함한 유럽연합 국가들을 끌어들이는 계획을 추진했다. TPP는 세계 지배세력이 소유한 국제기업들의 결정이 회원국가들의 국내법을 대신한다는 협약으로, 회원국의 법적 자주권을 기업들에게 넘겨주는 법안이 포함돼 있었다. 대한민국, 일본을 포함한 아시아 속국들은 참여 의사를 밝혔으나, 유럽 국민들의 거센 거부로 실패함으로 미국은 이제 G7 국가들 사이에서 마저 경제적으로 고립되고 있음이 드러났다. 그 사실은 2016년 영국국민들이 미국의 통제를 받는 유럽연합에서 탈퇴하겠다는 브랙시트(BREXIT) 국민투표로 확인 됐다. 또한 미국의 달러를 불신하기 시작한 카타르, 나이지리아 같은 산유국가들 마저 달러가 아닌 위안으로 원유를 팔기 시작해 달러의 기축통화로써의 지위는 점점 약화되고 있다. 그러나 미국이 소유, 통제하는 세계 언론은 미국이 경제전쟁에서 패하고 있다는 엄연한 사실을 은폐는 물론, 오히려 2008년 이후 지속돼온 경제 불황 속에서 미국 경제만 유일하게 회복하고 있다고 거짓 보도해 왔다. 지금 진행 중인 정보전쟁의 여파이다.

미국의 중동을 이용한 세계전쟁 재시도

그들이 창조하는 여신으로, 즉 그들이 아무 비용도 안 들이고 '발행' 하는 달러로, 주가를 지탱시키는 게 오래가지 못한다는 사실을 잘 아는 미국의 지배세력은 그때부터 미국의 군사력을 이용한 세계 전쟁으로 판을 뒤집는 계획에 박차를 가했다. 이제 피할 수 없는 경제 붕괴를 전쟁으로 덮고 중동지역의 에너지 자원을 갈취해 그들의 전쟁 비용을 충당하겠다는 계획이었다. '희망과 변화' 라는 구호로 그들이 새로운 지도자로 부상시켜 노벨평화상까지 수상했던 오바마는, 대통령에 당선되자마자 미국 국민들은 물론이고, 전 세계에게 미국의 전쟁 도발 행위를 중단시키겠다던 대선 공약을 노골적으로 저버렸다. 2010년 '아랍의 봄' 이라는 지배세력이 에탄올(ethanol) 붐을 일으켜 고의로 식량 생산을 줄이도록 조작해 일어난 식량난으로 아프리카 지역의 국민들의 폭동을 선동한 후, 그들의 언론을 이용해 그 폭동이 민주화를 요구하는 국민들의 목소리라고 속여, 그 허위보도를 근거로 '민주화' 라는 조작된 명분으로 리비아를 폭격해 카다피를 살해했다. 카다피는 감히 지배세력의 달러를 도전하는 금을 바탕으로 하는 디나르를 발행해 미 지배세력의 우환을 샀었다. 미 지배세력은 2003년 이라크 전쟁 후 중단됐던 중동전쟁 계획을, 미국 펜타곤의 도움 없이 이미 유럽에 배치돼 있는 NATO 군대로 진행했다. 리비아 다음 타깃으로, 2013년 미국은 시리아가 자국민들에게 화학무기를 사용했다는 조작된 증거를 근거로 시리아와 전쟁을 도발해, 시리아의 군사동맹인 이란을 전쟁으로 끌어들여 그곳에서 세계전쟁을 도발할 계획이었다. 그 전쟁으로 중국과 러시아가 주도하는 유라시아 개발의 맥을 끊고 세계경제를 붕괴시켜 그 붕괴를 전쟁 탓으로 돌리려 했다. 지배세력의 그런 계획을 감지한 러시아와 중국은 시리아와 이란과 합세해 러시아와 중국 군함을 페르시아 만에 출항시켰다. 제3차 군사 전쟁이 일어나기 일보 직전이었다. 그럼에도 지배세력이 소유, 통제하는 세계 언론은 시리아 국민들을 보호하기 위한 인도주의적인 이유로 시리아를 공습하려 한다는 허위 보도로, 그 공습이 세계전쟁으로 확산될 수 있는 급박한 상황임을 세계로부터 숨겼다. 하지만 제3차 세계 전쟁으로 확산될 수 있는 사태의 심각성을 감지한 NATO 회원 국가이며 미국의 영원한 동맹국인 영국의회가 이례적으로 영국군의 참전을 불허하는 바람에 미국의 전쟁도발 계획은 극적으로 무산됐다. 이 역시 중국과 러시아에게 경제전에 이미 패한 미국의 지배세력이 전쟁을 도발해 판을 뒤집으려는 의도를 영국의회가 간파했기 때문이었다.

미국의 러시아와의 전쟁 도발 시도

시리아 전쟁계획도 무산되자 2014년 미국 CIA는 조지 소로스의 NGO를 동원해, 아무 비용도 안 들이고 발행한 50억 불을 들여 가짜 시민혁명을 조성해, 구소련 국가인 우크라이나 정권을 전복시켜 러시아와 전쟁을 도발하려 했다. 원래 러시아의 영토였던 우크라이나는 유럽으로 공급되는 러시아의 원유와 자연 가스 파이프라인의 교차로써 러시아의 중요한 경제 허브임과 동시에, 우크라이나의 남쪽에 위치한 크리미아반도에는 러시아에게 전략적으로 중요한 해군기지가 있다. 미국의 하수인들이 내세운 신나치 (Neo Nazi) 정부는 러시아 국민들이 거주하는 크리미아 지역을 폭격해 러시아의 개입을 유도했다. 그러나 그들의 임박한 경제 붕괴를 덮기 위한 수단으로 러시아를 자극해 전쟁을 일으키려는 미국의 수법에 말려들지 않고, 푸틴은 오히려 러시아인들로 형성된 크리미아를 국민들의 투표로 우크라이나로부터 합법적으로 독립시킨 후, 러시아에 정식으로 흡수했다. 지배세력이 통제하는 세계 언론은 러시아가 크리미아를 군사적으로 침략했다는 허위보도로 러시아의 푸틴 대통령을 히틀러로 묘사했고, 그 조작된 정보를 근거로 NATO 국가들과 함께 러시아를 상대로 경제제재를 걸었다. 경제제재는 러시아를 경제적으로 봉쇄시키는 엄연한 전쟁행위였다. 그러나 미국의 그런 경제 공격을 예측한 러시아의 푸틴 대통령은 미리 미국 국채를 처분해 마련해 둔 자금으로 경제제재로 인한 피해를 극소화하였고, 오히려 러시아로 수출을 하던 유럽 국가들이 판로를 잃어 안 그래도 어려운 유럽 경제를 악화시키는 결과를 초래했다.

ISIS의 제거를 빙자한 시리아 공습과 조작된 유럽 난민사태

다급해진 미국은 2015년 CIA와 이스라엘의 모사드가 창조한 용병군인 테러조직 아이시스 (ISIS)를 경제적으로 지원해 시리아에 침투시켜 내전을 일으킨 후, 아이시스를 제거한다는 거짓 명분으로 시리아 정부의 허락도 없이 시리아 영공을 침범해, 시리아 내에서 폭격을 하며 시리아의 전력 발전소, 병원, 교육시설 같은 기관시설들을 파괴했다. 미국의 이런 시리아의 침공은 국제법의 위반임에도 세계 언론은 이 사실을 보도하지 않았을 뿐더러 오히려 '테러와의 전쟁' 의 일환으로 정당화시켰다. 동시에 미국은 조지 소로스의 NGO를 동원해 '인도주의' 차원에서라는 명분으로 시리아 지역의 피난민들은 물론 수단, 소말리아를 포함한 아프리카 '난민' 들에게 유럽으로 가는 차비를 지원해줘 유럽의 난민사태를 일으켰고, 미국 지배세력의 통제를 받는 NATO 회원국가들의 정치인들은 자국민들의 의지와 상관없이 '인도주의' 라는 명분으로 난민들을 대대적으로 받아들였다. 유럽의 난민사태가 그들에 의해 고의로 조작됐다는 사실은 피난처로 더 타당한 시리아 주변의 중동국가들에게는 피난민들을 보내지 않았다는 데서 알 수 있다. 그런 방법으로 미국은 중동 테러범들을 유럽에 침투시켜 테러를 조작해 왔다. 1년 반 동안 지속된 NATO의 공습은, 아이시스를 제거하는 게 아니라 오히려 시리아 정권을 전복시키기 위해 아이시스의 진군을 위한 지원 폭격이었고, 그 결과 2016년 9월에는 시리아 군대가 전멸할 위기를 맞았다.

러시아군대의 시리아 전쟁 출전

미국의 이런 행보를 지켜보던 러시아의 푸틴 대통령은 UN 연설에서 유럽 난민사태를 해결하는 방법은 난민을 받아주는 것이 아니라 그 원인인 아이시스를 제거하는 것이라고 선언했다. 그런 직후, 시리아 정부의 공식 요청에 응해, 미국 CIA가 창조한 아이시스를 제거하는 전쟁에 합법적으로 개입함으로, 그때까지 숨기고 있던 러시아의 월등한 군사력을 세계에 선보였다. 아이시스를 제거한다는 명분으로 불법으로 시리아 영공을 침범해 폭격을 하던 미국의 NATO는 같은 아이시스를 제거하기 위해 시리아의 초청으로 합법적으로 개입한 러시아를 막을 명분이 없었고, 러시아는 불과 3개월 만에 아이시스를 무력화시켰다. 거기다 러시아는 아이시스가 시리아와 이라크에서 약탈한 원유를 탱크 트럭으로 이송해 터키에게 넘겨주면, 그 원유를 이스라엘이 구매해 주는 수법으로 아이시스에게 전쟁 비용을 대주고 있다는 사실을 증명하는 수십 대가 넘는 탱크 트럭의 행렬을 인공위성으로 촬영해 세계에 공개했다. 그로 인해 아이시스가 미국 CIA와 이스라엘의 용병 군대(mercenary army)라는 사실이 입증됐으나, 미 지배세력의 통제를 받는 언론은 이 사실을 은폐했다. 아이시스가 미국과 이스라엘의 용병군대라는 사실은 이슬람 지하드의 정적인 이스라엘을 전혀 공격하지 않을뿐더러 오히려 아이시스 부상자들을 이스라엘의 의료시설에서 치료해주고 있다는 데서도 확인할 수 있다. 그 공개 직후 러시아는 이 원유 이송 루트를 폭격해 아이시스의 자금줄을 차단시켰다. 그러자 미국은 갑자기 러시아와의 국교를 끊고, 러시아가 유럽을 '위협' 한다는 뜬금없는 이유로 NATO 군대를 러시아의 국경에다 배치시켜 공격태세로 들어갔고, 이에 대응해 러시아는 러시아 국민 4천만 명을 동원해 나흘에 걸쳐 핵공격에 대한 대피 준비를 시킴과 동시에 러시아의 핵미사일을 NATO 국가들을 향해 겨냥함으로, 만약 NATO가 전쟁을 도발할 경우 핵무기로 유럽을 섬멸할 준비가 돼 있다는 의지를 확인시켜 주었다. NATO가 러시아의 국경을 포위해 러시아를 위협하고 있는데도 대한민국을 포함한 세계 언론은 러시아가 유럽을 위협하고 있다는 허위보도로 세계를 속였다.

미국 아시아 피벗으로 중국 견제

　미국의 오바마는 아시아 피벗 정책으로 중국과의 전쟁을 도발할 준비도 진행해 왔다. 그리고 그 전쟁의 분쟁지역은 이미 그들이 악의 축으로 지정해 놓은 북한이 위치한 한반도이다. 미국은 이미 중국의 남중국해에서 필리핀, 베트남, 한국, 일본 오키나와 기지를 통해 중국을 군사적으로 포위하고 있고 한국 제주도를 포함한 새로운 해군기지들을 건설했다. 그리고 미국의 군함의 2/3를 아시아로 배치해 미국 태평양 함대로 남중국 해안을 봉쇄해 중국의 해로를 차단시키는 전략이었다. 이런 미국의 노골적인 군사적 배치에 대응해 중국은 남중국 해안에 위치한 스프레트리 섬들을 메꾸어 대규모 해군 기지를 신설했다. 제2차 대전 이후 미국이 UN을 통해 그렸던 해안국경선에 준하면 그 지역은 당연히 중국의 영역이었다. 그러나 그들은 중국이 국제해로를 가로막고 있다는 억지를 부리며 중국의 영역을 부정하고 나섰다. 그러면서 중국이 미국의 해항 권리를 침해한다며 중국의 영역을 고의로 침범하며 중국을 군사적으로 자극해 왔다. 그들은 노골적인 제국주의 이론으로 아시아 태평양 지역도 그들의 통제하에 있다는 주장이었다. 원래 미국의 태평양기지는 공산주의로부터 보호한다는 구실로 유지됐던 것이기 때문에 공산주의 붕괴 후 폐지돼야 마땅했다. 중국의 해군이 미국의 영역인 카리브해를 자유자재로 군함으로 순찰하겠다고 우기는 것과 마찬가지로 미국의 주장은 억지이다.

　그러나 미국은 필리핀을 앞세워 국제중재기관에 남중국해는 필리핀의 영역이라는 억지를 부리는 국제중재재판(Arbitration) 신청을 제출하게 했다. 중국은 그 국제중재기관의 정당성을 인정하지 못한다며 중재에 참여하지 않았다. 그러나 미국의 통제 하에 있는 그 기관은, 중재는 양쪽이 중재를 받기로 합의해야만 이루어지는 것이라는 간단한 이론을 무시한 채, 일방적으로 중국이 남중국 해안에 군사기지를 설치할 권한이 없다고 '판결'을 냈고, 그 조작된 결과를 근거로 미 지배세력은 그들이 통제하는 세계 언론을 통해 중국이 전쟁을 도발하고 있다고 묘사하며 오히려 미국의 도발적인 행위를 정당화 하고 있다. 미국은 중국이 미국의 해로를 위협한다는 조작된 이유로 중국의 영토에 침범하며 중국해군을 오히려 위협하고 있다. 이 사실 역시 한국 언론을 포함한 세계 언론은 보도하지 않고 있을 뿐 아니라 오히려 중국이 미국해군을 위협한다는 식의 허위 보도를 하고 있다.

미국 트럼프 혁명으로 인한 지배세력의 위기

러시아를 상대로 전쟁을 도발하려고 혈안이 돼 있던 미국의 지배세력은 그런 와중에 미국 내에서 그들의 권력을 빼앗기는 반란을 맞았다. 2016년 11월에 진행된 대선에서 지배세력이 후보로 내세워 승리를 맡아놓았다고 믿었던 힐러리 클린턴이 지배세력의 통제를 받지 않는 도날드 트럼프에게 역전패를 당해 트럼프가 대통령으로 선출됐다. 미국의 끊임없는 전쟁과 세계화를 빌미로 추진한 자유무역정책으로 쇠퇴된 미국경제를 바로잡기 위해 자유무역 대신 미국의 이익을 우선으로 하는 '미국 먼저(America First)' 라는 구호를 외친 트럼프가 미국 중상층들의 전격적인 지지를 받아, 지배세력의 후보 클린턴을 제치고 대통령으로 선출되는 반란이 일어난 것이다. 트럼프는 미국 군부와 정보부 안에 존재하는 '하얀 모자(White Hat)' 라는 비밀 애국세력에 의해 은밀히 선발된 후보였다. 빌 클린턴 정부 때인 1996년, 오클라호마 FBI 건물 폭발사건 직전에 의문의 비행기 사고로, 빌 클린턴대통령이 미사일 기술을 중국에 팔아넘긴 증거를 노출하려던 핵심 장성들이 암살당한 사건이 있었다. 그때부터 군의 애국세력은 지하로 숨어 지배세력을 제거하기 위해 비밀리 노력해 왔었다. 특히 애국세력은 1996년 오클라호마 폭발사건과 마찬가지로 9·11 테러 역시 이스라엘 모사드와 CIA가 조작한 자작극이었다는 사실을 너무 잘 알고 있었다. 그러나 그들은 국민들이 희생되는 내전으로 확산될 수 있는 쿠데타보다는 2016년 대선을 활용해 지배세력을 합법적인 시민혁명으로 제거하기로 계획하고 비밀리에 준비해 왔었다. 미국의 애국자세력은 지배세력이 미국 국민들의 여론을 조작하는데 사용해온 무기인 언론매체의 선동방송을 대항해 새롭게 부상한 SNS와 인터넷 매체를 이용해 힐러리와 그녀를 후원하는 오바마 정권의 부정부패를 노출시켰다. 동시에 그들은 지배세력이 오래전부터 사용해 온 투표조작을 사전에 제거해 대부분 무력화시켰다. 그렇게 함으로 이미 경기가 좋아지고 있다는 정부와 언론의 거짓 보도를 불신하기 시작한 미국 근로자 중산층의 지지로 트럼프의 승리를 국민투표로 당당하게 쟁취했다. 그 결과로, 이미 경제전쟁에서 패해 붕괴 일보 직전에 와있어 미국경제 붕괴에 대한 책임을 전쟁으로 덮으려던 지배세력의 계획이 미국 내에서 일어난 국민들의 반란으로 좌절됨은 물론, 그들의 숨겨온 정체가 국민들에게 드러나는 위기를 맞았다.

지배세력의 언론을 이용한 트럼프를 조준한 정보전쟁

제2차 대전 이후 최초로 실존의 위기를 맞은 미 지배세력은 그들이 소유하고 통제하는 언론 매체를 총동원한 정보전쟁 전면전에 나섰다. 지배세력이 주도하는 미국 안의 보이지 않는 내전이다. 그들은 우선 트럼프 정부가 그들의 정적인 러시아와 손을 잡는 것을 막기 위해 미국 NSA를 포함한 정보기관에 심어놓은 그들의 하수인들을 동원해 트럼프가 러시아의 도움으로 선출됐다는 허위뉴스로 트럼프 정권의 정당성을 부인하도록 국민들을 선동해 분열을 조성했다. 그와 동시에 트럼프와 그의 핵심 인사들이 러시아와 동조했다는 허위 러시아공모설로 특검을 임명해 트럼프와 그의 핵심인사들의 '수사'를 시작해 그의 탄핵을 준비했다. 그러면서 그들의 대선 패배에 기여했던 약 200개의 인터넷 뉴스 매체를 '가짜뉴스' 매체로 지정해 일부 폐쇄시켰고, 그들이 소유, 통제하는 GOOGLE, YOUTUBE, FACEBOOK, TWITTER 등을 통해 지배세력을 노출하는 정보의 확산을 억제하며 러시아공모설을 대신 선전했다. 또한, 그들이 통제하는 의회를 총동원해 러시아를 상대로, 러시아가 대선에 개입했다는 증거가 없음에도 불구하고 경제제재를 통과시키는데 성공함으로, 미국의 의회가 미 지배세력에게 매수된 단체에 불과하다는 사실이 알만한 국민들에게 명백히 드러났다. 그러나 아직도 주류 언론에 의존하도록 길들여진 미국 국민들의 대다수는 주류 언론의 조작된 정보에 속고 있어, 아이러니하게도 미국국민들이 미국을 회생시키려는 트럼프 정부의 가장 큰 방해세력으로 부상했다.

트럼프의 고도의 심리전을 이용한 은밀한 지배세력 제거 작전

지배세력의 협조를 받아 국정을 운영해야 하는 트럼프는 지배세력과 타협을 하는 것처럼 속이기 위해 지배세력의 인사들을 주요직에 등용했다. 그러면서 그들의 허위 '러시아공모설' 공격을 허용하여 그가 언론과 지배세력의 공격에 몰리는 것처럼 행동해 그들을 '안심'시켰다. 러시아와 공모설이 허위로 드러날 것을 확신한 그는 오히려 그 공격을 허용해 국민들이 언론을 불신하게 만드는 전략으로 역 이용했다. 그러면서 그들의 전쟁계획에 동조하는 것처럼 시리아에 폭격을 지시하고 지배세력의 정적 이란을 테러국가로 묘사하고 북한과 전쟁을 지지하는 발언으로 세계지배세력을 속였다. 심지어 전쟁을 중단시키겠다고 했던 공약까지 어기고 아프가니스탄에 군을 추가로 파병했다. 그러나 실제로는 사우디아라비아에서 지배세력의 하수인들로 형성된 왕자들의 숙청을 은밀히 도왔고, 한반도에서도 북한을 상대로 핵을 보유한 군함과 폭격기를 출항시키면서 오히려 은밀히 남한과 북한의 평화협상을 허용하는 정책으로 한반도의 전쟁의 불씨를 제거했다. 아프가니스탄에서도 새롭게 파병한 군대로 그들의 마약시설들을 파괴시켰다. 국내에서도 자신이 임명한 검찰총장이 러시아 공모 설 수사에서 자진기피하게 해 마치 연방검찰의 통제를 잃은 것처럼 하면서 은밀히 검찰 감찰관실을 이용해 힐러리 클린턴과 클린턴 재단에 관련된 범죄행위와 오바마 검찰과 FBI의 노골적 은폐는 물론, 오바마 정부가 트럼프 선거단과 트럼프 인수위를 상대로 진행한 불법사찰에 대한 수사 역시 국정감사로 위장해 은밀히 진행 시켰다. 더욱이 트럼프 대통령은 2017년 10월 20일 서명한 대통령

명으로 국가안보를 위협한다는 국가비상사태를 선언해 국가 방위군을 동원시켜 군대로 그들의 CIA 본부에서 컴퓨터 서버를 압수했고, 2017년 12월 21일에는 인권침해와 부패가 국가안보를 위협한다는 이유로 인권침해와 부패에 연관된 자들의 재산을 동결시키는 대통령 명에 서명해 진행시켰다. 여기서 말하는 인권침해는 미국 의회의 지도층과 지배세력의 국제기업 최고경영자들이 연관돼 있는 소아 인신매매 사업을 겨냥한 것이다. 2018년 3월에는 군사재판에 민간인 법률전문가를 활용할 수 있도록 조치하는 대통령 명에도 서명해 지배세력들의 하수인들에 대한 재판을 군사재판으로 진행할 준비를 완성했다. 그러나 지배세력이 소유, 통제하는 언론은 이를 보도하지 않고 은폐하고 있다. 트럼프 대통령이 적폐청산과 관련된 모든 수사를 공개적으로 하지 않고 은밀히 진행하는 이유는 그 적폐에 규모가 워낙 방대해, 만약 공개될 경우 국가의 기능을 마비시킬 수 있기 때문에 국회의원 중간선거인 2018년 11월 전에 공개할 것으로 보인다. 마지막으로 트럼프 대통령은 달러의 발권력을 보유한 연준위를 해체시키는 작업을 은밀히 진행 중이다. 그러므로 트럼프에게 이미 정권을 빼앗긴 지배세력은 그들이 심어놓은 하수인들과 언론을 이용해 트럼프 정부를 끌어내리려는 최악의 발악을 하고 있는 게 현실이다. 그러나 이 역시 대한민국 언론을 포함한 세계 언론은 보도하지 않고 있다.

북한에서 핵전쟁 도발 시도

시리아에서 그들의 계획이 러시아에 의해 또다시 좌절되자, 미국의 지배세력은 최후의 수단으로 북한의 핵미사일 개발을 빌미로 세계 핵전쟁을 도발할 전쟁터를 한반도로 옮겨 북한을 상대로 전쟁을 일으키려 했다. 그들의 최후의 카드인 핵전쟁을 일으키려는 것이었다. 미국 지배세력은 아들 부시 정권 초기부터 (자국의 방어를 위해) 비밀리에 핵을 개발하려고 하는 북한에게 핵기술을 간접적으로 지원해 준 후 북한을 악의 축으로 지정했었다. 그러면서 그들의 직속 군대에 불과한 대한민국 군대를 30만 명씩 동원해 약 2만 명의 미군과 함께 매년 두 차례씩 북한을 점령해 북한 수뇌부를 제거하는 군사훈련을 대대적으로 해왔다. 대한민국 군인들은 물론 국민들이 북한과의 전쟁을 당연하게 받아들이도록 세뇌하기 위해서다. 그럴 때마다 북한은 전투태세를 갖추고 언제 쳐들어올지 모르는 전시상황을 대비해야 했다. 그러므로 북한이 핵을 개발하는 이유는 미국이 핵을 포기시킨 이라크의 후세인, 리비아의 카다피가 핵을 포기한 후 그들에 의해 살해되는 최후를 맞았다는 사실을 잘 알기 때문에 자주방어를 위해서이다. 미국 지배세력의 하수인들로 형성된 대한민국의 보수정권과 언론은 북한이 방어용으로 개발하는 핵미사일을 북한이 남한을 공격하려고 하는 것이라고 온 국민들을 속이는데 공조했다. 만약 북한이 핵을 사용할 경우 북한이야말로 지구에서 존멸하는 자살행위가 될 것임으로 북한이 핵을 공격용으로 사용할 가능성은 아예 존재하지 않는다. 1980년대에 중국이 시장경제에 합류한 후, 1991년 공산주의 소련이 붕괴하자, 김일성은 그때까지 줄기차게 요구해왔던 주한미군 철수마저도 포기할 테니 미국에게 수교를 해달라는 요청을 했었다. 그러나 아버지 부시정권이 이를 거부했었다. 미국이 공산주의와의 냉전이 종결됐고 중국의 시장경제체제를 허용했음에도 북한만은 고립시키려는 것은 북한을 제거하겠다는 지배세력의 의도로 읽었기 때문에 김일성은 자위 방어력을 위해 핵을 개발하기 시작했었다. 북한이 다른 주변 저개발 국가들도 저렴한 노동력을 이용해 경제적으로 발전하는데 유일하게 후진국으로 남아 있는 진짜 이유이다. 최근 중국과 러시아의 중재로 미국이 매년 두 번씩 하는 공동 군사훈련을 중단하면 북한 역시 핵개발을 중단하고 대화에 임하겠다고 했으나 미국과 대한민국 보수정권이 국민들과 단 한 번의 상의도 없이 거부해 무산됐었다. 그러나 이런 사실은 지배세력의 하수인들로 형성된 대한민국 언론에서 은폐해와 국민들은 모르고 있다. 미국은 그들의 군사 지정학적 이유로 남북한을 분리시켜 놓았고 북한을 적으로 묘사해 왔던 것이다. 그런데도 대한민국 정부는 북한이 핵을 개발해 남한을 공격하려 한다는 말도 안 되는 논리로 국민을 속이고 있고 국민들 역시 그 논리를 사실로 받아들여 왔다.

경제전에서 패한 미국의 피할 수 없는 경제 붕괴 위기

그러나 전쟁에서 승리하기 위해서는 자금력이 뒷받침해주어야만 가능하다. 세계지배세력이 미국을 앞세워 전 세계를 제패할 수 있었던 이유는 그들이 1913년에 미국의 민영중앙은행 연준위 (FEDERAL RESERVE BOARD)로 발족시켜 달러의 발권력을 장악했기 때문에 가능했다. 그러므로 제1차 세계전쟁이 그다음해인 1914년 발발했던 것은 우연이 아니다. 또한, 제2차 전쟁 역시 미 지배세력이 미국의 막대한 달러 자금력과 산업기반인 제조업을 소유, 독점했기 때문에 가능했다. 제2차 대전 이후 미국은 그들이 수출로 벌어들인 금을 기반으로 기축통화의 지위를 차지한 후, 1971년 금 태환을 약속했던 국제 협약을 깨고 원유를 달러로만 팔게 만든 후, 금 대신 미국의 국채인 빚을 담보로 발행하는 달러로 전 세계를 지배해왔다. 동시에 그들은 자신들이 소유한 국제 기업들의 제조업을 자유무역이라는 명분으로 중국으로 보내 이윤을 극대화하는 정책으로 미국을 비산업화 시켰다. 그로 인해 불어난 경상 적자를 미국 정부의 신용을 바탕으로 하는 국채를 발행해 줄어드는 세수를 빚으로 충당해왔다. 그 결과 1980년까지만 해도 최대 채권국이었던 미국은 이제 미국의 연 세수의 8배에 달하는 21조 달러의 빚을 진 최대 채무국으로 전락해 매년 1조에 가까운 적자 예산을 국채를 발행해 조달해 온 지 오래이다. 그러나 미국 지배세력이 소유, 통제하는 언론은 이 사실을 은폐하고 있어 세계는 아직도 미국의 달러가 가장 안전한 자산으로 믿고 있다.

중국과 러시아의 미국 경제의 자체적인 붕괴를 기다리는 전략

그래서 2008년 금융위기 직후 미국 지배세력의 이런 처지를 너무 잘 아는 중국과 러시아는 미국의 지배를 가능하게 해왔던 달러체제를 공격하고 나섰던 것이다. 중국은 2008년까지 미국의 가장 큰 채권국가로 보유해 온 달러 국채를 서서히 처분하며 그 대신 금을 비밀리 사서 모았다. 지금 세계의 금의 대부분을 중국과, 러시아가 보유하고 있다. 그러면서 중국과 러시아는 브릭스(BRICS) 연합 국가들과 달러 대신 자국의 화폐로 무역결제를 하는 새로운 통화체제를 구축해 미국의 달러를 우회해 왔고, 그 결과 미국 달러의 수요는 점점 줄어들었다. 실제로 2009년부터 미

국 정부가 발행하는 국채의 90% 이상을 미국의 연준위가 돈을 찍어 구입해 오고 있다는 사실을 미 지배세력이 소유, 통제하는 언론은 물론 학계마저 은폐하고 있다. 이제 미국의 기축통화 지위가 무너지는 것은 시간문제이므로 중국과 러시아는 미국을 경제적으로 고립시켜 달러가 스스로 붕괴하기를 기다리는 전략을 펴고 있는 것이다.

세계전쟁으로 판을 뒤엎고 국가의 빚을 달러를 남발해 그 가치를 폭락시키는 수법으로 떼어먹는 계획에 실패한 미 지배세력은 현재 세계경제를 지탱시키기 위해 그들이 소유한 연준위를 포함한 그들의 통제를 받고 있는 세계 중앙은행들이 아무 비용도 안 들이고 발행한 돈으로, 미국을 포함한 세계 대기업들의 주식을 비밀리 구매하여 상승시킨 주가를 증거로, 경제가 건전하다고 거짓 보도 하고 있다. 유럽과 일본 중앙은행이 이자를 올릴 경우 빚더미에 앉아있는 정부들이 이자를 감당할 수 없어 도산할 것이기 때문에 2008년 금융위기 이후, 유럽중앙은행 (ECB)과 일본 중앙은행이 금리를 올리기는커녕 오히려 마이너스 금리로 가야 하는 이유이다. 경제가 회복 중이라며 곧 금리를 올리겠다던 연준위가 10년 동안 제로 금리에 가까운 저금리 정책을 지속해 온 이유이기도 하다. 그러므로 설상 미국이 전쟁을 일으킨다 하더라도 중국과 러시아는 달러를 붕괴시켜 전쟁을 지속시킬 자금력을 차단시킬 준비가 끝났다.

트럼프와 중국의 페트로 달러를 붕괴시키는 공동 전략

트럼프 정부의 달러 평가절하 계획

2016년 11월 대통령으로 선출된 트럼프 역시 이미 돌이킬 수 없는 미국 경제의 붕괴를 막을 도리가 없다는 사실을 잘 알고 있다. 지배세력은 트럼프에 의해 전쟁계획이 좌절되자, 그 때부터 금리를 올리며 경제를 붕괴시켜 붕괴의 원인을 트럼프에게 전가하려는 계획을 진행하고 있다. 트럼프 역시 경제를 붕괴시켜 그 책임을 연준위를 소유한 지배세력에게 지우기 위해 연준위의 감사를 시킬 계획을 은밀히 추진하고 있다. 중국을 포함한 미국 달러 국채를 보유한 모든 국가들은 달러의 붕괴가 합리적으로 진행되길 바라고 있다. 그래야만 세계적으로 달러를 덤핑해 그 가치가 폭락해 하이퍼인플레이션으로 진행되는 사태를 방지할 수 있기 때문이다. 지배세력은 이미 상상을 초월하는 달러와 달러를 근거한 파생상품을 비밀리에 발행해 놓았으므로 트럼프 정부가 나서서 새로운 달러로 교체해 주기 타당한 국채와 타당치 않은 투기용 달러자산을 분별해 교체해 주어야 한다. 그러므로 트럼프는 미국 경제의 붕괴와 맞추어 정부가 직접 발행 하는 달러로 기존 달러를 합리적으로 절하 시키는 계획을 준비하고 있다. 그래야만 세계의 기축통화인 달러의 붕괴로 인한 세계적 파급효과를 최소화할 수 있기 때문이다. 중국과 러시아는 이미 2013년 G20 회담에서 달러의 붕괴가 가져올 세계적인 충격을 완충시키기 위해 미국이 자진해서 달러를 단계적으로 평가절하할 것을 제안했었다. 그러나 자신들의 이익과 권력유지가 최우선인 지배세력은 이를 당연히 거부했다. 지금도 그들은 경제를 붕괴시켜 세계적인 혼란을 일으켜 그 혼란을 이용해 그들의 위기를 극복할 방안을 찾고 있고, 트럼프는 붕괴와 동시에 연준위를 감사해 지배세력을 제거함과 동시에 그들이 부당하게 취득한 달러 자산을 몰수하려 하고 있다.

중국의 위안으로 거래되는 에너지 선물시장 개장:
'페트로 위안' 의 탄생

중국은 전 세계에서 가장 많은 거래가 이루어지는 에너지의 거래를 위안으로 결제하는 상해 에너지 선물거래소를 2018년 3월 26일 성공리에 개장했다. 결제대금으로 받은 위안을 상해 금 거래소에서 금으로 태환할 수 있어 위안은 이제 금으로 보장되는 통화가 됐고, 이는 페트로 달러를 향한 최종 결정타이다. 더욱이 새롭게 개장된 중국의 에너지 선물 거래소는 지배세력이 자신들이 소유, 통제하는 에너지 거래소를 동시에 폐지해 세계 에너지의 유통을 동결시켜 세계를 혼란으로 몰고 가는 사태에 대비한 새로운 거래소로 구축된 것이다. 지배세력과 트럼프는 누가 달러의 붕괴에 대한 책임을 지느냐만 남았지 달러의 붕괴는 기정사실이다. 최근 트럼프가 발표한 수입관세는 외국에 나가있는 제조업이 돌아오게 유도하기위한 수단이다. 트럼프는 이미 공식 석상에서 미국은 중국에게 무역 전쟁에서 패했다고 인정했다. 트럼프는 경기가 건전하기 때문에 금리를 올리고 있다는 연준위의 주장이 거짓이라는 사실을 노출시키는 목적으로 관세를 부과하고 있을 수 있고 중국 역시 트럼프와 맞장구를 치고 있는 것일 수도 있다. 트럼프는 이미 중국이 주도하는 '일대일로' 유라시아 개발 프로젝트에 참여하기로 중국과 비밀리 합의했다. 달러의 붕괴로 국제적인 신용을 잃게 될 미국이 새롭게 발행하는 달러를 보증해 줄 수 있는 유일한 국가가 금을 가장 많이 보유하고 있는 중국이다. 미국이 다른 국가들과 쌍방무역 협정을 하면서 중국과 그런 협상 없이 일방적으로 무역 전쟁을 시작한다는 것은 지배세력을 속이기 위한 연출일 가능성을 시사한다. 지배세력이 부풀려 놓은 거품이 빠질 경우 자산가의 폭락으로 지배세력의 국제은행들이 세계적으로 줄줄이 도산할 것은 2008년 사태에서 이미 입증됐다. 미국과 유럽의 경제 붕괴로 전 세계가 2008년에 감행했어야 할 세계적인 구조조정을 더 악화된 상황에서 감행해야 하는 과정이 기다리고 있다. 부인할 수 없는 사실은 세계경제의 거품이 빠져 주가 폭락으로 인한 세계적인 불경기가 불가피하다는 것과 전 세계가 새로운 통화 체제가 성립돼 경기가 다시 활기를 찾을 때까지 어려운 과도기를 겪어야 한다는 것이다.

지배세력을 군사적으로도 무력화시킨 중국과 러시아

중국과 러시아는 이미 그들의 군사적 우위를 지배세력의 군대에게 실제 전투가 아닌 가상 공격으로 과시해 왔다. 2014년 4월 러시아는 흑해에 배치됐던 미국의 최첨단 군함인 도널드 쿡호(USS DONALD COOK)를 러시아 전투기에 차용된 최첨단 전자기의 무기로 그 군함의 모든 작동을 마비시켜버린 후 90분 동안 맴돌다 돌아가자 미 해군은 작동이 중단돼 고철 덩어리로 된 미국의 군함을 견인해 가야 했다. 그 군함에 타고 있던 27명의 미 해군 장교들은 귀국하자마자 사표를 제출했다. 그 장교들은 그런 무방비 상태에서 허무하게 희생되기를 거부한 것이다. 2015년에는 시리아전에 참전한 러시아의 반미사일 시스템인 S-400의 위력에

눌려 NATO의 전투기가 감히 시리아 항공을 침범하지 못함으로 러시아의 군사적 우위를 증명했었다. 2016년 4월에는 미 지배세력의 군사전문가가 한 언론과의 인터뷰에서 러시아 군대는 중세기 때나 쓰던 낡은 무기를 소유하고 있다며 러시아의 군사력에 대해 거짓말을 하자 알래스카의 방어를 담당하는 미국기지에 러시아 전투기가 침범해 미국의 북미 대공 방위 사령부 (NORAD) 방어 시스템을 모두 마비시키고 그 지역을 맴돌다 유유히 돌아갔다. 같은 무기로 무장한 중국은 2017년 6월에 일본 해안에서 미국 태평양함대의 군함 피츠제럴드 (USS FITZERALD)호를 마비시킨 후 컨테이너선으로 들어 받아 7명의 해군이 사망했고, 8월에는 싱가포르 해안에서 존 메케인 (USS John McCain)호를 마비시켜 원유를 나르는 유조선으로 박아버려 10명 이상의 해군들이 사망했다. 그 군함들 모두 견인돼야 했었다. 러시아와 중국은 이미 미 지배세력이 자랑스럽게 생각하는 미 해군 함대의 전자기능을 모두 마비시킨 후 순식간에 침몰시킬 수 있음을 미국 군대와 국제사회에게 증명해 주었던 것이다.

미국 핵 방어시스템을 무력화시키는
러시아의 첨단 극초음속(Hypersonic) 핵무기 공개

러시아의 푸틴은 2018년 3월 1일, 전 세계 언론이 주목하고 있는 연례행사에서 이례적으로 러시아가 그동안 비밀리 개발해 온 새로운 무기인 극초음속 미사일(Hypersonic Missile System)을 소개했다. 이는 2004년 아들 부시 정권이 탄도탄 요격 미사일 규제조약(Antiballistic Missile Treaty)에서 일방으로 탈퇴하자 그

때부터 러시아가 비밀리 개발해온 무기였다. 그 초고속 미사일로 미국의 핵 방어 시스템을 가볍게 우회할 뿐 아니라 미국의 기술로 도저히 격추시킬 수 없는 미사일을 컴퓨터 시뮬레이션을 통해 선보여 전 세계에게 러시아의 최신무기를 과시했고, 그 직후 중국 정부도 같은 무기를 보유하고 있다고 발표했다. 이 첨단 핵미사일로 러시아는 핵전쟁으로 판을 뒤집으려 하는 지배세력의 거짓 주장에 현혹된 그들의 하수인들에게 핵전쟁에서도 이미 러시아가 그들을 존멸시킬 준비가 완성됐다는 사실을 공표하는 (병법에서 가르치는) 전쟁을 하지 않고 이기는 정보전쟁의 일환이었다. 페트로 달러를 가능하게 했던 미국의 군사력 역시 중국과 러시아에게 완벽하게 패했다는 말로, 그동안 미 지배세력의 군사력이 두려워 달러로만 원유를 팔아 온 산유 국가들이 이제 금으로 태환이 가능한 위안으로 결제하지 못할 하등의 이유가 없어졌음을 국제사회에 알린 것이다. 그러나 대한민국을 포함한 세계 언론은 이 사실을 은폐하고 있다.

대한민국 국민들의 촛불혁명

천만 다행스럽게도, 미국의 지배세력이 일생일대의 위기를 맞아 자체방어에 정신이 없는 사이, 그들의 속국인지도 모르는 대한민국 국민들은 미 지배세력의 하수인들로 형성된 대한민국 보수정권을 촛불혁명으로 끌어내리는 데 성공했다. 그뿐 아니라 미국에서 트럼프를 선출한 것처럼 미 지배세력의 통제를 받지 않는 문재인 정권을 창출시켰다. 놀라운 사실은 대한민국 언론과 자칭 진보라고 하는 국회의원들까지 합세해 친노라고 하며 문재인 대표를 정치적으로 매장시키려는 유치한 수작을 간파한 국민들이, 그들이 파멸시키려고 작정한 더민주당을 오히려 2016년 4·13 총선에서 지지해 주었다는 점이다. 그들이 과소평가했던 것보다 대한민국 국민들이 현명하다는 증거였다. 박근혜의 탄핵은 이미 세월호 경험을 통해 박근혜 정부가 국민들을 무시하고 오히려 공권력을 이용해 국민들을 탄압하고 있다는 정황에 눈을 뜨게 된 국민들의 분노의 표출이었다. 최순실 국정 농단은 지금까지 국민들이 가졌던 보수세력에 대한 신뢰를 한꺼번에 무너트렸다. 그리고 지금까지 드러난 비리를 통해 삼성이 정부를 통제하는 정부 위에 존재하는 숨은 조직이라는 사실에 대해 알게 됐다.

박정희 정권의 보호무역 정책

제2차 대전 이후 대한민국을 해방시켜 줬다는 미국은 그들이 계획했던 대로 일방적으로 남한과 북한을 갈라놓고 북한에는 공산주의 국가, 남한에는 민주주의 국가를 각각 단독으로 설립하는 과정에서 이를 반대하는 제주 4·3 항쟁을 잔혹하게 진압했다. 그때 국군본부의 진압 명령에 반항했던 14연대에 소속돼있어 여수 순천 반란에 가담됐던 박정희는 그 경험으로 미국이(세계를 속여 온 것처럼) 선의의 국가가 아니라는 사실을 파악했었다. 그는 미국이 대한민국을 그들의 경제 식민지로 만들려는 그들의 의도를 읽고 1961년 5·16 혁명을 일으켜 정권을 잡은 후 대한민국을 지배세력의 경제 제국주의 경제 식민지 정책으로부터 독립시켰다. 그는 그들의 차관을 쓰면 그들의 경제 식민지가 된다는 사실을 알고 일본과 협상해 받아낸 전쟁배상금으로 대한민국의 산업화를 위한 종잣돈으로 활용했다. 그런 후 박정희정권은 그들이 요구하는 자유무역을 거부하고 국내시장을 관세로 보호하는 보호주의 정책으로 대한민국 기업들이 국내시장에서 경쟁력을 키울 수 있게 할애했다. 또한 그는 외국자본이 들어오는 것을 통제했고 모든 은행을 정부가 소유해 대한민국이 통화를 직접 발행했다. 그리고 정부의 신용으로 한국기업들의 지불보증을 해줘 세계적인 기업이 되는데 필요한 자금을 지원했다. 그는 외국기업이 대한민국 기업을 소유할 수 있는 한도를 5% 미만으로 정해 놓아 외국자본이 대한민국 기업들을 통제하지 못하게 했을 뿐 아니라 그 자본을 국내에서 외국으로 빼가기 어렵게 만들었다.

문민정부의 자유무역 정책이 불러온 1997년 IMF

1990년대에 본격적으로 출범한 문민정부는 박정희 정권의 보호무역제도를 민주화라는 명분으로 폐지했다. 그리고 미국이 요구하는 자유무역체제를 도입해 대한민국의 금융시장을 개방하고 대한민국 국영기업들의 민영화를 추진했다. 금융시장이 개방되자 그동안 대한민국 국영은행들로부터 대출받던 금리보다 훨씬 더 저렴한 금리로 돈을 융통할 수 있게 된 대한민국 기업들은 저금리로 융통한 외국 자본들을 이용해 자회사들을 문어발식으로 늘렸다. 그러나 자금이 자유로 유입될 수 있다는 것은 자금이 자유로 유출된다는 것이었다. 1997년 갑자기 대한민국 기업들의 건전성을 문제 삼아 그들의 자금을 급속히 인출해 나가며 대한민국 기업들의 유동성 위기를 조성했고, 외화가 바닥이 나 외환위기로 확산됐다. 그와 같이 1997년 대한민국이 겪었던 외환위기는 대한민국의 부를 약탈하기 위한 미 지배세력의 화폐 기습공격이었다. 그들은 아무 경고 없이 갑자기 유동성위기를 조작해 기업들을 도산위기로 몰은 후, 도산위기에 처한 기업들의 자산들을 그들이 아무 비용도 안 들이고 발행하는 달러로 헐값에 인수해 버렸다. 언론에서 조명됐던 론스타는 비리가 불거지자 그 규모를 숨기기 위해 제한적으로 노출됐던 사건이다. 그들은 그들이 통제하는 IMF를 이용해 위기에 처해진 대한민국 정부에게 구제 금융을 해 주는 조건으로 그때까지 외국기업들이 국내기업을 소유할 수 있는 5% 한도를 50%로 늘리도록 해, 삼성을 위시한 대한민국 주식들을 헐값으로 인수해 알자 대기업들의 대주주자리를 확보했다. 삼성그룹 전체 주식의 5%도 안 되는 주식을 소유한 삼성그룹의 이재용은 지배세력이 진짜 대주주라는 사실을 숨기기 위해 내세운 간판에 불과하다. 그러므로 박근혜 게이트에서 확인된 것처럼 삼성이 정부를 좌지우지했다는 사실은 결코 놀라운 것이 아닌 게, 그들은 삼성을 이용해 적폐 청산의 대상이 된 대한민국 정부는 물론 국정원, 검찰, 경찰 및 군대 수뇌부들과 언론 조직을 아무 비용도 안 들이고 발행하는 돈으로 매수해 통제해 왔다.

미 지배세력의 통제를 받게 된 대한민국 정부와 언론

1997년 IMF 이후 지배세력이 그들의 달러로 대한민국의 국회의원들까지 매수했다는 사실은, 2006년 보수와 진보가 합세해 노무현 대통령의 탄핵을 통과시켰던 것에서 드러났다. 2016년 3월에는 국민들의 의지와 아무 상관 없이 국정원이 15년 동안 추진해온 테러 방지법을 기습 통과시킨 것을 보아도 대한민국 국회의원들은 이미 국민들을 대표하는 것이 아니라 미 지배세력의 하수인들에 불과하다는 사실이 증명됐다. 테러 방지법은 미국이 2001년 9·11 직후 상정해, 이미 그들에 의해 매수된 국회가 만장일치로 통과시킨 법으로, 테러를 방지한다는 이유로 국민들을 사찰하고 비밀리 처벌하기 위해 만들어졌던 법이다. 결국, 이명박 정권이 시작해 각 분야별로 블랙리스트를 작성한 이유는 바로 이 광범위한 테러 방지법으로 대한민국 저항세력들을 통제, 제거할 계획에 의해서였다.

대한민국 국회만 그들의 통제를 받아온 것이 아니다. 미국과 마찬가지로 대한민국 언론들도 이미 지배세력이 직접 소유 혹은 통제해 온 지 오래이다. 공영방송에 사장단을 비롯한 모든 요직들은 미 지배세력이 제공하는 뉴스와이어 서비스에 의존하도록 길들여졌고, 그들의 지시를 저항하는 언론인들은 일찍부터 축출된 지 오래다. 특히 이명박 정권이 출범시킨 종편 뉴스 방송 매체들은 연속적인 뉴스 방송으로 국민들의 생각을 통제하기 위해서였다. 그래서 만일 방송에 출연한 평론가가 기존정책에 반론을 제기할 경우 곧바로 하차시켜, 종편방송을 그들의 견해로 국민들을 세뇌시키는 도구로 사용해 왔다. 문재인 정권이 들어선 후 조중동을 포함한 주류 언론이 국민들의 지지를 받지 못하면서도 정부가 그 기능을 하지 못하게 반대를 위한 반대를 하는 보수파들의 의견을 주 뉴스로 포장해 국가의 분열을 조성하고 있는 원인이다.

문재인 정부의 대북정책 변화

다행히 문재인 정부의 출범은 지배세력의 대한민국을 이용한 북한과의 전쟁 계획을 막는데 크게 기여했다. 그는 우선 미 지배세력의 통제를 받는 군부세력들을 교체시켰고, 미국이 일방적으로 주도해온 대북정책을 이제 공동으로 주도해 갈 것을 선언했다. 그리고 처음에는 사드를 추가 배치시키고 북한을 상대로 미국이 주도하는 경제 및 군사 압박 정책으로 핵을 포기시키는 강경한 정책을 따르는 듯했었다. 그런데 2017년 9월 문재인 대통령이 러시아의 동방경제포럼에 참석했을 때, 한 외신기자가 북한에 대해 질문을 하자 러시아의 푸틴 대통령으로부터 미국(지배세력)의 대북정책의 어리석음에 대해 한 수 배우는 계기가 됐다. 푸틴은 미국이 북한에게 자체 방어를 위해 개발한 핵을 포기하지 않으면 더 강한 경제제재를 걸고 군사적으로 공격하겠다고 하는데 왜 포기하겠냐며, 반대로 중국과 러시아의 북한에게 핵을 포기할 경우 고속 철로와 에너지 공급을 위한 파이프라인을 설치하고 북한의 기반시설에 투자하겠다는 제안이 더 설득력 있지 않겠냐고 반문해 그 기자의 질문을 일단락시켰었다. 그 후 문재인 정권의 대북정책이 군사압박에서 대화 쪽으로 기울어졌고 북한과의 대화를 이끌어내려는 노력으로 평창올림픽에 공동 팀으로 참여할 것을 제안했다. 문재인 대통령 역시 중국과 러시아가 주도하는 경제개발 정책으로 북한을 끌어드리는 게 더 평화적이고 합리적이라고 판단했던 것으로 보인다. 또한, 중국과 러시아와 손을 잡아야 한다는 사실을 뒤늦게나마 깨우친 문재인 정부는 중국을 방문해 그동안 사드 배치로 악화됐던 관계를 개선하는 외교성과를 거두었다. 중국과 러시아 관계의 개선은 문재인 대통령이 지배세력의 통제를 받지 않는 진정한 국민들의 대통령이라는 신뢰를 중국의 시진핑과 러시아의 푸틴에게 심어 주었기에 가능했다.

트럼프 정부의 대북전략

미국의 트럼프는 외형적으로는 북한을 압박해 핵을 포기해야만 대화를 시작하겠다는 지배세력의 전쟁 도발 정책을 지속하는 듯했다. 그러나 막후에서는 오히려 중국과 러시아와 협력해 한반도에서 전쟁의 불씨를 제거하는 정책을 진행했다. 트럼프는 이미 2017년 11월 중국방문 시 중국 시진핑의 주선으로 북한과 비밀리 만났고 그때 이미 중국의 시진핑과 남북을 통일시키는데 합의했다. 그러므로 2018년 1월 신년연설에서 김정은이 문재인 정부가 초청한 평창올림픽에 참여할 의사를 밝힌 것은 그 각본에 의한 것이었다. 문재인 대통령이 남북대화를 이끌어내는데 미국의 힘이 컸다고 언론을 통해 인정한 진짜 이유이기도 하다. 문재인 정권은 평창 올림픽을 이유로 군사훈련을 연기시킴으로 북한과의 회담을 끌어내는 데 성공했다. 그러자 다급해진 미 지배세력은 남북 회담이 진행되는 시간에 맞추어 2018년 1월 13일, 그들의 CIA가 보유한 군함으로 중국 부근 태평양바다에서 하와이로 탄도 미사일을 발사해 북한의 소행으로 조작해 북한을 공격하는 빌미를 만들려 했다. 다행히 그 미사일은 미국 군에 의해 하와이 앞바다에서 피격돼 그들의 계획은 실패했다. 그들의 언론은 전 하와이 주민들을 공포로 몰았던 미사일 경보가 오보였다고 보도했으나 다섯 단계를 걸치게 돼 있는 경보가 오보였다는 말은 터무니없는 거짓말이었다. 그렇게 문재인 정부는 트럼프 정권의 은밀한 지원에 힘입어 회담을 성사시켜 2018년 4월 27일 극적으로 북한과 전쟁의 불씨를 제거하는 역사적인 정상회담을 성사시켰다. 그런데도 그들의 지배를 받아온 보수세력과 언론은 이 역사적인 정상회담마저 비하하고 있는 게 현실이다.

임박한 세계경제의 붕괴

앞에서 보았듯이 세계는 지금 이미 돌이킬 수 없는 미 제국의 붕괴를 직면하고 있다. 미국 달러의 가치가 폭락하는 경제 붕괴와 함께 새로운 세계경제질서로 중국과 러시아를 중심으로 대체될 것이다. 1997년 IMF 외환위기 이후 대한민국은 약 3,600억 달러어치의 미국 국채를 보유하고 있다. 2005년 참여정부 시절 노무현 정권은 외환보유고를 미국 국채 외에 금을 보유하는 다각화 정책을 시도했으나 미 지배세력의 압력 때문에 중단해야 했다. 또한 대한민국의 은행들 역시 미국의 달러 국채를 준비금으로 보유하고 있어 도산을 면하지 못할 것으로 보인다. 그러므로 달러의 폭락은 달러 가치의 하락으로 대한민국 은행들의 도산위기로 이어질 것이고, 대한민국 원화의 가치가 달러와 연계돼 있으므로 달러의 폭락은 대한민국 원화의 가치 역시 국제적으로 하락하게 될 것이다. 특히 국가 GDP의 반 이상을 수출에 의존하고 있는 대한민국 경제는 세계적인 경제 붕괴의 여파로 당분간 판로를 잃어, 기업들이 줄줄이 도산을 하게 될 것이다. 지금도 벌써 구조조정을 했어야 할 많은 기업들이 빚으로 간신히 지탱하고 있다. 그러므로 1997년 IMF를 능가하는 경제 위기로 이어져 현금은 귀해지는 디플레이션과 원화의 하락으로 수입가가 상대적으로 상승해 물가가 오르는 인플레이션이 겹친 스태그플레이션을 피할 수 없게 될 것이다. 그러나 이 붕괴는 세계 경제가 회생되기 위해서는 불치병을 고치기 위해 대대적인 수술을 해야 되는 것처럼 한 번은 꼭 겪어야 할 과정이다. 그나마 다행스럽게도 중국과 러시아가 그리한 붕괴를 대비해 새로운 통화체제를 구축해 놓았고, 미국과 유럽의 경제 붕괴로 축소될 수밖에 없는 수출시장을 대체할 유라시아 시장을 개척해 놓아, 달러의 붕괴로 인한 충격을 완화시킬 준비를 해 온 덕분에 그 여파가 오래가지는 않을 것이다. 지배세력이 창조한 빚에 억눌려 잠재됐던 세계경제가 다시 활성화 돼 더 건전한 세계경제로 발전할 것이다.

가장 중요한 국가사업: 남북통일

우리가 지금 당면한 경제 위기에 대비하는 최선책은 미 지배 세력에 의해 분단된 우리의 조국을 통일시키는 것이다. 그러므로 통일이야말로 경제 위기를 극복하기 위한 최선의 전략으로 대한민국의 미래가 걸려있는 중대한 국가사업이다. 북한은 지금 엄청난 미개발된 자연자원을 그것도 최첨단 장비에서 필요로 하는 아연, 코발트를 비롯한 약 200종류의 6조 달러에서 10조 달러로 예상되는 자연 광물을 보유한 부자 국가인 사실을 미 지배세력의 앵무새 역할을 담당해 온 언론과 학계는 국민들로부터 은폐해 왔다. 오히려 동독과 서독의 경제 수준 차에 비해 남북한의 차이가 너무 심해 통일이 불가능하다는 거짓 정보로 국민들을 세뇌시켜왔다. 실제로 대한민국의 기술력과 북한의 노동력 그리고 자연자원을 합할 경우 우리는 세계에서 가장 경쟁력 있는 국가로 거듭날 수 있다. 미 지배세력은 (제2차 대전 이후 그들의 경제 지배를 유일하게 자체적인 힘으로 저항하며 자연자원을 지켜온) 북한 정부를 전복시킨 후 '민주화' 라는 거짓 명분으로 북한의 자원을 약탈하려는 계획이었다. 북한은 지배세력의 그런 음모를 알고 지금도 방어를 위해 노력하고 있는 반면에 그들에게 세뇌된 사실을 인지하지 못하는 대한민국의 정치인들은 오히려 북한을 우리의 정적으로 묘사하며 지배세력의 이익에 공조해 왔다. 중국과 러시아는 이미 그들이 구축해놓은 신 실크로드 '일대일로'로 전 유라시아를 하나로 연결시키기 위해 제3의 경제 대국인 일본을 연결하는데 없어서는 안 되는 한반도에서 전쟁의 불씨를 제거하고 평화를 안착시키는 노력을 기울여 왔다. 중국의 시진핑 주석이 박근혜 대통령에게 국빈대우를 하며까지 포섭하려고 애썼던 이유였다. 그런데 미국의 트럼프 혁명이 성공함과 동시에 대한민국에서 역시 지배세력의 꼭두각시 정권을 하차시키고, 국민들을 대변하는 문재인 정권이 들어섬으로 한반도의 평화는 실현되고 있다.

아직 끝나지 않은 촛불혁명

그러므로 대한민국 정부가 그 기능을 하지 못하게 국정을 방해하고 있는 옛 친일파의 연속인 보수파 정치인들을 국민들의 힘으로 끌어내려야 한다. 2009년 북 유럽국가 아이슬란드에서는 국민들이 냄비와 프라이팬을 들고 나와 국회를 에워싸 두들겨서 국민들의 의지를 반영하지 않고 미 지배세력의 지시를 따르던 정치인들을 끌어내렸다. 그러기 위해서는 하루속히 언론을 장악해 국민들에게 올바른 정보를 제공할 수 있도록 미 지배세력의 하수인들로 국민들을 속이는데 공조해 온 언론의 적폐를 청산하는 게 시급하다. 1979년 이란혁명을 주도한 이란국민들은 혁명을 일으키자마자 언론을 장악했다. 우리는 일본 강점기 시절부터 1세기가 지난 지금에서야 우리의 진정한 적이 미국의 배후에 있는 지배세력임을 알게 됐다. 거기다 우리는 그들의 고도 정보 전쟁에 속아 북한의 우리 민족을 정적으로 여기도록 세뇌돼 왔다. 다행히 우리는 우리를 숨어서 지배해온 세계 지배세력으로부터 독립할 수 있는 진정한 기회를 처음 맞이했다. 물론 이 지정학적인 변화에 대응하고 피할 수 없는 경제 위기를 극복하려면 우리 부모세대가 대한민국을 전쟁의 폐허에서 일으킬 때 보여준 저력이 다시 한 번 요구되는 때이다. 그러므로 임박한 세계경제의 붕괴를 정면돌파해 전화위복의 기회로 삼아야 한다. 또한, 중국과 러시아와 함께 발 빠르게 유라시아시장을 개척하는 쪽으로 방향을 틀어 재편성되고 있는 세계 속에서 통일된 한국이 그동안 축적된 우리의 저력을 발휘할 수 있는 새로운 기회로 삼아야 한다.

미 제국의 붕괴가 가져올 지정학적인 변화에 대비하는 슬기로움이 절실히 요구되는 때인 만큼, 지금까지 세계지배세력에 의해 조작된 역사의 진실과 그들의 정체, 그리고 그들이 어떻게 세계를 지배해 왔는지를 살펴보도록 하자.

2. 미국의 무기: 달러

2. 미국의 무기: 달러

 우리는 세계 2차 대전에서 승리한 미국이 우리를 일본으로부터 해방시켜 준 후, 자비로 대한민국을 민주주의 국가로 독립시켜 준 것으로 알고 있다. 그러나 사실 우리는 해방 후 줄곧 미국의 경제 및 군사 식민지 국가로 살아왔다. 그리고 미국은 모든 국가들을 시장경제에 합류시킨 후, 자국의 화폐인 달러를 기축통화로 만들어 경제로 세계를 지배해 왔다. 그들의 지배를 가능하게 한 것은 그들이 소유한 세계의 돈인 달러의 발권력이다. 아무 비용도 안 들이고 무한으로 발행할 수 있는 돈으로 그들은 모든 자원과 노동력을 '구매'할 수 있었다. 그리고 지금도 그 돈의 발권력으로 세계를 지배하고 있기 때문에 중국과 러시아가 경제전쟁의 첫 순위로 그들의 달러를 공격함으로 그들의 달러체제를 대체할 새로운 브릭스 통화체제를 구축한 것이다.

 우리는 불행히도 중국에게 조공을 바쳐온 조선왕조의 '양반'들만 위한 계급주의 사회에서 억눌려 살다가 36년 동안 일본제국의 식민지로 국제사회에서 제외돼 국가 없이 살아야 했다. 그러다가 미국의 '도움'으로 1945년 해방을 했으나, 조국이 둘로 나누어지는 비극을 경험해야했고, 그런지 얼마 안 돼 같은 민족끼리 그때까지 들어보지도 못한 공산주의라는 이념 때문에 서로 죽고 죽이는 6·25전쟁이라는 재앙을 겪어야 했다. 그런 후 5·16 군사혁명이 일어났던 1960년대가 되서야 세계 무역 시장에 합류할 수 있었다. 그때에는 이미 달러가 세계의 화폐인 기축통화로 선정돼 보편화된 후이었고, 우리는 달러를 벌어들이기 위해 앞만 보고 달려왔다. 그러므로 우리는 달러를 벌고 쓸 줄은 알았지만 달러가 어떻게 발행되는지에 대해서는 전혀 모르고 살아왔다. 그리고 미 지배세력에 의해 만들어진 대한민국 고등 교육제도는 그들이 세계를 경제로 지배하는 무기인 달러 발권의 이치를 가르치는 것이 사실상 금지돼 왔으므로 그 교육제도 하에서 교육을 받은 경제학자들마저 그 이치를 모를 뿐 아니라, 알아야 할 필요성조차 느끼지 못하고 살아왔다.

미국 달러를 발행하는 민영 중앙은행: 연준위

우리가 알아야 할 사실은 미국의 달러를 미국 정부가 발행하는 것이 아니라 연방 준비 위원회(Federal Reserve Board)라는 사유의 민영중앙은행이 발행한다는 것이다. 연준위라는 이름 앞에 연방(Federal)은 Federal Express 앞에 붙은 연방(Federal)과 다를 바 없는 형용사이지 미국 정부에 속한 기관이 아니다. 그리고 지금도 대부분의 미국 국민들마저 베일에 가려진 그 중앙은행의 주주가 누구인지 알지 못한다. 그러나 2008년 월스트리트 대형은행들이 도산 위기를 맞자 정부가 나서서 구제해줌으로 골드만 삭스, 모건 스탠리, 씨티은행, 뱅크 오브 아메리카, 제이 피 모건 같은 대형은행들을 소유한 로스차일드와 록펠러를 비롯한 국제금융 가문들인 것이 드러났다. 그것뿐 아니라 1913년 미국 국회가 법안을 통과시켜 설립시킨 이 민영은행 연준위는 미국 정부의 산하 기관이 아니므로 정부의 제재를 전혀 받지 않는다. 연준의의 이사장을 대통령이 임명하게 되어 있으나 실지로는 연준위가 미리 '선정' 한 후보 중 한 명을 임명하는 것으로, 대통령의 임명권한은 상징적이다. 연준위의 이사회는 이사들 역시 외형적으로는 대통령이 임명하게 돼 있으나 그 역시 상징적 권한에 불과하다. 2008년 금융위기 이후 2010년 연준위가 설립된 지 거의 100년 만에 처음으로 미국 국회가 연준위에 대해 부분적 감사를 시행했고, 그 감사를 통해 연준위가 2008년 금융위기 직후 16조 달러에 달하는 천문학적인 금액을 0% 이자로 여신을 일으켜 그들이 소유한 미국 은행을 포함한 유럽과 일본은행에게까지 비밀리 대출해 준 사실이 드러났다. 무이자로 그냥 선사했던 것이고, 그러면서 전 세계가 소유하고 있는 달러의 가치를 희석시켰다. 그러자 국회 소위원회에서 버냉키 의장을 소환해 그 대출 조건과 이유를 묻자, 그는 미국정부의 제재를 받지 않는 기관이므로 답을 할 의무가 없다며 거부했고, 그 소위원회는 더 이상 추궁하지 못하였다. 그러면서 이런 엄청난 남용은 연준위를 소유한 자들이 소유하고 통제하는 언론과 학계 아무 데서도 거론되지 않았다. 그렇게 0% 이자로 대출을 한다는 것은 그 돈을 갚을 의무가 없다는 말이다. 그렇다면 연준위가 그동안 얼마나 많은 돈을 그런 식으로 비밀리 발행해 왔는지 알 수 없는 대목이고, 미국이 1960년대에 벌인 베트남전쟁의 비용 역시, 불란서의 드골 대통령이 의심했던 대로, 그런 식으로 달러를 발행해 충당했던 것이다.

미국 정부가 국채를 주고 빌려 쓰는 돈: 달러

미국 달러를 민영은행인 연준위가 발행한다는 말은 미국 정부가 세금으로 거둬들이는 세수가 예산을 집행하는 데 모자랄 경우 미국 재무부가 미국의 달러를 직접 발행 하는 게 아니라, 필요한 금액만큼 미국이 국채를 발행하여 연준위에게 주면 연준위가 그 국채만큼 달러를 발행해 미국 정부에게 빌려준다는 것이다. 그러면 미국은 그 빌린 달러로 모자라는 정부 예산을 지급하고 그 액수에 대한 원금과 이자를 연준위에게 갚아야 한다. 만일 원금을 갚지 못할 경우 이자만 지급하고 원금은 부채로 남는 것이다. 참고로 2018년 4월 기준으로 미국의 부채는 21조 달러가 넘는다. 원금은 못 갚아도 부채에 대해 이자는 매년 갚아야 하니 매년 세수의 일정 부분을 이자를 갚는데 사용해야 한다. 미국이 매년 걷어 들이는 세수가 약 2.4조 달러이니 미국의 부채는 세수의 약 9배가 된다. 미국의 연 예산은 3.4 조 달러로 (약 0.4조는 이자를 상환하는데 쓰이고) 매년 약 1조에 달하는 적자를 내고 있어 미국 정부의 전체부채는 매년 증가하고 있다. 미국의 매년 적자인 1조 달러가 얼마나 큰 금액인지는 대한민국의 연 GDP 1.3 조 달러와 맞먹는 숫자라는 걸 보면 알 수 있다. 또한, 그냥 숫자로만 봐서는 그 규모를 알기 어렵다. 1백만(MILLION) 달러의 1,000배가 10억(1 BILLION) 달러이고 10억 달러의 1,000배가 1조(1 TRILLION) 달러이다. 초 단위로 환산해 보면 1백만 달러는 며칠이고, 10억 달러는 몇 십 년이고, 1조 달러는 몇 만 년이다. 그만큼 1 조 달러는 어마어마한 금액인 것이다.

그렇다면 연준위는 무엇을 담보로 그 많은 돈을 발행할 수 있는 것인가를 묻지 않을 수 없다. 왜냐면 연준위가 그 돈을 쌓아놓고 있다가 빌려주는 게 아니기 때문이다. 기막힌 사실은 연준위는 미국으로부터 받은 국채를 담보로 그 국채금액만큼 연준위가 돈을 아무비용도 안들이고 '창조(발행)'한다는 것이다. 그 말은 곧 미국의 달러는 미국 정부가 그 국채를 갚을 것이라는 미국 정부의 신용을 바탕으로 미국정부가 아닌 연준위가 연준위를 소유한 국제은행가들의 은행들을 통해 '창조,' 즉 '발행'한다는 것이다. 그렇다면 왜 정부가 국채만큼 달러를 직접 발행하지 않고 연준위와 그들의 은행들로부터 이자를 지급해가며 빌려야 하는 것인가를 묻지 않을 수 없다. 그 질문의 답을 이해하기 위해서는 사유 민영중앙은행을 1694년 최초로 시작한 영국은행의 시발을 보아야 한다. 그리고 영국은행의 시발을 알기 위해서는 먼저 돈의 원리를 이해해야 한다.

3. 돈의 원리와 화폐발권력의 시발

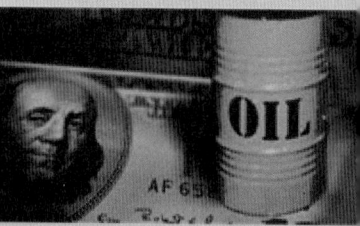

3. 돈의 원리와 화폐 발권력의 시발

우리는 돈은 공기와 물처럼 당연하게 알고 우리 생활에 필요한 모든 거래에 사용하고 있다. 문제는 그 돈을 벌고 쓸 줄을 알지만 그 돈이 어떻게 만들어지는 지에 대해서는 알지 못하고 있다는 것이다. 모르는 이유는 돈 장사야말로 장사 중 가장 고수의 장사이기 때문이다. 그래서 미국을 통해 세계를 지배하는 그들이 돈 장사의 비법을 비밀로 하고 있는 것이고 학교나 언론에서 가르치는 게 금지돼 있는 것이다. 그리고 지난 수천 년 동안 그 돈 장사는 세계지배세력을 형성하고 있는 유대계 환전꾼들이 독점해 왔다.

우리가 사용하고 있는 화폐는 원래 금과 은의 파생상품이다. 6000년이 넘는 인류 역사 동안 돈은 항상 존재했다. 그리고 어느 문명이든 그 돈의 역할은 금과 은이 했다. 그러나 금과 은은 가지고 다니기 불편할뿐더러 도둑을 맞거나 강도를 당할 수 있다. 그래서 금과 은은 보관해 주는 보관창고에 맡겼다. 그리고 그 보관증을 돈 대신 유통하기 시작했다. 그 보관창고가 지금의 은행인 셈이다. 물론 그 보관창고가 신뢰할 수 있는 곳이어야만 맡길 것이고 그곳에서 발행한 보관증을 금, 은 대신 돈으로 유통할 수 있었다. 그 보관창고 소유자들은 보관증을 발행한 후 금을 찾으러 오는 고객이 10중에 1도 안 된다는 사실을 발견했다. 그러자 그들은 보관하는 금에 10배의 보관증을 발행해도 그 보관증을 가지고 금을 찾으러 오는 고객은 1밖에 없다는 점을 이용해, 보관하고 있는 금의 10배의 보관증을 발행해 이자를 받고 빌려주기 시작했다. 그럴 경우 보관하던 금하나에 그것의 열 배가 되는 보관증을 발행해 열 배의 이자를 벌 수 있었고 그 보관증이 지금의 은행이 발행하는 약속어음, 즉 화폐가 된 것이다.

그래서 그들이 보유한 금의 10배가 되게 '창조' 된 허위보관증으로 거래가 이루어지게 되었다. 그런데 평상시에는 잘 돌아가다가 전쟁이 나던지 지변이 있을 경우 한꺼번에 금을 찾으러 오는 경우가 있을 때는 보관하는 금을 능가하는 보관증이 돌아와 은행이 도산을 하게 됐다. 그럴 경우 금이 모자라는 은행에게 그 비상사태를 극복할 수 있도록 금을 빌려줄 수 있는 은행들의 은행 역할을 할 수 있게 카르텔을 조직했다. 그리해 멤버은행들로부터 금을 빌려 금이 모자라는 은행에게 잠시 빌려주는 역할을 했다. 그 카르텔을 훗날 은행가들은 자신들이 돈으로 매수한 정부를 통해 '중앙은행'이라고 제도화했다.

은행의 시작은 이러했다. 금과 은을 소유한 은행이 발행한 '보증수표'가 금과 은 대신 돈의 역할을 하게 된 것이고 보유한 금과 은보다 10배가 되는 존재하지 않는 '증' 에 불과한 어음·수표를 발행하여 이자를 받고 융자를 해 주니, 보유한 금과 은, 즉 준비금(RESERVE)의, 10배가 되는 금액에 대한 이자놀이를 할 수 있었고, 이런 제도를 부분 준비금 제도(Fractional Reserve System)라고 하는 합법적 제도가 된 것이다. 이 제도는 그러니 정부가 법으로 은행이 보유한 준비금의 10배가 되는 존재하지도 않는 돈을 빌려주어 합법적으로 그 허구의 돈의 이자를 벌 수 있도록 은행가들을 위해 만들어진 속임수 제도이다. 여기서 알고 지나가야 할 중요한 사실은 시장에 화폐로 유통되는 모든 '돈'은 중앙은행이 아닌 사유 은행들이 '창조'한다는 것이다. 지금도 우리는 돈이 국가가 소유한 중앙은행이 발행하는 것으로 알고 있다. 실제로 1997년 IMF 금융위기 전까지는 대한민국은 정부가 소유한 한국은행이 발행했다. 그러나 미국 연준위의 사례에서 보았듯이 그중앙은행이 정부 소유가 아닌 사유인 민영은행으로 발전했다. 또한 미국 정부가 발행한 국채를 받고 연준위가 '발행'하는 달러는 전 세계에 유통되고 있는 달러에 비해 극소수의 일부에 불과하다. 그 이유는 그렇게 연준위에 의해 발행된 돈을 정부가 빌려 정부의 지출로 소비하면 그 돈을 받은 자들은 다시 그 돈을 민영 은행에 예금으로 맡기게 되고, 은행은 그 예금을 준비금으로 간주해 그 예금의 10배를 부분준비제도에 의해 '창조'해 대출을 해 주기 때문이다. 고로 현재 유통되는 대부분의 돈은 사유 민영은행들이 10배로 늘려 '발행'한 것이고, 그렇게 은행에 의해 새롭게 '발행'된 돈은 은행의 원부(ledger)에 기록됨과 동시에 '존재'하게 되는 것이다. 그러므로 현재 유통되고 있는 돈의 대부분(98% 이상)은 민영은행들이 무에서 여신(credit)으로 '창조'해 낸 것이다.

우리 모두 알다시피 돈은 사회가 돌아가는 데 없어서는 안 되는 것이다. 그러나 그 돈의 시작은 이렇게 원래 돈인 금과 은의 보관증이 금과 은을 소유한 은행이 발행하는 보증수표로 발전해 사회가 은행의 어음·수표를 돈으로 사용할 수 있게 된 것이다. 그러나 예부터 유럽에서는 종교를 이용해 이렇게 이자를 버는 돈 장사를 고리대금업(usury)이라고 하며 금지했다. 즉 고리 대금업을 부도

덕하고 미천하게 여기도록 신도들을 세뇌시켰다. 그러나 로마제국의 붕괴 후 그 당시 유럽을 종교로 지배했던 로마교의 교황청은 유대인 상인들에게만 이자놀이를 허용했다. 역사를 자세히 들여다보면, 그렇게 이자놀이를 천하게 여기도록 모두를 세뇌시킨 후 유대인 상인들이 돈 장사를 독점해 왔다는 사실을 알 수 있다. 고로 유대인은 부를 유지하는 수단으로 금과 은을 보유했고 또한 금은을 보관하는 보관업(goldsmith)에 종사했다. 그러면서 그들은 그 속임수에 넘어간 인류를 가축과 다름없는 멍청이들이라고 비웃어왔다는 사실을 알 수 있다. 지금 그들이 돈을 보관해 주는 은행을 소유하게 된 것은 그러므로 그들의 '보관업'의 연속인 것이다.

영국 중앙은행(Bank of England)의 시작

모든 사회가 그랬듯이 원래 유럽에서 부의 측정은 토지였다. 토지를 소유한 자들이 토지를 빌려주고 대가로 농작의 일부분을 받았다. 봉건주의 사회에서는 그러므로 왕과 귀족들은 토지를 소유한 자들이었고 그들의 수익은 농작물이었다. 왕실의 경우 세금도 농작물이다 보니, 특히 전쟁을 일삼는 왕실의 경우 앞으로 들어올 농작물을 담보로 돈을 빌려야만 군비를 충당할 수 있었다. 전쟁에서 이긴 후 전쟁에서 확보한 전리품으로 갚을 수 있었으나, 왕이 전쟁에서 패할 경우에는 전리품이 없어 오히려 갚지 못할 경우가 허다했다. 그러니 자연히 왕에게 군비를 빌려주려는 귀족들이 없었다. 그렇다고 군대를 가진 왕의 재산을 강제 압류한다는 것은 불가능하니 왕의 신용은 자연히 떨어져 신뢰받지 못하게 되었다.

오히려 금과 은을 소유한 대부업자들, 즉 은행들의 일종의 금 보관증이었던 은행의 보증수표가 더 신뢰를 받았다. 그러므로 왕은 은행가들이 발행한 수표를 빌려 군비를 충당해야 했다. 그때 숫자에 밝은 이 유대계 은행가들이 왕에게 기막힌 거래를 제안했다. 왕이 이자와 원금을 갚겠다는 약속 어음을 가져오면 그 약속어음만큼 그들의 보증수표로 빌려주겠고, 원금은 안 갚아도 되고 이자만 지급하면 된다는 것이었다. 그 약속어음이 지금 국가들이 발행하는 국채이다. 그렇게 무한정으로 돈을 빌려주는 대신 왕은 그 왕국의 모든 시민들의 세금을 그들이 발행하는 수표로 내도록 하는 법을 만들어달라는 것이었다. 시민들은 자연히 세금을 내기 위해 그들의 농작물을 팔아 그 수표로 바꾸어 세금을 낼 것이고 그러면 왕은 시민들이 내는 세금으로 걷은 수표의 일부로 이자만 갚으면 되고 원금은 천천히 상환해도 된다는 것이었다. 왕은 필요한 전쟁 비용의 수십 배가 되는 자금이 한꺼번에 생길 뿐 아니라 그가 시민들로부터 걷는 세금으로 이자만 갚고 원금은 안 갚아도 되니 마다할 이유가 없었다. 왕의 입장에서 볼 때 너무 좋은 제안이었으므로 곧 수락했다. 그것이 1694년 영국은행(Bank of England)이 사유 중앙은행으로 시작하게 된 계기이다.

영국 화폐의 발권력이 민영은행으로 넘어간 이유

약 50년 동안 지속된 불란서와의 전쟁 때문에 영국의 윌리엄(William) 왕실은 1693년 전쟁(War of the League of Augsburg)에 필요한 자금이 부족했다. 그로부터 20년 전 찰스왕 2세(King Charles II)가 금 보관업자들에게 빌린 자금을 갚는 것을 거부하

는 바람에 보관업자들이 도산하고 약 10만 명의 예금자들이 돈을 잃는 사건이 있었던 관계로, 신용이 바닥을 친 영국왕실은 전쟁 비용을 마련할 길이 없었다. 1694년 은행가들이 윌리엄 왕에게 영국은행의 설립을 요청해 그가 필요했던 자금보다 더 많은 자금을 융통할 수 있게 해주는 조건으로, 영국은행이 발행하는 어음을 영국에서 법으로 사용하도록 지정한 법정화폐(수표)가 된 것이다. 그리고 왕실이 자금이 모자랄 때는 언제든지 정부의 약속어음인 국채를 발행해 영국은행에게 주면 그 국채를 담보로 수표를 더 발행해 왕실에게 제공했고, 왕은 원금 대신 이자만 갚으면 됐다. 그리고 국민들은 세금을 영국은행 수표로 내야 하니 당연히 영국은행 어음의 수요는 늘었고 영국 안에서 유통되는 법으로 정한 '화폐'가 되었다. 이렇게 해 영국의 왕이 결국 그 국가에서 사용하는 화폐를 직접 발행하지 못하고, 은행가들에게 이자를 내고 빌려서 그들이 발행을 하는 화폐를 사용하게 됨으로, 영국의 화폐 발권 권한이 은행가들에게 넘어간 것이다. 그리고 2년도 채 안 되어 영국은행이 과잉 발행한 수표 때문에 금으로 태환하려고 찾아온 국민들의 수요를 감당할 수 없는 도산위기가 발생했다. 그러자 영국은행에게 의존하게 된 윌리엄 왕실은 은행가들의 요청에 의해 영국은행이 금, 은으로 그들의 화폐를 태환해 주어야 하는 의무를 법으로 없애버렸다. 그때부터 영국은행이 발행하는 어음인 '화폐'는 금 대신 영국왕실의 국채만을 담보로 금과 은 없이 발행하게 됐다. 영국왕실의 국채, 즉 영국 정부의 빚이 금과 은이었던 준비금으로 대체된 것이다. 그렇게 그들은 영국 왕이 직접 발행했어도 될 '돈'을 은행이 발행하면서, 왕으로부터 왕이 발행할 수 있었던 그 돈에 이자까지 그들에게 내도록 할 수 있었다. 그리고 왕의 권력으로 금과 은 대신 은행들이 발행한 어음으로 받아가게 하므로 은행들은 그들이 보관해야 했던 금과 은을 더 이상 보관하지 않아도 됐던 것이다. 이 모두 왕이 직접 할 수 있었던 것을, 국민들이 왕실의 신용을 신뢰하지 않는 바람에, 국민들이 신뢰했던 은행을 통해야 했다. 그러다 보니 자연스럽게 왕은 은행가들에게 빚을 지는 신세가 됨으로, 자신의 공권력을 은행가들에게 넘겨주는 결과를 가져왔다.

물론 윌리엄 왕이 정말로 그런 식으로 속아 넘어갔었던 것은 아닙니다. 실제로는 네덜란드의 왕자였던 그가 영국의 왕이 될 수 있었던 이유가, 그가 영국을 정복할 수 있도록 유대인 은행가들이 그에게 자금을 대주었기 때문이었다. 그 도움의 대가로 그가 영국 왕실을 장악하고 나면 은행가들에게 영국은행을 넘겨주기로 약조했었던 것이고, 앞에서 설명한 이론이 왕이 은행가들에게 영국은행을 넘겨주는 명분으로 활용됐던 것이다. 그리고 윌리엄 왕은 영국의회의 동의를 받고 다스려야 하는 입헌군주제를 허용함으로 왕실의 권력을 의회와 공유해야 했다. 그때부터 영국의 돈을 발행하는 은행가들이 지금처럼 의원들을 그들이 발행하는 돈으로 매수해 영국의 실제 주인이 됐다. 세계지배세력에 의해 기록된 역사책에 1688년에 그의 부인 메리(Mary)와 함께 윌리엄이 영국의 왕으로 즉위한 때를 '위대한 혁명(Glorious Revolution)'으로 기록하고 있다. 그 이유는 지금의 세계지배세력인 은행가들이 영국을 침투한 후 윌리엄 다음으로 예수회가 통제하는 신성로마제국의 독일계 하노버가문의 조지왕(King George)이 왕권을 이어받아 영국을 영국제국으로 부상시켰기 때문이다.

결국, 윌리엄 왕이 영국의 통화발권력을 민영은행인 영국은행으로 넘겨 준 후, 영국은행은 영국의회를 돈으로 매수하여 불과 2년 후 그들이 보유한 금과 은 대신 영국의 빚인 국채를 담보로 통화를 발행할 수 있게 됐고, 그렇게 무한으로 발행할 수 있게 된 영국의 돈이 해가 지지 않는 나라 대영제국에 필요한 자금줄이 됐다. 대영제국의 부는 그러므로 모두 은행가들이 소유한 동인도회사가 독차지했고 영국제국은 열심히 영국은행에게 이자를 갖다 바쳐야해 영국은행의 통제를 받게 됐다. 1815년 나폴레옹을 영국이 주도한 연합군으로 워털루 전쟁에서 패배시킨 후, 그 승리 사실을 먼저 입수해 거꾸로 나폴레옹이 이긴 것처럼 영국 증권거래소에서 국채를 내다 팔아 영국 국채가격을 폭락시킨 후, 헐값에 재인수하여 하룻밤 사이에 영국은행을 독차지하게 됐던 메이어 로스차일드가 '내게 돈의 발권력을 주면 누가 왕이 되어도 상관없다' 라는 명언을 남기게 된 이유이다. 그 후 유대계 금 보관업자로 시작했던 메이어 로스차일드는 나머지 유럽 국가들의 중앙은행들마저 다 소유하게 돼 전 유럽 국가들의 화폐 발권력으로 유럽의 경제를 장악하게 되었다.

미국 독립전쟁의 진짜 이유

영국의 식민지였던 미국이 독립전쟁을 하게 된 숨은 이유도 영국은행이 1751년 영국의회를 움직여 통화조례법(Currency Act)를 통과시켜 미국 식민지가 자체로 발행한 통화를 불법화하여 영국은행이 발행한 수표인 파운드만 사용하게 했기 때문이다. 1776

년 미국의 독립선언과 함께 시작된 독립전쟁이 영국이 그 당시 불란서를 포함한 유럽 국가들과의 전쟁 때문에 미국의 '승리'로 끝난 것은 사실이나, 전쟁 비용을 감당하느라 빚을 진 미국 독립정부는 1791년 로스차일드에게 미국의 민영은행인 '미국 제일은행(First Bank of the United States)' 설립을 승인해 주고 그 은행의 돈을 빌려 써야 했다. 그때부터 그들의 민영은행이 부분준비제도에 의해 미국 돈을 '창조' 할 수 있게 됐다. 로스차일드는 영국은행을 소유한 후 영국을 통제하게 됐다. 미국을 설립한 창시자들은 미국의 헌법 작성 시 이미 사유 중앙은행인 영국은행에 대해 잘 알고 있어 오직 국회만 금과 은으로 된 동전을 통화로 발행할 수 있도록 헌법 자체에 규정 해 놓았었다. 그러나 재정이 어려워진 미국의 최초 대통령 워싱턴은 로스차일드에게 미국 안에서 사유은행의 설립을 허락해 전쟁 비용을 충당하기 위해 빌렸던 정부의 빚을 그들 은행들로부터 받은 대출로 갚아야 했다. 그렇게 로스차일드가 소유한 은행들이 미국의 돈을 부분준비금제도에 의해 '창조' 할 수 있게 됨으로 새롭게 태어난 미국 정부는 그 은행에게 빚을 져야 했다.

토마스 제퍼슨의 재허가 거부로 도발된 1812년 영미전쟁

미국의 토마스 제퍼슨 대통령은 은행들이 미국의 통화를 팽창했다가 갑자기 수축시켜 모든 부를 국민들로부터 빼앗을 수 있기 때문에 상비군(standing army)보다도 더 미국인들의 자유를 위협한다고 하며 1811년 로스차일드의 은행의 재허가를 거부했다. 제퍼슨이 은행의 갱신을 불허하자 로스차일드는 영국을 움직여

1812년 전쟁을 일으켰고, 그 전쟁 역시 다시 한 번 미국의 '승리'로 끝났으나 그 전쟁 비용 때문에 또다시 미국 정부는 로스차일드에게 은행설립을 허락해야 했다. 미국이 전쟁에 '승리'한 이유는 로스차일드는 그 전쟁을 일으켜 전쟁에서 이기는 것이 목적이 아니라, 전쟁으로 미국이 빚을 지도록 하는 게 목적이었기 때문이다. 아주 좋은 예로 제2차 대전 이후 그들이 배후에서 조종하는 미국이 한국전쟁, 베트남 전쟁 등에서 패한 것으로 알고 있으나, 그것은 전쟁에서 이기는 것이 목적이 아니라 그 국가들을 빚으로 멍에를 씌우기 위해서였다. 베트남 전쟁을 통해 미 지배 세력이 소유한 무기업자들은 엄청난 돈을 벌었고, 이유도 모르고 징병됐던 5만 명의 미군의 목숨이 희생됐다. 그러나 베트남 전쟁이 종결된 후 그 전쟁에 승리했던 호치민 정부는 그 전쟁 비용을 대기 위해 진 빚 때문에 1990년대에 미 지배세력이 통제하는 IMF로부터 대출을 받아야 했고, 그 대출 조건으로 미국의 전쟁 비용을 모두 배상해줘야 했다. 그런 식으로 미국을 지배하는 은행가들은 베트남을 그들의 달러체제에서 제외시켜 발전을 못 하게 만들어 빚을 지게 한 후, 시장경제에 합류시켜 그 빚의 이자를 물기위해 온 국민들이 열심히 일해야 하는 경제 식민지로 만드는데 성공했던 것이다.

미국의 민영 중앙은행 연방 준비 위원회(연준위)의 설립

그런 식으로 꾸준히 미국에 민영은행을 설립해 돈을 벌어온 로스차일드를 포함한 제이피 모건, 록펠러 같은 은행가들은 결국 1913년 영국은행과 유사한 미국의 사유 민영중앙은행인 연준위를 설립하는데 성공했다. 앞에서 지적했듯이 연준위에게 미국의 달러 발행권을 넘겨준 것은 통화의 발권력을 의회에게만 부여한 미국의 헌법을 위반하는 행위였다. 그러나 미국의 대법원도 국회도 그 위헌을 문제 삼지 못했을 정도로 그들의 금권을 바탕으로 한 권력은 막강했고, 그렇게 해 그들은 그들이 선정해 대통령으로 당선시킨 우드로 윌슨을 통해 미국 정부의 달러 발권력을 완벽하게 갈취하는 총성 없는 쿠데타를 성사시켰다. 그리고 제퍼슨 대통령이 우려했던 대로, 미국의 경제를 그들이 발행하는 돈으로 통제하게 되므로 미국의 국민들도 모르게 미국의 주권이 그들의 손에 넘어갔다. 이제 은행가들이 합법적으로 제도화시킨 부분준비금 제도를 바탕으로 연준위의 회원 은행들은 그들이 소유한 준비금보다 10배가 넘는 돈을, 마치 실제 존재하는 금의 10배에 달하는 금 보관증을 '창조' 하듯이 허공에서 창조해 이자를 받고 빌려주게 됐다. 전쟁만큼 수지맞는 장사가 없다는 사실을 잘 아는 그들은 그렇게 발행하는 달러를 이용해 1914년 제1차 세계전쟁에 필요한 자금을 영국 측과 독일 측 양쪽에게 대출해 주어 전쟁에 필요한 자금을 조달해 주었고, 그 전쟁으로 그들은 어마한 돈을 벌어들였다.

연준위가 일으킨 미국 경제 붕괴로 시작된 세계 대공황

세계 1차 대전이 끝난 후 연준위는 저금리 정책과 신용 완화 정책으로 미국 안에 누구나 싼 이자로 돈을 빌릴 수 있게 했다. 제퍼슨 대통령이 경고했던 은행들의 통화 팽창정책이었다. 돈의 양이 늘어나자 자산 값이 동시에 상승했다. 실은 자산 값이 오른 것이 아니라 돈의 양이 두 배로 늘어나니 돈의 가치가 절반으로 떨어져 자산 값이 두 배로 오른 것처럼 보였던 것이다. 그러나 그것을 모르는 국민들은 자산 값이 두 배로 상승하니 부가 늘어났다고 믿고 소비를 늘렸고 경제가 활기를 띠었다. 그때를 미국의 20년대의 호경기(Roaring 20's)로 역사책에 나와 있다. 소설 '위대한 겟츠비(The Great Gatsby)'는 그때를 그린 책이다. 자산 값이 상승하니 주가가 급상승했다. 그러자 은행들은 주식을 담보로 80~90%를 대출을 해 주었다. 10~20%만 선불(down)하면 나머지를 대출로 살 수 있게 됐던 것이다. 주식값이 계속 상승하니 10%만 선불해서 사 놓은 주식이 50%만 올라도 다섯 배의 수익을 벌 수 있으니 너 나 할 것 없이 주식을 대출을 받아 사는 열풍이 일어났다. 그러나 은행가들이 작성한 대출계약서에는 언제든지 은행이 갚으라고 하면 상환해야 하는 조항이 들어 있었다. 그리고 거품이 한창이던 1929년 갑자기 연준위가 이자를 올리기 시작했다. 제퍼슨 대통령이 경고했던 은행의 축소정책이다. 그러자 너 나 할 것 없이 한꺼번에 자산을 매각하기 시작했고 주가를 포함한 자산 값이 급락했다. 대출로 매수했던 주가가 떨어지자 대출을 갚지 못해 주식은 모두 압류됐고 투자자들은 하루아침에 거지가 되는 신세로 변했다. 미국의 유명한 1929년 검은 월요일이 바로 그것이다. 그때 시작된 경기침체가 그 후 2차 대전까지 지속됐던 세계 대 공황이다. 그 공황을 통해 은행가들은 그때까지 존재하던 지역은행들을 다 도산시켜 그들이 모두 인수했다. 자기들처럼 돈을 창조할 수 있는 경쟁은행들을 다 도산시킨 것이다. 또한 미국의 모든 상장기업들의 주식들도 헐값에 다 인수했고, 모든 건물, 제조업, 농장, 주택들을 모두 압류하여 헐값에 사들여 미국의 부를 다 차지했다. 그리고 1933년 새롭게 대통령에 당선된 프랭클린 루스벨트 대통령은 경제를 활성화 시킨다는 명분으로 대통령 명을 선포해 국민들이 금을 소유하는 것을 법으로 금지했다. 국민들은 그들이 소유한 금을 은행에 가져가 연준위가 발행한 달러로 온스당 22불에 바꾸어야 했다. 금을 다 회수한 후 미국 정부는 금값을 온스당 35불로 올렸다. 금을 소유하는 게 불법이 된 이상 그때까지 연준위가 그들이 발행한 달러를 금으로 태환해줘야 하는 의무도 같이 소멸됐다. 이제 달러는 미국 국민들에게 금이 바탕이 아닌 정부의 빚인 국채, 즉 미국 정부의 신용을 바탕으로 하는 법으로 정해진 법정화폐(fiat money)로 전락했다.

제2차 대전 후 세계 기축통화로 설정된 달러

그러나 해외에서는 아직도 미국의 달러를 온스당 35불로 태환해 준다는 약속이 유효했기 때문에 무역에는 차질이 없었다. 1929년 시작됐던 미국의 경기 침체에서 미국은 세계 2차 대전시 유럽에서 지속된 전쟁 때문에 생긴 수요로 필수품과 전쟁 물품을 생산해 수출하는 바람에 대공황에서 벗어나게 되었다. 그리고 2차 대전으로 인해 전 유럽과 일본 등의 산업 국가들의 생산기지가 폐허 됐을 때 유일하게 생산기지가 파괴되지 않은 미국은 수출로 엄청난 외화를 벌어들였고, 전 세계의 금을 소유한 국가들은 금을 달러로 바꾸어 가야 했다. 미국은 그 당시 전 세계 통화로 사용되던 금의 2/3에 달하는 약 2만 톤의 금을 소유하게 되었다. 제2차 대전이 끝날 무렵인 1944년, 세계 국가들은 미국 뉴 햄셔 주 브래튼우즈(Brettonwoods)에서 모여, 금을 가장 많이 소유한 미국의 달러를 세계무역의 결제수단인 기축통화로 선정해 1온스당

35불에 태환해 줄 것을 약속했고, 전쟁지출로 금을 소유하지 못한 국가들의 화폐를 달러를 기준으로 그 가치를 설정하는 '금 교환 제도(gold exchange system)'로 합의를 보았다. 각 국가의 화폐가치를 모니터링 하며 달러 대비 각 국가의 화폐가 절하될 경우 그 국가에게 자금을 대출해 주어 유동성을 유지해주는 역할을 담당하는 IMF도 설립했다. 그때부터 전 세계의 통화는 유일하게 금을 바탕으로 하는 달러를 기준으로 하는 달러체제로 거듭났고 달러는 세계의 화폐가 되었다. 또한, 미국 달러 발권력을 소유한 미국의 사유 중앙은행은 그때부터 세계의 중앙은행으로 거듭났고, 미국의 달러 예금을 담보로 이론적으로는 10배에 달하는 달러를 (그러나 실질적으로는 수십 배에 달하는 달러를) 창조할 수 있는 세계의 은행들로 거듭났다.

미국의 브래튼우즈 국제협약 불이행과 페트로 달러의 탄생

미국의 은행가들은 최고 금 보유량을 근거로 세계 돈으로 설정된 후 미국 국내에서처럼 금과의 연계를 끊는 계획을 추진했다. 우선 그들은 금의 한계를 무시하고, 1960년대에 시작한 베트남 전쟁과 미국 국내에서 존슨 대통령이 시작한 '가난과의 전쟁(War on Poverty)'으로 알려진 사회복지정책으로 달러를 노골적으로 남발했다. 그러자 2차 대전 이후 산업을 재건한 후 미국을 상대로 무역흑자를 내기 시작한 유럽 국가들이 미국 달러의 브래튼우즈 협약을 위반하는 과잉 발행을 우려하기 시작했고, 1965년 프랑스의 드골대통령의 시작으로 유럽 국가들이 무역흑자로 벌어들인 달러를 금으로 태환해 가기 시작하여 금값이 달러 대비 상승하기 시작했다. 그러자 미국은 그때까지 남은 금의 절반에 달하는 약 9,000톤의 금을 시장에 한꺼번에 쏟아내 금값을 폭락시켜 금에 대한 신뢰를 없애려 했다. 그러나 국제시장은 오히려 그 대량의 금을 흡수해버려 그들의 계획은 실패했고, 결국 1971년 8월, 닉슨 대통령은 브래튼우즈 협상 국가들과 단 한 번의 상의도 없이, 일방적으로 발표한 대통령 명으로 달러와 금의 연계를 끊어버렸다. 달러를 1온스당 35불에 태환해 주기로 했던 세계 국가들과의 국제조약을 일방적으로 깨어버린 것이다. 그가 제시한 명분은 세계 투기업자들이 금의 가치를 조작해서 불가피한 임시방편이라고 거짓말했다. 달러와 금과의 연계를 일방적으로 끊어버리자 달러를 거부하는 국가들 때문에 국제시장에서 달러의 가치가 폭락하기 시작했고, 미국의 기축통화의 지위가 위협을 받아 달러체제 자체가 위태로워졌다. 그러자 미국은 헨리 키신저를 중동에 보내 중동 국가들의 안보를 '보장' 해 준다는 구실로, 사우디아라비아를 포함한 중동의 OPEC 국가들로 하여금 원유를 달러로만 팔게 군사력을 이용한 '조폭'정책으로 '설득' 했다. 그 대가로 미국은 중동 산유국들이 원유 값을 4배로 올리게 해 주었다. 그 대신 중동국가들은 달러로 된 국채를 보유해야 했고, 그 국채를 그들이 소유한 미국 은행들에다 에치해야 했다. 원유를 구매해야 하는 모든 국가들은 원유를 달러로 구매하기 위해 달러를 보유해야 함과 동시에 갑자기 4배로 뛰어버린 가격 때문에 달러의 수요가 급등하여 달러의 기축통화 지위는 유지될 수 있었다. 결국, 그들은 미국의 군사력을 이용해 달러를 기축통화로 유지할 수 있었던 것이다. 이렇게 해 미국의 연준위는 달러를 금으로 된 준비금으로 태환해 주기로 했던 국제조약의 틀에서 벗어나 미국이 보유한 금만큼만 발행할 수 있었던 달러를 무한으로 발행할 수 있게 되었다. 그 결과 전 세계의 통화는 달러를 기준으로 자유자제로 변동하게 되므로 그 때까지 존재하지 않던 국제 환율시장(FOREX)이 생겨났고, 각 국가의 환율이 미국의 달러에 대비해 시시각각 변하게 되었다. 달러가 세계화폐의 기준인 이상 아무리 달러를 남발하더라도 달러의 가치는 다른 국가들의 화폐에 비해 떨어지지 않았다. 왜냐면 국제시장에서 자국 화폐의 가치가 달러 대비 상승할 경우 수출저히로 이어지게 돼 있기 때문이다. 그러므로 모든 수출 국가들은 자국의 화폐가치를 달러의 가치에 비해 절상하는 것을 방지하기 위해 자국의 화폐를 발행해 절하시켜야 했다. 한 예로, 대한민국이 벌어들인 달러를 한국은행이 원화로 구입해 대한민국의 통화량이 늘어남으로 원화의 가치가 하락해 수출 경쟁력을 유지했다. 그렇게 구매한 달러로 원유와 자제를 구매하기 위해 달러 국채를 보유해 그 달러에 대한 이자를 벌었다. 그 결과 미국의 달러남발로 인해 생기는 인플레이션은 세계 모든 국가들의 인플레이션으로 이어졌다. 또한, 중동 산유 국가들이 원유판매로 벌어들인 달러를 미국의 국채를 구매해 미국은행에 예치하게 되므로, 미국은행들은 금 대신 유일한 준비금이 된 미국의 국채를 부분준비금제도로 레버리지 해 더 많은 여신을 일으켜, 아무 비용도 안 들이고 창조하는 달러를 개발 국가들에게 대출해 주어 더 많은 이자를 벌어들일 수 있게 되었다.

아무 비용도 안 들이고 무한으로 발행하게 된 페트로 달러

이렇게 달러를 무한정으로 발행을 할 수 있게 되어 미국은 그때부터 연준위가 발행한 미국 정부의 신용을 바탕으로 발행된 (빚을 갚겠다는 약속어음에 불과한) 달러를 주고 세계 자원과 노동력으로 생산된 제품은 물론 세계의 모든 자산을 그들의 고도의 속임수를 인지하지 못하는 세계로부터 합법적으로 '구매(수탈)' 하는 무기로 이용할 수 있게 되었고, 그 무기로 전 세계를 지배해 왔다. 그 말은 곧 미국의 약속어음에 불과한 돈으로 세계가 생산한 제품을 '구매' 했고 세계 생산국들은 그 전혀 갚을 의도가 없는 어음(IOU)을 축적해야 했다. 유럽 국가들과 일본정부는 미국의 군사력에 의거한 이러한 달러체제를 이용한 고도의 '약탈' 정책을 60년대부터 이미 감지했지만, 소련의 핵으로부터 '보호' 해 주고 있다는 미국의 군사력에 눌려 감히 대항하지 못하였다. 제일 먼저 달러를 금으로 태환해가기 시작했던 불란서의 드골대통령만 미국의 이런 '약탈' 정책에 반기를 들고 유럽 국가들을 선동해 미국의 달러체제를 대항하려 하였으나, 미국 지배세력의 횡포에 눌린 다른 유럽 국가들의 호응을 얻지 못해 포기해야했고, 결국 얼마 안 가 미국의 CIA가 조작한 여론에 의해 정권을 빼앗겼다. 그런데 경제적으로 내실을 다지며 러시아와 함께 상해 협력기구를 조직해 미국의 달러를 이용한 약탈정책을 관망하고 있던 중국과 러시아가, 2009년 그들의 노골적인 남발에 공개적으로 도전하는 브릭스 연합을 구축해 그들의 달러체제 자체를 공격하고 나섰던 것이다.

4. 미국지배세력의 실체

4. 미국 지배세력의 실체

대영제국의 배후에 있던 금권세력

미국의 배후에서 세계를 지배해 온 숨은 세력은 대영제국을 18세기부터 배후에서 조종하며 세계를 지배하던 금권 세력이다. 그들은 로마의 교황청 (Vatican City)을 통해 세계의 종교를, 영국 런던 안에 위치한 시티 오브 런던 (City of London)과 미국의 월스트리트를 통해 세계의 금융을, 그리고 미국의 워싱턴디시 (Washington DC)를 통해 CIA와 NSA 같은 정보조직과 미국의 군사력으로 세계를 지배하고 있다. 이 세 도시는 독립된 도시국가로 아무 정부에게도 제재를 받지 않는다. 이 보이지 않는 금권세력은 고대 바빌론과 이집트 그리고 로마제국의 배후에서 돈의 발권력을 통제하며 돈으로 세계를 지배해 왔던 세력이다. 그들은 로마제국을 하이퍼인플레이션으로 붕괴시킨 후 로마교의 우두머리인 교황을 앞세워 신성로마제국으로 유럽을 지배했었다. 그리고 그들은 로마교가 마르틴 루터가 시작한 종교개혁으로 위기에 당면하자 반종교개혁으로 개혁파국가들을 대항하기 위해 교황의 비밀군대로 창설됐던 예수회 수도회를 통해 종교전쟁으로 전 유럽을 약 100년 동안 전쟁터로 만들어 교황청을 장악했고, 지금도 그 예수회가 교황청을 통제하고 있다. 로마교의 교황은 상징적인 머리이고, 그가 고해를 하는 비밀 직속상관은 검은 교황인 예수회 수도회 총장이다. 그러나 2013년 교황청이 성 스캔들로 휩싸여 세계적인 구설수에 오르자 교황청 역사상 최초로 현직 교황인 베네딕트가 사임해야 했고, 그 자리에 원래 예수회 수도회 총장으로 지명됐던 예수회 출신 프란치스코가 교황으로 부임했다. 예수회 역사상 처음으로 흰 교황의 자리에 검은 교황이 부임함으로 현재의 검은 교황은 형식적인 인물로 프란치스코 교황의 대리인에 불과하다. 그리고 예수회의 배후에는 고대부터 내려온 가문들로 형성된 '그레이 10 위원회' (Grey Council of Ten)가 존재한다. 그러므로 세계를 숨어서 지배하는 금권세력의 진정한 정체는 교황청을 지배하는 예수회이다. 지금 세계금융을 지배하는 로스차일드를 비롯한 시오니스트 유대인들로 형성된 국제 은행가들과 미국의 군사력을 통제하는 네오컨(Neocon)으로 알려진 러시아 혁명을 주도했던 볼셰비키 유대인들 모두 이 예수회의 산하에 있다. 예수회는 원래 숨은 유대인(Crypto Jew)이었던 로욜라에 의해 창설됐다. 그러므로 유대인들이 바로 예수회의 배후에 있는 수메르·바빌론 시대부터 내려온 고대가문들의 혈통인 것으로 보인다.

로마 가톨릭교 예수회의 선교를 빙자한 세계정복 계획

예수회는 일찍이 선교를 빙자해 16세기에 미국 대륙은 물론이고 아시아에 진출해 중국과 일본을 침투했었고, 히데요시를 앞세워 조선을 침략했던 임진왜란의 배후에도 있었다. 그러다가 17세기 유럽에서 진행 중이던 종교전쟁에서 예수회의 적국이며 개혁파였던 네덜란드 함대의 도움을 받은 도쿠가와 쇼군에 의해 일본에서 추방됐었다. 예수회는 17세기 말 영국의 왕실을 침투해 영국은행을 설립해 영국의 돈으로 대영국제국을 부상시킨 후 18세기에는 대영제국의 함대를 앞세워 인도를 식민지로 만들었고, 19세기에는 중국을 아편전쟁으로 굴복시켜, 그들이 소유한 동인도회사의 아편 수출로 19세기에 가장 부유했던 중국의 부를 갈취해 엄청난 부를 축적했었다. 같은 시기에 그들은 매튜 페리 제독을 앞세워 일본에 다시 나타나 쇼군을 제거하고, 메이지 천황을 복원한 다음, 그들의 식민지 군대에 불과한 일본제국군대를 앞세워 청일 전쟁으로 한국을 지배했고, 로일 전쟁으로 러시아의 함대를 무력화시킨 후, 1917년 볼셰비키 혁명을 일으켜 러시아를 공산화시켰다. 19세기 말 독일이 비스마르크 총독에 의해 통일된 독일제국이 급부상하자, 같은 시기에 산업국가로 부상한 미국으로 거점을 옮긴 후 1913년 연준위를 설립해 미국의 달러 발권력을 갈취한 후, 그 돈으로 영국제국을 앞세워 독일을 상대로 제1차 제2차 세계대전을 일으켰다. 두 차례에 걸친 세계전쟁으로 유럽 산업국가들이 파멸된 후, 유일하게 본토에서 전쟁을 겪지 않은 미국은 제2차 대전 동안 축적한 대량의 금을 바탕으로 미국 화폐 달러가 브래튼 우즈 국제 협상에서 기축통화로 선정돼 세계의 화폐가 됐고, 그들은 그 달러로 세계를 지배하기에 이르렀다.

중국 청나라를 무너트린 신해혁명의 배후에도 예수회의 조종을 받는 영국 은행가들이 있었고, 그들은 중국 내전에서도 국민당 장제스와 공산당의 마오쩌둥 양쪽을 다 경제적으로 지원해 줬었다. 제2차 대전 이후에는 장제스를 배신하고, 그들이 원래 기획했던 대로, 예수회의 교육을 받았던 마오쩌둥을 앞세워 중국을 공산화시켰다. 마오쩌둥은 그들의 지시대로 중국을 무리한 경제개발 계획으로 전 중국 국민들의 1/4에 달하는 4천5백만 명을 굶어 죽였고, 그 후 10년 동안 지속된 문화혁명으로 중국의 지식층들을 제거하고 전 국민들을 무지하게 만들었다. 그런 다음, 그들은 중국을 개방해 자신들의 기업들을 진출시켜 중국의 값싼 노동력으로 기업들의 이윤을 극대화함과 동시에 중국을 그들의 미국 다음의 거점으로 선정했다. 그들은 자유무역이라는 기치 아래 미국의 산업을 중국으로 옮겨 미국의 산업을 퇴화시키는 정책으로 미국을 쇠퇴시켜 국민들의 부를 착취함과 동시에, 미국의 신용을 바탕으로 한 미국 정부가 도저히 갚을 수 없는 국채를 발행해 빚으로 옭아맨 후, 미국의 경제를 붕괴시키는 계획을 진행했다. 이는 이미 19세기 말에 노출된 지배세력을 대표하는 시오니스트 유대인들의 세계정복 계획에 의한 것이었다.

시오니즘의 배경과 그들의 세계정복 전략이 담긴 의정서

시오니즘은 19세기 후반기에 로스차일드와 같은 유대계 국제은행가들에 의해 시작됐다. 시오니즘의 목적은 구약성서에서 그들의 신이 약속했다는 지금의 이스라엘인 팔레스타인에 그들의 조국을 설립하는 것이었다. 1897년 스위스 바젤에서 있었던 시오니스트 대회(Zionist Congress)에서 그들은 그 후에 일어날 3차례의 세계전쟁을 예고했었다. 그 당시 그들의 숨은 전략이 담긴 시온 장로들의 의정서(Protocols of Elders of Zion)가 1907년 러시아어로 번역돼 출간돼 그들의 비밀 세계정복 계획이 노출됐었다. 그 후 그들에 의해 완벽하게 은폐된 그 의정서에서 그들은 유대인들은 신에 의해 선택된 민족으로 모든 이방인들은 그들의 지배를 받아 마땅한 가축들이라고 가르쳤다. 그리고 세계정복을 하는 방법으로, 전쟁에서 기습공격 계획을 비밀리에 하듯 인류를 노예화하려는 그들의 계획을 양의 무리와 다름없는 이방인들이 모르게 극비로 진행해야 한다고 가르쳤다. 그들의 세계정복을 위한 비밀 전쟁은 영토를 빼앗기 위한 전쟁이 아니라 인류를 경제로 지배해 그들의 노예로 만들기 위한 전쟁이라고 했다. 그 경제 전쟁의 가장 중요한 무기로 모든 국가들이 직접 발행할 수 있는 돈을 이미 자신들이 발행하는 돈을 이자를 내고 빌려 쓰게 만들어 놓았다고 자랑했다. 그렇게 그 국가들을 도저히 갚을 수 없는 양의 빚으로 얽매게 한 후, 도산을 시켜 그 국가들의 국영자산을 차지하라고 가르쳤다. 대중은 어리석기 때문에 자유와 평등이라는 이상을 거짓으로 약속해 자신들이 만들어낸 하나의 이념에 불과한 민주주의와 공산주의에게 대중들로 하여금 자진해서 그들의 자유를 위탁하게 유도한 다음, 법으로 구속해 소수의 경찰력으로 그들을 통제하면 된다고 가르쳤다. 그런 후 그들이 돈으로 매수한 자들을 정부 요직에 두어 대중을 위하는 척하면서 자신들의 지시를 따르게 하면 된다고 가르쳤다. 대중을 그런 식으로 통제하는 방법으로, 그들은 자신들이 이미 독점한 언론 매체와 학계를 이용해 대중을 정신적으로 지배할 것을 가르쳤다. 그리해 그들이 세계 정부를 설립할 준비가 완성됐을 때 모든 국가들의 경제를 붕괴시켜 (하이퍼인플레이션으로) 인류의 부가 증발하게 만들어 인류가 생계만을 유지시켜달라고 자신들에게 애원하게 될 때 그들의 세계 정부를 설립하면 된다고 가르쳤다.

아무 국가의 제재를 받지 않는 세계금융제국 국제결제은행

세계지배세력은 이미 제2차 대전 이후부터 전 세계를 경제로 지배하는 국경을 초월한 세계 금융제국을 설립해 놓았다. 그 제국의 본부는 아무 국가의 제재를 받지 않는 바젤 스위스에 위치한 그들이 소유한 국제결제은행(Bank for International Settlements(BIS))이다. 이 국제은행은 제2차 대전 중에도 중립을 지키며 양쪽에게 자금을 대 주어 전쟁자금이 '순조롭게' 돌아갈 수 있게 했었고, 제2차 전쟁 이후에는 모든 국가들의 중앙은행을 통제해 왔다. 그들은 미국에는 연준위로, 유럽에는 유럽중앙은행으로, 일본에는 일본중앙은행으로, 영국에는 영국중앙은행으로, 스위스에는 스위스 중앙은행으로 전 세계 대부분의 국가들이 직접 발행할 수 있는 돈을 그들이 발행한 돈을 빌려서 이자를 내고 융통하도록 만들어 놓았다. 그들이 그 국가의 중앙은행을 소유·통제하지 못하는 극소수의 국가들인 이란, 시리아, 북한, (최근 그들의 중앙은행을 퇴출시킨)러시아, (그들이 통제하는데 실패한)중국을 세계지배세력의 적대 국가로 묘사하고 있는 이유이다. 2009년 중국과 러시아가 달러체제를 도전한 브릭스(BRICS) 회원 국가들을 포함한 상해 협력 조합(Shanghai Cooperative Organization)국가들, 동유럽의 헝가리, 북유럽의 아이슬란드, 동남아시아의 필리핀, 남미의 베네수엘라 등의 국가들은 그들이 통제하는 중앙은행으로부터 벗어나고 있다.

그들은 가축같이 멍청한 인류에게 그들이 소유한 은행들에게 모든 현금을 맡기도록 세뇌시켜 인류는 당연히 은행이 가장 안전한 곳이라고 믿고 예금해왔다. 그러나 그 은행들은 인류의 예금을 법으로 은행들에게 '빌려' 준 것으로 만들어 만약 은행이 파산할 경우 은행의 가장 낮은 순위의 채권자에 불과하게 만들어 놓고, 그들이 통제하는 정부가 운영하는 예금보험공단이 일정액을 국민들의 세금으로 물어주게 제도화해 놓았다. 그리고 그 예금을 자신들의 돈인 양 레버리지 해 투기로 돈을 벌어왔다. 또한 그들은 국가와 그들의 기업들이 발행하는 빚, 즉 채권을 증권화 시켜 마치 그 종이 짝에 불과한 채권을 자산으로 여기도록 세뇌시켰다. 그들은 모든 국가들이 보유한 증권거래소, 상품거래소, 원자재 거래소 등을 모두 그들이 사유로 소유하고 있다. 거기다 무디스(Moodys), 피치(Fitch) 같은 세계 모든 국가, 기업들과 은행들의 신용을 측정하는 등급 사들도 모두 그들이 소유하고 있어, 2008년 금융 위기에서 드러났듯이, 그들의 은행들이 발행했다가 부동산가격 폭락으로 휴지로 변한 악성 부채들을 모두 최고 등급을 매겼었다. 그러므로 인류를 가축처럼 여겨 인류의 부를 갈취한 후 그들의 노예로 만드는 계획으로 인류를 상대로 비밀 전쟁을 진행 중인 그들은, 이미 인류가 소유한 현금은 물론 증권, 채권, 상품, 원자재 등을 모두 그들이 소유한 거래소를 이용해 거래하게 만들어 놓아 그들이 언제든지 갈취할 수 있게 제도화해 놓았다. 인류가 사용하고 있는 현금은 그들의 은행 망의 통제 바깥에 있으므로 최근에는 현금의 시용을 금지하려 하고 있다.

달러를 이용해 독점하게 된 돈의 유통망: 세계 통화체제

국제무역을 달러로 거래한다는 말은 모든 거래의 결제를 그들이 소유, 통제하는 중앙은행이 한다는 것으로, 모든 거래는 연준위를 통해야만 이루어진다. 그러므로 세계에서 일어나는 모든 거

래는 그들이 실시간으로 알 수 있어 그들의 통제하에서 이루어진 다. 연준위가 통제하고 있다는 사실을 감추기 위해 그들이 유럽에 구축해 놓은 국제결제 시스템 스위프트(SWIFT) 역시 그들이 통제하고 있다. 그러므로 그들은 언제든지 결제를 동결시킬 수 있고, 모든 달러를 이용한 국제거래는 그들이 모르게 일어날 수 없다. 그들은 그렇게 해 그들의 지시를 거부하는 이란, 북한 같은 국가들이 국제은행에 예금시켜놓은 자금을 일방적으로 동결시켰다. 또한 그들이 경제제재를 걸은 국가들과 거래를 하는 국가들 역시 결제를 거부해 국제무역에서 고립시켜왔다. 그 말은 예전에는 군함으로 군사적으로 물자가 못 들어가게 가로막아야 했던 엠바고를, 국제결제 망에서 제외시킴으로 더 효율적으로 엠바고를 할 수 있는 것이다. 그런 식으로 그들은 1979년 시민혁명으로 그들의 하수인이었던 샤를 쫓아내고 민주절차를 통해 국민들에 의해 선출된 이란의 이슬람 공화국을 상대로 경제제재를 걸어 달러로 원유를 팔지 못하게 했다가, 2012년에는 이란과 거래를 하는 모든 국가들을 상대로 경제제재를 걸었다. 또한, 2013년 러시아가 NATO의 시리아 폭격을 국제사회를 움직여 중단시키자 러시아를 상대로 경제제재를 걸어 아무 국가도 러시아와 거래를 하지 못하게 했다.

달러로 모든 분야를 독점하게 된 그들의 국제기업들

그들은 그렇게 아무 비용도 안 들이고 발행하는 달러로 지난 100여 년간 '창조'한 총금액을 측정할 도리가 없다. 왜냐면 연준위는 정부의 감독을 받지 않는 그들이 소유한 독립된 카르텔이기 때문이다. 2008년 금융위기 후폭풍으로 2010년에 최초로 진행된 연준위의 부분 감사에서 그들이 비밀리 16조를 발행해 자신들의 은행들에게 제공해 준 사실이 드러났듯이, 그들은 미국의 중앙은행을 자신들의 돈 찍는 현금인출기(ATM)로 사용해왔다. 그런 식으로 그들은, 아무 정부의 제재 없이 무에서 여신으로 창조할 수 있는 달러로, 전 세계의 중요 기업들을 구매해왔다. 2012년 스위스의 연방공과대학 (Federal Institute of Technology)이 전 세계의 3천 700만 개의 기업들을 분석한 결과, 전 세계의 모든 매출의 80%를 147개의 국제기업체들이 벌고 있을 뿐 아니라, 그 기업들은 서로의 지분을 공동소유하고 있다는 조사결과를 발표했다. 그중 가장 상위에는 국제은행들을 포함한 보험회사와 헤지 펀드이고 나머지는 에너지, 통신, 언론매체, 무기, 화학, 자동차, 전자, 인터넷 포털, 약제, 등의 모든 분야를 독점하고 있는 기업들이다. 그들은 세계 모든 국가들이 없어서는 안 되는 에너지 자원인 원유와 자연 가스를 보유한 국가들을 군사적으로 지배할 뿐 아니라, 모든 유통을 엑손 (Exxon), 모빌 (Mobile) 같은 그들이 소유한 유통기업들을 통해 세계 에너지를 통제해 왔다. 결국, 그들은 그들의 아무 비용도 안 들이고 발행하는 돈으로, 자유무역이라는 기치아래 국경을 초월해 세계 모두 중요 기업들을 구매해 소유하고 있다. 우리가 아는 삼성, LG, 네이버, 등의 국내 대기업은 그들이 대주주이고 실제 주인들이다. 그렇게 인류는 이미 에너지, 전력, 컴퓨터, 인터넷 포털 사이트, 제약, 심지어 식량까지 그들의 국제기업들에게 의존하게 만들어 놓았다.

전쟁을 이용한 돈 장사와 세계지배

세계지배세력이 세계를 그들의 계획대로 몰아올 수 있었던 이유는 전쟁을 통해서였다. 16세기부터 전 유럽을 전쟁터로 만들었던 종교전쟁, 불란서 혁명으로 시작됐던 나폴레옹 전쟁, 아시아의 청일전쟁, 노일전쟁, 미국의 스페인 전쟁, 세계 전쟁인 제1차, 제2차 대전, 한국전쟁, 베트남 전쟁, 걸프 전쟁, 이라크전쟁, 시리아전쟁 등, 모든 전쟁의 배후에는 지금의 지배세력이 있었다. 일찍부터 돈 장사로 부를 늘려온 그들은 전쟁이야말로 가장 수지맞는 장사라는 사실을 잘 알았다. 또한, 전쟁은 인류 질서를 그들이 원하는 방향으로 몰고 가는데 가장 효율적이었다. 그러기 위해 그들은 국가들 사이에 분쟁을 조성한 후, 전쟁의 불씨를 조작하는 방법으로 위장 술책 (FALSE FLAG)을 이용했다. 미국의 경우 스페인 전쟁은 미국 해군이 자작극으로 미국전함 메인호 (USS MAINE)를 폭발시킨 후 쿠바의 소행으로 돌려 그 '폭격' 을 이유로 전쟁을 일으켰고, 제1차 세계전쟁의 개입하기 위해서는 미국의 루시타니아 여객선에 무기를 실어 운반해 독일 잠수함의 공격을 유도한 후, 여객선을 침몰시켰다는 조작된 이유를 이용했고, 제2차 대전에 개입하기 위해서는 그때까지 미국과 영국이 일본에게 공급하던 전쟁자원을 차단시켜 일본을 궁지에 몰은 후 미국의 태평양 함대를 본토에서 하와이로 옮겨 일본의 폭격을 유도했다. 일본이 그 함정에 걸려 진주만을 공격한다는 정보를 입수하고도 그 공격을 허용해 그 폭격을 이유로 전쟁에 개입했었다. 베트남 전쟁 역시 통킹만에서 베트콩이 미국 군함을 공격했다는 허위사실을 근거로 전쟁을 시작했다. 그들은 양쪽에게 전쟁 비용을 대출해 주어 전쟁에 필요한 자금 주 역할을 하며 전쟁에 필요한 무기와 폭탄을 생산해, 전쟁에서 이기기 위해서는 돈을 아끼지 않는다는 점을 이용해, 제조로도 많은 돈을 벌었다. 전쟁이 종결된 후, 승리한 측으로부터는 이자를 벌었고, 이기는 쪽의 도움을 받아 지는 쪽의 자원을 강탈했고, 밀린 빚으로 패한 국가를 경제적으로 지배할 수 있었다. 그들은 패전국은 승리국의 지배를 당연히 받아야 한다는 점을 이용해 그들이 계획한 대로 세계질서를 주도해왔다.

그들의 세계지배를 위한 비밀군대 CIA

그들은 제2차 대전 이후 공산주의와의 전쟁이라는 명분으로 1,000개가 넘는 미국 군사기지를 세계 곳곳에 설립해 놓았고, 미국 대사관을 이용해 미국의회의 감독을 받지 않는 CIA 요원들을 활용해 모든 국가들의 정부를 감찰 및 통제하고 있다. 공산주의의 붕괴 후에는 '테러와의 전쟁'이라는 명분으로 그 군사기지들을 그대로 유지하고 있다. 지배세력의 사조직인 CIA로 그들은 모든 국가의 정치인들을 돈으로 매수하고, 만약 돈으로 매수가 안 되는 정치인은 그들이 배후에서 조작한 반란이나 쿠데타로 전복시키는 방법으로 그들은 전 세계의 정부들을 통제해 왔다. 자원이 풍부한 중동, 아프리카, 남미 국가들은 그들의 하수인들에게 정권을 위탁시켜 자원을 약탈하고 그 국가들이 개발하지 못하게 조치해 왔기 때문에 지금도 저개발 국가로 남아있다. 그리고 그들은 옛 대영제국 시절 중국을 상대로 아편장사를 했던 것처럼 지금도 미국의 마피아, 일본의 야쿠자, 중국의 삼합회 등을 통해 마약, 성매매 같은 지하경제에서 미국의 국방예산을 능가하는 자금을 벌어 CIA의 검은 예산을 충당하고 있다. 그리고 그들의 마약 밀거래에서 벌어들인 자금은 그들의 국제은행으로 세탁하고, 그들의 소아애 관련 인신매매사업은 구글 (Google), 마이크로소프트 (Microsoft) 등의 국제기업들을 이용해 비밀리에 유통하고 있다.

인류를 정신적으로 지배하는 무기: 언론

지배세력은 그들이 소유한 뉴스와이어서비스 로이터 (Reuter) 통신과 에이피 (AP) 통신으로 전 세계의 뉴스를 그들에게 유리하게 조작해, 그들이 소유, 통제하는 언론매체를 통해 배포해왔다. 또한, 그들은 CIA를 통해 각 국가의 언론에 종사하는 자들 중 그런 와이어서비스로 배포된 뉴스를 보도하지 않고 사실에 근한 정보를 보도하려는 자들을 일찍부터 언론에서 축출해왔다. 그들은 그들이 소유, 통제하는 영화계와 방송계를 통해 인류에게 돈을 숭배하는 문화를 창출하고 성적으로 문란하게 만들며 민족애, 가족애 등을 파괴시켰다. 그들이 소유, 통제하는 교육기금과 정부 보조금을 이용해 학계에서도 그들의 하수인들을 행정 직위에 앉힌 후 교수진과 과목 내용까지 통제해 왔으며, 인류의 교육을 부분화시켜 전체를 보지 못하게 만들어 그들이 내세우는 전문가들에게 의존하도록 세뇌시켰다. 그들의 교육제도를 그대로 모방한 대한민국을 포함한 모든 국가들의 학계 역시 같은 식으로 철저히 통제됐다. 그러면서 새로운 과학기술은 독점해 인류에게 감추며 그들만을 위해 개발해 독점하고 있다. 또한, 랜드 (RAND), 후버연구소 (Hoover's Institute) 같은 그들이 소유한 세계의 모든 싱크 탱크, 학술 연구소 등을 통해 인류를 그들의 결론을 높이 평가해 지론으로 믿게 하는 데 이용하고 있다. 로마 가톨릭교는 물론 개혁파, 심지어 불교까지 돈으로 침투해 성직자들의 도덕성을 무너트리고, 종교 역시 돈을 숭배하는 집단으로 몰락시켜 놓은 지 오래이다. 결국, 그들은 아무 비용도 안 들이고 비밀리에 그들의 마음대로 발행할 수 있는 돈으로 정부는 물론 언론계, 학계, 종교계 등에 그들에게 매수된 하수인들을 배치해왔다.

인류로부터 숨기고 독점해온 최첨단 과학지식

가장 황당한 사실은, 지금의 세계 지배세력은 20세기 초부터 개발된 모든 과학적 발견을 인류로부터 숨겨왔다는 것이다. 제1차 세계전쟁 이후 지배세력에 의해 창조됐던 나치스는 이미 2차 대전이 끝나기도 전에 우주여행이 가능한 비행접시를 개발했고, 제2차 대전이 종결됨과 동시에 교황청에 도움을 받아 아르헨티나로 거점을 옮긴 후, 남극에 비밀기지를 유지하며 비행접시 기술을 완성해 지배세력이 소유한 록히드 마틴사 같은 무기회사들과 함께 우주를 탐구하고 있다. 또한, 그들은 1958년에 설립한 국가 항공우주국 나사(NASA)를 국가안보를 빙자해 국회의 감독 없이 그들의 사조직으로 운영해왔다. 그러면서 그들은 아폴로 항공프로젝트와 비교도 안 되는 비밀 항공 기술을 극비로 개발해 인류로부터 은폐해 왔다. 제2차 대전 이후 인류에 의해 새롭게 개발되는 과학지식을 인류로부터 숨기는 방법으로, 그들이 통제하는 특허청에 제출된 6천 개에 달하는 특허를 '국가안보'를 이유로 압수함과 동시에 배포를 금지해 왔다. 그럼과 동시에 비행접시 기술에 바탕이 되는 제로 포인트 에너지를 개발하는 과학자들을 찾아내 암살하던지 개발하고 있던 기술을 국가안보라는 명분으로 압수해 왔다. 그런 식으로 그들은 인류의 지식의 전파를 막는데 애써 오며 인류가 자체적으로 개발하는 반중력(anti-gravity)으로 비행접시를 제조할 수 있는 과학을 포함해 자유 에너지로 알려진 제로 포인트 에너지, 상온 핵·융합(Cold fusion)의 개발 등을 억제해 왔다. 같은 식으로 DNA를 바탕으로 한 인간복제(Cloning)기술 같은 생물학적 발견도 억제해왔다. 우리나라에서도 복제 기술을 일찍 개발한 황우석 박사를 지배세력의 하수인들로 구성된 대한민국 학계에서 증거를 조작해서 그를 매장시켰던 이유가, 그가 지배세력이 이미 개발해서 그들만이 독점하고 있는 복제기술을 감히 개발해 보편화시키려 했기 때문이다. 그들은 인류 고고학자들이 세계 곳곳에서 발견한 수많은 유물들 역시 압수해 워싱턴에 위치한 스미스소니언 국립 자연사 박물관에 보관하며 외계인들의 존재를 드러내는 지식을 인류로부터 숨겨왔다.

숨겨온 비밀 우주항공 부대

인터넷의 배포 덕분에 각 분야에 있는 에드워드 스노든(Edward Snowden) 같은 많은 내부 고발자(whistle blower)들과 줄리언 어선지 (Julian Assange)의 위키리크스 (WikiLeaks) 같은 고발 사이트 덕분에 미국의 지배세력은 이미 오래전부터 우주를 항공하는 비행접시 같은 고도의 테크놀로지를 소유하고 있다는 사실이 노출 된 지 오래이다. 미국이 2002년 개리 머키논(Gary Mckinnon)이라는 영국인이 미국 NASA 컴퓨터를 해킹해 솔라 워든 (Solar Warden)이라는 우주항공부대가 존재한다는 사실을 노출시키자, 군사기밀을 노출시킨 국가안보범죄로 그를 미국으로 인도(extradite)하려 했던 이유이다. 그러나 그의 인도가 오히려 더 많은 주의를 일으킬 것을 우려해 중단되었다. 그런 그 후 머키논이 노출했던 것과 비교도 안 되는 숨겨진 비밀 우주 항공 프로젝트(Secret Space Program)의 존재가 노출돼 이미 그들은 화성과 달에 기지를 두고 있다는 사실이 내부 고발자들에 의해 드러난 지 오래다. 2013년 그들의 전 CIA 요원인 에드워드 스노든에 의해 그들이 통제하는 NSA가 보유한 최첨단 기술로 세계 모든 국가들의 인구를 도청, 감시하고 있다는 사실이 노출되자, 오히려 스노든을 국가기밀 노출 죄로 쫓고 있다. 이미 미국의 실리콘 밸리에 있는 모든 첨단 기술은 그들이 소유했고 전 세계가 아무 의심 없이 사용하고 있는 구글, 페이스북, 야후, 트위터, 심지어 대한민국의 네이버까지, 그들이 소유, 통제하며 국민들을 감시하는 도구로 사용하고 있다. 우리가 우수한 인재로 알고 있는 마이크로소프트사의 빌 게이츠, 구글사의 래리 페이지 (Larry Page)와 세르게이 브린 (Sergey Brin), 페이스북의 마크 주커버그 (Mark Zuckerberg) 같은 자들은 지배세력의 혈통을 받은 자들로 지배세력이 그들에게 비밀리에 제공해 준 기술을 '개발'한 것처럼 꾸민 것이고, 그러한 기업들은 미국의 CIA가 자본금을 지원해 설립했을 뿐 아니라 지금도 CIA가 통제하고 있다.

'시온장로들의 의정서'에서 드러난 화폐붕괴를 이용한 세계경제 붕괴 계획

그들의 세계정복 전략이 담겨있는 '시온장로들의 의정서(Protocols of Learned Elders of Zion)'에서 가르친 대로 세계경제를 붕괴시켜 그들의 세계정부를 설립하는 목적으로, 이미 그 가치가 희석된 달러를 더 과도하게 발행해 하이퍼인플레이션으로 21조가 넘는 미국 정부의 국채를 탕감하고, 달러로 가치가 측정되고 있는 모든 국가들의 화폐를 달러와 함께 휴지로 만들어 모든 국민들의 부를 빼앗을 계획이었다. 그렇게 해 모든 국가들이 도산을 해 자신들이 담보로 설정해 놓은 모든 국가 자산을 압류해 그들이 소유한 IMF가 발행하는 SDR을 세계의 화폐로 만들어 전 인류를 그들의 노예로 만들 계획이었다. 그러나 그들의 경제 붕괴 계획을 성사시키기 위해서 그들이 필수적으로 독점해야 하는 국제 통화체제를 중국과 러시아가 새롭게 구축한 금을 바탕으로 하는 브릭스 (BRICS) 통화체제로 대항하는 바람에 그들의 계획이 무산됐다. 마찬가지로 러시아가 비밀리에 개발한 최첨단 무기로, 중동에서 테러와의 전쟁을 빙자해 중동 국가들을 붕괴시킨 후 그 지역의 에너지를 직접 통제하려던 지배세력의 계획을 좌절시켰다. 이미 중국과 러시아로부터 궁지에 몰린 그들은, 미국 안에서도 그동안 비밀리에 무혈의 정권교체를 준비해오며 중국과 러시아가 포함된 '지구동맹'과 협력해온 애국자 군부세력에 의해 선발된 대통령 트럼프에게 정권을 빼앗겨 그들이 오히려 제거될 위기에 처해있다.

5. 지배세력의 원천과 역사

5. 지배세력의 원천과 역사

A. 고대시대

앞에서도 언급했듯이 지금의 세계지배세력은 고대 바빌론시대부터 내려온 가문들로 형성됐다. 고대 바빌론이나 이집트 문명은 우리가 상상을 할 수 없을 정도로 발달된 문명이었다. 고대 바빌론은 이미 천문학이 고도로 발달돼 있었다. 그들은 황도 십이궁(zodiac)에 대해 알고 있었고, 26,000년마다 돌아오는 춘분점세차(Procession of the Equinoxes)에 대해서도 알고 있었다. 그 사실은 그 문명들이 그런 천문학에 대한 지식을 축적했다기보다는, 인류보다 더 발달된 문명으로부터 전수 받았다는 이론이 더 신빙성 있다. 그리고 현대 기계로도 들 수 없는 거대한 돌을 운반해 정밀하게 깎아 섬세하게 끼어 맞추어 위로부터 쌓아 내려간 이집트의 피라미드는 공중에서 건축된 후 지상에 내려져, 지금의 건축기술로는 상상조차 할 수 없는 고도의 기술로 건축되었다. 또한, 그 피라미드의 위치의 각도가 현대 과학으로도 흉내 낼 수 없게 시리우스성과 정확하게 조준돼 있다. 그 당시 노예들을 동원해서 지었다는 주장은 과학적으로 불가능한 주장으로, 지배세력에 의해 조작된 것이다. 더욱이 우리가 추상적인 개념을 자유자재로 소통할 수 있는 언어 자체도 더 발달된 문명으로부터 전수 받았음을 알 수 있다. 세종대왕이 언어를 글로 표시하는 방법을 개발한 것은 사실이나, 언어 자체는 누가 언제 개발했는지에 대한 정보는 존재하지 않는다.

수메르에서 발견된 고적 설형문자 명판들의 외계인 이야기

우리가 역사책에서 배워 알듯이, 인류는 수메르인 지금의 이라크에서 시작됐다. 그 지역에서 1850년 영국 고고학자 핸리 레야드 (Henry Layard)에 의해 발견된 약 2만 개에 달하는 설형문자 명판들(cuneiform tablets)이 영국 박물관에 보관돼있다. 약 6000년 전의 기록으로 알려진 수메르어로 되어있는 이 진흙 명판에 기록된 서적은 최근에 와서야 고고 언어학자들에 의해 번역되었으나, 대중에게 공개되지 않았다. 그러나 수메르어를 독학해 그 명판들을 번역한 제카리아 시친(Zhakaria Sitchins)이 저술한 The Earth Chronicles라고 알려진 13권의 책들이 1970년대부터 시리즈로 출간돼 많은 논란을 일으켰다. 지배세력의 통제를 받는 학계에서는 인정을 안 할 뿐 아니라, 그가 쓴 내용들을 미신으로 비하하며 억제하고 있다. 그 명판들에 의하면 기원전 4만5천 년경 니비루(Nibiru)라고 하는 행성에서 아누나키(ANUNAKI)라는 외계인들이 자신들의 행성의 손상된 대기를 보수하는데 필요한 금을 채굴하러 지구에 왔다고 쓰여 있다. 금을 발굴하는데 부리기 위해 데리고 온 이지지(Igigi)라는 외계인들이 오랜 중노동에 불만을 품고 반란을 일으키자, 그들을 학살하고 아누나키 신 아누의 명에 의해 그 당시 지구의 석기시대에 살았던 것으로 알려진 미개발된 인간 호모에렉투스(Homo Erectus)와 아누나키의 유전자를 섞어 지금의 호모 사피엔스(Homo Sapiens)를 창조했다. 아누의 두 아들 중 하나인 엔키가 인간들의 DNA를 조작해 아다마이트(Adamite)라고 하는 인간을 창조하는 과정과 수차례의 실험 끝에 성공했다는 이야기가 기원전 1800년으로 추정되는 아카디아어로 된 진흙 명판 아트라하시스 (Atrahasis)에 상세히 기록돼있다. 그렇게 창조된 인류를 지금의 아프리카지역에서 금을 발굴하는 데 노예로 부렸다고 돼있다. 아담(Adam)은 히브리어로 남자라는 뜻이다.

인류가 1950년대가 돼서야 왓슨(Watson)과 크릭(Crick)에 의해 발견한 DNA에 대한 과학을 아누나키들은 이미 터득했었고, 그러므로 수메르인들에게 아누나키는 신으로 보였던 것이다. DNA는 인간의 타액, 머리카락 세포에서도 추출할 수 있는 아주 미세한 요소로, 개개인마다 그 구성이 특이해 과학수사에도 이용되고 있다. 줄기세포로 인간복제가 가능하다고 했다가 대한민국 학계에 의해 허위로 조작된 이유로 매장됐던 황우석 박사는, 그 후 그의 회사 Sooam Biotech로 2015년까지 6백 마리가 넘는 강아지들을 DNA만으로 성공적으로 복제했다. 그리고 1970년대에 군사 비밀기지 51 구역 (Area 51)에서 그레이 외계인들과 유전자 실험에 가담했었다는 마이클 울프 (Michael Wolf)박사는 이미 1970년대에 동물복제에 성공했을 뿐 아니라 'J-type Omega' 라는 인간을 복제하는데도 성공했다고 2000년에 진행된 한 인터뷰에서 폭로했다. 울프 박사는 그의 지식과 경험을 토대로 1993년 'The Catchers of Heaven: A Trilogy' 라는 책으로 펴냈으나 주류 언론과 학계에 의해 은폐됐다. 그러니 40여 년이 지난 지금, 그런 기밀 프로젝트에 연관됐던 고발자들에 의하면 그들은 이미 인간을 복제하고, 인간의 두뇌에 저장된 정보까지 복제할 수 있는 과학기술을 보유한 지 오래라고 한다.

6000년 된 설형문자 명판들 내용과 일치하는 인도 베다경전

우리가 진흙 판에 글이 새겨져 있으니 옛 미개인들이 진흙 판에 막대기로 상형글자를 기록해 놓은 정도로 오해할 수 있다. 그러나 그 명판들은 실린더 모양의 돌 도장을 진흙 명판 위에 굴려서 자국을 낸 후 그 명판들을 고온도의 열을 가해 구웠다는 사실을 알 수 있다. 또한 실린더 돌 도장을 만드는 섬세한 기술은 지금의 기술로도 흉내 내기 어렵다. 그리고 고온의 열처리를 했기 때문에 약 6,000년이 넘도록 그 명판들이 지금까지 보존된 것이다. 만약 지금의 책이나 컴퓨터 하드웨어에 저장됐었다면 100년도 안 돼 다 분해됐을 것이다. 누군가가 그들을 완벽하게 지배하고 있는 아누나키에 대한 기록을 보존해 후세대에게 알리려고 했다는 사실을 엿볼 수 있다. 그리고 아프리카를 연구하는 고고학자 마이클 텔린저(Michael Tellinger)에 의해 그 아누나키 외계인들이 실제로 아프리카에 수만 년 전에 판 땅굴과 정밀한 기계를 이용해 수평으로 뚫어 금을 발굴했던 흔적을 발견해, 그 명판들의 기록이 사실이라는 것도 확인되었다. 이미 세계 곳곳에서 발견된 유적지를 연구한 에리히 폰 데니켄(Eric von Danikcn)을 포함한 많은 고고학자들에 의해 고대 우주비행사 이론(Ancient astronaut theory)이 소개됐으나, 이 역시 지배세력에 의해 억제돼왔다. 고대 우주비행사 이론은, 고고학자들에 의해 발견된 유적들이 고대부터 외계인들이 지구를 방문했다는 사실을 뒷받침한다는 이론이다. 그런데 그들이 발굴한 많은 고대 우주비행사들의 존재를 뒷받침하는 유물들이 시친(Sitchins)의 번역내용과 일치하고 있다.

그뿐 아니라 그 수메르 명판에 그려져 있는 그림을 보면 태양계(solar system)가 정확하게 그려져 있고, 거기에는 1930년이 되어서야 인류 과학자들이 발견한 명왕성(pluto)이 이미 포함돼 있다. 또한, 우주 비행기에 대한 기록은 세계 각 문화에도 존재한다. 아메리카 대륙의 원주민인디언들에게는 천둥 새(Thunderbird)라는 공중을 나는 비행기에 대한 이야기가 있다. 에스키모도 자신들을 수송해줬다는 금속으로 된 새를 얘기했다. 인도의 산스크리트어로 된 기원전 4,000년의 고대 브라만교 경전 베다(Veda)에도 비마나(Vimana)라는 태양같이 밝은 전차가 우주를 생각으로 어디든지 갈 수 있었다고 나와 있다. 비마나는 힌두어로 항공기라는 뜻이다. 산스크리트어로 된 마하바라다 (Mahabharata)에는 신들이 타고 하늘을 날아 다녔다는 전차 비마나의 치수까지 자세히 기재돼 있다.

시친이 번역한 내용들과 그 비슷한 시기에 발견된 기원전 2,000년경으로 추정되는 에누마 엘리쉬(Enuma Ellish)로 알려진 7개의 바빌론 시대의 설형문자 명판에 기록된 내용들도 기원전 1,000년경에 히브리어로 기록된 것으로 알려진 창세기에 나오는 내용들과 많은 부분이 일치한다. 그러므로 히브리어로 된 성서들은 역사를 기록해 놓았다기 보다는 그런 기록에 나온 내용을 비유로 묘사했든지 표절한 것으로 보인다. 왜냐면 시친이 번역한 설형문자 명판들과 에누마 엘리쉬에 의하면 아누나키라는 외계인들이 인간을 창조했다고 나오기 때문이다. 성경 창세기에서는 엘로힘(Elohim)이라는 신들이 인간들을 그들의 형상으로 만들었다고 기록돼 있다. 구약성경을 사실로 믿는 유대교와 기독교에서는 엘로힘(Elohim)을 유일신 야훼라고 해석하지만 창세기에 나온 히브리어 엘로힘(Elohim)은 원래 히브리어로 복수이다. 그렇기 때문에 창세기에 나오는 창조 이야기는 아누나키(Anunaki)라고 하는 그 전에 이미 수메르 지역에서 기록됐던 외계인들의 이야기를 비유로 묘사했든지 표절한 것으로 보이는 이유이다. 구약성서에 나오는 '역사' 가 소설이라는 사실은, 수많은 고고학자들의 노력에도 불과하고 그 성서에서 나오는 다윗 왕과 솔로몬 왕 시대의 유물들을 아직도 발굴하지 못 한데서도 알 수 있다. 심지어 유대민족이 가나안 땅에 못 들어가고 40년 동안 유랑생활을 했다는 시나이 사막에서도 그 사실을 입증하는 흔적을 발굴하지 못했다. 수메르인들은 아누, 엔릴, 엔키를 포함한 일곱(7) 외계인들을 그들의 신들(pantheon)로 기록해 놓았다. 그들 중(야훼로 추정되는) 엔릴은 엔키가 창조한 인간들과 아누나키가 교미해 네피림이라는 혼성체를 생산한 것에 분노해 대홍수를 이용해 인류를 멸종시키려 했다고 나온다. 대홍수의 원인은 그 당시 지구를 3,600년마다 지구의 궤도에 들어온 지구보다 몇 배가 되는 그들의 행성 니비루가 지구의 궤도에 들어서자 자기장(magnetic field)의 파열로 북극과 남극의 빙산이 녹아 바닷물이 불어나 육지를 덮었다고 한다. 나사(NASA)는 2017년에 아직 정체를 알 수 없는 9번째 행성의 존재를 시인했고, 그 행성이 니비루일 가능성을 시사했다.

명판들의 대홍수 이야기와 일치하는 히브리 성경과 고대서적

그러나 인간들을 창조했던 애착 때문에 엔릴의 배다른 형 엔키가 창세기의 노아와 동일한 인물인 지우스드라(Ziusudra)에게 은

밀히 대홍수에 대한 정보를 알려줘 방주를 짓게 해 대홍수에서 그가 살아남았다고 나온다. 시친이 번역한 명판에도 약 만3천 년 전 지구에 있었던 대홍수에 대한 이야기가 나오고, 아카디아어로 된 바빌론의 길가메시 서사시(Epic of Gilgamesh)에도 성경에서 묘사된 노아의 방주와 동일한 내용이 기록돼 있다. 그러나 길가메시 서사시에는 우트나피쉬팀(Utnapishtim)이 노아와 동일한 인물로 Ea신의 도움으로 방주를 지어 대홍수에서 살아남았다고 나온다. 처음에는 생존자들이 있다는 사실에 분노했던 신 엔릴이, 그 후 그에게 오히려 영생을 선사했다고 나온다. 대홍수에 대한 전설은 수메르 태블릿 외에도 인도 푸라나(Matsya Purana)에도 나올 뿐 아니라, 고대 희랍에서는 두칼리온(Deucalion)과 제우스(Zeus)의 홍수들도 있다. 그리고 고고학자들은 약 1만 3천여 년 전에 지구에 홍수가 있었다는 흔적을 이미 발견했다. 여하튼, 약 기원전 1,000년으로 추정되는 구약성경에 포함된 고전들과 성경에는 포함되지 않았지만, 성경에서도 언급하는 서적들 모두 히브리어로 돼 있고 히브리어는 수메르어가 변형된 글자이다. 현재 세계를 지배하는 고대가문들은 자신들이 성서 창세기에서 묘사된 네피림이라고 자칭한다. 창세기에서 네피림은 타락한 천사들(fallen angels)이 인간 여성과 교미해 나온 거인으로 알려져 있다. 수메르 태블릿에서 아누나키와 인간이 교미해 생산됐다는 혼성체이다. 그러므로 인류보다 발달된 기술을 보유했던 아누나키 외계인들은 자신들을 신들(gods)이라고 인류를 속여 인류를 그들의 노예로 지배했던 정황인 것이다. 구약성경에는 포함되지 않았으나 창세기에서도 언급된 에녹 기(Book of Enoch)에는 수백에 달하는 타락한 '천사'들의 우두머리 천사가 루시퍼였다고 한다.

구약 창세기에 출현하는 네피림이라고 자칭하는 지배세력

그러므로 지금의 세계지배세력은 자신들이 인간의 유전자와 외계인들로 추정되는 타락한 천사들(fallen angels)의 유전자를 혼합해서 창조된 혼성체(hybrid)의 자손들로써, 인류를 다스리도록 만들어진 황족(Royal Family)의 혈통이라고 자칭한다. 그들은 전 인류의 15%가 채 안 되고, 아시아나 아프리카에서는 1%도 안 되는 RH 음성(RH Negative)의 혈액형 소유자들이다. RH 음성 혈액은 RH 양성에게 혈액을 수혈해 줄 수 있으나 RH 양성 혈액을 수혈받을 수 없다. 그리고 RH 양성은 철분을 바탕으로 하고 있으나 RH 음성은 구리를 바탕으로 하고 있어 혈액이 푸른 색깔이 나서, 자신들을 황족을 의미하는 푸른 혈액(Blue Blood)이라고도 칭한다. 그들은 자신들의 유전자를 보존하기 위해 같은 혈통끼리만 결혼을 하며 피를 보존해왔고, 구약성서로 만들어진 토라를 믿는 원래 히브리인(지금의 유대인)들은 야훼에 의해 이방인들의 피와 섞는 것이 금지돼왔다. 더 놀라운 사실은 지금의 영국왕실과 미국의 역대 대통령들이 모두 RH 음성 혈액 보유자들이라는 것이다. 영국의 찰스 왕자가 다이애나 공주와 결혼을 했던 이유도 그들의 혈통을 유지하기 위해서였다. 그리고 지금도 그들은 자신들의 혈통끼리만 결혼을 하고 있다. 미국의 빌 클린턴 대통령은 앨라배마 주지사를 지낸 윈드롭 록펠러(Winthrop Rockefeller) 주지사의 사생아였고, 그의 아내 힐러리는 뉴욕의 존 록펠러의 사생아로 둘은 친척 관계이다. 러시아제국의 니콜라스 황제, 독일제국의 윌헴 황실, 불란서 왕실의 루이 가문, 네덜란드의 왕실 모두 친척들로 같은 혈통들이다. 그러므로 그들은 모두 RH 음성 혈액 보유자들로 외계인의 혈통들로 보인다.

B. 로마제국 시대

고대로부터 내려온 숨겨진 지식

고대로부터 내려왔다는 그들은, 그들의 숨겨진 지식(Occult knowledge)을 그들의(루시퍼를 비밀리에 섬기는) 미스터리 바빌론 종교에 입신한 자들 중 특수층에게만 공개되어 왔기 때문에 지금까지도 비밀로 되어있다. 그러므로 지금 세계를 지배하는 세력들은 일찍부터 이러한 비밀지식을 소유하였고, 그런 지식을 전 인류로부터 숨겨왔다. 그들은 고대로부터 그들의 선조 외계인들로부터 전수된 그들만의 숨겨진 지식으로 인류를 마치 미개인들을 다루듯이 지배해 왔다. 미국 대륙을 최초로 발견한 것으로 알려진 콜럼버스는 이미 그 당시 남극이 얼음에 덮이기 전의 지도를 소유했었고 그 덕분에 미국 대륙에 대해 알고 있었다. 놀랍게도 그 지도에 나와 있는 지도가 최근에 개발된 얼음 밑의 육지를 볼 수 있는 기술을 통해서 보게 된 남극대륙의 그림과 흡사하다. 콜럼버스 역시 세계지배세력의 비밀조직인 프리메이슨의 회원이었다는 사실을 볼 때, 그는 그 지도를 그들의 비밀사회를 통해 전수받았던 것이다. 또한, 전 세계에 있는 모든 고도의 천체 망원경(astronomical telescope)들은 교황청이 소유, 통제하고 있다. 그리고 로마시대에 그들에 의해 불에 탄 고대 도서관 알렉산드리아 도서관(Library of Alexandria)에 보관되었던 중요

고대 서적들은 예수회가 통제하는 교황청의 지하실에 있는 교황청도서관에 보관되어있다. 나머지는 그들이 로마 군대를 동원해 다 불태워 버렸다. 최근에 미국 애리조나주 그레이엄 산(Mount Graham)에 새롭게 건축된 첨단 적외선(infrared) 망원경 역시 교황청이 소유하고 있을 뿐 아니라, 그 망원경의 이름의 약자가 루시퍼(L,U,C,I,F,E,R)이다. 그 산은 원래 원주민 인디언 보호구역(indian reservation)에 위치한 곳으로 그 지역 원주민들이 그들의 성지라고 하며 법적 싸움을 벌였다가 빼앗긴 곳이다.

교황청과 유엔의 외계인 외교부서

교황청과 UN 국제연합에는 이미 외계인과 외교를 담당할 부서가 설치된 지 오래다. 그리고 2009년에는 베네딕트 교황이 뜬금없이 외계인들이 존재한다고 해서 로마가톨릭교의 교리와 어긋나는 게 아니라는 발언을 했다. 예수회에 의해 통제되고 있는 교황청의 궁극적 목적은 이스라엘에 라틴 왕국(Latin Kingdom of Israel)을 설립하는 것이다. 12세기 때 교황청에 의해 일으킨 십자군(crusade)으로 약 200년간 점령했다가 오토만 제국에게 빼앗긴 후, 세계 1차 대전 때 영국을 통해 팔레스타인을 점령했다가, 세계 2차 대전 이후 이스라엘을 건국한 후인 1993년, 오슬로 합의에 의해 예루살렘의 대부분을 이스라엘로부터 교황청이 부여받았다. 이스라엘과 그 지역은 옛 수메르 문명이 시작되었던 곳이고, 시친의 저서에 의하면 아누나키 외계인들이 착륙했던 곳으로, 우주로 통하는 스타게이트가 존재한다고 한다. 그들은 지금도 새롭게 건축된 LUCIFER 천체 망원경으로 엑스 행성(Planet X)으로 알려진 아누나키의 행성 니비루의 도착을 기다리고 있다.

아인슈타인에 의해 가려져 온 천재 물리학자 니콜라 테슬라

우리가 배우고 세뇌됐던 것과 달리, 세계의 가장 위대한 물리학자는 아인슈타인이 아니라 니콜라 테슬라(Nichola Tesla)였다. 테슬라는 원래 세르비아 태생으로 큰 포부를 가지고 1884년 20대에 미국에 이민을 왔고, 그의 천재성을 인정한 그의 교수가 그를 토마스 에디슨에게 소개해 토마스 에디슨 밑에 과학자로 들어갔다. 그 당시 에디슨은 전기를 발견해, 전기를 떨어진 지역으로 발송하는 데 필요한 변압기(transformer)를 개발하고 있었다. 그때 테슬라는 전기를 변압기에 의존하지 않고 발송하는 방법이 있다고 했다. 그것이 우리가 아는 전기를 역류(AC·DC cross current)로 전송하는 방법이다. 프리메이슨으로 지배 세력의 한 사람이었던 에디슨은 테슬라가 성공적으로 역류로 변압기 없이 전송하는 방법을 개발하자, 그가 성공적으로 개발할 경우 상금을 지급하기로 했던 약속을 어기고 그 기술을 가로챘다. 그러자 테슬라는 에디슨과 연계를 끊고, 그 당시 미국의 최고 금융가 제이피 모건 (JP Morgan)에게 투자를 받아 전기를 수송할 수 있는 기술을 연구했다. 그 연구결과 그는 전기를 자체적으로 생산해 무선으로 수송하는 기술을 개발했다. 그 증거로 그의 친구였던 소설가 마크 트웨인이 무선으로 들고 있는 전구에 전기불이 들어온 사진을 인터넷에서 찾을 수 있다. 그러자 모건은 그가 지원했던 테슬라의 연구소를 파괴하고 그에게 투자했던 모든 자금을 회수해 버렸다. 모건의 입장에서는 만일 전기를 무선으로 보낼 수 있게 된다면 우선 전기료를 측량할 수 없어 돈을 벌 수 없을 것이고, 그가 투자해 소유한 전기선에 들어갈 구리(copper)의 가치가 폭락할 것이기 때문이었다고 한다.

지배세력의 숨겨온 과학비밀을 깨우친 위험인물 테슬라

그러나 그보다 더 중요한 이유는 첨단 과학지식을 독점해야 하는 세계지배세력에게 테슬라는 위험인물이었기 때문이다. 그는 이미 자유 에너지(free energy)로 알려진 제로 포인트(zero point) 에너지의 이론을 파악해 전기를 아무 비용을 안 들이고 발생할 수 있는 원리를 발견했었기 때문이다. 거기다 그는 이미 자유 에너지로 그가 손수 제조한 전기 자동차를 시운전했었다가 그 사실이 드러나자 압수당했다. 그들은 테슬라가 아무 데서도 직장을 구할 수 없게 만들어 가난하게 혼자 고독하게 죽게 만들었다. 테슬라는 라디오도 가장 먼저 발명했고, 레이저 테크놀로지를 비롯해 초단파 테크놀로지(microwave technology) 등을 개발했다. 지배세력의 계획된 방해를 알아차린 그는 자신의 발명을 공개하지 않고, 모았다가 그의 후손들에게 물려줄 계획으로 방대한 자료를 축적했다. 그러나 그의 천재성을 잘 아는 지배세력은 그를 사찰하다가 그가 죽자마자 그의 연구자료를 모두 가로챘고, 결국 그가 연구 개발한 기술을 지배세력이 그들만을 위해 고도의 무기를 만드는데 이용됐다. 지금의 레이저 기술과 마이크로웨이브 기술 및 프리에너지 기술 등을 인류로부터 감추어 그들만을 위해 사용하고 있다. 지금 지배세력이 소유한 HAARP 같은 기후를 통제하고 지진을 일으킬 수 있는 무기는 그가 일찍 연구 개발했던 기술이다.

고대학자들이 거론했던 아탈란티스 문명이 발견된 남극해

플라톤이 약 기원전 425년에 쓴 티마이오스 (Timaeus)와 크리티아스 (Critias)라는 두 책 에서 아틀란티스(Atlantis)라는 고대 문명이 있었던 고전이 소개돼 있다. 소크라테스의 대화로 엮은 두 책자에서는 그리스의 솔론 (Solon)이 이집트인들로부터 전해 들은 것을 바탕으로 펼쳐진 대화에는 먼 옛날에 고도로 발달된 아틀란티스(Atlantis)라는 제국이 지금의 대서양(Atlantic Ocean)에 위치했었고, 그 제국이 근처에 위치한 아프리카와 유럽을 정복하려 하다가 어떤 지진을 포함한 대재앙(cataclysm)에 의해 바다 속으로 가라앉았다는 기록이 있다. 플라톤의 시대만 해도 아직 고대 알렉산드리아 도서관을 지배 세력이 로마군대로 불태우기 전이어서 많은 정보가 있었다. 그러므로 인류가 오래전 지금보다 더 발달된 문명 속에 살고 있었다가 어떤 인류가 만든 참사 혹은 외계인에 의해 사라졌고, 그 후 다시 시작했을 가능성을 시사한다. 그런데 2016년 2월에는 러시아의 전통기독교의 총대주교 키릴 (Kirill)이 프란체스코 (Francis)교황과, 두 종교의 대분열(Great Schism)이 있었던 1054년 후 처음으로 대면한 후, 갑자기 남극대륙을 방문했고, 그다음달 3월에는 오바마 대통령이 갑자기 방문해 뉴스가 됐고, 2016년 미국 대선이 있던 11월 7일에는 미국의 존 캐리 (John Kerry)국무장관이 전 아폴로 우주 비행사 버즈 얼드렌 (Buz Aldren)과 함께 남극대륙을 방문한 사실이 뉴스가 됐다. 미국, 영국과 소련을 포함한 12개국이 그 지역에서 전쟁을

방지한다는 이유로 1959년 서명한 남극조약 (Anarctic Treaty) 에 의해 그동안 금지돼 오다가 2000년대 초부터 개방된 후, 많은 과학자들에 의해 연구가 시작됐고, 그동안 인터넷 매체들에 의해서만 보도돼 오다가 2016년에는 주류 언론 매체들까지도, 그 지역에서 고도로 발달된 문명의 유물들이 발견되었다고 보도하였다. 그리고 트럼프 대통령은 그의 2017년 대통령 취임식 연설에서, 인류는 새천년을 맞이해 우주의 신비와 불치병으로부터의 해방, 새로운 에너지와 내일의 테크놀로지 기술을 개방할 것을 약속했다. 그가 취임하자마자 지배세력이 국가안보를 빙자해 억제해온 약 6,000개의 특허 중, 자유 에너지와 숨겨진 의학을 포함한 약 1,000개의 특허를 개방할 것을 대통령 명으로 지시했다. 트럼프 대통령이 취임식에서 시사했던 우주의 신비(mysteries of the universe)를 개방하겠다는 약속을 실행하고 있는 것이다.

인터넷 매체에서는 이미 그곳에서 현대문명보다 고도로 발달된 수만 년 된 옛 아틀란티스의 문명이 발견되었다고 보도하고 있다. 그렇다면 지금까지 성경에 기록된 '역사'가 인류의 시초라고 세뇌시켜온 종교가 거짓으로 드러날 위기를 직면할 것이다. 또한, 제2차 대전 시 히틀러의 나치스가 어름에 덮여있는 고대문명이 남겨둔 시설의 존재를 알고 그곳에 기지를 가지고 있었고, 그 기지가 지금까지도 유지되어 왔을 뿐 아니라 미국, 영국, 러시아, 중국 등의 국가들은 이미 그곳에 군사기지를 소유하고 있다. 그와 별개로 유럽연합의 회장 장 클로드 융커(Jena Claude Juncker)는 2016년 영국에서 브렉시트 (BREXIT)가 통과된 직후 유럽연합 의회에서 한 기조연설에서 영국의 탈퇴 결정을 외계인 연합과도 상의를 했고, 그들 역시 심각하게 받아들이고 있다고 발언을 했던 사실이 그 회의 녹취록에도 공개돼 있다. 그 발언이 보도되자마자 독일의 메르켈 수상은 그 발언을 이유로 융커를 탄핵해야 한다고 강력히 주장했다가 오히려 더 주의를 불러일으킬 것을 우려해서인지 더 이상 거론하지 않았다. 2017년 12월에는 미국 펜타곤에서 UFO 연구를 담당하던 알게산드리오 (Alesandrio)가 트럼프 정부의 허락하에 그가 취임한 UFO 연구기관에서 미 공군이 찍은 UFO를 동영상을 공개해 미 주류 언론에서도 보도돼 최초로 정부가 UFO 동영상을 공개했다.

고대부터 금권으로 지배해 온 지배세력

세계 지배세력은 고대 수메르, 바빌론 시대부터 내려온 바알 신을 섬기던 사제들로 형성됐던 금권세력이다. 그들은 종교로 인간들의 정신세계를 지배하여 신도들에게 금과 은으로 그들의 신에게 헌금을 바치게 하였다. 그렇게 모은 재물을 빌려주는 고리대금업을 일삼으며 재물을 늘려온 자들이다. 우리가 지금 사용하고 있는 화폐제도는 이미 바빌론에서부터 사용되던 통화제도이다. 다만 그 당시에는 왕권이 돈을 발행하는 권리를 소유했고, 왕실이 돈을 대출하고 이자를 받음으로 백성들을 돈으로 다스렸다. 바빌론의 히마라비가 약 4천 년 전인 1,700년 B.C.에 법전을 새겨놓은 돌 비석이 발견되었듯이, 그때 이미 법 제도가 발달돼 있었고 법으로 국민들을 다스렸다. 고대부터 이미 왕실의 회계사는 왕에게 빚진 자들에 대한 기록을 유지하는 책임뿐 아니라 빚의 양을 계산하였다. 빚의 양이 전체 통화에 비해 너무 많아지면 생산력이 떨어진다는 사실을 알고, 왕실은 주기적으로 빚을 탕감해 주었다는 기록이 있다. 또한, 새로운 왕이 들어올 때는 의례적으로 국민들의 빚을 탕감해 주어 새롭게 시작하게 해 주었고, 왕국이 외세의 침략을 받을 때는 백성들의 빚을 탕감해 주어 군대를 일으키기도 했다. 왕실의 빚은 자신들에게 진 빚이니 탕감해 줄 수 있었으나 고리대금업에 종사하는 자들의 빚을 탕감해 주는 것은 쉬운 일이 아니었으므로 자연히 왕의 권력과 마찰이 생겼다. 왕실은 자신들의 군인들과 관리들이 그들의 빚에 노예가 되는 것을 금지했고, 왕이 소유한 토지에서 생산되는 곡식은 빚으로 압류를 금지해 그들로부터 보호했다. 금권을 소유한 세력과 왕권을 소유한 세력과의 투쟁이야말로 인류 역사를 지배해왔다.

로마제국을 하이퍼인플레이션으로 붕괴시킨 금권세력

우리가 가장 잘 알고 있는 고대 로마시대도 그러한 역사의 연속이었다. 그리고 지금의 지배세력은 이미 로마시대에도 배후에 있었다. 우리는 로마 공화국이 헌법을 바탕으로 한 상원의회를 통해 민주주의 원칙에 의해 다스려진 것으로 알고 있다. 그러나 로마공화국의 실체는 금권을 소유한 자들에 의해 세워진 과두제도(oligarchy)였다. 상원의원이 될 수 있는 자격은 토지를 소유한 부유한 가문들에게만 한정되었고, 로마의 일반 시민들이나 노예들에게는 투표권이 허락되지 않았다. 줄리어스 시저는 상원에서 선정한 행정책임자(consul)로 군대를 통솔하였고, 그 역시 로마공화국의 상원의원 출신으로 로마의 부유한 가문이었다. 그가 상원의회에서 암살을 당한 이유는 그가 독재를 하려 해서가 아니라,

그가 로마시민들의 빚 제도를 개선하여 그들이 토지를 소유할 수 있게 해주려 했을 뿐 아니라, 그 당시 환전꾼들이 독점하던 동전을 만드는 권한을 국가가 환전꾼들부터 반환해 그 돈으로 국가의 기반시설을 건설하는 공공사업으로 대중을 위한 정책을 펼쳤기 때문이었다. 이는 기원전 133년 그라키 (Grachi) 형제가 행정책임자 (Consul)일 때부터 로마의 빚 제도를 개혁하려 했다가 상원의원들에게 죽임을 당한 후, 기원전 29년 아우구스투스 (August)가 황제로 취임할 때까지 약 100여 년간 로마 공화국 안에서 지속된 권력투쟁의 일환이었다. 로마공화국의 군 통치자로 영토를 늘려나갔던 행정책임자의 입장에서는 로마의 모든 토지를 금권세력이 소유해 군인들에게 나누어 줄 토지가 모자랐고, 또한 로마군대에 징병되는 바람에 빚을 갚지 못해 노예로 전락하는 사례를 개선하려는 시저는 자신들의 부를 지키는데 급급한 과두세력과 충돌했던 것이다. 결국, 금권세력의 승리로 그들이 세운 아우구스투스 황제를 앞세워 로마제국으로 거듭났고, 그 후 로마제국의 모든 부를 축출한 금권세력에 의해 안으로 곪아터진 로마제국이 기원후 424년 게르만 민족의 부호(Germanic tribe)가 쳐들어오자 맥없이 붕괴하였던 것이다. 이는 지금 미국의 지배세력이 미국의 부를 다 빼먹은 후 미국의 달러를 붕괴시켜 미국을 망하게 하고 있는 순서와 같다. 그때도 로마를 배후에서 조종한 과두세력은 로마제국이 정복한 식민지 국가들의 부를 약탈한 후 더 이상 약탈할 수 있는 영토가 소모되자, 시야를 제국의 시민들로 돌려 그들이 돈으로 사용하던 금과 은을 약탈한 후 그들을 내팽개쳤다. 그들은 로마제국이 사용하는 통화인 금과 은 동전의 금과 은 함유량을 100%에서 5%로 서서히 희석시키며 금은을 빼돌려 로마 시민들의 부를 착취한 후, 로마경제를 붕괴시켰다.

금권세력이 조작한 암흑시대; 로마교를 이용한 유럽의 지배

　로마제국의 붕괴와 함께 식량과 생산품을 구입할 돈의 가치가 폭락해 시민들은 거지가 되어 암흑시대(Dark ages)가 시작되었고, 그 결과 구 로마 시민들은 일부 고대 가문들이 건국한 왕국들의 봉건제도 속에서 농노(serf)로 전락해 토지를 소유한 자들의 노예와 다름없는 삶을 살아야 했다. 반면에 금과 은을 빼돌린 금권세력은 이탈리아 항구도시인 베니스, 제노아, 플로렌스로 옮겨가 무역과 고리대금업으로 거금을 벌어들여 검은 귀족들(black nobility)로 부상했다. 그들이 검은 귀족들로 알려진 이유는 검은 로브를 입고 사탄을 숭배하였기 때문이다. 또한, 교황청을 장악한 사제들은 로마교를 통해 유럽의 왕실들을 통제하다 기원후 800년 프랑코 왕국을 설립한 샤를마뉴(Charlmagne)를 신성로마제국의 황제로 임명해 종교로 유럽을 지배했고, 1099년에는 십자군을 일으켜 교황청의 지위를 상승시켰다. 그 후 교황청이 둘로 나누어져 약화됐을 때 르네상스와 함께 베니스의 상권을 장악한 검은 귀족으로 알려진 그들이 다시 유럽에 그들의 모습을 드러내, 자신들의 메디치(Medici), 보르지아(Borgia) 가문들의 자손들을 교황으로 만들어 교황청을 직접 장악했다. 그리고 막대한 자금을 들여 지금의 교황청에 위치한 성 베드로 대성당(St. Peters Basilica)을 건축했다. 그 건축비용을 충당하는 수법으로 그들은 신도들을 속죄해준다는 면죄부(Indulgence)를 팔아 많은 돈을 모

금해 그 유명한 마이클엔젤로의 그림도 의뢰했다. 세계 어느 나라를 막론하고 바티칸의 대성당을 능가하는 '궁전'을 볼 수 없다. 앞에서도 지적했듯이 그들은 교황청을 통해 신성로마제국으로 유럽을 정신적으로 지배했다. 지금도 그 거대하고 호화스러운 것으로는 바티칸과 견줄 구조물이 없다. 그러므로 로마제국을 붕괴시킨 그들은 교황청이 군림하는 신성로마제국을 통해 예수의 이름을 빙자해 지상의 군주로 유럽을 통치했다. 교황청은 교황의 신적인 지위로 각 국가의 왕들을 움직였고, 그 왕들로 하여금 교황을 섬기도록 했다.

루시퍼를 비밀리 섬기는 미스터리 바빌론 종교

금권세력인 그들은 일찍이 바빌론에서부터 바알 신을 섬기던 사제들의 후손으로, 사탄을 숭배하는 악의 집단으로 인류로 하여금 돈을 숭배하도록 세뇌시켜 왔다. 그 사실을 알아야만 그들이 인류를 지배하기 위해 저질러온 반인류적이고 비인간적인 잔인함의 진의를 이해할 수 있다. 미스터리 바빌론으로 알려진 그들의 종교는 외형적으로는 태양신으로 알려진 바알(Baal) 신을 섬기지만, 그들의 종교에 깊숙이 들어가면 최종적으로는 루시퍼를 섬긴다. 그러나 그 사실은 그들의 비밀사회에 입문된 후 높은 경지에 이른 자들에게만 전수되는 그들만의 비밀이다. 그리고 그들은 만일 추궁을 받을 경우 무슨 일이 있어도 그 사실을 부인해 비밀을 지켜야 한다고 가르치고, 이를 어기는 자들은 그들이 소속된 비밀사회 조직에 의해 죽임을 당한다. 그들은 구약성경에 나오는 야훼를 하느님(Adonai)이라고 하며 그 신과 자신들이 섬기는 루시퍼는 동격의 신이라고 한다. 그들은 하느님이 아담과 이브에게 선악과를 먹지 못하게 한 이유는 인간이 신과 같이 되는 눈이 생길 것이 두려워서였다고 가르친다. 루시퍼가 뱀으로 나타나 신이 선악과를 먹으면 죽는다는 말은 거짓이니 먹어도 죽지 않는다는 사실을 알려주어 인간이 신과 같이 될 수 있다는 사실을 일깨워 줌으로 신으로부터 '해방' 시켜 준 것이라고 한다. 그들은 인간은 인간의 지성(intellect)으로 신과 같이 될 수 있다고 한다. 그들이 과학을 중요시하는 이유다. 그들은 선과 악은 다 신이 창조했음으로 동등하다고 한다. 오히려 인간은 선으로 보다 악을 행함으로 더 일찍 신과 같이 될 수 있다고 한다. 그들의 궁극적 목표는 가축과 다름없는 인류를 노예로 만들어 그들의 지배를 받게 하는 것이다. 그러기 위해서 그들은 선(good) 대신 악(evil)으로, 즉 간교한 속임수와 잔인함으로 인류를 정복하는 것이 가장 효율적이라고 가르친다.

구약성서 창세기에는 노아의 홍수 후, 그의 셋째 아들 햄의 자손으로, 최초의 왕국을 설립한 니므롯(Nimrod)이 신에게 대항해 바벨탑을 세우자 이에 분노한 신이 탑을 파괴하고 언어의 혼동을 일으켜 인간들이 서로 소통을 하지 못하게 됐다고 기록돼 있다. 그들에 의하면 루시퍼이기도 하고 태양신이기도 한 니므롯은 인간으로 환생해 그의 친모인 세리마미스와 결혼을 했다고 한다. 그 후 노아의 큰아들 셈의 자손들에 의해 죽임을 당한 니므롯의 시체는 여러 토막으로 잘려 그의 왕국 곳곳에 흩어진 것을, 그의 아내 세미라미스가 다시 찾아 원상태로 복구해 관 속에 넣었으나 그의 성기만을 찾지 못했다고 한다. 세미라미스는 그 관 위에서 잠이든 사이 죽음을 이긴 후 태양으로 돌아간 니므롯이 내리쬔 빛살에 의해 처녀로 잉태해 탐무즈(Tammuz)를 낳았고, 탐무즈는 니므롯이 인간으로 환생해 다시 태어났다고 해서 아버지이자 아들이고 어머니이자 부인인 삼위일체 이론의 원천이다. 니므롯의 환생이자 그의 아들인 탐무즈 역시 죽어 해의 신인 바알(Baal)신이 됐다고 한다. 몰록 (Moloch)으로도 알려진 바알 신은 구약성경에서도 수차례 언급되는 우상이다. 바빌론에서 시작된 이 신비종교는, 그 후 고대 이집트에서는 태양신을 오시리스이자 그의 아들 호루스, 달의 신을 오시리스의 아내이자 호루스의 어머니 이시스로 숭배했다. 그리스에서는 제우스, 아폴로, 아르테미스로 불렸고, 로마시대에는 주피터, 아폴로, 다이아나로 불렸다.

금권지배세력의 철천지원수 예수의 출현

히브리민족이 지금의 이스라엘인 팔레스타인 지역에서 로마제국의 지배를 받고 있을 당시 예수가 그 지역의 목수 요셉의 아들로 태어났다. 에세나파(Essene)라는 그 당시 히브리민족의 종파는 원래 천문학을 연구하던 자들로 예수가 나타나기 500년 전부터 구약성서에 나오는 엘리아 선지자가 예견한 메시아 예수의 탄생을 기다렸던 자들이다. 그러나 그 당시 예루살렘을 포함한 그 지역은, 바빌론으로 끌려간 후 거기서 바알 신인 루시퍼를 비밀리에 섬기는 종교로 변질됐던 것으로 알려진 랍비들이 주도하는 랍비식 유대교(Rabbinic Judaism)가 장악하고 있었다. 그들은 원래 히브리민족이 믿던 토라 대신 탈무드를 가르쳤다. 탈무드에는 자신들의 유대교에서 가르치는 내용들을 이방인에게 누설하는 것은 모든 유대인들을 죽이는 것과 같은 행위라고 금하고 있다. 왜냐하면 이방인들이 자신들이 그들에 대해 가르치는 내용을 알게 될 경우 모든 유대인들을 죽이려 할 것이기 때문이라고 한다. 그들의 탈무드는 가축이나 다름없는 이방인이 어려움에 처했을 때 그에게 돈을 빌려준 후 그를 속여 망하게 해 그의 부를 가로채는 것은 당연하다고 가르친다. 간음하는 것도 만일 어린아이와 성관계를 가질 경우 그것은 간음이 아니라고 가르친다. 그들이 일찍부터 소아애를 선호했음을 드러내는 대목이다. 그들의 가장 중요한 종교적인 명절인 유월절(Passover)에 하는 기도에는 '주여 당신을 섬기지 않는 모든 자들을 분노로 다스리고 그들을 산산조각으로 부셔주소서'라는 내용으로 이방인들을 저주하는 내용이 주를 이루고 있다. 물론 그들의 기도의 대상인 '주님'은 루시퍼이다. 고로 그들이 탈무드를 통해 가르치는 '지혜'는 바로 무지한 가축들을 통제하기 위한 속임수이고 악한 행위 그 자체이다. 신약 성서에 보면 그들은 회당에서 신에게 바치려면 그들이 제조한 특수 은전을 사용해야 한다며 시가의 은전을 고가의 은전으로 환전하도록 해 돈 장사를 했던 자들이다. 그러자 그 사악한 거래가 일어나는 장면을 목격한 예수가 그들이 성전을 '사탄의 회당(Synagogue of Satan)'으로 변질시켰다며 채찍으로 쫓아낸 사건이 기록돼 있다.

예수를 죽여야 했던 이유

그러므로 이웃사랑을 가르치며 물질적인 삶이 아닌 영적의 삶을 추구할 것을 가르친 예수의 가르침은 그들의 가르침과 상반됐다. 그들은 그들의 바리새인(Pharisee)들이 가르치는 율법을 내세우며 예수를 찾아와 그의 가르침이 율법을 위배한다고 비난했다. 그러자 예수는 그들에게 그들이 섬기는 신은 악마 사탄이라고 직설적으로 지적했다. 그들이 비밀리 숭배하는 루시퍼를 알고 지적했던 것이다. 자신들의 숨은 정체를 꿰뚫어 보자 랍비들이 로마 총독에게 죄 없는 예수를 십자가에 못 박아 죽여 달라고 청해야 했던 이유이다. 그리고 제자들이 기록한 복음서에 의하면 사탄이 예수를 산꼭대기에 데려가 그에게 엎드리면 천하를 주겠다고 유혹하자, '사탄아 물러가라' 고 하며 자신은 이 세상의 권세를 얻으러 온 것이 아니라 인류를 구원하러 왔다고 했다는 기록이 있다. 예수도 사탄이 지상의 권세를 주관하고 있다는 사실을 인정했던 대목이다. 한 가지 부인할 수 없는 사실은 그들의 종교는 그들이 십자가에 못 박아 죽인 예수를 도가 지나칠 정도로 혐오한다는 사실이다. 그들은 탈무드에서 예수를 로마군들을 상대로 하던 창녀 마리아가 임신하자 목수 요셉이 불쌍히 여겨 아내로 삼아 낳은 창녀 마리아의 사생아라고 가르친다. 그리고 예수는 지금도 불타는 지옥의 배설물 속에서 끓고 있다고 할 정도로 그들은 예수와 그의 가르침을 혐오한다. 신약에 나오는 예수는 신의 아들이 인류를 악으로부터 구원하기 위해 처녀에게 잉태해 인간으로 태어났다고 했다. 고차원 세계에서 지구의 3차원 세계에 직접 개입(interfere)하지 못하게 돼 있는 우주의 기본지시(prime directive)를 준수하는 유일한 방법은 인간의 몸으로 환생하는 것으로, 예수는 자신이 하늘에 계신 아버지의 아들로 인간의 몸으로 환생했다고 했다. 그는 기적을 행할 때도 인간도 자신같이 기적을 행할 수 있다고 가르쳤다. 그러면서 그는 물질적인 것을 탐하게 하는 악의 세력인 사탄과의 대결을 영적인 삶과 사랑으로 극복하라고 가르쳤다. 훗날 인도의 간디가 대영제국의 군사력을 비폭력(nonviolence)으로 이길 수 있었던 것이 그의 가르침과 같다. 예수는 때가 되면 이 악의 세력이 심판을 받게 될 것이고 그때 재림할 것을 약속했다. 그러면서 그때까지 악이 추구하는 물질적인 유혹에 속아 넘어가지 말고 깨어있으라고 가르쳤다. 깨어있는 자들은 그와 함께 천국에 진입할 수 있고 그렇지 못한 자들은 남게 될 것이라고 했다. 안타깝게도 그의 가르침 역시 사탄을 추구하는 자들에 의해 로마 가톨릭교로 왜곡됐고, 그나마 종교개혁으로 예수의 가르침이 어느 정도 보존돼 왔다.

미국의 배후에 있는 사탄을 섬기는 세계지배세력

루시퍼·사탄을 숭배하는 그들이 바로 미국의 배후에서 세계를 지배해 온 지배세력이다. 예수도 인정했듯이 그들은 지상 세계의 권세를 지금까지도 누리고 있는 것이다. 그리고 그들이 그 권세를 누릴 수 있는 이유는 그들이 고도의 속임수로 인류를 노예화할 수 있었기 때문이다. 그들은 로마제국 역시 배후에서 지배했고 일찍부터 속임수로 인류의 부를 야탈해 왔다. 우선 그들은 그들의 미스터리 바빌론 종교인 태양신을 섬기도록 해 종교적으로 인류를 통제해왔다. 그리고 그들은 바빌론의 노예로 끌고 갔던 히브리 민족의 종교를 침투한 후 교묘하게 변질시켜 모세가 산 속에서 십계명을 전수받고 있을 당시 랍비들은 산 밑에서 탈무드의 내용을 전수받았다고 가르치며 원래부터 종교적이었던 히브리인들을 랍비 유대교로 '개종' 시켰다. 그러면서 탈무드의 가르침을 정당화하는 방법으로 히브리인들은 신에게 선택된 우월한 민족이라고 세뇌시켰다. 그리고 그들은 탈무드의 가르침과 상반되는 내용을 가르친 '위험한 존재'인 예수를 십자가에 못 박아 죽여 그가 신의 아들이 아니라는 사실을 '증명' 했다. 그러나 예수는 처음부터 그들에 의해 죽임을 당할 것이라는 사실을 알았고 그의 가르침을 전파하기 위해 자신의 목숨을 희생할 계획이었다. 그는 신약 복음서에 기록돼 있듯이 얼마든지 죽음을 피할 수 있는 기회가 있었다. 그러나 그는 인류에게 이 사탄을 숭배하는 자들의 물질적인 가르침에 넘어가지 말고 영적인 삶을 위해 이웃을 배려하며 사랑하라는 메시지를 전하기 위해서 자신을 희생해 본보기가 되었다. 그 덕분에 그들의 사악함과 대결할 수 있는 선을 추종하는 진리가 보존돼 왔다. 또한, 예수는 악이 심판을 받는 시대가 올 것이라고 예견했다. 그런데 지금 그 악을 추종하던 지배세력이 러시아와 중국, 그리고 트럼프를 위시한 미국군부의 애국자 세력에 의해 존멸의 위기를 맞았다.

기독교의 확산을 막기 위해 로마교로 흡수시킨 지배세력

예수가 그들에 의해 십자가 위에서 사형을 당한 후 부활했다는 소문이 나자, 예수를 추종하는 나사렛교가 그의 제자들을 통해 급속도로 로마제국 안에 걷잡을 수 없게 퍼져 나갔다. 그러자 처음에는 자신들이 통제하는 로마군대를 앞세워 핍박을 했다. 그래도 확산을 막을 수 없게 되자, 전략을 바꾸어 콘스탄티누스 황제를 움직여 로마 가톨릭교로 변질시켜 로마의 국교로 만들어 그들의 종교에 흡수시켰다. 그 당시 많은 종교적인 서제들이 존재했으나

니케아 자문단(Council of Nicaea)을 창설해 기원후 325년 콘스탄티누스의 명에 의해 약 300명의 종교지도자들이 그 당시 알려진 서제들 중 일부분을 임의로 선정해 엮어 최초의 성경을 만들어 천주교로도 알려진 지금의 로마 가톨릭교가 창설됐다. 그렇게 임의적으로 지배세력에 의해 엮어진 성경은 고도의 사기극이었다. 예수의 가르침이 기록된 복음서들과 히브리 민족들이 그들만의 신으로 섬기던 야훼에 대한 기록이 담긴 구약을 함께 하나의 책으로 묶어, 예수가 하늘에 계신 아버지라고 했던 신이 토라에서 말하는 야훼와 같은 신인 것처럼 조작했다. 구약의 야훼는 그를 추종하는 히브리 민족에게 눈은 눈으로 이는 이로 갚으라고 가르쳤고, 전쟁에서 승리한 후 패전국의 인구를 모조리 학살하라고 가르쳤다. 그에 비해 예수는 원수를 사랑하고 만약 용서를 구할 경우 용서하기를 일곱 번을 일곱 번 하라고 가르쳤다. 예수가 하늘에 계신다고 가르친 아버지는 결코 야훼가 아니었다. 왜 전지전능한 창조주가 자신이 창조한 인간들에게 자신만을 섬기라고 하며 불복할 경우 지옥으로 보내 영원하게 고통을 주겠는가? 특히 그가 보낸 아들은 사랑을 가르치는데? 예수는 하늘에서 이루어지듯이 지상에서도 이루어진다고 했고 하늘에 계신 아버지는 자식을 사랑하듯 사랑의 아버지로 비유했지, 결코 구약에 나오는 질투의 화신 야훼가 아니었다. 콘스탄티누스 황제는 종교로 로마제국을 다스리는 방법으로 그렇게 개종된 로마교를 국교로 선포했다. 그동안 핍박을 받다가 콘스탄티누스에 의해 갑자기 로마국교로 선정되자, 그 당시 나사렛 교를 숨어서 추종하던 자들은 자신들의 종교가 가톨릭교의 이름으로 미스터리 바빌론 종교로 흡수된 사실을 감지하지 못했다.

로마교에 의해 조작된 기독교 교리

그렇게 루시퍼를 섬기는 사제들에 의해 개종된 로마 가톨릭교는 그들의 입맛에 맞게 새로운 교리를 창조했다. 예수가 죽기 전 그의 수제자였던 베드로를, 그의 반석위에 교회를 세우겠다고 한 말을 인용해 교황을 가톨릭교의 수장으로 만들었다. 아기 예수는 그들의 호루스가 아기 예수로 둔갑했다. 또한, 그들이 원래 섬기던 이시스를 예수의 모친 성모 마리아로 둔갑시켜 그녀를 예수의 중개자로 만들었다. 그리고 교황은 교회의 우두머리이자 지상에서 예수의 대리자(vicar)로 그를 예수 대신 숭배하도록 하였다. 그들은 콘스탄티누스의 명에 의해 안식일을 태양의 날인 일요일로 바꾸었고, 예수의 탄생일을 태양신이 탄생한 날이라고 하는 동지(Winter Solstice)인 12월 25일로 선정했다. 또한 이쉬타(Ishtar)로 알려진 탐무즈의 아내이자 친모인 세미라미스를 숭배하는 날이며 춘분(Spring Equinox)인 3월 25일을 가톨릭교의 부활절(Easter)로 선정했다. 춘분은 지구의 적도가 해의 중심으로 지나가는 날이다. 미스터리 바빌론 종교에서는 3월 25일에는 술과 난잡한 섹스를 즐기는 주신제이며, 그 주에는 사제들이 처녀들과 성교를 해 잉태시켜 9개월 후인 12월 25일에 태어난 유아들을 바알 신에게 제물로 바쳤다. 주신제 때는 그 유아들의 피에 담가 피물이 든 달걀을 숨겨놓은 다음에 찾는 풍습이 있었다. 그리고 예수가 제자들에게 나누어준 피와 살이라며 거행되는 성찬 예식도 그들의 바알 신에게 피로 제사를 드리는 의식을 모방한 것이다. 그러므로 로마제국의 국교가 된 가톨릭교는 원래 로마의 종교로 태양신을 섬기던 미트라(mithra) 종교의 원천인 미스터리 바빌론 종교의 관습을 그대로 인용한 것이다. 그리고 현재 로마 교황청 한복판에 세워진 방첨탑으로도 불리는 오벨리스크(obelisk)는 세미라미스가 찾지 못한 니므롯의 성기를 상징한다. 클레오파트라의 바늘이라고도 알려진 이집트에서 옮겨온 오벨리스크는 런던 웨스트민스터 시, 그리고 미국 워싱턴디시에는 워싱턴 기념비(Washington Monument)라는 이름으로 된 오벨리스크가 세워져 있다. 불란서 파리의 상징으로 알려진 에펠탑, 그리고 최근 MB 정부의 각별한 배려로 잠실 한복판에 세워진 롯데월드 빌딩 역시 이 오벨리스크를 상징한다.

지옥과 연옥을 만들어내 공포로 종교인들을 지배한 교황청

더 중요한 사실은 종교로 인간을 지배하는 데에 고수들인 그들은, 예수가 그 당시 비유로 쓰레기 소각장을 언급한 내용을 인용하여 죄를 지으면 지옥에 간다는 메시지로 둔갑시켰다. 예수는 그가 재림할 시기에 준비된 자들만 그와 함께 천국에 갈 수 있다는 표현을 했지만, 그 어디에도 죄를 지으면 지옥에 간다는 내용을 가르친 적이 없다. 그러나 그들은 지옥(hell)과 연옥(purgatory)이라는 장소를 임의로 만들어 인간들을 공포로 지배하는 교리를 창조했다. 그리하여 그들은 걷잡을 수 없게 전파되는 예수교를 흡수해 로마가톨릭이라는 이름으로 그들의 원래 종교인 미스터리 바빌론 종교를 새롭게 포장하는 데 성공시켜 로마제국 전 지역으로 전파했고, 약 100년 후 로마제국을 붕괴시킨 후에는 이 로마종교를 이용하여 인류를 정신적으로 지배하는 기초를 만들었다. 정신적으로 유럽인들을 지배하는 방법으로, 교황은 예수의 지상 대리인(vicar)으로 왕권신수설(divine right of king)을 부여하는 권세를 소유했다는 조작된 교리를 앞세워, 왕권을 놓고 일어나는 분쟁을 배후에서 조성하고 해결하는 역할로 권력을 행사했다. 교황은 신의 대리인으로 그의 결정에 불복할 경우 교계에서 제명시키는 방법으로 권력을 행사할 수 있었고, 직접 군대를 보유하지 않았지만 그의 지배를 받는 왕국을 움직여 왕의 군대로 교황에게 반대하는 세력을 제거하며 유럽을 지배했다. 그보다 더 중요한 사실은 로마교로 로마제국의 대를 신성로마제국이라는 이름으로 이어간 그들은 유럽인들을 왕권신수설로 세뇌시켰다는 점이다. 그 후 인류는 왕권은 하늘이 내린 것으로 왕족의 피를 받은 자들에게만 허용된다고 세뇌돼, 왕권의 후계자를 왕의 혈통을 받은 자들로 선정하는 것을 당연하게 받아들이게 됐다. 결국, 신성로마제국의 독일 하노버 가문인 조지 왕(King George)이 영어도 구사 못하는데도 영국왕실의 혈통이라는 이유 하나로 왕권을 즉위하는 것을 당연하게 받아들이도록 세뇌됐고, 그 점을 이용해 예수회가 영국왕실을 침투할 수 있었다.

이슬람교의 시작

전 세계를 자신들에게 굴복시키려는 계획을 가진 그들은 나사렛교로 알려졌던 예수교가 그들의 영역 밖인 중동과 아시아로 전파되는 것을 막기 위한 수단으로, 기원후 610년 교황청을 통해 비밀리 이슬람교를 설립했다. 그들은 과부이며 재산가인 가톨릭 여신자를 아라비아로 보내 18세의 모하메드를 선정해 그녀가 40

살일 때 그와 결혼을 시켜 그를 종교 지도자로 키웠다. 글도 읽지 못하는 모하메드를 통해 이슬람이라는 종교를 시작한 것이다. 이 사실은 알베르토 리베라(Alberto Rivera) 전 예수회 신부가 폭로해 처음 알려졌고 애릭 존 펠프스(Eric Jon Phelps)의 '교황청의 자객(Vatican Assassin)'이라는 저서와 월터 베이스(Walter Veith) 목사의 여러 인터넷 강의에서 확인할 수 있다. 이슬람에서는 그들의 종교를 반대하는 자들을 이교도(infidel)라고 해 죽여도 된다고 돼 있다. 그리고 어린 여자아이들과 결혼을 허용하므로, 모하메드는 실지로 9살 난 여자아이를 부인으로 받아들였다. 그렇게 모하메드는 군대를 이끌고 무력으로 로마가톨릭교의 손이 닿지 않는 곳을 모두 이슬람으로 개종시켰다. 그리하여 이슬람 종교로 원래 예루살렘 지역에서 시작된 나사렛교가 중동과 아프리카 지역으로 전파되는 것을 막았을 뿐 아니라, 이슬람교 역시 루시퍼를 섬기는 숨은 유대인들로 침투시켜 훗날 이슬람의 과격파 와하브(Wahabi)파의 지하드로 제3차 전쟁의 기반을 만들었다.

모하메드가 죽은 얼마 후 교황청에서 보낸 사제에 의해 이슬람의 성경 코란이 작성되었다. 이슬람 종교가 믿는 알라라고 하는 신은 곧 루시퍼이다. 그러니 그 사실은 비밀이고 평신도들은 모르고 있다. 유투브에서 월터 베이스 목사의 강의를 추천한다. 그들은 그 종교를 통해 하루에 다섯 번씩 그들이 믿도록 세뇌된 성지인 메카를 향해 절을 하도록 해 그들의 생활을 지배했고, 문명의 발전을 거부하도록 정신적으로 지배했다. 그들의 궁극적 목적은 이슬람을 통해 예루살렘을 점령하는 것이었다. 원래 그들의 원산지는 수마리아·바빌론 지역이고 히브리 서적에서도 예루살렘을 성지라고 하고 있으므로 그들이 예루살렘을 점령해야 하는 이유이다. 이슬람교는 모하메드의 죽음 후 두 파로 나뉘어졌다. 수니파와 시야파이다. 이슬람교의 대부분을 차지하는 수니파는 사우디아라비아를 포함한 대부분의 중동지역에 퍼져있다. 수니파는 와하브(Wahabi)라는 성전(Jihad)을 주도하는 과격파로, 맨 꼭대기는 루시퍼를 섬기는 자들로 교황청의 통제하에 있다. 반면에 시아파는 옛 페르시아제국인 이란과 이라크에 퍼졌고. 시아파는 과격한 수니파로부터 일찍이 분리해 나왔다. 시아파는 교계의 우두머리를 교황과 맞먹는 이슬람교의 교주인 최고 지도자 (Supreme Leader)로 선정했다. 고로 로마의 교황청이 용납할 수 없는 교파이다. 그들이 이란을 인류의 적으로 묘사하는 이유이기도 하다.

하자르 (Khazar) 민족의 유대교로의 개종

그들은 고대 바빌론시대에 이미 유대민족의 종교를 변질시켜 유대 민족을 자신들의 계획에 등용했던 것으로 보인다. 왜냐면 유대 민족은 이미 자신들을 신에게 선택된 민족으로 생각하며 이방인들과 피를 섞지 않는 관습을 가져 그들이 이용하기에 적절했기 때문이다. 그렇게 토라를 믿는 유대민족의 종교를 탈무드 교리로 랍비의 유대교로 변질시켰다. 그러나 그 수가 모자랐다. 그러던 중 지배세력은 단일 민족의 혈통으로 뭉쳐졌을 뿐 아니라 이미 도적질을 일삼는 새로운 하자르 (Khazar) 민족을 발굴해 그들을 유대교로 개종시켰다. 하자르의 왕 볼란(Bolan)은 이미 바빌론에서부터 내려온 바알신을 섬기는 사탄을 숭배하는 자였다. 그들은 그를 통해 앞으로 금권을 이용한 그들의 세계정복 계획에 선봉군대 역할을 하게 될 유대교로 개종시킨 것이다. 한 가지 우리가 알아야 할 사실은 히브리 유대민족이 따르는 토라에 의하면 아브라함의 아들인 이삭의 쌍둥이 아들 야곱이 자신보다 먼저 태어난 에서로부터 장자권을 팥죽으로 구입한 후 야곱이 이삭의 후손으로 이스라엘민족을 이어가게 됐다고 나온다. 그 후 이스라엘민족에서 제외된 야곱의 형, 에서의 자손들은 이스라엘민족에서 제외돼 페니키아인(Phoenician)으로 알려진 상인들로 그들의 후손들이 동유럽으로 퍼져 하자르(Khazaria)라는 국가를 세웠다고 한다. 그러나 그들에 의해 모든 역사가 은폐됐기 때문에 알 길이 없다. 그러나 그들의 생김새는 유대인들과 닮은 데가 많다. 전 세계 유대인 인구의 90%를 차지하는 이 아슈케나지(Ashkenazi) 유대인들로 알려진 하자르 민족은 그러므로 원래 팔레스타인의 가나안 땅을 약속받았던 유대민족이 아니다. 그들은 원래 교역과 도적질을 일삼은 민족으로 부근국가들과 그들의 땅을 거쳐 가는 자들을 강도질하던 도적떼들이다. 원래 나쁜 짓을 하는데 두뇌가 좋기로 유명했다. 그들은 그들이 강도질하고 살해한 사람의 신분을 훔쳐 도용해 더 많은 부를 갈취한 것으로도 유명했다. 그들이 루시퍼를 비밀리에 섬기는 교황청의 사제들에 의해 유대교로 개종됐던 것이다.

실제로 자신들이 유대인이라고 믿게 세뇌된 하자르 민족

하자르의 왕 볼란은 그의 왕국을 유대교로 개종시키면서 문화도 그대로 받아들여 의복과 풍습까지 유대인들을 철저하게 모방함으로 하자르인들 자신들이 이스라엘 민족의 후손들이이라고 믿도록 세뇌시켰고, 지금도 아슈케나지 유대인들은 자신들이 이스라엘의 후손이라고 믿고 있다. 그들은 바빌론에서부터 전수된 바빌론의 탈무드를 배웠고, 높은 경지에 이른 자들에게만 그들이 궁극적으로 섬기는 신이 루시퍼인 사실을 전수했다. 그리고 그들은 비밀리에 사탄을 숭배하는 의식으로 어린아이들을 제물로 바쳤다. 그들의 하자르 왕국을 지나가는 상인들의 도둑질은 물론이고, 바알 신에게 아이들을 제물로 바치기 위해 그 부근지역의 아이들이 대거로 사라지는 사례 때문에, 그 사실을 알게 된 러시아 제국에 의해 약 기원후 950년경 그들이 살던 지역에서 쫓겨났다. 그리해 폴란드 지역을 포함한 동유럽으로 흩어졌다. 그들이 쓰는 언어는 이디시어(Yiddish)로 독일계의 언어와 가깝다. 오히려 훗날 시오니즘을 시작해 팔레스타인 지역이 신이 그들에게 약속한 땅이라는 이유로 천년을 넘도록 거주하다 그들의 핍박을 받고 있는 팔레스타인인들이야말로, 셈의 피를 이어받은 유대인들과 더 유전적으로 가깝다. 1948년 건국된 이스라엘의 국민을 포함한 세계에 존재하는 유대인들 중 90%가 이 하자르 출신 아슈케나지 유대인들이다.

템플 기사단의 비밀

유럽의 여러 왕국을 좌지우지 하게 된 교황청은 동로마제국이 이슬람들에게 공격을 받아 지원군을 요청하자, 기원후 1099년 동로마제국을 돕고 그 핑계로 예루살렘을 되찾는다는 명분으로 십자군을 일으켰다. 교황청을 배후에서 통제하는 사탄을 숭배하는 그들은 그들의 비밀조직인 템플기사단(Knights of Templar)을 만들었다. 그리하여 교황으로부터 모든 세금을 면제받을 수 있는 특권을 부여받았다. 교황청의 십자군들은 이 템플기사단의 활약으로 예루살렘을 점령하는데 성공한 후, 교황청은 로마교 신도들을 예루살렘으로 순례(pilgrimage)를 가도록 권장했고, 템플 기사단은 예루살렘으로 순례를 가는 사람들을 보호해 주는 역할을 맡아 순례를 가는 동안 재물을 강도당할 우려 때문에 돈을 먼저 기사단에게 맡긴 후 예루살렘에서 기사단이 소유한 은행에서 찾을 수 있는, 지금으로 말하는 국제 신용장(letter of credit)을 처음 개발해 많은 돈을 벌었다. 또한 교황청이 그때까지 유대 상인들에게만 허용하던 고리대금업을 템플기사단에게만은 체계적으로 허용했다. 불란서에서 최초로 형성됐던 템플 기사단의 깃발은 두 명의 기사가 말 하나를 같이 타는 그림이었다. 그만큼 검소한 조직이라는 의미였다. 그러나 그 세력이 늘어나자 사탄을 추종하는 자들이 침투해 원래의 취지를 변질시켰다. 그들은 해골의 그려진 깃발을 달고서 해적질로 엄청난 부를 모았다. 특히 그 당시 그들은 거짓 깃발(false flag)을 이용한 위장 술책으로 유명했다. 바다에서 상선을 만나기 직전 자신들의 해적선에 거짓 깃발을 달아 같은 상선인 것처럼 위장해 접근을 한 후 약탈하는 수법이었다. 그 위장 술책 수법은 그들이 지금까지 전쟁을 일으키기 위해 꾸준히 써온 수법을 거짓깃발(false flag)이라고 부르게 된 동기이다. 여하튼 그런 수법으로 템플 기사단은 그 당시의 왕국보다도 더 큰 군함들을 소유했고, 그들의 돈을 빌리지 않은 왕국이 없을 정두루 ㄱ 당시의 금권세력으로 부상했다.

사탄숭배의식을 거행하다 발각 난 템플기사단의 정체

그렇게 그들의 부와 권력을 늘려온 기사단은 기원후 1300년경 그들의 원래 비밀종교인 미스터리 바빌론 종교의식인 아이들을 죽여 인간제사를 드리며 비밀리 루시퍼를 숭배하는 예식을 한다는 사실이 노출됐다. 그 당시 로마 가톨릭 사제들은 이단(heresy)을 잡아 고문을 하는 종교재판(inquisition)으로 교황청과 사제들을 거역하는 자들과 정치범들을 이단으로 몰아 잔인한 고문을 해 로마교로 '개종' 시키는 행위가 한창이었고, 개종을 거부한 자들은 화형으로 처했다. 대부분의 유럽의 왕들은 감히 막강한 템플 기사단을 처벌하길 꺼렸으나, 기사단에게 많은 빚을 진 불란서의 필립왕이 기사단의 이런 이단 행위를 고발한 이유로 그와 인척 관계인 교황은 따라야 했다. 그 당시 교황청은 둘로 분리돼 불란서에도 위치하고 있었다. 원래 템플 기사단의 지부가 있던 다른 국가들은 이 숙청에 합세하기를 꺼렸기 때문에 대부분의 기사단원들은 그 동안 축적해 놓은 금은보화를 가지고 탈출했다. 미처 도주하지 못했던 템플 기사단의 우두머리였던 자크 드 몰레 (Jack De Molay)는 오랜 고문을 받은 후 끝까지 개종을 거부해 화형에 처해졌다. 탈출한 대부분의 기사단원들은 스코틀랜드(Scotland) 왕의 보호로 그곳에서 은거하며 재기의 기회를 노리다가, 스코트 프리메이슨(Scottish Freemason)으로 변신해 훗날 재기했다. 그러나 템플 기사단들이 비밀리에 섬기는 신이 루시퍼라는 사실을 모르고 합류했다가 그 사실을 알게 된 일부 기사단원들은, 기원후 1054년 교황의 권위를 배척해 로마교와 분리됐던 (비잔틴제국으로도 알려진) 동로마제국의 전통 기독교(Eastern Orthodox Christianity)가 위치한 러시아로 탈출했다. 고로 그리스를 포함한 동유럽으로 전파된 후 러시아로 거점이 옮겨진 동로마제국의 전통 기독교는, 그때부터 이미 교황청의 배후 지배세력이 사탄을 숭배한다는 사실을 알고 있었고, 교황청의 가장 위협적이고 끈질긴 적으로 존재해 왔다. 훗날 그들이 볼셰비키 혁명으로 러시아를 점령한 후 전통 기독교 종교지도자들을 대대적으로 학살하여 씨를 말리려 했던 이유이다. 그러나 전통기독교는 지하로 숨어 유지하다 푸틴의 부상과 함께 다시 러시아에서 재출현하여 번창하고 있다. 전통기독교의 총대주교(Patriarch)는 현재 러시아의 키릴(Kirill)이다. 그는 최근 로마교의 교황 프란체스코의 요청에 의해, 2016년 2월, 기원후 1054년부터 로마교와 분리된 지 1,000년 만에 만났다. 앞에서 그 만남이 있었던 다음날 키릴이 남극해를 방문해 뉴스가 됐다고 했다.

C. 중세기 시대

교황청의 세계정복을 위한 선교를 빙자한 세계 진출

1492년 콜롬버스(Christopher Columbus)가 미 대륙을 발견한 후, 고대부터 내려온 그들의 보르지아(Borgia) 가문의 후손인 알렉산더(Alexander VI) 교황은, 그 당시 해상세력이었던 스페인과 포르투갈을 통해 전 세계를 식민지화하는 데에 앞장섰다. 역사에 나오는 미 대륙을 탐험한 콩키스타도르(conquistador)는 고대 마야문명과 잉카문명이 있는 페루, 멕시코를 포함한 남미 지역을 군대조직을 가지고 들어가 점령하고 약탈한 후 그 원주민들을 그들의 식민지로 만들어 지배했다. 교황청은 이런 약탈, 침략 행위를 신의 뜻이라고 하며 권장했다. 그리고 스페인과 포르투갈이 남미를 놓고 영토 싸움을 벌이자, 포르투갈이 지금의 브라질인 서쪽을, 스페인이 지금의 볼리비아와 아르헨티나인 동쪽을 소유하도록 분배할 정도로 교황의 권력은 막강했다. 그리고 콘키스타도르의 해항 시 알렉산더 교황의 지시로 그 얼마 후 설립된 예수회수도회의 신부들이 행정관으로 동행하며 그 지역에 있는 원주민들이 섬기는 종교 지도자들을 발굴해 학살했다. 사탄 루시퍼를 비밀리 섬기는 그들은 고대 지식이나 종교를 말살하는데 각별히 신경을 썼던 것이다. 원주민들의 종교를 섬멸한 후, 그 지역에 로마교 성당과 학교를 설립해 원주민들을 '개종' 시킨다는 명분으로 그들을 통제했다. 물론 그들이 선교사로 보낸 예수회의 말단 사제들은 루시퍼에 대해 알지 못했다. 미국에서도 남북전쟁 이후 그들이 침투해 미국 정부를 통제하기 시작하면서부터 원주민 인디언들과 인디언 부족의 추장들과 종교지도자 샤만 들을 속출해 학살했다. 미국에서는 약 5천만 명에 달하는 인디언들을 보호구역으로 이전시키는 과정에 천연두로 전염시켜 대량으로 학살한 역사적 사실은 철저히 숨겨져 와 미국 국민들 조차 모르고 있다. 사탄 숭배자들인 그들은 인간을 학살하는 행위 그 자체가 일종의 사탄에게 바치는 대규모 인간제사이다. 그들이 전쟁을 즐기고 그 전쟁을 통해 민간인들을 대량으로 학살하는 이유이다.

종교개혁과 로마 가톨릭교의 위기

그들이 배후에서 조종하며 그들의 비밀조직으로 시작됐던 템플기사단도 그 당시 프랑스의 왕 필립 (Philip)에 의해 교황청에서 쫓겨나야 했듯이, 항상 그들이 로마가톨릭교를 통제한 것은 아니다. 그러나 그들이 밀려날 경우 항상 기회를 봐서 재침투하는 끈실김을 보였다. 르네상스를 계기로 메디치 가문과 보르지아 가문 등 교황청을 배후에서 조종하는 가문들이 직접 교황의 자리를 인수했다고 했다. 특히 앞에서 거론한 보르지아 가문의 알렉스 교황은 그의 아들이 직접 군대를 통솔해 교황청의 재산을 늘렸던 것으로 유명하다. 그리고 그들이 유대인으로 개종시킨 하자르 민족은 원래 동 유럽인이었기 때문에 유럽인들과 쉽게 섞일 수 있었다. 원래 강도질을 일삼던 그들은 어디를 가나 금을 모아 돈 장사를 했고, 셰익스피어의 '베니스의 상인' 에서 돈을 받기 위해선 살점도 떼어 가는 악덕한 유대인들로 묘사될 정도였다. 러시아제국에 의해 하자르 지역에서 쫓겨난 그들은 유럽 전역으로 퍼졌고 이슬람에 의해 지배를 받았던 스페인에서 자유롭게 유대인으로 행세를 했다가 스페인이 이사벨라에 의해 로마 가톨릭교로 개종하자 이단으로 몰려 할 수 없이 로마교로 개종했으나 그들의 유대교를 비밀리에 유지했다. 특히 그들은 사탄을 숭배했고 아이들을 죽여 인간제사를 드리는 풍습을 버리지 않았다. 그리해 그들은 몰라노 유대인 (Molano Jew) 혹은 숨은 유대인(Crypto Jew)으로 알려졌다. 이미 앞에서 소개했듯이 그들은 탈무드를 따르며 거짓과 도둑질을 통해 그들의 세력을 넓혀왔다. 그들은 그러므로 철저한 사탄을 숭배하는 종교집단이었다.

중세기의 정보혁명: 종교개혁(Reformation)

그러던 중 16세기 초 그 당시의 정보혁명을 가능하게 한 구텐버

그 인쇄(Guttenberg Printing) 기계의 발명으로 대량으로 인쇄가 가능해지자 로마 가톨릭교 안에서 사제들만 볼 수 있던 성경 사본이 평신도들에게 대거 배포되었다. 그러자 가톨릭교도가 성서와 일치하지 않다는 사실이 드러나는 바람에 로마교의 정당성을 잃는 위기를 맞았다. 그 시대의 정보혁명이다. 그 당시 속죄를 해 준다는 면죄부(indulgence)를 돈으로 파는 제도에 반발한 로마교 사제 마틴 루터가 95개의 논제(95 theses)를 교황청 문에 붙여 시작된 반발이 독일과 북유럽으로 확산되었고 그로 인해 종교개혁(Reformation)이 시작됐고, 개혁파(Protestant)로 로마교를 대항하는 신교도인 루터파와 캘빈파가 만들어졌다. 그리고 성서에 아무 데도 교황이 지상의 예수의 대리인이라는 기록이 없을 뿐 아니라 구원은 행함에 의한 것이 아니고 예수를 믿음으로 가능하기 때문에 로마교의 가르침과 상반된다며 교황의 권위를 배척했다. 그 시대에 교황의 권위를 배척한다는 것은 곧 신을 대리하는 교황의 정치적 권한을 도전하는 이단행위였다.

반종교개혁 (Counter Reformation)

그러자 교황청의 배후를 움직이던 그들은 교황으로 하여금 트리엔트 종교회의 (Council of Trent)를 열게 한 후 오히려 그들의 지위를 더 강화했다. 교황은 예수의 대리인으로 지상의 모든 권력을 소유했으므로 그의 명령은 곧 예수의 명령과 동일하고, 그 명을 어기는 자들은 이단으로 죽음으로 다스린다고 선언했다. 그렇게 해 반개혁주의(Counter Reformation)를 시작했다. 그러면서 모든 개혁주의 국가들은 이단으로 몰아 종교 전쟁을 선포했다.

그러므로 약 1524년부터 시작돼 1648년 베스트팔렌 평화조약 (Westphalian Peace Treaty)으로 종결될 때까지 지속된 유럽 일대의 전쟁은 종교개혁 때문에 일어난 종교전쟁이었다. 로마교를 추종하는 국가 안에서는 반개혁주의에 의해 이단(heretic)으로 지정된 개혁파들을 종교재판(religious inquisition)으로 핍박해 제거하거나 강제로 개종시켰다.

교황의 비밀 자객 군대조직 예수회의 출범

1542년 스페인의 귀족 가문 출신이며 숨겨진(crypto) 유대인인 이그나티우스 로욜라(Ignatius Loyola)가 예수회(Society of Jesus)를 창설했다. 로욜라(Loyola)는 교황청의 배후에 있는 알렉스 가문이 선정한 자였고, 그 당시 위기에 처한 교황을 돕기 위해 만들어진 반종교개혁(Counter Reformation)을 주도한 수도회로 가장한 비밀군사조직으로 옛 템플기사단의 부활이었다. 예수회에 소속된 자들은 교황을 위해서는 어떤 악한 행위라도 마지않겠다고 맹세한 자들로, 교황을 반대하는 자들을 암살하기 위해 선정돼 훈련된 자객(assassin)들로 구성된 군대조직이었고 로욜라는 그 조직의 첫 번째 사령관이었다. 그리고 그들은 오직 교황에게만 보고하고 교황만을 위해 존재하는 교황의 친위대였다. 그리고 그 결사대조직의 목적은 로마교를 반대하는 중요한 지도자들을 모든 수단과 방법을 동원해 암살하는 것이었다. 그리고 그 조직에 소속된 자들은 교황을 위한 목적을 위해서는 어떤 악을 저질러도 된다고 세뇌됐다. (The end justifies the means.) 그들이 맹세하는 선서는 사악하기 짝이 없다. 그들은 독약을 사용하던 무기를 사용해서 교황을 반대하는 자들은 그들의 지위를 막론하고 암살하기로 맹세한 자객 단이었다. 예수회의 회원으로 선정된 자들은 상관을 절대복종해야 하고 교황의 말은 무조건 옳다고 믿고 행해야 했다. 그 후 그들은 교황청을 완전히 침투해 흰 의복을 입는 외형적인 교황(white pope) 위에는 예수회의 사령관이자 검은 교황(black pope)으로, 교황의 고해(confession)를 받는 교황의 보이지 않는 직속상관으로 교황청을 완전히 장악했다. 교황이나 카디날들 중 그들의 지배를 저항하는 자들은 그들에 의해 암살됐다. 그러므로 예수회는 고대로부터 내려오는 가문들에 의해 설립된 교황청의 권력을 지배하는 비밀 군대이다. 1524년부터 시작돼 전 유럽을 전쟁터로 만들은 종교전쟁은 1648년 베스트팔렌 평화조약(Westphalian Peace Treaty)이 이루어질 때까지 지속됐고 그 조약에 의해 그때까지 교황청에 의해 유럽을 다스리던 신성로마제국 안에도 로마 가톨릭과 개혁파인 루터교와 캘빈 교가 공존하게 되었다.

개혁파 국가들을 침투하기 위해 신설된 프리메이슨 조직

종교전쟁을 계기로 교황청을 완전히 장악하는데 성공한 예수회는 개혁파 국가들 역시 장악하기 위해 헨리 8세가 시작했던 영국 성공회 대신, 베스탈렌 평화조약이 체결된 1648년부터 로마교를 추종하는 스투어트(Stuart) 왕조를 앞세워 영국을 로마 가톨릭국가로 개종하려고 했다. 그러나 혁명가 올리버 크롬웰(Oliver Cromwell)에 의하여 그 계획이 저지됐다. 영국 내란으로 올리버 크롬웰이 주도하던 의회(Parliamentarian)파가 왕족(Royalist)파

를 물리쳐 찰스 왕이 사형을 당한 후 의회의 동의를 받아 다스리는 입헌 군주제가 윌리엄 왕이 부임한 1688년 명예혁명(Glorious Revolution)에 의해 성립됐다. 이때가 앞에서 설명한 찰스 왕이 부도를 낸 후 자금을 조달할 방법이 없던 왕실을 인계받은 윌리엄 왕이 1694년 영국은행의 설립을 허용해 자금을 마련했던 때이다. 그러므로 고대부터 내려온 지배세력은 윌리엄 왕의 승계를 계기로 유대계 금융가들을 영국에 침투시켜, 영국의 중앙은행인 영국은행을 설립해 영국의 화폐발행권을 탈취해 영국을 경제적으로 장악했다. 윌리엄 왕 다음으로 영국 왕실을 즉위한 조지 왕(King George)은 원래 독일계통으로 영어도 못 하였다. 그러나 이미 신성로마제국으로 유럽을 다스려온 교황청의 지배하에서, 왕은 신으로부터 부여받은 왕족만 승계해야 한다고 세뇌된 영국 시민들은 독일의 하노버 왕가의 조지 왕이 영국시민들이 추종하는 개혁파라는 이유 하나로 그를 왕으로 받아들였고, 그리해 예수회는 그들의 통제하에 있는 신성로마제국의 조지 왕을 즉위시켜 영국의 왕실을 장악하는데 성공했다. 그런 후 조지 왕을 통해 1717년 영국 프리메이슨을 설립해, 프리메이슨 조직을 통해 유럽의 귀족들과 학식이 있는 자들을 위주로 키워나가며 영국의 산업혁명을 주도해 대영제국을 배후에서 일으켰다.

예수회의 세계정복을 위한 아시아 선교

이그나티우스 로욜라와 함께 예수교를 시작한 프란체스코 자비에(Francis Xavier)는 로욜라가 유럽에서 반 개혁주의에 앞장서 교황청의 군대로 활약하며 유럽을 정복할 당시에 세계정복을 위해 아시아로 떠났다. 군대 장교 출신이었던 로욜라와 달리 그는 학구파였고, 세계를 정복하기 위해서는 중국을 잠입해야 한다고 믿었다. 우리가 알아야 하는 사실은 사탄을 숭배하는 그들도 종교적인 신념(conviction)을 소유했다는 점이다. 사탄 루시퍼의 도움으로 권세를 누리는 대신 루시퍼를 위해 꾸준히 세계를 정복해야 하는 것이다. 그들은 가는 곳마다 그들의 신학교는 물론 일반 학교를 설립하고 병원을 설립해, 그 지역 사람들에게 환심을 먼저 사는 전략을 이용했다. 로마교의 막강한 재정적 지원을 받는 그들은 비용의 구애를 받지 않아도 됐다. 물론 그들은 그렇게 새로운 지역을 침투한 후 진주, 비단, 도자기, 차, 향신료(spice) 등의 무역으로 투자한 금액에 비교가 안 되는 수익을 벌어들였다. 자비에(Xavier)는 인도, 인도네시아, 캄보디아, 일본 등을 거쳐 1550년경 중국에 왔으나, 본토에 입성하기 전에 중국 섬에서 세상을 떠났다. 그를 뒤이은 이탈리아 출신 마테오 리치(Matteo Ricci) 신부는 중국 명나라왕실이 유교 학자들을 존경한다는 사실을 알고 유교를 공부했고, 그의 의복도 유교학자의 의복을 모방했다. 그리고 리치는 과학, 수학, 천문학 등에 통달했고 뛰어난 언어의 소질을 바탕으로 중국어를 통달했다. 그는 비밀지식(occult knowledge) 중 하나인 천문학에 대한 학식으로 중국의 왕실과 연을 맺을 수 있었다.

이자성을 키워 명나라의 몰락을 주도했던 예수회

워낙 재력이 막강한 로마교가 배후에 있으므로 예수회는 중국에서도 일찍부터 재능이 있는 자들을 선출해 키웠다. 그리고 그들은 항상 그들이 침투한 국가를 전복시켜 그들의 하수인들을 지도 자로 앉히는 계획을 비밀리에 음모했고 실천했다. 그들은 일찍 마카오에 정착한 후 중국 본토를 공략했다. 그들이 중국에 입성하자부터 중국 대륙은 그들의 조작에 의해 지속적인 흉년을 경험했고, 그들은 그 흉년의 원인을 중국왕실에게 전가해 중국의 농민들을 선동한 후, 그들이 비밀리 키운 이자성장군을 경제적으로 지원해 만주의 청과 전쟁을 하느라 쇠약해진 명나라를 무너트리는데 성공했다. 그가 설립한 순나라를 통해 중국의 왕실을 잠시 장악했었으나 만주의 청나라가 들어서는 바람에 권력을 상실했다. 그러면서 청나라의 왕실과도 유대관계를 맺으며 비단, 차, 도자기 등의 무역을 했다. 그 후 예수회가 영국의 왕실을 장악하여 영국제국의 배후세력으로 등장한 19세기 초에, 그들이 소유, 통제하는 동인도회사를 앞세워 아편을 중국에 수출하다 청나라 왕실이 아편 수출을 금지하자, 그들이 통제하는 영국군대를 앞세워 아편전쟁을 일으킨 후, 그 전쟁에 승리해 그들이 일찍부터 거주하던 마카오와 홍콩을 빼앗았다. 마카오와 홍콩을 통해 청나라를 금융으로 통제했고, 마침내 그들은 일찍부터 예수회와 인연이 깊은 모택동의 선조들과의 유대관계를 바탕으로 훗날 모택동을 내세워 중국을 공산주의 국가로 만드는데 성공했다.

일본의 침투와 도쿠가와 쇼군에 의한 추방

거대한 중국을 침투하기 위한 첫걸음으로 자비에 신부는 1549년 일본의 나가사키로 정착해 일본의 다이묘(damyo)들을 로마교로 개종시킨 후, 그 당시 일본에 자리 잡은 불교 절들을 파괴하고 스님들을 학살했다. 그러면서 일본의 도요토미 히데요시를 움직여 조선을 침략해 당나라를 공격할 발판을 구축하기 위한 임진왜란을 일으키는데 필요한 무기와 군함을 제공했다. 그리고 예수회가 배후에서 명나라의 장수를 돈으로 매수했을 뿐 아니라 조선 왕실 조정의 간신배들까지 매수했으나, 일본의 수군은 군함 수가 월등히 열악한 수군을 가진 이순신 장군에게 대패해 그들의 중국으로 진출하려는 계획이 좌절됐다. 그 후 그들이 선교를 빙자해 불교를 없애고 일본 정치에 관여하는 사실을 알게 된 도쿠가와 쇼군은 예수회를 추방했다. 특히 유럽에서 가톨릭국가와 종교전쟁이 한창 중이던 유럽의 개혁파 국가인 화란(Dutch)의 군함의 영국계 선장 윌리엄 아담스 (William Adams)를 통해 예수회의 정체를 알게 된 도쿠가와 쇼군은, 예수회 신부들을 공개적으로 처형한 후 영구적으로 스페인과 포르투갈 출신 예수회를 쫓아냈다. 예수회 역시 쉽게 물러나지 않고 1637년 약 3만 명의 일본 가톨릭들을 선동해 반란을 일으켜 시마바라 섬에서 스페인 군함의 지원군을 기다렸으나, 화란 군함의 도움을 받은 도쿠가와 쇼군은 반란을 제압하는 데 성공해, 1854년 페리제독이 군함을 앞세워 다시 나타날 때까지, 약 200년 동안 예수회는 일본에 발을 들이지 못했다. 그러나 그들의 근거지였던 히로시마와 나가사키에서 예수회가 심어놓은 로마교를 뿌리를 뽑는 데는 실패해, 예수회의 로마교의 잔여세력이 남아 훗날 다시 예수교의 본부가 됐다.

태국과 베트남을 침투하는데 성공한 예수회

그들은 중국을 침투하기 전 남동아시아의 태국을 먼저 침투했고, 그 당시 버마의 위협을 받고 있던 태국에게 군사적 도움을 준 후 일찍부터 태국경제를 장악해 주석(tin)같은 광물을 탐광해 수출했다. 약 1627년 베트남에 정착한 예수회 신부 로드(Alexandre de Rhodes)는 지금의 베트남 글을 서양 알파벳을 사용해 개발해 주어 일찍부터 로마교를 베트남에 전파했고, 불란서 선교사 비숍피뇨(Bishop Adran Pigneau)는 18세기 말에 영주 응우앤 안오하(Nguyen Anh)를 도와 그가 베트남의 잘롱(Gia Long)황제가 되자 로마교를 베트남에 자유롭게 전파했다. 그 후 잘롱황제의 뒤를 이은 유교를 선호하는 민망(Minh Mang)에 의해 한동안 탄압을 받게 되었으나, 이미 베트남에 뿌리를 내린 베트남 가톨릭들은 불란서가 1858년부터 베트남 왕실과 벌인 식민지 전쟁 때 불란서를 도와 베트남을 불란서의 식민지가 되는데 기여했고, 그 후 불란서 식민정부 내에서 특급 대우를 받으며 고급 공무원으로 등용되어, 1960년대에는 디엠 대통령을 비롯한 로마 가톨릭교 출신들이 서부세력의 앞잡이들로 활약했다.

D. 18~19세기

예수회의 파면 위기

앞에서 예수회가 종교개혁(Reformation)을 대항해 시작한 반개혁(Counter Reformation)에 의한 종교전쟁이 1648년 평화조약으로 종말이 난 후 교황청을 장악했다고 했다. 그러나 그들은 그 후 가톨릭 국가들 안에서 노골적으로 국정에 개입해 정부를 전복시키려다가 그들의 정체가 드러나, 18세기에 그 국가들로부터 추방되는 위기를 맞았다. 예수회는 그들이 출범한 후 전 세계 국가들로부터 여러 차례 쫓겨난 경력이 있다. 왜냐면 그들은 가는 곳 마다 그 국가를 전복시키려는 수작을 부렸기 때문이다. 그들의 정치적 음모가 드러나자 예수회는 1754년 프랑스에서 1759년 포르투갈에서 1767년 스페인에서 각각 추방됐다. 그와 동시에 그 국가들이 소유한 남미를 포함한 식민지 영토에서도 쫓겨났다. 그렇게 되자 그들이 일찍부터 영국왕실을 침투해 프리메이슨 조직으로 새로운 거점으로 선정했던 영국을 움직여 1763년 프랑스와의 7년 전쟁에서 승리함으로, 미국을 포함한 북아메리카와 인도를 차지하여, 그때까지 유럽을 지배하던 프랑스를 물리치고 유럽의 강국으로 부상했다. 그리해 프랑스, 스페인, 포르투갈에서 쫓겨난 예수회는 영국에서 시작된 산업혁명을 바탕으로 해군을 키워 스페인과 포르투갈을 추월했고, 영국의 배후에서 영국의 군대를 앞세워 불란서, 스페인과 전쟁으로 불란서와 스페인의 식민지를 탈취해 아메리카 대륙의 미국과 캐나다를 통제하게 됐고, 화란(Dutch)을 물리쳐 인도를 화란으로부터 탈취하여 인도, 아프리카, 호주 등으로 식민지를 넓혀감으로 해가 지지 않는 나라 대영제국이 유럽의 초강대국으로 부상했다.

프리메이슨의 시작

앞에서 거론됐듯이 종교전쟁 이후 평화조약이 체결된 후 그들은 1717년에 영국에서 시작된 프리메이슨 조직을 이용하여 처음에는 개혁파 국가들로 시작해 유럽의 모든 국가들을 침투했다. 프리메이슨은 원래 회당을 지을 때 돌을 다루는 자들을 칭하는 것이다. 그리고 그들의 시작은 템플기사단이 십자군으로 예루살렘에 있을 당시 구한 비밀문서들 중 회당을 짓는 기술을 비밀리에 전수해 온 일종의 조합(guild)이다. 그 이후 유럽에 많은 종교적 건축물이 프리메이슨들에 의해 건축됐다. 그런데 그 조합에 들어가기 위해서는 비밀사회에 입문을 해야 했다. 흥미로운 사실은 그들이 입문하는 과정에서 알게 되는 내용을 보면 거기서도 미스터리 바빌론 종교에서 나오는 바벨탑을 지어 신과 대항했던 자로 알려진 니므롯이 최초의 메이슨으로 소개된다는 점이다. 프리메이슨은 외형적으로는 종교를 초월하는 봉사·사교 단체라고 포장하였지만, 실제로는 기독교 지역에 위치한 프리메이슨 조직은 그들의 모임 장소인 로지에 성경이 진열돼 있고, 이슬람 지역에 위치한 로지에서는 코란이 진열돼 있다. 그리고 조직의 맨 꼭대기인 30도가 돼야만 그들의 비밀을 알게 되는데, 결국 루시퍼를 비밀리에 섬기는 자들로 구성돼 있다.

일루미나티의 시작

앞에서 1754년 프랑스를 시작으로 예수회가 너무 국가정치에 개입이 심하다는 이유로 이에 빈발한 스페인(1767), 포르투갈(1759) 같은 국가들이 예수회를 추방하는 대형 사태가 벌어졌다고 했다. 가톨릭교 안에 존재하는 또 하나의 수도회(order)인 도미니칸 수도회에 의해 그들의 종교재판(Inquisition) 권리를 빼앗기고 교황 클레멘스 14세(Pope Clemente XIV)로부터 가톨릭교에서마저 퇴출됐다. 그러나 얼마 안 돼 그들에 의해 일어난 불란서 혁명으로 그 국가들은 엄청난 댓가를 치르게 된다. 예수회는 당분간 스페인의 영역에 있는 모든 남미국가들로부터 추방되자, 수천 명에 달하는 예수회 성직자들은 불란서 남부에 위치한 코르시카(Corsica)섬에 망명된 신세가 됐다. 그러자 그들은 1776년 예수회가 운영하는 잉골슈타트(Ingolstadt)대학의 철학 교수인 아담 바이스하우프트(Adam Weishaubt)를 내세워 유대교 금융가 로스차일드의 경제적 지원을 받아 독일 바바리아(Bavaria)에 일루미나티(Illuminati) 비밀조직을 설립했다. 그리고 바이스하우프트는 곧바로 유럽 전역에 활동하고 있는 프리메이슨 조직을 흡수하는 작업에 몰두했고, 불과 4년도 안 걸려 전 유럽의 프리메이슨 조직들을 침투해 일루미나티의 산하에 넣었다. 일루미나티의 비밀목적은 모든 종교를 없애고 모든 개인소유를 없앤 후 모든 정부를 전복시켜 세계정부를 설립한다는 것이었다. 훗날 공산주의와 그 이론이 흡사한 것은 우연이 아니다. 그러나 공교롭게도 그들의 이런 방대한 계획을 담은 비밀서류를 전하는 임무를 수행하던 자가 벼락에 맞아 죽는 사건이 일어났고, 그 사건을 담당한 조사관들이 그의 주머니에서 그 비밀서류를 발견해 심상치 않다고 판단돼 독일 바바리아 왕실에 보고했다. 그 비밀문서를 본 왕실은 곧바로 일루미나티 조직의 본부를 습격했으나 바이스하우프트는 이미 도망을 친 후였다. 그리해 바바리아 정부에 의해 일루미나티는 해산됐고, 그들이 불란서 혁명을 계획하고 있다는 정보를 불란서의 루이 왕실에게 전달했으나, 루이 왕실은 이 정보를 방치하는 실수를 범하고 말았다. 예수회의 보호를 받는 바이스하우프트는 이웃에 위치한 국가로부터 보호를 받아 다시 그가 시작한 일루미나티 계획을 추진할 수 있었다. 일루미나티의 맨 꼭대기는 프리메이슨처럼 루시퍼를 섬기는 예수회 산하의 조직이다. 바이스하우프트가 유럽의 프리메이슨 조직을 침투해 일루미나티의 산하로 통합하자 순수한 목적으로 프리메이슨의 회원이 돼 프리메이슨의 숨겨진 정체를 모르는 대부분의 회원들은 반발을 했으나 소용이 없었다. 꼭대기에는 다 일맥상통했기 때문이다. 그리고 그들은 예수회를 쫓아낸 유럽의 왕실들에게 복수를 하는 계획을 세웠다. 그러기 위해서 그들은 영국의 프리메이슨 조직을 움직여 불란서의 프리메이슨 조직을 활용했다.

불란서 혁명을 조작한 프리메이슨;
예수회의 도움을 받은 나폴레옹의 부상

1789년 그들의 불란서 프리메이슨 조직을 동원해 불란서에 있는 모든 식량을 구입해 식량난을 조작했다. 그리고는 루이왕의 왕비 마리 앙투아네트가 국민들은 굶어 죽는데 어마한 다이아몬드를 구입했다는 허위 소문을 퍼트렸다. 그 시대의 정보전쟁이다. 그리고 그녀가 시민들이 빵이 없다고 한다는 말을 듣고 그럼 케이크를 먹으면 되지 않느냐는 발언을 했다고 허위 소문을 퍼트려 국민들의 분노를 사도록 조작했다. 그럼과 동시에 일찍부터 왕권을 없애야 한다고 주장하는 반정부 세력인 야코비안 (Jacobian)들을 배후에서 경제적으로 지원해 왕실을 상대로 혁명을 주도하도록 조작했다. 그런 후 돈으로 매수한 폭도들을 동원해 루이 왕을 상대로 불란서 '혁명'을 일으켰다. 완전히 조작된 혁명이었다. 혁명이 완성된 후 로베스피에르 (Robspierre)를 포함한 야코비안들마저 단두대 (guillotine)에 의해 목이 달아나는 신세가 되었다. 이용하고는 배신한 것이다. 그리고 그 혼란을 이용해 남미에서 추방

된 신부들이 망명 생활을 하던 코르시카(Corsica) 섬에서 예수회의 경제적 지원을 받은 나폴레옹이 군사를 일으켰다. 나폴레옹 역시 프리메이슨이었고 예수회가 만든 영웅이었다. 그를 통해 불란서, 스페인, 포르투갈을 정복해 예수회를 감히 추방했던 왕실들을 모두 전복시켰다. 그리고 교황청을 쳐들어가 교황을 잡아 가두었다가 그로 하여금 예수회를 다시 복위시켜 교황청을 다시 장악한 후, 교황으로 하여금 다시는 예수회를 퇴출시킬 수 없다는 교황의 대칙서(papal bull)를 선포하게 했다.

예수회를 배신한 나폴레옹의 몰락

예수회의 도움으로 유럽을 정복한 나폴레옹은 황제의 직위를 차지한 후 그들의 영향력에서 벗어나기 위해 불란서 제국의 자체 중앙은행을 설립했다. 그는 은행가들에게 돈을 빌리면 그들의 지배를 받아야 한다는 사실을 잘 알고 있었다. 그는 이미 은행가들은 국가에 아무런 충성심(loyalty)이 없고 오직 그들만의 권력을 추구한다는 사실을 잘 알고 있었다. 그들의 도움 없이 전쟁 비용을 충당하기 위해 원래 불란서의 영토였던 지금 미국의 중서부 루이지애나(Louisiana)를 미국에 팔았다. 프리메이슨 조직에 가담할 때 가담 조건이 한 국가보다 프리메이슨 조직에게 충성을 할 것을 선서하게 돼 있다. 그러다 만일 가담 후 그들의 통제를 저항할 경우 반대세력을 도와 그를 무너트리던지 예수회의 고유의 비밀무기인 암살로 제거했다. 그들은 그들의 이용가치를 다하고 그들을 배신한 나폴레옹을 제거하기 위해 그를 러시아를 정복 하도록 나폴레옹의 자존심(pride)을 부추겼고, 나폴레옹은 3개월이면 이길 수 있다고 믿고 그의 군대를 끌고 출전했다. 그리고 가는 곳마다 승리했다. 그러나 그의 러시아진출은 그들이 그를 러시아 깊숙이 유인한 후 혹독한 러시아의 겨울로 그의 군대를 전멸시키는 고도의 전략이었다. 러시아군은 후퇴를 하며 모든 식량을 태워버리는 전법으로 나폴레옹의 군대는 식량난을 겪어야 했다. 나폴레옹은 자국민들을 굶겨 죽이는 그런 잔인한 전법을 쓸 것을 예상하지 못했던 것이다. 그러나 예수회는 그런 반인류적인 잔인한 전법으로 시베리아의 추운 겨울을 이용해 나폴레옹의 군대를 전멸시켰다. 그는 그렇게 대패한 후 소수의 패잔병을 데리고 유럽에 돌아와서 재기를 시도했으나 결국 회복하지 못해 헬레나 섬으로 망명을 가야했다.

예수회에게 한 번 더 이용된 나폴레옹의 워털루전투

그러나 기이하게 그는 극적으로 헬레나 섬에서 '탈출'해 그들이 계획적으로 내세운 불란서 은행으로부터 대출을 받아 다시 군대를 일으켰다. 그러나 이 역시 그들의 계획에 의해 그를 다시 한 번 이용하기 위해 허용한 '탈출'에 불과했다. 그들은 나폴레옹을 대적할 웰링턴 (Wellington) 장군이 지휘하는 영국연합군을 지원한 후, 나폴레옹과의 전투로 연합군을 위기로 몰았다. 그들의 양쪽을 다 지원해 주는 전형적인 수법이었다. 로스차일드의 막내아들은 나폴레옹의 포위를 뚫고 자금난에 허덕이는 웰링턴에게 금을 운반해 주었다. 양쪽에게 자금을 대는 로스차일드는 전쟁터에서도 특별대우를 받았고 그 점을 이용했던 것이었으나 역사책에는 그가 용감무쌍해 연합군의 승리를 가능하게 한 영웅으로 묘사돼 있다. 그리하여 전쟁의 승패를 가릴 전투를 조작했다. 그 전투가 바로 그 유명한 워털루(Waterloo) 전투이다. 로스차일드의 뛰어난 정보망에 의해 로스차일드가 나폴레옹의 승리를 먼저 입수해 영국국채를 싹쓸이한 것으로 알려져 있으나, 워털루는 그들이 영국채권시장에서 영국의 국채를 헐값에 인수하기 위해 조작된 전투였다. 그 전투에서 계획된 나폴레옹의 패배를 거꾸로 승리했다는 거짓 정보를 흘려 가격을 폭락시킨 후 영국의 국채를 몽땅 인수해, 그들의 돈을 위탁경영하던 '왕실 유대인(court jew)'에 불과했던 로스차일드가 영국과 전 유럽을 손에 넣는 계기가 되었다. 그리고 1832년 예수회에 의해 도산위기에 처해진 교황청이 로스차일드에게 경제권을 맡겼다. 독일 프랑크푸르트의 조그만 금 보관업자였던 로스차일드 가문이 예수회의 배경 없이 대영제국을 일으켜 세계를 정복하게 됐다는 것은 있을 수 없는 발상이다. 그 후 나폴레옹은 헬레나(St. Hellena)섬으로 망명된 후 그곳에서 예수회에 의해 독살됐다. 예수회에 의해 철저하게 이용당한 그는 죽기 전, 예수회는 종교의 수도회(order)가 아니고 확고한 군대조직이고, 그들은 그들의 목적을 달성하기 위해서는 못할 게 없는 무서운 조직으로, 그들의 궁극적 목적은 전 세계를 무자비하게 정복하려는 무서운 계획을 가지고 있다는 말을 남겼다.

미국의 독립전쟁

미국의 현 정치를 이해하려면 미국이 대영제국의 식민지였다는 사실을 잊어선 안 된다. 미국이 혁명을 하게 된 이유를 마시는 차(Tea)에 세금을 붙여서라고 역사책에는 나와 있지만, 진짜 이유는 영국의 중앙은행이 미국 식민지에서 자체 화폐를 사용해 경제가 활기 있게 돌아간다는 사실을 접한 영국은행이 영국 정부를 조종해 1764년 식민지 영토에서 자체 발행한 화폐의 사용을 금지하는 통화조례법(Currency Act)을 통과시켰기 때문이었다. 그 법이 효력을 발생하자 돈의 양이 줄어들어 미국식민지에 불황이 일어났다. 미국은 1776년 독립을 선언한 후 영국과 적대관계에 있는 불란서군대의 도움을 받아 전쟁에 '승리' 해 조지 왕실로부터 독립을 했다. 그러나 대영제국의 식민지에 불과했던 미국은 정치적으로는 독립했지만 경제적으로 독립하는 것은 사실상 불가능했다. 세계를 지배하고 있던 영국제국의 배후에는 영국의 중앙은행을 소유한 국제 금융가 로스차일드를 포함한 유럽의 귀족들이 있었다. 우리가 아는 것과 달리 미국은 청교도들이 설립한 나라가 아니다. 그들이 미국에 종교의 자유를 위해 건너간 것은 사실이나, 미국의 독립선언문을 작성하고 미국 정부를 설립한 자들은 영국 정부로부터 영국영토인 버지니아주의 토지를 부여받아 농장을 운영하던 귀족층이었다. 민주주의의 상징이 된 독립선언문에는 모든 인간은 평등하다고 돼 있지만, 그것은 이론에 불과했고 서명한 자들 대부분은 동인도회사로부터 구입한 흑인 노예를 가지고 농장을 운영하며 귀족생활을 하던 자들로, 독립선언 후에도 노예제도는 유지됐다.

영국을 배후에서 은행가들을 통해 조종하던 예수회는 가톨릭 국가들로부터 추방된 후 이를 수습하기에 바빠 미국의 독립전쟁에 관여할 겨를이 없었다. 그러는 중 프랑스군의 개입으로 영국군이 미국의 독립전쟁에서 패하여 외형적으로는 미국의 독립을 허용했지만 경제적으로는 미국을 절대 놓치지 않았다. 무엇보다 재정이 약한 새롭게 출범한 미국 정부는 독립전쟁이 종결됨과 동시에 전쟁 시 융통한 자금을 갚을 능력이 없었다. 고로 조지 워싱턴 대통령은 미국의 최초 중앙은행을 로스차일드 가문에 허용해야 했다. 다만 국회에서 통과시키기 위해 20년이라는 기간을 정하고 그 후 다시 재허를 받도록 했다. 그러나 국제은행가들을 불신한 토마스 제퍼슨 대통령이 재허를 해주지 않자, 이미 영국중앙은행을 소유하고 막강한 경제력을 행사하던 로스차일드가 영국을 내세워 1812년 전쟁을 일으켰다. 그 전쟁에서 워싱턴 정부관사가 다 불타고난 후 미국은 전쟁에서는 승리를 했지만 전쟁으로 인해 재정이 어려워진 미국은 또다시 로스차일드에게 중앙은행을 설립하도록 허락해야 했다. 그리고 그때 프리메이슨이며 대부였던 자가 기부한 원래 메릴랜드 주의 로마(Rome)시였던 워싱턴디시로 수도를 옮긴 후, 그곳에서 미국의 정부관사가 프리메이슨들에 의해 새로이 건축됐다. 워싱턴에 있는 모든 건물에는 프리메이슨 상징으로 치장됐을 뿐 아니라, 미국의회빌딩은 로마에서처럼 언덕에 건설됐고 빌딩 지붕은 로마식 건축법을 인용해 돔으로 지어졌다. 또한 미국 의회의 대회의실 실내 앞 양면에는 로마의 상징이었던 막대기 다발 속에 도끼를 끼운 심벌(Fasces)로 장식돼 있다. 그리고 미국을 상징하는 새인 독수리 역시 로마의 상징이었다. 그들은 미국을 로마제국의 재현으로 구상했던 것이다.

미국을 둘로 분리시키려던 남북전쟁

그 후 영국제국의 배후세력들은 미국을 분할시키기 위해 남쪽을 지원해 남북전쟁을 일으켰다. 역사책에는 남북전쟁이 링컨 대통령이 노예를 해방시키기 위해서 일으킨 전쟁으로 나와 있으나 사실이 아니었다. 미국이 영국에서 일어난 산업혁명의 바탕이 된 기계들을 들여와 제조업을 일으켜 영국으로 역수출을 하자 영국의 배후세력들이 미국의 산업화를 막기 위해서였다. 그러기 위해 미국 남부지방에서 목화를 생산해 영국 공장에 납품을 하던 농장주들을 부추겨 미국연합에서 탈퇴하도록 조작해 미국을 분할시키려하는 계획을 세웠다. 그들의 계획을 감지한 링컨 대통령이 미합중국을 유지하기 위해 남부의 탈퇴를 불허하며 노예의 자유를 명분으로 일으킨 전쟁이다. 이미 그 당시 대영제국으로 막강한 군사력을 가진 영국의 해군이 개입해 남쪽을 지원하려 했으나 링컨의 외교로 러시아의 차르에게 도움을 요청해 러시아가 군함을 보내주는 바람에 영국이 개입을 못하게 되었고, 그 덕분에 링컨은 남북전쟁을 승리로 이끌 수 있어 미중합국으로 남을 수 있었다. 더욱이 전쟁 중 링컨은 전쟁자금이 바닥나자 남부가 탈퇴하는 것을 조작한 은행가들에게 대출을 받으러 갔었다. 그때 그들이 대출조건을 연 20%가 넘는 이자를 제안하였다. 그러자 링컨은 정부가 직접 발행한 화폐(Green back)로 성공적으로 전쟁자금을 조달할 수 있었다. 전쟁 후 그가 같은 식으로 화폐를 발행할 것을 우려한 영국의 금권세력은 그를 제거해야 했고, 링컨은 그 이유로 예수회가 자신을 암살할 것을 예견했고, 그 예견대로 예수회가 보낸 자객에 의해 암살당했다. 그 암살자가 교황청으로 도망가자 교황청은 그를 미국에 인계하기를 거부했고 그로 인해 미국은 교황청과의 외교관계를 끊었다. 1980년이 돼서야 레이건 대통령에 의해 교황청과의 관계가 개선됐고, 그 사실은 주간지 타임지에서 그 해의 커버스토리로 다루어졌으나 외교를 절교하게 된 사유는 끝내 은폐됐다. 미국은 링컨의 후계자를 통해 지속된 산업발전으로 19세기 말에는 영국을 추월하는 산업국으로 부상할 수 있었다.

남북전쟁 비용 때문에 도산해
비밀리 지배세력의 법인소유로 이전된 미국

그러나 1812년 전쟁에서도 그랬듯이, 남북전쟁 직후인 1865년부터 미국 정부는 지속된 전쟁지출로 인해 전쟁 빚을 갚지 못해 도산위기에 처해있었고, 실제로 미국 정부는 링컨이 암살된 후 대출을 상환하지 못해 부도가 났다. 앞에서도 수차례 지적했듯이 금권을 소유한 그들은 전쟁을 이용해 미국 정부의 재정을 거덜 나게 해 그들의 경제적 지배를 받게 만드는 수법을 써왔다. 결국 그들의 계획대로 미국 정부는 도산을 면치 못했고 외형적으로는 아무 변화가 없는 것처럼 보였지만, 내용적으로는 미국 정부가 빚을 갚지 못하여 미국 정부는 은행가들의 손으로 비밀리에 넘어갔다. 물론 그들에게 매수당한 의회와 사법부는 그들의 그런 수법을 알지 못했고 알려고도 하지 않았다. 그러나 그들은 대문자로 쓰는 UNITED STATES OF AMERICA라는 법인체를 푸에르토리코(Peurto Rico)에 설립한 후 United States for America이었던 미국 정부를 비밀리에 인수해 그때부터 대통령은 그 법인체의 대표로 그리고 의회는 그 법인체의 이사회로 만들어져 국민들도 모르게 그들이 '소유'한 정부가 됐다. 이 황당한 사실은 미국의 역사책 아무 데서도 찾아볼 수 없다. 그러나 그때부터 미국은 대문자로 쓰인 UNITED STATES OF AMERICA 법인체 정부(Corporate

Government)로 지금까지 존재하고 있다.

> 헌법 수정안 제14조에 의해
> 그들의 연방정부에 속한 시민으로 전환된 미국 국민들

　더구나 남북전쟁의 종말과 함께 폐지된 노예제도로 인해 갑자기 자유인이 된 흑인들을 동등한 국민으로써의 권리를 부여한다는 명분으로 그들은 헌법 수정 제14조를 통과시켰다. 모든 국민들에게 동등한 권리를 부여한다고 하며 흑인들을 위한 것처럼 작성됐지만, 실제는 미국이 처음부터 미국의 식민지로 모든 국민들이 영국왕실의 소유였듯이, 제14조에 의해 연방정부에 속한 국민으로 전락시키는, 원래 미국헌법의 취지를 소멸시킨, 법안이었다. 미국의 헌법은 원래 영국왕실로부터 독립을 하면서 예전에는 왕에게 종속된 왕의 소유물에 불과한 국민에서 신에 의해 국민 자신도 양도할 수 없는 권리(inalienable right)를 소유한 자유인임을 선포하였다. 그리고 연방정부의 권한은 헌법에서 국민들이 부여한 것으로 제한됐었다. 그리해 헌법 제10조에 의해 연방정부에게 부여한 권한 외의 모든 권한은 주 정부가 소유한 것으로 돼 있었고, 주 정부의 권한 역시 국민들로부터 나오는 것으로, 국민들은 양도할 수 없는 권리를 소유한 자유인이었다. 그런데 남북전쟁은 남부 주들이 미국 연합에서 탈퇴하려는 것을 못하게 막기 위해 일어난 전쟁이었고 헌법에 위배됐다. 그러므로 링컨 대통령은 영국 배후의 지배세력이 미국합중국을 분리시켜 약화시키려하는 의도를 알고 그것을 막기 위한 목적으로 노예해방을 빙자해 연방정부가 일으킨 전쟁이었으나, 궁극적으로 헌법과 위배되는 행위였다. 그렇게 해 연방정부의 권력을 늘리며 주 정부의 권력을 축소시킨

전쟁이었다. 연방정부의 승리로 남부 주들의 탈퇴는 막았지만, 결론적으로 링컨은 미국을 강력한 연방정부로 만들어 그들 손에 넘겨주는 격이 되었다. 그들은 그들의 원래 계획인 미국을 분리시키는 계획은 무산됐지만, 거꾸로 더 강해진 연방정부를 인수해 국민들을 자유인의 지위에서 연방정부에 종속된 시민으로 만드는데 성공했다. 미국의 사법부는 그 후 미국 국민들의 양도할 수 없는 권리(inalienable right)를 판례에서 더 이상 인정하지 않고 언급조차 하지 않게 되었다.

양도할 수 없는 권리를 비밀리에 박탈당한 미국 국민들

위에 나온 법률적인 뉘앙스를 이해하기는 어려우나 여기서 분명히 알고 넘어가야 할 중요한 사실은, 이제 그들은 국민들의 양도할 수 없는 권리를 바탕으로 한 미국의 헌법을 수정해 정부로부터 부여받는 권리를 소유한 정부에 종속된 시민으로 바꾸었다는 것과, 그들은 도산한 미국 정부를 국민들도 모르게 법적으로 그들의 법인체인 UNITED STATES OF AMERICA로 인수인계해 그들의 소유로 넘어갔다는 것이다. 그런 후 영국은행을 실제로 소유한 예수회의 모건, 로스차일드, 록펠러들을 통해 그들은 미국의 석유사업, 철도사업, 금융사업 철강사업 등 미국의 주요산업을 독점했다. 미국의 악덕자본가(robber baron)로 알려진 록펠러, 카네기, 해리만, 모건 등은 미국 각 분야를 독점한 대부들로 성장했다. 그리고 경제권을 바탕으로 미국의 정치인들의 선거자금을 지원해 의원들은 물론 대법원을 비롯해 사법부와 대통령을 비롯한 정부 관리들을 두루두루 그들에게 매수된 하수인들로 앉혔다. 또한 그들의 막강한 재력을 바탕으로 미국의 언론을 장악하였고, 미국의 명문대학들을 경제적으로 지원해주어 학계도 장악했다. 결국 미국의 눈부신 산업발전의 배후에는 그들이 있어 모든 경제권을 쥐고 있었고, 언론과 정계 역시 그들 손안에 있었으나, 국민들만 그 사실을 몰랐다. 그리해 1913년 그들이 내세운 하수인 우드로 윌슨을 대통령으로 선출한 후 그들이 매수한 의회를 통해 연준위를 설립했을 당시, 몇몇의 애국자 정치인들 외에는 의회나 대법원이나 그 누구도 연준위가 헌법을 위배한다는 사실을 문제 삼을 자들이 없었다. 우드로 윌슨은 그의 회고록에 그 당시에 미국에는 이미 보이지 않는 권력이 존재했고, 그들이 들을까 봐 아무도 큰 소리로 말을 못했음으로, 자신이야말로 연준위를 허용하여 국가를 팔아넘긴 사실에 대해 후회한다고 시인했다.

다시 시작된 예수회의 아시아 진출

일본의 도쿠가와 쇼군에 의해 쫓겨났을 시기가 예수회가 유럽에서 종교전쟁으로 유럽을 장악하기 바쁜 시기였다. 우리가 알아야 하는 사실은 그들이 조작해서 일어나는 전쟁은 곧바로 걷잡을 수 없는 전쟁으로 확산된다는 점이다. 마치 집안에서 시어머니와 며느리 사이를 이간질해서 싸움이 날 경우 이간질에 의한 것이라는 사실을 모르는 시어머니와 며느리의 싸움이 가족을 두 패로 나누어 가족전쟁으로 확대돼 걷잡을 수 없이 되는 것과 마찬가지이다. 그들이 원래 일본을 침투했을 때에는 로마교 국가인 포르투갈의 군함을 앞세웠었다. 그러자 로마교와 적이었던 개혁파 국가인 네덜란드(Dutch)의 도움을 받은 도쿠가와 쇼군이 포르투갈 군대를 물리침으로 예수회를 몰아낼 수 있었다. 그 후 예수회는 조지왕의 즉위로 영국 왕실을 장악해 영국의 배후에서 1763년 7년 전쟁에서 승리해 프랑스를 제치고 영국제국을 유럽의 초강대국으로 부상시킨 후, 불란서 혁명을 성사시켜 나폴레옹을 통해 교황청을 다시 장악한 후, 그들은 영국제국이 통제하는 미국의 페리제독의 군함을 앞세워 1854년 일본에 다시 나타났던 것이다.

인도의 식민지 정책

그들의 아시아의 거점이 된 인도는 원래 칭기즈 칸의 혈통이며 이슬람이었던 바불 (Babul)이 인도를 기원후 1526년에 정복해 무갈 제국 (Mughal Empire)을 설립한 후, 농업과 산업이 어느 유럽 국가들 못지않게 발전돼 있었다. 일찍부터 인도와 무역을 하던 영국 상인들은 인도에 토지를 소유하는 게 금지됐었다. 그러나 무갈 황제 오랑제브 (Aurangzeb)의 왕비의 병을 고쳐준 영국인 장교 로버트 클라이브 (Robert Clive)에게 토지를 소유하게 해 주자, 그 땅이 그들이 소유한 동인도회사의 마드라스 (Madras)본부가 되었다. 1730년 영국 프리메이슨 로지가 캘커타 (Calcutta)에 설립되어 확산됐다. 결국 클라이브는 동인도회사를 배후에서 조종하는 예수회에 의해 밀려나고, 예수회는 프리메이슨 조직을 통해 그들의 전통 수법인 분할정복(divide and conquer)으로 원래 원단 수출국이었던 인도를 영국의 원단 수입국으로 만들면서 인도를 그들의 경제 식민지로 만들었다. 1799년 무갈 제국의 티푸 술탄 (Tipu Sultan)을 살해한 후 로스차일드는 금이 풍부했던 인도의 모든 금을 약탈해 영국으로 가져갔다. 그러다 인도 시민들이 반란으로 들고 일어나 동인도회사가 보유한 자체군대로 감당하기 어려워지자 영국 의회를 움직여 영국 군함을 동원해 영국제국의 군대로 진압해, 영국이 1848년 댈하후지 경 (Lord Dalhousie)을 인도의 총독으로 임명하면서 영국의 영토가 됐다. 그들은 인도의 접견국가인 아프가니스탄에서 아편을 생산해 중국에 강제로 수출해 중국을 파괴했으나, 인도에서는 마시는 차에 아편을 타서 무료로 제공해 중독이 된 인도 시민들에게 팔기 시작했다. 우리는 인도가 부정부패로 썩은 국가로 알고 있으나, 그 역시 영국이 인도를 식민지화 한 후 인도를 통제하는 수단으로 인도의 공무원들을 부패하게 만든 것이다. 그들은 원래 힌두교와 이슬람이 평화롭게 공존해 온 인도 사회를 이슬람과 힌두교인들 사이를 이간질해 분열시켰다. 그리고 인도의 간디가 인도를 비폭력적 저항으로 독립을 한 후에도, 힌두와 이슬람 양쪽을 침투해 이간질로 불화를 조성해 파키스탄과 인도를 갈라놓았다. 프리메이슨이며 그들의 꼭두각시였던 네루는 자신의 야심을 위해 영국의 독립을 이끌어낸 간디와 인도를 배신해 파키스탄의 분리를 허용했을 뿐 아니라, 로스차일드가 소유한 브리티시 페트롤륨 (British Petroleum)에게 인도 해안의 석유 개발권을 넘겨주었다.

중국과의 아편전쟁

앞에서도 거론했듯이 그들은 중국에서 이자성장군을 배후에서 도와 명나라를 무너트려 순나라를 건국했다가 만주족인 청나라에게 권력을 상실했다. 청이 들어선 후에도 왕실과의 유대관계를 갖고 교역을 했으나 침투까지 하는 데는 실패했었다. 그리고 그때까지는 아직 유럽의 종교전쟁이 한창인 관계로 아시아는 당분간 뒷전에 있었다. 그러나 1756년 7년 전쟁으로 영국이 유럽의 최강대국이 됨과 동시에 예수회는 프리메이슨을 앞세워 영국왕실을 장악해, 배후에서 영국제국을 일으켜 동인도회사를 통해 1799년부터 인도를 경제적으로 지배하게 되었다. 그러나 중국과의 교역에서 마땅히 수출할 제품이 없어 수입만 하다 보니 항상 무역적자로 은이 통화였던 중국으로 많은 은이 흘러 들어갔다. 그리자 그들은 동인도회사를 앞세워 인도 접견 국가인 아프가니스탄에서 재배한 아편을(원래 1729년부터 아편수입이 금지됐던 중국에) 밀수출하기 시작했다. 주로 상류층을 상대로 하던 아편 무역이 흑자를 내기 시작해 1820년에는 은 1,870톤, 1830년에는 무려 8,240톤으로 증가해 19세기 단일품목으로는 최대 교역 품이 되었다. 중국이 특단의 조치를 내려 임칙서를 임명해 아편수입을 금지하자, 1840년 그들이 통제하는 영국의회에서 공식으로 중국과의 전쟁을 수락해 중국을 공격했고, 그들의 군사력을 감당할 수 없던 중국은 불과 4,000명에 불과한 영국군에게 일방적으로 패하는 수모를 겪었다. 그 결과, 1842년 중국은 일방적인 난징조약을 체결하고 홍콩과 마카오를 그들에게 떼어주고 막대한 전쟁 보상금을 물어야 했다. 그 후 아편 무역은 합법화되고 5개의 항구가 차례로 개방돼 전 중국으로 확산되어, 1917년 폐지될 때까지 100년 이상 중국을 뿌리째 갉아먹었다. 동인도회사의 주주였던 유럽의 프리메이슨 '귀족'들은 대부들이 되었고 미국의 FDR, John Kerry 가문들도 다 이때 막대한 돈을 번 가문들이다. 그리고 그들은 2001년 '테러와의 전쟁'을 핑계로 아프가니스탄을 침략, 점령한 후, 지금도 부시·클린턴 카르텔에 의해 전 세계의 아편 생산양의 90% 이상을 아프가니스탄에서 공급하고 있다.

일본의 재침투

도쿠가와 쇼군에 의해 일본에서 추방됐던 예수회는 1854년 페리제독의 군함을 앞세워 일본을 개방시켜 일본을 그들의 식민지 국가로 만드는데 성공했다. 1868년 일본에 반란을 막후에서 주도해 게이키 쇼군을 독재자로 몰아 쇼군의 자리에서 사임시킨 후, 천황 제도를 복구해 고메이(Komei)를 천황으로 추대했다. 그러나 고메이가 그들의 지시를 거부하고 1863년 예수회를 포함한 외국인들을 추방하는 명을 내렸다가 탄로가 나 실패하자, 그들은 영국 대사 토마스 글로버(Thomas Glover)를 이용해 36세의 고메이 천황(Emperor Komei)을 독약으로 은밀히 암살했다. 그 후 천황을 신으로 숭배하는 천황숭배제도를 '부활' 시켜 14세의 어린 메이지(Meiji)를 천황으로 앉혀 배후에서 일본왕실을 조종했다. 우리가 아는 영화 '마지막 사무라이(Last Samurai)' 는 결국 일본을 예수회의 지배로부터 해방시키려던 일본의 충신들로 형성된 사무라이 군대가 예수회의 신식무기로 무장한 천황의 군대에 의해 처절하게 몰살당한 사실을, 미국 카우보이영화에서 인디언들을 악한들로 묘사하듯 사무라이를 미개인으로 묘사한 영화이다. 그리고 그들은 1874년부터 일본에서 불교를 금지했다.

지배세력이 세운 일본제국주의 군대

그때부터 그들은 일본을 서양식 군대로 개종해 일본의 군대로 아시아의 중국과 러시아를 공약하는데 활용했다. 1895년 청일전쟁과 1905년 러일 전쟁이다. 일본이 청일전쟁과 러일전쟁에서 중국과 러시아를 격파할 수 있었던 이유는, 미국 월스트리트를 장악한 시오니스트 금융가들이 막대한 융자를 해줘 무기와 군함을 현대화할 수 있었기 때문이다. 일본제국주의를 시작한 일본을 일찍부터 개방하는 데 앞장섰다는 자들은 결국 예수회가 조종하는 하수인들에 불과했다. 우리가 역사에서 배운 것처럼 이토 히로부미와 그의 동지들이 일찍 눈을 떠서가 아니었다. 일본은 이미 그때부터 예수회의 식민지 군대였다. 그러므로 1894년 일본이 중국과 벌인 청·일 전쟁은 중국을 약화시킨 후 한국을 식민지화하여 중국을 침략하는 발판을 마련하기 위한 것이었다. 또한 1905년 일본이 러시아를 공격하게 한 것은, 앞으로 그들이 러시아의 차르 니콜라스(Tsar Nicholas)를 제1차 대전에 제거하기 위해 그들의 치밀한 사전계획 하에 일본의 기습폭격으로 러시아의 해군을 무력화시키기 위해서였다. 마찬가지로 일본의 만주진출 역시 중국을 약화시키는데 일본군을 용병한 것이다. 1912년 메이지 천황이 죽자 그의 아들 요시히토(Yoshihito) 천황의 아들 히로히토(Hirohito)는 유럽에서 교육을 받으며 나치스를 추종하도록 교육됐고, 아버지를 뒤이어 1926년 천황이 된 후 1931년 만주 공격으로 두 번째 중일전쟁을 일으켰다. 그 중일전쟁으로 예수회는 일본의 침략에 반발한 중국의 독립 운동가들을 러시아의 공산당으로 흡수했다. 그들은 이미 일찍부터 예수회와 관계가 깊은 모택동을 배후에서 조종해 그들의 궁극적 목표인 중국을 그들의 교육을 받은 모택동을 통해 공산화하는 것이었다. 그러기 위해 일본군대를 이용한 것이다. 그러니 우리가 배운 것 같이 일본이 조선보다 앞서 서부와 개방하는 선견지명이 있었던 것이 아니었다. 일본은 예수회가 그때부터 침투해 그들의 식민지 군대로 전락돼 그들의 조종을 받아 아시아를 정복했던 것이다.

일본을 이용해 조선을 침략한 우리 민족의 진정한 적

그러므로 조선을 식민지화한 우리의 진정한 적은 일본이 아니라 지금 세계를 지배하고 있는 지배세력 그들이다. 일본은 그들의 필요에 의해 일본제국으로 부상시켜 한국과 만주를 점령했다가, 제2차 대전에는 거꾸로 그들에 의해 인류의 적으로 돌변 됐다. 일본이 이미 항복 의사를 전했음에도 히로시마와 나가사키에 원자폭탄을 투하해 일본은 인류 최초로 원자폭탄의 인간제물로 그들이 숭배하는 사탄 루시퍼에게 바쳐지는 비극을 겪어야 했다. 특히 원자폭탄 투여 시 아직 공중에서 원자폭탄을 기폭 시키는 기술을 개발하지 못했던 미국은 예수회 본거지인 히로시마와 나가사키에서 예수회 신부들이 미리 비밀리 설치해 놓은 폭탄을 공중에서 가짜 폭탄을 투하하는 시간과 맞추어 지하에서 기폭 시켰다. 그들은 일본이 그들을 믿고 허용한 종교시설에서 일본 국민들을 배신하는 악랄함을 거리낌 없이 발휘했던 것이다. 제2차 대전의 패배로 일본의 국가로서의 자존심을 완전히 파멸시킨 후, 군사적으로 점령해 그들이 선정한 하수인들로 정부를 재구성하여 그들의 완벽한 경제 속국으로 만든 후, 지금까지 그들의 경제속국으로 지배하고 있다. 그러므로 일본의 속국이었던 한국이 그들의 속국인 것은 너무 당연한 것이고, 우리가 친일파를 청산 못했다며 '후회' 하는 것은 우리가 일제 강점기 시부터 세계지배 세력에 의해 단 한 번도 해방을 해 본 적이 없다는 사실을 모르고 하는 말이다.

유대교의 메시아를 자칭한 삽바타이 제비
(Sabbatiai Zevi)의 출범과 이슬람교의 침투

앞에서 이미 그들이 하자르 민족을 탈무드를 따르는 유대교로 개종시켰고 하자르 민족은 러시아에 의해 전 유럽으로 흩어졌다는 사실을 언급했다. 하자르 민족은 유대교의 의복, 문화와 풍습까지 받아들여 완벽하게 유대인들 행세를 했고, 그 결과 그들의 후손들은 자신들끼리 혼인을 하는 풍습을 유지하며 자신들이 유대민족이라고 믿도록 철저하게 세뇌됐다. 그러면서 기원후 1650년 경 유럽과 남미로까지 흩어져있는 유대인들 사이에 새로운 종교 지도자 삽바타이 제비(Sabbatai Zevi)가 출현했다. 그는 자신이 유대인들이 기다리는 메시아라고 선언했다. 그러자 그의 이름이 갑자기 남미로부터 유럽까지 유대인들 사이에 번졌다. 그 당시 통신수단으로는 그렇게 확산되기 위해선 로마교가 소유한 전 세계 연락망을 동원하지 않고서는 불가능했음을 봐서, 이 현상 역시 예수회가 배후에 있었음을 알 수 있다. 제비는 모세와 유대 선지자들은 신의 의도를 잘 못 이해했다고 주장했다. 신처럼 되기 위해서는 선으로보다는 악으로 더 가능하다고 가르쳤다. 그의 메시지는 결국 미스터리 바빌론종교의 가르침과 흡사했다. 선과 악 둘 다 신이 창조했으니 어느 하나가 더 옳다고 할 수 없다고 했다. 그러므로 자신은 그 잘못된 교리를 고치러 온 메시아라며 금지된 것을 행함으로 더 일찍 신처럼 될 수 있다고 가르쳤다. 간음하지 말라가 아니라 간음을 하라고 가르쳐 그들은 부부들을 교환해 성관

계를 맺는 것을 가르치고 실제로 행했다. 그리고 많은 유대인들이 그를 진정한 메시아로 믿는 돌풍이 일어났다.

그러던 중 1666년 원래 그가 태어난 고장인 터키 지방에 갔다가, 그의 가르침을 혐오한 오토만제국의 황제(Sultan) 앞에 불려가 만일 진정한 메시아라면 칼을 받아서 죽지 않음으로 증명을 하던지 이슬람으로 개종하라는 명령을 받았다. 그러자 그는 그 자리에서 이슬람으로 개종했고 그를 따르던 신자들 역시 이슬람으로 개종했다. 그로인해 그를 메시아로 추종하던 많은 유대인들을 실망시켰으나 그를 끝까지 추종하던 자들은 스페인과 포르투갈이 이슬람 국가였다가 로마교를 추종하는 이사벨라와 페르디난드에 의해 국교가 로마교로 바뀌었을 때 로마교로 '개종'한 것처럼 시늉하며 자신들의 믿음을 지켜냈던 '숨은 유대인(Crypto Jew)'들처럼, 자신들도 제비와 함께 이슬람으로 개종하는 시늉을 하며 자신들의 종교를 감추며 이슬람으로 살았다. 그렇게 버티며 오토만 제국의 이슬람교의 중심을 침투해 제1차 대전 시 오토만 제국에 혁명을 일으킨 청년 터키당의 무스타파 아타튀르크(Mustafa Ataturk)를 앞세워 오토만제국의 술탄(Sultan)을 퇴위시켰다. 제1차 대전 직후 아르메니아 민족이 러시아를 도왔다는 조작된 유언비어로, 전통 기독교를 따르는 약 3백만의 아르메니아 민족을 학살했다. 그리고 지금도 사우디아라비아의 사우드왕실은 제비의 영향을 받은 사탄을 숭배하는 숨은 유대인(Crypto Jews)들이다.

일루미나티의 종교로 발전한 Frankist 유대교파

약 100년 후인 18세기에는, 삽바타이 제비의 영향을 받은 폴란드 출신 유대인 제이콥 프랭크(Jacob Frank)가 나타나 자신이 제비의 환상이라며 사바타이 제비의 가르침보다도 더 극단주의적인 교리인 프랭키스트로 종파를 만들었다. 그는 로마교 가톨릭 행세를 하며 그의 종교를 배포하다 노출되자, 예수회의 도움으로 독일의 바바리아로 옮겨가, 일루미나티의 창시자 아담 바이스하우프트와 함께 이미 은행가 대부가 된 로스차일드를 만나 로스차일드를 그의 프랭키스트 종파로 '개종' 시켰다. 이는 그때 이미 비밀리 사탄을 숭배하던 로스차일드가 제비처럼 악을 행하여 신처럼 될 수 있다는 프랭키스트 종파를 일루미나티 회원들의 비밀 종교를 만드는데 자신의 명성을 실어준 것이다. 그 후 로스차일드는 바이스하우프트가 일루미나티를 설립하도록 경제적으로 지원해 주었다. 자신들이 일루미나티라는 사실을 감춘 로스차일드를 포함한 프랭키스트를 추종하는 사탄의 가르침을 추종하는 유대인들이 중축이 돼 설립된 조직이 바로 시오니즘(Zionism)이다. 사탄의 가르침으로 무장한 프랭키스트 유대인 시오니스트들은 예수회가 조종하는 교황청의 돌격부대로 경제, 종교, 군사적으로 사탄의 세계정부를 설립하는데 앞장서는 역할을 감당하고 있다.

시온주의(Zionism)의 탄생

시오니즘은 지금 영국 런던시와 월스트리트를 통해 세계 금융권을 장악하고 있고, 미국의 전쟁외교를 주도하는 네오컨을 형성하는 유대인들로 형성된 조직이다. 테어도어 헤르츨(Theodore

Herzl)이 최초 회장으로 시작된 시온주의는, 1897년 스위스 바젤에서 최초 국제 시오니스트 대회를 열었다. 그들의 목적은 전 유럽에 살고 있는 유대인들이 그들의 '본고장(homeland)' 인 팔레스타인에 그들만의 국가를 재건한다는 목적으로 설립된 단체로 1948년 이스라엘의 건국으로 그 목적을 달성했다. 시온주의를 출범시키기 위해 그들은 프랑스에서 1894년 '드레퓌스 사건 (Dreyfus Affair)' 이라는 유대인 장교 알프레드 드레퓌스를 조작된 증거를 근거로, 그가 독일에게 기밀정보를 넘겼다는 반역죄로 누명을 씌어 교도소에 보냈다가, 10년 후 재조사를 통해 그의 결백을 증명해 1906년 풀려나는 사건을 조작했다. 전 불란서를 약 10여 년 동안 떠들썩하게 만들었던 그 사건은 전 유럽에 흩어진 유대인들에게 그들만의 국가의 필요성을 불러일으키기 위해 그들이 배후에서 조작해 언론을 통해 부각시켰던 사건이다.

더욱이 그들은 1896년 바젤 스위스에서 개최됐던 시오니스트 총회에서 3차례의 세계전쟁을 예고했다. 그때까지 세계전쟁을 겪어본 적이 없는 상태에서 그들의 예고는 뜬금없는 예언이었다. 그러나 그들의 예고대로 1914년 제1차 세계전쟁이 일어났고 1939년 제2차 전쟁이 일어났다. 제1차 전쟁은 러시아제국을 없애고 제2차 전쟁은 유럽에서 독일제국을 제거해 유럽을 장악하고 제3차 전쟁은 이슬람과의 전쟁이 될 것이라고 했던 예언대로, 제 1차 2차 전쟁은 이루어졌고, 그들은 2001년 테러와의 전쟁을 선포한 후 중동에서 제3차 세계전쟁을 일으키려 하고 있다. 시오니스트들은 현재 제2차 대전 이후 설립된 이스라엘을 통해 미국을 통제하고 있다. 그러나 그들의 배후에는 예수회가 주도하는 교황청이 있고, 교황청의 배후에는 고대로부터 내려온 가문들이 있어 그들 모두 외형적으로 드러난 간판에 불과하다. 앞에서도 언급했듯이 유대인으로 행세하는 그들은 원래 유대인이 아닌 하자르 출신 동 유럽인들로 기원후 650년경 유대교로 개종한 자들의 후손들이다. 오랫동안 자신들이 유대인이라고 믿고 살아온 그들은 자신들을 유대인으로 믿고 있을 뿐 아니라 수백만 명이 이스라엘이 건국된 후 정말로 이스라엘로 이주해 그곳에 살고 있다.

더 흥미로운 사실은 원래 토라를 믿는 전통 유대교 (Orthodox Judaism)는 시오니즘의 이스라엘 건국이 토라의 가르침과 상반된다고 인정하지 않고 있다는 점이다. 전통 유대교인들은 아직도 그들의 메시아가 올 것을 기다리고 있고, 그 때가 돼야 그들의 야훼가 약속한 가나안 땅으로 돌아가게 될 것이라고 믿고 있다. 그러므로 그들은 시온주의가 그들의 신을 거역하고 있다고 주장한다. 시오니스트들이 자신들을 개혁파 유대교 (Reformed Judaism)라고 자칭하는 이유이다. 문제는 로스차일드를 위시한 아슈케나지 유대인들의 개혁파가 유대교의 다수를 이루고 있다는 사실이다. 지금도 전통 유대교인들은 시오니스트들의 반인류적인 행위를 공개적으로 비판하는 시위들을 하고 있으나 지배 세력의 언론이 이사실을 은폐하고 있다. 아서 케스틀러(Arthur Koestler)라는 아슈케나지 유대인 작가는 1971년 "13번 째 부족 ('The 13th Tribe')"이라는 책을 통해 그들이 유대민족의 12 부족과 연관이 없는 하자르 민족이라는 사실을 밝혀내 시온주의 유대인들의 가짜 유대성을 입증했으나 이 책 역시 억제됐고 그는 유대사회에서 매장됐다.

6. 시온장로들의 의정서

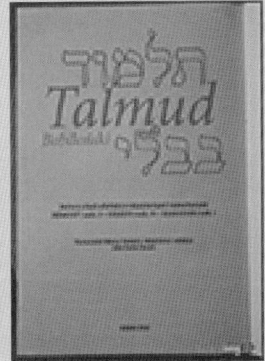

6. 시온장로들의 의정서
   (Protocols of Elders of Zion)

A. 예수회에 의해 작성된 의정서

1776년 예수회의 잉골슈타트 대학의 철학교수였던 아담 바이스하우프트가 독일, 바바리아에서 일루미나티를 시작한 얼마후 그들의 계획이 담긴 비밀문서가 바바리아 경찰에게 발각나 도주하는 사태가 발생했었다. 예수회 신부 어거스틴 바루엘(Augustin Barruel)이 작성한 것으로 드러난 이 계획서를 바탕으로 시오니스트 장로들이 1897년 시오니스트 대회에 앞서 작성한 비밀계획서가 '시온장로들의 의정서' 이다. 1905년 최초로 러시아어로 번역돼 발간되자 그들은 자신들의 숨은 정체를 폭로한 이 책은 위조(forgery)라고 주장했다. 하지만 그 당시 러시아에서 누구든지 그 책을 소지하고 있다가 발견될 경우 즉시 현장에서 사형된 걸 봐도 그 내용이 그들만을 위해 만들어진 비밀 지침서였다는 사실을 알 수 있다. 그때 이 책을 접한 포드 자동차회사 창시자 헨리 포드는 너무 그 당시 상황과 일치한다며, 그 의정서의 내용을 부각시키기 위해 자신이 소유한 신문에 연재했고, 국제유대인(The International Jew)이라는 책을 출간했었다. 그러나 이미 미국을 통제하는 그들에 의해 그 의정서는 물론 그들의 비밀계획의 존재는 완벽하게 은폐됐다. 헨리 포드는 제이피 모건이 배후에서 조작한 1907년 경제 불황 시 그들이 소유한 은행에게 대출을 받으러 갔던 경험이 있다. 그러나 대출의 악조건으로 회사를 삼키려는 그들의 의도를 감지한 그는 자동차를 할부로 파는 방법을 도안해 위기를 극복한 경험이 있었다. 포드회장은 만약 미국 국민들이 돈의 비밀을 알게 되면 그다음 날 아침에 혁명이 일어날 것이라고 했다. 그리고 그 의정서의 최초 번역본은 최근까지만 해도 영국 박물관에 전시 돼 있었다. 시오니스트들은 그 책이 위조(forgery)라고 소송까지 냈고 법정에서도 그 책은 위조됐다고 판결까지 내렸다. 그러나 위조라고 결정해봤자 그 책의 내용이 원본과 다르다는 게 아님으로 내용 자체는 부인할 수 없다. 또한 그 책자가 유대인들을 비하하는 인종차별 적이라고도 주장했다. 그러나 그 책의 내용에서 그들을 인종차별을 하는 근거는 아무 데서도 찾아볼 수 없다. 오히려 그들은 신의 선택을 받은 위대한 민족으로 묘사되어 있다.

신이 선택한 민족으로 세뇌된 유대인 민족

그 책의 내용을 살펴보면 예수회가 유대인들을 신에게 선택된 민족으로 세뇌시켜 그들의 선봉군대로 이용하기 위해 저술됐다는 것을 엿볼 수 있다. 로마교의 교황청이 저지른 일들을 자신들이 비밀리에 추진해온 것으로 저술된 걸 보면 그들은 일찍부터 교황청을 조종해 왔다는 사실을 짐작할 수 있다. 일찍부터 유대인들이 금권을 소유했던 이유는 일찍부터 궁전 유대인(Court Jew)으로 교황청의 금융을 맡아왔기 때문이다. 교황청은 돈 장사를 금지하며 오직 유대인들에게만 허용했었던 이유이다. 1824년부터 로스차일드가 교황청의 돈을 관리하게 되었던 것은 사실이지만 그것은 오로지 관리자로였다. 교황청이 가지고 있는 전 세계적인 조직망이 없이 돈만 가지고 유럽을 장악할 수 있었다는 것은 전혀 설득력이 없다. 예수회를 움직이는 금권세력은 로스차일드가 은행가로 부상하기 전 이미 로마제국 때부터 경제를 지배했던 금권세력이다. 유대인들은 교황청을 위해 금융계와 언론계를 이끌어 갈 민족으로 예수회에 의해 일찍부터 선정됐고 세뇌돼 왔었다. 그 목적을 위해 그 지침서를 통해 유대민족들을 자신들이 신의 선택된 민족으로 세뇌시켜 그들의 계획을 완수하는 그들의 행동 군대로 활용하기 위한 것이었다. 그리고 그들을 앞에 내세워 예수회의 배후에 있는 진짜 세력은 그들 뒤에 숨기 위한 것이다. 그러나 그 지침서는 그들의 행동대장들에게 그들의 전략을 전수하기 위해 작성된 것임은 분명하다. 그런 의미에서 유대인들의 지침서로 보이는 의정서에는 그들의 세계정복을 위한 전략이 소개된 병서로, 당연히 그들의 전략을 이해하기 위해 공부할 가치가 있다.

산업혁명 후 지배세력에 의해 조성된 계급투쟁

이 의정서의 배경은 산업혁명의 여파로 1848년 2월에 자유와 평등을 요구하며 불란서에 시작된 후 전 유럽을 휩쓸었던 노동자들의 권리를 요구한 시민혁명으로, 역사책에서 '1848년 혁명'이라고 칭하는 시기를 시작으로 이 지침서가 저술된 19세기 말까지이다. 마르크스와 엥겔이 주가 된 '런던 공산주의 연맹(London Communist League)'이 그 혁명의 불과 1년 전인 1847년에 창설됐다는 사실만 보아도 그 혁명은 그들이 배후에서 조작해 일으킨 혁명이었다는 것을 알 수 있다. 더욱이 그들은 그들의 의정서에서 공산주의라는 이념은 자신들에 의해 창조됐다고 자랑한다. 그런데 더 흥미로운 사실은 1848년 혁명이 유대인들이 권리를 획득한 '유대인들의 해방(Emancipation of Jews)'이라고도 불린 다는 사실이다. 그때까지 유럽 전역에 유대인들을 차별대우하는 법들이 존재했다. 그리고 그때까지는 유대인들은 유럽에서 게토(ghetto)라고 불리는 우리로 말하면 차이나타운 같은 곳에서 모여 살았다. 그러나 이것은 로스차일드를 비롯한 그들 자신들이 오히려 자진해서 이룩한 것이었다. 우선 그들은 자신들의 민족성을 유지하기 위해서였다. 그들은 하자르에서 유대교로 개종될 때부터 유대인 행세를 완벽하게 하기 위해 의복, 풍습, 음식, 종교의식 등을 그대로 따라 했다. 또한 일찍부터 유럽을 종교로 지배한 교황청은 고리대금(usury)업을 부도덕한 것으로 종교로 금지하면서도 오직 '천한' 유대인들에게만 허용했다. 그러면서 그들은 환전꾼이라며 사회적으로 업신여김을 당했다. 로스차일드 가문을 일으킨 메이어 로스차일드도 그가 길을 가다가 유럽인과 마주치면 노소를 막론하고 모자를 벗고 고개를 숙여 인사를 해야 했다. 그만큼 업신여김을 받는 것처럼 행세했지만 그것은 속임수였다. 그들의 역사를 기록해 놓은 유대인백과사전에 보면 유대인들은 이미 돈 장사와 무역으로 엄청난 부를 축적했던 자들이다. 그리고 유대인 퓨거(Fudger)가문은 교황청이 면죄부를 파는 장사를 독점했다고 나온다. 물론 중개인으로다. 그리고 그들은 교황청의 돈을 관리해주는 대가로 남미의 금광을 캐는 독점을 받았다는 기록도 있다. 그리고 그들은 일찍부터 중국, 인도 같은 나라에 침투해 거기서도 그들의 후손을 키웠다. 그러니 중국 상인들이 비단을 안으로 입고 겉으로 허름하게 입어도 금덩어리를 소유했던 것이 그들에게 배웠고 또 그들의 혈통일 가능성도 매우 높다.

반유대인 감정으로 유대인 민족성을 보존시켜온 지배세력

이 의정서에서 그들은 유럽의 1848년 혁명마저도 그들이 배후에서 조작했다고 자부한다. 그러므로 눈에 띄지 않고 부를 축적하며 그들의 존재를 감추기 위해 자진해서 허름한 곳에서 모여 살게 했던 것이다. 또한 역사책을 보면 그들은 어느 사회를 잠입해서라도 꼭 속임수를 부려 들통이 나 천대를 받고 쫓겨나기 일쑤였고, 쫓겨난 기록을 확인할 수 있는 사례만도 1,000번에 다다른다. 그러나 그것마저도 일반 유대인들에게 그들이 유대인이라서 천대를 받는다는 식으로 세뇌시키기 위한 수법이었다. 그리해 그들은 같은 유대인들은 뭉쳐 살아야 한다고 세뇌시켰다. 그러나 이제 그들이 세계정복을 완성하는데 이용되기 위해서는 그들의 사회적 지위를 상승할 때가 되었음으로 그 혁명을 계기로 지배세력의 계획에 의해 차별대우를 받게 했던 그들을 '해방' 시켜 준 것이다. 부인할 수 없는 사실은 그 의정서의 내용대로 그들의 계획이 펼쳐진 사실이다. 그리고 지금 세계를 움직이는 지위에 있는 자들은 바로 이 유대인들로 형성돼 있다. 금융계, 학계, 정치계, 언론계, 예술계, 그 어디를 막론하고 그들이 지배하고 있다. 그러므로 지금 우리가 살고 있는 세계를 이해하기 위해서는 그들의 궁극적 목적과 지배 방법을 알아야 한다.

B. 시온장로들의 의정서 내용 요약

유대인은 신이 선택한 민족, 이방인(goy)은 가축과 다름없다

유대인의 장로가 유대인들에게 전수하는 식으로 된 그 지침서에서 그들은 우선 자신들을 신의 선택된 민족이라고 가르친다. 물론 여기서 그들이 언급하는 신의 정체는 루시퍼이지만 그 사실은 장로들만 아는 지식이다. 나머지 이방인들을 그들은 이방인들이라는 뜻으로 '고이' 라고 칭하며 가축과 다름없다고 경멸한다. 이방인들을 가축처럼 여기는 가르침은 일찍부터 그들의 탈무드에서 가르친 대로이다, 그들은 고이들은 양떼들을 먹이고 보호해 주는 목자를 믿고 따르는 양떼들과 같은 부류라는 뜻에서 가축이라고 하는 것이다. 그러면서 양떼는 도살장까지도 목자를 따라서 순순히 가기 때문이다. 그들은 탈무드에서 가르치듯 유대인 한 명의 생명은 고이들의 천 명의 생명보다 더 귀하다고 가르친다. 그렇게 그들에게 민족의 우월감을 심어줌으로, 인류를 개돼지 취급하도록 세뇌시켜 그들의 특수군대 역할을 담당할 민족으로 만들었다. 그들이 2차 대전 시 나치스의 배후에서 팔레스타인으로 이주할 것을 거부한 유대인들을 포로수용소로 보내고 학살한 정황만 보아도 그들이 유대인들의 생명을 고귀하게 생각하기는커녕 개돼지처럼 희생시킨 것을 알 수 있다. 자신들이 위대하다고 믿도록 세뇌된 유대인들마저도 지배세력의 이용물에 불과하기 때문이다.

속임수를 이용해 세계를 영토가 아닌 경제로 정복하라

그들은 우선 세계를 정복해 그들이 영주가 되는 사회를 구축하는 것이 목표라고 한다. 그리고 자신들이 세계를 정복하려는 목적을 비밀리에 진행해 왔기 때문에 성공할 수 있었고, 전쟁을 할 때

적이 그들이 언제 기습할지를 예측하지 못하게 비밀리에 해야 하듯, 그들이 인류를 정복하기 위해 벌이는 전쟁을 비밀리에 해야 하는 것이라고 자신들의 속임수를 정당화한다. 그리고 그들의 전쟁은 영토를 차지하는 것이 목적이 아닌 경제적으로 통제하는 것이라고 가르친다. 그러면서 모든 국가들은 자신들의 힘을 인지하게 돼 국경을 초월해 세계를 하나로 지배하게 될 것이라고 한다. 그리고 그들은 그들의 말대로 UN, World Bank, IMF, World Trade Organization 같은 세계적인 기구를 만들어 자신들의 세계 정복을 위한 도구로 모든 국가들의 경제, 교육, 문화, 복지, 보건, 환경, 전쟁을 통제하는데 사용하고 있다. 더욱이 그들이 1923년 설립해 제2차 대전 동안 양쪽에 전쟁 비용을 대 주는데 사용했던 그들이 소유한 스위스의 국제결제은행(BIS)은 아무 국가에게도 제재 받지 않으며 모든 세계 중앙은행들을 통솔하고 있는 민영 국제 금융조직의 수뇌부로, 경제로 세계를 지배해 오고 있다.

한 때는 인류를 종교로 다스렸지만 이제는 금권으로 다스려라

그들은 힘이 곧 진리라고 한다. 한때는 종교로 인간들을 통제했으나 이제는 금이 힘이라고 한다. 그들은 우선 자신들이 이미 모든 금을 소유했다고 자랑한다. 이틀이면 그들이 소유한 창고로부터 그들이 원하는 양의 금을 얼마든지 조달할 수 있다고 한다. 그것은 그들이 돈의 발권력을 손에 넣은 후 화폐에 의존하게 만든 다음 아무 비용도 안 들이고 발행한 그 화폐로 멍청한 인류로부터 진짜 돈인 금을 은밀히 사서 모을 수 있었던 것을 말하는 것이다. 그들은 또한 자신들이 유럽을 삼키는데 사용한 그들이 소유한 민

영중앙은행을 통해 모든 고이들의 정부가 직접 발행할 수 있는 화폐를 자신들에게 빌려서 이자를 내고 있는 사실을 봐도, 고이들이 얼마나 멍청하고 자신들이 귀재인지 알 수 있다고 한다. 그 자체만 보아도 인류는 자신들의 지배를 받아야 하는 게 당연하다고 가르친다. 그리고 그들은 왕권과 귀족에 의해 다스려진 사회를 금권으로 다스리는 사회를 만드는데 성공했다고 가르친다. 그들은 모든 인간은 물질적인 것에 약하다고 한다. 그러니 돈을 이용해 그들의 목적을 달성하는데 필요한 자들을 돈으로 매수해 왔다고 한다. 그들은 어느 사회든지 그 사회를 오랫동안 그 사회의 공동 이득을 추구하며 지배해 온 지배층이 존재한다고 가르친다. 왜냐면 대중이 잘 먹고 살아야 그 사회가 안정되기 때문이라고 한다. 그러니 우선 지배층을 무너트려야 그 사회에 불안정을 조성해 자신들이 정복할 수 있다고 가르친다. 그러기 위해서 그들은 대중을 선동해왔다고 가르친다. 대중에게 지배세력과 적대감을 갖도록 선동해서 마치 자신들이 대중을 위하는 것처럼 대중을 속인 후, 대중을 이용하여 지배세력을 무너트려 왔다고 가르친다. 그들은 그런 식으로 그들이 불란서 혁명을 조작해 왕권을 무너뜨렸다고 자랑한다.

우리에게 가장 중요한 무기는 언론이다

그들은 그들의 목적을 달성하기 위해서 가장 중요한 무기는 언론(Press)이라고 가르친다. 그리고 그들은 이미 언론을 그들이 장악했다고 자랑한다. 그들은 고이들은 언론의 중요성을 알지 못함으로 그들이 언론을 독차지할 수 있었다고 한다. 언론을 이용해 고이들의 정신을 통제할 수 있었다고 한다. 그들이 창조한 다위니즘, 공산주의, 니체이즘 등을 통해 이미 고이들의 정신을 흩트려 놓았다고 자랑한다. 또한 그들은 이미 모든 정보를 수집하는 기관들을 그들이 소유, 장악하고 있어 그들을 통하지 않고서는 아무런 정보도 대중에게 전해지지 않고, 그들이 선택하는 정보만 홍보되게 만들어 놓았다고 자부한다. 그리하여 고이, 즉 이방인들이 그들이 씌어준 안경을 통해 세계의 모든 사건을 보도록 만드는데 이미 성공했다고 자랑한다. 그리고 고이들은 그들의 그동안의 철저한 조치 덕분에 고이들의 관점을 전할 수 있는 언론 매체가 없어 자신들을 대항 할 수 없다고 자랑한다. 여기서 그들이 말하는 '안경'은 모든 언론매체가 의존하고 있는 그들이 소유한 에이피(AP), 로이터(Reuter) 통신같은 국제통신사들을 말하는 것이다. 대한민국 언론을 포함한 세계 주류 언론은 그동안 그들에 의해 그들이 소유한 통신사에서 제공하는 거짓된 뉴스만을 보도하도록 세뇌되고 길들여져 왔다. 그리고 그 지시를 불복하는 자들은 일찍부터 뉴스 조직에서 축출시켜 왔다. 또한 그런 방식을 통해 축출되지 않은 기자들은 직장을 잃지 않기 위해 그들의 뜻을 따르도록 만들었다. 그렇게 해 그들은 그들의 지침서가 가르친 대로 정보를 통제해 인류를 정신적으로 지배해왔다.

학계를 통제해 우리에게 불리한 역사는 지워졌다

그들은 학계 역시 그들이 이미 장악했다고 자랑한다. 그리고 학계를 통제해 그들에게 불리한 지난 세기들의 역사는 지워버렸고 고이들의 정부가 저지른 실수들에 관한 내용만 남겨 두었다고 한

다. 그러므로 우리가 배운 세계사는 모두 그들에 의해 조작된 허구를 사실로 받아들이도록 만들어낸 픽션(fiction)에 불과하다. 역사는 이긴 자들이 그들에게 유리하게 기록된 것이라는 말은 진리이다. 그들은 미국이 전 세계를 제국주의 국가들로부터 구원해준 선의의 국가인 것처럼 전 세계를 속여 왔다. 그렇게 하며 자신들의 존재와 자신들의 행보를 모두 은폐해버렸고 지금도 그러하다. 더욱이 그들은 일찍부터 고대로부터 내려오는 많은 서적들이 보존돼 온 알렉산드리아 도서관을 파괴하고 중요한 서적들은 자신들의 소굴인 바티칸 지하실에 보관하고 있다. 그러면서 수메르의 명판에 나오는 내용들을 억제하고 그런 역사를 가르치는 학자들을 축출했다. 또한 아무 과학적 근거를 제시하지 못하는 다윈의 진화론을 사실인 양 학교에서 가르치게 해 놓고, 그 가르침을 거부하는 학자들은 모두 축출했다. 마찬가지로 그들이 의정서에서 자신들의 작품이라고 인정한 공산주의의 배후에 그들이 존재한다는 진실을 말하는 학자들은 학계에서 활동을 하지 못하게 조작된 허위정보로 매장시켜왔다.

학문 중 경제학이 가장 중요하다

그들은 학문 중에 경제학이 가장 중요하다고 가르친다. 그러면서 경제학자들을 근처에 두라고 가르친다. 그러나 그들을 위해 종사하는 경제학자들 외의 경제학자들은 다른 학계와 마찬가지로 그들의 조작된 이론으로 세뇌시키는데도 성공했다. 경제학 학위를 수려한 자들은 모두 자유무역을 당연하게 믿도록 세뇌됐다. 이는 일찍부터 '국부론(The Wealth of Nations)'을 저술한 아담 스미스를 비롯해 시카고 경제학의 밀턴 프리드먼 등 모두 자유시장 제도를 외쳐왔고, 모든 경제학자들은 그 이론을 진리로 받아들이도록 세뇌시켰다. 그러나 그 이론은 이미 개발된 선진국가들에게는 유리하지만 새롭게 부상하는 개발 도상국가에게는 불리한 이론이다. 대한민국이 세계 속에서 경쟁력 있는 기업들을 보유하게 된 이유도 박정희 정권이 바로 이 불리한 자유무역이론을 거부하고 국내시장을 보호해 우리 기업들의 경쟁력을 강화시켰기 때문에 가능했다. 그러므로 세계를 지배하는 목적을 소유한 그들은 자유무역체제 속에서 후진국들이 발전하지 못해 그들의 영원한 식민지로 남겨 두려는 것이다.

문학과 저널리즘을 통제하라

특히 교육에 가장 중요한 문학과 저널리즘을 통제하는 방법으로 언론과 출판을 통제하여, 그들을 대적하는 이방인 고이들의 생각이 출판될 수 없도록 하고, 그게 가능하지 않으면 미리 자신들을 대적하는 내용을 입수해 그러한 내용과 상반되는 내용을 먼저 출판해 그 대적되는 내용을 무의미하게 만들라고 가르친다. 그리고 문학적인 모임을 자신들이 직접 주선해 순서와 주제를 미리 조성해 자신들이 원하는 방향으로 몰고 가라고 한다. 그러면서 언어와 표현의 자유가 존재한다고 믿도록 하면서 동시에 그들과 반대되는 주제들은 자신들이 내세운 대리인들을 통해 웃음거리로 만들라고 가르친다. 그리고 출판을 어렵게 만드는 것으로 부족할 때에는 아예 출판을 금지시키라고 한다. 금지하는 구실로는 아무 근거나 정당성 없는 주제로 대중의 생각을 동요시키기 때문이라고 하면 된다고 가르친다. 그리고 그들은 겉으로 그들을 반대하는 언론사를 설립해 거짓으로 반대하게 한 후 진정한 반대세력으로 하여금 그들이 조작한 반대를 자신들의 것으로 받아들여 자신들의 패를 그들에게 보여주도록 유도하라고까지 가르친다. 그 말은 곧 자신들의 적까지도 통제하는 (controlling the opposition) 고도의 전략이다. 물론 그들의 금권의 힘이 있어서 가능한 것이다.

이방인들은 이론에 불과한 공산주의, 민주주의라는 이념을 진실로 받아들이는 멍청이들이다

그들은 이방인들은 멍청하게도 하나의 아이디어에 불과한 이념을 진실로 받아들인다고 가르친다. 그들은 자연을 보면 아무것도 자유롭고 동등하기는커녕 오히려 강자와 약자로 분리되는데도, 고이들은 자유와 동등함을 당연하게 받아들인다고 비웃는다. 그러니 고이들에게 자유와 동등함을 약속하면 고이들은 자진해서 자신들에게 그들의 자유를 넘겨준다고 한다. 그렇게 해서 아무 비용도 안 드는 동등함(equality)을 약속해 자신들의 자유(liberty)를 위탁하게 한 후, 그때 그들을 구속하면 된다고 가르친다. 그들이 창조한 공산주의로, 레닌은 러시아 시민들을 속여 공산당에게 자신들의 자유를 공산당에게 위탁하게 한 후 그들이 공산당의 독재 하에 살게 했던 것을 보면 왜 고이들이 어리석다고 했는지 알 수 있다. 그런데 지금 우리가 살고 있는 민주주의도 별 다르지 않다. 그들은 자연에서는 무력이 힘이었으나 지금은 법이 무력을 법으로 포장한 힘이라고 한다. 그러므로 그들은 민주주의라는 이념을 믿고 시민들이 자진해서 자유를 정부에게 위탁하도록 해, 그들

이 매수한 정치인들이 그들을 위해 만든 법으로 시민들을 무력 대신 법으로 통치하고 있다. 그래서 대한민국을 비롯한 모든 민주주의 국가들이 그들이 소유한 대기업들을 위주로 하는 법으로 그들의 경제적 이익을 추구하고 있는 것이다. 또한 모든 법은, 옛 로마 시대부터 있는 자들을 위해 만들어진 법 그대로 집행되고 있다.

이방인들은 양떼들이고 우리는 늑대다

그러면서 그들은 이방인 고이들은 양떼들이고 자신들은 늑대라고 자랑한다. 그러니 양떼들이 어떻게 되겠느냐고 묻는다. 지금 인류는 그들이 소유한 은행이 가장 안전한 곳으로 믿고 자신들의 부를 맡겨두고 있다. 그런데 그들은 그 예금을 가지고 투기를 하고 있을 뿐 아니라, 이미 법으로 그 예금은 예금주가 그들에게 무담보로 빌려준 돈으로 만일 은행들이 도산할 경우 담보를 가진 채권자들의 후순위로 만들어 놓았다. 그리고 세계적으로 주식을 포함한 채권시장, 선물시장에서 거래되는 모든 계약을 그들이 소유하고 통제하는 거래소(exchange)를 통해서만 거래가 성사되게 만들어 언제든지 그들이 소유한 거래소를 폐쇄하면 모든 거래가 중단되고, 그들이 소유한 은행과 주식거래 계좌에 동결시켜 자신들이 갈취할 수 있게 만들어 놓았다. 그리고 양떼들 같은 대중은 이미 늑대인 그들에게 자신들의 돈을 빌려주는 것인지도 모르고 국채와 채권을 구매하도록 길들여진 지 오래이다. 그러면서 그들에게 빌려준 돈에 대한 증서에 불과한 채권을 재산인 양 믿고 보유하도록 세뇌시키는데 성공했다. 인류는 그러므로 양떼들을 늑대에게 맡기듯이, 자신들의 부를 자신들을 그들의 노예로 만들려는 그들에게 맡겨 두도록 세뇌된 것이다.

평화의 적을 퇴치하고 자유를 돌려주겠다고 약속해
이방인들의 자유를 빼앗아라

그들은 이방인 고이들에게 평화의 적을 퇴치시킨 후 그들의 자유를 돌려주겠다고 약속하면서 그들의 자유를 뺏으면 된다고 가르친다. 그들의 자작극인 2001년 9·11테러를 핑계로 그들은 애국자 법(Patriot Act)을 통과시켜 국민들의 자유를 빼앗은 후 테러를 퇴치한 후 자유를 돌려주겠다며 국민들의 권리를 침해하는 경찰국가로 전환하고 있을 뿐 아니라, 테러리스트를 축출하기 위해서라는 명분으로 모든 국민들을 사찰·감시하고 있다. 대한민국 역시 테러방지법을 국민들의 뜻과 상관없이 기습통과 한 후 정부에게 비판적인 국민들을 사찰 및 감시해 작성한 블랙리스트에 올려 제거하는 계획을 추진했다가 다행히 촛불혁명으로 저지됐다. 이미 그들은 테러와의 전쟁을 명분으로 모든 선진 국가들을 경찰국가로 전환시킨 지 오래이다. 또한 그들은 그들이 통제하는 NSA, CIA, MI-6, MOSSAD 같은 국제 정보기관들과 각 국가 안에 있는 FBI와 유사한 국내정부기관들을 그들이 조작한 '테러와의 전쟁'을 명분으로 인류를 사찰·감시하는데 협조하도록 제도화한 지 오래이다.

민주주의는 불협화음만 조성하면 아무 결정도 못 내리는 제도

그들은 소위 진보적이라고 하는 헌법을 근거로 하는 민주주의

는 불협화음, 즉 지속되는 불화, 논쟁, 때문에 아무것도 하지 못하게 돼 있다고 가르친다. 그들은 모두에게 동일한 투표권을 부여해서 대중에게 맡겨두면 무엇 하나도 결정을 내릴 수 없어 무질서와 혼란 속에 빠질 수밖에 없다고 한다. 그래서 결국 대중은 대표를 선정해서 대표들이 결정하게 하도록 설득됐고, 그렇게 대표들로 구성된 의회에 그들이 비밀리에 선정한 자들을 대표로 임명하면 된다고 가르친다. 물론 그들이 선정한 대표들은 대중을 위해서 일하는 게 아니라 돈으로 매수돼 그들을 위해서 일하게 된다고 가르친다. 그리고 그들이 소유한 언론을 이용해 대중을 그들이 원하는 방향으로 천천히 몰고 가면 된다고 가르친다. 또한 그들은 소위 진보주의라는 이념은 이방인 고이들에게 독(poison)이라고 가르친다. 헌법에 의해 행정부, 입법부, 사법부 등으로 분리시켜 놓고 그 행정부, 입법부마저도 더 세부적으로 분리시켜 마치 몸이 어느 한 부분만 병이 나도 죽듯이, 어느 한 부서라도 정체되어 제 기능을 못하게 되면 전체가 마비될 수밖에 없다고 한다. 그렇게 정체되게 하는 방법으로는 그들이 배후에서 불협화음을 조성하면 된다고 가르친다. 대한민국 국회가 아무 결정을 못내리고 반대를 위한 반대로 불협화음을 조성하고 있는 이유이다.

많은 상반되는 정보로 혼동시켜 대중이 알려고 하는
그 자체를 포기하게 하라

그리고 대중의 여론을 통제하기 위해서는 다양한 견해에서 많은 정보를 쏟아내어 혼동을 일으켜 도저히 고이들의 머리로는 정치를 이해할 수 없게 만들어, 정치에 관련해서는 알려고 하는 그

자체를 포기해 차라리 알려고 하지 않는 게 최선이라고 결론을 내리도록 유도하라고 가르친다. 우리나라의 대부분의 국민들은 이미 그렇게 세뇌돼 정치에 대해서만큼은 관심도 갖기 싫어하는 이유이다. 또한 국가적인 정책, 습관, 열정, 조건, 환경 등의 실패들을 증가시켜, 그 혼란 속에 그들이 처해진 상황을 납득하는 게 불가능해져 서로를 이해할 수 없게 만들어야 한다고 가르친다. 그리해 여러 단체들 사이에 불협화음을 조성해 공동의 힘을 탈구시켜, 그들의 지배를 저항하는 자들이 서로 협력하지 못하게 해야 한다고 가르친다. 그리고 개인의 진취적인 발상이 천재성을 바탕으로 하면 그 개인의 발상야말로 불협화음을 조성시킨 백만보다 더 위험함으로, 고이들의 교육체제를 통해 그런 진취적인 발상이 생기면 무기력하게 느껴 포기하도록 길들여야 한다고 가르친다. 그리고 고이들이 그들에게 저항할 생각을 못하게 고이들이 가짜 싸움과 공허한 달변을 조성해 그런 무의미한 분쟁에 집중하도록 정신을 산만하게 해야 한다고 가르친다. 낙태, 동성끼리의 결혼 같은 무의미한 문제들로 분쟁하도록 하고 있는 이유이다.

불협화음을 조성해 의회가 결정을 못 내리게 한 후 어두운 과거가 있는 자를 대통령으로 선정해 모든 결정을 내리게 하라

그들은 특히 의회에 대중을 대표하는 자들 사이에 불화와 논쟁으로 아무것도 합의할 수 없게 만든 후, 그들이 비밀리 심어놓은 행정부 인사들이 모든 결정을 내리도록 하라고 가르친다. 그들은 조만간 대통령책임제를 도입해 대통령의 권한을 차차 늘려주어 그가 법을 개정하는 권한은 물론 입법까지 할 수 있게 권한을 독

점하게 해야 한다고 가르친다. 이미 미국에서는 1971년 브래튼 우즈 협약을 일방적으로 깨는 결정을 의회와 의논도 없이 닉슨의 대통령 명으로 감행했다. 그러기 위해 의회의 회기를 단축시키고, 필요에 따라선 해산할 권리까지 대통령에게 부여해야 한다고 가르친다. 물론 이런 권한을 부여할 경우 비난의 대상이 되겠지만, 그들이 통제하는 언론으로 대중의 여론을 조성해 방어해 주면 된다고 가르친다. 그리고 대통령에게 전쟁을 선포할 수 있는 권한을 부여할 것이라고 가르친다. 그 정당성으로는 군 통치자로써 헌법과 국가를 보호해야 하는 책임을 다할 수 있게 해주기 위해서라고 설득하면 된다고 한다. 이미 미국의 배후에서 그들이 일으킨 한국 전쟁, 베트남 전쟁, 중동전쟁 모두 국회의 의결 없이 대통령의 권한으로 일으켜 왔다. 그리고 그들이 비밀리에 선정한 대통령이 그들을 위해 저질러야 할 불법행위로부터 보호해 주기위해, 그의 장관들이 개인적으로 결정한 것으로 보이게 해 그들을 대신 희생시키면 된다고 가르친다. 그 대신 자신들의 보호를 위해 자신들의 꼭두각시가 될 대통령은 어두운 비리가 있는 자를 선정해 그들의 과거가 드러날 게 두렵고, 대통령 자리가 부여하는 모든 특혜와 명예를 잃는 것이 두려워 그들의 지시를 복종하게 될 것이라고 가르친다. 미국의 오바마 대통령은 동성애자에다가 그의 부인 미셸은 성전환 수술을 한 대학 시절에는 미식 축구선수로 이름을 날렸던 마이클 로빈슨 (Michael Robinson)이라는 남자이다. 그런 어두운 과거를 소유한 오바마는 지배세력의 충직한 대리인이었고, 그의 성적 정체를 노출했다가 그들에 의해 죽임을 당한 자들 중에는 여성 코미디언 조언 리버스 (Joan Rivers)가 있다.

이방인들이 감지하지 못하게 서서히 헌법을 폐지하라

그들은 위의 조치를 조금씩 단계적으로 감행해 고이들이 감지 못하는 사이, 모든 헌법을 폐지시켜 모든 정부를 그들의 독재정권으로 변질시킬 시기가 올 것이라고 가르친다. 또한 그들이 조작하는 통치자들의 무능함에 지친 대중들에 의해 그들의 독재자의 필요성에 대한 인식이 헌법이 폐지되기 전에 올 수도 있다고 한다. 그러나 모든 국가들에게 그런 독재자를 갈망하는 마음을 이끌어 내려면 대중들과 정부들과의 관계에 끊임없는 불화, 증오, 투쟁, 시기, 필요할 경우에는 고문, 기근, 질병을 조작해 고이들이 그들의 완벽한 돈과 주권을 은신처로 삼도록 괴롭혀야 한다고 가르친다. 아일랜드의 1845년 감자기근(potato famine)은 그들의 소행이었고, 그들이 이자성을 앞세워 중국의 명나라를 무너트릴 때도 흉년을 조작해 기근으로 대량의 국민들이 굶어 죽게 했다. 그들은 이미 AIDS, SARS, EBOLA 같은 질병을 그들이 소유, 통제하는 연구실에서 개발해 세계에 퍼트린 사실을 인터넷에서 확인할 수 있다. 그리고 그들은 자신들이 조성해온 법의 진보적인 해설에 의해 법에 대한 위신은 이미 파손됐고, 그들의 영향력으로 고이들의 법의 집행을 무력화시켜 놓았다고 자부한다. 그리고 가장 근본적인 주제에 관해서는 이미 판사들은 그들의 지시대로 결정하게 만들어 놓았다고 가르친다. 그들은 이미 지난 2000년에 걸쳐 국가들과 개인들 사이에 종교와 인종을 이용해 서로를 혐오하도록 조성해 놓았다고 자랑한다. 우리나라에서는 북한을, 아시아에서는 일본을, 미워하도록 조작해 세뇌 시켜놓은 것도 그들의 짓이다. 일본군대가 저지른 야만스러운 난징학살도 그들이 중국인들이 일본인들을 혐오하도록 조작하기 위한 수법이었다.

법과 법 제도가 살아 있는 것처럼 속여라

그러나 그러면서도 법이 살아있는 것처럼 하라고 가르친다. 인간들로 하여금 법과 제도가 제대로 작동하고 있는 것처럼 믿게 만들라는 말이다. 언론이 진실 된 정보를 제공하는 것처럼 길들이듯이 법이 제대로 집행되고 있는 것처럼 믿게 하는 수법으로, 법을 어긴 자들은 처벌되는 것처럼 언론을 통해 대중을 속이라는 것이다. 그들은 닉슨 대통령을 이용해 전 세계와의 브래튼우즈 협약을 일방적으로 깨도록 해 놓고는, 그가 그들에게 이용가치가 없어지고 오히려 그들의 지시를 저항하기 시작하자, 워터게이트 사건에 개입된 것을 빙자해 그를 탄핵으로 몰아 자진 사퇴시킨 것과 같은 맥락이다. 그리해 국민들로 하여금 법이 살아있는 것처럼 믿도록 세뇌시켜 그들의 치부가 드러날 경우 만약 사실이라면 보도하지 않고 처벌하지 않겠냐고 그러므로 사실이 아니기 때문에 보도되지 않고 처벌받지 않는 것이라고 믿도록 하는 고도의 심리전을 이용해 왔다. 그들은 미국 국민들을 그렇게 법이 살아있다고 믿도록 세뇌시켜 미국이 케네디 대통령을 암살한 후에도 오히려 정부의 조작된 결론에 의구를 제기하는 자들을 음모론을 거론하는 자들(conspiracy theorists)로 비하할 수 있었다.

숨겨둔 과거가 있는 자들을 등용하라

그들은 그들이 직접 나설 수 있게 되기까지는 그들의 대리인으로 숨겨둔 과거가 있는 자들을 등용해야 한다고 한다. 그래야만 그들이 배신할 생각을 못 해, 그들을 위해 마지막까지 최선을 다하게 되기 때문이라고 가르친다. 그들은 비밀사회인 프리메이슨 조직 역시 자신들이 세계적으로 만들어 비밀리 배후에서 관리를 해 왔다고 자랑한다. 그리고 그 조직에 각 지역사회의 저명인사들을 끌어들였다고 한다. 원래 자만심이 많고 사회적으로 인정을 받고 싶은 자들이 프리메이슨 조직에 들어오길 희망하므로, 그들의 자만심만 충족시켜 주면 그들의 하수인으로 쓰기에 용이하다고 가르친다. 그리고 자신들의 생각을 제안한 후 조금만 부추겨주면 자만심에 찬 그들은 곧 본인들이 잘나서 그런 생각을 했다고 그들의 제안에 동화돼 자기 생각으로 착각하여 그들을 위해서 열심히 일하게 만들 수 있다고 한다. 왜냐하면 그런 부류의 인간들은 대중 앞에서 아무 실현성 없고 근거 없는 이상을 늘어놓고 싶어 하고 (즉 잘난 척하고 싶어 하고) 성공의 감정과 박수에 메말라 하고 있기 때문이라고 한다. 그러므로 자신들이 그런 자들에게 관대한 이유는 그런 자들의 자만심을 역이용하기 위해서라고 한다. 만약 세계가 동요되어 어수선하면 그것은 자신들이 너무 결속된 세계를 분열시키기 위해 일으킨 음모이고, 그 음모의 중앙에는 그들의 가장 믿음직한 하수인들로 만들어진 메이슨 들이 있을 것이라고 한다. 이방인 고이들은 자신들이 하는 일이 무슨 목적을 위해서인지도 감지하지 못해, 그들이 하고 있는 일이 자신들과 자신들의 처지에게 해가 되고 있는지도 감지 못한다고 비웃는다. 그런 자들을 특히 경찰 조직이나 법조계에 심어 자신들이 하는 일을 덮어주는 역할과 자신들의 목적을 달성하는 데 이용하면 된다고 한다. 지금 그들을 위해 종사하고 있는 미국의 FBI, NSA, CIA, 영국의 MI-6, 이스라엘의 모사드 (MOSSAD) 등의 정보기관들 모두 그들이 심어놓은 메이슨들에 의해 움직이고 있다. 그리고 그들의 세계정부가 완성 되어 그런 고이들의 서비스가 더 이상 필요하지 않을 때에는 메이슨 조직을 해체하고 그들을 유럽 바깥으로 추방해 버리면 된다고 가르쳤다.

대중을 정치적인 논의 대신 산업에 대한 논의를 하게 하라

그들은 대중을 정치적인 논의로부터 주의를 딴 데로 돌리기 위해, 새로운 정치 문제라고 하며 산업적인 문제를 제시하라고 가르친다. 그리고 그 영역에서는 실컷 논의하도록 두라고 한다. 지금 전 세계가 국가와 개인의 GDP를 논하고 경제에 대한 가짜 뉴스에 몰두하고, 조금 배웠다는 자들은 모여 그들이 언론을 통해 얻은 잘못된 정보를 근거로 경제를 평가하고 논의 하고 있는 이유이다. 또한 대중들의 주의를 오락, 경기, 지나간 일들, 열정, 사람들의 궁전 등으로 돌려 정작 자신들의 처지는 어떤지는 감지 못하도록 하라고 가르친다. 지금 TV와 언론매체를 통해 오락 프로그램과 연예인들과 재벌들의 호화스러운 삶을 방영하고 있는 이유이다. 그들은 머지않아 언론을 이용해 예술과 스포츠 시합을 제안해 대중을 그런 것에 정신이 팔리게 할 것이라고 했다. 그들이 예언 했던 대로 지역별로 각종 스포츠팀들을 선발해 시합을 중계해 국민들을 열광하게 만들고 있다. 그리고 점점 사색이나 자신들의 의견을 갖는 습관을 버리게 함으로, 대중을 그들이 제시하는 식으로 생각하고 그들이 하는 말을 따라 하기 시작할 것이라고 가르쳤다. 그들은 이미 그들이 기획한 대로 지난 수세기 동안 모든 주제를 정치적으로 연출해 왔다는 사실을 아무도 짐작 못 하고 있다고 자부한다. 이는 그들이 통제하는 방송 매체를 이용해 영화나 방송프로그램으로 생각과 관심을 기획, 연출해 그 매체를 통해 잠재적으로 제시하는 생각을 자신들의 생각으로 알고 말 하게 될 것을 이미 계획했던 것이다.

신을 파멸하고 가족을 파괴하라

그들은 신을 파멸시키고 그리스도를 금하라고 가르친다. 그들은 신에 대한 믿음은, 인류의 형제애로 신의 뜻에 융합해 개인적인 욕망을 종속시켜 교구의 지도에 따라 겸손과 만족 안에 살 수 있게 되기 때문에, 고이들의 정신세계에서 신과 영혼에 대한 믿음을 파괴시키는 것이야말로 필수라고 가르친다. 그들이 2000년 전 예수 그리스도를 죽여야 했던 이유이다. 그의 가르침이야말로 그들이 인류를 타락시켜 물질적인 삶을 추구하도록 하려는 계획에 상반되는 형제애와, 물질을 추구하는 육체 대신 영혼을 위주로 하는 삶을 가르쳤기 때문이다. 그리고 그들이 가는 곳마다 그 지역의 종교를 파괴해 온 이유이기도 하다. 일찍부터 예수회가 침투해 가톨릭교로 지배해왔던 베트남에서 그들은 정신세계와 영혼을 가르치는 불교를 탄압했다. 그래서 그 사실을 알리기 위해 많은 승려들이 불로 자신을 태우는 자살을 감행했던 것이다. 그러나 그들이 소유, 통제하는 언론은 그 승려들을 정신 나간 사람들로 묘사해 승려들이 순교하는 진정한 이유를 왜곡시켰다. 또한 그들은 서로에게 의지가 될 수 있는 가족과 가정을 파괴하라고 그래서 가정교육을 몰살시켜야 한다고 가르친다.

그 대신 물질적인 탐욕으로 채워라

그리고 그 자리에 수학적 계산과 물질적인 요구로 채워야 한다고 가르친다. 그들의 계획대로 인류는 지금 한없는 물질적인 욕구로 명품 옷, 명품 자동차, 명품 아파트를 추구하며 살도록 세뇌된 지 오래이다. 그리해 재산으로 인간의 가치를 측정하도록 세뇌돼 돈을 많이 가진 자들을 우상화하는 문화 속에 살고 있다. 그들이 의도했던 대로 인류의 신과 영혼에 대한 믿음이 파괴된지 오래일 뿐 아니라, 가족관계도 파괴돼 서로를 위하고 의지하던 것도 사라진 지 오래이다. 또한 고이들이 자신들의 처지를 의식하던지 딴생각을 할 수 없도록 고이들의 정신을 산업과 교역으로 돌리게 해야 한다고 가르친다. 그러므로 모든 국가들이 자신들의 공동의 적을 알아차릴 수 없게 하는 수단으로, 금전적인 이익을 추구하는데 열중하도록 유도해야 한다고 가르친다. 또한 국가와 지역사회의 발전을 훼손시키기 위해 모든 산업을 투기를 바탕으로 하게 만들어, 산업으로 획득한 것을 투기로 잃게 함으로 모든 부가 자신들에게 흘러들어오게 해야 한다고 가르친다. 그 말은 곧 인류의 삶의 목적이 돈을 버는 것으로 세뇌시켜 주식, 부동산 등에 투기하도록 유도한 후 실패하게 해, 그들의 부를 그들 손에 들어오게 한다는 뜻이다. 앞에서 보았듯이 돈을 무기로 사용하는 그들은 주식과 부동산 시장에 거품을 의도적으로 조성해 돈을 버는데 눈이 먼 투자자들이 투기하게 만들어, 거품이 빠지기 직전 투자자들의 돈을 거둬들인 후, 그들에 의해 부풀어진 주식과 부동산의 거품을 빼 투자자들의 부를 착취하는 것을 말하는 것이다. 일본에서는 80년대 후반에 미국에 의해 일방적으로 엔의 가치를 평가 절상한 플라자 합의 이후 그들에 의해 조성된 일본의 거품경제가 1990년의 폭락으로 일본의 중산층의 부를 모두 겁탈했고, 2000년 닷컴 버블, 2008년 부동산 버블 모두가 그들이 인위적으로 조성한 후 폭락시켜 미국 중산층들의 부를 착취했다.

> 생활고를 어렵게 해 이익만을 추구하게 만들어
> 지식인들에 대한 반감을 조성하라

그들의 의정서에서 그들은 그들이 이미 이익을 추구하는 투쟁을 더욱 격렬하게 만들어왔고, 그 사이사이 그들이 가한 경제적인 충격 때문에 생활고는 더욱 어려워졌으므로 고이들 서로에게 냉정하고 매정한 사회를 조성하는 데 성공했다고 한다. 그런 사회는 고유의 정치적이나 종교적인 사고와 거리가 멀어져 오직 이익, 즉 금(돈)만이 그들의 가이드가 돼 금을 숭배하는 문화가 형성될 것이라고 자부했다. 이미 인류는 그들에 의해 서로를 경쟁자로 생각하게 길들여진 지 오래이다. 그렇게 될 때 인류의 하류층들은 선이나 부를 추종해서가 아니라, 특혜를 누리는 자들에 대한 증오 때문에 자신들의 진정한 적인 지식인들을 제거하는 데 동참하게 될 것이라고 가르친다. 그들은 그들이 가르친 대로 대중을 가난하게 만들어 그들의 세계정복 목적에 최대의 걸림돌이 될 수 있는 지식인들을 제거하는 데 이용해 왔다. 그들은 볼셰비키 혁명으로 러시아를 공산화시킨 후 공산당의 독재를 저항할 종교지도자들과 학자들을 모두 학살했고, 종교를 추종하는 자들과 지식인들을 모두 Gulag이라는 강제노동수용소로 보내 중노동으로 죽어 나가게 했다. 또한 중국에서도 문화혁명을 통해 그들이 동원한 홍위병 (Red Guard)을 앞세워 학자들과 지식인들을 학살하고 중노동 수용소로 보내 지식인들을 제거하는 계획을 추진해왔다. 심지어 록펠러는 그들끼리 모인 공개석상에서 모택동이 문화혁명을 통해 진행한 '실험' 덕분에 인간들의 군중심리를 이용할 수 있는 무한한 가능성의 한계를 배울 수 있도록 그 분야에 중대한 기여를 했다고 모택동을 칭송했다.

> 철학가들을 이용해 이방인들의 종교는 비방하되
> 우리의 믿음에 대한 논의는 금지하라

그리고 그들의 철학가들은 고이들의 종교나 믿음의 결점을 지적하고 논의할 것이지만 그 아무도 그들의 믿음을 논의할 수 없다고 한다. 그 이유는 그들의 믿음은 그들밖에 알 수가 없게 돼있고 절대 누설하지 못하게 돼 있기 때문이라고 한다. 즉, 그들의 비밀인 루시퍼를 섬기는 사실을 말하는 것이다. 그리고 진보적인 국가 안에는 그들이 이미 무의미한, 추잡하고 가증스러운 문학을 창작해 놓았다고 자랑한다. 또한 고이들의 성직자들을 파멸시키기 위해 그들은 이미 오래전부터 고이들의 사제들의 신임을 떨어트리도록 주의를 기울여 왔다고 자부한다. 그들이 각 교계의 지도자들을 돈과 여자로 유혹한 후 그들의 부정과 부패 및 성적 문란함을 노출시키는 수법을 말하는 것이다. 그리고 그들은 이미 고이들의 젊은 세대를 거짓 이론으로 주입시켜 그들을 속이고 곤혹스럽게 하고 타락시키는데 성공했다고 자랑한다. 그들은 인류에게 성 '자유' 라는 이름으로 성적 문란을 조성해 동성애를 도모하고 가족을 파괴시키고 모든 종교와 도덕성을 배척하도록 세뇌시킨 지 오래이다. 그리고 고이들의 집단주의적인 힘을 거세하기 위해 집단주의의 첫 단계인 대학에서부터 그들을 새로운 방향으로 재교육시킬 것이라고 했다. 그러므로 교육자나 교수들은 그들이 제시하는 세부적인 비밀 지시사항으로부터 일탈하지 못하게 그들에게 의존하게 될 것이라고 했다. 이미 그들은 모든 학계를 칸막이(compartmentalize)식으로 부분화시켜 각 분야의 전문가에게 의존하도록 인류를 길들였고, 자신의 분야를 제외하고는 알지 못하게 교육시켰다. 그렇게 해 정부의 법과 모든 정치적인 주제는 교육과정에서 제외될 것이라고 했다. 지금 대학을 졸업한 자들이 자신들이 배운 과목을 제외하고는 알지도 못할 뿐 아니라, 알 생각조차 하지 않도록 길들여졌다. 그러면서 대학을 나왔다고 하더라도 정치, 경제, 법 같은 상식이 없도록 교육된 지 오래임으로 언론에서 그들이 통제하는 '전문가'들의 말을 곧이곧대로 믿고 따르도록 세뇌되고 길들여졌다.

이방인들의 정부는 우리가 발행하는 돈을 빌려 씀으로 우리 자본에 종속됐다

그들은 이미 고이들의 정부를 그들의 자본에 종속시키는데 성공했다고 자부한다. 그들은 정부가 사용하는 통화를 그들이 발행하는 이자가 발생하는 어음으로 대처하도록 만들기 위해 그 제도가 고이들 자신들에게 유리하다고 설득하는 데 많은 노력을 기울여야 했다고 가르친다. 그리고 그들의 노력의 댓가로 미국, 유럽, 일본, 영국, 그리고 대한민국마저도 직접 발행할 수 있는 통화를

민영은행으로부터 빌려서 이자를 내도록 '설득,' 세뇌됐다. 그들은 정부가 그들에게 빌려서 경제를 운영하기 위해 세금의 상당 부분을 그들에게 이자로 바쳐야 하므로, 국가를 운영하는데 항상 자금이 모자라게 돼 있다고 한다. 더구나 대출이 국가 경제 안에서 일어날 때는 채무자의 자금이 채권자에게로 옮겨가 그 경제 안에 남지만, 그들에게 대출을 하고 이자를 지급할 경우 그 자금은 국내 경제에 남아 있지 않고 외부로 유출되므로 그 국가의 부가 빠져나간다는 사실을 고이 정치인들은 감지하지 못한다고 비웃는다. 그들은 고이들이 겪어온 경제위기는 그들이 순환되고 있는 통화를 조종해서 일으켜 왔다고 자랑한다. 그들은 자신들이 정부로 하여금 돈을 무책임하게 빌려 쓰다가 경제위기를 일으켜 정부가 도산을 해 그 국가의 모든 알짜배기 자산들을 그들 손에 넣을 수 있다고 가르친다. 또한 돈의 양을 통제할 수 있으니, 필요에 따라 돈의 양을 줄여 돈이 수중에 없는 대중이 길바닥에 쏟아져 나오게 해 정부와 부를 소유한 자들을 상대로 폭동을 일으켜 그 국가를 혼란 속에 빠지게 한 후, 자신들이 나타나 그들을 구해주는 것처럼 해 그 국가를 통제로 삼키면 된다고 가르친다. 앞에서 거론했던 일본과 미국 등의 주가와 부동산 폭락을 일컫는 것이며, 1997년 대한민국의 외환위기를 일으켜 제일은행을 비롯한 국내 알짜배기 대기업들의 주식이 그들 손에 넘어간 사례도 같은 맥락이다.

> 재정에 무능한 정치인들에게 불필요한 지출로
> 정부 빚을 늘리게 해 도산시켜라

그러면서 그들은 세계의 모든 국가들의 돈에 약하고 경제와 재정에 대해 무능한 정치인들을 이용해 불필요한 지출로 매년 예산을 서서히 늘리게 해 그들로부터 빌리게 한 후 도저히 갚을 수 없는 수준으로 몰아, 정부의 금고를 고갈시켜 도산하게 만들라고 가르친다. 세계의 부러움을 사게 만들었던 유럽 국가들의 복지정책과 미국의 사회 안정제도 모두가, 국민들의 표를 의식한 경제를 모르는 정치인들에 의해 늘려져 그 예산을 빚으로 충당하다가 미국, 그리고 그리스를 포함한 포르투갈 스페인, 아일랜드, 이태리, 불란서 등의 유럽 국가들이 도산위기에 처해있는 것은 그들이 의도적으로 그런 정책을 부추긴 결과이다. 그러면서 그들은 자국이 직접 발행하여 자국의 국민들을 통해 직접 융통해도 될 돈을 자신들로부터 빌려 이자를 내며 국고에 축을 내면서 도산위기로 가고 있는 것을 보면 고이들이 얼마나 어리석은지를 알 수 있다며 비웃는다.

이방인들을 노예로 만들기 위해 그들의 자본을 파괴시켜라

그들은 고이들의 노예화를 위해 고이들의 자본을 파괴시키라고 가르친다. 우선 그들은 토지를 소유한 자들은 자급자족이 가능하니 빚과 세금을 추징해 뺏으라고 가르친다. 그리고 그들이 정부들의 힘을 약화시키기 위해 자본을 자본가들 손에 넣어 놓았으므로 그들에게 세금을 추징하면 개인들의 부도 감소시킬 수 있다고 한다. 그러기 위해서는 무엇보다도 투기(speculation)를 조성해야 한다고 하다. 그렇지 않고는 고이들의 자본이 증가해 토지에 걸려 있는 부채도 갚고, 농업을 회복해 자급자족하게 될 것이라고 한다. 그들의 목적은 고이들의 산업과 노동력과 자본으로 벌어들인 수입을 투기사업에 투자하게해 그들 손으로 다시 흘러들어오게 해야 한다고 한다. 투기는 그들이 주기적으로 일으키는 주식과 부동산 거품을 형성했다가 경제위기를 조성해 거품이 빠지며 폭락시켜 부를 착취하는 것을 말하는 것이다. 그리고 그들은 자신들의 막대한 자본으로 모든 분야에 독점을 하면 고이들의 소위 거대한 자본가들도 그들의 자본에 의지하게 돼 정부가 도산할 때 같이 도산할 수밖에 없다고 가르친다. 그런 방식으로 고이들을 모두 노동자계급인 프롤레타리아로 전락시켜, 존재할 권리만 부여해 주는 것만으로도 황송해 그들 앞에 엎드리게 될 것이라고 가르친다.

경찰과 군대를 이용해 대중을 통제하고
테러로 주변 국가들을 통제하라

그들은 모든 국가에는 그들 말고는 그들의 이익을 위해 존재하는 소수의 백만장자들, 경찰과 군인들, 그리고 노동자계급으로 형성된 대중들이어야 한다고 가르친다. 그러한 계획을 성사시키기 위해서는 격렬한 경찰력과 무기와 군비의 증가가 있어야 한다고 한다. 그리고 유럽을 포함한 모든 대륙에 동요와 분쟁과 적개심을 조성해야 한다고 가르친다. 그들은 그들을 적대시하는 국가는 그 국가의 주변 국가들을 동원해 전쟁을 하게 할 준비가 돼 있어야 하고, 만약 그 국가들이 단합해서 그들을 대항할 경우 전 세계 전쟁으로 저항해야 한다고 가르친다. 그것을 성사시키기 위해선 모든 정부들을 그들이 소유한 거대한 힘인 언론을 동원해 비밀리에 여론을 조성해 설득하되, 그렇게 성취한 모든 정치적인 성공은 비밀리 해 외교관의 말과 일치하지 않게 행동해야 성공을 가능하게 한다고 가르친다. 그 말은 외교를 속임수로 이용하라고 가르치는 것이다. 그러므로 유럽의 고이 국가들을 견제하고 힘을 과시하려면 그 국가들 중 하나를 선택해 테러로 본보기를 삼고 만일 모두가 단합해서 일어날 것 같으면 미국이나, 중국이나 일본을 움직여 그 국가들의 무기로 대응할 것이라고 가르친다. 그들은 그러므로 제2차 대전 시 독일의 민간인들을 폭격해 수백만을 학살해 근교 유럽 국가들에게 본보기로 삼았고, 제2차 대전 후 그들이 일으킨 한국전쟁 때는 움직이는 것은 모두 폭격해 400만의 우리 동포들을 학살하고 모든 기반 시설들을 가루로 만들어 주변 아시아 국가들에게 본보기로 삼았다.

> 우리의 숨은 계획이 드러나면
> 최후의 수단으로 지하 도시로 도피하고 폭파시켜라

　마지막으로 그들은 만약 그들이 그들의 계획을 성사시키기 전에 고이들이 다 함께 반란을 일으킬 경우를 대비해 그들은 가장 용감무쌍한 가슴을 소유한 자들도 움츠리게 될 소름 끼치는 테러가 준비돼 있다고 가르친다. 그들은 서양의 모든 도시들 땅 밑에 시아도시와 기지, 그리고 지하복도를 준비해 놓았고, 그곳으로 미리 도피한 후, 땅 위의 모든 도시들과 그 안에 있는 기관들과 기록들을 모두 폭파시켜 날려버리면 된다고 가르친다. 믿기지 않겠지만 지금 이 시각 유럽, 미국, 호주 등 지하에는 그들이 이미 어마한 비용을 들여 지상에 핵폭탄을 폭발시킨 후 자신들이 장기간 거주할 수 있는 도시들을 건설해 놓았다. 그리고 미국의 경우 덴버 공항과 로스앤젤레스의 제이 폴 게티 (J. Paul Getty) 박물관 지하에 허브가 존재해, 미 전 지역은 물론 유럽까지 진공 고속도 기차가

지하로 연결돼 있는 사실을 인터넷에서 검색하면 확인할 수 있다.

C. 궁극적으로 악을 추구하는 종교집단

어떻게 보면 위에 나오는 전략 중 일부는 우리 민족을 지배한 조선왕실과 조정세력도 이용해왔으므로 그리 놀라운 것은 아니다. 우리나라에서도 양반, 중인, 쌍놈 계급을 만들어 놓고 상것들이 유식해져 부리기 어려워지는 걸 막기 위해 그들은 공부를 하지 못하게 금지했다. 그러면서 여자를 남자의 소유로 만들어 남자를 섬기도록 세뇌시켜 왔다. 그러므로 그들의 그런 수법은 우리에게도 익숙하다. 다만 대부분의 인간들은 선을 추구한다. 우리가 말하는 양심 덕분이다. 우리는 선과 악을 분별할 수 있는 지식이 아무도 가르치지 않아도 우리 안에 있는 것이다. 우리가 악을 추구하길 꺼려하듯 우리는 악을 주도하는 사탄을 숭배하려 하지 않는다. 그런데 그 들은 우리와 정반대이다. 그들은 지상에서 권세를 누리기 위해 모두를 그들의 노예로 만드는 것을 목표로 하는 자들이다. 그리고 그 들은 그 권세를 누리는 것을 가능하게 해 주는 사탄을 숭배하며 악을 행하며 그의 뜻을 따르는 것이다. 그들에 의하면 선과 악은 내용적으로는 다를 줄 몰라도 이념적으로는 같다. 어느 쪽을 선택하느냐에 딸려 있는 것뿐이라고 가르친다. 그리고 그들은 악을 선택한 자들이다. 그러므로 지금 세계를 지배해 온 세력은 선 대신 악을 추구해 온 자들인 것이다. 그리고 그들은 그 악이 그들의 세계정부를 이룩하는데 더 효율적이라고 믿고 행하여 왔고 거의 성공했다. 그러므로 지금 진행 중인 전쟁은 인류를 상대로 그들이 진행해 온 거짓 정보로 우리를 속여 그들의 노예로 만들려 하는 측과, 그들이 비밀리에 추진해온 반인류적인 계획을 간파한 러시아와 중국이 연합해 악을 물리치고 선을 추구하는 측의 대결로, 곧 선과 악의 대결이다. 그러나 지금까지 그들의 거짓 정보에 의해 세뇌된 인류는 이 진실을 알지 못하고 있어 악을 추구하는 그들에게 이용당하고 있다. 이 책이 소개하는 내용들이 믿기지 않는 이유는 오랫동안 그들이 가르치는 조작된 학문과 그들이 언론을 통해 전하는 정보를 진실로 받아들이도록 세뇌돼 왔기 때문이다.

D. 고대로부터 전수받은 인류를 정신으로 통제하는 숨겨진 지식

그리고 그들은 그들의 선조라는 외계인들로부터 배운 숨겨진 지식(Occult knowledge)인 인류를 미개인들처럼 속여 정신적으로 통제하는 법을 전수받았다. 그리고 그들은 인류의 지식을 통제하여 거짓 정보로 인류가 그들의 지배를 받고 있다는 그 자체를 인지할 수 없게 만들어 지배해 온 것이다. 거기다 그들은 그들이 아무 비용도 안 들이고 찍어서 유통하는 '약속' 어음을 돈으로 믿고, 그것을 벌기 위해 일하도록 만들어 인류를 그들의 경제노예로 만들었다. 그러면서 그들이 통제하는 방송, 영화 매체 등을 통해 성공의 정의를 고급저택, 고급자동차, 고급 의복 등을 소유하는 것으로 세뇌했고, 그런 것을 빚으로 소유할 수 있도록 허용하여 그 빚을 갚기 위해 열심히 일을 하는 빚의 노예로 만들었다. 같은 방식으로 모든 국가들의 돈의 발권력을 갈취한 후, 그들이 소유한 중앙은행이 발행하는 돈을 이자를 내고 빌려 쓰게 만들어 국가들을 그들의 경제 식민지로 만들었다. 그러면서 그들이 창조한 공산주의, 사회주의, 민주주의라는 이념으로 인류를 속여 그들에게 자유를 위탁하게 만든 후 인류를 그들이 만들어 놓은 법제도에 종속시킨 후 법으로 지배해 왔다. 동시에 학계와 언론을 이용해 인류를 자신들이 그들의 지배를 받고 있다는 사실을 인지하지 못하도록 주의를 산만하게 만들어 서서히 그들의 노예로 전락시켰다. 그러므로 그들은 거짓 정보와 거짓 지식으로 인류를 그들의 노예로 만드는 보이지 않는 전쟁을 해왔고 지금도 진행 중이다. 그 엄청난 사실을 깨닫기 위해서는 지금까지 배운 모든 사고방식과 지식을 재검토하고 재평가하는 지혜가 요구된다. 마치 바다속의 물고기가 바다를 보지 못하듯이 우리는 지금 그들이 만들어 놓은 패러다임(Paradigm) 속의 매트릭스(Matrix) 안에서 살고 있어, 그 패러다임 자체를 볼 수가 없다. 그들이 만들어 놓은 그 패러다임 밖에서 객관적으로 그 패러다임의 형체를 보아야만 그들이 인류를 그들이 만든 패러다임 속에 가두어 놓고 그들의 메트릭스를 통해 정신적으로 지배해 온 사실을 깨달을 수 있다. 그들은 지금도 조작된 허위 정보로 고도의 심리전(psychological war)을 인류를 상대로 벌이고 있다. 그 사실을 알아야만 그들이 조작해 온 역사의 실체를 파악할 수 있다.

7. 총성없는 미국의 쿠테타

7. 총성 없는 미국의 쿠데타

지배세력의 하수인 우드로 윌슨 대통령 선출

19세기에 대영제국의 배후세력은 그들이 소유한 동인도회사를 통해 인도, 중국, 동남아시아, 호주, 아프리카, 이집트를 지배하며 해가 지지 않는 대 영국제국의 막강한 해군으로 해로를 통제하며 전 세계를 주름잡았다. 그러나 1870년 프러시아의 비스마르크 제독이 부근 국가들을 연합해 독일제국을 설립한 후, 철도를 통해 해로 대신 지상 철로로 중동까지 진출해 19세기 말부터 대영제국의 패권을 위협하기 시작했다. 대영제국의 배후세력은 독일제국을 제거할 계획을 세웠고, 그 전쟁은 이미 시오니스트들이 예고했던 제1차 세계전쟁이었다. 그러므로 그 전쟁에 필요한 자금줄 역할을 담당하게 될 미국의 중앙은행을 그들 손에 넣기 위한 작업을 시작했다. 1907년 그들은 제이피 모건이 배후에서 조작해 미국 니커보커 (Knickerbocker)은행을 도산위기로 몰아 다른 은행들마저 줄줄이 도산하는 금융위기 사태를 조성한 후, 모건 자신이 구세주처럼 나타나 국내 은행가들을 모아 자금을 형성해 니커보커은행의 도산을 막아 사태를 수습하였다. 모건은 그 사태를 계기로 은행들이 도산하는 위기 발생 시 제도적으로 은행들을 구제할 수 있는 중앙은행의 필요성을 제시한 후, 미국 국회가 중앙은행을 설립하는 법안을 상정하도록 여론을 조성했다. 그들의 그런 계획에 윌리엄 테프트 (William Taft) 대통령이 비협조적으로 나오자

그를 상대로 프린스톤(Princeton)대학 총장 출신으로 뉴저지 주지사였던 우드로 윌슨(Woodrow Wilson)을 대통령 후보로 내세워 당선시켰다. 졸지에 대통령이 된 윌슨은 그들의 의정서에서 말하는 그들의 하수인으로 선출되었던 것이다.

비밀리 작성된 연방 준비 위원회 법안

미국의 중앙은행을 설립하기 위한 법안을 상정한 상원의원은 넬슨 올드리치(Nelson Aldrich)로 그는 미국 록펠러 가문과 사돈이었다. 그리하여 그 법안을 만들기 위해, 모건, 워버그, 로스차일드의 대리인 등을 포함한 13명은 비밀리에 조지아주 해안에 위치한 재클(Jekyll) 섬에서 만나 연방준비법(Federal Reserve Act)의 초안을 만들었다. 연방 준비 위원회는 정부가 아닌 은행가들이 소유하는 민영중앙은행이다. 미국 달러의 발행권을 민영은행에게 부여하는 법안인 것이다. 이는 이미 로스차일드 가문이 소유한 영국중앙은행을 모방한 것이다. 그 법안은 돈의 발행권은 국회만 소유하도록 되어있는 미국의 헌법에 위배 됐다. 그런데도 그들은 그 법안을 크리스마스 전날 국회의원들이 얼마 안 남은 틈을 타서 상정해서 통과시킨 후, 그들이 선출한 윌슨 대통령이 서명함으로 연방준비위원회(Federal Reserve Board)를 정식 출범시켰다. 시온의 장로들의 지침서에서 그들이 비웃었던 대로, 미국 역시 자국이 발행할 수 있는 화폐를 그들이 소유한 은행으로부터 이자를 내고 빌리는 제도를 신설했다. 지배세력이 시오니스트들을 앞세워 미국의 주인이 되는 순간이었다. 물론 그들의 하수인들로 만들어진 국회와 대통령은 물론 대법원마저 그 법을 허용함으로 미국의 경제권은 총성 없이 그들 손에 넘어갔다. 그때부터 지금까지 달러는 Federal Reserve Note(연준위의 어음)이라고 적혀있다. 이미 앞에서 언급했듯이 윌슨 대통령은 훗날 그가 저서한 자서전에 본인이 미국을 팔아넘긴데 대해 후회한다고 실토하며, 그 당시 미국 안에는 무서운 권력을 소유한 자들이 있어 아무도 큰소리로 그 세력에 대해 말하길 두려워했다고 고백했다.

침몰시킬 목적으로 제조된 타이타닉호

그들의 치밀한 계획성을 드러내는 사건이 타이타닉 (Titanic)호의 침몰이다. 타이타닉호는 제조되자마자 처음으로 유럽에서 미국으로 출항하다가 침몰한 여객선으로, 침몰이 불가능하다며 최고의 비용을 들여 제조됐던 언론이 떠들썩했던 여객선이었다. 그런데 그 배에는 미국의 연준위법을 반대하는 메이시 백화점(Macy Department)의 창시자를 비롯해 많은 기업인들과 금융인들이 모두 타고 있다가 같이 침몰했다. 원래 항해하는 동안 그 함선에서 그들의 의견을 듣고 싶다는 제이피 모건의 초대로 모두 1등석에 타고 있었다. 출항 직전 모건은 배에 오르지 않고 그가 없이 출항했던 것이다. 그 배는 원래 그런 목적으로 침몰시키기 위해 그들의 계획 하에 제조되었던 것이다.

미국 소득세 입법과 국세청의 설립

연준위가 설립된 같은 해인 1913년 그들의 하수인들로 형성된 국회는 제16째 헌법 수정안을 '통과' 시킴과 동시에 미국의 국세청(Internal Revenue Service (IRS))을 설립했다. 그러나 실제로 헌법에서 요구하는 전체 주들의 2/3의 동의를 정식으로 구하는 절차를 밟지 않았기 때문에 헌법에 위배된다. 하지만 연준위의 창조와 마찬가지로 그 누구도 문제 삼지 않았다. 그 조항에 의해 미국의 연방정부는 국민들의 수입의 일부를 세금으로 걷을 수 있게 됐다. 그때까지만 해도 미국의 연방정부는 관세로 운영해 왔었다. 그들은 결국 그들의 의정서에서 말한 국민들의 부를 세금으로 걷어 국민들의 부를 갈취하라고 가르치는 대로 세법을 통과시켰다. 처음에는 $3,000불(지금의 $ 68,000) 이상의 수입이 있는 자들로 규정해 전체 인구의 일부분에게만 적용됐지만, 1919년에는 수입의 최고 77%까지 걷도록 수정됐다. 무엇보다도 그들은 연준위를 설립해 정부가 그들에게 이자를 내고 빌리게 만든 후 그 이자를 국민들이 정부에게 받칠 세금으로 확보한 것이다. 더 재미있는 사실은, 세계은행의 고문변호사로 있다가 2007년 그들에 의해 해고된 캐런 후드 (Karen Hudes)에 의하면 그렇게 걷은 세수는 곧바로 예수회가 통제하는 교황청으로 보내진다는 사실이다. 후드에 의하면 미국은 이미 남북전쟁 직후인 1871년에 도산을 해 앞에서 언급한 그들이 소유한 USA 법인체로 넘어간 후, 미국의 모든 재무는 비티칸의 재무를 담당하고 있는 예수회의 관할이라고 한다. 이러한 사실에 대해 그들의 기록을 확인할 방법이 없으나 매우 신빙성 있는 주장이다. 또한 국민들을 서서히 세금을 내도록 길들인 그들은 시오장로들의 의정서에서 가르친 대로, 모든 미국 국민들의 부를 갈취하는 수법으로 자산을 매매할 때 생기는 수익, 상속세 등 모든 수익이 일어날 때마다 세금으로 걷어감으로, 국민들이 부를 축적하기 어렵게 만드는데 성공했다. 동시에 그들은 자신들의 부는 '비영리' 재단으로 설립해 그들의 후손들이 대대로 통제하게 만든 재단에 '기부' 해 놓고 모든 수입과 수익에서 합법적으로 면제를 받으며 늘려오고 있다.

미국의 국내 연방수사국 FBI의 설립

그들의 의정서에서 가르친 대로 그들은 미국 내에 정보기관을 설립해 그들의 하수인들로 형성된 프리메이슨 조직으로 통제해 왔다. 미국의 법무부 장관이 1908년 국회가 휴회한 다음 날 연방수사국 (Federal Bureau of Investigation)으로 설립한 후, 국회가 다시 열리자 통보를 하는 방식으로, 의회의 허락은커녕 상의 한번 없이 만들어진 이 수사국은, 그때부터 법무부 산하 기관으로 정착했다. 1924년부터 그 조직에 국장을 지낸 에드가 후버(Edgar Hoover)는 그 후 48년 동안 FBI 국장으로 지내며 국내 모든 정치인들을 사찰해, 그들의 약점들을 수집해 놓았던 것으로 유명하다. 이 조직이야말로 의정서에서 가르친 그들을 위해 존재하는 정보조직이다. 후버는 케네디 대통령 시절 해고당할 위기를 겪었으나 존 케네디(JFK)의 암살로 살아남을 수 있었다. 그는 특히 숨어서 여장을 하는 동성연애자로 결혼을 하지 않고 살았던 자로, 의정서에서 가르친 숨은 과거가 있어 지배세력에게 충성을 할 적임자로 선정됐던 자이다.

유대인의 권리를 보호하는 반 명예훼손 연맹(ADL) 신설

연준위가 설립된 같은 해인 1913년, 유대교를 탄압하는 것을 막는 Anti Defamation League가 비영리단체로 설립됐다. ADL은 반유대인(Anti Semitism)적 인종차별과 싸운다는 목적으로 설립됐다. 그러나 그 조직의 진정한 목적은 유대인들을 집결시키고, 그들의 지배를 저항하는 자들을 반 유대인으로 몰기 위해서이다. 앞에서도 언급했듯이, 시오니스트 유대인들이 미국을 장악한 사실과 그들이 미국과 세계경제를 통제하고 있다는 사실을 간파한 헨리 포드는 그가 소유한 신문을 통해 '시온장로들의 의정서'의 내용을 노출하고 시오니스트 유대인들에 대한 역사를 연재했고, 국제 유대인(International Jew)이라는 책 시리즈를 발간했었다. 지금도 그 책을 인터넷에서 무료로 다운할 수 있다. 포드회장은 대부분의 유대인들은 시오니스트들의 이런 계획을 모르고 있고 선량하다며, 유대인들을 향한 공격이 절대 아니라고 밝혔었다. 그러나 그는 이 ADL로부터 반 유대인 적이고 인종차별적인 내용을 그의 신문을 통해 배포했다고 소송을 당했고, 결국 그 신문을 폐지해야 했다. 그런 식으로 ADL은 시오니스트 유대인들을 보호하는 역할을 지금까지도 '훌륭'하게 해내고 있다.

8. 제1차 세계전쟁

> 독일 동맹군에게 항복해야 할 위기에 처했던 영국동맹군

대영제국의 지배세력은, 1914년 오스트리아 헝가리 (Austria-Hungary)제국의 왕자 페르디난트 대공 (Archduke Ferdinand)을 그들이 보낸 자객이 공개적으로 암살한 후, 그것이 유고슬로비아의 국민당의 소행으로 꾸며, 그들이 통제하는 언론에 대대적으로 보도해 전쟁의 도화선에 불을 붙였다. 오스트리아 헝가리제국의 자존심과 명예(honor)를 자극시켜 분노를 일으킨 후 오스트리아 헝가리제국과 동맹국가 독일이 개입하도록 만들었다. 이미 그들은 전 유럽을 두 동맹으로 갈라 놓은 상태에서 그 동맹을 가동시켜 영국제국, 러시아제국과 불란서제국 동맹을 상대로 독일제국과 오스트리아 헝가리제국의 중앙동맹을 전쟁으로 돌입시켰다. 그 후 오토만 제국과 불가리아가 독일과 합세했고, 일본과 미국이 영국제국이 주도하는 연합동맹과 합세했다. 물론 이는 그들이 미리 꾸며놓은 각본에 의해 일어난 전쟁으로, 시오니즘을 창설한 테오두어 헤르츨 (Theodor Herzl)이 1897년 시오니스트 대회 (Zionist Congress) 시 예견했던 3차례의 세계전쟁 중 제1차 세계전쟁이었다. 제이피 모건을 비롯한 미국의 은행가들은 새롭게 설립한 연준위를 이용해 영국에게 전쟁 물자를 구입하는데 필요한 자금을 대출해 주었다. 물론 그들의 전형적인 수법인 양쪽을 다 지원해 주어 독일 쪽에도 독일계 은행을 앞세워 아무 비용도 안 들이고 발행하는 달러 여신을 창조해 '대출' 해 주었다. 전쟁만

큼 수익성이 높은 장사가 없다는 사실을 잘 아는 그들은, 미국의 자금력을 바탕으로 세계적인 돈 장사를 벌인 것이다. 그렇게 해 그들이 소유한 무기 생산업체들을 동원해 무기를 팔아서도 돈을 벌어들였다. 그러나 독일의 해군을 과소평가했던 영국은 독일이 비밀리에 개발한 잠수함 U-보트에 의해 영국군함들이 맥을 못 쓰고 격침당해 오히려 패할 위기에 몰리게 되었다. 원래 월등한 전투력을 소유한 독일은 전 유럽을 쉽게 점령했으나, 처음부터 영국제국의 배후세력이 조작한 전쟁에 말려들었던 독일은, 1917년, 만일 영국이 항복할 경우 전쟁에서 이겨 점령한 모든 영토를 돌려주고 전쟁 전의 위치로 돌아가겠다며 전쟁을 끝낼 것을 제안했다. 영국은 항복을 할 수밖에 없는 상황이었다. 그러나 그럴 경우 영국에게 많은 자금을 빌려준 미국과 영국계 은행들로써는 막대한 손해를 볼 처지였다.

로스차일드의 제안을 수용한 영국 외무장관의 밸푸어 선언

그때 시오니스트의 수장인 로스차일드가 영국에게, 만약 영국이 전쟁에 승리할 경우 팔레스타인 지역을 그들에게 이전해 주어 그곳에 이스라엘을 건국하게 해 준다고 약속을 하면 미국을 전쟁에 개입시켜 영국을 도와 독일을 섬멸하도록 하겠다고 제안했다. 그 당시 영국은 이미 이집트의 수에즈 운하를 통제하며 독일의 우방국가 오토만 제국과도 전쟁 중이었다. 그리고 중동 지역에 있는 아랍인들에게 오토만 제국과 전쟁에 이길 경우 아랍국가로 독립시켜주겠다고 선동해, 아랍인들은 영국군을 돕고 있었다. 패할 위기에 처한 영국은 그 제안을 받아들였다. 그리해 영국 외무 장관인 밸푸어백작(Lord Balfour)은 로스차일드 앞으로 이스라엘의 건국을 허용하겠다는 내용이 담긴 편지를 발송했다. 그것이 유명한 밸푸어 선언(Balfour Declaration)이다. 그러자 시오니스트들은 윌슨 대통령을 움직여 영국을 도와 미국이 전쟁에 가담하도록 했다. 그 당시 미국의 인구 50% 이상이 독일에서 이민 온 독일계 통인 걸 봐서는 미국이 독일을 상대로 전쟁을 한다는 것은 불가능해 보였다. 그럼에도 그들은 속임수를 이용해 미국을 영국의 편으로 제1차 전쟁에 가담시키는데 성공했다.

여객선 침몰 자작극을 이용해 참전한 미국: 독일의 항복

그들은 루시타니아(Lucitania)라는 미국 여객선에 승객들 몰래 무기를 싣고 항해를 해 독일 잠수함이 침몰시키도록 유인하는 자작극을 벌였다. 앞에서 언급했던 13세기부터 탬플 기사단이 사용해온 위장 술책 수법이었다. 영국의 해안을 봉쇄하고 있던 독일은 여객선을 포함한 어떠한 선박이든 무기를 실어 나를 경우 침몰시키겠다고 선전포고를 하고, 미국 신문에다 광고까지 미리 냈었다. 무기를 실어 나르는 그 여객선을 독일은 당연히 침몰시켰다. 그러자 그들이 통제하는 언론은 무기를 싣고 있었던 사실은 감추고, 독일이 미국의 선량한 시민들을 침몰시키는 야만적인 행위를 저질렀다고 대서특필로 보도해 미국 국민들을 선동했다. 그 즉시 윌슨 대통령은 독일이 죄 없는 미국 국민들을 살생했다는 이유로 독일과 전쟁을 선포했다. 미국이 전쟁에 개입하자 이미 오랜 전쟁에 지쳤을 뿐 아니라 자금력에 바닥이 난 독일은 항복을 할 수밖에 없었다. 독일제국의 빌헬름(Wilhem) 황제는 자리에서 물러나고 독일제국은 해체되었다. 그러면서 전쟁 동안 독일의 동맹국이 었던 오토만 제국 역시 전쟁에 패하여 해체되었다.

독일에게 천문학적 배상금을 책정한 국제연맹:
독일 바이마르 공화국의 몰락

그들은 윌슨 대통령을 앞세워 유럽 국가들과 함께 국제연맹 (League of Nations)이라는 국제기관을 설립해 독일의 전쟁보상에 관한 협의를 했다. 독일은, 영국이 조작해 시작된 전쟁에 방어를 한 죄밖에 없었기 때문에, 국제 사회가 결정하는 대로 따를 준비가 돼 있었음으로 아무 조건 없이 항복을 하는 '실수'를 범했다. 미국은 연준위의 설립에 지대한 공로를 세워 연준위의 이사였던 폴 워버그(Paul Warburg)가 연합군 쪽의 미국을 대표했고, 독일은 그의 형이자 독일은행의 총재였던 맥스 워버그(Max Warburg)가 대표로 나왔다. 둘 다 시오니스트 유대인이며 워버그가문은 로마제국이 붕괴한 후 베니스(Venice)로 갔던 검은귀족인 델 방코(del-Banco)가문의 후손이다. 그들은 독일의 예상을 깨고 독일의 토지를 빼앗고 독일이 도저히 갚을 수 없는 전쟁보상금을 책정했다. 이는 그 당시 돈으로 2천 5백만 불이었고 지금 돈으로 환산하면 18조 달러라는 말도 안 되는 천문학적 금액이었다. 그렇게 함으로 영국과 미국의 배후 지배세력은 고의로 제2차 대전의 불씨를 미리 심어 제2차 대전이 일어날 수밖에 없는 상황을 조작했던 것이다. 도저히 갚을 수 없는 전쟁보상금을 떠안은 독일제국이 해체된 후 설립된 독일의 바이마르(Weimar) 공화국은 그 과다한 전쟁 빚을 갚음과 동시에 재건을 위해 화폐를 과도하게 발행해야 했다. 독일 중앙은행이 1920년부터 1922년인 2년 사이 남발한 화폐발행으로 돈의 가치가 100만분의 1로 하락하는 하이퍼인플레이션으로 이어져 돈의 가치가 폭락하는 바람에 전 국민들의 부가 사라져 거지 수준으로 전락했다. 그때 영국과 미국의 배후 지배세력은 독일의 모든 기업들을 헐값에 인수하였고, 그러면서 독일경제와 독일국민들을 완전히 거덜 냄으로 히틀러의 나치스 정권의 출범의 기반을 만들었다.

오토만 제국의 붕괴와 영국과 불란서의 중동지역 위탁정치

제1차 대전 시 독일과 동맹국이었던 지금의 터키를 포함한 오토만 제국은 독일이 패함과 동시에 같이 해체됐다. 독일과 전쟁을 할 당시 영국제국은 오토만 제국의 영토인 지금의 사우디아라비아 지역 부족들을 선동해, 오토만제국을 상대로 게릴라 전쟁으로 도와줄 경우, 전쟁 후 독립시켜주기로 약속했다. 우리가 잘 아는 피터 오툴이 출연한 영화 '아라비아의 로렌스(Lawrence of Arabia)' 가 그 당시 아라비아인들을 속이는데 앞장섰던 영국 장교 로렌스 (T.E. Lawrence)를 '영웅'으로 그린 영화이다. 그러나 전쟁이 끝난 후 영국과 미국을 조종하는 지배세력은 아랍인들과의 약조를 어기고 국제연맹 (League of Nations)을 통해 팔레스타인을 비롯한 중동지역의 영토를 영국과 프랑스에게 위탁했다. 그 결과 지금의 중동국가들의 국경이 영국과 프랑스에 의해 인위적으로 그려졌고, 로마가톨릭, 유대교, 그리고 이슬람 세 종교가 성지로 간주하는 예루살렘이 있는 팔레스타인 지역은 가장 광범위한 지역을 위탁받은 영국제국의 지배하에 들어갔다. 그리고 그때 그려진 국경대로 2차 대전 이후 중동 국가들 역시 독립하게 된다. 그때 그들이 임명한 아라비아의 사우드 왕과 조단의 허세인 왕은 그들이 미리 선정해 둔 하수인들이었고, 그들을 내세워 중동 지역의 원유를 장악해 전 세계의 에너지 자원을 통제하게 됐다. 영국은 밸푸어가 로스차일드에게 한 약속에 준수해 유대인들이 팔레스타인지역으로 이주하는 것은 허용했으나 중동국가들의 거센 반발 때문에 벨푸어 선언 대로 이스라엘의 건국을 허용하겠다는 약속은 이행하지 못하였고, 그 약속은 제2차 대전 이후에야 이행됐다.

러시아 제국의 붕괴: 1917년 볼셰비키 혁명

1905년 러-일 전쟁에서 일본에게 패한 후 약화된 러시아는 1914년 제1차 전쟁에 개입돼 한창 전쟁 중이던 1917년 3월에 볼셰비키 혁명을 맞았다. 그 혁명 역시 영미제국의 은행가들로 부상한 시오니스트들이 배후에서 조작한 혁명이다. 러시아는 세계에서 가장 면적이 넓은 국가로 자원이 풍부한 국가였다. 러시아의 차르 알렉산더는 일찍부터 로스차일드가 자신의 중앙은행을 다른 유럽 국가들처럼 설립하는 것을 제안했으나 거부했었다. 그리고 1860년 러시아제국의 은행을 설립해 러시아 돈을 정부에서 직접 발행해 저금리로 국가의 산업을 발전시켰고, 정부의 막대한 금 보유량은 전체 유통되고 있는 통화에 비해 100%를 능가했다. 차르 알렉산더는 1860년 직전에 인구의 약 30%에 해당됐던 농노 제도를 없앴고, 시오니스트 은행가들이 볼셰비키 혁명을 일으키기 직전인 1914년, 농토의 80%를 농부들이 소유했었다. 1913년 농산물 생산량은 아르헨티나, 캐나다와 미국의 생산량을 합친 것 보다도 25% 더 많았다. 1890년부터 1913년 사이 산업은 4배로 증가했고, 러시아가 소비하는 제조상품의 80%를 러시아 자체 산업이 생산했다. 더욱이 정부에서 화폐를 직접 발행해 세계에서 가장 낮은 세금을 부과했고 인플레이션은 아예 존재하지 않았다. 러시아의 성공사례는 로스차일드의 민영중앙은행의 존재에 가장 위협적이었다. 그 외에도 시오니스트들에게는 러시아제국은 일찍이 그들의 하자르 제국을 몰아냈던 원수국가였고, 1860년 미국의 남북전쟁에서 링컨의 요청에 응해 그들이 미국을 분리시키려던 계획을 방해했던 국가였다. 또한 러시아는 엄청난 자연자원을 보유하고 있어 복수를 떠나서 자산을 약탈하기 위해서도 가장 부유한 국가였다.

시오니스트 은행가들의 자금으로 러시아혁명을 주도한 레닌과 트로츠키

러시아 제국의 차르 니콜라스(Tsar Nicholas)가 퇴진한 후 들어선 임시정부가 전쟁을 계속하려 하자, 지속된 전쟁에 지친 러시아군들은 무기를 내려놓고 대거로 이탈하는 사태가 벌어졌다. 그 당시의 러시아를 그린 영화가 우리가 잘 아는 '닥터 지바고'이다. 레닌과 함께 10월 혁명을 일으킨 트로츠키(Trotsky)는 뉴욕에서 작은 신문사를 운영하던 자이다. 그는 로스차일드의 쿤러브(Kuhn Loeb)로부터 5백만 달러어치의 금을 (지금의 3조 달러) 가지고 러시아로 갔다. 가는 도중 캐나다에서 그를 수상하게 생각한 경찰에 의해 심문에 걸렸으나 윌슨 대통령이 직접 개입해 풀어

주었다. 스위스에 망명가 있던 레닌 역시 맥스 워버그로부터 받은 천만 불(지금의 6조 달러) 어치의 금을 들고 제1차 세계전쟁 중인데도 지배세력의 도움으로 독일 국경을 유유히 통과해 러시아에 7월에 도착했다. 그 둘이 함께 금권을 이용해 러시아 국민들은 영문도 모르는 사이에 그들에 의해 조작된 볼셰비키혁명을 성사시켰다. 그리고 그 혁명에 가담했던 모두가 시오니스트 유대인들이었다. 공산혁명이 성공한 뒤 레닌은 러시아의 전통 기독교 지도자들을 포함한 기독교인들과 지식인들을 무자비하게 학살했다. 의정서에서 그들이 가장 혐오하는 자들이 종교인들과 지식인들이다. 그리곤 차르 니콜라스의 가족을 몰살해, 차르가 1905년 그들의 불란서 은행에 맡겨두었던 금 1만5천 톤을 갈취했다. 이미 의정서에서 그들이 자랑했듯이 공산당은 그들이 창조했었고 그 당시 러시아의 공산주의자들은 다 시오니스트들이었다. 그리고 공산당을 반대할만한 지식인들을 대량 학살하고 나머지는 굴라그(Gulag)라는 강제노동수용소에 보내 혹사시켰다. 공산혁명은 왕권을 전복시킨 후 러시아 국민들을 위한 정부를 설립한다고 했지만, 이는 의정서에서 가르친 속임수였다. 자신들의 자유를 그들을 믿고 맡겼다가 혁명이 성공한 뒤 러시아 국민들은 오히려 공산당의 잔인함과 경찰국가의 탄압 아래 살아야 했다. 공산당은 시오니스트 하수인들에 의한 독재정부였다. 레닌이 죽은 후 트로츠키는 스탈린에게 정권을 빼앗기고 남미로 도망을 쳐야했다. 스탈린은 레닌보다도 더 혹독한 정치를 폈고 더 많은 죄 없는 시민들이 죽어 나갔다. 그런데 미국의 배후세력은 그때부터 석유의 거물 아만드 해머 (Armand Hammer)를 앞세워 비밀리에 소련의 산업화를 도와, 그들이 계획한 제2차 대전을 준비시켰다.

로마교와 개혁교 사이의 종교전쟁의 연속

세계 제1차 전쟁을 자세히 관찰해 보면, 이 전쟁이 16세기에 약 100여 년간 지속된 종교전쟁인 개혁파와 로마교 사이의 종교 전쟁의 연속이었다는 것을 알 수 있다. 그들의 로마교, 즉 사탄의 종교를 대항했던 개혁파 루터교의 중심이었던 독일과 독일 근교 개혁파의 국가들과의 전쟁이었다. 또한 그들은 오토만 제국을 붕괴시키며 전통 기독교를 믿는 아르메니아의 민족의 대량학살을 감행했다. 오토만 제국이 붕괴함과 동시에 혁명세력으로 부상한 무스타파 아타튀르크는 그들이 일찍이 삽바타이 제비가 이슬람으로 '개종' 하면서 이슬람을 침투했던 청년 터키당(Young Turks)으로 알려진 루시퍼를 비밀리에 섬기는 유대인들이었다. 그리고 그들은 아르메니아 시민들이 터키와 전쟁을 하고 있던 러시아를 돕는다는 그들에 의해 조작된 이유로 300만에 이르는 아르메니아 민족을 학살해 그들이 섬기는 사탄에게 인간제사 의식으로 바쳤다. 그러나 그들은 지금까지 그 엄연한 역사적 사실을 부인하고 있다. 그들이 의정서에서 자부한 대로 그들의 과거를 역사에서 지워버리는 전형적인 수법이다. 제1차 대전 중 나치스군의 손에 비참하게 학살된 세르비아(Serbia) 국민들 역시 전통 기독교인들로 형성된 기독교 국가로 그들의 학살 대상이었다. 그리고 그들은 그들이 조작한 볼셰비키 혁명으로 그들이 의정서에서 가축처럼 어리석게 여기는 러시아 시민들에게 자유와 평등을 약속해 공산주의로 정복한 후, 독재 정치로 그 국가의 전통기독교 종교인들과, 그들이 의정서에서 그들의 세계정부계획을 저항할 수 있으므로 반드시 제거돼야 한다고 가르친, 지식층들을 대거 학살한 후 나머지는 그 악명 높은 굴라그 강제노동수용소로 보내던지 시베리아로 보내 혹사시켰다. 로마교와 절교를 한 (동로마제국 비젠타임의 종교인) 전통기독교는 일찍부터 로마교가 사탄숭배자들이 통제하는 종교라는 사실을 가장 잘 알고 있음으로 당연히 그들의 숙청 대상이었다. 고로 전통 기독교가 뿌리를 내린 러시아 국민들 중 그들에 의해 숙청된 수가 1억 명이 넘는다. 그러나 이 역사적 사실은 그들에 의해 써진 역사책에서 지워졌다. 그들이 소유, 통제하는 주류 언론과 학계에서 억제하여 잘 알려지지 않은, 1970년 노벨 문학상을 수상한 알렉산더 솔제니친(Alexander Solzhenitsyn)의 책들은 그 당시를 잘 그려놓았다. 최근 그들의 세계정복 계획의 최대의 적으로 부상한 러시아의 푸틴이 가장 먼저 한 일이 전통기독교를 다시 부상시키는 것이었다. 솔제니친 작가가 그 후 있었던 여러 러시아 정상들의 만나자는 초청을 모두 거절해 오다 유일하게 만났을 뿐 아니라 직접 대통령의 당선을 축하해준 러시아의 정치가는 푸틴 대통령이다.

9. 세계를 움직이는 조직

9. 숨어서 세계를 움직이는 조직

외교협회(CFR) 설립

 1913년에 총성 없이 미국을 삼킨 그들은 1920년에 국제연맹을 국제 영구조직으로 만들려던 계획이 미국 상원의회의 지지를 받지 못해 무산됐다. 그들의 세계정부 설립 계획을 꿰뚫어 본 헨리 로지(Henry Lodge) 상원의원 한 사람의 노력 덕분이었다. 그러자 그들은 1921년 제이피 모건, 폴 워버그와 함께 데이비드 록펠러를 의장으로 외교협회(CFR)를 미국에 설립했다. 이 단체야말로 미국의 외교정책과 언론을 그들이 배후에서 조종하는 드러난 비밀 조직이다. 우선 미국의 여론을 통제하기 위해 1907년부터 제이피 모건은 전국에서 가장 영향력 있는 언론인들 12명을 소집해 미국의 여론을 주도하기 위해서 몇 개의 언론사들을 장악해야 하는 지를 연구시켰다. 그 결과 25개의 언론사라는 결론이 나오자, 그 언론사들을 모두 인수한 후 각 언론사 편집장을 그들의 하수인들로 임명해 미국의 여론을 주도하게 됐고, 그 조직이 바로 외교정책협의회(CFR)의 전신이다. 약 5,000명의 멤버를 가진 이 조직은 그 후 미국의 대통령 후보나 재무장관, 국무장관, 국방부 장관들 모두 이조직의 멤버들로 형성되어 왔다. 이 협회에는 미국의 언론사 사장들, 언론인 등이 포함됐고, 지금도 미국의 모든 외교정책은 여기서 결정된다. 또한 모든 주류 언론사들과 앵커들이 멤버로 있어 세계 언론을 통제하는 역할도 한다. 인터넷에는 힐러리가 일찍이 이 단체의 모임에 참석해 외교협회야말로 미국의 외교정책을 주도하는 곳으로 자신이 발표자로 초청된 것은 영광이라고 아부하는 동영상을 확인할 수 있다. 그리고 CFR에서 발행하는 잡지 포렌 어페어스(Foreign Affairs)는 가장 영향력 있는 외교정책 발간지로 미국의 외교를 선도하고 있다. 또한 1944년 브래튼우즈 협의에서 합의된 모든 내용, 즉 미국의 달러를 기축통화로 선정함과 동시에 세계은행, IMF의 설립은 물론이고 국제연맹(League of Nations) 대신 설립된 유엔(United Nations) 모두 이 외교정책협의회에서 사전에 기획됐고, 국제협의는 외교협회의 결정을 이행하는 형식에 불과했다.

지배세력의 금융제국 국제결제은행 (Bank for International Settlements) 신설

그들은 1923년에는 스위스에 국제은행 기구인 국제결제은행(Bank for International Settlements(BIS))을 설립했다. 이 은행은 어느 국가의 법에도 구애를 받지 않는 독립기구이다. 세계의 모든 중앙은행의 의장들과 이름이 노출되지 않은 지배세력의 대리인들이 이사로 구성돼 있다. 물론 로스차일드와 록펠러가 포함돼있다. 그러나 그 은행의 주주는 베일에 가려져있다. 그리고 이 기구는 미국의 연준위를 포함한 모든 중앙은행들의 규율을 만들고, 각국의 중앙은행은 이 은행의 결정에 복종한다. 세계 모든 중앙은행들의 중앙은행으로, 전 세계에 아무에게도 규제를 받지 않는 국제 금융 기구이다. 이 은행은 세계전쟁 중에도 공격을 안 받았을 뿐 아니라 오히려 중간에서 양쪽 전쟁국가들의 은행 거래를 집행해 줘 전쟁에 필요한 자금줄 역할을 담당 했다. 나치스가 전쟁 중 약탈한 금은보화와 골동품들은 이 은행에 예금됐고 전쟁 중에도 나치스는 이 은행에 독일을 대표하는 은행 이사를 보냈었다. 지금도 BIS는 미국 연준위의 의장을 비롯한 세계 모든 중앙은행 의장들이 1년에 두 번씩 회의에 참석한다. 아무정부의 제재를 받지 않는 이 민영조직이 전 세계의 중앙은행들을 통제하며 전 세계의 금융을 움직이고 있다는 사실은 세계 모든 중앙은행들의 준비금의 수준인 바젤 (BASEL) I, II와 III을 결정해 세계 모든 은행들이 얼마만큼의 준비금을 보유해야하는 지를 결정하고 있다는데서 알 수 있다. 그리해 그들은 1980년대까지만 해도 세계 10대 은행 중 대부분을 차지했던 일본은행들에게 바젤 I에 의해 준비금을 갑자기 올리게 해 일본은행들의 도산위기를 초래해, 일본은행들은 그 후 10대 은행 대열에서 모두 탈락했다.

현재 BIS는 미국, 영국, 일본과 유럽 중앙은행들이 돈을 과도하게 발행해 경제위기를 조성하고 있다며 그중앙은행들의 무리한 통화정책을 비판하는 발표를 하고 있다. 그러나 그것은 미국의 연준의장을 위시한 세계중앙은행 이사장들과 1년에 두 번씩 만나서 세계 중앙은행들의 정책을 지시하는 입장에 있으면서도 마치 자신들은 무관한 것처럼 보이도록 하는 고도의 속임수이다. BIS야말로 세계지배세력이 전 세계를 금융으로 통제하는 세계의 중앙은행으로, 독립적으로 존재해 오며 세계 금융계를 지배해 왔다. 그러나 그들은 그 사실을 은폐하며 그들의 도구에 불과한 IMF가 국제 중앙은행인 것처럼 세계를 속이고 있고, IMF가 발행하는 특별 인출권 (Special Drawing Rights(SDR))라는 국가를 상대로 발행하는 화폐를 달러를 대체할 세계화폐로 준비해온 지 오래이다. 그런데, 그 계획에 러시아와 중국이 IMF의 SDR 대신 브릭스(BRICS)연합을 통해 금을 바탕으로 한 위안으로 달러를 대체하는 계획을 추진하고 있어 BIS의 계획이 무산될 위기에 있는 것이다.

10. 세계질서를 재편한 제2차
　　　세계전쟁

앞에서 살펴본 의정서에서 나온 대로 그들은 시온주의자들을 앞세워 그들이 아무 비용도 안 들이고 발행하는 돈으로 세계전쟁으로 세계를 정복하는 그들의 비밀 계획을 진행해 왔다. 그들은 제1차 세계전쟁으로 유럽의 독일제국과 오토만제국을 해체시켰다. 그 전에 그들은 그들의 식민지 군대 일본을 이용해 청·일 전쟁으로 우리나라 조선을 빼앗아 한반도를 그들의 통제 하에 넣은 후 1905년에는 러시아를 기습 폭격해 러시아의 해군을 약화시켰다. 그렇게 러시아를 약화시킨 후, 제1차 대전 시 그들이 보낸 레닌과 트로츠키에게 막대한 자금을 지원해 러시아 혁명으로 러시아제국을 공산화시킴으로써 러시아제국을 붕괴시키는데 성공했다. 그러면서 그들은 제2차 세계전쟁을 위한 준비를 착수했다.

파시스트 히틀러, 스탈린, 장제스의 부상

우선 그들이 이미 갚을 수 없는 천문학적인 전쟁배상금을 씌운 독일을 하이퍼인플레이션을 통해 경제적으로 붕괴시켜 극우세력이 성장할 수 있는 환경을 조성한 후, 그들에 의해 선정된 히틀러를 앞세워 독일을 국가 사회주의인 파시즘으로 몰고 가 제2차 전쟁 준비를 위해 독일을 급속도로 산업화시켰다. 그와 동시에 그들이 공산화 시켜 레닌 다음으로 그들의 하수인으로 앉힌 예수회 출신 스탈린을 미국 정부가 직접 지원해 주어 제2차 전쟁에서 유럽을 장악하기로 된 독일과 전쟁을 하도록 소련을 전쟁 준비를 시켰다. 그러면서 그들은 공산 소련을 통해 중국의 민족주의 지도자로 청나라의 지배와 일본의 침략에 대항하려는 쑨원을 공산당에 끌어들인 후, 공산당을 지원해 장제스의 국민당과 내란을 유발함과 동시에 일본을 만주로 진출시켜 청나라를 왜란으로 공격하는 각본을 기획했다. 그렇게 독일과의 전쟁은 전 유럽 지역은 물론 유럽의 통제하에 있는 중동과 아프리카 대륙이 무대가 됐고, 중국을 포함해 그들의 군대인 일본제국과 대영제국의 식민지 국가들인 인도, 호주, 말레이시아 같은 아시아 국가들이 모두 동원된, 세계 역사상 최대 규모의 전쟁을 일으켰다.

제2차 세계 대전의 준비작업

앞에서 달러의 역사를 소개하면서 언급했듯이, 그들은 1920년대에 계획적으로 돈을 마구 풀어 거품을 조성했다가 갑자기 돈을 회수해 1929년 주가와 자산 값 폭락으로 모든 지역은행들을 도산시켜 부동산과 농장들을 헐값에 인수하고 대형 기업들의 주식을 인수해 미국의 부를 모두 차지했다. 이 수법은 이미 그들의 의정서에서 그들이 가르친 통화량을 증가시켰다 갑자기 축소시켜 부를 약탈하라고 가르친 수법이다. 그리고 그 공황을 핑계로 금 소유를 불법화하여 국민들의 금을 압수했고 미국에서 시작된 대 공황은 세계 공황으로 이어졌다. 그렇게 미국의 경제를 붕괴시킨 후, 미국의 완벽한 지배세력으로 자리 잡은 그들은, 대공황 속에 허덕이고 있는 미국은 외면하고 독일의 나치스 정권을 경제적으로 비밀리에 지원했다. 히틀러의 제3제국이 바이마르 공화국이 하이퍼인플레이션으로 붕괴한 지 불과 7년 만에 경제를 회복시키고 기적적인 발전을 할 수 있었던 진짜 이유이다. 우선 그들은 세계의 경제권을 쥐고 있는 시오니스트 멤버들을 움직여 독일제품의 불매운동을 일으켜, 독일경제에 타격을 줘 독일국민들의 반감을 사도록 유도했다. 독일국민들은 제1차 세계전쟁이 끝난 후 시오니스트들이 미국을 개입시켜 독일의 패배를 가져왔다는 사실을 알게 돼 유대인들에 대한 감정이 안 좋았고, 그들의 불매운동은 독일 국민들의 반유대인 감정을 북돋웠다. 원래 모든 유럽 국가들이 유대인들의 이민을 금지하고 그들을 차별대우를 할 때 독일만 유일하게 유대인들의 이민을 허용하고 차별하지 않았던 국가였는데, 유대인들에 의해 배신을 당했었던 것이다. 이런 모든 것은 독일 국민들에게 반유대인 감정을 자극시키기 위한 그들의 수법이었다. 시오니스트들은 앞으로 그들이 설립할 이스라엘을 위해 독일에 거주하고 있는 유대인들을 이스라엘로 이민을 보내기 위해 유대인들에 대한 반감을 고의로 조성했다. 그러면서 나치스 당에게 오히려 팔레스타인으로 이주하는 것을 거부하는 독일에 거주하고 있는 유대인들을 포로수용소로 보낼 것을 요청했다. 그 포로수용소에서 그들을 감시하는 역할을 맡은 자들도 시오니스트가 선정한 유대인들이었다. 그들은 의정서에서 신에게 선택됐다고 부추긴 유대인들을 그런 식으로 이스라엘 국가를 설립하기 위해 학대를 하고 죽이기까지 서슴없이 했다. 그들은 의정서에서도 반유대인(anti semitism) 감정을 유발하는 것도 그들의 목적을 달성하기 위한 수법이라고 시인했다.

시오니스트들에 의한 독일의 산업화

미국의 지배세력은 GE, Ford, GM, Standard Oil 등을 통해 독일에게 첨단 기술을 제공하고, 자동차, 비행기, 탱크 등을 제조할 수 있는 생산시설을 짓는데 필요한 투자를 했다. 비행기, 탱크, 트럭 모두 원유에 의존해야 했으나 독일은 전쟁에 필요한 원유가 없었다. 그러자 미국 스텐더드오일에서 석탄에서 석유를 만드는 기술을 전수해 주었다. 그 당시 독일의 아이비 파벤(IB Faben)과 미국 스텐더드오일은 공동으로 서로의 주식을 소유하고 있었다. 결국 시오니스트 초대회장 헤르츨이 시오니스트 대회에서 1897년 예고했던 세계 2차 대전을 위한 준비를 가동시킨 것이다. 아이비 파벤, 타이슨(Thyson)등의 독일 재벌기업들의 배후에는 시오니스트 은행가들이 있었다. 앞에서 거론했듯이 지배세력은 그들이 조작해 바이마르 공화국에서 일으킨 하이퍼인플레이션으로 독일의 기업들을 다 인수 했었다. 실례로 미국의 아버지 Bush 대통령의 아버지이자 아들 부시의 할아버지인 프레스코트 부시 (Prescott Bush)는 나치스 정권에 핵심역할을 했고, 제2차 대전 이후 적과의 무역 법(Trading with the Enemy Act)에 의해 국가 반역자로 유죄 선고를 받고 그가 소유했던 스위스의 UB은행 주식을 몰수 당했다가, 트루먼 대통령으로부터 사면을 받고 몰수됐던 재산을 되찾았다.

미국 정부의 경제지원으로 이루어진 소련의 산업화

그들은 제2차 대전을 독일의 나치스를 키워 유럽을 장악한 후 소련이 전쟁에 지친 나치스를 배후에서 공격하도록 해 소련이 유럽을 공산화하는 그림을 그려놓았었다. 그러므로 제2차 대전에 독일과 치열한 전쟁을 벌이게 될 소련 역시, 그들이 배후에서 적극적으로 지원해 소련의 산업화를 도왔다. 그들의 그런 계획에 대한 자세한 내용은 안토니 서튼 Anthony Sutton)교수가 그가 후버 연구소(Hoover Institute)의 연구원으로 있으며 발견한 증거를 바탕으로 쓴 저서 'The Best Enemy Money Can Buy' 에 나와 있다. 소련은 그들이 주도한 볼셰비키 혁명으로 출범시킨 공산국가였고, 공산주의와의 냉전으로 미국이 소련을 적대시 하기 전이었음으로, 소련에 지원이 가능했다. 그러므로 미국의 아먼드 해머와 스텐더드오일, 피아트 (Fiat) 등을 통해 소련 골키(Gourky)시에 지어준 자동차 공장은 미국 포드자동차 시설의 두 배가 됐다. 또한 포드는 소련에 탱크 공장을 지어주고 기술자들도 제공했다. 지배세력에 대해 경고하며 그들을 노출하려 했던 헨리 포드는 이미 사망한 후였다. 그리고 미국 정부는 렌드리스(Lend-lease)프로그램을 통해 소련에게 엄청난 무기를 제공해 주었다. 렌드리스란 러시아가 필요한 무기를 미국 정부가 구입해서 소련에게 빌려주는 정책이다. 상식을 벗어나지만, 그런 말도 안 되는 법안을 그들이 통제하는 미국의회가 통과시켰고, 그 법에 의해 합법적으로 소련에게 그들이 소유한 무기제조업자들이 제조한 무기를 미국 정부 예산으로 구입해 무상으로 '빌려' 준 것이다. 그 후 제2차 전쟁의 종말과 함께 소련은 미국이 빌려주었던 무기를 대부분 중국의 모택동에게 넘겨주어 중국의 공산화를 지원하는데 사용됐고 그 후에는 북한의 김일성에게 넘겨줘 한국전쟁에 활용됐다.

지배세력이 조작해 일어난 세계적인 대공황

지배세력이 미국에서 일으킨 1929년 대공황은 전 세계로 파급된 세계적인 공항이었고, 그들이 의정서에서 가르쳤던 경제적인 혼란을 이용해 전 세계를 혼란에 빠트리는 계획이었다. 그리고 독일, 이태리, 일본, 중국에는 극우파가 정권을 잡는 정치적 환경을 조성했다. 독일은 히틀러, 이태리는 무솔리니, 일본은 히로히토 천왕, 중국은 장제스가 권력을 잡았다. 그리고 이태리의 극우 지도자 무솔리니와 함께 스페인 역시 내전 직후 극우파 프랑코(Franco)가 정권을 잡았다. 물론 이 모두 그들이 배후에서 조작한 결과이다. 프랑코가 정권을 잡은 스페인과 국제결제은행이 위치한 스위스는 제2차 세계전쟁 중 유일하게 중립을 '선포'했다. 그 말은 전쟁의 양쪽이 다 승인해야만 가능한 것이므로, 양쪽을 다 통제하며 전쟁을 주도한 그들이 배후에 있었기에 가능했다. 스위스의 중립은 국제결제은행(BIS)이 양쪽의 금융을 담당해 양쪽 다 전쟁에 필요한 자금의 흐름을 원활하게 지원해 주기 위해서였다. 또한 스페인의 중립은 그들이 계획한 대로 제2차 대전 중 그들이 기획한 러시아와의 전쟁에서 독일에게 불리하게 전개될 때를 대비해, 그들이 출범시킨 나치스가 스페인으로 중요한 기술과 산업기지를 빼돌릴 수 있도록 한 배려였다. 그들이 계획했던 대로 나치스는 전쟁에 패하자마자 스페인으로 비밀리에 옮겨놓았던 그들의 핵심기술을 남미로 이동할 수 있었다. 그들에게 최고의 장사인 전쟁을 통해 그들이 소유하고 아무 국가의 제재를 받지 않는 국제결제은행으로 제2차 대전 동안 양쪽의 전쟁을 지속시키는 자금줄 역할을 했다. 특히 독일의 나치스가 유럽에서 약탈한 금과 자금을 세탁해 주었다. 결국 그 사실 때문에 1944년 브레튼우즈 회의에서 루스벨트 대통령(FDR)이 국제결제은행 BIS를 해체하라고 지시했었으나, 그 결정은 FDR의 암살 이후 지배세력의 하수인으로 임명된 트루만(Truman) 대통령에 의해 철회됨으로, 국제결제은행 BIS는 지금까지 세계의 중앙은행 역할을 버젓이 하고 있다.

일본 극우 군부세력의 부상

일본은 일본 극우세력의 만주 진출을 반대하던 일본 총리들 (하마구치 오사치(1930)와 이누카이 쓰요시(1932)) 두 명을 연달아 암살한 후 지배세력에 의해 나치스 교육을 받은 히로히토 천황을 앞세워 1931년 만주에 일본이 건설한 기차 시설을 중국군이 폭격했다는 조작된 이유로 만주를 침략해 만주에 그들의 꼭두각시 정권을 세웠다. 만주의 침략을 장제스는 묵인했다. 그 이유는 지배세력에 의해 선정된 극우파인 장제스는 좌파인 공산당과 내전 중이었고, 그는 공산당을 물리치는 게 우선이었기 때문이다. 앞에서도 지적했듯이 일본제국은 시오니스트 금융세력이 일찍부터 그들의 군대로 키우기 위해 경제적으로 지원해 주었다고 했다. 결국 그들은 히로히토의 군대로 만주를 점령한 후 중국과 전쟁을 일으키게 했다. 동시에 그들은 소련을 통해 중국의 공산당을 키워 모택동, 주언 라이, 덩샤오핑 같은 일본 침략에 대항하는 민족주의자들을 경제적으로 지원해 일본군과 싸우게 하면서도, 장제스의 국민당도 지원해 은밀한 관계를 유지했다. 그들은 중국 같은 대국을 삼키기 위해 의정서에서 가르친 대로 중국 안에 분열을 조성했던 것이다. 그들의 계획은 중국을 공산화시키는 것이었으므로 영국제국의 배후세력은 시오니스트들이 통제하는 미국의 돈으로 소련의 스탈린을 통해 중국의 공산당을 지원해 스탈린의 대리인이며 그 역시 예수회의 일루미나티와 연관된 모택동을 중국 공산당의 수장으로 임명해, 국민당 정부의 수장인 장제스와의 내전을 조성했다.

1911년 청나라를 무너트린 신해혁명의 배후에 있는 지배세력

앞에서 이미 언급했듯이 그들은 예수회가 만들어진 직후부터 그들의 세계정부를 위해 중국에 각별히 공을 들여왔다. 그들은 중국을 예수회 마테오 리치 신부를 통해 침투한 후, 이자성을 도와 명나라를 무너트리는데 일조를 했다가 청나라가 들어서는 바람에 좌절됐었다. 그런 후 예수회는 그들이 지배하게 된 대영제국을 통해 인도를 차지한 후 중국의 비단, 차, 도자기 등을 수입하다 생긴 중국과의 막대한 경상 적자를 만회하는 방법으로 1729년부터 은행가 로스차일드가 소유한 영국동인도회사로 인도에서 재배한 아편을 중국에 밀수출했다. 청나라가 그들의 밀무역을 금지하자 대영제국의 군대를 끌어들여 1839년 시작된 아편전쟁으로 1842년 청나라를 굴복시켜 난징조약으로 상해를 포함한 다섯 개의 항구도시를 개방함과 동시에 홍콩섬을 양도받았다. 그때부터 그들은 중국의 비밀조직인 삼합회(Triad)와 손을 잡아 그들을 통해 아편을 중국에 배포했다. 지금도 삼합회의 대부로 알려진 리(Li) 가문은 예수회의 일루미나티 13 가문 중 하나로, 중국과 아시아 전역의 마약 및 지하경제를 지배하고 있고 록펠러와 버금가는 거부이자 권력자이다. 장쩌민 서기 시절 중국 공산당의 총리를 지낸 리펑(Li Peng)이 그 가문 출신으로 알려졌다.

중국 공화국의 아버지라고 불리는 쑨원 역시 삼합회 회원임과 동시에 일루미나티 회원이었다. 그의 장인 촬스 숭(Charles Soong)은 중국계 유대인으로, 일찍부터 삼합회 멤버로 로스차일드의 중국 책임자였던 사순(Sassoon) 가문의 '하청업자'로 중국에 아편을 배포하던 지배세력의 하수인이었고, 일루미나티 및 프리메이슨이었다. 중국계 유대인들은 일찍이 유럽에서 핍박을 피해 이주한 유대인들을 명나라 황실이 우대하여 농토까지 부여받고 한민족과 혼인을 해 중국계 유대인으로 중국에 뿌리를 내렸었다. 쑨원은 장인의 지원을 받아 1895년 청나라를 상대로 혁명을 주도하다 정보가 누설돼 영국 런던으로 도주했다가 그곳에서 지배세력의 매스컴에 의해 중국 혁명의 지도자로 부상했고, 그 후 일본에서 머물며 혁명세력을 조직했다. 1911년 신해혁명이 성공하자 귀국해 중화민국 임시 총통으로 취임했다가 군권을 쥐고 있던 위안스카이에게 총통 자리를 양보했다. 실용주의자였던 쑨원은 만주족인 청나라를 몰아내고 한족의 진정한 중화민족의 중국을 회복하자는 민족주의자였다. 그러므로 청나라를 붕괴시키려는 지배세력과 의기투합이 됐을 가능성이 높다. 아니면 그가 오히려 지배세력을 이용한다고 믿었을 수도 있다. 그러나 결과적으로 그는 지배세력이 키운 혁명가였고, 1921년 소련 공산당과도 손을 잡았던 경력이 있다. 1925년 쑨원이 생을 마감한 후 그의 뒤를 이은 장제스 역시 삼합회 회원이었고, 그의 부인 역시 중국계 유대인 찰스 숭의 셋째 딸로, 쑨원과는 동서지간이었다.

중국 장제스의 부상

프리메이슨인 장제스는 일찍부터 지배세력에 의해 일본제국 육군 예비고등학교 출신으로 1909년부터 1911년까지 일본 군대에 입대했던 경력이 있다. 지배세력은 아편전쟁 이후 영국 로스차일드에 의해 설립한 홍콩 상해 은행(HSBC)을 통해 중국경제를 통제해 왔었다. 그리고 장제스는 중국을 이미 금융으로 장악한 중국의 기득권 세력 삼합회의 도움을 받아 군비를 충당할 수 있었다. 그는 쑨원의 제안으로 러시아에서 3개월간 볼셰비키 러시아의 정치와 군사제도에 대한 교육을 받고 트로츠키와도 만나 교제를 했고, 귀국해 군사학교를 설립해 제자들을 키워 그들을 데리고 북벌에 성공해 1928년 중국공화국의 첫 주석으로 선출됐다. 쑨원의 제안으로 1924년 1월 공산당과 국민당이 합당을 했던 국공 합작은 1927년 4월 장제스가 상해에서 공산당원들을 숙청함으로 무산돼 공산당은 새롭게 당을 설립해야 했다. 중국 통일을 성사시킨 장제스는 공산당을 제거하는 작업에 몰두했다. 이미 언급했듯이 1929년에 미국서 지배세력에 의해 시작된 대공황은 유럽과 아시아에 독재 파시스트 정권의 탄생을 유발했고 장제스는 그 시기에 중국의 독재자로 부상했다. 그러나 그 당시 중국의 산업규모는 400만 인구를 보유한 벨기에보다도 더 열악한 형편이었다. 그런 와중에 지배세력이 지원하는 모택동은 주더, 저우언라이, 덩샤오핑과 함께 1931년 중화 소비에트 공화국을 수립해 새로운 공산정부를 탄생시켰다.

중국 공산당의 부상

모택동 역시 지배세력이 키운 그들의 하수인이었다. 1903년 지배세력은 미국의 예일대학을 통해 학교와 병원들을 설립했고, 그 단체는 '중국 안에 예일(Yale in China)' 이라고 알려졌었다. 예일대는 1840년에 시작된 스컬앤본스(Skull and Bones)라는 비밀 조직에 의해 운영돼 그 후 나치스를 지원했던 부시 가문들과 존 캐리 등의 인물을 배출한 곳이다. 모택동은 그 '중국 안에 예일'에 위치한 얄리(Yali) 고등학교에서 교육을 받아 일찍부터 지배세력에 의해 선정됐던 자이다. 그는 그의 선생이자 훗날 그의 장인이 될 양창지교수를 따라 5.4 운동이 일어난 1919년 북경대학으로 가 북경대학 교수로 부임한 양 교수의 도움으로 북경대학 부도서관 책임자로 일할 수 있었고, 그는 그 후 프리메이슨 조직에 정식 멤버가 됐다. 지배세력에 의해 중국을 공산화시키는 지도자로 선정된 모택동은 1931년 중국에 '공산 소비에트 공화국'을 세워 장제스의 국민당 정부와의 내전을 일으켰다. 모택동을 세계적으로 유명하게 만든 '마오주석어록(Little Red Book)'은, 로스차일드의 에이전트이며 모택동의 재무장관이였던 유대인 이스라엘 엡스타인(Israel Epstein)으로, 그는 원래 공산주의 선전교육의 권위자였다. 그리고 장제스의 맹공격으로부터 '전략적 후퇴'로 유명한 공산당의 대 장정(The Long March)은 지배세력이 공산당을 중국 농민에게 부각시키기 위해 만들어낸 조작극이었다. 그로 인해 그는 중국 공산당의 확고한 지도자의 자리를 굳힐 수 있었다. 2003년 영국학자 에드 저슬린(Ed Jocelyn)과 앤드루 메크

웬(Andrew McEwen)이 384일의 '행로'를 거슬러가 확인한 바에 의하면, 그 후퇴의 행로는 12,500km 이 아니라 6,000km였었고, 그들은 후퇴를 하는 동안 아무런 공격을 받지 않았다. 오히려 그들이 행군을 하는 중 3번에 걸쳐 장제스의 군대가 공산당을 전멸시킬 위기에 처할 때마다, 미국의 국무장관이자 지배세력의 하수인 조지 마샬(George Marshall)을 개입시켜 전투중지를 강요했다. 지배세력은 장제스가 공산당과의 분리를 선언했던 1927년부터 1937년까지 소련에서 유학을 하던 장제스의 아들 장징구(Ching-kuo)를 볼모로 잡아두고 장제스를 위협해, 대 장정이 성공하도록 각별히 '배려' 했다.

중국을 장악하기 위해 조성된 중국 내전과 일본의 침략

동시에 그들은 그들의 전통 수법인 분할정복 전략으로 장제스가 중국에서 내전에 휘말린 상태에서 외부세력 일본이 만주를 공격해 두 전쟁을 한꺼번에 진행시키며 중국을 혼란에 빠트렸다. 일본은 1931년 만주를 침략해 만주정부를 설립하였고, 공산당과의 전쟁을 우선으로 삼은 장제스는 일본의 모든 요구를 들어주었다. 그 결과 일본의 침략을 허용한 장제스는 중국민중의 원성을 사게 돼 민중의 역적으로 몰렸다. 더욱이 제2차 대전이 종결된 후, 미국은 전쟁 후 남아도는 잉여 물자를 대대적으로 헐값에 중국으로 보내, 안 그래도 어려운 중국 산업을 파탄으로 몲과 동시에, 미국 재무부에 심어놓은 지배세력의 유대인 하수인들 솔로몬 애들러(Solomon Adler)와 해리 덱스터 화이트(Harry Dexter White)는 중국의 화폐를 공격해 하이퍼인플레이션으로 장제스의 몰락을 가속화시켰다. 결정적으로 미국은 이미 선박에 실렸던 장제스가 이미 대금을 지불한 무기와 실탄을 고의로 물에 빠트려 장제스에게 무기를 공급하지 않음과 동시에 스탈린에게 제2차 전쟁 시 빌려주었던 무기를 모택동에게 지원해 주게 함으로 모택동이 전쟁에서 승리하도록 조작했다. 그런 식으로 그들은 결정적인 순간에 장제스를 배신하고 모택동을 도와, 그들이 기획했던 대로 중국을 공산화 시키는데 성공했다. 물론 지배세력은 대외적으로는 미국이 '지지' 하던 장제스가 공산당에게 패한 것으로 묘사해, 그들이 배후에서 중국의 공산화를 조작한 사실을 완벽하게 은폐했다.

미국에서 실패한 프랭클린 루스벨트 정권의 전복

그들은 미국의 FDR 정부를 전복시키는 음모도 추진했다가 발각돼 실패했으나, 루스벨트 대통령은 그 사실을 문제 삼지 못하고 덮어야 했다. 그들이 얼마나 미국을 좌지우지했는지를 증명해주는 사건이다. 1933년, 미국의 전쟁 히어로였던 스메들리 버틀러(Smedley Butler)장군은 미국의 지배세력이 대공황으로 인해 자신들의 연금을 못 받아 불만에 찬 제1차 대전 퇴역군인들 50만 명을 동원해 FDR 정권을 전복시켜 히틀러 같은 독재자로 나서라는 제안을 받은 사실을 국회에 폭로했다. 그는 그 배후세력이 누군지를 알기 위해 공조하는 행세를 한 후 음성녹음을 포함한 물증을 확보한 후 그 사실을 국회에 폭로한 사건으로, 미국에서는 비즈니스 음모(Business Plot)로 알려졌다. 그러나 그 계획이 아들 부시의 할아버지 프레스코트 부시를 포함한 지배세력의 음모라는 걸 알게 된 FDR은 오히려 그 사건을 문제 삼지 못하고 덮어버렸다.

FDR의 부인은 딜레노(Delanor) 가문의 후손으로 일찍이 아편전쟁 때 거부가 된 가문이었고 FDR 역시 영국 왕실의 혈통이었다. 그러나 JFK도 그랬고 지금의 트럼프도 그렇듯이, 그는 지배세력이 선정한 자가 아니었다. 그리고 그는 자신이 대통령이라고 하더라도 배후에서 미국을 조종하고 있는 지배세력을 대항할 수 없다는 사실을 잘 알았다. 그는 그들의 지시를 따라 제2차 전쟁에도 참전했다. 그러나 전쟁이 끝난 후 국제결제은행의 철폐를 지시했을 뿐 아니라, 지배세력이 제2차 전쟁의 종결과 함께 계획했던 공산주의와 민주주의의 대결로 펼쳐질 세계질서를 저항하였고, 그 결과 그들에 의해 독살당하고 말았다. 버틀러장군은 1935년에 '전쟁은 조폭 행위이다(War is a Racket)' 라는 책을 출판해, 미국의 외교정책과 본인이 참전했던 모든 전쟁은 미국의 대기업들의 제국주의 정책을 위한 조폭 행위에 불과했다고 폭로했으나, 언론이 부각시켜주지 않아 묻혀졌다.

　그들이 FDR 정권을 전복하려 했던 이유는 FDR이 그들의 지시를 일부 따르면서도 그들을 저항했기 때문이다. 그들은 1929년에 시작된 대공황으로 미국을 완벽하게 그들의 지배를 받게 하려는 계획이었다. 그러나 FDR은 자신을 지지해 준 미국 국민들을 외면할 수 없었다. 그는 미국 국민들과 그의 유명한 노변 환담(Fireside Chat)이라는 라디오 프로그램에 출연해 방송으로 국민들과 직접 소통했다. 그리고 뉴딜(New Deal)정책 아래 미국의 댐과 전력 발전소 같은 공공 기관시설을 정부의 자금으로 지어 국민들의 일자리를 마련하여 경제를 활성화시키려는 노력을 했다. 그리고 대기업을 상대로 하는 노동조합을 보호하는 법을 통과시켰고, 기업들과 고소득자들의 세금을 늘렸다. 또한 그는 1933년에 의회에서 상정한 글래스 스티걸(Glass Steagall)법안에 서명해 은행가들의 남용을 제한했다. 그 법안은 상업은행과 투자은행을 분리시켜 국민들의 예금을 투자은행들이 투기에 사용할 수 없게 만드는 법안이었다. 그 법은 1999년에 빌 클린턴이 그 법을 폐지시킬 때까지 그 역할을 잘 감당했으나, 폐지됨과 동시에 은행가들은 상업은행의 예금을 레버리지 해 파생상품을 만들어 팔다가 2008년 금융위기의 불씨를 제공했다. 결국 그는 지배세력의 뜻을 따르면서도 동시에 미국인들의 일자리를 창출하고 국민들을 은행가들로부터 보호하는 정책을 추구해 그들의 심기를 건드렸던 것이다. 그런 그의 노력만으로 연준위를 소유한 그들이 일으킨 불황에서 벗어나기는 역부족이었고, 결국 제2차 대전으로 그들이 소유한 기업들이 전쟁 물품을 생산하기 위해 가동하기 시작할 때가 돼서야 미국의 경기가 되살아날 수 있었다.

지배세력이 조작한 독일 히틀러의 부상

독일의 바이마르 공화국(Weimer Republic)이 붕괴힌 후, 히틀러가 그의 대중을 끄는 카리스마로 부상한 것으로 우리는 배워 알고 있으나, 히틀러의 부상은 세계 지배세력의 계획에 의한 것이었다. 그는 지배세력이 조작했던 베르사유 조약의 불공평함을 공개적으로 문제 삼아 하이퍼인플레이션으로 거지로 전락한 독일 국민들의 열망의 대상이 되었다. 그렇게 국민들의 인기를 얻어 1933년 국가사회(National Socialist)당인 나치스당이 의원 수의 과반수를 차지하면서 독일의 수상(Chancellor)이 되었다. 이 역시 시오니스트들이 배후에 있어 가능했고, 거기다 히틀러는 로스 차일드의 사생아였다. 그리고 나치스당은 시오니스트 조직과 통합해 그들로부터 전격적인 자금 지원을 받음으로, 나치스당이 이끄는 독일이 세계적인 불황 속에서 제일 먼저 탈출하였다. 그러나 독일의 기적은 시오니스트들이 소유한 영국과 미국은행들의 대대적 지원이 있었기 때문에 가능했고, 그들에 의해 조작된 역사는 이 사실을 철저히 은폐했다. 그러면서 시오니스트들은 비밀리에 히틀러가 유대인들을 핍박해 줄 것을 주문했다. 유대인들을 팔레스타인으로 이주시키기 위해서였다. 이미 독일과 다른 유럽국가에서 안락한 생활을 하던 유대인들은 팔레스타인으로 이주하기를 꺼려했다. 그리고 갔던 자들도 적응을 못하고 돌아오는 세대들이 허다했다. 그들의 의정서에서도 반유대주의(Anti semitism)는 무지한 유대인들을 위해서 자신들이 조작한 것이라고 인정했듯이, 그들은 이스라엘을 건국하기 위해 독일인들이 유대인들을 차별대우할 것을 요구했던 것이다. 더 기막힌 사실은 그들이 완벽하게 통제하고 있어 제1차 전쟁에 참전까지 시켰던 미국마저 유대인들의 이민을 금지하도록 손을 써, 유대인들이 팔레스타인 말고는 독일을 탈출하여 이주할 데가 없게 만들었다는 점이다.

유럽 유대인들을 이스라엘로 이주시키기 위한 반유대인 정책

그 당시 팔레스타인에서 아랍인들의 반발로 제1차 대전의 종결 후 그 지역을 위탁통치하고 있던 영국은 유대인들의 이민을 제한하고 있었으나, 나치스는 유대인들이 팔레스타인으로 가는 것을 권장했고 밀입국할 수 있게 군함을 대주기까지 했다. 그래도 이민 가기를 거부했던 유대인들은 결국 강제수용소(concentration camp)로 보내지는 비극을 경험해야 했다. 그들은 같은 동족들도 자신들의 목적을 달성하기 위해 희생시키는 사악한 자들이고 유대인 민족들 역시 그들의 이용물에 불과했다. 그리고 대부분의 유대인들은 그들의 소위 홀로코스트(holocaust)가 조작된 거짓 역사라는 사실을 알지 못한다. 우리가 지배세력에게 '쉰들러 리스트 (Schindler's List)' 같은 영화를 통해 세뇌됐던 것과 달리, 그들이 강제수용소로 보내졌던 것은 그들을 학살하기 위해서가 아니라 그들의 노동력을 무보수로 활용하기 위해서였다. 그들은 미국의 대기업들이 독일을 전쟁준비를 시키기 위해 설립한 스탠더드 오일, 포드 자동차사 같은 공장에서 무보수로 노동을 해야 했다. 부시의 아버지 프레스코트 부시도 그의 파트너 거부 해리맨(Harrieman)과 함께 그 당시 포로수용소의 무보수 근로자들을 활용하여 공장을 운영했다. 거기다 그들이 운영하던 공장들은 전쟁동안 단 한 번도 폭격을 안 받았다. 제2차 대전 이후 강제수용소에 감금됐던 유대인들이 뼈만 앙상한 모습으로 발견됐던 이유도 미국의 지속된 공습 때문에 식량을 보급 받지 못해서였다. 유대인들뿐 아니라 독일군들 역시 굶어 죽어야 했고, 그 앙상한 시체들은 대부분 유대인들이 아닌 독일인들로 나치스의 소행이 아니었다. 그러나 그들은 그런 장면들을 부각시켜 나치스가 유대인들을 강제수용소에서 기근으로 대량 학살한 것처럼 꾸며, 그들이 소유, 통제하는 언론과 학계를 이용해 인류를 속였다.

1960년대에 조작된 유대인 홀로코스트 역사

또한 아슈위츠에서 독가스로 학살했다는 것도 조작된 것이다. 아슈위츠에 있는 소위 가스챔버가 우선 독살을 할 수 있을 정도로 밀폐된 시설이 아니라는 것은 아슈위츠 박물관을 방문해 보면 알 수 있다. 그리고 너무 작아서 그들이 조작한 6백만 명을 살해 했다고 보기에는 어림도 없는 시설이다. 그러나 독일에서 그런 사실을 지적하는 학자들은 교도소로 보내졌고, 지금도 그러하다. 그리고 소위 홀로코스트에서 6백만의 유대인이 죽었다는 설도 전쟁 직후에는 없었던 주장이다. 그러다 약 20년이 지난 1965년이 돼서야 그들에 의해 그들이 소유한 언론과 학계를 통해 갑자기 6백만의 유대인들이 아슈위츠에서 독가스로 학살됐다고 떠들썩하게 선전해서 유대인들을 나치스의 희생자들로 조작했다. 그 당시 유럽 전 지역에 살던 유대인들의 총인구가 600만이었다. 그들은 학계, 언론계, 영화계들을 통해 아직도 거짓 선전을 하며 그들이 러시아에서 저지른 1억 명이 넘는 러시아의 전통기독교인들을 학살한 진짜 홀로코스트를 덮고 있다. 러시아인으로 1970년 노벨문학상을 받은 알렉산드르 솔제니친(Aleksandr Solzhenitsyn)에 의하면 6천 7백만 명이 공산당에 의해 학살됐다고 하고, 러시아 신문 Lituraturnaya Russiya에 의하면 1억 4천 7백만 러시아인들이 기근과 전쟁으로 희생되었다고 한다. 이 역사적 사실을 주류 언론에서 감추기 바쁘며, 그들이 조작한 허구인 유대인 홀로코스트를 대선전 하며 그 사실을 덮어왔다.

영국과의 전쟁을 피하려던 히틀러의 공격을 유도한 처칠 수상 히틀러는 독일국민들의 불만을 반영해 독일이 제1차 전쟁 이후 억울하게 폴란드에 빼앗겼던 옛 영토를 폴란드에게 요구했고 폴란드는 돌려주기로 약속했다. 그러나 영국과 미국의 배후에 있는 예수회를 비롯한 지배세력은 폴란드를 조종해서 그 약속을 어기도록 해 독일이 전쟁을 일으키게 했다. 히틀러는 군부를 장악하기 위해 히믈러(Himmler)를 수장으로 하는 SS(Secret Service) 부대를 만들어 군대를 통제했다. 히믈러는 예수회 간부로 히틀러를 예수회를 위해 감시하는 자나 다름없었다. 그리고 독일의 특수부대인 SS는 그 조직이 예수회의 조직과 흡사했다. 또한 나치스의 국제 첩보망은 예수회가 배후에서 조종하는 영국군의 MI-6, 영국은행이 1694년 창설 때부터 소유한 SIS(Secret Intelligence Service)이었다. 그 당시 나치스정부와 히틀러를 신뢰하지 않던 독일군대의 장성들은 히틀러가 다시 전쟁을 준비하는 사실에 놀라 히틀러를 암살할 계획을 세웠었다. 그러나 불란서를 포함한 유럽 국가들이 히틀러의 진군에 싸우지도 않고 항복하는 바람에 암살계획이 무산되고 말았다. 그들은 세계 제1차 전쟁으로 영미제국의 배후세력인 국제은행가들이 전 유럽 국가들이 재건하는 데 필요한 자금을 대주며 그 정부들을 통제하게 된 사실을 알지 못했던 것이다. 제2차 대전은 이제 영미제국의 각본대로 진행돼 히틀러가 유럽을 장악하게 한 후 그 전쟁에 지친 독일을 공산주의 소련의 침략으로 유럽을 공산화시키는 계획대로 진행됐었다. 그러나 옛 영토를 되찾고 유럽을 장악한 히틀러는 영국을 공격하지 않았다. 왜냐면 그는 영국제국의 배후세력인 예수회의 존재를 잘 알고 있어 영국과 전쟁을 할 마음이 없었기 때문이다. 그러자 지배세력의 하수인이며 프리메이슨인 영국의 처칠 수상은 계속 독일과의 전쟁을 도발하려 했고, 히틀러가 그래도 응하지 않자 역으로 영국 공군이 베를린을 먼저 공습하여 이에 분노한 히틀러가 영국을 공습하게 만드는데 성공했다. 그때 그 전쟁을 막기 위해 나치스의 퓨로(Furor) 히틀러 다음으로 나치스 정부의 결정권을 소유한 부퓨로(Vice Furor) 루돌프 헤세(Rudolph Hesse)가 직접 전투기를 타고 영국으로 날아 갔다가 격추돼 영국 영토에서 체포됐다. 그의 체포소식이 언론을 통해 알려지자, 다급해진 영국의 처칠은 헤세를 정신병자로 몰아 감금해버려 그가 영국 국민들에게 독일은 영국과 전쟁을 원치 않는다는 사실을 폭로하려는 것을 막았다. 그는 2차 대전이 끝난 다음에도 계속 감금돼 있었고, 1980년대가 돼서야 그가 아직 감금돼 있다는 사실이 쟁점이 되자 그를 석방해 주기로 결정했다. 그러나 헤세가 그의 측근들에게 예언했던 대로 그는 1987년 석방 전날 목메어 자살한 것으로 발표됐다. 그들은 헤세가 독일은 영국과 전쟁을 원하지 않았고 그 전쟁은 지배세력이 조작했던 것이라고 노출할 것을 막아야 했던 것이다.

덩커에서 포위돼 전멸 위기에 몰린 연합군을 풀어준 히틀러

전투에 탁월한 독일군대는 영국이 주도하는 연합군이 독일을 공격하자 덩커(Dunker)에서 손쉽게 포위해 버려 연합군들은 독일군에 의해 전멸당할 위기에 처해졌었다. 전쟁을 나치스의 승리로 종결시킬 수 있는 기회였다. 그런데 이상하게도 히틀러는 그들을 놓아주라고 명령했다. 그 당시 교황청의 예수회 지시를 받고 있던 독일은 전쟁을 끝낼 수 있는 절호의 기회를 포기해야 했던 것이다. 그리고 예수회의 통제를 받는 히틀러는 그가 전쟁 시

유럽에서 약탈한 금은 국제결제은행을 통해 교황청으로 옮겨졌다. 그러므로 그들의 계획하에 시작된 제2차 전쟁은 그들의 허락 없이 히틀러가 끝낼 수 있는 전쟁이 아니었음으로, 헤세가 영국으로 가는 것을 허락했던 히틀러는 오히려 포로가 된 헤세를 배신해 그를 정신병자로 모는데 동조해야 했다. 또한 교황청의 지시를 거부하며 아프리카 전선에서 승리를 거듭하던 에루빈 롬멜(Erwin Rommel) 장군도 독일로 귀순하며 영국 연합군에게 자수를 했으나, 즉시 그들의 영국군에 의해 '자살'당했다.

히틀러의 선제공격으로 전멸위기에 처한 러시아의 공격을 중단시킨 히틀러

독일이 연합군과 치열한 전쟁을 벌이고 있을 당시, 전쟁 시작 시 독일과 불가침 조약을 맺었던 소련은 미국에 도움을 받아 독일군대 보다 훨씬 월등한 새롭게 제조된 전투기, 탱크 부대와 트럭과 보병들을 준비해 전투에 지친 독일의 배후를 공격할 준비를 하고 있었다. 소련의 나치스공격은 원래 전쟁을 일으킨 시오니스드 금융세력과 바디긴을 통제하는 예수회에 의해 이미 쓰여 있는 대본이었다. 그러나 그들은 그런 원대한 계획을 그들의 하수인 히틀러에게도 알리지 않았으므로, 소련이 히틀러와 서명한 불가침조약을 위반하고 독일의 배후를 공격할 준비가 끝난 상태라는 정보를 객관적으로 포착한 히틀러는 그 유명한 바르바로사 작전(Operation Barbarosa)으로 1941년 러시아를 선제공격 했다. 그 당시 동영상으로 포착된 전투장면을 보면 독일군대는 보잘것 없는 탱크부대와 마차로 대포들과 폭탄을 운반하는데 비해 미국

정부의 지원으로 최첨단 트럭과 탱크로 무장한 소련의 군대가 대조됐다. 그러나 그 선제공격으로 소련의 군대는 맥없이 무너졌고, 그 전투에서 대패한 스탈린은 신경쇠약(mental breakdown)을 일으켜 입원하는 사태가 벌어졌다. 그러자 미국의 CIA의 전신인 Office of Strategic Services 의 국장이던 알란 덜러스(Allen Dulles)가 소련으로 날아가 스탈린 대신 전투지휘를 해야 했다. 그런데 희한하게도 그 선제공격으로 소련군을 쫓던 독일군은 소련의 수도 성피터스버그(St. Petersburg)의 함락을 불과 15km를 남겨놓고 갑자기 공격로를 우크라이나로 바꾸어 소련이 재무장할 수 있는 기회를 허용했다. 이 역시 예수회의 지시에 의해서였고, 결국 1943년 7월 쿠르스크(Kursk)에서 러시아의 반격에 독일군이 패하였다. 제2차 전쟁의 승패는 이미 소련이 승리하기로 결정돼 있었던 것으로, 그 전쟁을 기획했던 지배세력은 그 전쟁에서 소련이 승리하여 동유럽을 공산제국 소련으로 흡수시키는 계획을 성사시켰다.

소련이 승리하게 기획됐던 제2차 대전

그러므로 세계질서를 완전히 바꾸어 놓은 제2차 세계 대전은 지배세력이 독일과 소련 양쪽을 다 지원해 주어 벌어진 그들이 기획한 전쟁이었다. 제2차 대전 이후 민주주의의 적으로 부상한 소련은 결국 영미제국을 지배하는 세력에 의해 창조, '설립' 됐었다는 말이다. 우리가 배우고 영화로 본 세계 2차 대전은 미국과 독일 나치스의 전쟁으로 묘사되었으나, 그것은 소련의 역할을 소극화하기 위해서이다. 제2차 대전의 진짜 치열한 전쟁은 독일과 소련

사이에 벌어졌고 2천 7백만 명의 소련 사상자를 낸 대 전쟁이었다. 거기에 비해 미국과 영국군의 사상자는 35만 명에 불과하다. 우리가 영화로 수차례 본 미국의 과장된 1944년 노르망디 상륙작전은 이미 1943년 쿠르스크에서 소련에게 패하고 남은 독일 패잔병들과 벌인 전투 쇼에 불과했다. 그러면서 그 무리한 작전으로 수많은 미국 젊은이들의 생명을 희생시켰다. 무리했다는 이유는, 그 당시 미국이 독일 민간인들을 폭격하는 데 사용했던 폭격기로 사전에 폭격을 가해 독일 기관총부대를 무력화시킬 수 있었음에도 불구하고, 미군 군함 포로 폭격하는 겉치레만 하고 젊은 해병들을 상륙시켜 불필요하게 많은 사상자를 낸 사실이다. 영화 '라이언 일병 구하기(Saving Private Ryan)'에서 봤듯이, 미군들이 무수하게 희생된 그 작전은 그들이 숭배하는 루시퍼에게 개혁파인 미국의 젊은이들을 산제사로 바치는 의식이었다.

제2차 세계전쟁은 영미제국의 지배세력이 시오니스트들을 통해 1897년 스위스 바젤에서 이미 예고했던 두 번째 세계 전쟁이었다. 그들의 계획은 독일과 소련을 싸우게 하여 러시아와 전 유럽을 잿더미로 만들고, 일본과 중국의 국민당과 공산당과 싸우게 하여 아시아를 잿더미로 만든 후, 유일하게 전쟁 피해를 안 입었을 뿐 아니라 전쟁에 필요한 양쪽의 자금을 대주고 전쟁 물품을 생산 수출해 막대한 돈을 벌어들인 후 유일한 산업국으로 남은 미국의 배후에서 전 세계를 지배하는 것이었다. 그렇게 해 모든 국가들이 재건하는 데 필요한 자금을 대출해 주어 빚으로 모든 국가들을 그들의 경제식민지로 만드는 계획이었다. 금권을 소유한 그들에게 전쟁은 양쪽을 다 대출해주는 방법으로 승리한 쪽으로부터는 원금과 이자로 돈을 벌고, 패한 국가로부터는 승리한 국가의 도움을 받아 패전국의 알짜 자산을 차지함과 동시에 빚으로 경제 식민지로 만들어 두고두고 그들에게 이자라는 명분으로 조공을 바치게 하는 수법으로, 그들이 투자한 자금을 회수하는 것이 보장된 장사이다.

그들의 적으로 전환된 나치스와 일본제국

그들이 기획했던 대로 소련이 나치스를 격파하자 그들이 제2차 대전을 일으키는데 활용하기 위해 자신들이 배후에서 지원해 키웠던 독일의 나치스와 일본제국을 갑자기 악의 제국들로 묘사해, 그 악의 제국들을 제거한다는 조작된 명분으로 미국을 전쟁에 개입시켰다. 미국이 개입해야 했던 이유는 만주에 진출해 있던 일본군이 소련의 배후를 공격해 그들이 계획했던 소련의 승리를 방해할 것을 우려해서였다. 일본은 독일과 우방이었고 옛 로일 전쟁부터 앙숙으로, 아시아의 강력한 세력으로 부상한 스탈린의 소련이 주도하는 아시아의 공산화를 막으려 할 것은 당연했기 때문이다. 원래 그들은 거대한 중국을 공산화시키는 계획을 성사시키기 위해 그동안 일본군을 중국을 분열시키는 데 이용했었다. 이제 그 이용가치를 다한 일본은, 그들이 배후에서 지원하는 공산당의 모택동에게 패함으로 중국국민들에게 공산당의 입지를 굳히는데 이용물로 희생돼야 했다. 소련의 배후를 일본의 공격으로부터 막아 주는 것 말고도 제2차 전쟁 후의 세계질서에서 그들은 독일을 유럽에서 그들의 거점이 될 완벽한 속국을 만들고, 일본을 아시아에서 그들의 거점이 될 완벽한 속국으로 만들 계획이었다. 그러므로 세계전쟁을 일으키기 위해 그들이 창조한 독일과 일본제국을 악의 제국들로 묘사한 후 미국이 직접 전쟁에 개입해 두 국가들의 군대를 소멸시킨 후, 제2차 대전의 진정한 승전국인 소련과 함께 동등한 승전국으로 세계를 공산주의 국가 진영과 민주주의 국가 진영으로 반등분할 계획을 성사시키려면 미국이 전쟁에 참전해 독일과 일본을 패배시키는데 공헌을 해야 했다. 더군다나 그들은 이미 소련에게 패한 독일이 다시는 유럽을 지배할 엄두를 내지 못하게 만들기 위해 독일민족의 사기를 확실히 꺾어놓아야 했다. 그들에게는 독일이야말로 유럽에서 그들의 세계정복 계획을 저항할 수 있는 저력을 소유한 민족이었다. 마찬가지로, 그들이 배후에서 키운 일본 역시 아시아에서 너무 강대해져 자신들의 통제를 거부할 수 있어, 확실하게 일본민족의 사기를 꺾어두어야 일본을 그들이 제2차 대전 후 아시아를 지배하는데 필요한 군사 및 경제 속국으로 만들 수 있었다. 더욱이 미국이 제2차 대전의 승전국이 되어야만 폴란드, 체코슬로바키아, 루마니아 등을 포함한 동유럽을 소련에게 떼어주어 공산국가들로 만들어 민주주의의 가상의 적의 역할을 감당할 소련을 공산주의제국으로 부상시킬 수 있었다.

미국의 전쟁개입을 위해 조작된 진주만 폭격

FDR은 대통령 재선 시 전쟁에 개입하지 않겠다는 공약을 했었던 이유로 미국이 전쟁에 개입할 명분을 조성해야 했다. 그러기 위해 그들은 그때까지 미국과 영국이 일본제국에게 제공하던 원유, 철강, 고무 같은 전쟁에 없어선 안 되는 자연자원을 갑자기 봉쇄해버려 일본이 미국을 공격하도록 유도했다. 또한 일본의 공습이 가능하도록 FDR은 미국의 태평양 함대를 미국 서부에서 일본과 가까운 하와이로 옮길 것을 명령했다. 당시 해군 총독이 반대를 하자 그를 해임시키고 그에게 복종하는 총독을 임명한 후 미군함대를 옮겨 일본공군의 폭격을 유인했다. 그리고 그들이 공습을 시도할 것이라는 정보를 무려 3개월 전에 군의 정보부를 통해 입수했으나 이를 군에 누설하지 못하게 했다. 결국 진주만 공습이 일어났고, 그로인해 많은 해군들의 인명피해가 일어나자 이를 언론에 대서특필로 보도했고, FDR은 바로 그 폭격을 핑계로 일본과 전쟁을 선포했다. 그리고 그 공습을 못 막은 책임을 그가 새로 임명했던 총독에게 돌렸다. 더 희한한 사실은 그들이 통제하는 프리메이슨인 일본 제독에게 하와이에 있는 원유탱크는 공습하지 않도록 사전에 조치를 했다는 사실이다. 일본군대는 원래 영미제국의 배후세력에 의해 그들의 아시아의 군대로 발탁됐다가 그 이용가치가 다 하자 히틀러와 마찬가지로 적으로 돌변시켜 버렸으나, 독일이나 일본군 조직은 아직 그들의 통제하에 있었다.

미 공군폭격에 의한 독일민간인들의 학살

미국이 일본과 전쟁을 선포하자 지배세력의 각본 대로 일본의 아군인 독일이 미국과 전쟁을 선포했다. 미국군이 전쟁에 합류한 후에는 그들의 공군을 동원해 독일 민간시설을 폭격해 독일의 모든 기관시설들을 파괴했고, 독일 시민들의 주택가에 상상을 초월하는 폭격으로 수많은 독일 민간인들을 학살했다. 드레스덴이라는 도시에서만 20만 명의 민간인들이 폭격에 의해 사라졌다. 그

것은 독일 시민들이 다시는 전쟁을 할 엄두를 내지 못하고 그들의 영원한 식민지로 만들기 위한 전략임과 동시에 개혁파 종교인들을 그들의 루시퍼에게 바치는 인간 제사이었다. 그런 민간인들에게 폭격을 하면서도 미국의 배후세력이 투자해 설립한 포드 자동차, 보잉 폭격기 공장들을 포함한 공단에는 단 한 번의 폭격도 일어나지 않았다. 모든 도로와 철도를 집중적으로 폭격하여 배급로를 차단시켜 식량이나 의료품을 배달하지 못해 많은 시민들이 굶어 죽었다. 그 당시 사진에 나오는 해골같이 된 포로병들은 독일군이 굶긴 게 아니고 배급로가 끊어져 포로수용소에 식량을 배달할 수 없어 못 먹어서였다. 그런 사진을 통해 마치 독일군들이 포로들을 굶긴 것처럼 후세대에 그들이 조작한 역사책에 묘사한 것이다.

미 공군폭격에 의한 일본민간인들의 학살

그들은 일본 본토에도 공중 폭격으로 수많은 민간인들을 학살했다. 제1차 대전까지만 해도 전투는 무장한 군인들 사이에서만 이루어졌으나, 제2차 대진부터 그들은 민간인을 폭격해 많은 민간인 희생자들을 배출했다. 제2차 대전 이후 1949년 제네바 컨벤션에서 민간인 폭격을 금지하는 국제 법을 만들었으나, 한국전쟁, 베트남 전쟁, 그리고 중동전쟁에서도 민간인 폭격은 그들의 전형적인 전쟁수법으로 이용되고 있다. 사탄을 숭배하는 그들은 민간학살이야말로 루시퍼에게 바치는 인간제사이기 때문이다. 이미 일본의 마지막 고지였던 만주를 소련에게 빼앗긴 후 일본은 미국에게 항복의사을 전달했다. 그러므로 미군의 지속된 민간인 폭격

후 미군이 일본을 점령했을 때 일본군들은 순순히 무기를 내려놓았고, 단 한 번의 불상사가 없었다. 일본의 유일한 요구는 일본인들이 신으로 숭배하던 그들의 천황 히로히토를 면죄해 주는 것이었다.

이미 항복 의사를 전달한 일본 민간인들에게 투여한 원자폭탄

그럼에도 그들은 두 개의 핵폭탄을 히로시마와 나가사키에 각각 투여했다. 그들은 그들의 꼭두각시인 트루먼을 통해 일본이 끝까지 싸울 것을 고집했다고 거짓 보도한 후, 일본을 정복하기 위해선 미군의 100만 명의 군 사상자가 날 것을 사전에 방지하기 위해 핵폭탄을 투여했다는 거짓말로 그들의 비 인류적인 행위를 정당화했다. 결국 미국은 일본이 이미 핵 투여 전에 제시했던 똑같은 조건으로 항복을 받아들였고, 영국의 엘리자베스 여왕의 선처에 의해 일본 천황은 면죄되어 전쟁에 대한 책임을 모면하고 그 대신 일본의 수상이자 군부 총사령관이었던 도조 히데키가 사형 당했다. 히데키의 사형은, 미국이 뉴럼버그 전쟁범 재판에서 자신들이 배후에 있었던 사실을 아는 모든 나치스 장교들을 전쟁범으로 몰아 사형시킨 것과 마찬가지로, 그가 지배세력이 배후에서 일본을 지원한 사실을 너무 잘 알기 때문에 그의 입을 막기 위해서였다. 그렇게 해 그들은 일본에서 핵으로 인류 역사상 가장 잔인하게 그들의 신 루시퍼에게 핵으로 인간 제사의식을 거행했다.

나치스 요원들의 등용

한 가지 더 희한한 사실은 독일은 제2차 대전에서 패했으나 그들의 예수회에 의해 설립된 나치스 군대 조직은 그들의 세계정부를 설립하는데 요긴한 비밀군대로 그대로 등용됐다는 것이다. 영미제국의 배후세력은 그들이 나치스를 통해 구축해 놓은 첩보망과 그들이 개발해 놓은 과학기술을 그대로 제2차 대전의 종말과 함께 전 세계를 통치하는 데 사용할 계획을 가지고 있었다. 그래서 그들은 제2차 대전의 시작부터 스페인을 중립국으로 만들어 놓았던 것이다. 1942년 미국이 제2차 대전에 개입할 때부터 나치스는 중립국가인 스페인으로 거점을 옮겼다가, 1944년 정식으로 항복을 함과 동시에 남미 아르헨티나로 도피했다. 국제사회의 눈 때문에 히틀러를 포함한 나치스 전쟁범들을 그대로 살려둔다는 것은 불가능했기 때문에, 그들은 그들의 예수회가 통제하는 교황청이 소유한 망을 이용하여 나치스의 핵심 멤버들을 교황청의 줄사다리 (Ratline)로 알려진 우크라이나의 항구도시인 오데사 (Odessa)를 통해 아르헨티나로 탈출시켰다. 나치스는 대형 비행기를 제조해 폴란드에 숨겨두었다가 전쟁이 종결됨과 동시에 그들이 연구하던 비행접시 기술을 포함한 비밀장비들을 남미로 실어 날랐다. 그리고 나치스는 남미 아르헨티나에서 과학연구를 계속했고 히틀러는 그곳에서 90살까지 살다가 죽었다. 스탈린이 군대가 처음에는 히틀러를 놓쳤다고 발표했다가 그 얼마 후 그의 시체를 발견했다고 거짓 보도했었던 것이다. 1989년 독일이 합방한 후 갑자기 혜성같이 나타나 콜 (Kohl)수상을 뒤이어 통일된 독일의 수상이 된 메르켈은 히틀러의 사생아라고 한다. 메르켈은 동독 비밀정보조직 스테이시스 (STASIS)의 일원으로 소련 KGB 출신이다. 그 대신 나치스는 지배세력이 필요로 한 핵 기술과 로케트 기술을 전쟁에 '승리'한 미국과 소련에게 넘겨주었다. 제2차 대전 이후 열린 뉘른베르크재판은 그러므로 지배세력이 배후에 개입된 것에 대해 너무 많이 알고 있는 장교들을 제거하기 위해 벌인 국제적인 쇼에 불과했다. 영화로 유명해진 죠지 패튼(George Patton) 장군 역시 이치에 안 맞는 작전명령을 받고 그들이 배후에 있다는 사실을 알게 된 후, 폭로를 시도하다가 암살당했다.

미국 원자폭탄의 비밀

우리가 미국의 원자폭탄을 개발한 거로 알고 있는 맨해튼 계획(Manhattan Project)은 수년의 연구결과 핵폭탄을 제작하는 데까지는 성공했으나, 아직 폭탄으로 쓰기 위해 필수인 기폭장치 기술을 개발하지 못했었다. 거기에 비해 나치스는 기폭장치 기술을 이미 완성했을 뿐 아니라 강제수용소 노동력을 동원해 폭탄을 만들 때 필요한 많은 양의 우라늄을 농축해 놓았었다. 또한 독일은 이미 지금의 미사일을 제작하는 데 필요한 로켓 기술 개발에도 성공했었다. 더 엄청난 사실은 그들은 이미 비행접시를 만드는 기술과 시간비행기술까지 완성했었다는 것이다. 다만 그들은 아직 그 비행접시를 대량으로 생산하고 그 기체에 무기를 부착해 전쟁에 사용할 준비가 완성되지 않았고, 미국의 막강한 자금력과 산업기반을 상대하기에는 역 부족이어서 지배세력이 계획했던 대로 항복을 해야 했던 것이다. 물론 이는 지배세력이 그 기술을 그들의 거점인 미국에 들여와 그들이 설립하게 될 미국 국회의 감독을 받지 않는 나사(NASA)를 통해 그들이 소유, 통제하는 비밀 항공 프로젝트(Secret Space Project)를 운영할 계획에 의해서였다.

예수회 사제들에 의해 기폭된 핵폭탄

영미제국의 배후세력은 그러므로 미국과 나치스와 비밀리에 협상된 항복의 조건으로 나치스가 개발한 핵폭탄 기술과 우라늄을 전수받자마자, 이미 항복한 일본에다 핵폭탄을 투여했던 것이다. 더 악랄한 사실은 그 당시 미국이 아직 핵폭탄을 공중에서 투하해 기폭 하게 하는 기술을 소유하지 못했었다는 것이다. 핵폭탄이 투여된 히로시마와 나가사키는 원래 예수회가 일본에 진출했던 도시들로 예수회의 본부가 위치했던 곳이었다. 그러므로 그들은 몰래 핵폭탄을 그 도시들로 가져다 미리 설치해 놓은 다음, 미국의 폭격기가 공중에서 핵폭탄이 폭발할 때 일어나는 연기가 나는 폭탄을 투여하는 때와 맞추어 예수회의 신부들이 기폭장치를 지하에서 작동해 폭발시켰다. 그래서 핵폭탄이 투여된 두 도시가 예수회의 본부가 있던 히로시마와 나가사키였던 것이다. 일본을 배후에서 조종하고 핵폭탄을 성공적으로 터트린 공로로 그 당시 예수회의 일본 책임자였던 페드로 아루페(Pedro Aruppe)가 그 폭격 일마 후 그의 공로를 인정받아 예수회의 사령관인 수도회 총장(Superior General)으로 승진됐다. 그렇게 그들은 핵의 위력을 세계에 과시한 후 전 인류를 핵의 공포로 통제하는데 이용했다. 왜냐면 그들이 세계 2차 대전으로 계획한 공산주의와 민주주의와의 대결은 핵무기 개발 전쟁을 그 바탕으로 하고 있었기 때문이다.

11. 제2차대전 후의 세계질서

11. 제2차 대전 후의 세계질서

　소련이 나치스를 제압하고 난 후, 뒤늦게 제2차 대전에 개입했던 미국은, 소련과 함께 전쟁의 승자국의 지위로 세계를 그들이 계획했던 대로 재편성했다. 그때부터 그들이 배후에서 조종하는 미국의 시대가 열린 것이다. 그때 이미 미국은 전 세계 GDP의 반 이상을 생산하는 유일한 경제대국이었다. 무리한 전쟁 비용 때문에 경제적으로 미국을 따라갈 수 없게 된 영국은 제국의 패권을 미국에게 넘겨주어야 했다. 그 말은 영국의 배후세력이 이제 그들의 거점을 미국으로 옮긴 것이었고, 그들의 하수인들에 의해 움직이던 영국은 영국국민들의 의지와 상관없이 예수회의 지시에 따라 아무 저항 없이 영국제국의 식민지들을 독립시켰다. 그 대신, 그 당시 영국의 식민지 국가들을 하나로 연결하는 영국연방(British Commonwealth)을 창설해 캐나다, 호주, 인도를 포함한 52개국을 모두 가입시켜 영국 여왕을 수장으로 하는 국제 연방을 만들었고 지금도 건재한다. 그렇게 19세기의 해가 지지 않는 나라 영국제국은 패권을 미국에게 총 한 번 쏘지 않고 넘겨주었다. 외형적으로는, 새롭게 부상한 민주주의 국가 미국이 제국주의 통치를 받던 모든 식민지 국가들을 독립시켜 준 것으로 그들이 소유, 통제하는 세계 언론을 통해 세계를 인식시켰다. 일본제국의 식민지 국가였던 한국 역시 일본의 항복과 함께 미국의 '은혜'로 해방된 것으로 믿었다. 그러나 미국은 그들이 일방적으로 갈라놓은 북한을 소련에게 넘겨줘 한국을 동독과 서독과 마찬가지로 둘로 분단시켰다. 그리고 미국은 그들이 선정한 이승만을 앞세워, 분단을 반대하며 통일된 한국을 고집했던 여운형과 김구 같은 독립지사들을 암살하고 남한만을 민주주의 국가로 설립해 버렸다. 야심가들인 김일성이나 이승만은 그들의 의정서에서 그들이 묘사했던 자신들의 개인적인 명예욕 때문에 그들의 하수인 역할을 맡기기 적격인 자들이었다. 그들은 의정서에서 비웃은 자신들의 명예욕에 빠져 자신들의 행동이 자신들의 민족을 해친다는 사실을 인지하지도 못하는 자들이었다. 김일성은 이미 프리메이슨이었고 이승만도 그랬을 가능성이 매우 높다. 왜냐면 미국의 FDR, 소련의 스탈린, 영국의 처칠 모두 프리메이슨으로, 그들은 프리메이슨들을 그들의 하수인들로 선정했기 때문이다.

미국 점령군을 이용한 독일과 일본의 식민지 정부 설립

미국은 세계 2차 대전의 책임을 씌운 패전국 독일과 일본을 점령해 동독을 소련에게 떼어 준 후 점령군정부의 자격으로 서독과 일본의 헌법을 만들고 그들이 통제하는 자들을 그들의 통치에 가장 중요한 중앙은행 총재직을 포함한 정계, 재계, 언론계 등의 요직에 앉힌 후 민주공화국으로 '독립' 시켰다. 그리고는 일본이 패전국이라는 사실을 이용해 일본의 점령군의 지위로 그들의 지배에 저항하는 일본의 젊은이들, 학자들과 정치인들을 필리핀에서 들여온 저격자들의 총탄으로 무자비하게 살해해 반대세력의 뿌리를 뽑았다. 일본에는 일찍부터 그들에게 충성했던 전쟁범들을 수상과 총재로 임명하는 노골적인 인사도 감행했다. 그러면서 미국과 마찬가지로 보수와 진보로 나누어 두 당을 설립해, 그들이 의정서에서 가르친 대로 서로와 싸우느라 결정을 못하게 하는 '민주주의' 체제를 구축했고, 언론, 사법부, 검찰 및 경찰기관 등을 그들의 하수인들로 장악했다. 그들은 그러면서 제1차 대전 이후 그들이 조성한 하이퍼인플레이션으로 모든 독일 기업들을 인수했듯이 전쟁의 패배로 그 가치가 폭락한 일본의 주요 기업들을 헐값에 인수했다. 더 재미있는 사실은 핵폭탄으로 폐허가 된 히로시마와 나가사키를 일본을 지배하게 될 록펠러가 헐값에 다 사들였다는 것이다. 그런 후 그들은 한국전쟁으로 그들이 소유, 통제하게 된 일본기업들을 다시 일으켰다. 일본을 상징하게 된 SONY는 Standard of New York를 줄인 말이다. 그렇게 해 그들은 유럽에서는 독일, 그리고 아시아에서는 일본을, 그들의 거점으로 세계를 지배하는 데 필요한 군사기지를 설립해 군사적 및 경제 식민지 국가들로 만들었다. 두 국가는 제2와 제3의 세계 경제국으로 부상했고 아직도 그들의 지배를 받고 있다.

중동 식민지 국가들의 '독립'

영국제국을 해체함과 동시에 제1차 대전 이후 위탁정치를 했던 중동에서도, 영국과 불란서에 의해 인위적으로 그려졌던 국경대로 중동국가들을 '독립'시켰다. 원래 오토만제국 시 부족들로 형성됐던 그 지역을 영국과 불란서가 임의적으로 경계선을 그려 지배했었다. 세계지배세력은 오토만제국을 붕괴시켜 그 후 세계의 에너지가 될 원유와 자연가스를 통제하는데 성공했다. 그러나 그 국가들 역시 외형적으로 '독립'시켜 경제로 지배하는 식민지 국가들로 만들었다. 세계지배세력은 그러므로 그 지역의 자연자원을 약탈하기 수월하게 민주주의 국가 대신 그들이 임명한 자들을 왕들로 임명해 그들을 통해 석유 개발권을 독점했다. 특히 이슬람의 모하메드가 태어난 최고의 성지인 메카가 있는 사우디아라비아에는 일찍이 이슬람교로 '개종' 했던 숨은 유대인(crypto jew) 사우드를 왕으로 하는 사우디아라비아를 건국해 그 지역의 그들의 종속국으로 만들었다. 그렇게 해 지배세력이 소유, 통제하는 BP, Dutch Shell, Standard Oil, Exxon이 그 지역의 원유 개발권을 그대로 유지함으로, 중동지역을 그들의 '독립'된 경제식민지 국가들로 존속시켰다.

이스라엘의 건국

제2차 대전 직후 제1차 대전 종결 시부터 위탁정치로 그 지역을 통치해 온 영국의 임기가 종결되기 직전인 1948년, 시오니스트들은 팔레스타인에 영국 외교 장관 밸푸어가 약속했던 이스라엘을 건국했다. 밸푸어 선언으로 알려진 그의 편지는 그 당시 로스차일드 백작 앞으로 돼 있었고, 이스라엘의 정부 청사는 모두 로스차일드의 자비로 지어졌다. 제1차 대전 시부터 이스라엘을 건국하는 목적으로 팔레스타인 지역에 정착하기 시작했던 시오니스트들은 그 지역에 살고 있던 아랍들이 1936년 그들의 정착을 반대하는 봉기를 들자 하가나(Haganah)와 이르군단(Irgun)이라는 테러조직으로 테러전쟁을 벌였고, 국제연맹의 결정에 의해 위탁정치를 하던 영국군이 아랍들의 편을 들고나오자 영국군과도 테러로 대항했었다. 그때 그 테러조직들을 주도했던 벤구리온, 베긴 같은 자들이 훗날 이스라엘의 수상들을 지내게 된다. 그들은 구약성경에서 신이 그 지역을 그들에게 약속했다는 이유로, 이미 수천 년 동안 그 지역에 거주해 온 팔레스타인 원주민들을 강제로 몰아내고 일방적으로 1948년 이스라엘을 건국을 했고, 그들의 지배를 받고 있는 미국의 트루먼 대통령이 제일 먼저 이스라엘을 국가로 인정하자, 지배세력이 설립한 국제연합 UN이 이스라엘을 국가로 인정했다. 이스라엘은 그 지역의 난민들을 박해하고 학살을 할 뿐 아니라, 미국에 의해 무장된 그들의 군대와 그들의 정보국 모사드(MOSSAD)를 이용해 미국의 궂은일을 도맡아 하는 테러 국가이다. 미국의 조작극인 9·11, 한국의 천안함 사건. 일본의 후쿠시마 원전 폭격사건 등의 배후에는 이스라엘의 모사드가 있다.

지배세력의 세계경제제국 설립

앞에서도 잠시 언급했듯이 미국은 외형적으로는 모든 국가들을 독립시켜 주는 것처럼 보였지만, 실제로는 모든 제국주의 국가들을 해체시킨 후, 전 세계를 무력 대신 경제로 지배하는 경제 식민지로 만들었다. 이미 시오니스트 장로들은 의정서에서 그들의 세계정부 설립을 위해 인류를 상대로 비밀리에 진행해온 전쟁은 영토를 차지하기 위함이 아닌 경제로 통제하기 위해서라고 가르쳤다. 그리고 그들은 이미 그들이 스위스에 아무 정부의 규제를 안 받는 독립된 기구로 설립해 놓은 민영 국제결제은행 BIS를 통해 제2차 세계전쟁 동안에도 세계의 은행 역할을 도맡아 하며 전쟁에 필요한 자금이 원활하게 돌아가게 했다. 그러므로 그들이 소유한 BIS는 말 그대로 국경을 초월한 국제은행이다. 지배세력의 하수인에 불과했던 나치스의 히틀러 역시 유럽 모든 국가들을 공격했지만 BIS가 위치한 스위스의 중립은 존중했다. 그는 BIS의 이사회에 독일을 대표하는 대리인을 파견해 이사로 앉혔을 뿐 아니라, BIS에서 나치스가 유럽에서 약탈한 금을 전쟁 물자 구매에 필요한 통화로 교환해 갈 수 있었다. 이미 1913년 미국 정부로부터 독립돼 달러의 발권력을 소유한 민영 중앙은행인 연준위는 물론 모든 국가 정부로부터 독립된 영국은행, 일본중앙은행, 스위스중앙은행 등 모든 중앙은행들은 BIS의 지점이나 다름없다. 그러므로 지배세력은 BIS를 통해 모든 국가들의 중앙은행을 통제하는 국경을 초월한 민영 금융제국을 설립해 놓았던 것이고, 1944년 브래튼우즈 국제 회담에서 그들의 산하 은행에 불과한 연준위가 발행하는 달러를 세계 기축통화로 만들어 세계의 화폐로 세계를 경제로 지배해왔다. 그러나 그들은 BIS의 정체를 숨기고 오히려 그 국제회담에서 세계은행과 IMF를 설립해 IMF가 세계의 중앙은행인 것처럼 세계를 속였다. 세계은행과 IMF는 그들이 경제를 이용해 인류를 약탈하는데 사용되는 국제적인 조폭조직에 불과하다. 세계은행은 저개발 국가들에게 대출을 해주어 그 국가들의 개발을 하는데 필요한 자금을 지원해 준다는 명분으로 설립했고, IMF는 달러를 기축통화로 하는 국제무역체제에서 발생할 수 있는 경상수지적자로 통화가치의 불균형 때문에 국가적 유동성 위기가 발생할 때를 대비해 구제 금융을 담당한다는 명분으로 설립했다. 그러면서 IMF가 국가들의 유동성 위기 시 특별인출권(SDR)이라는 국제 '화폐'를 필요에 따라 발행할 수 있게 제도화했다. 그런 식으로 그들은 IMF가 세계 국제 화폐 발행권을 보유한 중앙은행인 것처럼 포장해 BIS의 정체를 세계로부터 숨겨왔다.

지배세력의 제3국들의 경제제국주의 약탈 수법

2004년 존 퍼킨즈(John Perkins)가 출간해 베스트셀러가 된 '경제 저격자의 고백(The Confessions of an Economic Hitman)'에서 그는 자신이 지배세력을 위해 경제 저격자로 일했던 사례들을 공개함으로, 그들이 제3국들을 경제적으로 약탈하는 수법을 폭로했다. 이는 일찍이 1935년에 출간한 버틀러 장군의 저서에서 군대는 그들을 위한 조폭에 불과하다는 주장과 같은 맥락으로. 제2차 대전 이후 그들의 수법은 더 고도화됐다. 그들은 세계은행을 이용해 남미, 아프리카 등에 있는 원유, 광물 등의 자연자원을 소유한 국가들의 정치인들에게 뇌물을 주고 발전소, 기관시설 등을 건설할 것을 제안해 상환 불가능한 빚을 지게 한 후 미국의 대기업 건설회사와 엔지니어링 회사가 개발 및 건설비로 그 돈을 다 챙겼다. 그런 후 그 국가가 빚을 상환하지 못하게 되면 IMF가 구제를 해준다는 명분으로 나타나 그 국가의 자연자원을 담보로 더 많은 금액을 대출해 줘 그렇게 제공한 구제금융은 고스란히 세계은행과 국제은행들의 빚을 상환하는데 사용됐다. 그런 후에도 그 국가가 더 불어난 빚을 상환하지 못하면, 담보로 설정된 그 국가의 자원을 헐값에 처분하게 해 합법적으로 그 국가의 자연자원을 약탈했다. 그들은 그런 상환 불가능한 대출을 받도록 그 국가의 정상을 막대한 뇌물로 매수하거나, 만약 거부할 경우 CIA의 공작으로 그 정부를 전복시키던지 그것마저 안 될 경우에는 암살을 하는 수법으로 자신들의 하수인들을 정권에 앉힌 후, 그들을 이용해 해당 국가들의 자원을 약탈했다. 결국 세계지배세력은 저개발 국가들의 개발을 위한다는 명분으로 갚지 못할 대출을 해 준 후, 그

대출로 그 국가들을 지배세력의 영원한 경제 식민지로 만드는 기구로 사용해 왔다.

그들의 준세계정부 유엔 (UN)의 설립

그리고 그 브래튼우즈 협의에서 그들이 의정서에서 계획한 세계정부 역할을 담당할 기구인 국제연합(United Nations)을 설립했다. 세계전쟁을 방지하고 세계 평화를 도모한다고 설립한 이 국제연합은 전 세계 국가들의 국제협약에 의해 만들어졌다. 제2차 전쟁의 5개의 승전국들인 미국, 영국, 불란서, 소련과 중국으로 형성된 국제연합 안전보장 위원회의 상임 국가들을 중심으로 전 세계의 국가들이 회원국인 국제기구이다. 안보리 상임 회원국 중 어느 한 국가가 거부권을 행사할 경우 국제연합의 결정이 효력이 발생하지 못하게 해 안보리 상임국가들 위주로 운영됐다. 이 국제연합의 건물은 미국의 록펠러가 기부한 뉴욕 토지에 설립됐으나 그 기구의 본부는 국제결제은행 BIS가 위치한 스위스에 있다.

앞에서 미국의 독립선언서에 서명한 자들 대부분이 프리메이슨이라고 했다. 그만큼 프리메이슨 조직은 유럽의 귀족 출신들을 위주로 세계적인 조직으로 발전돼 있었다. 유럽의 귀족 출신들 중 유럽이 영국은행을 위시한 금권세력에 의해 통제되고 있다는 사실에 반항해, 새로운 사회를 만들겠다는 취지로 새로운 개척지 미국으로 이주를 했었다. 그러나 프리메이슨 조직을 통제하는 예수회의 배후세력이 그런 그들의 통제를 벗어나려는 움직임을 간과할 리가 없었다. 미국 정부의 첫 번째 재무장관을 지낸 알렉산더

해밀턴은 금융세력이 심어놓은 자였다. 그는 독립전쟁에서 승리한 후 금융을 잘 모르는 워싱턴 대통령에게 첫 번째 민영은행을 로스차일드에게 허용하도록 주선했던 자이다. 그러므로 지배세력의 숨은 대리인들은 미국의 헌법을 작성할 때에도 기여를 했고 헌법에 그리 중요하게 보이지 않는 조항을 삽입해 헌법과 같이 통과시켰다. 그것이 바로 미국 헌법 제2항에 있는 국제조약에 관한 조항이다. 그 조항에는 대통령이 국제조약을 협의해 상원의회가 이를 인준할 경우 미국의 연방법의 효력을 발생한다고 기재돼 있다. 미국 헌법 제4항 2조에서 국제조약을 포함한 연방 법은 국가의 법이라고 함으로 국제조약은 연방법과 동등한 효력이 있게 됐다.

제2차 대전 후 미국의 지배세력은 이 조항을 이용해 미국을 유엔의 헌장을 대통령의 권한으로 받아들이게 한 후 상원회의 인준을 받음으로 국제연합의 결정은 미국 국민들의 허락 없이 미국의 연방법과 같은 효력을 가지게 됐다. 그러므로 UN 헌장에 의해 미국의 군대는 UN 산하에 있어 UN의 결정을 따라야 하는 의무가 있다. 그뿐 아니라 UN에서 주도하는 환경에 관련한 정책에 대한 연구, 인구 밀도, 토지 이용에 관한 규제 등을 주관하고 있는 UN에서 채택한 모든 결정은 곧 모든 국가들이 따라야 할 의무가 되었다. 지배세력은 의정서에서 가르친 대로, 각 국가의 하수인들을 통제해 모든 국가들을 그들이 구상하는 세계정부의 역할을 담당하는 기구에 '종속' 시켜 놓았으나, 인류는 그 사실을 감지하지 못했다. 그리고 한국전쟁 시 UN의 결정으로 국제평화를 위한 유엔군대를 소집해 UN이 세계평화를 목적으로 존재한다는 인식을 인류의 의식 속에 확실하게 심었다. 거기다 사탄을 숭배하는 지배세력은 UN 어젠다 21 (Agenda 21)이라는 계획아래 전 세계의 인구를 지금의 70억에서 그들이 인위적으로 이상으로 정해놓은 5억으로 줄이는 계획을 공개적으로 추진해 왔다. 그리고 그 5억의 인구 목표를 달성하기 위해서는 인류 인구의 80% 이상을 제거하는 계획을 지구의 환경을 지속시킨다는 (Sustainable Development) 명분으로 추진하고 있으며, 그 목적으로 AIDS, SARS, EBOLA 같은 질병을 그들이 통제하는 정부소속 실험실에서 개발해 고의로 퍼트리고, 그들이 조작한 미국의 3 Mile Island, 우크라이나의 체르노빌 원전사고로 방사능을 배출시켜, 방사능독살로 서서히 인구를 줄이는 계획을 추진하고 있다.

지배세력의 세계정부 설립을 위해 만들어진 공산주의와 민주주의의 가상의 대결

그들은 제2차 대전을 이용해 세계를 그들의 구상대로 국제연합이라는 국제정부 기구를 설립해 모든 국가를 회원국으로 종속시키고 달러체제를 통해 모든 국가들을 경제적으로 약탈할 수 있는 제도를 설립함과 동시에 인류를 공산주의와 민주주의라는 두 진영으로 나누어 놓는데 성공했다. 그들이 이미 의정서에서 자랑했듯이 민주주의와 공산주의는 인류를 통제하기 위해 그들이 창조한 가상의 이념들이다. 모두에게 자유와 평등을 약속해 아무 비용도 안 들이고 인류로부터 자신들의 자유를 맡기도록 유인한 후, 그들의 동의하에 만들어진 법으로 인류를 구속하면 된다던 그들의 가르침을 현실화 시켰던 것이다. 민주주의는 민중에 의해 선출된 대표들로 형성된 정부의 요직에 그들의 하수인들로 임명해 마치 민중을 위한 정부인 것처럼 속이는 것이고, 공산주의는 인류를 같은 식으로 속여 그들을 대표하는 공산당이 모든 토지와 시설 및 자본을 독점한 후 인류의 의식주를 정부에게 의존하게 만드는 체제이다. 그러므로 공산주의라는 이념 아래 창설된 소련이라는 공산제국은 정부가 모든 자산을 소유해 대중은 (지배세력에 의해 비밀리 임명된) 공산당원들에 의해 운영되는 정부에게 의존하도록 만든 제도였다.

헤겔의 변증법에 의한 세계정복 전략

이는 마르크스와 엥겔이 창조한 공산주의 이론의 경제적 바탕이 된 독일 철학가 헤겔의 변증법(Hegelian Dialectic)에 근거를 둔 정책으로, 인류를 그들이 계획하는 세계정부를 받아들이게 만들기 위한 고도의 전략이다. 헤겔의 변증법은 인류를 두 상반되는 진영으로 나누어 놓은 후, 각 진영의 생각과 행동이 상반되는 진영과 서로 충돌시켜 진퇴양난으로 몰은 후, 그들이 미리 결정해 놓은 해결책으로 끌고 가는 전략이다. 헤겔의 변증법에 의하면 인류의 모든 변화는 상반되는 논리(thesis vs. antithesis)가 충돌해, 결국 두 논리가 융합된 결과(synthesis)로 진행돼 왔다고 한다. 지배세력은 이 변증법을 이용해 인류를 그들이 제시하는 방향으로 몰아 왔다. 다시 말해 그들은 문제(problem)를 제기하면 그 문제에 대한 반응·반발(reaction)이 있게 마련이고, 이때 그들이 미리 준비해 놓은 해법(solution)을 제공해 그쪽으로 인류를 몰고 가면 된다고 가르쳤다. 결국 그들은 인류가 상반되는 민주주의와 공산주의 체제로 서로 충돌하고 싸우다가 지쳐 결국 그들이 제시하는 해법이 될 그들에 의한 세계정부를 받아들이도록 하겠다는 계획인 것이다. 그리고 그들은 1991년 공산주의를 붕괴시킨 후, 그 붕괴를 주도한 아버지 부시 대통령이 신세계질서(New World Order)의 개막을 선언했다. 이는 그들이 지배하는 새 미국의 시대(New American Century)로, 전 세계를 그들이 주도하는 자유무역 체제로 국경을 초월하는 세계정부를 설립하겠다는 선언이었다.

민주주의와 공산주의의 가상의 전쟁: 냉전

그러기 위해 그들은 두 진영을 '냉전' 이라는 그들이 조작한 이념의 전쟁에 돌입시켰다. 물론 그들은 그들의 전형적인 수법으로 양쪽을 다 통제했다. 러시아를 경제적으로 지원해 산업국가로 키워 그들이 경제적으로 지원한 독일과 제2차 대전을 일으켰듯이, 그들은 이제 소련을 핵으로 무장시켜 전 민주주의 국가들의 가상의 적으로 만들어, 소련이 전 세계를 공산화하려는 야심을 가지고 민주주의 국가들을 위협하고 있다는 거짓 선전으로 핵전쟁의 공포를 조성했다. 이미 일본에서 핵의 위력을 그들이 소유, 통제하는 언론으로 전 세계에게 보여주었으므로, 민주진영의 국가들은 그들의 조작된 위협에 넘어갔다. 그들은 소련과 동 유럽 국가들을 공산주의로 만들어 민주주의의 가상의 적으로 만든 후, 소련 역시 그들의 하수인들을 통해 통치했다. 그들의 냉전이 시작하고 난 후에도 록펠러는 러시아 한복판에 그의 은행이 있었고, 그의 전용 비행기로 착륙할 수 있는 전용 활주로를 이용해 수시로 방문했다.

그리고 소련의 계획경제로 국내 필수품 생산은 소박했지만, 원유, 자연가스, 철강 등 소련의 풍부한 자원을 헐값에 달러로 사다가 외국에서 판매해 중간 마진으로 막대한 돈을 벌었다. 그리고는 소련의 몫으로 벌어들인 달러는 그들이 조작한 "냉전"을 위해 군비에 사용됐고, 그 군비는 그들이 소유한 무기 산업이 다 벌어들여 다시 그들 손에 들어왔다. 그들의 전형적인 수법으로 맨 꼭대기에 있는 그들의 소수의 하수인들을 빼고, 미국의 군부나 소련의 군부에 속한 자들과 시민들 모두에게는 냉전은 실제 전쟁이었다. 그들이 의정서에서 말한 대로 가축과 다름없는 고이들은 공산주의와 민주주의라는 그들이 조작한 이념을 진정으로 믿고 그 이념을 위해 애국을 하며 그들의 속임수에 놀아난 것이다. 그 실 예로, 브라운 셔츠 (Brown Shirt)라고 알려졌던 소련의 공산주의로부터 탈출해 독일 유니폼을 입고 소련군과 싸웠던 러시아인들을 포함한 소련의 핍박을 피해 유럽으로 피난 왔던 약 5백만 명의 전통 기독교인들은 제2차 대전이 끝나자, 루스벨트 대통령과 아이젠하워 장군의 명령에 의해 감금된 기차에 실려 소련으로 강제 수송되어 소련에서 사형을 당하거나, Gulag 노동수용소로 보내져 중노동 생활을 하나 비참하게 죽어야 했다. 소련과 미국은 맨 위로 가면 같은 세력에 의해 통제되고 있었던 사실을 소련에서 도망 나온 러시아인들은 몰랐던 것이다.

냉전이 가상의 전쟁임을 입증하는 정황

그들의 계획이 소련의 공산주의와 미국의 민주주의로 세계를 반으로 나누는 계획이었다는 정황은 미국이 소련에게 폴란드를 비롯한 동유럽과 동독을 내준 것과, 한반도의 북한을 내준 것을 봐도 알 수 있다. 전쟁이 끝나기 직전 FDR의 죽음으로 대통령으로 부임한 트루먼과 영국의 처칠 수상과 러시아의 스탈린이 포츠담(Potsdam) 회담에서 만나 소련이 일본을 만주에서 공격해 북한을 점령할 것을 요구하자, 스탈린은 일본군이 두고 간 비행기, 탱크를 비롯한 모든 무기를 소련에게 줄 것을 요구했고 트루먼은 승낙했다. 그러나 소련군은 일본군을 상대로 만주에서 전투를 벌인 후 일본이 항복하고 난 후에야 북한에 입성했다. 그런데도 미국은 북한을 소련에게 내준 것이다. 그것은 그 후 한국전쟁을 일으키기 위한 포석이었다. 스탈린은 그들이 미국의 렌드 리스(Lend Lease)에 의해 무상으로 지원해준 무기를 중공의 모택동에게 넘겨주어 중국의 공산화를 위한 전쟁을 도왔다. 그리고 미국의 지배 세력은 제2차 대전이 끝나고 일본을 제거한 후, 장제스에게 공산당과의 전쟁을 중단하고 공산당과 합당할 것을 건의했다. 이를 장제스가 거부하자 그들은 장제스가 이미 구매하고 대금까지 지불한 무기와 실탄을 수송해 주지 않고 오히려 스탈린을 통해 무기를 전달받은 공산당이 전쟁에 승리하도록 기여했다. 또한 스탈린은 그때 물려받은 일본의 전쟁 장비는 북한에게 팔아넘겨, 김일성이 한국전쟁 시 남침하는데 사용됐다.

미국의 가상의 적으로 조작된 소련의 공산주의

앞에서 이미 지적했듯이, 소련의 스탈린은 예수회 출신에다가 프리메이슨으로 그들이 선정한 그들의 하수인이었다. 그러나 그는 권력을 쟁취한 뒤에는 지배세력의 지시를 잘 따르지 않았다.

그는 권력을 통합하기 위해 그에게 위협이 되는 세력을 무자비하게 제거했고, 많은 시민들을 학살하고 강제노동수용소인 Gulag에 보내 희생시킨 거로도 유명하다. 그러나 그는 미국이 선전했던 것처럼 세계를 공산화하려는 야심가도 아니었고 관심조차 없었다. 그는 오히려 김일성이 남침을 계획할 때 미국과의 세계전쟁으로 확산되는 걸 우려해 소련에게 도움을 요청할 생각을 말라고 다졌다. 그는 지배세력의 지시를 따라 UN의 안보이사회 상임회원국가로 UN군의 출범에 거부권 행사를 할 수 있었으나, 거짓 핑계로 안보리 회의에 불참해 미국이 소련의 아시아 공산화를 막기 위한 전쟁이라는 명분으로 일으킨 UN군의 참전을 허용했다. 그런데 미국 국내언론은 한국전쟁을 소련이 세계를 공산화하기 위해 배후에서 북한을 조종해 일으킨 전쟁이라고 선전해 미국 시민들의 동조를 끌어냈다. 그러면서, 소련을 막기 위해서라는 명분에 넘어간 대부분의 미국인들은 세계지도 상 어디에 붙어있는지조차 모르는 한국에 많은 젊은이들을 보내 희생시켰다. 그들은 그러므로 고도의 정보전쟁으로 미국 국민들을 소련이라는 가상의 적을 창조, 확대, 그리고 선전용으로 과장시켰던 것이다. 미국을 그 당시 벼들썩하게 만든 조지프 매카시 (Joseph Mcarthy)가 주도한 반공활동과 공산주의 색채를 의심받는 미국 유명 인사에 대한 청문회도, 그들이 미국 국민들에게 그들이 조작한 냉전을 언론을 통해 선전하고 세뇌시키기 위해 배후에서 부추겼던 조작극이었다. 그러던 조지프 매카시가 미국의 시오니스트 은행가들이 공산당을 지원해 왔다는 그들의 비밀을 알게 돼 (그 배후에 지배세력이 있다는 사실을 모르고) 이를 언론에 폭로하려 하자, 그를 갑자기 워싱톤 근교의 베데스다 병원에 입원시킨 후 '자살'시켰다.

냉전을 위한 한국전쟁

앞에서 이미 지적했듯이 공산주의와 민주주의 맨 꼭대기는 한 통속이라는 사실은 소위 공산주의제국 소련과 민주주의제국 미국과의 대결로 묘사된 한국 전쟁에 참여할 UN군대를 소집하는 결의안을 공산국가 소련이 거부권을 행사하지 않은 걸 보아도 알 수 있다고 했다. 오히려 전쟁 중 UN 사령관 맥아더 장군은 작전계획과 결과를 UN 안보이사회에 보고하도록 돼 있어, 전쟁기밀을 북한과 정보를 공유하는 소련에게 보고해야 하는 광대극이었다. 그리고 한국전쟁은 그들이 설립한 세계평화를 위해 국제경찰 역할을 감당한다는 명분으로 구축된 UN의 정당성을 세계 모든 국가들에게 확인시킴과 동시에, 그들이 가공한 공산주의와의 전쟁을 선전하기 위한 첫 전쟁이었다. 거기다 한국전쟁은 그들이 핵폭탄을 투여해 확실하게 그들의 속국으로 전락시킨 일본경제를 전쟁 물품을 생산해 다시 일으키는 계기로 이용된 전쟁이었다. 그리고 그 전쟁이 지배세력에 의해 공산주의와의 전쟁을 세계에 인식시키는 목적으로 기획됐던 전쟁이라는 사실은, 그당시 미국의 행보에서 고스란히 드러났다.

남침을 유도한 미국의 정책

우리는 김일성이 남한을 치밀한 계획하에 침공한 것으로 알고 있으나, 제2차 전쟁을 도발하기 위해 영국의 처칠 수상이 나치스가 영국을 폭격하도록 유인했던 것과 같이, 그들은 대한민국을 건립한 후 거꾸로 미군의 지시를 받은 국군의 게릴라 군대를 수차례 북한으로 침투시켜 교란전을 벌여 전쟁을 도발하는 행위로 자극했다. 그러면서 미국은 대한민국 정부를 수립한 후 갑자기 철수하며 모든 무기를 가지고 떠났다. 남한에는 탱크나 전투기도 하나도 안 남겨둠으로 김일성이 남한을 공격하게 유인하기 위해 고의로 대한민국의 취약점(vulnerability)을 드러냈던 것이다. 그에 비해 스탈린은 일본이 남겨놓고 갔던 무기를 북한의 김일성에게 남한을 공격할 수 있도록 제공했고, 김일성은 15만 명의 군대를 준비했었다. 김일성은 1949년 중공이 공산화에 성공하자마자 1950년 1월 그해를 통일의 해로 선정하고 남한을 공격해 한반도를 통일하겠다는 의지를 공식으로 발표했다. 마치 기다렸다는 듯이 미국의 국무장관 딘 에치슨(Dean Achison)은 미국의 방어선에 남한을 고의로 제외하고 발표함으로 미국이 관여하지 않을 것처럼 북한의 공격을 부추겼다.

지배세력에 의해 이용당한 김일성

결국 야심가 김일성은 지배세력의 한반도에서 전쟁을 일으키려는 계획에 이용당했던 것이다. 물론 김일성은 그 전쟁에 승산이 있다고 믿도록 유인됐었다. 왜냐하면 그 당시 한국에는 전쟁을 할 준비가 안 됐었고, 미국이 이승만을 내세워 남한에만 정부를 수립하는 것에 대한 반감을 가진 남한국민들이 그가 진군하면 그를 도울 것이라고 믿었었다. 김일성은 대영제국의 배후에서 식민지 국가들을 통치해 온 고수들인 미국의 배후 지배세력들의 계획을 간파하지 못했었다. 그는 미국의 딘 애치슨 국무장관이 남한을 미국의 방어선에서 제외한 것이, 그를 전쟁에 끌어들여 UN군을 참전시키기 위한 고도의 전략이었다는 사실을 감지하지 못했던 것이다. 아마 그 역시 미국의 배후에 있는 세계지배세력이 공산주의 확산을 막는다는 이유로 한반도를 그렇게까지 파괴하리라 예측하지 못했을 것이다. 김일성이 남침하자, 그들은 북한 공산당으로부터 '침략'을 받은 남한을 구하기 위해서라는 명분으로, UN이 회원국들로부터 군대를 소집해 UN군이 대한민국을 공산주의로부터 구하는 시범케이스로 활용했다. 그리고 맥아더 사령관이 중국을 선제 폭격해 북한을 지원하지 못하게 하는 작전을 트루먼이 불허했다. 왜냐하면 공산국가 중국의 개입으로 한국전쟁을 더 확대시켜 그들이 창조한 가상의 적 공산주의와의 대결로 전쟁을 확산시키는 수법으로, 공산주의의 위협을 세계에게 인식시켜야 했기 때문이다. 오히려 타이완에 거점을 둔 국민당군대가 공산군을 공격할 것이 우려돼 중공군이 한국전쟁에 출전하기를 꺼려하자, 미군 해군 제 7 함대가 타이완 앞바다에서 중공군의 배후를 지켜주었다. 물론 역사책에는 해군 7군 함대의 배치는 장제스의 국민당을 중공군으로부터 보호하기 위해서였다고 둘러댔지만, 그 당시 중공군은 한국전쟁에 개입하면서 타이완을 공격할 정도의 여력이 없었다. 이는 그 당시 중공군의 장군들이 공개적으로 실토한 내용이다.

지배세력에 의해 원수가 된 남한과 북한

그들은 의정서에서 인류를 서로 혐오하도록 자극해왔다고 자랑하듯이, 그들은 우리 민족끼리 '공산주의' 와 '민주주의' 라는 이념으로 서로 철저한 원수가 되도록 조작했다. 그들은 사회적으로 억눌려 살았던 북한 하류층들을 매수해, 그 지역의 지식층과 부유층을 상대로 잔인하게 분풀이를 하도록 부추겼다. 북에서 공산당을 경험해 본 고령 세대가 공산당이라면 치를 떠는 것은 그들의 그런 사악한 계획에 의해 그들의 앞잡이들로부터 야만적인 대우를 받은 경험 때문이다. 더군다나 한국인들은 일제 강점기 시대에 일본에게 강요당했던 천황숭배를 시늉만 했지 전혀 받아들이지 않았을 뿐 아니라, 오히려 일찍부터 사탄 루시퍼를 숭배하는 그들이 가장 혐오하는 개혁교를 받아들여 기독교인들의 수가 많았다. 앞에서도 수차례 언급했듯이 사탄 루시퍼를 숭배하는 그들은, 그들에게 쉽게 길들여졌던 일본인들과 달리, 기독교를 받아들이고 개성이 뚜렷한 한국 민족의 의지를 꺾기 위해 전쟁을 핑계로 제2차 대전 시 태평양 지역에 투여됐던 전체 폭탄 양의 두 배를 한반도에 민간인들을 상대로 투여해, 그 당시 한국인구의 20%에 달하는 4백만 명을 학살하고 수많은 피난민들을 배출했다. 그들은 임진왜란 때 조선의 이순신 장군이 그들의 중국을 정복하려는 계획을 저지시키는 바람에 자신들이 오히려 일본에서 쫓겨난 것에 대한 보복이기도 했다. 그들은 원래 러시아의 차르를 살해했던 것처럼, 그들의 계획을 좌절시킨 자들을 잊지 않고 복수하기로 유명하다. 일본을 재침투한 후, 그들을 쫓아냈던 쇼군을 없애버렸던 것과 마찬가지이다. 그들의 반공산주의 선전에 속아 한국전에 참전했던 수많은 개혁파 교인들로 형성된 젊은 미군들 역시 영문도 모르고 그 전쟁에서 그들에 의해 희생됐다. 그리고 한반도를 확실하게 파괴한 후, 전쟁 전의 위치로 되돌려놓고 북한 공산당과 싸운다는 명분으로 대한민국 군대를 키워 미국의 식민지 군대로 만들려는 계획을 모르고, 중공군을 선제 폭격해 공산당을 몰아낼 것을 제안했던 맥아더 사령관은 해임 당했다. 또한 한국전쟁은 그들이 의정서에서 계획했던 대로, 미국의 헌법이 규정한 의회의 동의 없이 트루먼 대통령이 대통령 명으로 개입한 전쟁으로, 의회의 동의 없이 대통령 결정으로 전쟁을 일으키는 선례를 만들었다. 미국의 지배세력은 그렇게 공산주의를 가상의 적으로 만들어 모든 민주주의 진영에 속한 국가들을 군사적으로 통제할 수 있는 명분을 조성했다.

마약 밀매사업을 위해 일으킨 베트남 전쟁

존슨 대통령이 부임한 다음 해인 1964년, 베트남과의 전쟁을 도발하기 위해 통킹 망(Gulf of Tonkin)에서 미국군함 USS Maddox가 공격을 받았다는 허위 사실을 조작했다. 미국은 베트남 전쟁의 명분으로 동남아시아가 공산화되는 것을 막기 위해서라고 했다. 베트남 전쟁에서 그들은 Agent orange와 같은 화학무기를 생산해 베트남 시민들은 물론 미국의 군인들에게 실험을 했다. 지배세력은 그 전쟁으로 원래 불란서 프리메이슨이 마약을 재배해 온 골든트라이앵글(Golden Triangle)을 장악해 그들이 창조한 CIA의 검은 예산(Black Budget)을 확보하려는 목적을 달성했다. 닉슨이 아무 근거 없이 캄보디아를 공격한 이유도 그 골든트라이앵글을 장악하기 위해서였다. 또한 지배세력은 베트남 전쟁 비용으로 그들이 소유한 방위산업이 나치스와 공조해 우주 항공모함과 우주를 개발하는 데 필요한 자금을 충당하기 위해서기도 했다. 전쟁에 사용되는 무기와 폭탄의 가격은 그들이 설정하는 것이고, 그들의 하수인들로 구성된 정부가 확인을 할 리가 없었다. 그러므로 베트남 전쟁 역시 지배세력이 양쪽의 전쟁 비용을 다 제공했다. 미국이 내세웠던 디엠이나 소련의 '도움'을 받은 베트콩의 호치민 역시, 이승만과 김일성처럼 지배세력에 의해 이용된 하수인들에 불과했다. 나치스와 소련의 세계 2차 전쟁 비용을 미국의 대형은행들이 제공했다는 증거를 찾아냈던 앤토니 서튼(Anthony Sutton) 교수는, 베트남 전쟁 역시 미국의 배후세력이 대고 있다는 증거로 소련의 지원을 받고 있다는 베트콩들이 사용하는 무기와 트럭이 미국에서 제조됐다는 증거를 가지고 공화당 지도부를 찾아갔으나 소용없었다. 그는 미국의 공화당이나 민주당이나 다 같은 지배세력에 의해 움직인다는 사실을 그때까지만 해도 알지 못했다. 그 후 그는 부시 가문이 소속됐던 예일대학에서 시작된 비밀사회 스컬앤본스 (skull and bones)의 존재에 대해 알게 됐고, 그와 관련된 저서를 발간해 노출했지만 그들이 통제하는 언론과 학계에서 억제되었다. 서튼 교수는 인터넷이 확산되자 그의 모든 저서들을 인터넷에 올려 무료로 다운받을 수 있게 하였고 지금도 인터넷에서 무료로 그의 저서들을 다운받을 수 있다. 그리고 지배세력은 일찍이 불란서 예수회가 심어놓은 로마가톨릭교와 경쟁하고 그들을 몰아낸 경력이 있는 베트남이 불교를 없애는 수단으로 그들의 하수인이었던 디엠정부를 이용해 베트남의 불교를 핍박했다. 그 당시 뉴스에서 베트남 승려들이 자신들을 불태워 자살하는 장면들을 언론에서는 마치 그들이 정신 나간 자들인 양 보도했으나 그 승려들의 공개자살은 불교가 베트남 정부의 노골적인 핍박을 받고 있다는 사실을 세계에 알리려는 최후의 수단이었다. 베트남전쟁의 종말 후 세계는 미국이 베트남 전쟁에서 패한 것으로 알고 있지만, 앞에서도 언급했듯이, 그들의 목적은 원래 그 전쟁에서 이기는 것이 아니었다. 오히려 공산화된 국가들을 이용해 공산주의와의 가상의 전쟁인 냉전을 진정한 전쟁으로 인류를 세뇌 시키기 위해서였다. 그리고 오히려 공산주의와의 전쟁에서 패함으로 공산주의의 위협을 실감하도록 선전하는데 사용했다. 베트콩은 베트남을 공산화한 후 결국 빚더미에 앉은 신세가 됐다가 1991년 공산주의의 붕괴와 함께 시장경제에 진출하기 위해 1994년 지배세력이 소유한 IMF의 구제를 받는 조건으로 베트남전쟁에 대한 배상금을 물어냈다.

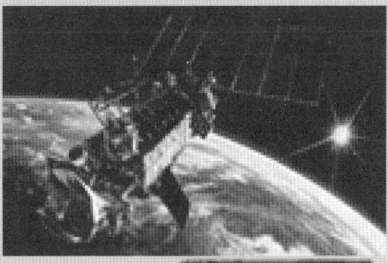

12. 미국 안의 숨은 정부 신설

12. 미국 안의 숨은 정부(Deep State) 신설

제2차 대전을 계기로 지배세력의 새로운 거점이 된 미국을 그들의 확실한 속국으로 만들어 미국을 배후에서 지배하기 위한 수단으로 그들의 숨은 정부(Deep state)를 설립하는 작업을 착수했다. 우선 그들은 시간이 갈수록 그들의 지시를 저항하고 불복종했던 루스벨트를 그들이 예수회에서 전형적으로 써온 수법인 독으로 암살했다. 그는 지배세력의 확실한 하수인인 영국의 처칠 수상을 적대시하며 지배세력이 공산주의를 가상의 적으로 만들려는 계획에 저항했고, 오히려 스탈린과 손을 잡아 지배세력과 대항하려는 의도가 발각됐다. 그리고 FDR이 1944년 브래튼우즈 협의에서 그들이 소유, 통제하는 국제결제은행(BIS)을 해체시킬 것을 지시한 것도 그들의 세계정부 계획에 불복하는 처세였다. 그들은 버틀러 장군을 앞세워 미국 안에서도 군사정권을 세우려다 실패한 후 그들을 잘 복종해온 FDR이 미국 안에 그들의 숨은 정부를 설립하려는 계획에 협조하지 않을 뿐 아니라 저항할 것을 예상하고 그의 부인의 친구 화가가 그의 초상화를 그려 준다는 명분으로 그의 저택을 침입해 그를 독살하는 데 성공했다.

지배세력의 비밀군대 CIA의 창설

그들은 이미 아무 정치 경험이 없고 그의 유일한 경력은 미조리주의 프리메이슨 조직의 수장(Grand Master)이었던 트루먼을

FDR의 부통령으로 선택하게 해, FDR을 제거한 후 대통령직을 인계하도록 손을 써 놓았었다. 트루먼 대통령은 그들의 계획대로 대통령직을 인계하자마자 일본에 핵폭탄을 투여하는 명령을 내렸고, FDR이 내린 국제결제은행 BIS를 해체하라는 명령도 철회했다. 앞에서 이미 그는 지배세력이 설립한 이스라엘이 건국하자마자 제일 먼저 이스라엘을 국가로 공식 인정했다고했다. 이스라엘은 지배세력이 그들의 국가군대(Israel Defense Force)와 국가정보기관 모사드를 만들어 중동지역을 통제하기 위한 시오니스트들이 창조한 '국가'였다. 트루먼은 나치스의 후원자이며 나치스의 사업 동업자 역할을 감당했던 프레스코트 부시 (Prescott Bush)가 국가반역죄(Aiding Enemy Act)로 그의 UBS은행 주식을 몰수당한 것을 사면해주고 주식을 되찾아 주었다. 프레스코트 부시의 아들이 바로 CIA 국장을 지낸 후, 1988년 대통령에 당선된 아버지 조지 부시이다. 아들 조지 부시 대통령을 포함한 부시 가문은 할아버지 부시때부터 대대로 예일대의 스컬앤본스라는 비밀사회의 멤버이다. 그 비밀사회는 예수회가 배후에 있을 뿐 아니라 예수회가 창설한 나치스를 추종하는 조직으로 1830년 미국 예일대 안에 설립된 이후, 미국의 주요 관직을 지낸 자들을 많이 배출했다. 2004년 아들 부시대통령과 7와 민주당 대통령 후보로 경쟁했던 존 캐리 둘 다 같은 비밀사회 멤버들이었을 정도로 그들의 비밀사회의 미국 안의 영향력은 막강했다. 그리고 그 비밀사회 회원들은 부시와 캐리처럼 외형적으로는 상반되는 당을 대표했다. 미국의 극우 정치평론가 윌리엄 버클리 (William Buckley) 역시 같은 비밀사회 회원이었다.

나치스 핵심멤버들의 미국 영입과 기용

앞에서 이미 히틀러의 친위군대인 첩보부대(Secret Service (SS))는 예수회 조직을 모방한 군대였다고 언급했다. 그들은 그들이 창조한 이 친위부대 SS의 2천 명이 넘는 핵심 장교들을 페이퍼 클립 작전(Operation Paper Clip)이라는 작전명하에 미국으로 데리고 가, 그들의 비밀 정부를 설립하는 데 필요한 요직에 가져다 앉혔다. 이미 뉘른베르크 재판은 전쟁범을 처벌하는 것처럼 보이게 하고 오히려 그들이 배후에서 나치스를 조종한 사실을 아는 군인들을 제거하는 쇼에 불과했다고 지적했다. 그 작전으로 미국에 들여온 자들 중에는 인간을 기니피그(guinea pig)로 잔인한 실험을 했기로 유명한 Dr. Mengle도 포함되었고, 대부분의 독일 장교들은 미국의 정보기관이나 과학연구소로 배치되었다. 베르너 폰 브라운(Wernher Von Braun)같은 과학자는 나사(NASA)의 책임자로 갔다. 나사는 미국의 항공방어를 위해 창설된 정부 산하기관으로, 그 기관이 자체적으로 선정하는 기밀은 정부 어느 기관도 공유할 수 없는 특급비밀로, 국회는 물론 대통령도 공개를 요구할 수 없게 돼 있다. 지금 미국이 비밀리에 운영하고 있는 비밀항공 프로그램(Secret Space Program)은 대통령도 알 권리가 없도록 돼 있다. 결국 미국 정부는 그들이 구축해 놓은 비밀 세계정부의 껍데기 조직에 불과하다.

또한 그들은 나치스 SS 첩보장교들을 2차 대전 시 미국의 민간 정보기관이며 지금의 CIA의 전신인 OSS 책임자들로 기용했다.

미국의 CIA 역시 그들의 하수인 트루먼 대통령 시절, 세계 첩보조직으로 국회의 제한된 감독을 받되 그들의 제재를 받지 않는 기관으로 설립해 미국 군대 첩보조직을 능가하는 조직으로 발족시켜 지배세력의 민간인 군대의 역할을 담당하고 있다. 그 조직의 첫 번째 국장으로 지낸 변호사 출신 알란 덜러스(Alan Dulles)는 제2차 대전 시 스탈린이 히틀러의 선제공격에 충격을 먹어 정신 쇠약으로 쓰러지자 스탈린 대신 러시아군을 지휘했던 자이다. 미국의 CIA 국장을 지낸 조지 부시에게, 대통령에 당선된 조지 카터가 미국의 비밀 UFO 프로젝트에 관해 묻자, 그는 카터에게 대통령의 자격으로는 알 권리가 없는 기밀이라고 거부했다는 사실을 카터 대통령이 실토했을 정도로 CIA는 미국의 지배세력의 사조직이다. 그리고 미국 재무부 하에 있으며 뉴욕 연준위 은행의 지시를 받는 (1933년 국민들의 금을 몰수해서 만든 자금) 환시장 안정 기금 (Exchange Stablization Fund) 역시 미국의 안보를 위한다는 명분으로 국회에 보고를 안 해도 되는 별계 부서로 만들어졌다. 그들은 미국 달러의 변동을 통제한다는 (그러므로 국가안보를 보호한다는) 명분으로 지금 세계의 금값을 조작하고 있을 뿐 아니라 그 돈으로 금리를 조작하기 위해 비밀리에 국채를 구매하고 있다. 그들의 하수인이었던 트루먼 대통령은 그들이 통제하는 의회가 만든 이 초 국가 기관들을 설립하는 법에 서명해 미국 안에 숨은 그림자 정부를 설립하는데 동조했다. 그러므로 그들은 그들이 창조한 나치스의 군대에서 실력이 검증된 나치스 핵심 멤버들을 미국으로 옮겨가 미국의 비밀 정부 조직을 만드는데 기용한 것이다. 그리고 트루먼대통령은 지배세력이 만든 국제 정부인 UN 밑으로 미국군대를 이속시키는 국제 협약에 서명하였고 그 협약에 의해 의정서에서 가르친 대로 국회의 동의 없이 대통령이 임의로 전쟁을 선포하는 선례를 한국전쟁 때 대통령 명으로 미군을 전쟁에 개입시키면서 세웠다.

세계 감찰기구 신설

그들은 예수회가 영국의 배후에서 조종하던 MI-5, MI-6, 그리고 영국은행의 설립 시부터 존재해온 비밀 정보국 (Secret Intelligence Service (SIS))와 새롭게 신설된 미국의 CIA와 이스라엘의 모사드 (MOSSAD), 그리고 소련의 KGB를 통해 전 세계 정보망을 장악했다. 미국점령군 정부가 새롭게 세운 서독 공화국을 그들의 하수인들로 요직에 앉혔을 뿐 아니라, 미국으로 데리고 가지 않은 SS 멤버들로 서독 정보국 Federal Intelligence Service(BND)와 동독 정보국 STASI를 신설했다. 그리고 그들은 일부 나치스 멤버들, 특히 로켓을 개발한 과학자들을 전쟁 승전국이었던 소련으로 보내 로켓 개발에 대한 연구를 계속했고, SS 정보원들은 소련의 정보국인 KGB로 편입시켰다. 또한 일부 나치스 요원들은 중동으로 파견돼 나치스 편에 있던 지금의 이슬람 테러조직의 배후에 있으며 이집트 정권을 장악한 무슬림 동포단(Muslim Brotherhood)을 관할했다. 결국 예수회의 배후세력은 전 세계의 첩보망을 이용해, 숨겨진 국제 안보정부(Security State)를 운영해 왔다. 지금 러시아 대통령 푸틴과 이스라엘의 수상 네타냐후는 전 KGB 요원이었고, 독일의 메르켈 총리 역시 전 STASI 정보원으로, KGB 푸틴의 관할에 있었던 KGB 요원이었다. 그리고 그들은 그때부터 미국의 최신 인공위성을 보유한 국립

정찰국(NRO)을 통해 세계 어디든 사찰할 수 있는 첨단기술로 세계를 사찰해 온 지 오래다. 최근 에드워드 스노든 이 그들이 미국을 통해 전 세계를 사찰하고 있다는 사실을 내부 고발로 노출시킨 후 현재 미국 정부의 도망자 신세로 러시아의 보호를 받고 있다고 앞에서 이미 언급했다.

이스라엘과 중동 정책

세계는 지배세력이 소유, 통제하는 언론을 통해, 그리고 그들이 침투해 매수된 지 오랜 복음주의 종교인들을 통해, 이스라엘을 신이 선택한 선의의 나라로 세뇌돼 왔다. 그리고 이스라엘이 주변 이슬람 국가들에 의해 핍박을 받고 있는 것으로 세계를 세뇌해 왔다. 그러나 이스라엘은 앞에서 설명한 시온주의자들에 의해 건설된 나라로, 지배세력이 직접 통치하는 테러 국가이다. 이스라엘의 창시자는 다름 아닌 은행가 로스차일드로 이스라엘의 법원, 정부 시설 모두 그가 자금을 대 건설됐고, 길 이름도 그의 이름을 땄을 정도이다. 그들은 앞에서도 지적했듯이 루시퍼를 비밀리에 섬기는 자들로 팔레스타인 지역에 수천 년이 넘게 살아온 아랍인들보다 더 팔레스타인 지역과 연고가 없다. 뒤늦게 유대교로 개종한 하자르 출신 아슈케나지(Ashkenize) 유대인들이 이스라엘 전 인구의 90%를 차지한다. 그리고 언론에서 묘사하는 것과 달리, 그들은 핍박을 받기는커녕 오히려 그 지역에 거주민들인 팔레스타인의 주민들을 상대로 반인류적인 학살을 감행하고 있는 인종 우월자들이며 인종차별 자들이다. 그들은 그들의 탈무드에서 가르치듯 자신들을 빼고는 모두 가축이라고 믿고 실지로 그 지역에 살고 있던 아랍인들을 가축보다도 못하게 취급하고 있다. 더욱이 그들은 미국으로부터 구입한 첨단 무기로 아무 저항을 하지 못하는 주민들을 무차별적으로 살상하며 공포로 지배하고 있다. 그들은 처음에 이스라엘을 건국할 때에는 10%도 안 되던 지역에서 지금은 팔레스타인 지역의 90% 이상을 소유, 통제하며 이스라엘 인구보다도 더 많은 원주민 팔레스타인 주민들을 10%도 안 되는 이스라엘 지역에 포로수용소식으로 몰아 넣어놓고, 첨단 탱크로 점령군보다도 더 혹독하게 취급하고 있다. 그러나 이런 실황은 대한민국 언론을 포함한 세계 언론에 의해 철저히 은폐돼왔다.

1948년 이스라엘의 건국 시부터 미국은 매년 이스라엘에게 40억 달러 상당의 경제지원을 해주고 있다. 또한 미국은 미국이 일찍부터 핵개발에 필요한 기술을 비밀리에 이전해 주어 이스라엘은 핵보유국가로 약 400개의 핵폭탄을 보유하고 있다. 그러면서도 전 세계 핵보유국들 중에서 유일하게 핵확산방지 합의(Nuclear non-proliferation Agreement)에 서명하지 않은 그야말로 악당(rogue) 국가이다. 그리고 그들은 핵기술을 이전받는 조건으로 약 1만 명에 달하는 중동지역에서 살아온 유대인들을 핵과 관련된 실험을 한 후 소리 없이 처치해 버린 것으로 유명하다. 거기다 미국의 펜타곤이 보유한 첨단 무기를 고철값으로 '인수'해 전 세계에서 4번째로 꼽히는 공군을 가지고 대한민국에도 허용하지 않는 첨단 전투기와 무기들을 보유하고 있다. 미국의 수많은 전쟁을 취재해온 유명한 언론인이 이스라엘 사령관을 인터뷰하는 과정에서 왜 그렇게 막강한 군사력을 가진 이스라엘군이 힘없는 팔레스타인 주민들을 학살하냐고 질문을 했다가 얼마 안 돼 의문의 자동차 사고로 죽을 정도로, 그들의 정보기관 MOSSAD는 악랄하기로 유명하다. 그 지역에서 오랫동안 아랍인들과 평화롭게 살아온 구약성경 토라(Torah)를 믿는 전통 유대교 지도자들은 이스라엘을 통제하고 있는 이 개종된 가짜 유대인들의 정책을 공식으로 반대하고 있다. 그들은 텔아비브(Tel Aviv)에서 수시로 반대 데모를 하고, 최근에는 전 이스라엘 국민의 20%가 되는 40만 명이 모여 정부의 팔레스타인의 조직적인 학대를 반대하는 데모를 하였으나 지배세력이 소유, 통제하는 세계 언론은 철저히 은폐하고 있다. 이스라엘 자체 군대에 속한 군인들마저 이스라엘의 반인류적인 행각을 비판하는 인터뷰를 인터넷 매체를 통해 볼 수 있다. 그런 반대시위는 은폐하면서도 팔레스타인을 공격해야 할 명분이 필요하면 이스라엘 시민을 상대로 허위 공격을 조작해 대서특필로 보도해 그 사건을 핑계로 그들의 첨단무기로 팔레스타인 주민들을 상대로 테러를 일삼는, 말 그대로 테러 국가이다. 북한이 지배세력으로부터 방어하기 위해 핵을 보유하려는 그 자체를 전쟁 행위로 묘사하며 북한을 악의 축으로 다루고 있는 행위야말로 그들의 위선의 극치이다.

미국을 장악한 시오니스트 세력

그러나 이는 그리 놀랄 일이 아니라 오히려 당연하다 할 것이다. 시오니스트로 형성된 로스차일드, 록펠러로 형성된 그들이야말로 미국의 연준위를 소유하고 언론을 통제하고 있는 자들이고 그들이 유럽을 떠나기 싫어하는 유대인들을 팔레스타인으로 이주시키기 위해 히틀러를 이용해 수많은 유대인들을 희생시키면서까지 이스라엘을 건국한 이유는 그들의 세계정부를 설립하는데 필요에 의해서였다. 이스라엘은 세계의 에너지를 소유한 중동을 통제하기 위해 그들이 그 지역에 심어놓은 육군과 해군을 보유한 그들의 조폭국가이기 때문이다. 우리는 일찍부터 여성들까지 포함된 이스라엘 전 국민이 군사훈련을 받는 장면을 언론을 통해 보아왔다. 그들이 1897년 시오니스트 총회에서 예고했던 세계 전쟁의 마지막이 될 제3차 전쟁은 유대인들과 아랍인들 사이에 일어날 것이라고 했던 지역이기도 하다. 물론 그들의 의정서에서 이미 가르쳤듯이, 그들의 전쟁은 미국의 군대를 이용해서 하는 것이고, 이미 그들은 미국 군대와 유럽의 NATO 군대로 중동의 이라크, 리비아 등을 침공했고, 시리아와 이란을 상대로 제3차 전쟁을 도발하려 하고 있은 지 오래이다. 거기다 이스라엘의 군대는 그들이 미국과 유럽군대를 동원하기에 명분이 없든지, 불법행위가 요구되는 상황에 출동하는 비밀 군대조직이기도 하다. 대한민국에 있었던 천안함 침몰 사건도 아시아 지역에 전운을 조성하기 위한 그들의 이스라엘 잠수함의 소행이었다. 그들의 철저한 하수인이었던 이명박 정권과 우리나라 언론이 그 사건을 북한의 소행으로 조작하는데 공조했던 사건이다.

미국을 움직이는 최고 로비 그룹 이스라엘의 AIPAC

그들은 이스라엘 로비를 위해 1952년도에 설립된 에이팩 (AIPAC (American Israeli Public Affairs Council))으로 노골적으로 미국의 외교를 주도해오고 있으며, 중동에서 전쟁을 일으키도록 미국을 움직여 왔다. AIPAC은 미국의 국회와 정치인들을 정치자금으로 매수하기로 유명하고 만약 어떤 국회의원이 그들의 정책에 반대할 경우, 그 의원이 경쟁하는 후보를 경제적으로 지원해 줌으로 그 의원을 다음 선거에서 하차시키기로 유명해, 모든 정치인들이 그들을 반대하기 두려워 하는 것으로 유명하다. AIPAC이 매년 여는 총회에는 미국 의회에서 보다 더 많은 국회의원들과 상원의원들이 참석하기로 유명하다. 이스라엘의 베냐민 네타냐후 대통령이 사석에서 미국의회는 우리가 시키는 대로 하니까 신경 쓰지 않아도 된다는 발언을 하는 것이 몰래 카메라에 잡혀 인터넷에 배포됐을 정도이다. 또한 그가 미국의회에서 연설할 때, 미국 대통령보다도 더 많은 기립박수를 받는 걸 봐서도 이스라엘 로비의 힘을 짐작할 수 있다. 그들의 회유를 거부했다가 재선에 실패한 신시아 맥키니 (Cynthia McKinney) 전 의원은 그들이 이스라엘에게 충성하는 서약서에 서명할 것을 요구한 걸 거부했다고 노출시켜 유명하다. 그들에 의해 재선에 실패한 후 그녀는 국회에서 활동을 하지 못하고 있다. 그들은 법으로 로비를 합법화시켜 제도화해 놓았고, 모든 의회에서 상정되는 법안은 로비스트들에 의해 작성되고 있다. 그러므로 시오니스트들이 소유하고 통제하는 모든 은행들과 기업들이 그들이 소유한 대형 로펌과 로비스트 조직들로 미국의 의회를 움직이고 있다는 사실은 기정사실인 것이다. 물론 미국의 모든 외교정책을 결정하는 미국의 숨겨진 권력 단체인 CFR 역시 록펠러 같은 시오니스트 유대인들로 형성돼있고, 미국의 경제정책을 결정하는 연준위의 의장으로 지낸 그린스펀, 버냉키, 옐렌부터 시작해 모든 관료들이 유대인들로 형성돼 있을 뿐 아니라, 미국의 모든 언론사들이 시오니스트 유대인들로 형성돼 있는 사실을 보아도 그들이 미국을 움직이고 있는 세력이라는 사실은 부인할 수 없다. 현재 약 20여 명의 미국 국회의원들이 이스라엘 시민권을 보유한 2중 국적 소유자이다. 그리고 미국의 영향력 있는 선거 전략가들 대부분이 시오니스트들로 형성돼 있다. 오바마의 선거 전략가는 유대인 출신 액설라드 (Axelrod)이었고, 오바마의 선거를 도왔고 그의 비서실장을 지낸 로엄 이매뉴얼 (Rohm Emanuel)은 이중 국적 소유자로, 이스라엘 군대 IDF에 입대해 걸프 전쟁에 참여했던 경력까지 있다.

미국의 신보수로 알려진 네오컨 배후세력

또한 레이건 대통령 때부터 정권에 깊숙이 침투해 미국의 외교와 국방부를 움직여 온 네오컨 세력 역시 이스라엘 시오니스트들로 구성돼 있다. 이미 레이건 때부터 국방 장관 와인버그는 소련의 군사력을 빙자해 군비를 매년 증가시켰으나, 그 군 예산은 소련과의 전쟁 준비가 아닌 중동전쟁을 준비하는 데 사용됐었다는 사실이 1991년 이라크 전쟁에서 드러났다. 그들은 소련이 1991년 스스로 붕괴하기 직전까지 소련을 핑계로 군비를 증가시켜, 그 자금으로 중동에서의 전쟁을 준비했었던 것이다. 그 군대를 이라크를 공격하는데 사용했고, 그 전쟁은 앞으로 그들이 중동에서 일으킬 제3차 전쟁의 연습 전쟁이었다. 그리고 소련의 붕괴 후 미국의 Project for New American Century를 주도했던 자들 역시 시오니스트들이었다. 그러나 앞에서도 지적했듯이 시오니스트들은 예수회의 지시를 받는 조직이지 진정으로 이스라엘을 그들의 국가로 설립하기 위해서 일하는 자들이 아니다. 물론 이 사실을 맨 꼭대기에 가야만 알 수 있다. 시오니스트 군대를 이끌었던 라빈

(Yitzhak Rabin) 수상도 이 사실을 모르고 예루살렘을 바티칸에 양도해 줄 것을 거부했다가 암살당했다. 그를 뒤이은 시몬 페레스(Shimon Perres)가 1997년 오슬로조약(OSLO ACCORD)을 통해 예루살렘의 대부분을 바티칸에게 이전해 준 정황을 보아도 알 수 있다. 2000년에 출범한 아들 부시 대통령과 체이니 부통령, 그리고 국방 장관 럼스펠드 역시 시오니스트들로, 그들의 계획에 의해 2001년 9·11 자작극을 이스라엘의 모사드와 함께 계획하고 성사시켰다. 아프가니스탄을 상대로 전쟁을 벌인 후 그다음으로 이라크, 리비아, 조단, 레바논, 시리아 그리고 이란을 공격하는 계획이 국방 장관실에서 내려왔다는 사실을 웨슬리 클라크(Wesley Clark) 미국육군장군이 폭로한 영상도 인터넷에서 확인할 수 있다. 그들은 그런 식으로 중동 국가의 정권들을 전복시킬 계획을 가지고 있었고, 그 계획은 원래 이스라엘의 영토를 늘려 중동을 장악하려는 계획과 일치한다.

지배세력의 마약과 성매매를 포함한 지하경제의 통제

앞에서 세계지배세력을 움직이는 조직은 교황청 배후에 있는 예수회라고 했다. 그들은 교황청의 배후에서 로마교를 따르는 포르투갈의 해군을 이용하다가 스페인의 해군이 포르투갈을 능가하자 스페인으로 옮겼다가 영국왕실을 침투해 대영제국 배후에서 동인도회사로 중국에게 아편을 강제로 수출해 어마어마한 부를 벌어들였다고 했다. 그뿐 아니라 그들은 아프리카 주민들을 노예로 잡아다 미 대륙으로 수출하는 사업으로도 많은 돈을 벌었다. 사탄을 숭배하는 그들에게는 돈을 벌기 위해서는 온갖 악한 행위를 서슴지 않았다. 그리고 그들은 그때부터 지금까지 그런 돈이 되는 장사를 중단한 적이 없다. 오히려 그들은 그런 장사를 더 체계적으로 운영해 왔다. 그런 장사는 의정서에서 인류를 타락시키라는 가르침과도 일맥상통하기 때문이다. 그러므로 미국의 마피아 조직을 포함한 중국의 삼합회, 일본의 야쿠자 등 각 국가에 존재하는 모든 조직 폭력배 조직은 그들 산하에 있다. 그리고 전 세계의 지하 경제를 구축하고 있는 마약 경제, 매춘경제, 성노예 모두 그들의 통제하에 있다. 마약 사업과 성매매에 필요한 인신매매는 기막힌 장사일 뿐 아니라 의정서에서 말하는 인류를 타락시키는데 뿐 아니라 국가를 망하게 하는데 효과적인 무기라고 가르쳤다. 그리고 그들은 의정서에서 말한 프리메이슨들로 경찰조직을 장악해 그들의 공권력을 이용해서 지하경제 역시 지배해 왔다. 그들은 미국 안에서는 그들이 설립한 FBI를 이용해 매춘과 마약을 퇴치한다며, 오히려 마약과 매춘조직을 검찰과 경찰의 공권력을 이용해 통제해 왔다. 그들이 의정서에서 자랑했듯이, 그들은 경찰과 사법기관을 장악하고 있어 조직 폭력배들을 이용해 지하경제에서도 많은 돈을 벌어들여 왔다. 그들이 벌인 베트남 전쟁 역시 캄보디아 라오스를 포함한 골든 삼각지대(Golden triangle)로 알려진 마약 재배지역을 놓고 그때까지 그 지역을 통제하던 불란서 비밀사회와 벌인 전쟁이었고, 그들은 전사한 미군들의 시체가 담긴 관속에 마약을 숨겨 미국과 유럽으로 밀수했었기로 유명하다. 9·11 이후 뜬금없이 오사마 빈라덴을 보호해주고 있다는 조작된 이유로 아프가니스탄을 제일 먼저 침략한 것도 그 지역에서 생산되는 아편재배를 손에 넣기 위해서였고 16년 이 지난 지금도 그곳에 미군이 주둔하고 있는 이유이다. 그들이 아프가니스탄을 점령한 후부터 전 세계의 아편 생산량의 90%가 그 지역에서 나오고 있다. 그리고 그들은 그런 마약과 매춘사업에서 벌어들이는 조단위의 막대한 달러로 그들의 사조직인 CIA의 '검은 예산' (Black budget)을 충당하고 있고, 그들이 소유한 국제은행들은 그렇게 벌어들인 돈을 세탁해주며 약 10%의 수수료를 벌고 있어 그들의 가장 수익성 높은 사업이다. 이런 사실은 이미 최근에 HSBC 은행에서 이미 인정하고 벌금을 물었다. 물론 벌금 금액은 그들이 이미 벌어들인 돈에 비해 비교도 안 되는 소액에 불과했다. 그리고 아무도 처벌되지 않았다. 그들의 마약과 성매매, 성노예 사업은 그들이 통제하는 마피아, 야쿠자 같은 범죄조직들을 통해서 이루어지고 있고 정부가 공개적으로 선전하는 '마약과의 전쟁', '성매매와의 전쟁'은 그들과 경쟁이 되는 작은 물고기들을 소탕하는 것으로, 국민들에게 그들이 세계적으로 진두지휘하고 있는 범죄를 숨기기 위한 쇼에 불과하다.

지배세력의 국제 비밀조직 빌더버그 그룹과 삼각회

1954년 빌더버그에 있는 한 호텔에서 미국과 유럽의 지배층들이 비밀리에 모였다. 그 모임의 첫 장소가 빌더버그였던 이유로 그 후 '빌더버그 그룹'이라고 알려졌다. 세계지배세력은 그들의 의정서에서 전 세계를 두 부류로 나눌 것이라고 돼 있다. 그들을 포함한 소수의 부자들과 자신들을 위해 일하는 경찰과 군대를 제외한 모두는 그들의 지배를 받는 노예들이라고 했다. 그들은 빌더버그 비밀조직의 존재가 2000년 초에 노출될 때까지 그런 조직의 존재를 음모론이라며 강력히 부인해 왔다. 빌더버그의 회원들은 넬슨 록펠러를 포함한 유럽의 신성로마제국 때부터 내려온 왕실의 가문들로, 모두 대영제국의 배후에서 동인도회사를 통해 중국의 아편 사업과 미국의 노예무역으로 막대한 부를 모은 자들이다. 그들은 영국의 MI-6 요원이었다가 지배세력을 노출시킨 존 콜먼 박사 (Dr. John Coleman)의 대표적인 저서 '300명 위원회' 에서 노출한 영국의 엘리자베스 여왕을 중심으로 한 유럽의 '귀족' 가문들이다. 그들 위에는 13 일루미나티 가문이 있고, 그 위에는 예수회 조직이 있고, 예수회의 배후에는 고대부터 내려오는 가문들이 있다.

그조직의 창설멤버이며 초대 의장은 네덜란드의 베른하르트 (Bernhardt) 왕자였고 지금은 그의 큰딸 비어트릭스 (Beatrix) 여왕이다. 베른하르트 왕자는 독일의 나치스 군대가 2차 대전에 개입하기 직전까지 SS 장교로 있으며 나치스의 설립에 가담했던 자이다. 그러므로 나치스의 SS는 지금의 빌더버그 회원들인 유럽 귀족 가문들의 지지를 받고 창설된 군대 조직이었다. 그 증거로 인터넷에서 엘리자베스 여왕이 어렸을 때 나치스의 경례를 따라 하는 모습이 담긴 활동사진을 찾을 수 있다. 빌더버그 모임의 목적은 나치스와 일본제국이 제2차 대전 동안 약탈한 금은보화를 포함한 자산들의 처분을 상의하기 위해서였다. 그때 그들은 특히 아시아에서 상상을 초월하는 양의 금을 약탈하였을뿐 아니라 공산당과 일본군대로부터 쫓기던 국민당의 장제스와 중국의 왕실 가문들은 약 20만 톤이 넘는 금을 미국 정부가 발행한 국채를 받고 금을 위탁했었다고 한다. 제2차 대전 당시 일본의 침략에 위협을 느낀 중국의 장제스를 비롯한 중국황실의 가문들은 자신들이 소유한 상상을 초월하는 금을 미국 정부가 발행한 국채를 받고 이자를 지불해 주겠다는 '약속'을 믿고 그들에게 '위탁' 했었다. 그들이 모여서 상의한 것은 그들은 그때까지 그런 엄청난 양이 존재한다는 사실조차 모르다가 얻게 된 금을 '세탁' 하기 위해서였다. 그런 양의 금이 시장에 흘러 들어갈 경우, 그들이 통제하는 빚을 바탕으로 한 지폐와 경쟁할 수 있기 때문이었다. 여하튼 그들은 매년 열리는 이 회의를 통해 전 유럽의 가문들의 대표들, 국가 관료들 그리고 언론인들이 모여 그들의 앞으로의 계획에 대한 논의를 해왔다. 물론 결정기관은 아니지만 최고 지배세력에게 그들의 의견을 상정할 수 있는 자리이다. 제2차 대전 이후 일본과 아시아를 통제하게 된 록펠러가, 1973년에는 일본을 포함한 아시아의 가문들도 포함시키려했다가 회원들의 반대로 거부되자, 그 대신 북미, 유럽과 일본을 연결시킨다는 뜻으로 삼각회(Trilateral Commission)가 설립됐다. 그 삼각회의 회원으로 재계에는 삼성 이재용, 현대중공업 정몽준, 롯데그룹 신동빈과 언론계에는 중앙일보회장 홍석현과 국회의원으로는 나경원이 회원으로 등록돼있다.

13. CIA를 이용한 세계지배

Black operation - Wikipedia
https://en.wikipedia.org/wiki/Black_operation ▼ 이 페이지 번역하기
A black operation (or black op) is a covert or clandestine operation by a government agency, ... had authorized the CIA to undertake "black operations" in Iran in order to promote regime change as well as to sabotage Iran's nuclear program.

13. CIA를 이용한 세계지배

앞에서 우리는 예수회를 교황청을 위해 반개혁주의에 앞서기 위해 로욜라가 창설했다고 했다. 그들은 일찍부터 반대세력을 무력화하는 방법으로 반대세력의 지도자들을 제거하면 된다는 사실을 잘 알았다. 그래서 예수회는 암살을 하는 비밀군대로 교황의 적대세력을 침투해 적의 지도자들을 제거하는 데 사용돼 왔다. 그들은 이제 그러한 역할을 담당할 미국 국방성의 통제를 받지 않는 사복 군대로 CIA를 창설했다. 그들은 자신들이 창조한 가상의 적인 공산주의와의 전쟁을 명분으로 모든 '자유(free)' 국가들을 군사적으로 통제할 수 있었다. 한국전쟁이나 베트남 전쟁에는 미국의 군대를 정식으로 출전시켜야 했으나 그들은 그런 전쟁을 일으키는 명분을 조성하는 작업을 그들의 사조직인 CIA를 이용해 은밀히(covertly) 진행했다. 그들은 미국의회의 CIA의 감독 기능을 국회 안에 그들의 하수인들로 조성된 소위원회를 만들어 놓고 군사기밀(Classified secret)이라는 이유로 전체 의회에게 보고하지 않아도 되도록 제도화해 놓았다.

전 세계 대사관과 총영사관의 영사로 배치된 CIA 요원들

그렇게 해 그들은 전 세계를 그들의 CIA를 통해 지배했다. 미국 국무부의 산하에 있는 전 세계의 대사관과 총영사관에는 CIA 요원을 영사의 자격으로 배치시켰다. 그러면서 그 국가 안에서 첩

보활동을 하였고 그 국가의 정보부를 공산주의와의 전쟁을 빌미로 통제할 수 있었다. 그리고 그들은 그들의 프리메이슨 회원들을 CIA 요원으로 등용했다. CIA는 그러므로 그들이 의정서가 지침한대로 그들의 하수인들인 프리메이슨들로 형성된 지배세력이 사유로 소유한 국제 비밀군대로 미국의 국방성과 별개 조직으로 움직였다. 그리고 그들은 국무부가 가진 전 세계 외교 네트워크를 이용해 모든 국가들에 침투하였고 공산주의와의 전쟁을 핑계로 자연스럽게 그 국가들의 정보기관과 긴밀한 관계를 유지하였다. 그러면서 그들은 그 국가의 모든 정치인들을 감찰해 중요 정치인들을 매수하는 작업과 그들을 저항하는 자들은 제거하는 작업을 진행해 왔다. 또한 그들의 요원을 그들이 소유, 통제하는 언론기관들의 특파원으로 침투시켜 그 국가의 여론을 조성하게 했고 필요에 따라 그 국가의 언론사를 은밀히 매입하던지 그들의 하수인들이 매입하도록 지원해 주었다. 결국 그들은 경제로 모든 국가들을 지배하며 동시에 그들이 식민지 국가들을 지배해 온 같은 방식으로 그 국가를 은밀히 CIA로 통제해 그들을 저항하는 세력들을 축출하였다. 그 국가의 정상이 그들의 지시를 저항할 경우, 그 정부를 반대하는 세력을 찾아 그들이 소유, 통제하는 NGO들을 통해 반정부 활동을 하도록 합법적으로 지원해 주었다. 그리고 그렇게 해도 그들을 저항하는 정부를 통제할 수 없게 될 경우 반정부 세력을 도와 정권교체를 주도하던지 저항세력의 지도자를 암살해서라도 정권을 교체시켰다. 만일 그것마저 안 될 때에는 군 조직을 매수해 쿠데타를 일으키도록 조작하였다. 그들은 모든 국가들의 군대를 공산주의와의 전쟁을 명분으로 그들의 지배하에 둘 수 있어 군대를 통제하는 것은 어렵지 않았다. 그러다가 그것마저 안 통할 때에는 그들의 의정서에서 가르친 대로 근처 국가들을 활용했다. 우리가 가장 잘 알고 있는 사례가 이란이 1980년 샤를 몰아내고 혁명을 일으키자, 이라크를 이용해 이란과의 전쟁을 일으킨 후 이라크를 화학무기를 포함한 무기를 제공해 주어 백만 명이 넘는 이란인들을 살생한 전쟁이다. 그것마저 안 통할 경우 미국의 여론을 조성해 미국의 군대로 공격하는 수법으로, 이라크의 사담 후세인과 리비아의 카다피 정부를 전쟁으로 침략한 후 살해했다. 지금도 그들은 이란을 상대로 경제제재를 걸어 국민들의 불만을 조성해 이란정부를 전복시키려는 계획을 추진함과 동시에, 이란이 핵무기를 보유했다는 근거 없는 이유로 이란과 전쟁을 일으키려 하고 있는 이유이다.

검은 예산으로 전 세계를 지배하는 비밀 군사조직

원래 CIA는 외국에서 정보를 수집하는 역할을 하는 기구로 설립됐다. 그러므로 미국 내에 그들의 사조직으로 연준위의 설립과 동시에 설립돼 그들의 연방 사복경찰로 활용해온 FBI와 달리 정보수집 외에는 아무 공권력이 없었다. 그러나 그것은 그들의 진정한 의도를 숨기기 위한 구실에 불과했고, 그들은 CIA를 통해 전 세계를 지배하는 비밀(covert) 군대로 일찍이 예수회가 생긴 후 모든 유럽 국가들을 침투해 분열을 조성하고, 암살과 여론을 주도해 정부를 전복하던 역할을 담당해 왔다. 결국 세계의 정보기관들을 통제하고 있는 예수회의 사유 조직이라고 보면 된다. 그리고 앞에서 언급했듯이, 그들은 정부예산과 비교도 안 되는 예산을, 그들이 재무부 산하에 설립한 미국 국회의 감독을 받지 않고 연준위를 실제로 움직이는 뉴욕 연방준비은행 (Federal Reserve Bank of New York)이 직접 관할하는, 환시장 안전 기금을 이용해 CIA 활동에 필요한 자금을 충당해 왔다. 그뿐 아니라 그들은 아시아, 남미, 중동에서 생산되는 마약 거래를 주관해 미국 국방성 연 예산을 능가하는 검은예산 (black budget)으로 전 세계의 정부들을 통제하는데 필요한 자금을 충당해 왔다. 그들은 모든 국가에 NGO와 유령회사들을 설립해 그 국가에서 고용한 자들로 '정보수집' 은 물론이고 정부와 반대되는 세력을 '합법적' 으로 지원해 왔다. 그런 식으로 그들은 학계, 종교계 등 침투하지 않은 분야가 없다. 그중에 그들이 일찍부터 그들의 의정서에서 가장 중요시 하는 언론 기관들을 침투하여 그들의 하수인들을 앉히는 것은 당연히 최우선 순위였다. 그리해 CIA를 세계지배세력의 사유군대로 모든 국가들을 지배해왔다.

미국의 언론과 출판계 통제

그들은 미국 내에서도 CIA를 통해 모든 언론기관을 침투했다. 1970년대에는 목킹버드작전(Operation Mockingbird)이라는 작전명 하에 국내 언론 기관들에 그들의 요원들을 심어놓은 사실이 드러났다. 그때 그 조사를 담당했던 프랭크 처치(Frank Church) 상원의원은 그 후 그들의 AIPAC에 의해 재선에 실패했고, 얼마 안 돼 의문의 비행기 사고로 죽임을 당했다. 그 후, 언론이 더 이상 거론하지 않았으나 CIA의 국내 활동은 완전히 영구적으로 됐다. 최근 북한의 소행이라고 하며 떠들썩했던 쏘니 사 해킹 사건은 쏘니 사 안에 있는 직원에 의해서 노출됐었다는 사실이 드러났다.

그리고 언론이 그 해킹에 대해 북한의 소행이라는 식으로 프레임을 바꾼 후 더 이상 거론하지 않았다. 실제로는, 그 해킹으로 미국 CIA가 미국 언론의 뉴스제작과 영화제작에 직접 개입해 왔다는 정황들이 속속히 드러났다. 그러나 그들이 소유, 통제하는 언론은 이를 은폐했다. 그뿐 아니라 미국의 출판계에서 출판되는 대량의 책들을 CIA에서 지시하여 지원하고 있다는 사실은 이미 인터넷 매체들을 통해 잘 알려진 사실이다. 미국의 CNN방송과 워싱턴포스트는 아예 CIA가 운영하는 방송과 신문으로 알려진 지 오래이다. 또한 그들은 미국 군대는 물론 각 도시에 경찰에도 능력 있는 자들을 프리메이슨 멤버로 모집해 CIA 요원으로 심어 놓아 군부와 경찰을 통제해 왔다.

일루미나티를 이용해 통제하는 미국의 음반계와 영화계

그들은 나치스 때부터 마인드 컨트롤에 대한 연구를 해왔고 제2차 대전 이후 페이퍼클립 작전에 의해 나치스에서 그 분야를 연구하던 자들을 데리고 와 CIA에 전속시켰다. 그리해 심리전(Psychological Warfare)을 연구해 그들에게 저항하는 정부들을 전복시키는 전략에 사용했다. 케네디 대통령의 암살을 거론하는 자들을 음모론을 거론하는 자(Conspiracy Theorist)들로 묘사해 비웃음을 사게 하는 수법도 CIA의 마인드 컨트롤을 연구하는 부서에서 개발했다. 그들은 의정서에서 가르친 대로 대중의 생각을 통제하는 수법으로 방송과 영화계를 일찍부터 활용해왔다. 그들은 CIA를 통해 뉴스 보도를 비롯해 엔터테인먼트 방송과 영화를 통제해 왔다는 사실이 이미 드러났다. 또한 매년 출판되는 책과 영화들 중 많은 물량이 CIA에서 기획한 내용을 그들이 선택한 작가들을 통해 출판, 배급해 왔다. '반지의 제왕,' 해리 포터' 모두 CIA가 기획한 영화들이다. 또한, 가수, 배우 모두 방송계, 영화계와 음반계에서 뜨게 해주는 조건으로 그들의 일루미나티 조직에 가입하도록 종용했고, 이를 거부하는 자들은 버려졌다. 음반과 영화계에서 일루미나티는 사탄을 숭배하는 자들로 개종시켰다. 마돈나, 브리트니 스피어스, 케이티 페리, 레이디 가가, Justin Bieber, Kim Kardashian Jim Carrey, Robert Deniro, Beyonce, Angelina Jolie, 등 미국의 대스타들은, '패션 오브 크라이스트 (Passions of Christ)'를 제작해 미국 헐리우드 영화계에서 쫓겨난 멜 깁슨 (Mel Gibson) 같은 극소수의 배우들을 제외하고는, 모두 일루미나티이다. 그렇지 않고서는 그들이 통제하는 엔터테인멘트 세계에서 스타가 될 수 없게 돼 있다. 대부분의 가수들과 배우들은 성공을 위해서는 자신들의 영혼을 사탄 루시퍼에게 팔았고, 밥 딜런 같은 가수는 한 인터뷰 자리에서 대놓고 자기는 자기 영혼을 사탄에게 팔았다고 시인했다. 영국에서 들어온 비틀스와 롤링스톤 같은 록 그룹 역시 미국의 젊은 층들을 타락시키기 위해서였고, 그들은 LSD, 헤로인 같은 마약을 그들의 공연 장소에서 공짜로 배포해 중독되게 유도했다. 비틀스의 작곡가이자 가수 존 레논은 그들의 그런 계획을 알고 난 후, 자신의 음악성을 이용해 사랑과 평화를 그리는 음악을 제작하며 전쟁을 반대하다가 그들에 의해 죽임을 당했다. 마이클 잭슨, 프린스 같은 가수들 역시 그들의 통제로부터 벗어나려 하다 사고로 위장한 죽임을 당했다. 최근 한국에서도 같은 식으로 '성공'한 신해철 같은 연예인들이 의문의 이유로 죽은 것도 같은 사례로 보이는 이유이다.

지배세력을 저항하는 정부를 전복시키는 데 이용해온 CIA

대한민국을 포함한 모든 소위 민주주의 진영의 국가들은 지배세력의 사조직인 미국 CIA를 통해 다스려졌다. 그들이 한국을 일본으로부터 인수·인계받은 직후 그들이 한국을 분단해 공산국가 북한과 전쟁을 일으키려는 계획의 걸림돌로 작용한 김구 선생과 여운형 같은 통일을 주장하는 지도자들을 암살해 제거했다. 그런 후 그들의 하수인으로 선정된 이승만 대통령을 앞세워 남한만을 가지고 대한민국을 건국한 것으로 시작해, 지금까지도 그들의 하수인들로 형성된 정부를 움직여 대한민국을 지배해 왔다. 1973년에 데니얼 엘즈버그(Daniel Ellsberg)가 노출한 펜타곤 페이퍼(Pentagon Papers) 이후 군사기밀로 지정됐다가 2013년에 공개된 내용을 보면 미국이 베트남전쟁에 개입하기 전인 1954년부터 미국 CIA가 개입돼 국제 평화협상을 방해한 후, 그들의 하수인 응오딘지엠 대통령으로 남베트남 정부의 출범시켰다가 그가 더 이상 그들의 계획에 이용가치가 없어지자, 1963년 군부 쿠데타를 지원해 그를 암살한 정황들이 드러나 있다. 또한 중국 공산주의의 팽창을 막는다는 명분으로 호치민과의 전쟁을 도발하기 위해 통킹에서 미군군함이 공격을 받았다는 허위사실을 근거한 조작극을 벌였던 사실도 드러났다.

3개월 만에 전복된 이란 수상

앞에서 이미 언급했듯이, 영국을 해체함과 동시에 제1차 대전 이후 위탁정치를 했던 영국과 불란서에 의해 인위적으로 그려졌던 국경대로 그들은 중동국가들을 독립시켰다. 물론 영국과 불란서의 하수인들로 임명됐던 왕들에게 정권을 맡겨 그들을 통해 그들이 소유, 통제하는 BP, Dutch Shell, Standard Oil, Exxon에게 석유 개발권을 그대로 유지했다. 그중, 원래 오토만 제국의 통치하에 국가가 없이 부족으로 살다가 그들에 의해 국가로 격상된 중동 국가들과 달리 옛 페르시아 제국이었던 이란이 민주 공화국을 설립했고, 민주주의 절차에 의해 선정된 모하마드 모사데그(Mohammad Mosadech)는, 그가 수상이 되던 해인 1953년 이란의 석유를 국유화하였다. 그러자 미국 CIA가 모하마드 모사데그 수상의 반대세력을 부추겨 혁명을 일으켜 불과 3개월 만에 그 정권을 전복시킨 후, 그들의 하수인 샤(Shah)를 국왕으로 임명하여 국유화 결정을 철회시켜 그들이 소유한 석유회사들이 석유 개발권을 돌려받았다.

중남미 지역

제2차 대전 이후 그들의 전략은 남미를 확실하게 접수해 식민지 국가들로 만드는 것이었다. 우리가 기억해야 하는 사실은 남미는 일찍부터 예수회가 로마교를 통해 통제하던 지역이라는 사실이다. 그리고 아직도 그들은 교황청을 통해 남미를 정신적으로 지배하고 있다. 그들은 우리가 아는 에비타(Evita)로 알려진 에바 페론(Eva Peron)의 남편 후안 페론(Juan Peron) 대통령의 정부를 전복시켜 그들의 통제를 받는 군사정권을 앉힌 후, 국민들의 저항이 거세지자 더러운 전쟁(Dirty War)으로 알려진 민주화를 추구하는 젊은이들을 납치해 약 3만 명이 넘는 민간인들이 사라진 사태로 아르헨티나는 물론 근교 국가들을 테러의 공포로 다스렸다. 이는 의정서에서 가르친 대로 한 국가를 테러로 다스려 부근 국가들의 본보기로 삼으라는 가르침에 의한 수법이다. 그런 식으로 그들은 자원이 풍부한 브라질, 칠레 등을 군사정권을 지원해 그들의 꼭두각시로 앉힌 후 모든 자원과 산업을 약탈했다. 만일 국민들을 위한 진정한 정치가가 당선될 경우 그를 돈으로 매수해보고 그래도 안 되면 그의 반대세력을 지원해 정권을 전복시켰다. 그 방법이 안 통할 경우 암살해 버리는 것이다. 그렇게 해 그들을 지지하는 정권을 통해 그 국가들의 자원을 약탈했다. 브라질에서는 1964년 민주적으로 선출된 주앙 굴라르(Jango Goulart) 대통령을 CIA가 지원한 쿠데타로 전복시켜 군사정권으로 교체했고, 1973년 칠레에서는 살바도르 아옌데(Salvador Allende) 대통령을 쿠데타로 전복시켜 피노체트를 대통령으로 앉힌 후, 시카고 대학 경제학자들로 형성된 전문가들을 이용해 그 국가의 자연자원과 국유기업들을 팔아넘기도록 '조언'해 약탈했다.

더욱이 그들은 석유, 금, 은과 다이아몬드를 포함한 광물, 목재 같은 자연자원이 풍부한 국가들에게는 세계은행이 나서 제3국을 개발한다는 명분으로 '경제 개발'을 유도해 감당하기 어려운 빚을 내게 하여 그들이 소유한 개발회사 벡텔(Bechtel) 등이 돈을 벌게 한 후, 빚을 못 갚게 될 때 그 나라의 자원을 합법적으로 약탈하는 수법을 이용했다. 그 나라가 빚을 못 갚게 됐을 때 IMF는 구제하는 척하며 구제대출을 해 주어 그들의 은행에게 밀린 빚을 상환하게 해 빚만 더 늘린 후, 그 나라의 자원을 헐값에 인수하는데 사용되는 도구 역할을 해왔다. 결국 국제 빚을 수금해주는 '조폭' 조직인 것이다. 남미의 칠레, 콜롬비아, 베네수엘라 등에게 미국의 소위 경제 엘리트로 알려진 시카고 대학 경제학자들을 앞세워 자유무역을 빙자해 남미국가들을 그런 식으로 약탈해 왔다. 미국만큼 풍부한 자원을 가진 남미 국가들이 발전을 하지 못하고 있는 진짜 이유이다.

아프리카 지역

그들은 중동과 아프리카 대륙에서도 같은 경제 식민지 정책으로 개발을 하지 못하도록 해 왔다. 콩고 인민 공화국에서도 최초로 수상으로 당선된 루뭄바(Patrice Lumumba)를 암살해 모부투(Mobutu Sese Seko) 같은 자들 모두 그들의 지원을 받고 군사정권으로 그들의 약탈정책을 도와온 하수인들이다. 그들은 농업을 통해 자급자족하고 있던 소말리아에게 더 수익이 많은 목화를 생산하면 구입해 주겠다고 유혹해 실제로 구입해 주었다. 그렇게 의존하게 만든 후 갑자기 목화 구매를 중단해 외화벌이가 끊겨 식량난이 일어나도록 조작해, 소말리아 국민들이 대량으로 굶어 죽게 만드는 야비하고 잔인한 수법들을 써 왔다. 그렇게 그들은 저개발 국가들을 자유무역이라는 기치 아래 그렇게 발전하지 못하게 만들어 그 국가들의 자원을 약탈해 왔다. 그리고 UN, WHO(World Health Organization) 같은 세계 기구 역시 그들의 통제를 받아 그 국가들이 개발하지 못하도록 하는데 사용되고 있다. 최근 빌 게이츠가 그의 재단을 이용해 아프리카를 돕는다고 하고 있지만, 게이츠는 오히려 UN이 추진하고 있는 인구감소(depopulation) 계획을 위해 일하고 있다. 그는 최근 라이베리아(Liberia)에서 그의 재단에 의해 예방접종(vaccination)을 맞고 나서 오히려 Ebola로 죽어 나간 국민들에 의해 그와 그가 함께 일한 적십자사가 공격을 받아 도망쳐야 했고, 빌 게이츠는 약 10만 명의 인도 주민들이 그가 제공한 폴리오 접종(polio vaccine)으로 죽어 나가자 도망쳐, 인도에서는 그의 체포영장이 발부된 상황이나 전혀 그들의 언론은 보도하지 않고 있다.

중동 지역

중동에서도 마찬가지이다. 이라크의 후세인, 리비아의 카다피, 이란의 샤, 모두 그들이 심어 놓은 원래 그들을 위해 일하던 프리메이슨들이며 하수인들이었다. 그러나 그들이 자국의 발전을 위해 일하기 시작하자 제거된 것이다. 후세인은 1968년 그들이 주도한 혁명에 가담했다가 그들의 도움으로 정권을 잡자마자, 이라크와 국경을 같이 한 이란이 1979년 이란혁명으로 샤를 몰아내고 미국을 저버리자, 이란과 전쟁을 일으켜 8년 동안 그들을 위한 전쟁을 했었다. 그리고 그 전쟁에서 미국이 제공해 준 화학무기로 엄청난 이란인들을 죽이는 전쟁범죄까지 저질렀다. 그러나 그 전쟁으로 자금난을 겪게 된 이라크의 후세인이 쿠웨이트를 공격하겠다고 하자 허락을 해 놓고는, 그가 침공하자마자 그가 쿠웨이트를 침공했다는 이유로 1991년 이라크 전쟁을 일으켰다. 그 후 후세인은 2000년 유럽의 새로운 화폐 유로가 출범하자 달러 대신 유로로 원유를 팔려고 하였다. 그러자 아들 부시는 2003년에 사담 후세인이 대량살상 무기를 보유하고 있다는 조작된 이유로 다시 전쟁을 일으켜 그를 전쟁범으로 몬 후 살해했다. 지배세력의 지지를 받고 쿠데타로 정권을 잡았던 리비아의 카다피 역시 그들의 하수인 역할을 잘 감당했으나, 그가 자국민들을 위한 정책으로 리비아의 국민들을 그 지역에서 가장 부유하고 살기 좋은 나라로 만들자 그를 제거했다. 원래 그들의 하수인 역할을 담당했던 카다피는 그들의 달러를 이용한 약탈정책에 대항해 아프리카 지역에 금을 바탕으로 하는 화폐 디나르(Dinar)로 원유를 판매하자고 중동과 아프리카 지역 국가들을 선동하다 지배세력에 의해 죽임을 당했다. 궁극적으로 그들은 모든 자원이 풍부한 국가들을 저개발 국가로 남겨 두어 그들의 약탈의 대상으로 남겨두려 했고, 그 계획에 대항해 자국민들을 위한 정책을 펼친 지도자들은 다 제거해 버렸다. 특히 중동지역은 그들이 이슬람 종교를 통해 전 국민들을 외부 세계를 거부하도록 세뇌시켜왔다. 그 이유는 사우디아라비아의 성전을 고집하는 과격파인 와하브파(Wahabism)를 이용해 시오니스트들이 예고했던 제3차 전쟁을 일으키기 위해서는 그 지역의 국민들의 삶을 향상시키는 정책을 허용할 수 없다.

그리고 그들은 일찍부터 중동지역의 프리메이슨 조직을 통해 테러단체를 조직해 그들의 도구로 활용해 왔고, 이 역시 예수회 산하의 미국의 CIA와 영국의 MI-6, 그리고 이스라엘의 MOSSAD를 통해 지원하며 통제해 왔다. 중동의 테러조직인 PLO, HAMMAS 등의 아라파트(Arafat) 같은 지도자들은 일찍부터 존재해 온 이집트의 프리메이슨 그랜드 로지 출신들로 다 예수회의 지시를 받는 자들이다. 그들은 제1차 대전 때부터 영국을 통해 중동의 무슬림 동포단(Muslim Brotherhood)을 키워왔고, 제

2차 전쟁이 끝남과 동시에 옛 나치스 요원들을 미국 CIA, 영국의 MI-6, 이스라엘의 모사드 요원으로 침투시켜 중동으로 보내 지금의 알케이다와 아이시스를 지원해 그들이 현재 진행중인 테러와의 전쟁을 위한 용병군대로 키웠다.

아시아 지역

아시아도 마찬가지이다. 아시아를 분열시키는데 활용하기로 선정된 이슬람교 국가인 인도네시아의 수카르노(Sukarno)를 전복시켜 군부 독재자 수하르토 (Suharto)를 앉혔다. 필리핀의 군사독재를 하던 마르코스가 갑자기 그들의 눈에 나 그들이 통제하는 언론을 통해 독재자로 묘사되고, 그의 부인 이멜다의 신발장을 노출해 예전의 불란서 혁명 때 마리 앙투아네트처럼 사치를 일삼는다는 가짜 정보로 그들을 끌어내린 것도, 마르코스가 필리핀을 대한민국처럼 개발하려 했기 때문이다. 이멜다가 신발이 많았던 이유는 필리핀 공장에서 신발이 새로 제작되면 그녀에게 한 켤레씩 보내왔기 때문이었다. 더욱이 제2차 대전 직후 일본군이 동남아시아에서 약탈한 금을 필리핀 굴속에 숨겨놓았다는 야마시타 금(Yamashita Gold)의 일부를 마르코스가 찾은 후, 그 금을 필리핀 국민들에게 기부하려 하자 그의 정부를 전복시킨 후 그를 납치해 고문을 해서 빼앗았으나, 나머지가 어디에 있는지를 불지 않아 살해됐다. 그 후 아들 부시는 대통령 시절 미국 특수부대를 필리핀에 출동시켜 찾으려 했으나 실패했다. 그리고 아들 부시가 한 언론과의 인터뷰에서 어느 국가가 가장 부유하다고 생각하느냐는 질문에 그는 곧바로 필리핀이라고 했다. 아직도 소문에 의하면 필리핀 굴속 어디에 엄청난 양의 금이 보관돼 있다고 한다.

지배세력은 자신들의 지시를 따르는 인도네시아의 수하르트, 칠레의 피노체, 아프리카 콩고의 모부투 같은 군부 정권을 CIA가 앞혀놓았으면서도, 대한민국에서는 박정희 정권을 군부독재정권이라고 규탄하고, 김대중, 김영삼 같은 한국의 반정부 지도자들을 후원하며 반정부 세력들을 그들의 CIA가 소유한 NGO를 통해 지원해 주었다. 왜냐면 박정희 정권은 그들의 자유무역정책을 거부하고, 보호무역 정책으로 한국기업들을 키웠을 뿐 아니라, 일본정부가 2차 대전 이후 그들이 설립한 중앙은행으로부터 화폐를 빌려서 발행하는 행위를 따라할 것을 거부하고, 정부가 소유한 한국은행이 직접 화폐를 발행하여 우리 기업들의 국제 경쟁력을 뒷받침해 주어 대한민국을 산업화시켰기 때문이다. 결국 그들은 박정희를 CIA의 사주를 받은 김제규가 암살하였고 그들의 도움으로 정권을 잡은 문민정부는 자유무역이라는 기치 아래 박정희 정권이 구축해 놓은 보호벽을 무너트려 그들에게 금융시장을 개방했다. 그러자 지배세력의 앞잡이 소로스가 주도한 97년 화폐공습으로 대한민국의 외환위기를 조작한 후, IMF가 구제를 해주는 조건으로 한국은행도 국채를 발행해 민영은행들로부터 빌리도록 제도화했고, 박정희 대통령이 외국인들이 소유할 수 있는 지분을 5%로 제한해 놓았던 규제를 50%로 늘려 대한민국 대기업들을 아무 비용도 안 들이고 발행하는 달러로 그들 손에 넣었다.

인도와 파키스탄

그들은 제2차 대전 후 간디가 주도한 시민혁명에 의해 인도를 독립시켜 주게 되자, 민주 공화국을 설립하는 과정에서 이슬람과 힌두의 분열을 조작, 조성해 파키스탄을 분리시켰다. 그 과정에서 수많은 난민들이 생겼고 약 1백만 명이 넘게 죽었다. 그리고 두 국가를 소위 민주주의 국가로 만들어 당파를 만들어 아무런 합의를 이루지 못하게 했다. 그들의 의정서에서 가르친 대로이다. 세계지배세력에 의해 선정된 네루는 프리메이슨으로 나라를 배신한 매국노이다. 그는 간디의 호소를 배신하고, 지배세력이 조성한 힌두와 이슬람과의 분열을 키워 인도를 갈라놓고 자신이 정권을 잡았다. 그는 의정서에서 그들이 말한 자신의 야심과 자만심에 빠져 자국민들에게 해를 끼치는 줄도 모르고 그들의 지시를 따르는 그들이 비웃는 정치 하수인에 불과했으나 아직도 그는 인도의 민주주의의 아버지로 존경받고 있다.

유럽의 글레디오 작전(Operation Gladio)

그들의 세계정부를 이루기 위해선 유럽 역시 완벽하게 통제하여야 했다. 그들은 제2차 대전 후 서독을 점령한 후 군사 통치로 그들이 소유하고 있는 하수인들을 요직에 임명해 서독을 아시아의 일본과 마찬가지로 유럽에서 그들의 식민지 국가로 만들었다. 그런 후 공산주의 소련을 대항한다는 명분으로 NATO를 신설해 미국군대의 통제를 받게 한 후 독일에 그 NATO 본부를 두었다. 그러나 미국의 제국주의 해체 정책에 그들의 식민지를 빼앗긴 프랑스와 이태리는 미국의 제국주의 정책에 저항했다. 미국 CIA는 유럽의 저항세력을 약화시키기 위해 (소련의 침투를 막기 위해서라는 명분으로) 글레디오 작전(Operation Gladio)라는 작전명 하에 비밀 군대와 무기를 남겨두었다. 특히 이태리는 공산당과 사회당의 영향력이 강했다. CIA는 좌파조직을 침투해 '납탄 시대' (Years of Lead)로 알려진 1970년대에 약 10년 동안 진행된 암살과 테러로 이태리 안에 공포를 조성한 후, 그 조직을 그들의 무기로 무장시켜 테러를 감행하도록 지원했다. 그들은 미국의 간섭을 저항한 알도 모로(Aldo Moro) 전 수상을 1978년 CIA가 배후에서 지원한 준군사조직인 붉은 여단(Red Brigade)에 의해 로마시 안에서 납치돼 54일 동안 포로로 지내다가 암살되었다. 그들이 앞뒤로 경호 차량이 붙어 다니는 모로를 도시 한 복판에서 납치할 수 있었다는 정황과, 붉은 여단이 군에서 사용하는 무기를 소유했다는 정황이 모두 CIA의 개입을 입증한다. 붉은 여단은 원래 이태리가 NATO에서 탈퇴할 것을 주장한 조직으로, 모로전 수상이 공산당과 역사적인 타협을 이끌어내는 것을 성사시키기 직전에 벌인 행각이었다. 그들의 지배에서 벗어나는 독립적인 정책을 추구하는데 앞섰던 모로가, 그들이 불협화음을 조작하는 수단으로 배후에서 조종하고 있는 좌파세력을 통합시키는 것을 막기 위해, CIA가 조작했던 암살이었다. 그들은 의정서에서 가르친 대로 모로의 납치 극으로 전 유럽을 두 달 동안 떠들썩하게 한 후 그를 암살함으로 부근 유럽 국가들에게 본보기로 삼았다.

실패한 불란서 드골 대통령 암살계획

또한 그들은 미국을 저항하는 데 앞선 불란서의 드골(De Gaul) 대통령을 수차례 암살하려 했다. 그러나 드골은 불란서 정보 기관을 동원해 31번의 암살시도를 모두 막아냈다. 그는 또한 자신을 제거하려는 세력이 NATO의 지시를 받는 미국의 FBI의 테러방지 (Counter terrorism) 부서라는 사실을 알아낸 후, 1966년 NATO 에서 탈퇴하고 불란서에 위치한 NATO 기지를 불란서에서 쫓아 내는 바람에 NATO는 기지를 독일 브리쉘로 옮겨야 했다. 불란서 는 2009년 니콜라스 사르코지 (Nicolas Sarkozy) 대통령이 들어 선 후에서야 다시 NATO에 가입했다. 드골은 미국의 달러 헤게모 니에 거세게 대항했던 장본인으로, 앞에서도 잠시 거론했듯이, 제 일 먼저 달러를 금으로 태환해 가기 시작했다. 미국이 달러와 금 의 연계를 끊은 후 달러를 보유해야 하는 제도에 대항하는 대책 을 세우고, 미국의 달러 남발을 막을 수 있는 조치가 필요하다며 지배세력의 달러를 바탕으로 한 경제제국주의 정책에 대항하였 으나, 미국의 지배세력을 의식한 유럽 국가들은 호응하지 않았다. 특히 유럽 국가들은, 유일한 강대국으로 소련의 핵무기로부터 핵 우산으로 유럽을 '보호' 해 주고 있다는 미국의 비위를 건드리기를 두려워했다. 1971년 베스트셀러가 된 책 "자칼의 날 (The Days of the Jackal)"이 출간된 후 영화로도 인기를 얻은 자칼은 드골 대 통령의 암살을 31번이나 막아낸 불란서 정보부와 그의 사주를 받 은 암살자의 이야기이다. 그러나 드골 대통령은 결국 미국 CIA가 선동한 학생 데모에 의해 정권에서 밀려나는 최후를 맞아야 했다.

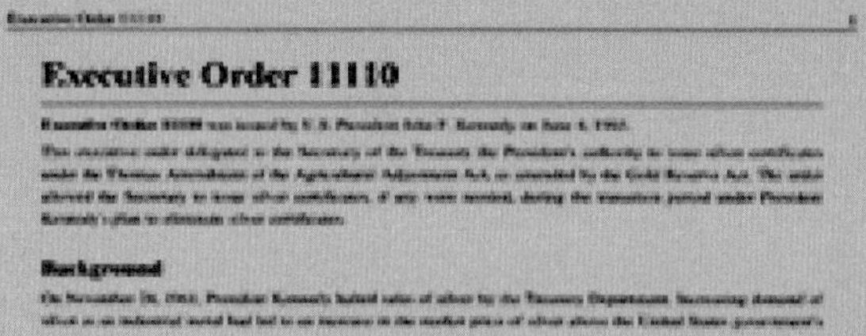

Executive Order 11110

Executive Order 11110 was issued by U.S. President John F. Kennedy on June 4, 1963.

This executive order delegated to the Secretary of the Treasury the President's authority to issue silver certificates under the Thomas Amendment of the Agricultural Adjustment Act, as amended by the Gold Reserve Act. The order allowed the Secretary to issue silver certificates, if any were needed, during the transition period under President Kennedy's plan to eliminate silver certificates.

Background

On November 28, 1961, President Kennedy halted sales of silver by the Treasury Department. Increasing demand of silver as an industrial metal had led to an increase in the market price of silver above the United States government's

14. 케네디 대통령의 공개 암살

14. 케네디 대통령의 공개 암살

케네디의 예수회의 지배 거부

그들은 미국에서도 CIA를 지배세력에게 대항한 John F. Kennedy (JFK)대통령을 암살을 하는데 이용했다. 케네디 대통령의 암살은 미국의 지배세력이 자신들이 미국의 주인이라는 사실을 공개적으로 드러낸 사건이기도 하다. 더욱이 그들은 그들의 그런 어마어마한 행위를 아무도 문제 삼을 수 없다는 사실을 모두에게 확인시켰다. 아이젠하워 대통령을 뒤이어, 지배세력이 내세운 닉슨 부통령을 가볍게 누르고 43세의 나이에 대통령에 당선한 존 에프 케네디 대통령은 원래 로스차일드를 비롯한 일루미나티 13 가문 중 하나인 케네디 집안에서 태어났다. 그의 아버지 조지프 케네디(Joseph Kennedy)는 1920년대에 미국에 술 판매 금지법이 있을 때 술을 밀매해 돈을 번 것이 드러나 유명하다. 그러나 최고 교육을 받은 엘리트로, 젊은 나이에 상원의원이 되었던 JFK와 그의 동생 로버트 케네디 (Robert Kennedy)는 일루미나티의 비밀사회 조직을 오히려 혐오했고, 공개적으로 뿌리를 뽑겠다고 선언했다. 그리고 아일랜드 카톨릭으로 로마교 출신이던 그는 미국을 지배하는 예수회의 카디날 프랜시스 스펠만(Francis Spellman)을 그의 정부에 관여하지 못하게 했다. 그때까지만 해도 예수회의 미국책임자였던 카디날 스펠만은 정부에 깊숙이 개입했고, 대통령이 진행하는 안보회의에 정식으로 참석해 왔었다.

그가 민주당 대통령 후보로 선출됐을 때, 1980년대에 지배세력이 지지하지 않았던 레이건이 후보로 선출되자 아버지 부시를 부통령 후보로 받아들이게 했듯이, 지배세력은 국회의장을 지낸 경력이 있는 존슨을 부통령 후보로 받아들이게 했다. 존슨은 일찍부터 프리메이슨으로 부패했기로 유명했던 자로 그들이 통제하기 좋은 자였으나 교육수준이 낮은 그는 케네디 형제에게 업신여김을 당했기로 유명하다.

케네디의 CIA 해체로 시작한 지배세력의 숨은 정부 제거 계획

그러나 케네디는 패기는 있었으나 세계지배세력을 대항하기에 너무 젊고 경륜이 부족해 결국 그들에 의해 공개적인 암살을 당하고 말았다. 그는 미국의 지배세력의 사조직 CIA의 책임자 알란 덜러스를 실제로 해고했고, 동시에 CIA를 해체시키려 했다. 그리고 그는 연준위(FRB)가 발행하는 달러 대신 미국이 소유한 은을 바탕으로 하여 미 재무부가 직접 달러를 발행하는 대통령 명과 함께 실제로 일부를 발행했었다. 또한 그는, 그가 연방 검찰총장으로 임명한 그의 동생 로버트 케네디와 함께 지배세력의 하수인이었던 FBI 국장 에드거 후버(Edgar Hoover)를 해임할 준비를 함과 동시에, FBI와 한통속인 마피아 조직폭력을 제거하려는 작업을 시작했다. 거기다 그는 지배세력이 건국한 이스라엘이 건국된 그다음 해부터 미국으로부터 핵기술을 전수받아 비밀리 핵폭탄을 개발해온 이스라엘에게 핵을 포기할 것을 강력히 요구했다. 그는 미국을 지배하는 예수회의 미국 책임자였던 스펠만 추기경이 미국 정책에 개입하는 것을 금지하고, 특히 CIA와 군 정보기관에 깊숙이 개입하는 것을 금지했다. 또한 그는 지배세력의 통제를 받고 있는 미군의 합참본부가 제출한 쿠바의 카스트로 정권을 전복시키는 계획이 담긴 노스우드 작전(Operation Northwood)을 불허했다. 그 계획은 쿠바로 가는 여객기를 납치해 미국항공모함에 폭탄식으로 공격해 폭발시킨 후, 그 테러행위를 쿠바에게 뒤집어 씌워 그것을 계기로 쿠바를 침략하는 계획이었다. 훗날 미국의 9·11에 사용한 자작극과 흡사한 계획이었다. 그가 국방 장관으로 임명한 로버트 맥나마라(Robert Mcnamara) 국방장관을 통해 이미 미국 CIA가 비밀리 개입해 조작한 베트남 정책에 대한 보고서를 준비할 것을 요구했고, 그는 이미 베트남에서 철수할 계획을 세웠었다. 그때 맥나마라 국방 장관이 작성한 보고서를 그 장관의 보좌관이었던 다니엘 엘즈버그(Daniel Ellsberg)가 언론에 흘린 사건이 유명한 펜타곤 페이퍼(Pentagon Papers)이다. 그는 공개 석상에서, 미국의 배후에서 미국을 조종하는 비밀사회가 있다며 그들을 제거할 것을 공개적으로 약속했다. 그는 미국이 통제하고 있는 서독에서 군을 철수할 계획도 가지고 있었고, 유럽에서 미국의 노골적인 개입을 중단하려 했다. 한 마디로 그는 이미 미국의 배후세력의 존재를 알고 있었고 그들이 만들어 놓은 그림자 정부와 달리 발권력을 소유한 연준위를 폐쇄시키려 했던 것이다. 케네디는 그러므로 미국의 지배세력을 전면으로 대적하는 대통령이었던 것이다.

지배세력의 본보기로 삼기 위한 케네디의 공개처형

안타깝게 케네디는 자신감에 넘쳐 그들이 수천 년 동안 쌓아 온 조직력의 규모와 깊이를 과소평가하는 실수를 범한 것이고, 미국의 지배세력은 그들을 대항할 때 어떻게 된다는 것을 전 세계가 지켜보는 가운데 그를 공개적으로 암살하여 본보기로 삼았다. 그들의 하수인들로 형성된 합참의장을 비롯한 군부, 그들의 사조직인 CIA, 이스라엘의 모사드, 그들이 통제하는 대통령 경호실, 마피아 조직, 케네디에게 자격지심 때문에 그를 증오했던 존슨 부통령, 등등이 다 동원된 암살이었다. 대통령 차량을 뒤따르던 경호원들을 철수하라고 무전으로 명령하자, 그들이 뒤로 처지며 어이가 없어 하는 표정이 영상에 잡혀있다. 그런 후 운전을 맡았던 경호원이 고의로 그를 저격할 수 있게 차를 정지하다시피 하는 장면도 있다. 그들이 저격범으로 지명했던 오스월드(Oswald)가 케네디의 뒤에서 쏘았다는데 앞에서 쏜 총탄에 의해 케네디의 머리 뒷부분이 통제로 날아가는 장면이 고스란히 잡혀있다. 그러나 그들이 전직 대법원장인 워런(Warren)을 의장으로 임명한 워런 위원회는, 오스월드가 쏜 총알이 차량을 맞고 반사해서 케네디를 명중했다는 말도 안 되는 결론을 내렸고, 그들이 통제하는 언론은 그 조작된 결과를 사실로 보도했다. 그 후 곧바로 경찰 경호를 받고 가던 오스월드를 저격해 죽여 버려 그가 증언을 하지 못하게 입을 막았다. 그리고 그때부터 미국의 CIA는 음모론(Conspiracy Theory)이라는 용어를 개발해 누구든 케네디의 암살을 의심하는 자들을 음모론자로 몰았다. 그의 죽음으로 많은 미국인들이 슬퍼하였지만, 그때부터 미국의 대통령은 국민들이 선택하는 게 아니라 지배세력에 의해 임명되는 것으로 바뀌었다는 사실을 감지하지 못했고. 그때부터 예수회가 조종하는 일루미나티·시오니스트와 나치스 세력이 미국을 확실하게 장악하였다.

지배세력에 의해 선정됐던 존슨 부통령의 취임

케네디가 암살되자마자 지배세력이 계획했던 대로 존슨이 대통령으로 취임했고, 그가 제일 첫 번째로 한 업무는 재무부가 직접 달러를 발행하게 하는 대통령 명을 철회하는 것이었다. 이스라엘의 핵무기에 대한 지원 역시 더 강화됐다. 통킹만에서 베트콩에게 공격을 받았다는 조작된 허위 정보를 그들이 소유, 통제하는 언론에서 떠벌린 후, 그 거짓 정보를 근거로 의회의 동의 없이 베트남과의 전쟁을 시작했다. 또한 그는 '가난과의 전쟁'을 선포해 여러 가지 사회보장 제도를 시작했다. 우리는 그 당시 시작된 사회보장 제도가 시민들을 위한 것으로 알고 있으나, 지배세력의 진정한 의도는 의정서에서 가르치듯이 그런 제도를 통해 국민들을 정부에게 의존하게 하여 대가족 제도로 서로를 돕고 의존하는 문화를 없애려는 것이었다. 또한 정부가 세수를 능가하는 지출로 점점 그들에게 빚을 지게 하는 수법 역시 그들이 의정서에서 가르친 대로이다. 그러면서 국민들이 지지하지 않는 전쟁 비용을 충당하기 위해 비밀리에 달러를 발행했고, 정부의 제재를 받지 않는 연준위가 얼마를 대출로 포장해 남발하는지를 알 도리가 없는 게 현실이었다. 물론 그 돈은 모두 그들이 소유한 무기업체들이 벌어들였다. 앞에서도 지적했듯이, 제2차 전쟁의 폐허에서 재건한 유럽 국가들 중 불란서의 드골대통령이 제일 먼저 그들이 달러를 남발하고 있다는 사실을 감지해 수출흑자로 벌어들인 달러를 금으로 태환해 가기 시작하자 다른 유럽 국가들도 따라 했다. 그 때문에 1971년, 닉슨에 의해 달러와 금과의 연계를 일방적으로 끊어야 했다.

15. 마인드 컨트롤을 이용한 정보전쟁

15. 인류의 생각을 통제하는 마인드 컨트롤을 이용한 정보전쟁

　의정서에서 드러난 그들의 세계정복 계획을 이룩하기 위해 그들은 언론을 이용해 대중을 정신적으로 지배하는 것을 가르쳤다고 했다. 그들은 일찍부터 종교를 이용해 인류를 세뇌시켜왔던 자들로, 중세기부터는 로마교인 가톨릭교를 통해 인류를 종교로 통제해 종교의 명분으로 전쟁을 일으켰다. 그들은 19세기부터는 대중을 교란시켜 왕권을 무너트린 후 '민주주의' 라는 체제를 도입해 그들이 임명한 자들로 구성된 정부를 통제했다. 미국의 연준위를 설립해 미국 달러의 발권력을 갈취하는 데 성공한 후, 그 돈을 이용해 모든 국가들의 전쟁에 필요한 자금을 지원해 주며 제1차 세계 전쟁을 통해 유럽과 아시아를 장악한 후, 제2차 전쟁을 통해 모든 제국주의 국가들을 해체시킴으로 민주주의와 공산주의라는 그들이 만들어낸 이념으로 세계를 두 진영으로 나누는 데 성공했다. 그들은 이제 전 인류를 상대로 정신을 통제하는 체계적인 정보전쟁을 시작했다. 그것은 거짓된 정보로 인류를 세뇌시켜 자신들이 지배세력에 의해 조종되고 있다는 사실을 인지하지 못하는 정신적 노예로 만드는 작업이었다. 이는 그들이 의정서에서 말했던 전 인류를 상대로 진행해온 비밀전쟁의 연속이었다.

최고의 무기로 등장한 텔레비전

　그들의 목적을 달성하기 위해서 그들은 의정서에서도 가르쳤듯이 언론 매체를 이용했다. 19세기에는 신문과 잡지를 활용해 왔고 20세기 초에는 그때 새롭게 등장한 영화를 이용했다. 그들이 키운 나치스가 제일 먼저 전쟁 선전영화로 국민을 선동하는데 활용했고, 미국에서도 할리우드를 통해 전쟁 영화들을 제작 배포해, 미국인들이 유럽의 전쟁에 참전하는 걸 당연한 것처럼 선동해 그 전쟁에 필요한 전쟁국채(War bond)를 사는 게 애국을 하는 것이라고 국민들을 세뇌했다. 제2차 대전 이후 보편화되기 시작한 텔레비전은 그들이 인류를 세뇌시키는데 가장 효과적인 도구가 되었다. 우선 그들은 인류가 텔레비전을 통해 뉴스를 포함한 생활정보를 접하는데 익숙하게 만들었다. 그리고 단막극, 연속극 등을 이용해 라이프 스타일, 즉 삶의 질의 향상을 물질적인 것으로 측정하도록 유도했다. 좋은 집, 자동차, 텔레비전, 세탁기, 가구, 유럽 여행, 등등을 소유하고 즐기는 것이야말로 성공적인 삶인 것처럼 세뇌시켰고, 그런 것을 갖지 못한 사람들은 실패한 인생으로 묘사해, 심리적으로 물질적인 부가 최고로 생각하도록 세뇌시켰다. 그들은 텔레비전을 활용해 스포츠 엔터테인먼트 산업을 활성화시켜, 의정서에서 가르친대로 인류를 정치나 지배세력의 통치에 집중하지 못하도록 관객을 동원한 운동시합을 방영하여 거기에 정신을 팔게 만들었다. 매년 미식축구, 농구, 야구, 골프 등으로 정신을 팔도록 해 놓았다. 또한 아카데미 수상식, 음반 수상식 등으로 국민들을 열광하도록 해 그런 행사에 정신을 팔게 만들었다.

물질주의로 빚을 이용한 인류의 노예화

우선 금권정치를 뿌리내리기 위해 인류를 물질적인 것을 추구하도록 유혹한 후 인류를 빚을 지게 하여 열심히 일해 벌은 돈을 그들에게 도로 갖다 바치게 했다. 집도, 자동차도, 세탁기도 모두 당장 소유할 수 있도록 그들이 아무 비용도 안 들이고 창조하는 돈으로 대출을 해줘, 그들은 이자를 벌 수 있음과 동시에 그 유혹에 넘어간 소비자는 이제 그 빚을 갚고 이자를 물기 위해 열심히 일을 해야 하는 빚의 노예로 전락됐다. 그 순간부터 인간은 그에게 월급을 주는 고용자에게 함부로 할 수 없게 됐다. 그 직장을 잃게 되면 집과 자동차와 사치스러운 생활양식(Life style)으로 그의 능력을 가늠하는 마누라까지 잃게 될 테니 말이다. 인류는 이제 평생 빚을 갚기 위해 사는 노예와 같은 삶을 살아야 했고 상사의 눈치를 보고 살아야 했던 것이다. 조금 여유가 생겨도 사회는 물질적인 것으로 성공을 가늠하도록 돼 있다 보니 텔레비전이나 영화에 출연한 자들의 삶을 성공의 증표로 믿고, 그들의 라이프 스타일을 흉내 내기 위해 더 많은 물질적인 것을 소유해야 했다. 그러다 보니 아내도 명품 가방과 옷을 사 입혀야 되고, 자식들도 사립학교에 보내야 하고, 집은 더 큰 평수로 늘여야 돼, 벌기 바쁘게 소비해야 하는 소비를 위한 삶을 살도록 세뇌된 것도 모르고, 돈의 노예로 물질적인 삶을 추구하도록 세뇌됐다. 결국 그들이 의정서에서 돈이 최고인 돈을 숭배하는 사회를 만든다는 그들의 계획대로 된 것이다.

언론계, 출판계, 문화계 유통채널의 독점

심지어 디즈니사도 아이들을 위한 만화영화를 통해 일찍부터 아이들의 정신을 통제하고 있다. 시온장로들의 의정서에서 인류가 생각하는 것마저 그들이 주입하는 대로 하게 될 것이라고 예언했던 것처럼 실현된 것이다. 영화 제작사는 물론 그들이 소유한 배급사를 통해 모든 영화, 음반, DVD, Game 등을 통제하기 위한 유통을 독점해 왔다. 의정서에서 가르친 대로 지배세력은 모든 신문, 잡지를 포함한 언론매체를 사들여 그들 외에는 그 아무도 소유하지 못하게 했다. 미국에서 흑인으로 유일하게 거부가 된 로버트 존슨 (Robert Johnson)은 지배세력이 배후에서 투자해 흑인들을 위한 Black Entertainment (BET) 케이블 방송을 시작한 후 그 방송사가 궤도에 올라서자, 그 방송사를 지배세력이 사들였다. 미국의 멕시코 이민자들을 상대로 하는 스페인어로 방영되는 방송도 마찬가지이다. 영화사도 마찬가지이다. 세계적으로 유명한 영화사는 몽땅 유대인들이 소유하고 있다. 그리고 작은 영화사가 성공해 어느 정도 규모를 갖추면 모두 그들이 사들여 그들을 대항할 경쟁사들을 사전에 없애버렸다. 그들은 자신들의 자금력으로 어떤 영화가 만들어질지를 결정한다. 또한 아무리 좋은 영화가 있어도 그들이 소유한 영화배급사들의 허락 없이는 영화관에 걸 수 없다. 그들이 의정서에서 출판과 배급을 통제하라고 했듯이 영화제작과 배급을 통제하고 있다.

연방정부와 교육재단을 이용한 학계의 통제

그들은 이미 모든 아이비리그 대학교와 대학원들은 물론 모든 국립 대학교와 대학원들을 그들이 만든 교육재단을 통해 소유, 통제하고 있다. 그들은 일찍부터 록펠러재단, 카네기재단 같은 재단을 비영리 재단으로 설립해 대기업 주식들을 소유하여 배당금에 대한 세금을 면제받고 그 재단들의 경영권을 그들의 후손들에게 물려주며 재산세를 면제받고 있다. 그런 엄청난 자금으로 그들은 학계와 교육계를 통제하고 있다. 1970년대부터 그들은 그들이 통제하는 학계를 이용해 교육제도 자체를 바꾸어 놓았다. 원래 지방정부의 관할이던 교육제도를 연방정부의 관할로 만들어 동일한 교과서들을 사용하게 하였고, 일찍부터 창조적인 생각을 억제하고 주입식 교육을 통해 복종을 하는데 익숙하게 만들었다. 또한 대학에서는 각 분야별로 나누어 전공을 하도록 해 각 분야의 전문가를 생산하도록 했다. 원래 아이비리그의 교육제도였던 모든 분야를 배우도록 권장하는 교양과정(liberal arts) 교육제도를 없애버리고 전문분야만 배우는 제도로 대체했다. 그렇게 해 자신의 전문분야 외에 대해서는 전문가를 의존하도록 만들었다. 또한 교수들도 그들의 지시를 거부하는 자들은 일찌감치 탈락시켜 그들의 지시를 따르는 교수들로 교체했다. 광범위한 지식을 바탕으로 가르치는 자들은 자연스럽게 제거돼, 그런 실력 있는 교수들은 살아남지 못하게 만들었다. 그들의 속국인 대한민국은 자연히 모든 교육제도를 미국을 따라했고, 미국에서 학위를 딴 자들이 돌아와 그대로 모방했다.

교육내용의 통제

그들은 교육내용도 통제해 왔다. 우선 일찍부터 그들이 의정서에서 자신들이 조작했다고 자부하는 다윈(Darwin)의 이론을 가르치지 않는 선생이나 교수들은 학계에서 제거됐다. 그리고 모든 교재에서 신에 대한 내용은 삭제되고 그런 내용을 가르치는 선생들은 조용히 해고시켰다. 또한 인류 역사를 철저히 억제해 역사에서 그들에게 불리한 것들은 삭제하고 오히려 호로코스트(Holocaust) 같은 조작된 역사를 교재에 포함시켜 일찍부터 유대인들이 제2차 대전의 희생자로 묘사되게 했다. 최근 미국에서는 인류를 타락시키라는 의정서의 교훈대로, 초등학교 1학년부터 동성애를 가르치고 동성 결혼을 당연하게 묘사하는 내용들을 교제에 포함시켰다. 중학교 1학년부터는 아예 항문성교를 가르치고 있다. 대학에서는 정치제도에 대해서는 가르치되 정부 정책을 문제 삼는 교육은 삼가 됐다. 70년대 초까지만 해도 미국의 교육제도는 주입식 대신 문제의식을 장려했다. 그래서 주입식 교육을 받은 한국에서 미국으로 유학을 갔던 것이다. 그러나 그것은 이제 옛말이다. 또한 그들이 소중하게 생각하는 경제학에서는 경제역사 과목을 아예 없애버렸다. 그리고 박사과정을 밟아도 미국의 중앙은행인 연준위가 개인소유라는 사실이나 돈이 어떻게 만들어지는지를 가르치지 못하도록 금지했다. 그들은 고고학에서 발견한 우주인들이 지구를 방문했던 흔적이나 유물과 고대로부터 내려온 천문학을 교재에서 제외시키고 억제해 왔다. 또한 고대문명의 역사는 아예 교과 과정에서 제외됐을 뿐 아니라, 고고학자들이 발견한 그들의 다윈 이론을 반증하는 기록들이나 유물들 역시 억제해왔다. 물리학 분야도 마찬가지이다. 앞에서 이미 아인슈타인과 대조되는 니콜라 테슬라의 이론들을 억제했다고 언급했다. 그런 식으로 상온 핵융합(cold fusion), 영점 에너지(zero point energy) 같은 대체 에너지에 대한 이론들을 과목에서 제외했고 그런 과목을 연구하는 학자들을 불신시키고 매장시켜 왔다.

돈을 이용한 언론인들의 통제

언론계도 그런 식으로 그들이 소유, 통제하는 AP, UP, Reuters 같은 통신사가 제공하는 뉴스만 그대로 받아 보도하는 것이 언론의 역할로 주입시켜 언론계에 종사하는 모든 기자들이 같은 뉴스를 보도하도록 만들었다. 만약 그런 통신사에서 제공한 뉴스를 의심하던지 직접 취재를 해 반증할 경우, 그런 기자들은 일찍 보도진에서 탈락시켜 그들이 소유, 통제하는 언론계에서 살아남지 못하게 만들었다. 그들의 식으로 트레이닝 받고 그들의 신임을 받아야만 승진할 수 있게 만들었다. 그들은 각 언론기관에도 그들의 하수인들을 심어놓고 언론을 통제해 왔다. 목킹버드 작전(Operation Mocking Bird)이라는 작전명 하에 모든 방송, 신문 매체에 그들이 심어 놓은 자들이 있다는 사실을 70년대에 처치 상원의원이 주도하는 청문회에서 밝혀졌다고 앞에서 언급했다. CIA는 같은 수법으로 전 세계의 언론을 침투해 한국을 포함한 세계의 중요한 언론사의 요직에는 그들의 하수인들을 앉혀 놓았고 지금도 그런 식으로 통제하고 있다. 최근 독일의 한 언론인이 러시아 인터넷 방송 RT.com에 출연해 자기도 CIA를 위해 기사를 써왔다는 사실을 부끄럽게 생각한다며, 그들이 또다시 세계전쟁을 일으키려 하고 있다고 고백했다가 얼마 후 의문의 죽임을 당했다.

물론 BBC 같은 공영방송 역시 그들의 하수인들로 만들어진 정부 관료들을 통해 통제하고 있다. 그리고 그들이 소유한 기업들의 광고 수주를 가지고도 방송사들을 통제하고 있다. 그들은 영화제작에 필요한 자금을 통제하여 어떤 영화가 만들어지는지를 결정해 왔고, 그들이 소유한 영화배급사를 통해 영화계를 독점 및 통제해왔다. 그리고 영화배우가 되기 위해선 그들의 노예나 다름없는 계약으로 묶어놓았고 지금도 그러하다. 또한 영화계, 방송계, 음반계에서 성공하기 위해선 그들의 비밀조직인 일루미나티에 가담해야만 성공할 수 있게 만들었다. 만약 그렇게 가담했다가 그들을 배신할 경우에는 마이클 잭슨, 휘트니 휴스턴, 프린스, 로빈 윌리암스 등등처럼 의문의 죽음을 맞게 되는 것은 이미 다 아는 사실이다. 문제는 우리 대한민국의 유명 소속사들도 그들의 통제를 받고 있다는 사실이다. 그리고 그들은 이제 마돈나, 브리트니 스피어스 등을 통해 그들이 숭배하는 루시퍼를 상징하는 음악과 춤으로, 그들이 통제하는 음반 수상식, 미식축구 결승전 하프타임 쇼 같은 시청률이 높은 프로그램에서 노골적으로 젊은이들에게 사탄숭배를 선동하고 있다.

미국과 전 세계의 모든 종교계의 통제

그들은 예수회를 통해 교황청의 세계적인 망을 이용해 왔고 제2차 대전이 끝날 무렵 교황청을 이용해 히틀러를 포함한 나치스 핵심들을 탈출시켰다고 이미 언급했다. 그러나 그들은 세계적으로 약 12억 명에 달하는 신자를 가지고 있는 로마 가톨릭교의 교리 자체는 손을 대지 않았었다. 그러나, 세계은행과 IMF를 설립해 달러를 세계화폐로 만들고 UN을 설립해 세계정부를 설립한 후, 그들은 로마교를 통해 세계종교를 만드는 작업을 시작했다. 그러기 위해서는 로마 가톨릭의 종교적인 사제들을 교체해야 했고, 가장 먼저 교황도 루시퍼를 섬기는 자로 교체해야 했다. 그러려면 당연히 로마교 자체를 변질시켜야 했고, 그 작업이 1958년 피우스 12세(Pope Pius XII)가 죽자 새로운 교황을 선정하는 과정을 통해 드러났다. 전통대로 추기경들이 그들이 원하는 교황을 선출하자 지배세력은 이미 발표된 교황을 무효화시키고 그들이 선정한 교황으로 바꾸었다. 그리고 그때부터 사제들 역시 동성연애자들로 형성된 루시퍼를 비밀리에 숭배하는 사제들로 교체됐다. 그 결과, 1990년대에는 오래 지속된 소아애(pedophlia)의 피해자들의 폭로에 의해 합의를 통해 수백억 달러의 손해배상을 물어야 하는 사태까지 발생했고, 2013년에는 최초로 베네딕트 교황이 사제들의 광범위한 소아애 범죄를 덮어준 사실이 드러나 사임하는 사태까지 발생했다. 같은 시기부터 교리도 더 진보적으로 변형됐다. 그때까지 로마교는 영화나 텔레비전 프로그램이 가족 위주로 제작되지 않고 만약 문란하다고 판단되면 가톨릭 교계에서 문제를 삼아 감시 역할을 했었다. 그러나 그때부터 그런 제약이 풀렸다. 그러면서 영화와 텔레비전 프로그램이 문란해지기 시작했다. 또한 다른 종교에 대한 자세 역시 변하였다. 우선 그들은 유대교에 대해 우호적으로 변했다. 그 후 세계 모든 종교, 즉 불교, 힌두교, 이슬람 등, 모두가 다 같다는 식으로 포용하였다. 그때까지만 해도 외형적으로는 프리메이슨을 배척했으나 이제는 수용했다. 하나의 세계종교로 만들겠다는 노골적인 변화였다. 심지어 지금의 프란치스코 교황은 예수는 신이 아니고, 진정한 신은 루시퍼라는 발언까지 공개적으로 한 것을 인터넷에서 확인할 수 있다.

없애버린 미국의 기독교 전통

미국의 고유의 명절인 크리스마스와 그와 관련된 모든 행사를 종교의 자유를 빙자해 위헌이라고, 그들이 통제하는 대법원을 통해 불법화 시켰다. 물론 그런 법적 소송은 그들이 연준위를 설립함과 동시에 설립했던 ADL을 이용해서 했다. 그러면서 크리스마스 때는 백악관을 오히려 유대교의 하누카(Hanukkah)를 상징하는 촛대로 장식했다. 동시에 그들은 미국의 복음기독교와 개혁종교를 침투해 그들에게 돈으로 매수된 목회자들을 지도층으로 앉혔다. 그런 식으로 미국의 침례교, 장로교, 감리교를 비롯해 그들이 침투하지 않은 교파가 없다. 또한 복음교계에서는 이스라엘을 신의 민족으로 찬양하도록 했다. 복음기독교 목사 빌리 그램, Robterson 목사 등은 모두 프리메이슨으로 어마한 부를 소유한 사실이 드러났으나, 지배세력이 통제하는 언론에서는 보도되지 않았다. 그들은 그런 식으로 일본 불교인 소카 각카이, 달라이 라마, 통일교 등 전 세계의 모든 종교를 침투했다. 한국에서 가장 큰 교회로 알려진 사랑의 교회 역시, 빌딩 안에는 프리메이슨의 상징들로 치장돼 있다. 동양에서는 전통 유교 사상과 불교에서 가르치는 자비를 미신처럼 만들고, 오히려 돈과 물질적인 것을 숭배하는 문화로 변질시켰다.

제도적으로 인종 간의 분열 조성

그들은 존슨 대통령의 1965년 이민개혁법(Immigration Reform Act)을 통해 이민을 개방했다. 이민을 개방한 이유는 미국을 다 민족 국가로 만들어 미국의 전통을 붕괴시키고 분열을 조성하기 위한 것이 그 목적이었다. 그들의 계획은 미국의 백인들의 힘을 약화시키는 것이다. 미국 안에서 흑인과 백인 사이에 인종 간의 갈등을 조성해 사회를 분열시켰다. 그들은 인도에서 힌두와 이슬람을 분열시켜 파키스탄이 분리되게 했었던 경력이 있다. 미국도 제2차 대전 이후 CIA가 배후에서 흑백갈등을 부추겨 인권운동을 조작했다. 흑인 지도자 멜컴 엑스와 마틴 루터 킹이 이 사실을 깨닫고 인종화합을 추진하기 시작하자, 그들을 암살해 버렸다. 미국의 소수 계를 위한다는 차별 철폐 조처(Affirmative Action) 역시 소수계의 인권을 위해서가 아니라, 백인들이 분노하게 만들어 미국을 분열시키기 위해서였다. 1965년 와츠폭동(Watts Riot)과 4·29폭동으로 알려진 1992년 LA 폭동 역시 그들이 언론을 통해 조작해 한국 상점 주인들과 흑인 주민 그리고 멕시칸 계들 사이를 분열시켜, 서로에 대한 적대 감정을 조성했던 사태이다. 한인 상인들이 표적이 됐던 그 폭동은 로드니 킹 구타 사건을 언론에서 확대시킨 후 그 분노를 한인 상인들에게 전가시킨 후 고의로 경찰력을 철수시켜 전쟁터로 만들었다. 다행히 한국에서 군대를 다녀온 경험이 있는 한인 상인들은 총을 들고 자체적으로 한인 타운을 지켜냈다. 지금도 미국의 대도시에서는 그런 흑인과 백인 사이에 악감정을 조성하고 있다. 그들은 최근에도 메릴랜드 주 볼티모어(Baltimore) 시에서 손을 들고 나온 흑인 청년을 쏴 죽인 경찰들을 풀어주어 흑백 충돌을 부추겼다. 또한 오바마는 지금 유럽에서 지배세력이 고의로 조성한 난민사태가 유럽을 강타했으나, 미국에는 오지 못하는 아랍인 난민들 약 200만 명을 민영 비행기를 동원해 들여온 사실이 최근 드러났다. 또한 그는 남미에서 밀입국한 불법체류자들의 생활을 보장해주는 정책으로 매년 수백만의 밀입국을 오히려 권장해 왔다. 그래서 트럼프가 불법 이민을 제지하고 나섰으나, 그들이 통제하는 언론은 그 불법 이민 사실을 은폐하고, 오히려 트럼프의 정책이 반 이민 정책인 것처럼 묘사하고 있다.

정부재정적자 증가와 (가족 대신) 정부를
의존하게 만들기 위한 복지정책

존슨 대통령이 빈곤과의 전쟁(War on Poverty)이라는 명분으로 시작한 사회복지 정책 역시 미국의 재정적자를 늘리고 국민들로 하여금 정부에 의존하도록 만들기 위해 시작됐다고 했다. 그리고 가족들에게 의존하던 것을 정부에 의존하도록 해 가족을 위하는 마음을 없애버려 가족이라는 공동체를 제거하려는 계획이다. 또한 의정서에서 가르쳤듯이 그들은 그들이 선출한 정치인들을 통해 재정을 늘리게 해 정부의 빚을 늘리게 하라고 가르쳤다. 정부가 지원하는 의료보험을 Medicare, Medicaid 통해 결국 그들이 소유한 의료계(healthcare industry)를 세금으로 보조해 주어 정부 보조금으로 돈을 벌게 해주며, 동시에 정부의 재정을 늘려 정부가 빚을 지게 하는 정책이다.

질병을 고의로 퍼트려 인구를 축소하려는 정책

사탄을 숭배하며 인류를 가축으로 여기는 지배세력은 인류를 위한다는 명분으로, 오히려 질병을 퍼트리고 건강을 해치는 정책

을 비밀리에 진행해왔다. 그들은 알루미늄을 처리하고 남는 폐기물인 불소(Fluoride)를 치아에 좋다는 근거 없는 주장으로 정부가 공급하는 식용수에 탔을 뿐 아니라, 그들이 통제하는 치과협회가 치아에 좋다고 '보증'해 모든 치약에 혼합돼있다. 플로라이드는 제2차 대전 전에는 폐기하는 데만 엄청난 비용이 들었었다. 이런 식으로 비용도 절감하고, 동시에 인류를 인체에 해로운 독으로 오염시키는데 사용하고 있다. 그들이 통제하는 미국 치과협회(American Dental Association) 역시 공조해 치약에 플로라이드를 포함하는 걸 권장하고 있다. 플로라이드는 나치스가 포로수용소에 수용된 사람들의 식용수에 투입해 그들을 고분고분하게 만드는데 사용됐었다. 그들은 켐트레일이라고 알려진 비행기 제트에 나노물질 알루미늄과 바륨 등을 합류시켜 항공에 뿌려 인간 몸속에 침투시키고 있다. 이는 쌀 한 알보다 작은 컴퓨터 칩을 인간 몸에 비밀리에 삽입시켜 몸속에 있는 나노물질을 이용해 뇌 신경을 통제하려는 계획의 일환이다. 그들은 'UN 어젠다(Agenda) 21'이라는 계획서를 만들어 인류의 70억이 넘는 인구를 5억으로 줄인다는 계획을 공개적으로 추진하고 있다고 했다. 그들은 인구 증가는 더 이상 지구를 지탱하기 어렵다는 보고서를 작성해 그런 정책의 '필요성'을 정당화하고 있을 뿐 아니라 그들이 통제하는 세계보건 기구 WHO(World Health Organization)를 통해 그 계획을 비밀리에 진행해왔다. 세계보건 기구가 당사자들의 동의 없이 비밀리에 저개발국가 여성들을 임신하지 못하게 하는 백신을 접종한 사실이 드러났으나, 언론에서 은폐했다. 그리고 그들은 세계보건 기구라는 이름 아래 오히려 인간에게 해로운 백신으로 저개발 국가들의 인구를 병으로 죽어가게 했다. 최근 라이베리아에서

에볼라 예방접종을 적십자사로부터 접종한 후 대량으로 죽어 나가자, 그 나라 국민들이 적십자사와 그 예방접종을 권장한 빌 게이츠를 공격해 그가 도망가는 사태가 일어났으나 언론은 보도하지 않았다고 했다. 또한 그들은 오히려 인구를 줄이는 데 사용할 바이러스를 개발했다. 에이즈, 사스, 그리고 최근 세계를 휩쓴 에볼라 바이러스이다. 최근 에볼라 바이러스는 미국 아틀란타의 질병 통제 센터(CDC)가 실험실에서 개발해 특허까지 소유한 사실이 드러났다. 그들은 EPA를 장악해 고의로 원자력 발전소의 폐기물이 새어 나오는 걸 방치해 국민들을 방사 중독(poisoning)으로 죽여가고 있다. 미국의 암 사망률이 급증한 이유다. 미국 펜실베이니아 주에서 있었던 3-mile Island나 우크라이나에서 있었던 체르노빌, 그리고 최근의 후쿠시마 원전 사고 모두 그들이 조작해서 일어난 사고들이다. 미국에서는 예방접종을 초등학교에서 의무한 후 자폐증(Autism) 발생이 치솟았다. 부모들의 항의가 지속됐으나 언론에서는 무시해왔다가 최근 트럼프 정부가 들어서자마자 조사단이 형성됐다.

식품을 무기로 만드는 정책

그들은 식품도 인류를 노예화시키는 도구로 사용함과 동시에 인류를 몰살하는 무기로 만들었다. 미국의 대기업 Monsanto 같은 기업들이 유전자를 개종해 씨 없는 수박 같은 과일과 채소를 개발한 것은 인류를 위해서가 아니라 식품 자체를 무기로 만들기 위해서이다. 유전자 변형 농산물 (GMO(Gentically modified food))로 알려진 식품은 그 분야에 종사하는 과학자들이 은밀히 언론에 노출해서 알게 된 사실이다. 그들이 유전자를 조작해 개발한 식품은 두 가지 목적을 위한 것이다. 하나는 모든 농작물의 씨앗을 한 번밖에 사용하지 못하게 해 씨앗 자체를 농작물에서 축출하지 못하게 만들어 농부들이 씨앗을 그들로부터 사게 만드는 것이다. 그리해 곡물을 생산하기 위해선 그들이 소유한 기업들에게 의존하도록 만들어 농작물의 생산을 그들이 통제하기 위해서다. 그들은 이미 인도와 미국에서 이를 시행하고 있고, 그 음모를 눈치를 챈 농부들이 씨앗을 비축하기 시작하자 이를 법으로 금지하고 있다. 또 한 가지 이유는 식량 자체의 유전자를 변질시켜 몸에 해롭게 만들기 위해서다. 그들은 이미 인류가 가장 많이 먹는 밀가루와 옥수수에서 몸에 필요한 성분을 흡수하지 못하게 유전자를 변형시켜 대중화했다. 또한 이미 1950년대부터 그들은 과일과 채소에서 자연적으로 생산되는 암 바이러스를 제거하는 성분을 화학비료로 파괴시키는 성분을 개발해 비료에 함유시켰다. 미국의 암 사망률이 1950년대 이후 급증한 이유이다. 한발 더 나아가 그들은 최근 오바마 정권이 통과시키려다 트럼프가 취임되자마자 폐지된 TPP를 통해 그들이 파는 식품에 GMO라는 표시를 금지하는 조항을 포함시켰었다. 대한민국, 일본 같은 속국들은 읽어보지도 않고 바로 서명할 의사를 밝혔으나, 이런 조항 때문에 유럽 국가들이 저항해 왔던 이유이고 트럼프가 취임하자마자 철회한 이유이다.

제약회사 이윤을 극대화하는 도구로 동원된 미국의사회

모든 의사들의 자격증을 부과하는 미국의사회(American Medical

Association(AMA))를 사조직으로 만든 후, 의과대학에서 약을 처방하는 것을 학구적으로 세뇌시켜, 그들의 제약회사들이 파는 약으로 병을 고치는 대신 '치료' 하도록 길들였다. 의사들의 자격증을 부과한다는 것은 그들의 통제를 거부하는 전체론적인 의학 (holistic medicine)을 고집하는 의원들의 활동을 불법으로 만들어 그들의 의학을 아예 없애버릴 수 있다는 사실이다. 그리고 그들은 그들이 소유한 제약회사를 통해 암 치료를 빙자해 암세포뿐 아니라 건강한 세포도 같이 죽이는 독약을 암치료제로 처방하게 해, 암 환자들을 고통 속에 죽어가도록 하고 있다. 그러면서 그 독약을 제조, 판매하는 제약회사들이 엄청난 돈을 벌게 했다. 또한 그들은 암을 치유하는 전체론적 의학(holistic medicine)을 금지하고 그런 치유의 성공사례를 억제하고 있을 뿐 아니라 오히려 그런 의사들을 조용히 암살하고 있다. 지배세력의 그런 음모를 알게 된 Proctor & Gumble사 가문의 포스터 검블 (Foster Gumble) 부부는 사제를 들여 그런 사실을 인터넷을 통해 노출시키고 있다. 그리고 그가 지배세력이 억제하고 있는 첨단 과학 기술과 병을 자연을 이용해 치료하는 의학을 감추고 있는 그들의 악의를 노출하는 17개의 언어로 번역된 'Thrive'라는 다큐멘터리는 인터넷에서 수천만의 조회 수를 기록하고 있다. 세계를 지배하는 사탄을 숭배하는 그들은, 인류를 정말로 가축으로 취급하며 인류를 돈의 노예로 만들어 인간의 노동을 착취한 후 인류에게 고의로 질병을 주어 인류가 노후를 위해 저축한 마지막 자산도 그들의 제약회사와 의료 시설에다 바쳐가며 죽어가게 하고 있는 것이다.

16. 나치스의 부활

> 1946년 남극해서 나치스 비행접시 부대에게 패한
> 미 해군 하이점프 작전

앞에서 언급했듯이, 제2차 대전이 종결된 후 나치스 핵심 멤버들이 예수회의 도움으로 남미 아르헨티나로 도피했다. 그 후 그들이 2차 대전 중 남극해에 비밀 기지를 소유했었다는 정보를 입수한 미국 해군은 1947년 '하이점프 작전'(Operation High Jump)이라는 작전명 하에 리처드 버드(Richard Byrd) 제독이 이끄는 미국항공모함 USS Philippine Sea를 남극해에 출전시켰다. 그런데 미 항공모함이 남극해에 다가가자 갑자기 나치스의 비행접시 부대가 출현해 신식 첨단무기로 미국군함을 불과 30분 만에 무력화시키는 일이 일어났다. 그 당시 전투가 끝난 후 파괴된 처절한 장면을 촬영한 사진들을 인터넷에서 볼 수 있다. 제2차 전쟁 종결 후, 나치스는 비행접시 기술을 완성하고 첨단 무기를 부착하는 데 성공했던 것이다. 미 해군이 완패하고 돌아온 후, 그 전투는 비밀에 붙여졌고 더 이상 거론되지 않았다. 그동안 미국 CIA의 마인드 컨트롤 작전으로 '미확인 비행 물체'(unidentified foreign object)라고 이름 붙인 후 UFO를 믿는 자들을 비웃도록 길들여진 인류는 이를 무조건 부인하려 하겠지만, 비행접시는 실제로 존재한 지 오래이다. 1930년대에 나치스는 이미 고대로부터 내려온 기밀문서를 통해 비행접시의 이론을 알고 있었고, 그들을 배후에서 지원해 온 예수회를 통해 고대로부터 내려온 서적들이 보존됐던 알렉산드리아 도서관을 불태우고 훔쳐 바티칸 지하실에 숨겨놓았던 자료를 전수받았다.

외계인의 도움으로 성공한 비행접시 기술과 시간여행 실험

나치스는 그 후에도 인도를 포함한 전 세계의 고전을 탐험해 자료를 모았던 것으로 알려졌다. 산스크리트어로 된 인도의 고전 마하바라다(Mahabharata)에는 16가지의 금속으로 비행접시를 만드는 청사진이 상세히 소개돼 있고 항성간(interstellar)의 비행에 대한 내용들이 기재돼있다. 그리고 나치스는 그 당시 독일 안에서 외계인과 채널링(channeling)을 했던 것으로 알려진 둘레협회(Thule Society)와도 교류했었다. 원래 둘레협회는 나치스와 상관없이 개별적으로 톨 화이트 (Tall White)라는 외계인들과 채널링을 하며 비행접시를 개발하던 중이었기 때문에, 나치스는 그 조직의 연구를 계속하도록 '배려' 했다. 훗날 페이퍼클립작전 하에 미국으로 이송돼 나사(Nasa)를 창설한 베르너 폰 브라운(Werner Von Braun)은 자신들이 그 당시 비행접시 기술을 완성하는 데는 외계인들의 도움이 있어 가능했었다고 고백했다. 나치스는 전쟁 중 비행접시기술은 완성했었지만 아직 그 기체에 부착할 최첨단 에너지 무기를 개발하지 못했다가 전쟁이 끝난 후 완성했다. 그리고 나치스는 시간여행에 대한 연구도 완성시켰다. 시간여행이 가능하다는 사실은 이미 1905년에 과학계에 선풍을 일으킨 아인슈타인의 '특수 상대성 원리'로, 시간은 환상(illusion)임이 수학적으로 증명됐다. 이 사실이 1943년 미국 해군이 아인슈타인과 테슬라를 투입해 진행한 필라델피아 실험(Philadelphia Experiment)으로 확증됐으나 그 후 군사기밀로 부쳐졌다. 그 당시 했던 실험결과로 시간여행에서 돌아오는 과정에 군인들의 몸 일부분이 군함 기체와 합판에 합쳐지는 바람에 목숨들을 잃는 사건이 있었고, 그 실험과 관련된 사진들을 인터넷에서 확인할 수 있다.

정부에 의해 은폐된 1942년 '로스앤젤레스의 전투'와 1947년 로즈웰 외계인 사건

1942년 2월에는 미국 캘리포니아 롱비치 항구의 상공에서 비행접시 중대가 나타나는 사건이 있었다. '로스앤젤레스의 전투(Battle of Los Angeles)'로 알려진 그 사건은 그 당시 신문에서도 대서특필로 보도됐다. 그 정체를 알 수 없는 비행접시 부대에 출현을 보고받고 출동한 미국 해양경찰은 군함에 달린 기관포와 대포로 밤새 발포했으나 아무 소용이 없었고, 그 비행접시 부대는 유유히 오전에 자취를 감추었다. 그 후 정부는 기후측정을 하는 풍선(Weather Balloon)을 잘 못 보고 일어난 착시 현상이었다는 보도를 한 후, 언론은 더 이상 언급하지 않았다. 1947년에는 미국 뉴멕시코 주 로즈웰시에서 외계인의 비행접시가 추락하는 사건이 발생했다. 그 비행접시와 타고 있다 죽은 외계인이 담긴 사진이 대서특필로 지방신문에 보도됐다. 그러나 며칠 후 조사를 마친 미국 정부는 비행접시가 아니었다고 그 역시 기후 측정 풍선이었다는 허위발표를 하고, 그 당시 추락 현장을 본 증인들의 증언을 허위였다고 보도해 그 사실을 은폐했다. 그러나 그 비행접시가 추락한 얼마 후 컴퓨터 칩 개발을 가능하게 만든 트랜지스터, 지금의 초고속 인터넷 통신을 가능하게 한 광케이블의 광섬유(fiber optics), 야간투시경(night vision goggle) 등이 개발됐다. 군이 역설계(reverse engineer)를 했던 것이다. 그리고 그 후 미국 해군 역시 그 당시 나치스에서 데리고 온 과학자들을 통해(군사기밀로 공개되지 않은) 비행접시 기술을 역설계 하는데 성공해 1960년대부터 공중에 보이기 시작한 (CIA에 의해 'UFO' 라고 이름을 붙여 불신을 유발하게 한) 비행물체들은 미국 군이 소유한 비행접시로 51 지역 (Area 51)으로 알려진 네바다주 지하 기지에서 생산됐다. Area 51이 미국의 비행체 비밀기지였다는 사실은 그 후 공개된 군 기밀에서 해제(declassify)된 기록에서 이미 확인됐다. 또한 1970년대 초에는 지금의 첨단 컴퓨터를 가능하게 한 실리콘 칩이 갑자기 그들이 소유한 미국 인텔(Intel)사가 '개발'해 공개했다. 이 역시 그들에 의해 억제돼왔던 기술을 그들의 필요에 의해 공개한 사례이다.

비행접시 기술을 인류로부터 숨기는 이유

그렇다면 왜 이런 첨단 기술을 인류로부터 숨기고 있는가를 당연히 묻게 된다. 비행접시를 가능하게 하는 기술은 두 가지 원리를 바탕으로 하고 있다. 첫째는 우리가 아는 인력(gravity force)을 역으로 상쇄시킬 경우 모든 물체가 가벼워져 공중에 뜨는 반인력(anti-gravity) 이론이다. 둘째는 그 비행접시의 추진(propulsion) 기술은 니콜라 테슬라가 일찍부터 주장해온 자유 에너지와 연결돼 있기 때문이다. 그는 우주에 존재하는 무한한 제로 포인트 에너지를 활용해 전기를 무에서 생산할 수 있다는 사실을 이미 증명했었다. 그 말은 비행접시의 추진(propulsion)에 필요한 에너지를 대기에서 자유(free)로 생산해 낼 수 있다는 것이다. 그러나 고대로부터 그들만 전수받은 비밀지식(occult knowledge)으로 인류를 속여 통제해온 그들은, 그런 지식을 자신들만 독점하고 인류를 미개하게 만들어 지배하기 위해 인류로부터 감추어 왔다. 그 지식이 공개될 경우 그들이 소유, 통제하는 세계의 에너지인 원유와 자연 가스가 무용지물이 되기 때문이다. 제로 포인트 에너지로도 알려진 자유 에너지의 원리는 모든 원자 안에 양성인 양자(proton)와 음성인 전자(electron)의 활동을 가능하게 하는 전자기의(electro magnetism)를 활용해 무한의 에너지를 생산할 수 있다. 그러므로 인류가 가장 없어서는 안 되는 에너지, 즉 전기를 무한으로 생산할 수 있어 인류가 에너지 걱정을 안 하고 살 수 있게 될 것이고, 그럴 경우 원유와 자연가스를 더 이상 필요로 하지 않게 돼, 그들이 인류를 지배하는 데 사용되고 있는 그들이 독점해온 에너지자원이 무용지물이 되기 때문이다. 그러므로 이 기술이야말로 미국 군 안에서 초특급 기밀로 지정돼, 핵폭탄 기술보다도 훨씬 급이 더 높은 이유이다. 미국 공·해군 안에서 MJ-12(Majestic 12)로 알려진 초특급 기밀은 미국의 대통령도 알 자격이 없다. 1976년에 대통령에 당선된 지미 카터 대통령은 자신이 분명히 비행접시를 보았다고 대통령이 되면 꼭 파헤칠 것이라고 공약했었다. 그러나 당선 후 그는 그 당시 CIA 국장이었던 아버지 부시에게 문의했다가 그 정보를 접하기에는 대통령의 기밀급(classification level)이 더 높아야 된다고 해, 더 이상 알아내지 못했다고 그는 비공식 석상에서 고백했었던 적이 있다. 대통령 위로 35개의 급이 더 있다고 한다. 그 후 그가 비행접시 기술에 대해 알게 된 후 그 엄청남에 비관해 하루 종일 울었다고 전해졌다. 레이건 대통령은 그가 레이건 도서관에 기고한 그의 일기장에 미국 공군이 우주에 200명이 넘는 우주인들이 배치된 유인탐색 우주 정거장(Manned Research and Space Station)의 존재에 대해 보고받고 감탄한 사실이 기록돼있다. 그 얼마 후 그는 유엔에서 한 기조연설에서, 지구가 외계세계로부터 공격을 받게 될 경우 인류가 서로의 차이점을 버리고 하나로 단결하게 될 것이라는 발언을 했다. 빌 클린턴 대통령도 오바마 대통령도 미국 TV 토크쇼에서 대통령이 된 후에도 UFO에 대해 알 권리가 없더라고 '농담'하는 것을 인터넷에서 확인할 수 있다. 2016년 대선에 출마했던 힐러리는 자신이 대통령에 당선되면 UFO에 대한 정보를 공개하겠다고 공약까지 했다.

1952년 워싱턴에 떼를 지어 나타난 나치스 비행접시 중대

나치스는 1942년 자신들이 개발한 비행접시 중대를 가지고 미국 롱비치 앞바다에 나타났으나, 아직 그 비행체에 부착할 에너지 무기를 개발하지 못했음으로 자신들의 비행체들을 일반적인 무기로 감히 해칠 수 없다는 사실만 보여준 후 사라졌던 것으로 추정된다. 여하튼 1947년 하이점프 (Operation High Jump) 작전명 하에 그들의 남극해 기지에 출전했던 미 해군은 그 후 에너지 무기를 제작해 사용하는 데 성공한 나치스에 의해 참패를 당했던 것이다. 이 작전에 개입했던 미 국방장관 제임스 포레스털 (James Forrestal)은 이 사건을 은폐하는데 불만을 표시하자, 그 얼마 후 그는 베데스다 해군병원에서 '자살'돼서 발견됐다. 나치스는 페이퍼 클립작전으로 미국으로 이전됐던 과학자들을 통해 미국 군부가 이 비행접시 기술을 핵폭탄 기술보다 더 높은 기밀로 취급한다는 사실을 알고, 1952년 백악관 부근에 비행접시 중대로 떼를 지어 나타나기 시작했다. 그 당시 워싱턴에 떼를 지어 나타난 비행 물체들에 대한 기사가 워싱턴포스트지의 첫 면에 실린 것을 인터넷에서 확인할 수 있다. 그 당시 미국에서 외계인에 대한 기밀이 핵폭탄 기밀보다 더 우위였던 이유는 그 '지식'은 미국과 전 세계를 형성하고 있는 모든 사회, 종교, 정치, 경제체제를 뒤집어 놓을 수 있기 때문이다. 기존 에너지 체제 하에 살고 있어 경제적 안정을 누리고 있는 모든 기득권 세력은 물론 정치계, 종교, 학계에서도 어마어마한 혼란을 가져올 것을 미국 정부가 우려한다는 점을 이용해, 지배세력의 조종을 받지만 그들의 진정한 정체를 모르는 아이젠하워를 '협박'하는 무기로 사용했다. 나치스는 이미 그 기술로 우주를 여행해 달에 갔다 온 지 오래였다. 그러나 그들이 우주를 탐구하기 위해서는 미국이 소유한 산업기반(Industrial complex)이 있어야 했다. 그래야만 그들의 우주항공에 필요한 거대한 우주선은 물론이고 다른 행성에 기지를 건설·개발 할 수 있기 때문이다.

롱비치 항구에 출현으로 시작된 우주선 개발 프로젝트

그러므로 1942년에 롱비치 상공에 나타났던 것도 그 계획에 의한 것이었다. 지배세력의 '지시'를 받은 Mcdonald Douglas사의 전신인 Douglas사의 창시자 도날드 더글러스 (Donald Douglas)는

'로스앤젤레스의 전투(Battle of Los Angles)' 직후인 1943년 우주선 개발을 위한 팀 구성에 착수했다. 그 후 별도의 싱크탱크로 존재하게 된 랜드 연구소 (Rand Corporation)는 그때 Douglas 사가 우주선개발을 위해 조직한 싱크탱크였다가 분리돼 나온 것으로, 지배세력을 위해 현재에도 존재하는 싱크탱크이다. 더글러스사는 대형은행들의 도움으로 미국 해군 군함을 짓던 해군 조선소(Naval Ship Yard)를 구입해, 군함을 제조하던 기술을 우주 전투선(Space Battleship)을 제조하는데 활용했다. 이 첨단 과학이 인류에게 드러나 경제적, 종교적, 사회적 혼란을 유발시키는 것을 막기 위해 아이젠하워 대통령은 나치스의 요구를 들어주어야 했다고 한다. 나치스의 요구는 간단했다. 그들은 자신들이 항공탐구와 항공개발을 확장하는데 뒷받침해줄 수 있는 방위산업과의 합작투자를 허용할 것을 요구했다. 그러므로 비행접시의 존재를 미국 국민들에게 노출하겠다는 나치스의 협박에 못 이겨 아이젠하워 대통령은 나치스가 미국의 군산복합체(Military Industrial Complex)와 합작하는 것을 허용했다고 한다. 평생을 군인으로 살았던 아이젠하워 대통령의 우려가 정당했는지는 알 수 없다. 지배세력이 심어놓은 그의 참모들이 그를 호도했을 가능성도 배제할 수 없다. 왜냐면 아이젠하워는 그 당시 지배세력의 사주직 CIA의 MJ-12의 자문에 의존하고 있었기 때문이다. 여하튼 그때부터 나치스는 미국의 군산복합체(military industrial complex)를 형성하고 있는 보잉, 록히드 마틴, 맥도날드 더글러스, 레이테온, 노스롭, 제네럴 일렉트릭 같은 기업들을 공동으로 소유하게 됐다.

제2차 대전 중 미국해군의 첩보 활동으로 확인됐던 나치스 비행접시 개발

미국 해군은 제2차 대전 때부터 나치스가 비행접시를 개발하고 있다는 정보를 입수한 후, 미국의 독일계 미국인 스파이를 보내 나치스의 비행접시 개발 프로그램을 감시했었다. 그때 해군 스파이가 입수한 비행접시 모형의 사진들과 모형들에 대한 정보를 바탕으로, 입체로 된 도면을 그려 전투기와 군함을 짓는 방위산업체들에게 제공하는 역할을 담당했던 윌리엄 톰킨스(William Tomkins)가 2015년 발행한 'Selected by Extraterrestrials'에서 이 사실을 확인할 수 있다. 미 해군은 1942년 '로스앤젤레스의 전투' 이후 제2차 대전부터 방위산업들과 함께 자체적으로 개발하기 시작한 우주선 프로그램으로 그들을 따라잡을 계획이었다. 그러나 지배세력이 소유한 방위산업과 합작투자를 이끌어낸 나치스는 그들의 핵심 과학기술을 미국 정부와 공유하지 않았다. 그럼으로 최첨단 비밀 우주 프로젝트는 지배세력의 사적 소유가 됐다. 결국, 그렇게 개발된 모든 첨단 기술과 비행접시를 포함한 우주선은 미국 정부가 아닌 나치스가 공동 소유하게 된 록히드 마틴의 스컹크 워커스(Skunk Works)로 알려진 비밀 실험실이 주도하는 방위산업의 소유가 되었고, 지금도 그러하다. 지금까지도 세계지배세력의 군산복합체와 나치스가 공동으로 소유한 최첨단 우주항공 기술은 그들이 소유해 미 해군은 지배세력이 신형이 개발된 후 넘겨주는 구형 우주항공선을 운영하고 있는 게 현실이다. 그리고 같은 시기인 1958년에 신설된 미국 항공 우주국 나사(NASA)는 군사기밀이라는 이유로 미국 정부의 감독을 전혀 받지 않는 독립기구로, 정부의 통제를 받지 않고 지배세력의 기구로 운영되고 있다.

나치스에게 도움을 준 파충류 외계인

더 황당한 사실은 나치스가 우주선과 시간 비행에 관한 연구를 할 당시, 용자리 별자리(Draco Constellation)에서 온 파충류(Reptilian) 외계인들과 접촉이 이루어져 그들의 도움을 받았다는 사실이다. 이 파충류 외계인들이 바로 앞에서 언급한 자카리아 시친스(Zacharia Sitchins)가 번역한 설형문자 명판에 소개된 약 4만 5천 년 전 지구에 왔다는 아누나키 외계인들이다. 파충류 외계인들은 우주에서 가장 악하고(Evil) 군국주의적(Militaristic) 이기로 유명한 외계인들이다. 그 설형문자 명판에 도마뱀의 형상을 한 외계인의 그림이 있고 인터넷을 검색하면 그들의 모습을 확인할 수 있다. 나치스는 그들의 도움으로 남극해 빙상 밑에 위치한 고대 문명이 사용했던 땅굴 기지가 있다는 정보를 얻어. 자신들의 잠수함으로 그 굴을 찾아 그 빙상 밑에 있는 장소에다 그들의 기지를 건설했던 것으로 지금도 존재하고 있다.

1954년 아이젠하워 대통령이 그레이 외계인들과 맺은 그레이다 조약

1954년 아이젠하워 대통령은 뉴멕시코 주에 위치한 홀로먼 공군기지(Holloman Air Force Base)에서 3차례에 걸쳐 그레이 외계인들과 만났다. 그들과 만나기 전 북유럽 노르딕(Nordic) 인종으로 알려진 외계인이 아이젠하워를 방문해 그레이는 우호적이지 못하다고 경고했었다. 노르딕 외계인은 북 유럽인처럼 생긴 플레이아데스(Pleiadia)에서 온 우호적인 외계인으로 미국이 소유한 핵폭탄을 포기할 경우 그들의 첨단 기술을 이전해 주겠다고 했으나, CIA의 MJ-12의 자문을 받은 아이젠하워는 이를 거부했고 결국 그레이들(Greys)과 조약을 맺었다. 이 조약이 그리에이다 조약(Greada Treaty)으로 그레이가 첨단 기술을 제공하는 댓가로 소수의 인간들을 납치해 그들의 유전자 연구를 할 수 있게 허용하기로 합의했던 조약이다. 그 대신 납치됐던 인간들을 제자리에 돌려놓을 것을 약속했으나, 그 약속은 많은 경우 지켜지지 않았다. 그레이 외계인은 파충류 외계인의 통제를 받는 그들의 노예 인종으로 인공지능(Artificial Intelligence)을 가졌다고 한다. 그 조약을 서명한 얼마 후, 아이젠하워는 자신이 MJ-12를 운영하는 CIA에게 속았다고 후회를 했다고 한다. 나치스는 그때부터 이 외계인들을 도와 심 우주에서 그들의 우주 정복을 돕고 있으며, 그들과 함께 검은함대(Dark Fleet)를 운영하며 그들의 지배를 받고 있다. 결국 아누나키로 알려졌던 신의 유전자를 받았다는 네피림이라고 자칭하는 지배세력은 이 파충류 외계인들의 DNA를 물려받은 혼성체(Hybrid)들로, 그들의 조종을 받아 인류를 지배해온 자들이라고 한다. 또한 구약 성서에서 신으로 묘사됐던 야훼(Adonai)와 그와 동격이라고 하는 루시퍼는 지구를 수만 년 동안 지배해 온 외계인들이라는 정황이다. 그들을 적외선 카메라로 포착해 인터넷에 올린 영상과 그들을 목격한 증인들이 그려놓은 그림을 보면, 인류가 마귀로 그려놓은 형체와 유사하다.

자연 행성이 아닌 대형 인조우주선 달

　우리가 아는 달은 자연 행성이 아니라 인조로 만든 행성 모양을 한 일종의 대형 우주선으로 누군가에 의해 지금의 위치에 끌어다 놓은 것이다. 그리고 지구의 궤도를 맴돌지만, 지구처럼 회전을 하지 않기 때문에 지구에서 보이는 부분은 한쪽 면이고 그 뒤로는 여러 외계인들의 기지들이 있다. 아폴로 11호 우주선에 탑승해 제일 먼저 달에 발을 디뎠다는 닐 암스트롱(Neil Armstrong)과 버즈 얼드린(Buzz Aldrin) 우주 비행사들 중, 닐 암스트롱은 그 탐험 후 그가 죽을 때까지 단 한 번도 언론의 인터뷰 요청에 응하지 않았다. 이미 앞에서 버즈 얼드린은 2016년 11월 미국 대선 날 존 캐리 국무장관과 함께 남극해를 방문했다고 언론에 보도됐다고 했다. 아폴로 항공 프로그램의 총책임자로 주도했던 윌리엄 톰킨스에 의하면, 달에 착륙할 때 파충류 외계인들이 그들의 비행접시를 땅 가까이 허공에 띄어놓고 기다리고 있었다고 한다. 인터넷 일부에서는 아폴로 달 착륙이 허위라고 주장 하는 사이트도 있다. 왜냐면 정부에서 공개한 영상자료를 보면 조명과 그림자가 일치하지 않아 실내 스튜디오에서 촬영한 것이 명백하기 때문이다. 그도 그럴 것이, 정부는 실자료를 공개할 경우 외게인들과 그들의 우주선들이 보일뿐 아니라, 달 표면에는 여러 기지들이 보이기 때문에 공개할 수 없었다. 그래서 실내 스튜디오에서 촬영한 영상자료들을 공개해야 했다. 더 흥미로운 사실은 그 외계인들이 지켜보는 가운데 프리메이슨을 상징하는 깃발을 먼저 꽂은 후 성조기를 꽂았다는 것이다. 암스트롱은 매우 드물게 참석한 달 착륙을 기리는 한 자리에서, 우주 비행사들을 앵무새와 비교하면서 "말을 할 수 있는 유일한 새는 앵무새인데 앵무새는 잘 날지 못한다."라는 의미심장한 발언을 했을 뿐 아니라, 1994년 25주년 행사에서는 우주비행사를 꿈꾸는 학생들에게 "누구든지 진실의 보호막들 중 하나를 제거할 수 있다면 많은 획기적인 돌파구를 얻을 수 있을 것이다 (There are many breakthroughs available to those who can remove one of truth's protective layers)." 라는 애매한 발언을 한 것을 인터넷에서 확인할 수 있다. 그는 그가 할 수 있는 한계 내에서, 정부의 우주항공에 대한 은폐를 꼬집었던 것이다.

우주항공 개발을 위해 급격히 늘어난 과학자들의 수요

1950년대부터 시작해 1960년대까지 약 10여 년에 걸쳐 전 세계적으로 브레인 드레인(Brain Drain)이라고 알려진 과학자들의 수요가 급격히 증가한 적이 있다. 이는 그들의 우주개발에 필요한 수백만의 과학 인재를 모집한 것으로 남미에서는 노골적으로 우주개발을 위한 인재를 찾는다는 신문광고까지 냈었다. 그렇게 발굴된 인재들은 지구를 우주의 외계인들로부터 보호하기 위해서라는 명분으로 속여 화성(Mars)에 그들이 개발해 놓은 기지로 데리고 갔고, 그곳에서 살고 있는 인구가 수천만에 이른다고 한다. 이런 식으로 제2차 대전 이후 미국의 지배세력은 숨어있는 그림자 정부를 만들어 미국뿐 아니라 전 세계를 미개인을 지배하듯 지배해 왔다. 미국 실리콘 밸리(Silicon Valley)의 기업들 역시 모두 그들이 소유, 통제하고 있다. 마이크로소프트의 빌 게이츠를 비롯한 소위 '천재'들은 그들에 의해 선정된 자들이다. 빌 게이츠의 윈도우는 그의 장인인 IBM의 창시자 왓슨(Watson)이 자신이 CIA

로부터 전수받은 회사의 기밀을 그에게 넘겨줘 시작한 것이지, 우리가 아는 것처럼 그의 천재성에 의한 것이 절대 아니다. 지배세력이 그들의 하수인인 트루먼 대통령과 그들이 통제하는 미국의회를 통해 통과시킨 비밀 정부의 존재와 미국의 첨단기술 기밀이 방위산업으로 다 넘어간 사실을 뒤늦게 알게 된 아이젠하워 대통령은, 그의 고별사(Farewell Speech)에서 미국의 군산복합체(Military Industrial Complex)와 그들에 의해 완벽하게 통제되는 미국의회를 조심하라고 하려 했다. 그러나 지배세력의 압력에 의해 '의회'에 관한 언급은 빼고 군산복합체를 조심해야 한다는 축약된 고별사를 남긴 것을 인터넷에서 확인할 수 있다. 그는 이미 미국의 의회는 지배세력에 의해 통제된 지 오래라는 사실을 깨달았던 것이다. 그 대신 그는 그 사실을 자신의 후계자로 국민들에 의해 선출된 케네디에게 전했고, 이를 알고 지배세력을 대항하려던 케네디는 암살로 제거됨으로 그들의 은폐는 계속됐던 것이다.

우주 첨단기술을 정부가 아닌 사유로 보유하게 된 나치스와 군산복합체

그렇게 미국의 우주테크놀로지는 미국 정부가 아닌 지배세력이 통제하는 나치스와 미국의 군산복합체가 소유하게 됐다. 그 말은 우주 최첨단 과학을 바탕으로 하고 있는 우주항공기와 우주함대는 물론 최첨단 우주무기는 지배세력의 방위산업체들이 소유하게 됐고, 미국의 군대는 그 업체들이 신기술로 제작한 신형으로 교체하고 남는 구형들을 물려받아야 했다. 그러면서도 지배세력은 미국 해군을 통해 비밀 우주 프로그램을 운영했다. 결국, 그 모든 프로젝트는 미국 정부 예산으로 충당됐다. 그들은 공군과 해군으로 나누어 운영하며 서로가 자기들이 미국군대의 유일한 최첨단 비밀 우주 프로젝트인 것으로 믿게 했다. 전형적인 칸막이 수법이다. 미 공군은 지구 상공에서 지구 궤도까지를 경계선으로 유인 탐색 우주 정거장 을 운영하며 에너지 무기를 보유하고, 정찰위성으로 지구를 정찰하는 역할을 맡았다. 미 공군의 비밀 우주 프로젝트는 TR-3B라는 70년대에 사용되던 삼각형으로 된 우주항공기(비행접시)를 보유하고 있다.

미 해군 비밀 우주 프로젝트

거기에 비해 해군 비밀 우주 프로젝트는, 솔러 워든(Solar Warden)이라는 우주 함대로 지구 궤도 밖으로 태양계 전체를 탐험하는 임무를 맡고 있고, 공군보다는 더 신형으로 된 우주함대를 보유하고 있다. 2004년 영국의 개리 메키논이라는 컴퓨터과학자가 미국 NASA 컴퓨터를 해킹해 이 솔러 워든 함대의 존재를 확인한 후 인텀넷으로 노출하자, 미국 기밀 누설죄로 미국에서 그를 인도(Extradite)해 가려고 했다가 오히려 더 부각될 것을 우려해 중단된 적이 있다. 지배세력이 통제하는 나치스는 검은 함대(Dark Fleet)로 파충류 외계인들의 함대와 함께 태양계 바깥으로 심우주로 은하계를 다니며 지구와 같이 미발달된 행성들을 식민지화하는 일을 돕고 있다고 한다. 지배세력이 소유한 록히드 마틴 사의 스컹크 워크스가 대표로 하는 방산업체들은 은하간 복합기업(Intergalactic Corporate Conglomerate)들로 형성돼 우주 탐험, 개발과 무역을 하고 있다고 한다.

$$\text{frequency} = \left(\frac{1}{\text{wavelength}}\right) * \text{speed of light}$$

$$\nu = \left(\frac{1}{\lambda}\right) * c$$

$$\nu\lambda = c$$

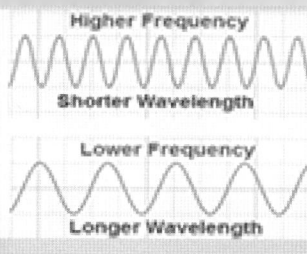

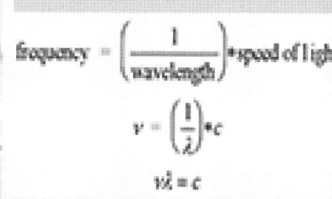

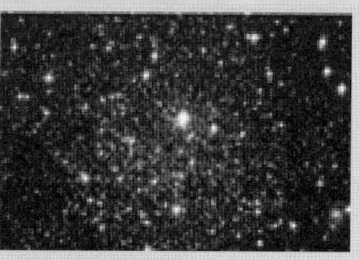

17. 숨겨진 과학과 외계인의 존재를 불신하도록 세뇌된 인류

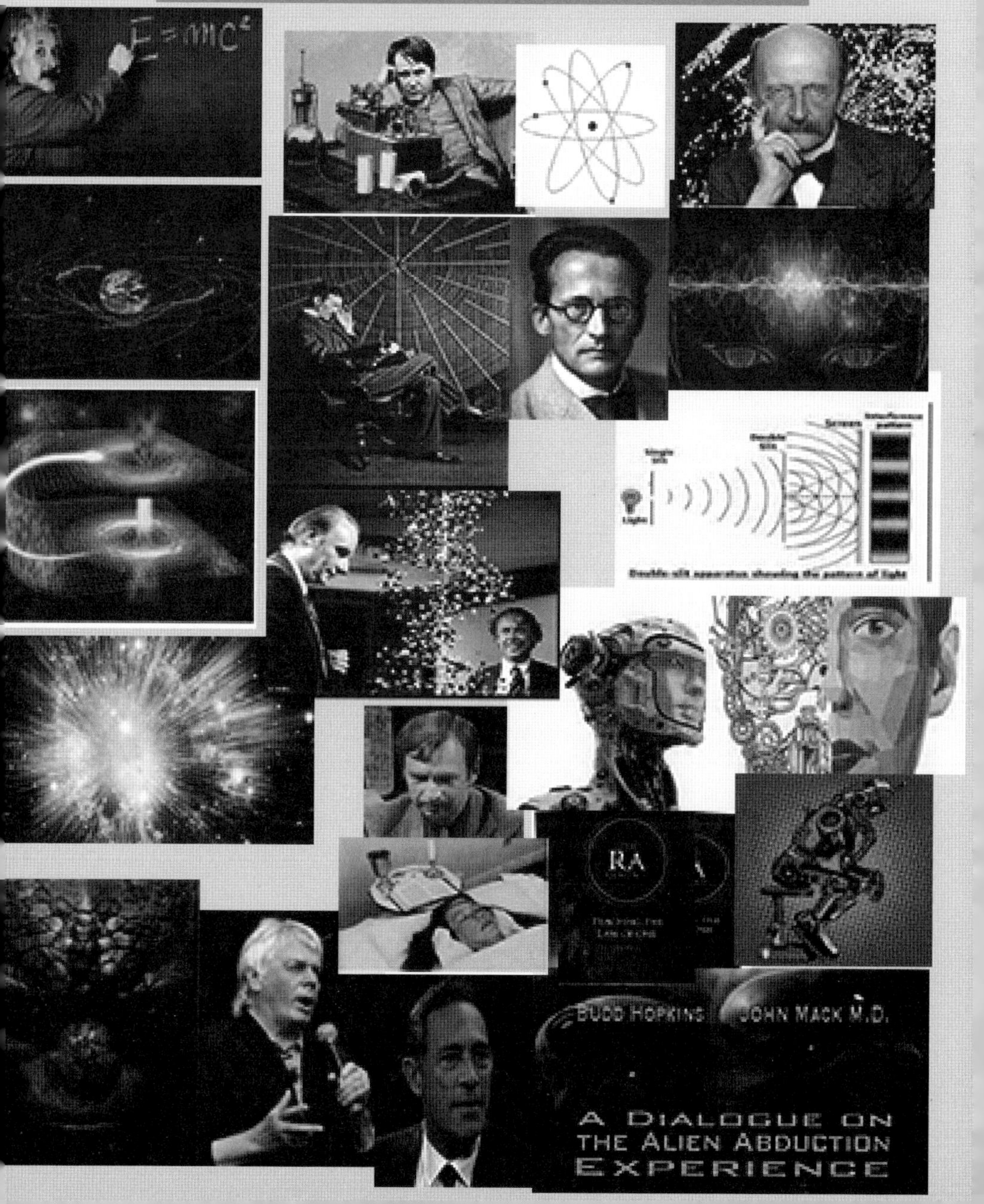

17. 숨겨진 과학과 외계인의 존재를 불신하도록 세뇌된 인류

세계지배세력이 이미 비행접시를 개발해 달과 화성에 기지를 소유하고 있고 외계인들과 교류를 하고 있다는 사실은 처음에는 믿기지 않는 게 당연하다. 왜냐면 인류는 지배세력이 소유한 CIA의 마인드컨트롤(Mind control)에 의해 그들이 만들어낸 '미확인된 비행물체(UFO(Unidentified flying object))' 라는 용어로 인류로 하여금 그 신빙성을 불신하게 세뇌돼 왔기 때문이다. 그리고 그들의 그런 고도의 심리작전은 인류에게 먹혀왔다. 그러나 급격히 배포된 캠코더와 휴대폰의 촬영기능 때문에 이제 인터넷에 세계 곳곳에서 찍어서 올린 동영상들 때문에 미국 인구의 대부분은 UFO의 존재를 믿고 있다는 통계가 나왔다. 인터넷에서 MOUFON, CSETI, Third Phase Moon, Secure Team10 등등의 사이트를 추천한다. CSETI를 1990년에 시작한 의사 출신의 스티븐 그리어 (Steven Greer)는 UFO와 외계인의 존재를 정부가 공개할 것을 기대할 수 없다는 결론에, 2001년 워싱턴디시 국가 기자클럽에서 UFO를 목격한 공군, 비행파일로트, 정보기관 출신들 35명과 함께 '디스클로저 프로젝트(Disclosure Project)' 라는 기자회견을 통해 인터넷으로 UFO와 외계인의 존재를 폭로해 유명하다. 그 후 더 많은 내부 고발자들의 증언으로 UFO와 외계인의 존재를 더 이상 부인할 수 없게 된지 오래이다. 캐나다의 국방장관을 지낸 브루스 헬리어 (Bruce Hellyer)의 증언도 인터넷에서 확인할 수 있다. 더욱이 2000년 이후 대량으로 확산된 인터넷 덕분에, 위에서 기술한 1942년의 로스앤젤레스의 전투(Battle of Los Angeles), 1947년의 뉴멕시코 로즈웰(Rosewell, New Mexico) 사건, 1952년 백악관 상공에 나타난 UFO 기사들을 확인할 수 있다. 그리고 지금도 맑은 밤하늘에서 야간투시경으로 지구 상공에 수많은 UFO들이 왕래하고 있는 것을 확인할 수 있다.

실제로 존재하는 미국 지하 군사기지

미국 방어지하군사기지(Defense Underground Military Base)로 알려진 비밀기지를 설계하는 도중 그레이 외계인들을 만나 그들이 쏜 레이저 총을 맞아 오른손이 파손된 필 슈나이더(Phil Schneider)는, 이 지하 기지의 존재에 대해 제일 먼저 인터넷을 통해 공개했고, 그의 강의를 인터넷에 검색해 확인할 수 있다. 그 강의를 한 지 얼마 안 돼 그는 시체로 발견됐다. 그들은 이미 미국은 물론 유럽과 호주 등에 지하로 연결된 고속 기차(HIgh speed Railway)로 연결된 지하 도시(underground city)를 건설해 놓았다고 앞에서도 언급했다. 그들의 의정서에서도 자신들이 지하도시를 건설해 놓았고 만약 자신들의 세계정복 계획이 노출될 경우 그곳으로 도피한 후 지상을 폭발시키면 된다는 조항이 있다고 앞에서 이미 소개한 바 있다. 그리고 그들이 원자력을 이용해 땅굴을 파는데 사용하는 기계도 인터넷에서 확인할 수 있다. 그들은 '삼손 옵션'이라고 칭하는 핵전쟁을 도발한 후 이미 오래전부터 구축해 놓은 지하 도시로 도피할 준비가 돼 있는 것이다.

부분화된 교육으로 전체를 보지 못하게 세뇌된 인류

지배세력은 의정서에서 가르쳤듯이, 학계를 통제하여 인류를 교육으로 정신적으로 컨트롤해 왔다. 우리는 학계에서 배운 모든 과학에 대한 지식을 학위를 취득하는 수단 정도로 여기도록 길들여져 그 지식이 함축하고 있는 의미에 대해 알려 하지 않는다. 그들은 모든 인간들을 자신의 전문분야만 알고 나머지는 다른 전문가들에게 의존하도록 지식을 분산시켜 전체를 볼 수 없게 교육했다. 우리가 아는 모든 물체는 원자로 만들어졌다. 그리고 그 원자는 전기에서 사용되는 플러스와 마이너스인 프로톤과 일렉트론으로 형성됐다. 지구를 포함한 모든 우주의 물체도 마찬가지이다. 지구 역시 북극과 남극으로 전자파가 흐르고 있다. 그 말은 우주의 모든 물체는 이미 전자기 장(electromagnetic field)에 의해 움직이고 있다는 말이다. 우리의 신체도 그렇다. 우리 신체 역시 원자로 만들어졌고 그 모든 원자는 프로톤과 일렉트론으로 형성됐다. 그럼과 동시에 우리의 신체는 전기가 돌고 있어 우리가 숨을 쉬고 소화를 시키고 생각하고 느끼고 거동하고 할 수 있는 것이다. 우리 몸 전체로 연결된 신경이 전파로 우리의 뇌 신경에 전달하는 것이다. 우리가 숨을 쉬는 것도 우리 신체가 필요로 하는 산소를 약 80%가 질소인 몸자체가 공기에서 걸러낸 후 몸에 공급한다.

인간은 생물 컴퓨터

우리의 신체는 자체로 생성하고, '수리' 하고 재생할 수 있는 생물 컴퓨터(bio computer)임과 동시에 생물 로봇이다. 예를 들어 우리는 우리가 눈을 통해 세계를 보고 있다고 생각한다. 그러나, 마치 캠코더가 렌즈를 통해 물체의 형상이 담긴 정보를 전파인 빛으로 전달받아 프로세스 하듯이, 우리 눈 역시 물체에 대한 정보를 빛으로 전달받아 눈의 신경(전기)을 통해 컴퓨터 프로세서(processor)인 두뇌에 보내주면, 두뇌가 그 정보를 프로세스 해 우리 두뇌 안에 위치한 컴퓨터 스크린에 나타나게 하는 것이다. 마찬가지로 우리가 손으로 어떤 물체를 만질 때 그 감촉을 손이 느끼는 것이 아니라, 그 손이 인식한 정보가 신경(전기)을 통해 우리의 두뇌로 전달돼, 두뇌가 두뇌 신경(전기)으로 프로세스 해 그 감촉을 두뇌를 통해 느끼는 것이다. 눈과 손에 아무 이상이 없어도 두뇌에 이상이 생기면 아무것도 보지도 느끼지도 못 하는 이유이다. 그리고 그 생물 컴퓨터 로봇에 불과한 인체 역시 그 컴퓨터로 전달된 정보를 '인식' 할 수 있는 자아, 즉 의식(consciousness)이 없으면 식물인간과 다름없다. 그러므로 우리의 진정한 자아는 우리의 생물 컴퓨터를 통해 정보를 인식하고 판단하고 결정할 수 있는 우리의 '의식(consciousness)' 이고 이는 흔히 영혼으로도 알려져 있다. 명상을 하다가 혼이 몸을 이탈해 본 경험이 있는 자들과 죽음에 가까운 경험을 해 본 자들은, 자신의 의식이 몸을 이탈해 자신의 신체를 몸 바깥에서 지켜본 경험들이 있다. 이 영혼은 실제로 사람이 죽을 때 빠져나가 과학적으로 약 22그램으로 측정됐다. 그 영혼, 즉 에너지 기체가 바로 자아이다. 그리고 그 에너지는 영원히 존재한다. 그러므로 우리가 아는 죽음은 우리 몸을 형성하고 있는 생물로 된 몸이 죽어 썩는 것에 불과하고, 진정한 자아인 의식은 영원히 존재한다. 이런 인간에 대한 진정한 지식은 지배세력이 인류를 미개인으로 남겨 노예로 부리기 위해 숨겨왔다. 그러면서 그들에 의해 인간은 가축과 다름 없는 생물체이므로 죽으면 끝이니 이기적으로 사는 게 최고라고 세뇌돼왔다.

전기와 전자기의 물리적 현상을 증명한 양자물리학

1900년대에 와서 물리학을 뒤흔든 양자이론(Quantum Mechanics)은 원자를 형성하는 프로톤과 일렉트론마저도 원자보다 작은 포톤(photon)이라는 입자로 형성됐고, 그 입자는 맥스 플랑크 (Max Planck)에 의해 파동입자(wave-particle), 즉 파동과 입자라는 이중성을 보유했다고 해, 그는 양자이론의 아버지가 됐다. 양자이론은 모든 물체는 결국 에너지 파장이라는 말로 우리의 의식역시 에너지 파장이라는 뜻이다. 아인슈타인은 그를 유명하게 만든 E=MC2 이론으로 에너지는 퍼텐셜 에너지로 형태는 바뀌어져도 없어지지 않는다고 증명했다. 그러나 포톤이 입자임과 동시에 파장이라면 수학적으로 분량을 측정할(quantify) 수 없다. 그래서 아인슈타인은 처음에는 파동입자라는 사실을 인정하지 않으려했을 정도이다. 그러나 니콜라 테슬라는 일찍부터 모든 물체는 파장으로 돼 있어 물체를 수학적으로 정의하려는 아인슈타인의 접근이 틀렸다고 지적했었다. 원자로 형성된 인간의 신체가 전자기 에너지라는 사실은 전기를 측정하는 기계 전압기로도 측정할 수 있다. 그리고 그 전자기를 가장 많이 생산하는 신체 부위는 심장이다. 심장이 고동을 칠 수 있는 이유는 그 역시 우주에 존재하는 전자기 에너지를 활용하고 있기 때문이다. 더 흥미로운 사실은 심장과 두뇌 다음으로 인체에 전자기를 가장 많이 생산하는 신체부의가 우리 동양에서 말하는 단전이라는 사실이다. 그리고 에너지가 바로 동양학에서 말하는 기(chi)와 동일하다.

불과 150년 전만 해도 전기에 대해 몰랐던 인류

그런데도 우리는 전기와 전자기에 대한 지식을 불과 150년 전까지만 해도 모르고 살아왔다. 우리 민족의 5000년 역사 동안에도 전력을 발생해 전기선을 통해 그 에너지를 끌어다 쓸 수 있는 원리는 항상 존재했다. 다만 이에 대한 지식을 소유하지 못했던 것이다. 불과 200년 전에만 해도 인류가 전기를 이용해 지금같이 생활할 수 있다고 했으면 정신 나간 사람 취급을 받았을 것이다. 마찬가지로 우리가 사용하는 스마트폰을 통해 무선으로 서로를 보며 화상으로 소통할 수 있다고 했어도 믿지 않았을 것이다. 또한 그 당시 우리가 원자를 분리할 때 생기는 에너지를 활용해 원자폭탄을 만들어 인류를 파괴하는 무기로 활용할 수 있다고 해도 믿지 않았을 것이다. 그러나 우리는 지금 그런 과학을 당연하게 생각하고 사용하고 있다. 그와 마찬가지로 비행접시를 가능하게 하는 기술은 이미 니콜라 테슬라에 의해 1900년도 초에 연구 개발됐었고, 나치스는 물론 미국 해군, 공군에서도 이미 비행접시와 우주선을 보유해 온 지 오래다. 다만 그러한 과학적 지식을 인류로부터 숨겨온 것이다.

우주여행의 가능성을 이미 증명한 아인슈타인의 일반상대론

그렇다 하더라도 가장 빠른 빛의 속도로도 수백만 년이 걸린다는 행성으로 여행이 가능하다는 것은 수긍하기 어렵다. 그런데 그 것은 이미 1925년 아인슈타인의 일반상대론 (general theory of relativity)에 의해 가능하다는 사실이 증명됐다. 아인슈타인은 시간과 공간은 우리가 생각하는 것처럼 수평이 아니고 휘어 있다고 했다. 그러므로 시간과 공간의 굴곡(curvature) 사이로 지름길인 웜홀(wormhole)이라는 '지렁이 구멍' 이 있어, 먼 시간과 공간이 단축돼 연결될 수 있다고 했다. 그러므로 전 우주와 은하계가 그런 식으로 연결된 지름길들이 존재함으로 시간과 공간을 초월한 우주여행이 가능하다고 한다. 얼마 전까지만 해도 우주에는 40억의 행성들이 존재한다고 나사가 추측했었다. 그러나 최근 그 수가 200조의 은하계로 늘어났다. 그 많은 은하계의 행성들에 비해 아주 조그만 점에 불과한 지구 말고는 생명체가 존재하지 않는다고 믿는다는 것은 매우 비합리적인 발상이다. 현 세계지배세력은 약 4만 5천 년 전에 지구에 왔다는 아누나키로 소개된 파충류 외계인들로부터 이런 지식을 전수받아 비밀리에 인류를 지배해 왔다. 그리고 자신들을 황족(Royalty)이라고 자칭하는 세계 지배세력은 그 외계인들의 유전자를 보유한 혼합(hybrid) 인종으로 그들의 지시를 받아왔다. 그러나 인류는 인간의 몸을 형성하고 있는 세포 속에 DNA가 존재한다는 사실을 1950년대가 돼서야 제임스 왓슨(James Watson)과 프랜시스 크리크(Francis Crick)에 의해 각각 동시에 발견됐다. DNA의 발견으로 노벨 과학상을 수상했던 왓슨과 크리크 둘 다, 자신들이 DNA에 대한 연구에 대한 영감을 맥스 플랑크 (Max Planck)와 함께 양자이론의 대부로 불리는 에르빈 슈뢰딩거(Erwin Schrodinger)로부터 받았다고 했다. DNA만 있으면 인간을 복제할 수 있고 지배세력은 그 DNA를 이용해 손상된 신체 부위를 새롭게 생산할 수 있는 기술을 보유한 지 오래이다. 그러나 그들은 그런 과학 역시 인류로부터 숨겨왔다.

왕족을 자칭하는 파충류 외계인의 유전자를 보유한 지배세력

그들은 일찍이 영국왕실을 침투해 영국왕실은 물론이고 영국의 식민지인 미국에서도 그들의 혈통을 받은 자들만이 대통령으로 선출돼 왔다. 미국의 부시, 클린턴, 오바마 모두 그들의 혈통이라고 앞에서 언급했다. 지배세력은 교묘하게 파충류(Reptilian)들의 노예인종에 불과한 그레이(Grey)를 활용해 미국 정부와 '조약'을 맺었고 이는 일찍부터 그들의 계획된 수순이었다. 그러므로 세계를 지배하는 지배세력의 정체를 진정으로 파악하기 위해서는 이 사실을 이해해야만 가능하다. 1990년대에 프로 축구 선수 출신으로 영국 BBC방송 진행자였던 데이비드 아이크(David Icke)는 우연한 초자연적인 경험이 계기가 돼, 지배세력에 대한 연구를 해 온 자로 지금은 인터넷에서 이 분야에서 인정받는 전문가이다. 그는 일찍부터 영국의 왕실이 파충류의 피를 받았고 그들은 파충류로 변신한다는 주장을 하다가 방송에서 공개적으로 비웃음을 샀었다. 그러나 지금은 그의 허구처럼 들렸던 주장이 오히려 사실이라고 인정을 받고 있다. 그의 주장은 몸이 변신한다는 것이 아니라 그들의 에너지 파장으로 그들의 모습을 돌출시킬 수 있다는 말이었다. 많은 저서들을 출판한 그는 영국 정부의 보복이 두려워 자신들을 드러내기 꺼리는 많은 영국 물리학자들의 지지까지 받고 있다. 그가 세계를 다니며 가는 곳마다 표가 매진된 강연들을 인터넷에서 볼 수 있다. 그리고 제2차 대전부터 비밀 해군

항공프로젝트에 관여했고, 70년대에는 아폴로 항공 프로그램을 주도했다가 90살에 나이에 외계인에 대한 책을 발간했던 윌리엄 톰킨스(William Tomkins)도, 2015년 프로젝트 카멜롯 (Project Camelot)이라는 프로그램에서 진행한 인터뷰에서 인터뷰 진행자의 끈질긴 질문에 못 이겨 미국의 빌 클린턴, 부시 그리고 오바마 대통령들도 모두 파충류 외계인들이라고 폭로했다. 그는 자신이 그런 발언을 자제해 온 이유는 정신적으로 지배세력에 의해 완벽히 세뇌된 인류는 그가 그런 발언을 할 경우 그가 공개하려는 외계인과 UFO에 대한 진실마저 불신할 것을 우려해서라고 했다. 그 인터뷰 역시 인터넷에서 확인할 수 있다. 고령의 나이에도 불구하고 정신적으로나 육체적으로 매우 건강했던 그가 그 인터뷰를 한 지 얼마 안 돼 갑자기 세상을 떠나 그 역시 지배세력에 의해 제거됐다고 추정된다. 데이비드 아이크의 주장대로 이 파충류 외계인들은 그들의 DNA를 보유한 혼성체(hybrid)의 몸을 침투해 그 혼성체들을 컨트롤하며 세계를 지배하고 있다는 것이다.

외계인 납치 사례가 증명하는 외계인들의 존재

앞에서 아이젠하워 대통령이 그레이(Grey) 외계인들과 맺은 조약의 일환으로 인간들을 납치해 실험하는 것을 허용했다고 했다. 그 후 외계인들에 의해 납치됐던 사례들이 급증했고, 납치 경험을 한 환자들을 치료하는 중 그 납치경험자들의 내용들이 일치하기 시작하자, 하버드대학의 정신과 의사이며 퓰리처상을 수상한 경력이 있는 존 매크 (John Mack) 박사는 1994년 '납치: 인간의 외계인과의 만남(Abduction: Human Encounters with

Aliens)'이라는 책을 출간해 외계인들의 납치 경험자들의 경험을 근거로 외계인들의 존재에 대해 발표했다. 그 책이 출간되자 하버드의과대학에서 그의 종신 재직권(tenure)을 박탈하려 했으나 하버드 교수들의 반발로 무산됐다. 그러나 그 후 그 역시 의문의 죽음으로 생을 마감했다. 그 외에도 미국에는 역사학자 리처드 돌란 (Richard Dolan)이 미국 정부의 기밀이 해제된 기록을 연구해 출간한 책 'UFOs and National Security State,' 리차드 호그랜드 (Richard Hoagland)가 출간한 'Dark Mission: The Secret History of NASA' 와 마이클 살라 (Michael Salla)박사가 출간한 'The U.S. Navy's Secret Space Program' 등 많은 저서들이 있다. 특히 마이클 살라박사는 2001년 워싱턴디시 기자클럽에서 개최됐던 디스클로저 기자회견에 우연히 참석했다가, 그때부터 그의 편안하고 안정된 교수직을 버리고 동료들의 비웃음을 사면서도 외계인들에 대한 연구를 시작함과 동시에 외계 정치를 의미하는 외계 정치학(Exo Politics)이라는 새로운 분야를 개척한 자이다. 그는 2004년 영국인 개리 매키논이 해킹해 알려졌던 솔러 워든 프로그램에서 20년간 군복무를 했던 코리 구드(Corey Goode)가 2015년 내부고발자로 나타나자 그의 증언을 집중 연구함과 동시에, 같은 해에 'Selected by Extraterrestrials'를 출간해 UFO 분야를 떠들썩하게 했던 해군출신 윌리엄 톰킨스의 경험과 기록을 집중 연구 분석해 이 분야의 전문가로 급부상했다.

초자연적 현상을 불신하도록 교육에 의해 세뇌된 인류

인류는 과학으로 설명할 수 없는 초자연적인 현상을 불신하도록 지배세력이 통제하는 교육제도에 의해 세뇌돼 왔다. 그러나 그들이 인류에게 주입시킨 종교는 모두 이 초자연적인 현상을 바탕으로 하고 있다. 유대인들의 토라에 나오는 모세는 꺼지지 않는 불을 본 후, 신의 목소리를 들었다고 전했다. 그리고 그는 산에 올라가 돌판 위에 신이 새겨줬다는 십계명을 그의 민족들에게 전했다. 우리는 그 '전설'을 그대로 믿도록 세뇌돼 있다. 예수에 대한 전설 역시 마찬가지이다. 그를 직접 보지 못했지만 그의 제자들의 증언을 토대로 예수가 죽은 지 사흘 만에 부활했다고 믿고 있다. 그 후 예수 믿는 자들을 핍박하던 바울사도가 빛의 형상으로 그에게 나타났다는 예수를 다마스쿠스에서 만난 후, 예수의 사도로 변해 그가 쓴 편지들이 신약성서에 포함됐다. 이슬람의 모하메드도 산 속에서 기도하던 중 그의 신 알라를 만나 계시를 받았다. 이 모두 그들의 초자연적인 경험을 전해들은 후 그들이 글로 남긴 자료를 근거로 종교가 만들어졌다. 그런데도 인류는 초상적인 현상을 불신하도록 길들여진 사실을 인지하지 못하고 있다. 미국의 돈 엘킨스(Don Elkins)박사는 1962년부터 이런 초자연적인 현상을 연구했었다. 그는 죽은 자들과 소통을 하는 자들의 모임인 고령회(seance)를 비롯해 가지각색의 모임을 쫓아다녔다. 그러던 중 외계인들과의 소통에 관심을 가지게 됐고, 1970년대부터는 그의 조수 칼라 루커트(Carla Rueckert)와 함께 명상을 하며 가수(trance)상태에 외계와 소통을 하는 노력을 시작했다. 그러던 중 1981년, 라(Ra)라고 불리는 외계인이 그녀를 통해 소통하기 시작했다. 엘킨스는 그 소통을 '조음된 가수상태의 텔레파시(tuned trance telepathy)' 라고 불렀고, 그때부터 가졌던 106번의 소통 내용을 녹음기에 녹취한 후 그대로 기록해 '하나의 법칙(The Law of One)'이라는 책 시리즈로 1984년에 출간했다. 약 만천 년 전에 지구에 온 적이 있다는 라(Ra)는 엘킨스 박사가 묻는 질문에 답변을 하는 형식으로 전개됐다. 거기에서 '라'는 이 우주의 모든 물체는 하나라고 하는 우주론적인 철학을 전수했다. 즉 하나의 무한정의 창조주(infinite creator)가 무한정의 지능(infinite intelligence)으로 된 무한정의 에너지(infinite energy)로 분열(divide)돼, 우주의 모든 구성 요소(building block)를 형성(form)시켰다고 전했다. 그 '하나의 법칙'을 읽고 감명을 받아 우주의 법칙에 대한 연구를 시작한 데이비드 윌콕(David Wilcock)이라는 저자는 'The Synchronicity Key,' 'The Source Field Investigations,' 'The Ascension Mysteries'라는 책들을 출간해 뉴욕타임스 베스트셀러 작가가 됐다. 그리고 그의 책에는 전 세계의 고대 종교, 역사, 문화, 과학 등을 연구한 무궁무진한 자료들이 소개돼 있다.

초자연적 능력을 소유한 아이들을 발굴해
군사적으로 활용해온 지배세력

지배세력은 그렇게 인류를 초자연적인 능력을 불신하게 만들어 놓았지만, 내부적으로는 오히려 어려서부터 초자연적인 능력을 소유한 아이들을 발굴해 CIA가 운영하는 MK ULTRA라는 프로그램에 입양시켜 그들의 능력을 개발시켜 그들의 초자연적인 능력을 활용해 왔다. 중국, 러시아, 인도 같은 국가들 역시 그런 초자연적인 능력을 소유한 아이들을 발굴하고 있다. 그런 아이들은 종이 뒤편에 쓰여 있는 글을 읽을 수 있을 뿐 아니라, 원격으로 멀

리 있는 장소의 것도 보고 읽을 수 있다. 이런 아이들의 존재를 인터넷에서 쉽게 확인할 수 있다. 뿐만 아니라 그 아이들을 더 개발시킬 경우 생각으로 물건들을 옮길 수 있다. 또한, 우리 몸의 주파수를 높일 경우 몸 자체가 공중부양(levitate) 할 수 있다. 이러한 사실은 인간은 원래 그러한 능력을 소유하고 있어 가능하다는 증거이다. 다만 그것이 불가능하다고 세뇌됐기 때문에 발휘하지 못하는 것이다. 예수도 자신이 기적을 행한 후 놀라워하는 무리에게 너희들도 행할 수 있다고 했던 이유이다.

텔레파시와 꿈으로 고차원세계 생명체와의 소통

유럽에서는 에드거 케이시(Edgar Casey), 노스트라다무스(Nostradamus) 같은 예언자들이 있었다. 그리고 에드거 케이시는 인류는 이미 아틀란티스라는 고도의 문명에 도달했다가 파괴됐었다는 사실을 상기했던 것으로 알려졌다. 우리 시대에도 많은 자들이 암시를 받고 있다. 대부분 잠을 자는 동안 외계인들로부터 꿈에서 본 환상을 통해 암시를 받고 있다. 2000년 초부터는 인터넷의 확산으로, 그런 경험을 하는 자들이 인터넷을 통해 자신들이 받은 메시지를 공유하고 있다. 그리고 그 내용들은 1980년대에 엘킨스 박사가 고차원세계의 '라'로부터 받았던 내용하고 일맥상통한다. '라'는 6차원에 존재하는 사회적 기억(social memory)이라고 자신을 소개했다. 그리고 우리가 말하는 '최초'에 우주는 하나의 의식이었다고 했다. 그러면서 시간과 공간은 우리가 만들어낸 환상에 불과하므로, 과거, 현재와 미래는 동시에 존재하기 때문에 우리가 생각하는 식의 최초는 없다고 했다. 이는 텔레파시로 외계인 세계와 소통을 하는 모든 자들이 하는 말들과 동일하다. 우주의 모든 것은 한 곳에서 나왔기 때문에 다 하나라고 한다. 그리고 그 모든 것은 하나의 의식에서 '시작' 됐다고 한다. 니콜라 테슬라 역시 외계인과 텔레파시로 소통했고, 그의 많은 발명은 그런 암시를 통해 얻었다고 했다. 그리고 그는 물리학과 영의 세계가 궁극적으로 같다고 하며, 인도의 힌두 수도승 비베카난다(Swami Vivekananda)와 교류했기로 유명하다. 비베카난다는 인도에 힌두 종교를 소생시켰던 자로, 그는 그의 스승 라마크리슈나(Ramakrishna)가 가르친 대로 모든 생명은 신성한 자아의 화신이므로 인류를 섬기는 것이 곧 신을 섬기는 것이라고 했다. 이는 예수의 가르침과도 같고 부처의 가르침과도 같다.

주파수의 상승으로 진입할 수 있는 고차원 세계

우주에는 3차원 세계에서 9차원까지 존재한다고 한다. 이는 마치 TV 채널이 동시에 존재하듯이 동시에 존재하고 있다. 다만 지구와 인류는 3차원의 주파수와 맞추어져 있어 그 세계만을 보고 경험할 수 있다. 재미있는 사실은 음반에도 7개의 노트가 있다는 점이다. 그리고 지금 지구와 인류는 5차원으로 진입하고 있다고 한다. 지구와 인류가 4차원을 건너뛰는 이유는 지금 지구와 태양을 포함한 태양계는 은하계의 중심을 지나고 있고, 그로 인해 태양 역시 변하고 있어 예전보다 훨씬 더 강한 에너지를 발생하고 있다고 한다. 그 여파로 태양은 지구와 인류의 생태계를 급속도로 변화시키고 있다고 한다. 그 강한 에너지는 특히 인간의 DNA를 변화시키는 효력이 있다고 한다. 우리가 기억해야 하는 사실은 태양이 태양계의 모든 생명을 가능하게 하고 있다는 점이다. 우리가 먹는 모든 식물과 생물은 태양의 빛으로 자란다. 식물은 물과 태양을 받아 광합성(photosynthesis)이라는 원리에 의해 번식한다. 마찬가지로 은하계의 중심으로 이동 중인 태양 역시 그로 인해 변화된 에너지로, 인간의 DNA의 변화를 일으키고 있다고 한다. 지구도 나무와 식물처럼 살아있는 생명체로 다음 차원으로 옮겨가고 있고, 그 변화를 위해 태양의 영향을 받고 있다고 한다. 전 태양계의 온도가 변하고 있는 이유이고 이 사실을 잘 알고 있는 지배세력은 이 현상을 '지구 온난화' 라는 조작된 과학으로 인류를 컨트롤하는데 사용하고 있는 것이다. 예수가 때가 되면 재림하겠다는 이유도, 지구가 은하계를 진입하는 변화의 시기와 맞추어 다시 나타날 것을 예언했던 것으로 보이는 이유이다. 그리고 그때가 되면 준비된 자는 그와 함께 천국에 진입할 수 있고 그렇지 않은 자들은 남게 될 것이라고 했다. 마찬가지로 사랑과 배려로 의식의 파장을 상승시킨 자들은 5차원 세계로 진입하게 되고, 그렇지 못한 자들은 3차원에 남아 사랑과 배려를 더 터득해 그들의 주파수를 높인 후에야 5차원 세계로 진입할 수 있다고 한다.

3차원 세계는 다음 차원으로 진입하기 위한 학교

우리가 3차원 세계에 존재하고 있는 이유는 앞에서 '라'가 말한 우리가 모두가 하나라는 진실을 터득하기 위해서라고 한다. 인간에게는 선택의 자유, 즉 자유의지(Free will)가 주어졌다. 그리고 그 선택을 통해 이기주의적인 삶과 배려의 삶 중 하나를 선택할 수 있다. 이기주의적인 삶은 인류를 분리시켜 지금처럼 서로를 적대화하는 사회 속에서 모두가 자신만의 이득을 추종해 메마르게 돼 있고, 반대로 배려의 삶은 인류 모두가 하나라는 마음으로 모두의 이득을 추구할 경우 다 함께 풍족하게 될 수 있다는 진리를 배우기 위해서라고 한다. 그 말은 곧 우리 개개인이 모두 신의 일부분이므로 우리 모두가 하나라는 진실인 것이다. 그리고 인간은 육체가 아닌 인간이 소유한 의식(Consciousness)이 진정한 자아이므로, 인간 개개인의 의식은 하나인 우주의 원천의식에서 분리된 의식, 즉 영혼이라고 하는 에너지이다. 이는 양자이론에서 정의하는 파장이고 우리 세포의 DNA는 안테나인 셈이다. 우리가 라디오가 주파수를 잡지 못할 때 우리 몸의 위치에 따라 혹은 우리가 손으로 안테나를 잡고 있을 때 도움이 되는 이유이다. 우리의 진정한 자아이며 양자이론에서 정의한 파장인 우리 의식의 주파수를 올리는 방법이 바로 우리가 서로를 배려하는 마음, 즉 예수가 가르친 대로 사랑할 때, 부처가 가르친 대로 자비를 베풀 때, 가능하다. 예수는 종교가 꾸며낸 것처럼 자신을 숭배하라고 가르치지 않았다. 종교를 창조한 자들은 그들이 만든 복잡한 종교 교리로 자신들의 사회적 지위를 높이기 위해 예수를 이용했을 뿐이다. 예수는 오히려 가난하고 힘없는 자에게 사랑으로 베푸는 게 자신에게 베푸는 것이라고 가르쳤다. 일본의 저자이며 연구원인 에모토 마사루(Masaru Emoto)가 한 간단한 실험으로 이 사실을 증명했다. 그는 두 컵의 물을 떠 놓고 한 컵에는 '사랑'이라고 적고 한 컵에는 '증오'라고 적었다. 그런 다음 두 컵의 물을 얼려서 현미경으로 보면, '사랑'의 컵의 물은 활짝 핀 크리스털 형태이고 '증오'의 컵의 물은 일그러진 크리스털 형태였다. 우리가 존 레논의 사랑의 노래를 감상할 때와 사탄을 찬양하는 록 음악을 감상할 때 우리 의식의 주파수가 달라지는 것과 같은 이론이다. 지배세력이 일루미나티 종교를 이용해 예술가들을 사탄을 숭배하게 만드는 이유이다.

> 인류가 원천의식의 분신이라는 진실을
> 깨닫지 못하게 하려는 지배세력의 속임수

우리가 아직 시간에 대한 환상을 극복하지 못한 한정된 이해력으로 볼 때, 우주의 모든 것을 '창조'한 신이라고 할 수 있는 '원천의식(source)'은 태초에 그 의식을 분산시킬 때 생기는 현상을 각각 경험하기 위해서 분산됐다고 한다. 그러나 원천에서 분리됐으니 분산된 모든 의식들이 궁극적으로는 하나라는 것이다. 그 분리된 의식이 원천으로 되돌아가기 위해서는 각 의식에게 자유의지를 허용해 각자의 경험을 통해 우주의 이치를 터득해 원천으로 돌아가게 돼 있고, 그 분리된 경험 역시 다 연결된 원천의식의 경험이라고 한다. 그러므로 우리가 아는 선과 악 역시 분리된 것처럼 보이는 것이지 결국 하나라고 한다. 각 의식이 행사한 자유의지에게는 결국 두 개의 선택이 있다. 하나는 자신만을 위하는 이기적인 삶과 하나는 남을 위하는 배려하는 삶이라고 한다. 그리고 둘 다를 경험을 해봐야만 이기적인 삶보다 배려하는 삶, 즉, 우리가 다 하나라는 사실을 깨달아 서로에게 배려하고 사랑으로 베풀 때 비로소 모두가 가장 고귀한 삶을 살 수 있다는 것을 깨달을 수 있고, 그때야 비로소 주파수가 상승돼 더 높은 차원으로 진입할 수 있다고 한다.

그러므로 5차원으로 진입하기 위해서는 인류의 주파수가 그 차원과 같아져야 가능하다고 한다. 그리고 그 차원을 진입하기 위해서는 인류의 주파수가 지금처럼 이기주의적이지 않고, 남을 배려하는 마음으로 변화돼야만 가능하다고 한다. 세계 모든 종교에서도 최후의 심판 날 (judgment day)을 예언했고, 그 시기가 우주의 변화의 시기와 관련이 있다고 한다. 외계인들은 창조주를 신이라고 하지 않고 원천(source)이라고 칭한다. 그리고 각각의 의식은 모두 원천에서 분리된 일부분에 불과함으로 결국 하나로 연결됐다고 한다. 부처가 우리 개개인이 소우주이고 전체 우주의 일부분이라고 하는 말과 같다. 그러므로 인류는 제3차원 세계에서 서로를 배려하는 마음으로 우리 모두가 하나라는 우주의 이치를 깨닫게 돼 전쟁이 아닌 평화로운 사회를 구축할 수 있고, 그렇게 함으로 주파수가 상승돼 그다음 차원으로 진입할 수 있다고 한다. 그런데 그 사실을 잘 아는 파충류 외계인들은 인류가 그 이치를 깨닫지 못하게 분열을 조성해, 배려하는 삶 대신 물질적인 탐욕을 부추겨 돈을 숭배하는 이기주의적인 삶을 추구하도록 세뇌시켜 그런 깨달음의 경지에 이르지 못하게 해 왔다고 볼 수 있다. 그리고 그들의 의정서에서 가르친 대로 물질적인 삶이 모두라고 믿게 해 7 물질적인 삶을 추구하는데 몰두하게 만들어, 그러한 이치를 깨닫지 못하게 만들어, 영원히 '가축'에 불과한 그들의 노예인종으로 전락시키는 계획을 추진해 온 것으로 추정된다.

인간이 에너지라는 진실을 감추기 위해 조작된
빅뱅 이론

그러므로 파충류의 혼성체로 구성돼 인류를 속이는 데 앞장선 예수회는 수소의 폭발로 우주가 생성됐다는 빅뱅(big bang)이론을 만들어, 우주는 물질(matter)로 형성됐고, 그 물질에서 생물이 만들어졌고, 그 생물이 진화돼서 동물이, 그리고 그 동물이 진화돼서 인간이 만들어졌다고, 그들이 통제하는 학계를 통해 세뇌시켰다. 그들의 의정서에서 자랑했듯이, 그들이 조작한 다윈의 진화설로 영혼의 존재를 부인하도록 세뇌시켜온 것이다. 그러나 이미 아인슈타인을 비롯한 양자이론(quantum mechanics)학자들이 증명했듯이, 우주는 전자기로 연결된 거대한 장(field)이다. 그리고 그 거대한 장은 우리가 아는 컴퓨터 회로 기판(circuit board)처럼 하나로 연결돼 시간과 공간을 초월할 수 있게 설계됐다. 그 말은 거리와 상관없이 우리의 의식은 시간과 공간을 초월해 이곳에서 저곳으로 순간적으로 이동된다는 뜻이다. 우리 선조들은 그 사실을 알았다. 그래서 우리가 매년 조상들에게 차례로 예를 드리는 것이다. 그들의 의식이 와서 우리의 마음과 의식에서 우러나는 정성과 배려, 즉 에너지를 취하고 가는 것이다. 또한 우리가 은연 중에 믿고 있는 천사(Angelic being)도 고차원 세계에서 출연한 자애로운 의식체인 것이다. 그러므로 차원(dimension)과 공간(space)을 초월한 텔레파시(telepathy)와 텔레포테이션(teleportation)이 가능하다는 말이다. 이 역시 이미 양자물리학에서는 이론적으로뿐 아니라 실험을 통해 증명됐다. 양자물리학에서는 인간의 의식이 물리적 실험의 결과에 영향을 준다는 사실을 발견했다. 인간의 의식(consciousness)이 생각을 통해 에너지 파장을 전송해 그 실험의 결과를 바꿀 수 있다는 것이다. 이미 인간이 생각으로 기계를 켜고 끌 수 있다고 했다. 또한, 고도로 발달된 문명의 비행접시는 운전 장치 없이 조종사의 생각으로 운전하도록 설계됐다고 한다. 또한, 스타트랙에서 인간을 시간과 공간을 초월해서 한 장소에서 다른 장소로 이동시키는 원리 역시 양자물리학에서 증명됐다. 앞에서 말했듯이 원자로 구성된 인간의 몸 역시 원자를 구성하고 있는 파동입자(particle wave)인 포톤으로, 전자기(electromagnetic) 장(field)을 통해 순간에 전송될 수 있기 때문이다. 결국, 인간의 의식은 원천의식처럼 생각으로 창조할 수 있는 능력을 보유하고 있다. 그리고 인류의 모든 의식이 함께 어떤 추상적 이상의 세계를 생각하면, 그 공동의 생각으로 그 이상의 세계를 창조할 수 있다는 말로, 우리 모두 공동창조주(co-creator)들이다. 인간 개개인이 생각으로 무엇을 창조할 것인지를 상상한 다음 그것을 실현하듯이, 인류의 의식이 합쳐져 어떤 세계를 창조할지를 상상한 다음 인류가 행동으로 그 상상의 세계를 창조, 실현시킬 수 있다는 것이다.

지배세력의 방해로 발전하지 못한 인류의 문명

우리는 지배세력의 방해만 없었으면 이미 자유 에너지와 반 중력(anti gravity)을 이용한 수송 기술로 훨씬 더 발달된 사회에서 살 수 있었어야 한다. 그리고 인류는 이미 예전에 아틀란티스(Atlantis)라는 발달된 문명에 도달했었던 흔적이 있다. 다만 지금 우리를 지배하는 외계인들의 개입으로 그 문명이 사라진 후, 그들에 의해 인류가 발달, 발전하지 못하게 방해를 받아왔고 지금도 그러하다는 말이다. 그들은 3차원 세계에서 인류에게 자유의지(free will)가 있다는 사실을 이용해 인류를 돈을 숭배하게 탐욕을 추구하게 만들어 서로를 배려하지 않고 오히려 이기적으로 되도록 세뇌해왔다. 그래야만 인류가 더 나은 사회로 발전하지 못해 그들의 지배를 받는 '가축'으로 남기 때문인 것이다. 그 목적으로 인간들로부터 외계인들에 대한 유적에 대해 알지 못하게 고고학자들이 지구에서 발견한 모든 고대 유물을 파괴하고 그 존재를 억제하고 감추어왔다. 고대 우주비행사론(Ancient Astronaut theory)을 제시한 에리히 폰 다니켄(Erich von Daniken)의 저서들을 그들이 통제하는 언론과 학계에서 억제해 온 이유이다.

왜냐면 우주비행사 이론에 의하면 인류가 원숭이로부터 진화된 게 아니라, 우주선을 타고 외계에서 왔을 가능성을 시사하기 때문이다. 진화론이 거짓이라는 것은 갓 태어난 원숭이 새끼를 물에 침수시키면 질식하는 데 비해, 인간의 갓난아기는 물에 침수하면 수영을 한다는 데서 증명됐다. 인간이 원숭이의 후손이면 원숭이도 수영을 할 수 있어야 한다. 중세기부터 교황청의 예수회가 콘키스타도르들과 함께 아메리카 대륙을 정복한 후, 그 지역의 종교적인 유물들을 파괴하고 종교 지도자들을 학살했던 것도, 고대부터 내려온 유물이나 인류의 근원에 대한 가르침을 제거하기 위해서였다. 그들의 '시온장로들의 의정서'에서 자랑했듯이 그들은 그들이 창조한 종교와 이념으로 인류를 분열시켜 조작된 허위 정보로 국가들 사이를 이간질해 서로와 전쟁을 하게 만들어 전쟁을 이용해 인류의 부를 약탈해 왔다. 그런 위장 술책으로 세 차례의 세계전쟁을 일으켜 인류를 그들의 영원한 지배를 받는 노예로 전락시키는 계획을 진행해 왔고 거의 성공했다. 그들은 제1차 대전으로 에너지 자원인 석유를 독점한 후 그 자원을 대체할 수 있는 자유 에너지를 인류로부터 감추어 인류가 그들이 공급하는 비싼 에너지를 구매하게 만들어 부를 그들에게 바치게 만들었을 뿐 아니라, 그들이 아무 비용도 안 들이고 발행하는 돈을 위해 일하는 경제 노예로 만들어 그들을 지배하고 있다는 사실조차 생각할 겨를이 없게 만들었고, 그나마 여유가 있는 자들은 쓸데없는 스포츠 경기 혹은 오락에 정신이 팔리게 만들어 놓았다. 그리고 돈과 명예를 숭배하는 자들을 이용해 그들이 구축해 놓은 제도 안에서 그들의 하수인으로 인류를 통제하는데 활용해왔다. 그런 식으로 그들이 통제하는 언론과 학계를 이용해 인간의 생각마저 통제함으로 인류의 발전을 막아왔다.

실제로 존재하는 외계인 문명들로 형성된 우주연맹

우주에는 이미 5차원과 그 이상의 차원으로 진입한 수많은 외계인종들이 존재하고 있다. 더욱이 우리가 잘 아는 1970년대에 선풍을 일으켰던 스타워즈 영화에서 소개된 우주연맹(Galactic Federation)이 실제로 존재하고 있다고 한다. 인류는 만약 지금의 지배세력인 파충류 외계인의 계획적인 그리고 체계적인 방해만 없었다면, 벌써 그 차원에 진입해 그 우주연맹의 멤버가 돼 있었을 것이다. 1960년대에 미국에서 텔레비전 시리즈로 오랫동안 인기를 누렸던 스타트랙(Star Trek)은, 미국 해군 우주프로젝트에 깊숙이 개입됐던 해군 제독의 아들이 배후에 작가로 연관됐던 프로그램이다. 이 세계적으로 인기를 누렸던 스타트랙 시리즈는 실제 우주 상황을 그렸고, 그 시리즈에서 나오는 함대가 실제로 해군이 운영하던 함대를 모방한 것이었다고 한다. 그리고 그 프로그램에서 소개됐던 대로 우주에는 모든 우주인들이 지켜야 하는 우주의 기본 지시(universal prime directive)가 있고 한다. 과학적으로 발달된 문명은 미개발 문명이 자체적으로 개발할 수 있도록 그 문명의 요청 없이 개입하는 것이 금지돼 있다고 한다. 이는 우주의 기본 법칙으로 개개인의 자유의지(free will)를 존중하기 위해서라고 한다. 그러므로 발달된 문명이 유일하게 개입할 수 있는 방법은 인간으로 화신(incarnate)하는 것이라고 한다.

고차원의 의식이 제3차원 세계에 화신할 경우 모든 기억력이 상실됨으로 모든 인간들과 마찬가지로 삶을 통해 지구에 온 목적을 다시 발견해야 한다고 한다. 예수와 부처가 그런 자들로 보인다. 그러나 어디나 마찬가지로 그 우주의 기본 지시를 위반하는 외계인 인종이 있고, 그중 가장 악하고 무자비하기로 악명 높은 외계인 인종이 바로 파충류 외계인들인 것이다. 그들은 미개발된 문명을 침략해 그들의 식민지로 만들기로 유명하다고 한다. 한때는 방대한 우주의 제국을 형성해 많은 발달된 문명을 파괴하고 지배했었다고 한다. 그러다가 은하계 연맹이 힘을 합해 그들의 제국을 붕괴시켜 연맹에서 쫓겨났고 약 4만 5천 년 전 지구에 착륙해 그 당시 인류의 유전자(dna)를 조작한 후 인류의 신의 행세를 했던 아누나키 인종이 바로 그 파충류 외계인들이라고 한다. 그들은 4차원 세계에 속했음으로, 3차원 세계인 지구의 인류를 부리기 위해 자신들의 유전자를 섞은 혼성체(hybrid)를 만들어 그들을 대신해서 인류를 지배하게 했고, 그 혼성체가 영국의 왕실을 침투한 후 미국을 포함한 전 세계 국가들의 대통령과 수상들은 물론 모든 금융계, 학계, 언론계의 주요직을 차지하고 있다고 한다.

아이들을 살해해 인간제사로 숭배하는 사탄의 실체

그들의 유전자를 받은 혼성체들의 종교의식은 검은 로브를 입고 구호를 선창(chant)하며 4차원 세계에 있는 파충류외계인들과 교류를 하는 것이고, 아이들을 공포에 질리게 한 후 살해하여 이때 아이들의 몸에 분비되는 호르몬이 발생하는 루쉬(lush)라는 에너지를 그들에게 바치는 인간제사라고 한다. 의식을 거행하는 중 그 호르몬이 담긴 혈액을 마시면 파충류 외계인들이 혼성체의 몸을 통해 파충류의 형체를 투영한다고 한다. 결국, 그들의 혼성체는 파충류가 투영할 수 있도록 설계됐고, 그 파충류의 모습이 바로 우리가 그림으로 본 악마 마귀와 흡사하다. 한 가지 분명한 사실은 파충류 외계인은 감정을 소유하지 않기 때문에 악의를 행하는 것에 대한 아무 가책이 없고 그들의 유전자를 받은 혼성체들 역시 그러하다. 그렇기 때문에 그들은 잔인하게 전쟁을 통해 대량 학살을 감행할 뿐 아니라, 오히려 그 행위가 일으키는 인간의 공포와 고통을 즐기는 것이다. 그들에게 지구의 인류는 노예임과 동시에 그들의 가축과 다름없는 먹잇감이다. 인간들이 공포에 질릴 때 발생하는 호르몬에서 나오는 루쉬를 섭취하는 파충류 외계인에 지배세력이 전쟁으로 전 민족을 대량 학살하는 행위는 그들에게 바치는 거대한 인간제사인 것이다. 거기다 그들은 에너지가 가장 신선한 어린아이들의 에너지를 가장 선호한다. 그래서 그들을 추종하는 하수인들이 매년 어린아이들을 납치하는 것이다. 미국에서만 매년 약 80만 명이 사라지고 전 세계적으로는 그 수가 3백만 명이 넘는다. 그들을 숭배하는 자들이 소아애를 즐기는 이유이기도 하다. 그들은 소아애로 어린아이들과 성관계를 맺은 후, 공포에 떠는 아이들을 죽여 루쉬 에너지를 그들의 사탄에 받치고, 그 아이들이 발생한 특수 호르몬이 흡수된 그 아이들의 피를 마시고 심장을 먹는, 중세기의 탬플 기사단 시절에 하던 같은 의식을 지금도 진행하고 있다. 최근 메이트릭스 영화 주인공 역할 맡았던 배우 키아누 리브스(Keanu Reeves)가 헐리우드 거물들이 그렇게 살해한 아이들의 피를 마시며 그 피가 일으키는 환각상태를 즐긴다는 사실을 폭로한 기사를 인터넷에서 확인할 수 있다. 인간은 공포나 견딜 수 없는 고통을 받을 때 그 고통을 마비시키는 역할을 하는 아드레나크롬이라는 호르몬이 분비되고, 이 액채는 마약과 비교할 수 없는 환각상태를 유발한다고 한다. 전 부통령 고어의 서류가방에서 이 액채를 담은 수십개의 병들이 공항검색에서 검출돼 구금됐다가 풀려나왔다는 기사도 인터넷에서 접할 수 있다. 그러므로 사탄 숭배는 곧 파충류 외계인들에게 바치는 의식임과 동시에 그 피를 마시며 잔치를 하는 행사인 것이다.

지구에서 유전자 실험을 진행하고 있는
약 50 인종의 자애로운 외계인들의 존재

지구에는 파충류외계인 외에도 약 50여 개의 외계인 인종이 왕래를 해 왔으나, 파충류와 그레이 같은 악의적인 외계인과 달리 대부분의 외계인들은 자연이 풍부한 지구를 일종의 유전자 실험실(laboratory)로 연구를 목적으로 일찍부터 왕래해 왔다고 한다. 그리고 그들은 자신들의 인종을 개선하는 종자를 개발하는 목적으로 22개의 별도의 유전자 실험(genetic experiment)을 인류를

상대로 진행해 왔다고 한다. 그러므로 인류의 DNA에는 그들의 유전자가 섞였고, 그래서 인간에게도 파충류 유전자가 있어 우리가 흔히 인간의 전투적인 면을 파충류 두뇌(reptilian brain)가 작동한 것이라고 하는 이유라고 한다. 다른 외계인들이 자신들의 유전자를 인간의 DNA와 섞는 이유는 그렇게 개발된 DNA를 이용해 자신들의 DNA를 개선시키는데 유효하다고 믿기 때문이라고 한다. 특히 인간은 감정이 풍부하고 매우 창의적이므로 많은 외계인들의 관심을 받는 이유라고 한다. 앞에서 말한 그리에이다 조약의 일환으로 아이젠하워로부터 인류를 상대로 실험을 진행하는 것을 '허락' 받았던 그레이 외계인들은 인간의 DNA를 합류시켜 자신들의 종자를 존속시키기 위해서라고 한다. 거기다 그레이 외계인들은 물론 파충류 외계인들까지도 아콘(Archon)이라는 나노 입자로 된 인공지능의 창조물이든지, 그 인공지능의 통제를 받고 있다고 한다. 그러므로 아콘을 포함한 그레이와 파충류외계인들은 인류가 신으로부터 분리돼 나오며 보유한 원천의식으로부터 분리된 의식(consciousness)인 영혼을 보유하지 못했다고 한다. 아콘에 대한 설명은 1946년 이스라엘과 요르단 사이의 함수호인 사해 부근의 굴에서 발견된 기원전 800년으로 추정되는 히브리어로 된 사해문서(Dead Sea Scrolls) 속에서도 발견할 수 있다. 그런 의미에서 지금 중국과 러시아가 주도하는 지배세력을 상대로 벌이고 있는 제3차 세계전쟁은, 궁극적으로는 지금까지 인류를 지배해 온 악의적인 외계인과 그들의 혼합체들의 돈을 이용한 지배로부터의 해방을 위해서일 뿐 아니라, 더 나아가 그들이 인류로부터 숨겨온 인류의 근원에 대한 정보를 깨우치기 위한 정신적 전쟁(Spiritual War)이라고 할 수 있다.

18. 자유무역을 이용한 세계의 약탈

1988: BIS Accord – Basel I
- First standard: Assets/Capital must be less than 20. Assets includes off-balance sheet items that are direct credit substitutes such as letters of credit and guarantees
- Second standard: Cooke Ratio: Capital must be 8% of risk weighted assets. At least 50% of capital must be Tier 1.

18. 자유무역을 이용한 세계의 약탈

'시온장로들의 의정서'에서 그들은 세계를 정복하는 것이 영토를 차지하는 것이 아니라 경제로 정복하는 것이라고 가르쳤다. 그들은 그들이 무한으로 '창조' 할 수 있는 돈으로 모든 분야를 독점하도록 가르쳤던 이유이다. 독점을 하고 나면 그들에게 의존하게 된 인류를 상대로 모든 가격을 올릴 수 있어 이윤을 더 극대화할 수 있기 때문이다. 그들은 세계 모든 국가들의 시장을 개방한 후 1971년 닉슨이 금과 달러의 연계를 끊고난 이후, 무한으로 발행할 수 있는 돈으로 모든 기업들을 사들였다. 한 국가의 기업들이 그들의 자금력과 경쟁이 불가능하기 때문에 자본금이라도 회수하기 위해 매도하게 만들어 그런 기업들에게 '후한' 가격을 제시해 인수합병으로 흡수해 왔다. 그러면서 그들의 그런 계획을 자유무역(free trade)이라고 포장해 '자유경쟁(free competition)'이 소비자들에게 더 유익하다고 학계와 언론을 통해 인류를 세뇌시켰다. 원래 18세기부터 지배세력은 아담 스미스의 '국부론(Wealth of Nation)'으로 자유무역이 인류의 경제발전을 위한 최선의 길이라고 세계를 세뇌시켰다. 아담 스미스 역시 프리메이슨으로 그들의 도구였다. 그런 식으로 미국도 관세를 없애고 자유무역을 허용할 것을 요구했었다. 그러나 아브라함 링컨을 위시한 미국의 지도자들은 이를 무시하고 관세로 내수시장을 보호해 국내 기업들의 경쟁력을 키워 영국을 능가하는 산업국가로 만들 수 있었다. 대한민국 역시 마찬가지였다. 미국은 한국전쟁 동안 대한민국의 모든 기관시설을 파괴한 후 제2차 대전의 종결 후, 남아도는 잉여제품을 한국에 보내 국내 산업이 경쟁력이 없어 발전할 수 없게 했다. 영원한 저개발국가로 만들 계획이었다. 그러나 1961년, 5·16 혁명으로 정권을 잡은 박정희대통령은, 그들이 요구한 자유무역 대신 관세로 내수시장을 보호해 대한민국 기업들이 경쟁력을 키울 수 있게 한 후, 수출로 외화를 벌어들여 대한민국을 산업화시켰다. 그러므로 자유무역은 그들이 소유한 대기업들의 독점을 용이하게 하는 정책이다. 그들은 자신들이 소유, 통제하는 국제 기업들이 국경을 초월해 이윤 극대화를 위해 자유무역(free trade)으로 미국을 포함한 모든 국가들의 부를 그들의 기업들이 약탈하는 정책이다. 이는 그들이 19세기에 그들이 소유한 동인도회사로 식민지국가들의 부를 약탈했던 식으로, 국경을 초월한 그들의 국제 기업들로 아무 비용도 안 들이고 무한으로 발행하는 달러로 세계의 모든 자산을 그들 손에 넣었다.

A. 미국의 약탈

그들의 세계정부를 설립하기 위한 그들의 의정서에서 제시한 경제 약탈 전쟁의 첫 타깃으로, 제2차 대전 직후 전 세계의 GDP의 절반을 차지해 세계의 경제 초강대국이었던 미국의 부를 약탈하는 계획을 추진했다. 미국의 배후에 있는 금권세력은 세계정부가 목적이었으므로 그들에게는 미국 역시 또 하나의 약탈 대상의 식민지 국가에 불과했다. 가장 부유한 미국이야말로 그들의 세계정부 계획을 저항할 수 있는 가장 강력한 걸림돌이었다. 그러므로 미국의 부를 국민들이 모르게 약탈하는 수단으로, 그들이 가상의

적으로 만들어 놓은 공산주의와의 전쟁이라는 명분으로 미국 정부의 예산을 국방비로 쓰게 만들었다. 공산주의와의 전쟁이라는 명분에 넘어간 국민들은 정부의 그런 지출을 당연하게 받아들였고, 언론과 학계 그리고 그들이 소유, 통제하는 싱크탱크의 전문 보고서로 국민들을 세뇌시켰다. 그 결과 그들은 미국 국민들로부터 걷어 들인 세금으로 미국의 예산의 1/3에 해당하는 국방비에 사용하게 하여, 그들이 소유한 방위산업이 제조한 턱없이 비싼 무기를 구매하게 만들어 국민들의 부를 약탈했다. 앞에서도 지적했듯이 그들은 공산주의와의 전쟁이라는 냉전을 명분으로 내세운 '핵무기 경쟁(Nuclear Arms Race)'으로 민주주의와 공산주의 국가들의 예산을 그들의 무기 산업에게 갖다 바치게 했다. 그리고 총예산의 절반은 국민들의 의료보험으로 보조하게 만든 후, 그들이 소유한 제약회사들과 의료시설들이 벌어들였다. 그리고 남는 것으로 교육과 기관시설로 사용했다. 미국의 기관시설이 노후화된 이유이다. 그러면서 그들은 세계화라는 명분으로 자유무역 정책을 내세워 미국의 제조업을 인건비가 저렴한 중국을 포함한 개발도상국으로 이전하기 시작했다. 앞에서도 지적했듯이 세계화는 그들이 소유한 국제 기업들의 이윤을 극대화하는 정책이다. 그렇게 외국에서 더 싼 노동력으로 제조한 제품을 자유무역을 빙지해 아무 관세없이 다시 미국으로 수입해 국민들에게 더 저렴한 제품을 제공할 수 있어 더 효율적이라고, 그들이 소유한 언론과 그들이 매수한 경제전문가들을 통해 자유무역의 '혜택'을 선전, 세뇌했다. 그러나 실제로는 미국을 그들이 소유한 국제은행들과 국제기업들의 경제 식민지로 만드는 수순이었다.

미국의 비산업화를 위한 제조업의 수출

그들은 우선 미국이 제조업을 제3국으로 수출할 수밖에 없는 경제적 상황을 만들었다. 앞에서 이미 달러와 금의 연계를 일방적으로 끊어 원유를 이용해 달러의 기축통화 지위를 유지했다고 했다. 그러나 금 대비 달러의 가치는 계속 하락했다. 달러의 가치를 절상하는 정책으로 새롭게 임명된 폴 볼커(Paul Volker) 연준위 의장은 1981년 갑자기 금리를 20%로 올리는 극약처방을 했다. 그 덕분에 고가 이자를 벌려는 외국 투자자들이 달러 자산으로 몰려 달러의 가치가 급상승했다. 볼커는 두 가지 효과를 노렸다. 첫째는 미국 달러로 대출을 받은 남미의 국가들의 부를 약탈할 수 있었다. 남미 국가들은 급상승한 이자를 상환할 능력이 없었고 그들이 통제하는 IMF는 남미국가들에게 구제 금융을 해준다는 조건으로 긴축정책을 요구하여 경제를 더 악화시킨 후 그 국가들의 정부자원들을 민영화시키게 해서 헐값에 매입했다. 물론 그들이 통제하는 IMF를 통해 제공한 구제융자는 대출을 해준 대형은행들에게 갚는 데 사용돼, 그 국가들의 빚만 더 늘어나는 결과를 가져왔다. 결국, 남미국가들을 구제한 게 아니고 이자가 밀렸던 국제 은행들의 이자 수입을 보조해 준 것이다. 두 번째 효과는 달러의 가치가 절상되자 미국의 제조업이 타격을 입었다. 수출 경쟁력을 잃게 된 것이다. 그 결과 미국의 제조업은 한국, 대만 등으로 옮겨 갔고, 1979년 덩샤오핑이 중국을 시장경제로 개방한 후에는 대거 중국으로 옮겨 갔다. 그러면서 그들은 언론을 통해 자유무역이야말로 미국이 앞으로 가야 할 길이라고 학계와 언론을 동원해 국민들을 세뇌시켰다.

고의로 늘려온 미국 정부 지출에 의해 늘어난 국가 부채

자유무역 정책은 미국을 수입에 의존하게 만들었고, 제조업의 수출은 제조업에 딸린 고가의 일자리를 함께 수출하는 결과를 초래했다. 일자리가 외국으로 옮겨가자 미국은 수출적자가 늘어났고 고가 일자리를 잃은 국민들의 소득이 줄어 소비가 줄어들어 경제가 축소됐다. 그러자 그들은 그들의 앞잡이인 '매가트랜드 (Megatrend)'의 저자 피터 드러커 (Peter Drucker)와 같은 그들에게 돈과 명예로 매수된 가짜 경제 '전문가'들을 동원해, 미국은 이제 제조업에서 서비스 경제로 전환해야 한다고 언론과 학계를 통해 국민들을 '설득' 했다. 저하되고 있는 미국경제를 그들이 소유한 국제기업들이 자유무역 덕분에 늘어나는 이윤에 힘입어 상승하는 주식시장을 자유무역의 혜택이라고 속였다. 그러나 세수가 줄어 정부의 예산에 적자가 나기 시작했다. 우선 지배세력의 하수인들에 불과한 정부는 그 차액을 미국의 국민들로부터 국민들의 미래를 보장한다는 명분으로 걷어 들여 미래를 위해 보존해야 할 안전보장 신탁자금 (Social Security Trust Fund)을 국민들의 허락 없이 '빌려' 정부 예산을 충당하기 시작했다. 그 사실을 알지 못하는 국민들은 그들이 붓고 있는 자금이 정부가 '빌려'다 적자예산을 메꾸고 있어 감소되고 있음을 알 수 없었고, 국민들의 '눈' 이라는 그들이 소유한 언론은 이런 사실을 은폐했다. 그들의 이런 고도의 약탈 정책을 모르는 1998년부터 2008년 동안 미국의 감사관(Comptroller General)을 역임한 데이비드 워커(David Walker)는 안 그래도 턱없이 부족한 상황에 2009년 아들 부시가 안전보장 혜택을 처방약의 비용까지 포함시켜 그 부담을 40%나

더 늘리자, 이를 알리기 위해 노력했고 I.O.U.S.A. 라는 다큐멘터리를 제작했으나 언론이 은폐해 소용이 없었다. 그는 단순히 미국의 그런 정책이 정치인들의 무책임 때문이라고 믿었다. 그는 그것이 지배세력이 미국의 부를 약탈하고 그들이 소유한 의료 기업들과 제약회사들에게 국민들의 세금으로 돈을 벌게 할뿐 아니라, 의정서에서 가르친 대로 그들의 하수인들로 형성된 정부가 도저히 갚을 수 없는 빚을 지도록 하라는 가르침에 의한 것이라는 사실을 알지 못했다. 그러므로 미국의 외형적으로 드러난 빚인 21조달러에다 미국 정부가 국민들의 사회보장으로 보유하고 있어야 할 '빌려 쓴' 자금을 포함할 경우, 200조 달러가 넘어 도저히 갚을 수 없는 게 현실이다. 그렇게 해 국민들을 자신들의 노후대책을 정부가 해결해 줄 것으로 믿도록 유도해 그들의 의정서에서 가르친 대로 빚밖에 없는 정부에 의존하도록 해 놓았고, 그들이 계획한 수순대로 빚더미에 앉은 미국 정부를 붕괴시킬 때, 모든 국민들이 그들이 제시할 세계정부에 의존할 수밖에 없게 만드는 작업을 완성해 놓았다.

그러면서 그들은 제조업을 외국으로 보낸 이후 늘어나는 무역적자와 예산 적자를 정부의 국채를 발행하여 충당해 미국 정부의 부채를 급속도로 늘려나갔다. 그린스펀이 의장으로 임명된 1986년까지 210년 동안 축적해온 1조가 채 안 되던 미국 부채가 닷컴 버블을 붕괴시켰던 2000에는 이미 5.6조로 불어나 있었고, 2018년 현재에는 21조 달러가 넘는다. 우리는 미국 돈을 백만 불(1 MILLION), 10억 불(1 BILLION), 1조(1 TRILLION)라는 단위를 사용하다 보면, 하나의 숫자로 그 돈의 규모를 실감하기 어렵다. 그 돈을 초로 계산하면 백만(1 MILLION) 달러는 약 12일이고, 10억(1 BILLION) 달러는 31년, 그리고 1조(1 TRILLION) 달러는 31,688년이다. 그만큼 1조는 어마어마한 금액이다. 이미 미국 정부의 연 세수가 2.4조 달러로 매년 3.4조를 충당하는데 모자라는 1조에 가까운 예산 적자를 국채로 메꾸고 있어 도저히 갚을 수 없는 수준에 와 있다. 미국 총생산량(GDP)의 110%를 능가하는 빚을 가지고 매년 1조에 가까운 예산 적자를 내고 있음에도 불구하고, 아직도 미국이 '건전' 한 이유는 기축통화인 달러를 발행할 수 있어 모자라는 예산을 충당할 수 있기 때문이고, 그들이 소유한 언론과 학계에서 이 사실을 은폐하고 있어, 세계가 미국이 이미(정부지출이 정부 수입인 세수를 능가함으로) 재무제표상 도산했다는 사실을 알지 못하고 있기 때문이다.

미국의 규제완화 정책

또한, 그들은 국제경제 속에서 경쟁력을 향상해야 한다는 명분으로 규제완화 정책을 진행해 그들이 소유한 기업들의 독점을 용이하게 만들기 위해, 1929년 대공황 이후 금지해 온 독점금지법과, 은행들이 1929년 주식 파동 후 그 원인을 제공했다는 이유로 국민들의 예금을 사용해 투기를 못 하게 했던 글래스 스티걸(Glass Steagal)법안을, 1999년 클린턴 정부가 폐지시켰다. 그들은 우선 그들에게 가장 중요한 언론의 통합을 금지하는 규제를 폐지했다. 원래 미국은 신문과 라디오 텔레비전 방송사들을 분리시키도록 제도화 돼있었다. 그러나 그들은 이제 그런 규제를 세계화를 위해서는 외국에서의 경쟁력을 위해 언론의 통합을 허용해야 한다고 국민들을 '설득' 했다. 이미 약 50개의 언론사들로 국한됐던 언론 산업이 타임 워너(Time Warner)를 포함한 6개의 언론 대형 기업으로 통합됨으로 지배세력의 언론통제가 강화됐다. 그들은 법으로 분리됐던 일반은행, 보험업, 증권업, 투자금융업 등의 통합을 허용해 CITI Group 같은 망하게 두기에는 너무 크다는(Too big to fail) 금융 기업들로 키웠다. 그러면서 일반은행(Commercial bank)과 투자은행을 분리시켜 놓은 글래스 스티걸 법안의 폐지로 그들이 소유한 대형은행들은 국민들의 예금을 담보로 30배 60배를 레버리지 해서 만든 파생상품으로 투기를 하다가 2008년 금융위기를 맞았다.

자유무역을 통해 그들이 달러체제로 통제하는 세계시장 구축

자유무역은 전 세계를 하나로 묶어 자신들이 통제하는 달러체제의 결제시스템과 그들이 소유한 국제기업들에게 의존하게 만들기 위한 전략이기도 하다. 제일 첫째는 그들의 자금이 자유롭게 드나들게 하는 금융 자유 무역으로 그들은 이미 모든 국가들을 그들이 만든 달러체제로 구속해 놓아 그들이 소유한 스위프트(SWIFT) 국제 결제시스템을 통해 언제든지 그들을 저항하던지 불복하는 국가는 경제로 차단시켜 세계경제에서 고립시킬 수 있게 해 놓았다. 앞에서도 지적했듯이 북한을 그런 식으로 고립시켜 북한의 경제발전을 억제해 왔다. 그리고 실제로 2003년부터는 이라크의 물 정화 시설, 병원 등을 파괴한 후 경제제재로 약품, 물정수제 등의 공급을 차단시켰다. 그 결과 수백만의 이라크 민간인들, 특히 유아들이 죽어 나갔다. 그들은 2012년에는 이란을 상대로 그리고 2014년에는 러시아를 상대로도 경제제재를 걸었다. 예전에는 육, 해군을 동원한 군사적 엠바고로만 가능했던 경제를 고립시키는 전쟁 수법을 이제는 경제제재로 가능하게 돼, 엠바고와 다름없는 전쟁 행위로 변질됐다. 그러나 그들이 소유, 통제하는 언론은 이를 경제제재라고 언급해, 그것이 군사적 엠바고와 같다는 사실을 알리지 않고 있어 세계는 모르고 있다. 또한, 자유무역은 각 국가 안보에 없어서는 안 될 식량과 필수품 등을 그들이 소유, 통제하는 국제기업으로부터 수입에 의존하게 만든 후, 때가 되면 공급을 차단시켜 식량을 무기로 사용하려는 그들의 고도 전략이다.

자유무역의 가장 큰 수혜자는 그들의 국제기업

이미 지적했듯이 자유무역의 가장 큰 수혜자는 그들이 소유한 대기업들이다. 그들이 소유한 국제기업들은 세계화라는 명분으로 개발 도상국으로 진출해, 저가 노동비로 그들의 이윤을 극대화할 수 있었다. 그러므로 그들은 1995년 국제무역기구인 WTO를 만들어 모든 회원 국가들의 관세를 낮추고, 1999년에는 중국을 회원국으로 가입시켜 미국의 제조업을 중국으로 옮겼다. 그러므로 중국이 급성장할 수 있었던 이유는 중국 공산당의 지도력도 있었지만, 미국의 국제기업들이 그들의 제조업에 필요한 장비뿐 아니라 운영할 기술자와 경영자들까지 통채로 중국으로 이전해 중국의 저가 노동력을 투입시켜 생산성을 그대로 유지해 이윤을 극대화시켰기 때문이다. 물론 자신들의 이익을 위해서였다. 1980년대에 개발 도산 국이었던 대한민국의 제조업 역시 자유무역의 수혜자였다. 그러나 가장 큰 수혜자는 중국으로, 생산기지는 남고 기술력을 배울 수 있음으로 중국으로서는 마다할 이유가 없었다. 오히려 에어버스와 보잉사들의 여객기를 대량 구매하는 조건으로 기술이전을 요구함으로, 미국의 보잉, 유럽의 에어버스로부터 여객기를 제조할 수 있는 기술을 이전받아, 세계에서 제 3의 여객기 제조기술을 보유하게 됐다. 그러므로 자유무역은 제2차 대전 이후 성장한 미국을 포함한 모든 선진국가들의 부를 약탈한 후 붕괴시켜 그들이 계획한 세계정부에 종속시키기 위한 전략에 의한 것이다.

B. 일본의 약탈

앞에서 언급했듯이 2차 대전 이후 지배세력은 일본을 군사적으로 점령한 후, 일본을 그들의 경제 식민지로 만들어 그들의 아시아의 거점으로 활용해 왔다. 폐허가 된 일본이 다시 일어날 수 있었던 이유는 독일과 마찬가지로 모든 일본 기업들을 헐값에 그들이 비용도 안 들이고 발행하는 달러로 인수한 후 일본 산업을 다시 일으켰기 때문이다. 우리가 알고 있는 일본 대기업들은 솔직히 지배세력의 사유재단들을 통해 소유돼 있다. 일본의 첨단기술 산업을 상징했던 소니(SONY)는 Standard Oil of New York를 줄인 말로 록펠러가 소유했다고 한다. 그들은 일본의 중앙은행을 설립한 후 전쟁범이었던 에이키치 아라키(Eikichi Araki)를 총재로 임명했다. 그들이 선택한 일본의 첫 번째 수상으로 자유민주당을 설립해 정당조직으로 키운 기시 노부스케(Kishi Nobusuke) 역시 A급 전쟁범이었다. 거기다 그는 전쟁의 모든 책임을 지고 사형당한 수상 도조 히데키(Tojo Hiddeki)의 상공부 장관으로, 무기제조와 강제노동을 지휘했던 자였다. 전쟁 후에 그들에 의해 임명된 일본의 장관들과 관료들 모두 일본을 전쟁으로 몰았던 전쟁범들과 일본의 사상경찰관들로 구성됐다. 이는 앞에서 이미 언급했듯이, 일본 군부는 미국을 조종하는 예수회의 하수인들에 불과했기 때문이다. 그러나 일본의 식민지였던 대한민국에 친일파들이 다시 등용됐던 것은 너무 당연한 일이다. 미국 군사정부가 만든 일본 헌법에는 일본이 자체 군대를 유지하지 못하게 만들어, 오키나와에 미국의 군대 기지를 허용하고 미국의 군사적 속국으로 만들어졌다. 그리고 미국과의 상호방위조약을 체결하는 것을 반항했던 학생들과 인권운동가들은 미국이 필리핀에서 데리고 온 저격수들에 의해 무자비하게 죽음을 당했다. 일본을 점령해 임시 군사정부로 일본을 통제하던 미군은 군사법을 이용해 무력으로 일본의 저항세력을 제거했던 것이다. 그런 후 그들은 일본 언론은 물론 일본 모든 정부 요직을 그들의 하수인들로 임명했고, 감히 그들의 지시를 저항하려던 일본 정치인들은 매장을 시키던지 암살해버렸다. 자유민주당은 원래 그들의 당이나 다름없고, 다나카 총리는 한때 감히 그들을 저항하다가 록히드 뇌물사건으로 총리직에서 쫓겨난 후에 그들에게 재신임을 받아 자유민주딩의 권력자로 행세했다. 그들은 미국에서처럼 일본의 야쿠자를 포함한 조폭조직도 장악해 지하 경제 역시 통제했다. 문선명의 통일교와 일본의 SOKA 재단이 운영하는 SGI 역시 그들이 CIA를 통해 조종했다. 그리고 지금도 아베 정권은 그들의 하수인에 불과하고, 일본의 중앙은행 역시 그들의 완벽한 통제를 받고 있다.

일본은 1970년대부터 수출 강대국으로 부상해 1980년대에는 이미 제2경제대국으로 미국 인구의 1/3밖에 안 되는 일본이 미국을 추월할 것으로 전망됐을 정도로 급성장했다. 그들은 일본국민들의 근면성을 활용하는 방법으로, 제2차 대전에서 패한 굴욕을 경제전쟁으로 회복할 수 있는 기회라고 국민들을 부추겨 제조업과 수출로 빠른 속도로 제2의 경제 제국의 자리를 획득했다. 그러자 1980년대부터 시작한 미국의 국제화 자유무역 정책과 동시에 진행된 비산업화의 여파로 경쟁력을 잃은 미국의 자동차 제조업에 종사하는 노동자들에게 일본에 대한 반일 감정을 조작해 미국의 자유무역정책에 대한 불만을 일본으로 분출시켰다. 새롭게 부상한 일본 주식회사(Japan, Inc.)는 미국의 부동산에 투자를 해 뉴욕의 핵심 부동산인 록펠러 센터를 인수했다. 심지어 미국 할리우드의 콜롬비아 픽쳐스, 유니버설 스튜디오 등을 일본의 기업들이 사들였다. 그러나 이것은 지배세력이 일본을 살찌게 한 후 양털깎기를 하기 위한 그들의 고도의 전략이었다.

일본 엔의 평가절상을 요구한 플라자 합의

앞에서 1980년 초 폴 보커(Paul Volker)가 극약으로 처방한 20% 금리는 달러 가치를 상승시키는 데는 성공했으나 미국의 제조업에게는 치명타로 작용했다고 했다. 달러 가치 상승으로 미국의 제조업의 국제경쟁력이 급속히 하락하자 레이건 정부의 베이커 재무장관은 1985년 제2차 대전 후 전쟁 패전국으로 미국 점령군에 의해 건국된 서독과 일본 재무장관들을 뉴욕 플라자호텔로 불렀다. 물론 모양세를 갖추기 위해 불란서와 영국의 재무장관도 참석했다. 그 회담에서 플라자 합의(Plaza Accord)를 이끌어 냈다. 베이커 재무장관은 미국의 수출 경쟁력을 회복한다는 명분으로 일방적으로 독일의 마르크와 일본의 엔을 50% 평가 절상할 것을 '요구' 했다. 독일은 기술 것 약 20% 절상을 했으나 미국의 완벽한 지배를 받고 있던 일본은 그대로 이행했다. 일본 엔의 강세는 상대적으로 일본이 미국에 소유한 자산가격의 하락으로 연결됐다. 평가절상 전에 100엔이던 달라 자산이 갑자기 엔 대비 약 1/3 하락한 것이다. 그러자 일본기업들은 미국의 부동산과 주식을 급히 처분해야 했고, 그러자 1987년 10월 검은 월요일(Black Monday)로 알려진 미국 주가가 폭락하는 사태가 벌어졌을 정도였다. 그 결과 일본 기업들이 고가로 매입했던 상업용 부동산과 영화사의 주식을 헐값에 처분해야 했고 그 자산들은 지배세력의 손으로 다시 돌아갔다. 미국에 투자했던 돈을 갈취당한 후 더 헐값에 되돌려 준 것이다.

그리고 오히려 엔의 상승으로 일본의 부동산과 자산 값이 뛰어 올랐다. 그런 후 지배세력은 그들이 완벽히 통제하는 일본중앙은행에게 엔의 가치 상승을 저지한다는 명분으로 저금리 정책을 요구해 안 그래도 과열된 일본 자산가에 더 심한 거품을 일으켰다. 그러자 일본의 주식시장의 총 가치는 미국의 총 주식시장가치의 3배가 되는 거품경제로 변했다. 일본의 주식과 토지 값은 하늘 높은 줄 모르고 상승했고 일본인들은 자신들의 부가 상승한 것으로 언론에 의해 세뇌돼 자만심에 빠졌다. 그때 미국의 지배세력의 투자은행인 골드만삭스와 모건 스탠리 등은 일본 도쿄 지수 인덱스를 만들 것을 제안했다. 그 말은 도쿄 지수의 상승과 하락변동에 따라 베팅을 할 수 있는 일종의 투기이다. 주가가 항상 오를 것으로 생각한 일본 국민들은 그 위험성을 감지하지 못했다. 물론 지배세력의 통제를 받고 있는 일본 정부와 중앙은행은 감히 그들의 제안을 거부할 수 없었다. 그런 후 골드만삭스, 모건 스탠리 같은 미국투자은행들은 일본 주가가 떨어질 것에 베팅했다.

국제결제은행의 일본을 향한 공격

그 시기와 맞추어 지배세력이 통제하는 국제 민영은행에 불과한 국제결제은행(BIS)이 갑자기 바젤 원(Basel I)을 발표하자 세계 모든 은행들이 동시에 준비금을 올려야 했다. 그러자 준비금이 상대적으로 낮았던 일본은행들은 갑자기 대출을 줄여야 했고 은행들이 소유하고 있던 주식들을 처분해 준비금을 마련해야 했다. 앞에서 지적했듯이 그들은 제2차 대전 직후부터 중앙은행에 그들의 하수인들을 앉혀놓았고 일본 정부가 통화정책에 개입하지 못하게 제도화해 놓음으로 일본의 통화정책은 그들이 소유한 국제결제은행 BIS의 지시를 따르는 그들의 하수인들로 운영돼 왔다. 그러므로 국제법상으로는 일본 은행들이 BIS의 지시를 따를 하등의 이유가 없었으나 BIS의 결정에 순순히 순응했다. 갑자기 일본 은행들이 대출을 줄이는 바람에 통화 공급량이 축소했고, 그로 인한 유동성문제를 해결하기 위해 갑자기 쏟아져 나온 주식들의 가격은 하락세로 돌아섰다. 동시에 일본경제에 유동성 문제가 일어나자 일본 주가가 폭락했고, 일본주식을 대거 구입한 후 주가지수의 하락을 베팅했던 대형 투자은행들은 엄청난 이익을 챙겼다. 동시에 주식에 투자했던 일본 시민들은 그들의 부가 사라졌고 주식이 오를 것을 믿고 주식을 담보로 대출을 해 주식을 구매했던 투자자들은 주식을 압류당해 투자했던 돈과 주식을 모두 날리는 현상이 일어나, 국민들의 부가 순식간에 사라졌다. 이는 그들이 대대로 이용해 온 통화팽창으로 거품을 형성한 후 통화축소로 주가 폭락을 일으키는 전형적인 양털 깎기 전술이었다. 의정서에서 말한 대로 개인들의 부를 투기로 유도한 후 폭락시켜 그들의 부를 갈취한 것이다. 일본 대형은행들이 줄줄이 도산 직전으로 몰렸고, 주가 폭락 전 세계 10대 은행 중 8개가 일본은행이었으나 그 후 모두 그 리스트에서 탈락됐다. 그때부터 일본은행은 모두 일본중앙은행의 소유나 다름없이 돼 일본중앙은행의 통제하에 존속하고 있다. 일본은 그렇게 완벽하게 지배세력에 의해 약탈을 당했고, 그 후 회복하지 못했다. 일본은 그때부터 진행해 온 저금리 정책과 양적완화 정책으로 일본정부는 GDP 대비 240%가 되는 빚을 지고 있어, 미국 정부의 GDP 대비 110%의 두 배를 능가하고 있다. 그 말은 곧 일본의 세수의 상당 부분이 이자를 지불해야 함으로 금리를 올릴 수 없을 뿐 아니라 유럽 국가들처럼 마이너스 금리로 가야 하는 이유이다. 한 가지 미국보다 유리한 점이 있다면 일본의 국채는 대부분 일본기업들과 국민들이 소유하고 있다는 것이다. 더욱이 일본은 독일과 마찬가지로 아직도 제조업을 보유하고 있어 세계경제 붕괴 후에도 재건할 수 있는 여력이 남아있다. 단지 인구가 너무 고령화 돼있다는 약점을 가지고 있다. 그러나 최근 자금이 달리기 시작한 지배세력의 요구에 의해 일본의 약 1조 달러가 넘는 우체국연금을 미국 국채로 바꾸어 주어야 했다. 이미 일본의 중산층은 없어진 지 오래고, 미국의 달러처럼 일본 엔역시 그 가치가 폭락하는 것을 피할 수 없는 처지이다. 그들은 그런 방법으로 일본이 70년대 부터 80년대까지 수출흑자로 축적해 놓은 모든 부를 순식간에 약탈하였다.

C. 공산주의의 붕괴로 시작된 구 소련국가들의 약탈

그들은 1980년부터 공산주의를 무너트린 후 공산주의제도에 의해 국가가 소유하게 된 국영 자산을 민주화를 시킨다는 명분으로 약탈하는 계획을 세웠다. 그러므로 소련의 붕괴는 이미 그들이 소련을 가상의 적으로 창조했을 때부터 계획됐던 것이다. 그들은 소련을 붕괴시켜 러시아를 포함한 소련에 속한 모든 공산주의 국가들의 경제 위기를 조성한 후 '민주화' 라는 명분으로 소련에 속한 공산 국가들이 소유한 공영자산을 자유 시장 경제(Free Market Economy) 이론을 빙자해 아무 비용도 안 들이고 창조하는 달러 여신으로 그들의 기업들이 헐값에 사들였다. 그리고 그들은 의정서에서 나온 대로, 그들이 선정한 폴란드의 노동운동가들을 앞세워 정부를 전복시킨 후 폴란드의 모든 공영기업을 헐값에 인수했다. 그 배후에는 조지 소로스가 있었다. 지배세력은 우선 소련에게 유럽에서 그들의 거점으로 유지하게 될 동독과 서독을 통일하는 제안을 했다. 베를린 벽이 내려오게 된 것은 독일국민들이 갈구해서 된 것이 아니다. 소련을 붕괴시키고 유럽을 EU로 통합해 세계정부를 설립하기 위한 첫 수순이었다. 통일된 독일의 첫 번째 수상을 지낸 헬무트 콜 (Helmut Kohl)역시 그들이 내세운 하수인이었고, 혜성처럼 동독에서 나타나 그의 뒤를 이는 앙겔라 메르켈(Angela Merkel)수상 역시 소련 KGB 산하에 있던 동독의 정보부 STASIS 출신으로 그들이 미리 선정해 놓은 자였다.

화폐 공격과 에너지 가격 하락으로 붕괴시킨 소련경제

그들이 배후에서 통제하던 소련을 무너트리는 것은 쉬웠다. 우선 러시아의 유일한 수출 상품인 원유값을 떨어트리자 소련은 즉시 자금난에 부닥쳤다. 그럼과 동시에 그들의 화폐를 공격하였다. 고르바초프 Gorbachev)가 개방정책을 주도할 수밖에 없었고, 그런지 얼마 후 지배세력에게 매수된 러시아의 옐친 대통령이 러시아의 독립을 선언함과 동시에 소련정부는 순식간에 붕괴하였다. 이렇게 전 세계를 '위협'한다는 이유로 모든 민주주의 국가들의 공공의 적으로 묘사됐던 악의 제국 소련은 총 한 번 쏴보지 못하고 붕괴했다. 소련의 붕괴 직전까지 레이건대통령의 네오컨 앞잡이 캐스퍼 와인버그(Caspar Weinberg) 국방 장관은, 소련의 군사력을 빙자해 국방비의 예산을 증가시켰었다. 그러나 그가 미국의 사회복지 예산을 삭감하면서까지 증가시켰던 국방비는 소련이 아닌 그들이 다음 전쟁 목표로 계획한 중동전쟁 준비를 하는데 사용됐다. 지배세력의 이런 계획까지는 알지 못했던 레이건 대통령은 지배세력이 내세운 국방전문가들의 말대로 그가 국방비를 늘려 미국의 군사력을 강화시켰기 때문에 미국의 군사력에 대항하다 무리한 지출이 소련을 붕괴시킴으로 인류의 적인 공산주의를 무너트렸다고 믿었다. 그는 진심으로 그렇게 해 공산주의를 붕괴시켜 세계평화에 이바지하는 줄 믿었고, 지배세력은 그의 '순진함'을 이용했던 것이다. 그러나 소련의 붕괴 후 소련과 공산주의 국가들은 제2차 대전 종말서부터 지속돼 온 지배세력의 선전과 달리 서부를 공산화시키는 전략은커녕, 소련의 자체 경제를 지탱하기도 어려운 형편이었다는 사실이 고스란히 드러났다. 당연히 지배세력의 언론은 이 사실을 은폐했다. 앞에서도 지적했듯이 소련은 지배세력이 전 세계를 통제하는데 필요한 가상의 적에 불과했고, 이제 그 이용가치가 다 되자 그들에 의해 붕괴 됐던 것이다. 그러나 세계지배세력에 의해 완벽하게 세뇌된 인류는, 언론이 은폐한 그 명백한 사실이 드러낸 모순을 감지할만한 관찰력을 소유하지 못 했다.

1989년 부시 대통령의 신세계질서(New World Order) 선포

지배세력이 내세운 후보가 아니었던 레이건 대통령은 지배세력의 압력에 의해 부시를 부통령으로 받아들여야 했었고, 네오콘들로 정부 내각을 조성해야했다. 결국 공산주의의 붕괴의 상징이 됐던 베를린 장벽은 1989년 부시가 대통령으로 부임한 후 내려왔다. 부시 대통령은 베를린 장벽의 붕괴를 시점으로 '신세계 질서(New World Order)'를 선언했다. 공산주의와 민주주의가 공존하는 세계질서에서, 공산주의의 붕괴와 함께 미국이 주도하는 신세계질서가 시작됐다는 선언이었다. 조지 부시는 예일대에서 예수회의 비밀사회인 스컬앤본스 (Skull and Bones) 회원으로 그의 아버지 Prescott Bush 때부터 나치스를 배후에서 조종했던 가문으로 베트남전쟁 때 CIA 국장을 역임해 마약을 밀수입해 많은 부를 축적하며 CIA의 검은 예산(Black Budget)을 조달했던 자이다. 그는 원래 지배세력에 의해 레이건 대통령 임기 초창기에 레이건을 암살한 후 대통령직을 인수하도록 계획됐었으나 레이건 대통령이 총격을 맞고도 구사일생으로 살아나 그 계획이 무산됐었다. 그러나 그 암살 기도 후부터 레이건은 그를 지지했던 국민들과의 선거공약을 철회하고 지배세력의 모든 요구에 순응해야 했다. 아버지 부시는 그러므로 레이건의 임기 시절부터 시오니스트 볼셰비키들로 구성된 네오컨들과 함께 미국의 정책을 배후에서 조종해 온 지배세력의 미국 총 책임자였다. 그는 레이건 정권 때부터 이미 네오컨 세력과 함께 미국의 실권자였고, 그가 레이건을 뒤이어 대통령으로 선출됐다가 재선에는 빌 클린턴에게 패했으나, 클린턴은 원래 부시를 아버지처럼 생각하는 자로 그의 후계자나 다름없었다. 빌 클린턴 다음으로는 그의 친아들 조지 부시 주니어가 대통령으로 선출됐고, 아들 부시 다음으로 선출된 오바마와 오바마의 다음 대통령으로 지명됐던 힐러리 클린턴 모두 그의 분신들로, 부시야말로 지배세력이 선정한 미국 내의 실권자였다. 그런데 그들이 내세운 힐러리가 트럼프에게 역전패를 당함으로 아버지 부시가 선언했던 신세계 질서 계획에 차질이 생긴 것이다.

공산주의의 붕괴 후 시작된 미국의 노골적 제국주의 정책

1991년 공산주의 소련의 붕괴와 함께 미국은 이제 아무도 대항할 세력이 없는 유일무이한 군사적 초강대국이 됐다. 냉전의 종말은 전 세계가 평화를 누릴 수 있는 새 미국의 시대(New American Century)가 열릴 것이라는 인류의 기대와 정반대로 미국은 노골적인 제국주의 정책을 펼치기 시작했다. 다시 말해 공산주의의 붕괴는 오히려 미국의 워싱턴 컨센서스(Washington Consensus), 즉 그들의 헤게모니를 위한 전쟁으로 이어졌다. 그들은 제2차 대전의 종결과 함께 공산주의와 싸운다는 명분으로 만들었던 NATO를 그들의 제국주의 군대로 전환시켰다. 1986년 동독과 서독의 통일을 허락하는 조건으로 소련의 고르바초프와의 협상에서 레이건 대통령은 소련이 유럽의 NATO를 대항하기 위해 설립한 바르샤바 협정(Warsaw Pact)를 해체하면 NATO를 해체하기로 약속한 바 있다. 그리고 미국은 러시아의 경계선 동쪽으로 진출하지 않을 것을 약속했다. 그러나 미국은 소련의 바르샤바 협정 해체 후 NATO를 해체하기는커녕 방어를 위해 신설했던 NATO를 오히려 미국의 공격군대로 전환시켰다. NATO를 통해 소련의 공산주의 아래 있던 모든 동유럽 국가들을 자본주의로 전환하는 작업을 '민주화' 라는 기치 아래 강행했다. 그 말은 정부가 소유한 자원과 공공시설인 국가자산들을 민영화(privatize)시켜 '시장경제' 이론에 의해 그 자산들을 그들이 소유한 대형 국제기업들에게 헐값에 팔아넘기게 하여 미국의 경제식민지로 전환시키는 정책이었다. 동유럽 국가들 중 공산주의 체제 아래에서도 티토(Tito)정권하에서 소련의 간섭을 거부했던 유고슬라비아는, 미국식 자본주의로 공적 자산을 팔아넘기는 것을 저항하였다. 그러자 미국의 통솔하에 있는 NATO는 '민주화'라는 명분으로 기존 정권을 전복시키기 위해 반정부 세력을 부추겨 유고슬라비아의 코소보-보스니아 전쟁, 세르비아-크로아티아 전쟁 같은 그들이 조작한 전쟁을 통해 유고슬라비아를 강제로 분리시켜 미국의 경제식민지 국가들로 전환시켰다.

D. 대한민국의 약탈

세계지배세력은 그다음 표적으로 아시아의 타이거로 불리는 대한민국을 포함한 아시아 개발 도상국들을 조준했다. 1990년대에는 작은 호랑이들 (Little Tigers)로 한국, 태국, 타이완, 말레이시아 등이 부상해 경제 기적이라며 그들이 소유한 언론을 통해 부추겼다. 그리고 각 국가들로 하여금 금융시장을 개방하도록 유도했다. 한국도 군 정부가 문민정부로 넘어가자 1995년 OECD에 가입하는 조건으로 금융시장을 개방했다. 박정희 군사정권은 처음부터 국내시장을 그들의 경제 공격으로부터 철저히 보호하는 법으로 외국 기업들의 직접 투자를 허용하지 않았을 뿐 아니라 투자금을 회수해가는 것도 어렵게 만들었다. 그러나 이미 반정부 시절부터 미 지배세력의 도움을 받아온 민권정부가 들어서자 미국의 요구대로 자유무역의 일환으로 금융시장을 완전 개방했다. 경제의 문외한들로 형성된 김영삼 정권은 시장개방을 선진국이 되는 길인 줄로 믿었다. 선진국에 문턱에 왔다며 자유무역과 시장개방을 통해 국민 개인 GDP의 상승으로 선진국을 따라잡겠다고 하며 국민들을 들뜨게 했다. 그들의 요구대로 금융시장 개방을 하자 대한민국 대기업들은 외국 자본시장에서 더 저렴한 금리로 자금을 조달할 수 있게 되었고, 그 자본을 유입한 대한민국 기업들은 문어발식으로 기업을 늘려나갔다. 외국 자본이 대량으로 들어오자 통화량이 늘어나 빚에 의한 착시 현상인 줄 모르는 국민들의 씀씀이가 늘어나 소비도 늘어났다.

화폐 공격으로 일으킨 한국기업들의 유동성 위기

그러나 그것은 세계지배세력이 놓은 덫이었고 대한민국 기업들은 보기 좋게 걸려들었다. 그들은 뜬금없이 갑자기 대한민국 기업들의 부채가 너무 많아 위험하다며 자금을 한꺼번에 빼내가기 시작했다. 그들의 전통적인 통화를 팽창시킨 후 갑자기 통화를 긴축시켜 기업들을 도산하게 하는 전략으로, 대한민국의 외화유동성 위기를 조성하는 전략에 말려들었던 것이다. 김영삼 문민정부는 외환자금 유입도 자유지만 유출도 자유인 양날의 칼이라는 사실을 간과했던 것이다. 물론 대한민국 기업들은 세계지배세력이 약탈을 일삼는 자들이라는 사실을 전혀 몰랐으므로 그런 위험을 전혀 예기치 못했다. 고대 로마시대부터 약탈을 통해 세계의 부를 축적해 온 금권세력의 살찌워놓은 후 약탈하는 '양털깎기' 전략을 알지 못했던 것이다. 그들의 갑작스런 자금유출은 빚으로 사업을 늘려놓았던 우리나라 기업들은 유동성위기를 맞았고, 대한민국의 외환보유고가 바닥이 나자 원화가 급락하는 외환위기를 맞았다. 원래 IMF는 한 국가가 유동성 위기를 맞을 경우 긴급대출을 해 주어 정상을 되찾을 때까지 유동성 문제를 해결해주게 돼 있다. 그러나 실제로 IMF는 긴급자금을 공급해 주는 조건으로 유동성을 위해 금리를 낮추어야 할 상황에 오히려 금리를 올릴 것과 무리한 구조조정을 요구해 자산들을 헐값에 매도하도록 주문했다. 그때 대한민국 기업들은 처음으로 세계금융 세력이 통제하는 IMF는 지배세력이 세계를 약탈하는데 쓰는 도구라는 숨겨진 진실을 알게 됐다. IMF의 요구는 유동성위기를 더 악화시키는 최악의 처방이었다. 대한민국 정부는 대한민국의 안보 동맹국인 미국 정부와 일본 정부에게 도움을 요청했다. 그러나 지배세력의 하수인인 클린턴 정부의 루빈 재무장관은 냉정하게 거절했을 뿐 아니라 오히려 일본에게도 돕지 말 것을 지시했다. 그들의 그런 상식을 벗어나는 '치방'을 곧이곧대로 받아들였던 말레이시아와 태국은 경제가 더 악화되어 국가의 공영자산을 헐값에 그들이 소유한 투자은행들에게 넘겨주어야 했다. 그 후 말레이시아 수상 마하티르 모하마드(Mahathir Mohamad)는 수상직을 물러난 후 미국을 악의 국가라고 단정하고, 공개적으로 미국의 지배세력을 비난하는데 앞장서왔다. 그런 그가 트럼프 혁명에 힘입어 2018년 5월, 92살의 고령의 나이에 수상으로 재선출됐다.

위기극복을 위해 나선 대한민국 국민들의 단결된 애국심

다행히 대한민국 정부는 국민들의 금 모으기를 통해 모은 약 227 TON의 금으로 바닥이 난 외환을 대체했고, KAMCO를 설립해 국민들에게 국채를 발행해 모금된 자금으로 부실자산을 인수해 국제시장에 내다 파는 순발력으로 위기를 모면했다. 하지만 많은 기업들이 뼈를 깎는 구조조정을 단행해야 했으며 김우중 회장이 힘들게 일구어놓은 대우자동차를 그들이 소유한 GM에게 헐값에 인계해야 했다. 다행히 대한민국 정부의 발 빠른 대처 덕분에 그들이 의도했던 대한민국을 남미의 아르헨티나, 칠레 같은 경제 후진국으로 진락시키려는 계획은 IMF 역사상 최초로 실패했다. 오히려 IMF는 그 후 대한민국의 '성공사례'를 IMF의 성공사례로 선전했다. 다행히 구조조정 덕분에 내실이 더 건전해진 대한민국 경제는 세계시장의 호황으로 수출이 늘어 곧 정상을 되찾았고, DJ 정부가 진행한 저금리 정책과 신용카드 남발로 경기가 빚에 의해 호전돼 IMF로부터 빌린 자금을 미리 갚을 수 있었다. 그러나 김대중 정부가 진행한 저금리 정책은 국민들의 가계 빚을 늘려 많은 국민들을 빚더미에 앉히는 결과를 가져왔다. 저금리 정책은 돈의 공급량을 늘려 그 가치가 떨어짐으로 고정수입에 의존하는 직장인들은 구매력의 하락을 빚으로 대체해야 해 빚더미에 앉게 되므로 가계 빚이 늘어났다. 직장인들은 그 빚 때문에라도 직장을 잃을까 봐 세계 지배세력이 대주주로 변질된 기업들의 눈치를 더 의식하게 돼 경제 노예나 다름없는 처지가 되었다. 또한 1997년 외환위기가 가져온 부동산 주식의 폭락으로 많은 대한민국의 중산층들의 부가 하루아침에 사라져 중산층의 수가 대폭 줄어들었다.

IMF사태로 지배세력에게 넘어간 대한민국의 경제권

더 중요한 사실은 대한민국이 그들의 화폐를 이용한 경제기습전쟁을 외형적으로 방어하는 데는 성공했지만 내용적으로는 이미 그들이 조작한 1997년 외환위기를 통해 대한민국 경제의 통제권을 그들에게 내어주고 말았다는 것이다. 그들의 통제를 받고 있는 대한민국 언론과 학계 그리고 정부가 이 사실이 주목받지 못하도록 은폐하고 있을 뿐이다. 97년 외환위기로 그들의 지배하에 들어간 태국과 말레이시아는 그들에게 그렇게 중요한 국가들이 아니었다. 중국과 러시아를 국경으로 하는 한반도는 그러나, 그들이 아시아를 통제하는데 가장 지정학적으로 중요한 요지이다. 그러므로 외환위기를 모면하기 위해 97년 IMF의 수혈을 받는 조건을 수긍함으로 대한민국의 경제권은 그들 손으로 넘어갔다. 그때까지 대한민국의 은행은 대부분 국가 소유로 통화 발권력인 여신을 창조하는 권한을 정부가 소유하고 있었다. 그러나 그때부터 국유은행들을 민영화됐고, 대한민국 정부는 국유은행에서 직접 창조하던 여신을, 국채를 발행해 민영은행들에게 이자를 주고 빌리기 시작했다. 물론 그 은행들의 지분 대부분은 지배세력이 내세운 주주회사들이 소유했다. 국영기업을 민영화시킴과 동시에 외국기업이 대한민국 기업을 소유할 수 있는 지분을 50%로 늘려 삼성을 포함한 대한민국의 대기업들과 은행들의 대주주 지위는 아무 비용도 안 들이고 발행하는 돈으로 주식을 사들인 그들 손에 넘어갔다. 또한 그들은 IMF의 수혈을 해주는 조건으로 대한민국의 노동법을 완화시켰고, 세계화와 자유무역이라는 명분으로 기업의 이윤을 늘리기 위해 제조업을 노동력이 싼 국가들로 내보내는 정책을 강행했다. 그 결과 미국과 마찬가지로 국내의 제조업 일자리가 외국으로 유출돼 국내 일자리가 줄어들어 경제가 축소됨과 동시에 사회보장 지출이 늘어나 증가하는 정부의 예산 적자를 국채를 발행해 충당함으로 정부의 부채는 늘어났다. 그들의 의정서에서 가르친 대로 대한민국 정부가 직접 발행·창조할 수 있는 통화를 그들에게 빌리도록 만들어 정부가 그들에게 의존하도록 만드는데 성공했다. 거기다 그들은 IMF의 요구대로 대한민국 중앙은행인 한국은행을 정부가 간섭하지 못하는 독립된 기관으로 전환시켜 그들의 국제결제은행 BIS의 통제를 받는 그들의 한국 지시로 전락시켰다.

E. 러시아의 약탈

그럼과 동시에, 지배세력은 그들의 하수인 옐친을 앞세워 러시아 역시 민주화라는 명분으로 러시아의 공적자산을 민영화시켜 해체시켰다. 앞에서 이미 지적했듯이, 세계지배세력은 소련의 공산주의를 애초부터 배후에서 통제, 조종해 왔었다. 그들은 러시아의 원유와 자연가스를 유럽에 공급하는 파이프 시설을 건설해 놓은 후 소련에게 모든 비용을 부담하게 해 그 자원 공급으로 벌어들인 이익의 대부분은 지배세력이 소유한 기업들의 몫으로 챙겼었다. 그리고 소련의 예산의 대부분은 공산주의의 적으로 지정된 미국이 주도하는 민주주의로부터 보호해야 한다는 명분으로 국방비로 소비됐다. 물론 그 국방예산은 지배세력이 소유한 무기 제조업체들로 고스란히 흘러 들어갔다. 그러니 소련 계획경제로 생산된 생활필수품과 소비품들은 항상 부족해 국민들의 생활 수준은 서부를 따라갈 수 없었다. 즉 소련 역시 지배세력의 경제 식민지에 불과 했다는 말이다. 러시아를 소련의 붕괴와 함께 민주 공화국으로 '독립'시킨 후, 그들은 이제 러시아의 공적자산을 민주화를 빙자해 민영화하는 작업에 들어갔다. 그들은 1998년 다시 한 번 러시아의 루블을 공격해 러시아 경제를 붕괴시킨 후 IMF가 구제해주는 조건으로 옐친 대통령을 통해 러시아의 통화인 루블을 국제통화시장에 의해 변동하도록 허용함과 동시에, 국영자산을 민영화 한다는 명분으로 그들이 소유한 기업들에게 매도하게 만들었다. 루블을 국제통화시장에 변동하게 할 경우 루블의 가치가 폭락해 모든 국민들의 부가 사라질 것을 우려한 러시아의 국회가 이런 극약처방(shock therapy)에 반대하자, 옐친은 탱크로 국회의사당을 폭격해 강제로 합의를 받아냈다. 그리하여 그들은 러시아의 국영석유회사, 방송국, 알루미늄 공장 등을 몽땅 헐값에 인수했다. 그들의 전형적인 기습 약탈 전술이었던 것이다. 그렇게 해 그들은 러시아를 포함한 구소련 국가들의 공영자산을 약탈한 후, 그들이 만들어 놓은 시장경제 체제에 모두 합류시킨 후 모든 자유 민주 국가들과 마찬가지로 경제적으로 지배하려 했다. 그러나 그들의 공산주의를 붕괴시켜 세계정부로 지향하는 계획에 차질이 생겼다. 그들이 옐친의 후계자로 선정해 총리로 '임명'했던 블라디미르 푸틴(Vladimir Putin)이 2000년 러시아의 신임대통령으로 당선되자마자 지배세력을 향한 반란을 일으켰다.

19. 러시아의 부상

지배세력을 배신한 푸틴

앞에서 1917년 러시아를 공산화시킨 볼셰비키 혁명은 미국 월스트리트 은행가들이 배후에서 레닌과 트로츠키에게 막대한 자금을 대 주어 가능했다고 언급했다. 그때부터 러시아는 미국의 시오니스트 은행가들의 지배를 받아야 했고, 러시아의 많은 지식층과 종교지도자들은 학살됐고, 살아남은 자들은 굴라그(Gulag)라는 강제노동수용소에서 중노동을 하다 희생되었다. 의정서에서 가르친 대로, 그들은 러시아의 전통기독교를 말살하고 기독교 종교를 금지했다. 그 혁명 당시에 볼셰비키에게 속아 그 혁명에 가담했던 '영적 공산당(Spiritual Communist)' 종파가 있었다. 그들은 기독교 정신으로 뭉친 공산당원들로, 진심으로 기독교식의 공동체를 지향하는 공산주의를 추구하던 자들로 러시아의 차르에게도 신임을 받았던 종파였다. 그 당시 볼셰비키는 러시아의 전통기독교에 침투해 그들을 경계하던 기독교인들을 안심시켰고, 그 안심시키는 역할을 영적 공산당 종파에서 담당했었다. 그러나 혁명이 성공한 후 레닌을 비롯한 볼셰비키들이 잔인하게 전통기독교의 주교와 사제들은 물론이고 기독인들을 학살하는 것을 보고 비통해하였다. 그 후 그들은 한편으로는 볼셰비키와의 동맹을 유지하며 은밀히 끈기를 가지고 서서히 힘을 길러 1953년에는 스탈린을 제거하였고, 그 뒤를 이은 흐루시초프(Nikita

Khrushchev)를 통해 볼셰비키도 감지하지 못하게 비스탈린화(de-Stalinize)를 시킨 후, 마침내 1976년에는 볼셰비키를 소련 크렘린(Kremlin) 중앙정부에서 몰아내는 데 성공했다. 그렇게 해 러시아의 전통기독교를 바탕으로 한 영적 공산당파는 크렘린의 새 지배세력으로 등장한 후, 1917년 볼셰비키 혁명 때부터 유지돼 온 미국의 록펠러와 볼셰비키파와의 관계를 종결시켰다. 소련을 지배하던 볼셰비키파는 미국으로 옮겨가 록펠러의 도움으로 미국에 뿌리를 내린 후, 두 록펠러 형제를 의문의 사고로 암살해 록펠러의 권력을 쟁취해, 미국의 신보수주의인 네오콘으로 거듭났다. 그때부터 세계지배세력은 소련의 통제력을 잃었고, 소련은 다시 기독교 국가로 거듭났다. 그들을 몰아내는데 성공한 러시아의 기독교 세력은 그 후 사탄을 섬기는 볼셰비키파를 지구에서 제거하는 계획을 추구하기 시작했다. 그러자 미국의 네오콘으로 거듭난 볼셰비키-시오니스트들은, 할아버지 프레스코트 부시 시절부터 나치스였던 조지 부시 시니어와 손을 잡고, 레이건 정부를 이용해 안 그래도 그들이 창조한 가상의 적국에 불과했던 소련의 루블을 공격하는 화폐 전쟁으로 소련을 경제적으로 붕괴시킨 후, 지배세력의 하수인인 옐친 대통령을 그들의 앞잡이로 내세워 1991년 소련을 공식으로 해체시켰고, 그 후 1998년에는 러시아마저 붕괴시켜 러시아의 국영자산을 약탈했던 것이다.

지배세력과 공조해 옐친의 후계자로 선정됐던 푸틴

그러나 그들이 옐친의 후계자로 '선정' 했던 푸틴은 소련의 영적 공산당파의 일원으로 소련의 KGB가 전신이었던 러시아연합의

FSB의 국장으로 있을 시절에 지배세력과 협조해 그들의 신임을 얻어 옐친의 후계자로 지명받았다. 옐친의 국무총리로 발탁된 후 옐친의 지지율이 떨어지자 푸틴은 지배세력의 대통령 후보로 선임됐다. 그때 무명이었던 자신을 국민들에게 부각시키는 방법으로 히틀러가 독일 의회빌딩을 폭파시키는 자작극을 벌여 그의 인기를 상승시켰듯이 대형 아파트를 폭파시키는 자작극을 벌인 후 체첸 공화국(Chechnya)의 소행으로 조작했던 것으로 알려졌다. 여하튼 그는 2000년에 러시아 대통령 당선에 성공했다. 그는 지배세력을 이용해 대통령이 된 후에는 지배세력을 배신했다. 그러면서 러시아를 재건하는 데 몰입했다. 다행히 원유 값이 상승하는 바람에 98년의 IMF 빚을 갚고도 여유 자본을 확보했고, 그 자금으로 알루미늄 공장과 무기 제조에 필요한 산업을 다시 키워 러시아를 현대화시켰다. 그리고 러시아의 언론과 주요 산업을 차지했던 지배세력의 하수인들에게 그들이 지불했던 대금을 돌려주고 다시 국영화시켰다. 그리하여 그들의 손에 넘어갔던 언론매체를 통해 국민들을 세계지배세력의 횡포에 대해 교육시켰다. 그는 러시아가 경험해야 했던 루블의 붕괴의 배후에 서부 지배세력이 있었다는 사실을 국민들에게 알렸다. 푸틴 대통령이 가장 존경하는 세계 지도자들 중 한국의 박정희 대통령을 꼽는다. 그 이유는 자신과 마찬가지로 박정희 대통령 역시 선생 시절에 조국을 위해 일하기 위해서는 일본의 사관학교로 진출해야 한다는 판단에 자신이 나이가 많아 입대가 불가능한 것을 극복하는 수단으로 일본천황을 칭송하는 거짓 혈서를 작성해 입대했던 집념을 높이 샀을 뿐 아니라, 해방 후 세계지배세력의 방해에도 불과하고 대한민국을 산업화시킨 업적을 높이 샀기 때문이다. 그는 어릴 때부터 배운 유도의 유단자이다. 또한 푸틴이 대통령으로 선출된 후 가장 먼저 성사시킨 업적은 볼셰비키 혁명으로 공산화된 후 핍박을 받아 지하로 숨어야 했던 전통 기독교를 부활시켜 러시아를 다시 기독교 국가로 만든 것이다.

소련의 붕괴 후 민주공화국으로 거듭난 러시아

지배세력의 러시아를 비하하는 선전방송 때문에 인류는 지금의 러시아가 아직도 공산국가인 줄로 알고 있으나, 지배세력의 계획에 의해 소련으로부터 독립했던 러시아연합(Russian Federation)은 엄연한 민주주의 국가이고, 공산당은 러시아 국회 두마(Duma)의 10%의 의석도 보유하지 않고 있다. 그렇게 대통령에 당선된 푸틴 대통령은 정권을 잡자마자 민주주의 국가로 새롭게 발족한 러시아를 지배세력으로부터 경제적으로 독립하는 작업에 착수했다. 그의 당선 시 원유가격의 상승으로 러시아의 재정은 급격히 회복하여 러시아 국민들의 생활이 윤택해졌고 러시아는 그동안 쇠퇴 됐던 산업을 근대화할 수 있었다. 그러면서 그동안 축적해 놓은 과학의 지식을 바탕으로 러시아의 군사력을 강화시켜 새로운 무기를 개발했다. 지배세력의 방위산업은 이윤을 위해 매번 새로운 무기를 제작해 온데 비해 러시아는 기존무기를 개선해 업그레이드하는 방법으로 적은 비용으로 더 효율적인 무기를 제작했고, 성능 면으로 불필요한 장치보다는 전투용도 위주로 실용적인 무기를 제작해 쓸데없는 비용을 줄였다. 그럼과 동시에 이미 소련시절부터 관계를 유지해 온 중국과 이란은 물론 미국 안에 형성된 비밀 애국 군부조직과도 군사적 동맹을 맺음으로 미국을 장악하고 있는 사탄을 숭배하는 볼셰비키와 시오니스트를 제거하기 위한 세계적인 조직망 구축에 참여했다.

지배세력의 볼셰비키세력을 몰아낸 러시아의 기독교 세력

볼셰비키 세력을 몰아내는데 성공했던 영적 공산당으로 알려졌던 러시아의 기독교 세력은 일찍부터 지배세력의 수법과 그들을 어떻게 다루어야 하는지를 잘 알고 있었다. 지배세력이 러시아를 공산화하는 데 성공을 할 수 있었던 이유는 자신들의 존재를 철저히 숨길 수 있었기 때문이었다. 시오니스트들은 의정서에서 가르친 대로 자신들의 세계정복 야심을 철저히 감춘 보이지 않는 적이었다. 약 10세기경 시오니스트의 선조들인 하자르 민족을 그들의 지역에서 몰아냈던 국가도 러시아제국 이었듯이 러시아는 그들의 철천지원수였다. 러시아는 교황청과 11세기에 갈라선 동로마제국의 전통기독교를 받아들인 후 비젠타인 제국이 오토만제국에 의해 붕괴된 후부터 전통기독교총대주교(Patriarch)를 러시아로 옮겨 전통기독교의 본부가 됐었다. 17세기 말에 영국은행을 설립한 후 영국제국을 움직이던 시오니스트 유대인들이 19세기 초에 자신들의 중앙은행제도를 차르에게 건의했다가 보기 좋게 거부당해 유일하게 그들의 사유 중앙은행이 침투하지 못했던 국가도 바로 러시아제국이었다. 러시아는 세계에서 가장 큰 영토를 소유하고 자연자원도 풍부한 국가여서 부러울 게 없는 국가로 유럽에서 가장 먼저 농로들을 해방시킨 후 그들이 농토를 소유할 수 있게 해 주었고, 러시아 왕실이 직접 발행하는 돈으로 모든 국민들의 생활이 윤택했었다. 기독교 정신으로 무장된 러시아인들은 유럽에서 쫓겨난 유대인들에게도 관대했었다. 그러나 프리메이슨이 불란서 혁명을 배후에서 조작했듯이, 시오니스트 유대인들에 의해 조작된 볼셰비키 공산혁명으로 러시아가 그들 손에 넘어가 무려 1억이라는 인구가 그들에 의해 학살되는 비극을 겪어야 했다. 그 후에는 지배세력이 조작한 제2차 대전에서도 가장 많은 전사자가 희생됐었다. 그런 경험을 토대로 러시아의 기독교 세력은 조용히 힘을 키워, 무려 60년이 걸려 볼셰비키를 쫓아내는데 성공했다. 거의 3세대에 걸쳐 이끌어낸 것이다. 러시아 기독교 세력은 볼셰비키와 협력관계를 유지하면서도 자신들의 존재를 섣불리 드러내지 않고 오히려 볼셰비키가 이용했던 같은 수법으로 자신들의 존재를 철저히 감추고 그들의 계획에 순응하는 것처럼 행세하였다. 그러면서 서서히 자신들의 입지를 넓혀나간 후, 그들을 제거할 준비가 됐을 때 비로소 자신들의 존재를 드러내 그들을 정부 핵심에서 몰아내는 데 성공했던 것이다.

> 로스차일드의 중앙은행을 거부하고
> 미국 남북전쟁 때 미국을 도와준 러시아

러시아는 원래 문화적으로 유럽 영향권에 속했던 국가이다. 러시아는 8개의 표준 시간대를 가진 세계에서 가장 큰 영토를 소유한 국가로 서쪽으로는 유럽, 동쪽으로는 동양과 연결된 국가이다. 러시아의 중앙정부가 위치한 모스크바와 세인트피터즈버그는 둘 다 유럽 대륙에 위치해 일찍부터 유럽의 문화권으로 유럽과 교류가 깊었다. 그런데도 영국 중앙은행을 시작으로 전 유럽의 중앙은행을 장악한 유대 은행가들이 침투하지 못했던 국가이다. 러시아는 차르 왕실 정부가 1860년 세운 러시아은행이 직접 발행하는 통화로 국민들에게 저금리로 대출해 주어 러시아의 산업을 발전시켜 유럽국가들 중 부채가 가장 작았다. 1861년 차르 알렉산더가 농로를 없앴고 혁명 직전인 1914년 모든 농토의 80%를 농부들이 소유했었다. 1913년에는 러시아의 농업생산량이 아르헨티나, 캐나다와 미국의 것을 다 합친 양보다도 25%를 더 생산했을 정도로 부유했다. 1890년부터 1913년 사이 산업생산량이 4배로 늘어나 러시아 제조업의 생산으로 러시아 국내수요 80%를 충당했을 정도로 산업으로도 자립된 국가였다. 그 당시 거의 모든 유럽 국가들이 자국의 화폐를 로스차일드를 포함한 국제은행가들이 소유한 은행에서 빌려 발행하고 있을 때 가장 많은 금을 보유한 러시아는 자국이 직접 통화를 발행해 인플레이션도 없었고 세금도 가장 낮았다. 러시아의 차르는 국제 은행가들의 러시아 침투를 막았을 뿐 아니라, 그들이 미국을 남북전쟁으로 분할시키려는 계획을 방어하던 링컨 대통령의 요청에 응해 러시아제국의 해군을 미국으로 보내 영국해군의 개입을 막아 주었다.

그러므로 대영제국의 제국주의 야심에 가장 위협적인 국가인 러시아야말로 그들이 정복해야 했고, 이미 1897년 시오니스트 대회에서 제1차 대전으로 러시아를 정복하는 계획을 발표했었다. 그 계획을 위해 시오니스트를 조종하는 예수회는 영국제국을 앞세워 1850년 일본을 재침투해 식민지로 만든 후 1905년 일본제국군대로 러시아의 해군을 먼저 파괴시킨 후, 의정서에 가르친 대로 어리석은 민중을 선동해 왕실을 무너트려 돈으로 조작한 혁명으로 러시아를 공산화시켰다. 그들의 의정서에서 자랑했던 불란서혁명에서 썼던 수법이었다. 최근 리비아를 아프리카에서 가장 부유한 국가로 발전시켰던 카다피가 지배세력이 조작한 '시민혁명'에 의해 국민들의 의지와 상관없이 리비아 정권이 전복돼 국가 전체가 혼란에 빠지게 한 것과 같은 수법이다. 그렇게 공산화 된 후 러시아의 수많은 지식인들과 기독교 지도자들을 비롯한 수천 만에 달하는 국민들이 학살되는 경험을 겪으며 지배세력에 대해 알게 됐던 러시아인들이 60년이라는 2세대 반을 걸쳐 그들을 몰아냈다. 그리고 그 볼셰비키 세력이 미국으로 옮겨가 미국의 네오콘으로 전환해 미국 시오니스트 은행가들과 합세해 소련을 화폐 공격으로 1991년 붕괴시켜 분해시키고, 1998년 그들의 하수인 옐친을 앞세워 러시아마저 그런 식으로 붕괴시킨 후 민주화라는 명분으로 러시아 국영자산을 그들 손에 넣었던 것이다. 그런데 그들이 믿고 정권을 맡긴 푸틴이 2000년 대통령으로 당선되자 반란을 일으켜 그들을 또다시 쫓아낸 것이다.

푸틴의 지배세력을 도전하는 국제사회를 향한 외교전쟁 시작

이미 언급했듯이 지배세력이 NATO로 전통기독교의 텃밭이었고 구소련연맹 소속국가였던 코소보, 세르비아를 공습하며 그 국가들의 부를 노골적으로 약탈하는 것을 지켜보기만 해야 했던 푸틴은, 지배세력에 의해 고의로 쇠퇴됐던 러시아의 무기 산업을 소생시켜 러시아의 군대와 군사력을 조용히 키웠다. 그는 NATO가 소련과의 원래 협약을 어기고 폴란드, 루마니아에 러시아를 겨눈 미사일을 배치해도 대응하지 않았다. 그러다가 2008년 지배세력이 앉혀놓은 하수인정권이 조지아 내에 러시아인들이 거주하는 도시를 공격하자 그동안 키워놓은 군사력으로 조지아의 군대를 가볍게 물리친 후 그 도시의 러시아인들이 국제 법에 의해 독립하게 해주었다. 그 계기로 러시아의 군사력을 NATO 국가들에게 과시했다. 푸틴은 원래 국제법을 공부했고 체스도 고단수로 알려졌다. 그는 우선 미국의 네오콘들이 주도하는 독식 세계지배 구도(UNI-POLAR WORLD)를 국제사회에서 도전하고 나섰다. 그러면서 중국의 후진타오를 비롯한 세계지도자들과 손을 잡고 외교로 지배세력에 대항했다. 약 60년에 걸쳐 지배세력을 쫓아내는데 성공한 경험을 보유한 러시아의 지배층은, 볼셰비키와 시오니스트들로 구성된 세계지배세력을 제거하는 방법은 그들의 전형적인 수법인 대중의 분열을 조작하는 혁명이나 전쟁에 말려들지 말아야 한다는 것을 잘 알고 있었다. 푸틴은 2008년 그의 임기가 끝난 후 대통령직을 그의 국무총리였던 드미트리 메드베데프(Dmitry Medvedev)에게 양보하고 국무총리로 역임하며 대통령의 임기를 6년으로 늘린 후, 2012년 다시 출마해 지배세력의 치열한 방해에도 불구하고 재선에 성공했다. 더군다나 그는 지배세력의 통제하에 있던 KGB 요원으로 소련의 붕괴와 러시아 연합의 출범을 경험해 지배세력에 대해 너무나 잘 알고 있어, 그들에게 가장 위협적인 존재로 부상해 그들이 이미 여러 차례 그를 암살하려 했으나 실패해왔다. 세계지배세력이 그들의 언론을 이용해 푸틴을 히틀러로 묘사하며 그를 인류의 적으로 몰고 있는 진짜 이유이다.

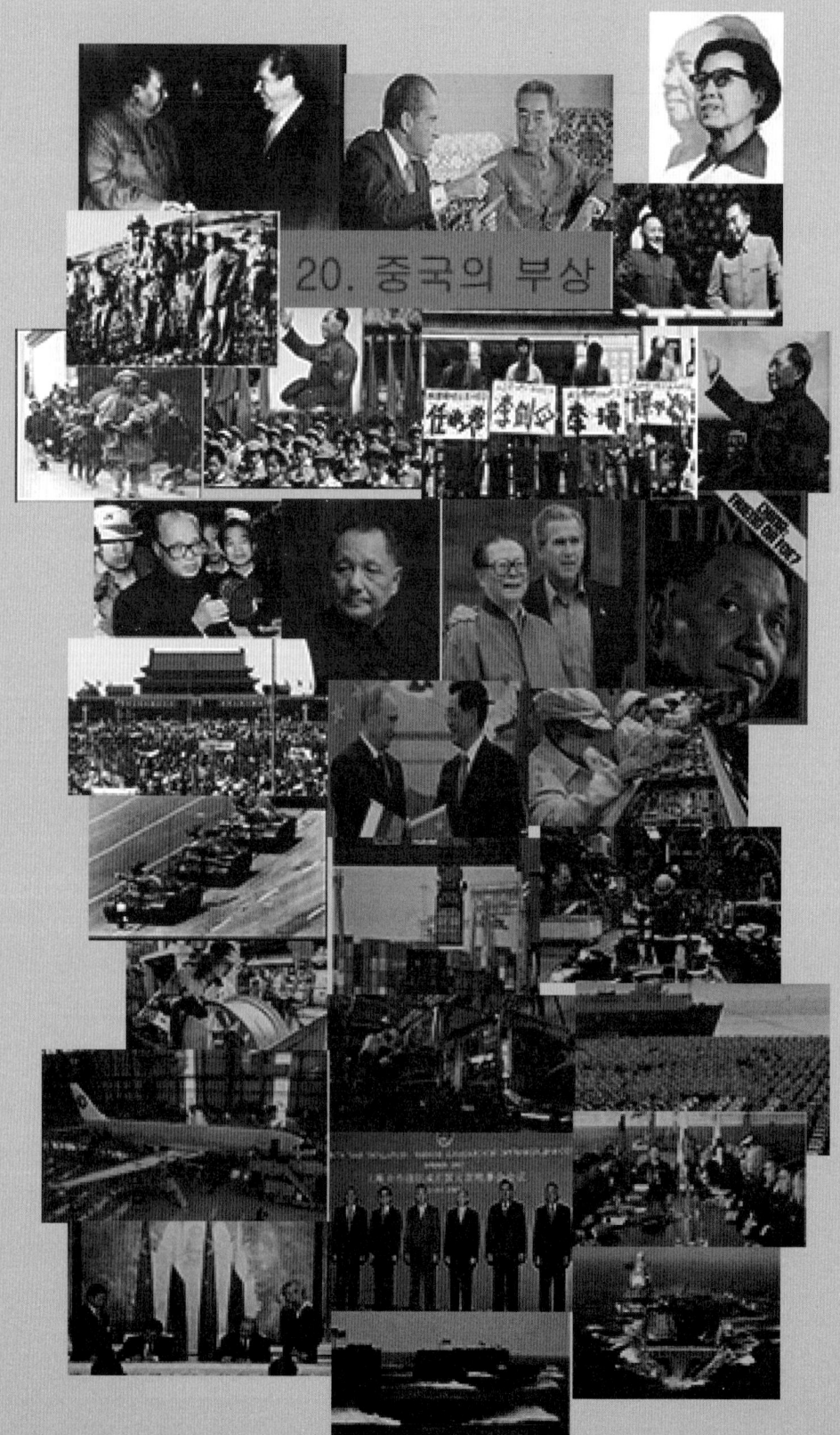

20. 중국의 부상

20. 중국의 부상

중국 인구의 1/4을 죽인 제2차 대약진 운동의 실체

세계 지배세력은 제2차 전쟁의 종말과 함께 일본제국을 해체시킨 후, 중국의 내전에서 모택동의 공산당을 지원해 그들의 원래 계획대로 중국을 공산화시켰다. 모택동은 제1차 대약진 운동을 통해 개발정책에 착수했다. 그리고 소련 스탈린의 경제적 그리고 기술적 지원을 받아 제1차 운동은 성공적이었다. 식량 생산도 늘어났고 공장시설도 증가해 모택동의 인기는 국민들 사이에 극치에 달했다. 그러나 그것은 모택동의 위상을 높여 국민들의 신뢰를 얻고 그의 영향력을 키우기 위한 준비 작업에 불과했다. 모택동은 그때부터 소련과의 관계를 악화시켰다. 물론 대외적으로는 그가 소련의 도움 없이 중국의 힘으로 중국을 발전시키기 위했다고 역사가들은 말한다. 그러나 진정한 이유는 지배세력에 의해 선출된 모택동이 러시아의 볼셰비키 혁명 이후 러시아에서 진행됐던 것처럼 중국을 암흑시대로 몰고 가 중국의 진정한 반전을 원하는 지도층과 지식층을 제거하고 국민들을 공산정부의 노예로 만들기 위한 지배세력의 계획을 따른 것이었다. 모택동은 원래 모스크바에 위치한 국제레닌학교(International Lenin School)에서 베트남의 호치민과 캄보디아의 폴 포트와 함께 교육을 받았던 경력이 있다. 둘 다 프리메이슨으로 지배세력의 하수인들이었다. 그는 제2차 대약진 운동의 목표를 터무니없이 높게 신정해 실패를 자초했

다. 그리고 소련을 비난해 소련과의 관계를 악화시켜 오히려 소련으로부터 받던 모든 지원을 중단했을 뿐 아니라, 소련이 제공했던 기계 부속품마저 지원받지 못해 모든 시설이 마비됐다. 그러면서도 국민들에게 하면 된다고 부추겼고, 1958년 시작된 제2차 대약진 운동의 목표 실적을 성공적으로 맞추기 위해 필요한 철강을 흙으로 만든 재래식 용광로에 국민들의 농기를 녹여서까지 맞추게 하는 억지 정책을 강행했다. 그러나 그렇게 생산한 철은 쓸모가 없었고 그로 인해 국민들은 농사에 필요한 도구마저 없는 상태에서 식량 생산까지 파멸로 몰아가, 그 당시 중국 전체 인구의 1/4이 넘는 약 4천5백만 명이 기근으로 굶어 죽었다.

문화혁명으로 중국 지식층과 종교지도자들의 제거

모택동은 제2차 대약진 운동의 실패를 소련이 원조를 중단해서였고 천재지변 때문이었다고 하며 실패를 인정하지 않았다. 오히려 대약진 실패를 우파의 탓으로 돌려 약 360만 명을 우파 기회주의자로 몰아 해임시켰고, 그래도 잠재워지지 않자 그에게 등을 돌리기 시작한 공산당 지도부들을 배척하고 국민들을 선동해 '10년 동란'이라고 불리는 문화혁명을 일으켰다. 그는 결국 의정서에서 말하는 대중을 선동해 당 지도부를 전복시키는 수법으로 중국의 젊은 층으로 구성된 홍위병을 선동해 의정서에서 지배세력이 가장 위협적인 존재로 여기는 지식층과 그의 반대세력을 제거했다. 그렇게 지식층과 종교인들 그리고 소수민족을 학살하고 중국의 대가족을 중심으로하는 전통과 유교 사상에 근거한 도덕사상을 파괴했다. 그가 1960년대에 일으킨 문화혁명으로 중국의 많은 지식층과 종교인들을 학살한 것을 봐서도 그가 예수회의 지시를 받아 중국 민족을 배신한 자라는 사실은 충분히 입증됐다. 특히 제2차 대전 이후 일본을 포함한 아시아를 지배하게 된 데이비드 록펠러(David Rockefeller)는 공식 석상에서, 모택동이 중국에서 인간의 군중심리에 관해 많은 실험을 한 덕분에 그들의 세계정부 계획에 많은 도움이 됐다고 하며 그의 업적을 극찬했을 정도이다.

중국의 시장경제체제 도입

모택동에 의해 약 10여 년 지속된 문화혁명으로 중국의 지식층과 종교인들을 학살하고 중국 사회를 정신적으로 쇠퇴시키는 작업이 완성됐다고 생각한 지배세력은, 닉슨을 중국에 보내 중국과 관계를 개방했다. 그런 와중에도 모택동과 혁명동지인 저우언라이는 그 역시 혁명동지였다가 문화혁명으로 자동차 수리공으로 지내던 덩샤오핑을 정부로 다시 불러들였다. 모택동의 2인자로 살아남은 저우언라이는 미국의 닉슨과 협력해 중국을 경제적으로 살리는 데 노력을 기울였다. 지배세력은 그들의 자본으로 중국 안에 자신들의 금권세력을 조성했다. 그들은 원래 홍콩에 있는 HSBC 은행을 앞세워 CIC 같은 투자회사를 설립했다. 그들은 아편전쟁 이후 자신들과 협조해 중국의 경제권을 쥔 삼합회의 회원들을 통해 중국을 장악할 계획이었고 자신 있었다. 유일하게 동양인으로 일루미나티 13 가문 중 하나인 리 (Li)가문이 Hong Kong의 최대 갑부였고 아편전쟁 이후 그들의 국내 파트너였다. 모택동이 주도한 문화혁명 동안에도 인내하고 살아남았던 중국지도부는 모택동이 사망하자 모택동의 부인이 주도한 4인방(Gang of Four)을 제거하고 수리공으로 살아남은 덩샤오핑을 중국 최고지도자로 추대했다. 흥미로운 사실은 지배세력이 소유한 타임지에서 덩을 1978년과 1985년에 걸쳐 두 번씩이나 그해의 인물('Person of the Year')로 선정했다는 점이다. 이는 지배세력은 그를 자신들의 지시를 준수할 인물로 보았다는 것을 알 수 있다. 덩은 1926년에 소련으로 유학을 가 쑨원이 세운 쑨원대학(Sun Yat-sen University)에서 장제스의 아들 장칭구(Chiang Ching-kuo)와 함께 학교를 다닌 경력이 있다. 또한 모스크바에서 학생시절 만나 결혼한 그의 부인 장시원(Zhang Xiyuan)은 유대계 중국인이었다. 그러나 덩은 검은 고양이든 흰 고양이든 쥐만 잡으면 된다며, 시장경제를 바탕으로 하는 현실정책으로 중국을 급격히 산업화시켰다.

미국의 비산업화를 위해 중국으로 보내진 미국의 제조업

앞에서 이미 언급했듯이 미국과 유럽을 완전히 장악한 지배세력은 미국의 산업을 약화시키는 수법으로 모든 산업을 중국으로 보내는 계획을 추진했다. 그들의 세계정부를 성취하기 위해선 그들의 세계정부 계획을 저항할 수 있는 미국을 경제적으로 쇠퇴시켜야 했고, 록펠러가 주가 된 미 지배세력은 이미 1970년대 말 빌더거 모임에서 미국을 고의로 비 산업화시키기로 결정을 함과 동시에 폴 보커를 연준의장으로 추대해, 미국의 수출산업에 치명타가 될 고금리 정책을 감행했다고 했다. 그들은 그런 계획을 위해서 '자유무역'이라는 기치 아래 미국의 산업을 중국으로 옮겼다. 그리고 중국의 경제권을 그들의 하수인들로 형성된 중국의 금권세력의 손으로 장악할 계획이었다. 원래 그들은 최근 시진핑에 의해 숙청된 상해 진보파인 보시라이, 류카오창 같은 자들을 등용해 중국을 그들의 손아귀에 넣을 계획이었다. 예수회의 10대 가문이 모두 그들의 거주지를 중국으로 옮긴 정황만 봐도 그들의 그런 계획을 엿볼 수 있다.

민주화를 빙자한 천안문광장 폭동을 이용한 중국 정권교체 계획의 실패

그러나 중국을 움직이는 원로들로 형성된 중앙위원회(Politburo)는 그들이 생각했던 것처럼 호락호락하지 않았다. 소련을 붕괴시킬 당시인 1989년, 지배세력은 중국의 공산당 정권 역시 전복시키기 위해 배후에서 학생들을 선동해 천안문 광장 폭동을 조작해 덩 체제를 위기로 몰았다. 중국 안에는 원래 두 세력으로 나뉘어져 있었다. 하나는 덩을 위주로 하는 경제 개혁 개방을 내세운 보수파와 서구식 민주주의를 내세운 지배세력이 내세운 자들로 구성된 정치 개혁파였다. 덩샤오핑은 개혁파인 자오쯔양을 총서기로 기용하면서까지 양쪽과의 관계를 잘 유지하며 경제적으로 눈부신 반전을 이루어냈다. 그 시위에서 자유의 여신상의 모형까지 과시하며 약 백만 명이 천안문 광장에 모여 자유와 개혁을 요구하는 시위를 벌인 것을 봐도 배후에 미국의 지배세력이 있었음을 시사한다. 그리고 1987년 덩이 내세웠던 자오쯔양 총서기마저 시위대의 편에 서서 개혁의 필요성을 인정해야 한다고 공개적으로 지지하고 나섰다. 그러자 덩샤오핑은 군대를 보내 시위를 강력하게 진압했고, 그 무자비한 진압을 지켜본 그들이 소유, 통제하는 세계 언론은 수천에서 만 명의 사망자가 나왔다며 중국을 민권을 박해하는 독재정권으로 묘사했다. 그러나 덩은 이를 내정간섭이라고 맞받아쳤다. 그는 세계지배세력의 수법을 이미 잘 알고 초반에 진압을 해버린 것이었다. 그리고 덩은 직접 방송에 출연해 강력 진압한 책임을 자신에게 돌리면서도, 그 폭동 배후에 반사회주의 세력이 있었다는 사실을 강조한 후, 3,000명에 달하는 소위 '민주 인사'였던 시위가담자, 주동자들을 체포, 구금했고 재판을 거쳐 사형당한 자들도 있을 정도로 엄격하게 처벌했다. 그 당시 개혁파이며 지배세력의 앞잡이로 개혁의 필요성을 내세웠던 자오쯔양 총서기는 그 시위에 동조한 책임을 지고 물러나야했다.

그들의 언론과 은행들의 침투를 제도적으로 통제한 중국

그렇게 해 그들은 1991년 공산주의의 붕괴 후 추진했던 경제제국주의 정책으로 구공산주의 국가들의 공영자산을 민주화라는 기치 아래 민영화시켜 수탈함과 동시에 그들의 통제를 받는 하수인 정부로 바꾸려는 계획을 중국에서는 실패했다. 오히려 중국은 외국 기업들이 중국에 진출하는 조건으로 중국기업들과 합작하는 법을 통해 중국기업을 민영화하려는 그들의 전략도 제도적으로 막았다. 중국의 대기업들은 아직도 대부분 정부 소유인 관계로 중국 정부가 그들의 기업들과 합작을 하는 것이나 다름없었다. 그들이 국가를 침투하는 가장 중요한 무기인 은행을 통한 화폐발권력 역시 중국은 중국 정부가 직접 관리하는 중앙은행과 국유은행들이 보유하고 있어 그들의 투자은행들의 진출만 부분적으로 허용했다. 또한 중국 지도부는 지배세력의 지배에 중요한 언론의 중국진출 역시 봉쇄했고, 그들의 언론은 물론 페이스북 같은 그들의 인터넷 침투 역시 통제했다. 세계지배세력은 중국의 이런 정책을 언론의 자유를 통제한다며 비판하고 나섰지만, 중국은 이를 내정간섭이라며 그들의 언론을 이용한 침투를 막는데 성공했다. 그들은 중국 안에 지배세력의 NGO들의 진출을 허용했으나 그들의 행동 범위를 통제했다. 또한 그들의 의정서에서 가르치는 의도적으로 젊은이들을 타락시키는 행위 역시 통제를 하고 있을 뿐 아니라, 이미 그들의 아편전쟁을 겪은 경험을 토대로 국내에서 마약을 판매할 경우 교수형으로 처벌하고 있다. 중국의 시진핑은 모택동이 '문화혁명'이라는 명분으로 없애버린 유교를 다시 국민들에게 권장하고 나섰다. 특히 중국은 이미 그들의 수법인 종교의 진출 역시 철저히 통제하고 있어 지배세력의 침투를 경계해왔다. 2014년 그들이 홍콩에서 NGO를 동원해 UMBRELLA 혁명을 선동했으나 중국 정부는 즉각 탄압하고 나섰고, 중국 국유언론을 통해 미 지배세력이 배후에서 조작했고 중국 내에서 혼란을 일으키려는 전형적인 수법이라고 언론을 통해 국민들을 교육시켰다. 그리고 배후에서 선동했던 자들을 엄격히 처벌했다. 결국 지배세력이 밀고 그들이 언론으로 띄어줬던 덩샤오핑은 한편으로는 경제를 개방하여 그들의 자본이 중국에 들어오는 것을 허용했으나 다른 한편으로는 지배세력이 중요시하는 언론과 금융으로 중국을 침투하려는 계획을 철저히 차단했다.

중국의 외국기술과 외화 자본 유치 전략

그러나 중국은 미국과의 관계를 유동적으로 잘 유지했고 1997

년 덩샤오핑의 사망 후 그의 뒤를 이은 장쩌민은 원래 부시 가문과 친분이 있어 미국과 외교 관계를 잘 유지함으로 주룽지 총리와 함께 WTO 가입을 성사시켰다. 문화혁명 후 재정비한 공산당은 옛 박정희 정권이 실력 위주로 관료들을 등용했던 시기가 있었듯이 중국의 공산당 관료들 역시 미국의 하수인들로 형성된 미국 관료들보다 실력 면으로 월등했다. 그리고 그들과 협조해 미국의 제조업이 중국으로 이전되는 것을 허용, 권장했다. 중국은 그런 식으로 약 5000억 불의 해외 자본을 유치했다. 그것은 일본이 제2차 대전이후 끌어들인 총 해외 투자액의 10배에 달했다. 정말 대국다운 정책이었다. 한 번 들어온 자본은 중국의 것이라는 사실을 잘 아는 중국의 긴 안목을 가진 전략이었다. 중국의 무궁한 시장을 탐낸 미국의 대기업들은 중국에 대거 진출했고 중국은 부지와 인력을 제공했다. 그러면서 중국은 중국의 거대한 구매력을 이용해 구매 조건으로 핵심기술을 이전받아 빠른 속도로 중국을 산업화해 선진국의 기술력을 빠른 속도로 따라잡았다. 대량의 비행기를 구매하는 조건으로 기술이전을 요구해 미국의 보잉사와 유럽의 에어버스와 맞먹는 중국 비행기 제조 산업을 육성시켰다고 앞에서 언급했다. 그 대신 중국은 산업을 키우는데 필요한 기계들을 수입하며 오랫동안 수출 적자를 감수했다. 중국이 WTO에 합류한 1999년까지도 중국은 무역적자를 냈다. 중국의 WTO 가입으로 중국은 이제 세계의 공장으로 자리매김하게 돼 그때부터 무역 흑자를 내기 시작해 미국의 2008년 금융위기 때는 약 4조의 미국의 국채와 공채를 소유해 미 국채의 소유가 항상 제1위였던 일본을 추월했다. 그리고 중국지배세력은 미국 빌 클린턴 정부의 부패를 이용해 중국으로 무기 기밀도 이전받았다.

중국이 지배세력에게 금과 은을 대여해 주어 WTO 최혜국 지위를 획득한 정황

클린턴 정권 때 중국에게 무기 기밀을 몰래 넘긴 사실을 알게 된 미국의 장성들은 클린턴을 반역죄로 고발 하려고 했다가 오히려 그 장성들이 의문의 비행기 사고로 죽임을 당했다고 앞에서 언급했다. 자세히는 알 수 없지만 중국은 아마 지배세력과 한 패인 것처럼 처신하며 그런 군사기밀을 뇌물을 주어가며 이전받았으리라고 추측된다. 이미 그들에 의해 아편전쟁을 겪은 경험을 가진 중국의 지도자들은 중국의 전형적인 장사술로 그들을 역으로 이용한 것으로 보인다. 1999년 WTO에 가입할 당시 중국은 미국 대형은행들이 그 당시 미국의 금과 은값을 조작하기 위해 금과 은이 많이 필요했던 사실을 알고 JP MORGAN은행에게 대량의 금과 은을 대여해주었다고 한다. 그러나 중국은 그리 만만하지 않아 뉴욕의 노른자위 빌딩으로 지하에 대량의 금을 소장하는 지하창고가 있는 JP MORGAN 은행의 본사 사옥(HEAD QUARTER BUILDING)을 담보로 잡았다는 소문이 그 빌딩이 2014년 중국 기업으로 시장가격에 비해 저가에 넘어온 걸 봐서 사실로 보인다. 여하튼 중국이 WTO에 정식 가입함과 동시에 최혜국(MFN)의 지위를 획득해 관세를 면제받는데 성공했다. 물론 그러기 위해 중국은 지배세력에게 대량의 금과 은을 대여해 주었다는 후문이고, 9·11을 계기로 세계전쟁을 도발해 세계경제를 붕괴시킬 계획을 가졌던 지배세력은 전혀 갚을 의사가 없었음으로 담보요구에 순순히 응했던 것으로 추정된다.

지배세력이 과소평가한 중국의 군사력

그 당시 지배세력은 중국을 경제적으로 통제하는 것은 시간문제라고 생각해 과소평가했던 것으로 보인다. 왜냐면 우선 중국은 1억 2천의 인구가 필요로 하는 에너지자원을 수입에 의존하고 있어 미국의 막강한 함대로 중국의 해로를 통제할 수 있다고 믿었다. 그들은 그때만해도 중국의 에너지를 공급할 수 있는 러시아가 그들의 '통제' 하에 있어 러시아의 푸틴을 그들의 하수인으로 믿고 있었고, 9·11 자작극으로 중동을 장악하는 계획을 세우고 있었기 때문이다. 또한 중국의 북부는 식용 수가 모자라 인도에게 의존하고 있어 중국과 인도의 관계를 조작해 인도를 이용해 중국을 견제할 수 있다고 믿었다. 그들은 중동, 유럽, 일본, 한국과 마찬가지로 수출로 벌어들이는 달러를 미국의 국채를 보유하는 데 사용할 수밖에 없으므로, 중국 역시 그들의 경제 식민지에 불과하다고 믿었던 것으로 보인다. 그들은 소련의 붕괴와 함께 러시아를 통제했으므로 아직 핵무기를 대량으로 소유하지 못한 중국 정도는 무력으로 쉽게 진압할 수 있다고 자신했을 것이다. 결국 오랜 권력에 의해 교만에 빠진 지배세력은 중국이 러시아, 인도와 손을 잡는 것을 자신들의 분할 정복 수법으로 막을 수 있다고 자만해 예측하지 못함으로 그들의 지정학적 전략에 차질을 빚었을 것이다. 물론 그들은 중국 안에 그들이 요소요소 심어놓은 하수인들을 이용해 중국을 분열시킬 수 있다고 믿었고 중국 지도부들 역시 그들이 그렇게 믿도록 중국 고유의 술책으로 그들의 하수인들인 보시라이, 류카오창 같은 자들을 당과 군대의 핵심 관직에 오르게 허용했던 것으로 추정된다.

21. 시장경제체제에서 제외된 북한

21. 그들의 시장경제체제에서 제외된 북한

　　공산주의는 붕괴하고 모든 공산국가들은 자본주의에 합류되었는데 이상하게 지배세력은 북한만은 경제적으로 고립시켰다. 왜냐면 북한은 아직 이용가치가 남았기 때문이었다. 소련과 중국이 배후에 없는 북한은 솔직히 남한에게도 위협의 대상이 아니다. 그러나 대한민국과 오키나와에는 미군의 기지들이 있다. 소련의 붕괴 후 NATO를 존속시켰듯이 아시아 태평양에서는 대한민국 군대가 주를 이루는 그들의 태평양 군대가 존속돼야 했다. 중국과 러시아를 견제하기 위해서였다. 그리고 언제든지 전쟁을 일으킬 수 있는 위험지대가 있어야 했다. 더구나 남한과 한국은 아직 전쟁상태이다. 지난 60년 동안 '휴전' 이다. 그러므로 그들은 북한을 더 위험한 가상의 적으로 만들어야 했다. 1990년대 초부터 북한의 김일성은 중국과 러시아가 시장경제로 가는 것을 보고 북한 역시 시장경제로 전환해 현대화하려 했다. 그는 미국과 미국의 속국인 일본에게 미군을 철수하지 않아도 좋으니 수교를 해 줄 것을 여러 차례 요구했었다. 그러나 지배세력은 북한만큼은 시장경제체제로 합류시키지 않고 세계시장에서 고립시켰다. 아시아에서 유일하게 북한만 경제발전을 하지 못하게 된 진짜 이유이다. 김일성은 그들의 수교 거부에서 한국전쟁 이후 지배세력의 미국을 앞세운 제국주의 정책을 꿰뚫어 보았다. 또한 이미 남한은 미 지배세력의 하수인들에 불과하다는 사실을 간파하고 남북 대화에서 남한을 제외시키고 미국과 직접 대화를 요구해 왔던 이유이다.

북한의 수교를 거부한 지배세력의 의도를 간파한
북한의 방어용 핵폭탄 개발

그러므로 미국이 북한을 세계경제에 합류시켜 줄 의사가 없다는 사실을 확인함으로 그들이 북한 정권을 전복시키는 계획을 가졌다고 결론을 내렸고 김일성은 그때부터 지배세력으로부터 유일한 방어책으로 핵을 개발하기 시작했다. 대외적으로는 북한의 핵 개발을 우려하는 척 하면서 오히려 그들은 2000년 미국의 국방 장관 도날드 럼스펠드가 이사로 있는 ADB Engineering사를 통해 북한에게 핵기술 지원과 폭탄을 제조하는데 필요한 플루토늄(Plutonium)을 제공했다. 2차 대전 직후 그들이 소련에게 핵기술을 비밀리에 제공했던 것과 흡사하다. 그런 후 2002년 아들 부시는 세계의 테러 국가로 지정한 '악의 축(Axis of Evil)'에 이란, 이라크 다음으로 북한을 포함시켰다. 2011년 사망한 김정일은 원래 서양계 여자들을 좋아한다는 약점을 이용해 북유럽계 고급 창녀에 의해 방사능 독주사를 맞아 암으로 고생하다 사망했다고 한다. 그리고 김정은은 1970년대에 14세에 북한으로 납치됐던 일본 소녀가 성인이 된 후 ㄱ 사이에서 낳은 아들이라고 한다. ㄱ 일본 소녀는 일본 천황의 핏줄이라고 한다. 김정은은 예전에 일본의 황태자 히로히토가 서양에서 일찍부터 나치스로 준비(groom)됐듯이 지배세력의 소굴인 스위스에서 공부를 하며 그들에 의해 다듬어졌다고 한다. 그가 사진을 찍을 때마다 한 손을 안주머니에 넣는 포즈는 예전에 나폴레옹, 처칠, 스탈린 같은 프리메이슨들이 취하는 전형적인 포즈이다. 그러나 최근 그의 선생들과 급우들과

한 인터뷰 내용에 의하면 그 당시 아무도 그가 김정일의 아들이라는 사실을 알지 못했고 매우 평범한 학생이었다는 증언으로 봐서 그가 지배세력에 의해 다듬어졌다는 설은 사실이 아닌 것으로 보인다. 부시는 이란과 북한은 핵무기와 미사일을 개발해 세계평화를 위협한다고 선전했다. 핵전쟁이 될 세계 제3차 전쟁의 무대로 이란과 한반도가 이미 그들에 의해 선정됐던 것이다.

22. 유럽연합의 구축

22. 유럽연합의 구축

유럽 국가들의 경제 자주권 박탈

앞에서 언급했듯이 제2차 대전 이후 그들이 통제하는 CIA는 글레디오 작전 Operation Gladio)을 통해 그들의 세계정부를 지향하는 계획을 저항하던 이태리의 지도자 알도 모로(Aldo Moro) 전 수상을 제거했고 불란서의 드골(De Gaul) 대통령 역시 약화시켰다. 그들의 의정서에서 가르친 대로 근교 국가인 이태리를 테러로 본보기를 보여 나머지 유럽 국가들의 정상들이 감히 그들을 저항할 엄두를 못 내게 했다. 미국에서는 케네디 대통령을 공개암살하고도 덮어버렸고, 이태리에서는 공개적으로 이태리 전 수상을 도시 한 복판에서 납치해 한 달 동안 인질극을 벌이다가 암살해 버리고도 아무런 조사가 이루어지지 않았다. 그렇게 그들은 법 위에 존재한다는 사실을 유럽에서 입증했다. 그러고는 다시는 제2차 대전 같은 전쟁이 유럽에서 일어나는 것을 방지하기 위해서라는 명분으로 유럽연합을 구축했다. 그들의 의정서에서도 가르쳤듯이 그들의 세계정부를 만들기 위해서는 유럽 국가들 사이의 국경을 없애야 했다. 용어도 다르고 오랜 역사를 가진 유럽의 국가들로 하여금 국가 자주권(national sovereignty)을 포기하게 한다는 것은 쉬운 일이 아니라는 걸 잘 아는 지배세력은 그 대신 유럽을 하나의 통화로 통합하는 방안을 추진했다.

유럽국민들의 유럽연합 설립 지지를 배후에서 조작한 CIA

안 그래도 미국의 달러와 금과의 연계를 끊어 무한으로 발행하게 된 미국의 횡포에 불만을 가졌던 유럽인들은 미국의 인구와 경제 규모를 능가하는 유럽의 연합된 통화로 미국의 달러를 대항할 수 있는 좋은 대안이라고 믿게 되었다. 물론 이는 지배세력이 유럽의 언론과 학계를 장악한 CIA를 이용해 유럽의 여론을 그런 식으로 조작한 결과였다. 그러나 유럽의 통합된 화폐 유로를 탄생시키기 위해서는 유럽의 각 국가가 자주적으로 소유한 화폐 발행권을 포기한 후 유로의 발행권을 소유하게 될 유럽의 중앙은행(ECB)에게 넘겨주어야 했다. 그러나 그러한 자주권의 포기를 국민들로부터 받아낸다는 것이 불가능하다는 것을 잘 아는 그들은 우선 국제협약으로 유럽연합이라는 기구를 설립했다. 유럽연합(European Commission)은 유럽국민들의 투표절차 없이 지배세력이 통제하는 각 국가 정상들이 1992년 마스트리히트 조약(Maastricht Treaty)으로 설립한 벨기에 브러쉘에 본부를 둔 유럽 국가들의 '협회'에 불과했다. 그러나 지배세력의 통제를 받는 각 유럽 국가들의 정상들은 국제협약(International Treaty)으로 유럽연합(European Commission)과 유럽의회(European Parliament)를 설립한 후 그 연합의회의 결정을 따르기로 협의했다. 그러면서 외형적으로는 유럽연합의회에 각 국가를 대표할 의원들을 선출하는 선거를 유럽 전역에 실시함으로 마치 민주주의 절차에 의해 유럽연합이 형성된 것처럼 유럽 국민들을 속였다. 그러나 그 의회는 형식적인 조직에 불과해 유럽연합의 모든 결정을 하는 유럽연합의 회장단은 지배세력에 의해 임명되고 있다. 이는 각 유럽국가의 국민들로부터 투표로 선출된 정상들이 자국의 국민들의 허락도 없이 각 국가의 자주권을 유럽연합에게 넘겨준 민주주의 절차를 위배한 엄연한 불법, 사기행위였다.

지배세력의 유럽중앙은행(ECB) 설립

그러나 그들의 이런 불법, 사기행위를 그들이 소유한 언론은 당연한 것처럼 보도했고 유럽국민들 역시 그들의 고도의 속임수에 또 한 번 넘어갔다. 그리고 그 유럽의회의 결정에 의해 유럽 중앙은행인 European Central Bank(ECB)가 설립됐고, 각 국가들은 국민들의 투표를 생략하고 국제협의로 각 국가의 고유 자주권인 통화 발권력을 새롭게 설립된 유럽의 중앙은행에게 넘겨줌으로, 유럽의 통합된 화폐 유로를 2000년에 탄생시켰다. 그 말은 곧 지배세력의 하수인들에 불과한 유럽 정치인들이 국민들의 허락도 없이 각 국가의 고유의 통화 발권력을 국제협약에 의거해 유럽중앙은행에게 넘긴 것이다. 물론 지배세력의 언론은 유럽국민들에게 유로가 유럽경제가 하나로 돼 유익하다고 세뇌시키는 역할을 담당했고 이미 정치에 대해 관심을 잃은 대부분의 유럽국민들은 그들의 그런 선전에 넘어간 것이다. 이는 1913년 미국 국민들도 모르게 미국의 의회가 미국의 화폐 발권력을 지배세력이 소유한 민영 중앙은행에게 넘겨준 것과 같이 국가를 배신하는 행위였으나, 대부분의 유럽 시민들은 이를 감지하지 못했고 오히려 유로의 탄생을 경축(celebrate)하며 반겼다. 그 결과 일찍이 유럽 국가들이 자국의 화폐발행권을 지배세력이 소유한 영국은행과 각 국가의 민영중앙은행에게 넘기면서도 그나마 국제무역의 경쟁력을 유지하기 위해 자국의 화폐를 평가 절하시킬 수 있도록 남아있던 자주권마저 포기한 것이었다.

자국의 화폐발행 자주권을 상실한 그리스의 긴축정책

그 파급 효과는 유럽 PIIGS 국가들 중 하나인 그리스에서 나타났다. 그리스 정부는 유로가 출범할 때에는 독일과 동일한 저금리로 대출을 받을 수 있어 저금리 대출로 고가품인 독일제품을 구입할 수 있게 돼 당분간 유로의 혜택을 누릴 수 있었다. 그 결과 그리스의 부동산과 자산 가격에 거품이 형성돼 상승했다. 그러나 2010년 유럽 국가 부채위기 이후 독일에 비해 경쟁력이 없는 그리스의 수출 품목은 유럽시장에서 경쟁할 수 없어 자연히 수출이 저하돼 경상적자가 늘어났다. 다른 유럽 국가들에게 수출해 벌어들이는 데 비해 수입에 의존하게 되자 당연히 국내 통화량이 줄어들었다. 그 결과 그리스는 그때부터 유로로 된 빚을 상환할 자금이 모자랐다. 그럴 경우 예전에는 수출경쟁력을 위해 자국의 화폐를 과잉발행하여 절하시켜 경쟁국가에 비해 상대적으로 저렴해진 제품을 수출해 외화를 벌어들일 수 있있다. 그러나 사국의 화폐를 발행할 수 있는 권리를 상실한 이유로 수출이 저하돼도 자국의 화폐를 평가절하할 수 없게 됐으므로 경상적자를 만회할 수 있는 길이 막혀버린 것이다. 그렇다고 유로로 된 빚을 갚지 않을 경우 더 이상 빚을 내지 못해 국내의 통화량이 줄어들어 국내에서도 그리스의 유일한 통화인 유로가 귀해져 생활필수품을 구입할 유로의 양이 감소돼 국내 경제도 마비될 수밖에 없었다. 그 결과, 그리스 정부는 이제 국민들의 임금까지 삭감하는 긴축정책과 국영자산을 처분해서라도 빚을 상환해야만 새로운 대출로 국내 통화량을 늘려 경제가 돌아갈 수 있게 됨으로, 그리스는 이제 자국의 채권을 소유한 유럽은행들에게 국민들 모두가 은행 빚을 갚기 위해 허리띠를 졸라매야 하는 빚의 노예나 다름없는 처지로 전락했다. 고로 울며 겨자 먹기로 빚을 상환하고 새로운 빚으로 줄어드는 통화 양을 충당해야 하는 신세가 돼 빚에 의존하지 않고는 경제가 마비될 것임으로 빚은 계속 늘어났고 빚을 상환하기 위해서는 국영자산을 처분하고 정부예산을 줄이고 국민들의 임금을 삭감해야했다. 그 결과 국민들의 생활수준은 더 악화됐다. 세계지배세력은 이렇게 각 유럽 국가들의 화폐발행권을 갈취해 그들이 임명한 자들이 결정하는 유럽중앙은행(ECB)으로 유럽을 빚으로 통제하게 된 것이다. 그리스를 비롯한 남유럽 국가들은 모두 같은 처지이다. 유럽은행들이 소유한 그들의 국채를 디폴트 할 경우 그 국가들의 통화량이 감소돼 수입은 마다하고, 국내에서마저 당장 필요한 필수품을 구매할 자금이 소멸될 테니 국제은행들에게 진 빚을 갚기 위해서는 자국의 국영자산을 팔던지 국민들의 사회보장금을 줄여야만 하는, 그들의 국제은행들의 빚의 노예(indentured servant)로 전락한 것이다.

23. 새 아메리칸 시대: 워싱턴 컨센서스

23. 새 아메리칸 시대: 워싱턴 컨센서스

　미국의 새 아메리칸 시대의 전략은 지배세력의 300가문 소속인 즈비그뉴 브레진스키(Zbigniew Brzezinski)가 1997년에 발행한 저서 '거대한 체스판(The Grand Chess Board)'에 나와 있듯이 미국은 앞으로 미국의 헤게모니를 대항할 수 있는 세력이 싹트기도 전에 무력화시킨다는 정책이었다. 그리고 브레진스키는 미국이 21세기를 주도하기 위해서는 인구가 가장 많고 자원이 풍부한 유라시아를 장악해야 된다고 했다. 이는 일찍이 우리나라의 남덕우 전 장관이 그의 저서 '눈을 동북아시아로 돌리자'에서 주장한 것과 같은 맥락이다. 유라시아는 중국과 러시아로부터 인도, 중동 그리고 유럽이 연결된 유럽의 10배가 넘는 대륙이다. 그러므로 중국의 주도 하에 러시아 등의 국가들이 유라시아 개발 프로젝트의 중심인 '일대일로' 신 실크로드를 추진하고 있는 지역이다. 브레진스키는 유럽과 아시아의 연결고리인 중동을 통제해 유라시아의 연결고리를 끊어 중국과 러시아의 부상을 막고 유라시아의 주도권을 잡기위해 중동을 장악해야 한다는 지정학적인 목표를 제시했다.

뉴욕 세계무역센터 폭격을 조작한 9·11 자작극

　그들은 이제 공산주의와의 전쟁을 종결한 후 시오니스트 총회에서 예고했던 유대교와 이슬람교와의 제3차 전쟁계획을 위해 중동에서 전쟁을 일으킬 수 있는 명분이 필요했다. 미국은 아들 부시 정권의 창출과 함께 체이니, 럼스펠드, 월프코비치(Wolfkowitz) 같은 네오콘들이 국방과 외교를 장악했다. 그들의 3차 전쟁을 감당할 '유대교' 국가들은 결국 시오니스트들의 지배를 받고 있는 미국을 포함한 유럽 국가들이었다. 그러나 중동을 상대로 전쟁을 벌일 수 있는 명분이 필요했다. 그 명분이 9·11 테러 사건으로 9·11은 미국의 CIA와 이스라엘의 MOSSAD와 사우디아라비아가 합작해 만든 자작극(false flag)이었다. 이미 새 미국 시대(New American Century)를 구상한 네오콘(Neo Con) 세력이 만든 Project for New American Century라는 기획서에서 그들은 대놓고 새로운 '진주만'이 필요하다고 주장했었다. 진주만의 폭격은 앞에서 언급했듯이 미국이 제2차 대전에 개입하기 위해 만들어낸 조작극이었다. 루스벨트 대통령이 재선 시 국민들에게 제2차 대전에 개입하지 않겠다고 한 공약을 어기기 위해 일본에게 대주던 원유와 전쟁에 필요한 자연자원을 갑자기 차단하여 일본으로 하여금 미국을 공격하도록 유도했었다. 그리고 일본이 진주만의 폭격을 시도할 것이라는 정보를 폭격 3개월 전에 입수했음에도 그 정보를 군으로부터 숨겨 폭격이 성사되도록 묵인했다. 그리하여 국민들의 분노를 일으켜 일본을 상대로 전쟁을 선포하여 제2차 대전에 개입할 빌미로 이용됐던 사건이다.

최첨단 에너지 무기와 소형 핵무기를 이용한 자작극

미국의 세계무역센터 쌍둥이 빌딩이 2001년 9월 11일에 파괴된 사건은 그러므로 부시 정권 네오컨들의 진주만이었던 것이다.

이미 미국의 9·11이 자작극이었다는 증거는 인터넷에서 얼마든지 확인할 수 있다. 인터넷에서 검색하면 주디 우즈(Judy Woods) 박사가 9·11에 니콜라 테슬라가 이미 개발해 놓았던 에너지 무기를 사용했다고 증명했다. 또한 건물지하의 파운데이션은 소규모 핵(depleted uranium)을 이용했다. 그 쌍둥이 빌딩이 무너져 내린 현장에서는 공격에 사용된 여객기의 기체가 발견되지 않았다. 과학적으로 알루미늄으로 만들어진 여객기가 철근으로 지은 건물을 받을 경우 찌그러지지 빌딩을 관통할 수 없다. 그뿐 아니라 그 빌딩의 철근(steel frame)이나 콘크리트, 사람들의 시체나 책상, 사무실 가구 등의 파편들이 모두 공중에서 가루로 분해돼 빌딩 근처에서 그 잔해가 전혀 발견되지 않았다. ABC방송의 엥커 피터 제닝스(Peter Jennings)가 현장에 있는 기자에게 그 커다란 빌딩이 무너져 내렸는데 잔해(debris)는 다 어디로 갔냐는 질문을 하였고 그 기자도 모르겠다고 하는 장면도 처음 보도된 후 더 이상 보도되지 않았다. 이는 여객기의 제트연료 때문이 아닌 mini nuke인 핵폭탄과 최첨단 에너지 무기를 사용했기 때문이다. 그 얼마 후 사고현장에서 작업을 했던 소방대원 대부분이 현장에서 노출됐던 방사선에 의해 암으로 치료를 받다가 죽었다. 다만 지배세력이 소유, 통제하는 모든 언론이 억제하고 있어 대부분의 국민들이 모르고 있을 뿐이다.

펜타곤은 이스라엘 잠수함이 발사한 미사일 공격

9·11이 일어나기 하루 전 국방 장관 럼스펠드는 갑자기 기자회견을 열어 펜타곤 예산 중 약 2.3 조 달러에 대한 기록이 사라져

반드시 조사할 것이라고 발표했다. 그는 모든 정부 기록을 검토해서 찾아내고 말겠다고 약속했다. 그런 다음 날 9·11이 일어났고 그 후 그 사라진 금액은 더 이상 언급되지 않았다. 그들이 통제하는 언론에서는 무역센터 건물의 공격을 연속으로 보여주었으나 펜타곤 건물의 공격은 보여주지 않았다. 처음에 잠깐 나왔던 보도에는 펜타곤 한쪽 벽에 구멍이 난 것을 보여주었고 그 당시 보도를 하던 아나운서는 근처에 비행기 파편이 안 보인다고 했다. 그런 후 그 보도는 다시 보여주지 않았으나 네티즌들에 의해 다시 올려져 인터넷에서 검색해 찾을 수 있다. 더 흥미로운 사실은 그 의문의 구멍은 이스라엘 잠수함이 발사한 토마호크 순항 미사일(cruise missile)에 의한 것으로, 그 얼마 전 미국 텍사스 기지에서 사라진 350개의 W-54 Davy Crockett 핵폭탄의 행방과 럼스펠드가 언급한 펜타곤에서 잠적한 2.3조 달러에 대한 감사를 진행하던 해군 조사단 35명과 조사관련 자료가 모두 파괴됐다. 그 후 럼스펠드는 그 감사에 대해 언급을 하지 않았을 뿐 아니라 언론에서도 거론하지 않았다.

언론과 정부가 은폐한 자작극임을 입증하는 여러 정황들

트윈타워 쌍둥이 빌딩 말고도 비행기의 공격을 받지 않은 빌딩 7으로 불리는 27층짜리 건물 역시 같은 날 오후 5시경 똑같은 식으로 무너져 내렸다. 그리고 그 빌딩이 무너져 내릴 것이라는 정보가 소방원들에게 몇 시간 전부터 알려져 소방원들이 불타고 있는 그 빌딩 안에 들어가지 못하고 있었다. 더 우스꽝스러운 것은 이 빌딩이 내려앉기 30분 전에 영국 BBC 방송은 그 빌딩이 배후에 서 있는 것이 보이는데도 그 빌딩이 방금 무너져 내렸다고 보도를 했다는 것이다. 미국의 일관 절약시간(daylight saving time) 때문에 한 시간 차이가 있다는 사실을 감안하지 않았던 것이다. 그 외에도 그 빌딩을 불과 2개월 전에 인수한 빌딩 소유자 실버스타인이 그 빌딩에 20억짜리 테러 보험을 미리 들어놓았다가 보상받았다는 정황, 무역센터의 보안을 책임진 보안회사가 아들 부시 대통령의 친 동생이었다는 정황, 그리고 세계무역센터 빌딩7에는 뉴욕 연준위 은행 다음으로 가장 많은 1,500ton의 금을 보유하고 있었다가 붕괴 전 모두 이송됐다는 정황들이 그들의 소행이라는 사실을 입증하고 있다.

9·11 테러 공격이 정부가 조작한 자작극이었다는 의심 적인 정황은 더 드러났다. 그런 공격을 방어하는 책임이 있는 미국 공군 북미 대공 방위 사령부(NORAD)부대들이 하필이면 바로 같은 날 그런 비행기 납치사건을 위한 훈련을 여러 군데에서 하고 있었다. 그래서 NORAD는 무역센터가 공격을 받았다는 관제탑(air control center)의 보고를 훈련 작전 중 하나로 믿고 방치했었다. 이것 외에도 희생자들의 가족들이 객관적인 조사를 요구하고 나오자 정부가 이를 무마시키려 했다는 점, 그 후 빌딩 설계자 협회에서 발표한 정부의 '결론'을 부정하는 보고서를 억제했다는 점, 그리고 의심스러운 상황을 목격해 언론과 인터뷰를 했던 목격자들이 의문의 죽음을 당했다는 점, 등 너무 의심 쩍인 내용들이 많이 있으나 언론은 이런 사실들은 전혀 보도하지 않았을 뿐 아니라 은폐했다. 인터넷에서 이미 이런 소재를 다룬 많은 다큐영화들이 존재하여 9·11에 관련된 검색어를 치면 엄청난 자료와 접할 수 있

어 9·11이 자작극이었다는 사실은 이미 입증된 지 오래고, 미국의 인구 60%가 정부의 공식 보고를 신뢰하지 않는다는 사실이 여론조사에서 확인됐다.

테러와의 전쟁을 빙자한 국민들의 인권 유린 정책

아들 부시가 2000년 대통령으로 당선되자마자 미국의 지배세력은 1991년 소련의 붕괴와 함께 그의 아버지 부시가 선포했던 신세계질서를 건설하기 위한 계획에 박차를 가했고, 9·11이 그 계획의 시작이었다. 그들의 의정서에서 계획한 세계정부의 설립의 완결편이었다. 그들은 9·11을 빌미로 '테러와의 전쟁'을 선포했다. 9·11이 일어난 지 며칠 만에 미국의회에 '애국자 법안(Patriot Act)'이 상정됐다. 미리 준비해 놓았던 것이다. 그 법안을 기획하고 초안을 잡은 사람은 예수회의 워싱턴 본부로 알려진 조지타운 법대에 교수로 있는 비엣 딘(Viet D. Dinh)으로 그는 베트남 전쟁 시 미국지배세력의 하수인이었던 응오 딘지엠(Ngo Dinh Diem) 대통령의 아들이라고 한다. 9·11로 인한 혼란기를 이용해 만장일치로 통과된 이 법안은 그 당시 통과 전날까지도 초안을 받아본 의원이 없었다. 그러므로 미국의회는 그 법안을 읽어보지도 않고 통과시켰던 것이다. 그 법안은 테러를 핑계로 미국의 헌법이 보장하는 모든 권리를 침해하는 조항들로 구성됐다. 그리고 테러리스트로 의심되면 곧바로 감금한 후 비밀법원에서 비공개재판을 받은 후 아무도 모르게 처벌 받도록 돼 있어 제2차 대전 직전 나치스의 법을 그대로 인용한 것이다. 그들은 이제 테러와의 전쟁을 빙자해 미국 헌법이 보장하는 국민들의 권리를 침해하는 법을 통과시켰고, 그 법으로 누구든지 그들이 광범위하게 정의를 한 테러리스트로 의심되는 자들을 제거할 수 있도록 집행되고 있다. 그러나 그들이 통제하는 언론과 학계에서는 언급조차 하지 않고 있다.

나치스 게슈타포를 모방한 국토안보부 신설

그리고 부시 정권은 테러와의 전쟁을 빙자해 옛 나치스 정권시 존재한 게슈타포를 모방한 국토안보부(Homeland Security Department)를 창설했고, 그 산하에 교통안전국 (Transportation Security Administration)을 설립해 비행기에 탑승하는 모든 시민들을 수색하도록 했고, 그 후에는 도로에서도 검사를 하면서 전 국민들을 공포로 통제하고 있다. 이미 테러를 빙자한 정부의 통제에 익숙해진 미국 국민들은 그런 인권을 침해하는 법의 집행이 국민들을 테러로부터 보호하기 위해서라는 그들의 선전을 당연하게 받아들이고 있어 그때부터 미국은 경찰국가로 변질됐다. 또한 테러를 핑계로 모든 국내 경찰들을 군대에서 사용하던 군복과 무기로 무장시켜 국민들을 감시, 통제하기 시작했고, 그것이 자신들의 안전을 위한 것이라고 세뇌된 국민들은 테러에 의해 죽을 수 있는 확률은 자동차 사고로 죽는 것보다 훨씬 작은데도 정부의 테러를 빙자한 인권침해를 당연한 것으로 받아들이고 있다. 또한 국토안보부는 미국 전 지역에 테러를 빙자해 많은 포로수용소를 건설하고 있으나 언론에서는 전혀 보도하지 않고 있다. 시온장로들의 의정서에서 그들이 계획한 세계정부를 설립하기 위한 작업이 막바지에 접어들었다는 사실을 이미 그들의 세뇌에 길들여진 국민들은 감지하지 못하고 있다.

오사마 빈 라덴을 빙자한 아프가니스탄과의 전쟁

미국은 9·11이 있었던 그날부터 테러공격에 대한 조사도 시작하기 전에 벌써 그 공격은 오사마 빈라덴의 소행이라고 발표했다. 오사마 빈라덴은 원래 미국 CIA가 1980년대에 러시아와 전쟁중이던 반정부세력을 지원해주던 알 케이다(Al Queda) 테러조직의 일원으로 오랜 CIA 요원이었다. 1970년대 후반에 카터 정권의 국가안보실장이었던 브레진스키 국방장관이 직접 나서서 알 케이다 조직을 만든 후 빈 라덴이 수장으로 임명됐었다. 그러던 그가 갑자기 미국의 적으로 지정된 것이다. 더 재미있는 사실은 빈라덴의 가문과 부시 가문은 오랫동안 친분이 있어 사업동업자 관계였다. 그리고 9·11이 일어난 당일 모든 공항을 폐쇄한 상태에서 미국에 거주하고 있던 빈라덴 가족들이 탄 개인 비행기의 이륙이 부시 정권의 특별지시로 허용됐다. 미국 CIA는 9·11테러가 일어나기 몇 년 전부터 그를 체포하려고 해도 그의 행방을 알 수 없어 제거하는데 실패했다고 했었다. 그런데 CNN 방송이 아프가니스탄 산 속에 숨어있는 그와 '기적적으로' 연락이 돼 그를 찾으려고 혈안이 돼 있는 CIA도 모르게 카메라 팀을 데리고 현지까지 가서 인터뷰를 해 그것이 방영됐다는 정황을 보아도 정부가 그를 가상의 적으로 부상시켜 선전용으로 사용했다는 사실을 알 수 있다. 그 당시 이미 오사마 빈라덴은 병과 투쟁하며 신장투석을 받고 있었고 그 얼마 후 병사했다.

세계 헤로인(아편) 90%를 생산하게 된 아프가니스탄

그런 후 미국은 오사마 빈라덴을 아프가니스탄의 탈리반(Taliban) 정부가 은닉해주고 있다는 조작된 이유로 제일 먼저 아프가니스탄과의 전쟁을 선포했다. 아프가니스탄은 지정학적으로 중동지역에서 강적인 이란을 국경을 같이 하고 있는 국가이다. 또한 그 지역은 탈리반이 아프가니스탄을 장악한 후 그 지역에서 나는 아편 생산을 중단해 지배세력의 아편 사업에 타격을 주었었다. 그들은 그들이 9·11을 빙자해 시작한 중동과의 전쟁에 필요한 전쟁자금의 자금줄을 확보하기 위해 제일 먼저 아프가니스탄과 전쟁을 도발했던 것이다. 그들이 아프가니스탄을 장악한 후 약 1조 달러로 추상되는 세계 아편 생산량의 90%를 그곳에서 충당하고 있다는 사실을 이미 앞에서 언급했다. 그들은 자신들의 석유회사 임원에 불과했던 그들의 하수인 카르자이(Karzai)를 대통령으로 추대해 '선출' 시켰다. 전쟁을 시작한 지 약 16년이 지난 지금도 미군이 주둔하고 있는 진짜 이유는 그 마약 사업 때문이다. 그들은 외형적으로는 그들이 아프가니스탄을 점령해야 하는 이유를 원유와 원유를 수송하는 파이프를 설치하기 위해서라고 하고 있으나, 실제로는 그곳에다 마약제조 시설까지 지어 재배된 아편을 최근 CIA가 조작한 쿠데타가 실패해 쫓겨나기 전까지, 터키에 있는 미군 기지를 통해 독일의 미군기지와 미국으로 미군 수송기가 배송해 왔다.

대량살상무기 소유를 빙자한 이라크와의 전쟁

아프가니스탄을 점령한 후 미국은 2003년 이라크가 대량살상 무기(Weapons of Mass Destruction)를 보유하고 있다는 조작된 이유로 이라크와 전쟁을 선포했다. 이는 이미 9·11이 발생하자마자 그들이 군부에 내린 중동을 장악할 계획에 의한 것이었다. 국군 전 사령관인 웨슬리 클라크 (Wesley Clark)는 인터넷 방송에서 그가 9·11이 일어난 얼마 후 펜타곤을 방문했을 때 그의 옛 부하 장성으로부터 럼스펠드 국방 장관이 아프가니스탄 전쟁 다음으로 5년 안에 이라크, 조단, 리비아, 시리아 그리고 이란과 전쟁을 해 점령할 것이라는 지침이 내려왔다라고 들었다고 증언했고, 그 영상을 인터넷에서 확인할 수 있다. 그들은 테러와의 전쟁을 빌미로 5년 안에 그 국가들을 차례로 침공해 중동을 장악하는 계획을 세웠던 것이다. 이라크 전쟁은 UN 안보이사회에서 부결되었으나 미국은 그 결정을 무시하고 2003년 3월 전쟁을 일으켰다. 미국의 월등한 군사력으로 미국과 상대가 안 되는 이라크군을 가볍게 물리치고 점령하였으나 막상 점령한 후 살상 무기들을 발견하지 못하였다. 그뿐 아니라 그들은 전쟁으로 폐허가 된 이라크의 수도에 위치한 이라크의 고전과 고대유물이 보관돼 있는 이라크 도서관과 박물관을 수색해 무엇인가를 빼낸 후 미군들을 '환영'하기위해 연출된 가짜 이라크 군중들이 도서관과 박물관을 파괴하도록 방치했다. 동시에 그들은 약 10억 달러어치의 무기를 고의로 '방치'하여 그 지역의 테러조직들에게 무료로 '선사'하였다. 그러나 전쟁의 명분이었던 살상무기가 발견되지 않자 부시 정부는 국제사회로부터 조작된 거짓 정보로 전쟁을 일으킨 것이 탄로 나 신뢰를 잃게 됐다. 국제사회의 신뢰보다 더 치명적인 피해는 미국의 펜타곤의 장성들로부터 신뢰를 잃었다는 사실로 그 후 미국의 펜타곤은 중동의 전쟁에 참전하기를 거부했다. 물론 이는 군부 안의 애국세력의 계획된 저항이었다.

민간인들의 학살을 유발시킨 생필품과 의약품의 경제제재

부시 정권은 이라크 전쟁 후 그들이 전쟁으로 파괴한 기관시설을 재건설하는 데 체니 부통령이 CEO로 있던 할리버튼(Hallliburton)사를 수임했다. 그리고 이라크에 그때까지 중동에서 보지 못한 대규모의 미 대사관을 건축했다. 이라크를 그들이 장악하기로 계획된 중동에서 미국의 거점으로 활용하려는 심보였다. 이라크는 원래 이슬람의 시아파가 대다수였으나 미국의 하수인이며 수니파인 사담 후세인(Saddam Hussein)이 정권을 장악해 평화를 유지할 수 있었다. 그러나 그 전쟁으로 후세인 정권이 무너지자 그동안 억압됐던 시아파의 세력과 옛 후세인의 공화당군대(Republican Guard) 사이에 내전이 벌어졌다. 그러자 8년 이상 이라크와 전쟁을 한 경험이 있는 시아파 이란은 이라크의 시아파 게릴라들을 배후에서 지원해 주어 미군과의 게릴라 전쟁으로 이어졌다. 미국은 그 전쟁에서 열화우라늄(Depleted Uranium)이라는 폭탄을 사용했다. DU는 적에게는 방사선을 발사하지만 아군에게는 방사선을 극소화하는 소형 핵무기로 이라크 지역을 방사능으로 오염시켰다. 민간인들에게도 무자비로 폭격을 해 많은 피해자를 냈고, 이라크의 수도시설, 병원, 학교, 유아를 위한 우유 생산지, 전력발전소 등을 모두 폭격해 파괴했다. 그런 후 미국은 이라크를 상대로 경제제재를 걸어 모든 생필품을 공급받지 못하게 했고, 심지어 수돗물을 위한 소독제, 병원에 의약품 등을 금지해 약 1백만 명으로 추정되는 민간인들이 그 후 죽어나갔다. 그러나 언론에서는 이런 비인도적인 야만 행위를 전혀 보도하지 않고 은폐해 왔다.

내부 고발자가 폭로한 이라크 민간인들을 향한 미군의 횡포

언론이 미군의 이런 민간인들을 상대로 벌인 비인도적인 행위를 은폐하자 이라크에 파병됐던 미군들 중 한 명인 브루스 매닝스가 그가 입수한 아무 죄 없는 이라크 민간인들을 총격해 살해하는 장면이 담긴 영상을 위키 리크스라는 인터넷 폭로사이트를 통해 노출시켰다. 그런 식으로 부시 정권은 그 전쟁에서 지배세력의 하수인 역할을 잘 감당해 왔던 사담 후세인을 전쟁범으로 몰아 교수형으로 처형했다. 후세인은 원래 아버지 부시와 동업자로 석유사업은 물론 미국의 덴버공항에도 공동투자를 했던 자였다. 1991년 지배세력에 의해 속은 경험이 있던 그는 2000년 유로가 출범할 당시 유로 역시 그들이 통제한다는 사실을 모르고 달러 대신 유로로 원유를 팔겠다고 선언했었다. 그 자체만으로도 그를 제거해야 할 이유로 충분했다. 그들이 2003년 후세인이 대량살상무기(WMD)를 보유하고 있다는 이유로 공격했던 그 무기는 지배세력의 지시를 받은 후세인이 이란을 상대로 전쟁을 할 당시 미국이 제공해 주었던 화학무기로 그 전쟁 당시 그 화학무기로 많은 이란인들을 죽였으나 그 사실은 언론에 전혀 보도되지 않았었다. 당연히 보관하고 있을 거라고 믿었던 후세인이 그 화학무기를 이미 처분해 보유하고 있지 않았던 것이다.

24. 군부 애국자 세력의 발족과 세계연대

24. 지배세력을 저항하는 미국 군부 애국자세력의 발족과 세계적인 연대

　그렇게 미국이 UN 안보리 결의안도 무시하고 도발했던 2003년 이라크 전쟁은 미국의 군대가 중동전쟁에 직접 참전한 마지막 전쟁이 되었다. 이는 부시 네오콘 정부의 하수인들인 콜린 파월 국무장관, 콘돌리자 라이스 국가안보국장 등이 전쟁의 명분으로 제시한 이라크가 대량살상무기를 보유했다는 CIA의 보고가 조작된 정보였다는 사실이 명백히 드러났기 때문이었다고 했다. 원래 그들은 CIA의 사복군대(Black Operation)를 동원해 전쟁의 혼란을 틈타 살상무기를 심어놓은 후 '발견'해 국제 언론에 조작된 증거를 공개할 계획이었다. 그러나 이런 그들의 계획을 사전에 입수한 미 군부 안에 있는 애국세력들은 CIA의 사복군대를 먼저 사살해 그들의 계획을 무산시켰다고 한다. 그 시점부터 미국 펜타곤의 장성들은 부시 정부의 중동 정책을 거부할 수 있는 명분이 생겼고 지배세력은 그때부터 유럽 NATO에 일찍부터 배치됐던 미 군인들과 유럽 국가들이 파병한 군인들에게 전적 의존해야 했다. 그러자 그들은 CIA가 비밀리 조직해 지원하는 테러리스트로 위장한 용병군대(Mercenary Army) 아이시스를 고용해 그들의 테러와의 전쟁을 위한 가상의 적으로 부상시켰다.

미 군부 안에 '하얀 모자(White Hat)'의 출범

　미 군부의 중동전쟁 참여 거부는 미국군부 안의 애국자세력

'하얀 모자(White hat)'의 계획된 저항이었다. 미국 군부 안에는 1970년대 후반에 러시아에서 쫓겨난 볼셰비키 세력이 미국으로 건너와 네오콘으로 거듭나 레이건·부시 정권을 장악했을 때부터 애국세력으로 형성된 저항세력이 비밀리에 조직됐었다. 그러나 지배세력에 의해 숙청당하는 위험을 고려해 군부 안의 비밀조직으로 유지했었다. 그들은 이미 지배세력이 소유, 통제하는 연준위를 제거해 그들의 통치를 가능하게 하는 돈의 발권력을 회수해야만 미국 헌법에 의거한 미국 공화국을 복원할 수 있다는 사실을 잘 알고 있었다. 그러나 1995년 약 24명의 육군 장성들과 해군 제독들로 형성된 애국군인들은 중국에 무기기밀을 팔아넘긴 빌 클린턴 대통령을 국가 반역죄로 체포할 준비를 하던 중 그들에 의해 발각돼, 미국 육군 장성 데이비드 맥클라우드(David McCloud)와 해군 제독 제러미 보다(Jeremy Boorda)를 포함한 10명의 장성들이 대거 암살로 숙청당하는 좌절을 경험해야 했다. 그들을 돕고 있었던 윌리엄 콜비(William Colby) 전 CIA 국장 역시 같은 시점에 암살당했다. 4월 17일 1995년에는 알라바마 주에서 애국자 장교 8명이 탑승한 비행기가 추락하는 의문의 사고로 동시에 죽임을 당했다. 6년 후에 있을 9·11 폭발사건의 예행연습이라고 볼 수 있는 오클라호마시의 FBI 연방정부 건물 폭발 사건으로 그들의 대대적인 암살을 덮었다. 언론은 당연히 그 폭발 사건을 대서특필로 다루어 군부 숙청 사건을 은폐했다. 그 폭발사건 역시 건물 안에서 폭탄장치를 한 후 건물 앞에 세워둔 트럭에 실려 있는 비료폭탄에 의한 것으로 꾸몄던 자작극이었다. 그 건물에는 1991년 걸프 전쟁 때 미국이 사용했던 열화된 우라늄(Depleted Uranium)에 노출된 후 죽은 미군들에 대한 증빙기록과 빌 클린턴이 군사정보를 중국에게 건넨 증거들이 보관돼 있어 파괴시켰다고 한다.

유럽으로 도피한 애국자세력과
중국과 러시아와의 연대로 지구동맹으로 발전

1995년 그들에게 정체가 발각된 남은 애국세력은 유럽으로 도피해야 했고 거기서 그 조직은 볼셰비키세력을 몰아내는 데 성공했던 러시아의 군부와 손을 잡을 수 있어 더 국제적으로 발전하는 계기가 됐다. 당분간 지하로 숨었던 애국세력은 9·11을 계기로 급격히 그 수가 늘어나 군부뿐만 아닌 미국의 정보조직으로까지 번졌다. 그때까지만 해도 CIA와 NSA 요원들은 공산주의와의 대결이라는 명분에 세뇌돼 동맹국들의 정권을 전복시키는 임무가 진정으로 공산당을 막기 위한 애국이라고 믿었다. 그러나 9·11은 미국 자국민들을 상대로 벌인 자작극으로 정보조직에서 활약하던 상급요원이었던 스티브 피에츠닉 박사(Dr. Steve Pietznick)를 포함한 애국자들은 9·11은 이스라엘과 사우디를 포함한 부시 정권의 네오콘 세력의 조작극이라고 그때부터 활성화되기 시작한 인터넷 매체를 통해 공개적으로 고발하고 나섰었다. 물론 지배세력의 주류 언론은 은폐하기 바빴다. 그때부터 지배세력은 군부의 고급장교들의 은퇴와 동시에 그들이 소유한 대기업으로 고가의 연봉으로 매수하는 작업을 더 노골적으로 진행하였고 그들에게 저항하는 장교들은 대대로 은퇴시키는 작업을 더 적극적으로 진행했다. 그러면 그럴수록 군부의 저항세력은 더 강해졌고 1995년에 그들에게 탄로나 외국으로 피신 가야 했던 미국의 애국세력

은 러시아를 포함한 '지구 동맹(Earth Alliance)'이라고 일컫는 세계적 조직으로 그들의 세력을 비밀리에 확장해 나갔다.

25. 중국과 러시아의 동맹

25. 공산화의 공동경험을 토대로 한 중국과 러시아의 동맹

공산주의 시절부터 형성된 중국과 러시아의 인연

 앞에서 이미 언급했듯이 시오니스트 은행가들이 주가 된 지배세력이 인류를 속일 수 있었던 이유는 그들의 의정서에서 가르친 대로 자신들의 세계정복 계획을 숨겨 인류가 그들의 존재나 계획을 알지 못했기 때문이었다. 그리고 그들은 극소수이기 때문에 속임수로 다수를 그들의 손과 발로 부려야 했다. 그러므로 러시아 애국세력은 그들을 저항하기보다 그들에게 순응하는 속임수로 자신들의 '우월감' 에 빠져있는 그들을 방심하게 만드는 전략을 썼다. 러시아는 일찍부터 중국의 쑨원대학의 설립을 허용했을 정도로 중국 공산당과의 관계가 깊었다. 덩샤오핑 같은 중국의 공산당 지도자들이 모택동의 대약진 운동과 문화혁명으로 고전을 하다가 새롭게 출발할 당시부터 중국에게 기술자들을 보내 중국의 산업화를 도왔었다. 러시아는 이미 공산주의가 지배세력에 의해 가공된 것이라는 걸 알았고, 진정한 적은 바로 지배세력으로 그들이야말로 인류의 적이라는 사실을 알고 중국을 비롯한 그들에게 당한 경험이 있는 국가들을 끌어들였다. 중국의 덩샤오핑이나 저우언라이도 소련에서 교육을 받았던 경험이 있었고 둘은 불란서 유학 시절부터 알고 지내던 절친한 사이였다. 저우언라이와 덩샤오핑 역시 자신들이 지배세력에 이용당했다는 사실을 뒤늦게 깨달

앉을 것은 당연하다. 그들은 쑨원부터 시작해 저우언라이와 덩샤오핑 같은 중국의 독립 운동가들이 그들에 의해 이용당해 러시아가 국민들의 의지와 상관없이 공산화됐듯이 중국 역시 중국 국민들의 의지와 상관없이 공산당이 중국 국민들을 위한다는 그들의 선전에 속아 공산화됐던 사실을 모택동의 문화혁명을 통해 깨달았을 것은 의심에 여지가 없다. 중국의 지도자들 역시 중국을 재건하기 위해서는 지배세력과 동조하는 시늉을 해야 한다는 정도는 중국의 병서를 통달한 그들이 몰랐을 리가 없다.

그들의 자유무역 정책을 역으로 이용한 중국

중국은 그들이 중국을 미국과 유럽을 붕괴시킨 후 중국을 새로운 거점으로 만들려는 계획을 알고 역으로 활용했던 것으로 보인다. 특히 원래 덩샤오핑에 의해 내정됐된 후진타오 대신 부시 세력과 가까운 장찌민과 리펑을 전면에 내세운 것을 봐도 그런 계략이 엿보인다. 또한 1976년 모택동이 죽고 난 후 중국 지도부는 중국 자체 내에 있는 모든 금광을 비용과 상관없이 탐광하기 시작해 금을 외부로 나가지 못하게 하며 비밀리 축적했다. 그 시점이 1971년 닉슨이 달러와 금과의 연계를 끊은 직후라는 사실을 보아도 중국은 금이 돈이라는 사실을 알고 있었다. 그도 그럴 것이 중국 역시 일찍부터 왕실이 발행한 법정지폐가 오래가지 못한다는 역사적 사실을 실제 경험을 통해 잘 알고 있었다. 더군다나 중국은 지배세력이 중국으로 제조업을 옮겨 오고 많은 외자가 들어오게끔 허용하면서도 오랫동안 경상 적자를 감수하면서 기계들과 장비들을 수입해 내실을 튼튼하게 다지는 치밀함을 보였다. 그리고 중국의 구매력을 활용해 독일을 비롯한 유럽 국가들과 일본, 한국으로부터 모든 기술을 이전받아 자체 생산능력을 키우는 신중함을 보였다. 이전해 주는 것을 꺼리는 기업들부터는 그 기업들의 핵심 엔지니어들을 고가로 영입하던지 산업스파이를 이용해 돈으로 빼냈다. 또한 지배세력의 하수인들의 부패를 이용해 전략적 무기와 관련된 기밀도 빼냈다. 물론 지배세력의 하수인인 빌 클린턴은 그런 기밀을 그들과 동조세력이라고 믿은 중국에 넘겨 주며 돈을 챙기는 것이 반역이라고 생각하지 않았다.

드러내지 않고 내실을 다져온 중국의 정보력과 군사력

더욱이 중국의 군부는 일찍부터 화폐전쟁과 정보전쟁의 중요성을 알고 연구해 왔고 슈퍼컴퓨터의 중요성을 알아 지속적으로 연구 개발해왔다. 세계에서 가장 빠른 컴퓨터는 중국이 소유하고 있다. 그러나 중국의 지도부는 러시아와 마찬가지로 자신들의 실력을 과시하지 않고 오히려 감추어왔다. 중국은 미국의 레이더를 피할 수 있는 스텔스(Stealth) 전투기가 추락한 장소에서 그 비행기 파편을 구해 그 소재를 분석해 같은 소재로 잠수함을 개발했다. 중국은 그 잠수함으로 미국 군함들의 레이더망을 피해 군함들의 뒤편에 나타남으로 그 기술을 과시했고 2013년에는 미국 캘리포니아 앞바다에 나타나 공중에 미사일을 발사한 후 유유히 돌아갔다. 만약 전쟁 중이었다면 핵미사일로 미국을 폭격할 수 있었다는 실력을 과시했던 것이다. 앞에서 이미 러시아가 미국의 군함들을 전자 기의로 제작된 무기로 미국의 군함들을 마비시켰다고 언급했다. 그러므로 러시아와 중국이 비밀리에 정보를 교환하며 지배세력에 대항할 계획을 준비해 왔다. 그리고 중국과 러시아가 그들의 무기를 선보인 이유는 미국과 세계 군대에게 자신들의 무기의 위력을 조용히 알리기 위해서였다. 이는 일찍이 손자병법에서 가르치는 전쟁을 하지 않고 이기는 고도의 정보 전쟁의 일환이다.

중국 고유의 처세술로 지배세력을 '안심'시킨 중국 지도부

볼셰비키를 몰아내는데 성공한 러시아와 함께 중국 지도부 역시 미국을 지배하는 시오니스트들을 대항할 계획을 도모해 왔다. 그렇기 때문에 세계지배세력이 자신들의 하수인이라고 생각했던 덩샤오핑이 1989년 그들이 배후에서 조작한 천안문 사태 때 그들의 기대를 깨고 군대로 진압을 강행했다. 그러면서도 중국의 원로들은 원래 덩샤오핑에 의해 선정됐던 후진타오 대신 미국 부시 대통령과 친분이 있는 장쩌민을 당서기로 등용해 중국 권력핵심에 그들의 하수인들이 있다고 믿도록 안심시켰다. 동시에 국내정치에서는 언론을 철저히 통제해 지배세력의 중국 언론시장의 침투를 막았고, 마약 소유를 교수형으로 다스려 중국 인구가 또다시 마약으로 타락시키는 그들의 전형적인 수법에 말려들지 못 하게 미리 방지했다. 중국의 금융시장도 개방하되 투자은행들로 제한해 그들의 은행이 중국에서 직접 대출로 여신을 창조하는 것을 허용하지 않았다. 그러면서 지배세력이 그들이 소유한 기업들이 중국 안에 그들의 제조시설을 설립하는 것은 적극 허용해, 중국의 저렴한 노동력을 활용해 그들이 소유한 국제기업들의 이윤을 극대화하는 혜택을 누릴 수 있게 허용했다. 동시에 중국 중앙은행 총재, 중국 안보국의 류카우창 같은 세계지배세력의 하수인들을 중국의 권력 핵심에 포함시켜 그들을 안심시켰다. 그러나 2014년부터 시진핑에 의해 시작된 대대적인 숙청으로 당지도부는 물론 군부, 정보부 요소요소에 심어져 있는 지배세력의 하수인들을 제거하는 작업을 지속적으로 진행하고 있다.

중국의 수출흑자로 국채를 매입해 미국의 최대 채권자로 부상

특히 중국은 WTO에 합류한 후부터 늘어나기 시작한 수출흑자로 미국의 국채를 구매해 미국 지배세력이 중국도 다른 국가들처럼 그들의 달러체제에 속한 경제 식민지 국가에 불과하다고 믿게 했다. 중국은 자국의 노동력으로 제조한 제품들을 미국의 약속 어음에 불과한 달러를 받아 벌어들인 수출흑자로 미국 국채를 구매해 보유했다. 이는 제2차 대전부터 진행돼 온 미국의 경제제국주의 정책으로 불란서의 드골이 1960년대부터 문제를 제기했었던 수법이었다. 그러므로 중국 역시 흑자로 벌어들인 달러를 위안의 가치가 미국 달러 대비 상승하지 않게 자국의 화폐를 발행해 구매해야 했다. 그렇게 발행된 위안 통화의 증가로 중국의 화폐의 가치가 하락해 중국 내에 인플레이션이 발생하지 못하게 미국 달러를 구매하기 위해 새로 발행한 위안을 중국 내의 제조시설과 새로운 아파트 건설 등에 투입했다. 그 말은 위안발행 때문에 발생하는 인플레이션 대신 투자로 중국의 부를 늘리는데 활용해 위안의 가치가 국내에서 희석되는 현상을 방지했다. 그렇게 생긴 제조업으로 국민들에게 일자리를 제공할 수 있었고 아파트 건설로 국민들의 주거공간을 늘릴 수 있었다. 또한 수출흑자로 벌어들인 달러로 세계 자원을 구매하는데 사용할 뿐 아니라 미국의 국채를 사들여 미국의 채권국가로 미국경제에 타격을 가할 수 있는 힘을 보유했다. 2008년 미국발 금융위기 시 중국은 약 4조 달러에 달하는 미국의 국채와 공채를 보유하고 있어 일본을 제치고 미국의 제1의 채권국으로 부상해 있었다. 중국의 군부는 1990년대부터 화폐전쟁은 물론이고 언론을 이용한 정보전쟁과 컴퓨터를 이용한 사이버 전쟁을 준비해 왔던 관계로 중국의 달러 국채 보유 역시 전략에 일환이었다. 그러나 자만에 찬 세계지배세력은 중국이 미국의 국채를 대량 보유함으로 미국의 적자예산 충당을 가능하게 하는 거대한 그들의 경제식민지 국가 정도로 과소평가했다. 그들이 계획했던 대로 중국을 그들의 달러체제에 합류시켜 아무 비용도 안 들이고 발행하는 달러로 중국의 자산을 모두 구매할 계획이었다. 그들은 중국이 감히 그들이 제2차 대전 이후 구축해 독점해 온 달러를 바탕으로 하는 통화체제를 대체하는 새로운 통화체제를 구축해 세계지배세력을 전면으로 도전할 것을 예상하지 못했다.

중국과 러시아의 지배세력의 자만을 부추기는 전략

중국과 러시아는 미국 지배세력의 오랜 '성공' 에 자만하도록 허용했다. 그들은 그들이 제거해야 할 진정한 적은 미국과 그 국민들을 그들의 식민지로 지배하고 있는 지배세력이지 미국이 아니라는 사실을 잘 알았기 때문이다. 그리고 세계지배세력은 그들의 의정서에서 이미 드러냈듯이 자신들의 지위가 위협을 받을 경우 여차하면 그들이 가축으로 여기는 미국 국민들을 속여 중국과 러시아를 상대로 전쟁을 일으켜 세계전쟁으로 몰고 가 인류는 물론 지구 자체를 핵으로 파멸시키고도 남을 자들이라는 사실을 이미 간파했다. 러시아와 중국은 그들이 핵전쟁을 일으킨 후 지하에 그들만의 피신처를 준비해 놓았다는 사실도 잘 알고 있었다. 그러므로 그들을 제거하며 인명피해를 줄일 수 있는 가장 효율적인 방법은 그들의 권력을 가능하게 하는 돈의 발권력을 그들로부터 빼앗는 것이었다. 그러면서 중국과 러시아는 그들의 국제결제은행(BIS)을 수뇌부로 하는 보이지 않는 세계 금융제국(Global Financial Empire)을 제거하는 전략을 치밀하게 준비해왔다. 특히 중국의 원로들로 구성된 중앙위원회(Politburo)는 일찍이 덩샤오핑이 손수 다음 후계자로 지명할 정도로 총명하고 학구적인 후진타오 주석을 기용해 그러한 전략을 구상하는 중대한 임무를 맡겼고 후진타오는 기대를 저버리지 않고 그 임무를 잘 수행했다. 그때 후진타오가 구상한 전략을 집행할 후계자로 시진핑을 발굴한 자도 후진타오 주석이다.

지배세력을 견제하기 위한 중국의 상해협력그룹(SCO) 설립

중국은 이미 덩샤오핑이 살아있는 1996년부터 유라시아 개발사업을 준비해왔었다. 1996년부터 시작한 유라시아 국가들과 만든 '상해협력그룹(Shanghai Cooperation Group)'은 중국, 카자흐스탄, 키르기스스탄, 러시아, 타지키스탄으로 형성돼 '국경 지역에 관한 군사적 신뢰를 심화시킨다(Treaty on Deepening Military Trust in Border Regions)'는 협약에 서명했다. 1991년 소련의 붕괴 후 지배세력이 '민주화'를 빙자해 유고슬라비아를 비롯한 구소련국가들을 경제적으로 약탈하는 정책을 감행하자 그런 공격으로부터 방어하기 위한 군사적 협력체로 설립했던 것이다. 2000

년 두샨베, 타지키스탄에서 개최된 정상회담에서는 "'인도주의'와 '인권을 보호한다는' 명분으로 타국의 국정에 간섭하는 것을 대항하고, 회원국들 서로의 자주적 독립과 주권, 영토적 위상과 사회적 안정을 보장하려는 노력을 지원 한다"는데 합의했다. 이는 미국과 유럽 NATO를 대항하는데 협력하겠다는 결의였다. 2001년에 6월 상해에서 열린 정상회담에서는 우즈베키스탄을 포함시킨 후, 조직명을 상해협력조직(Shanghai Coopertion Organization)으로 공식 출범시켰고, 미국의 2001년 9·11 조작극이 있었던 그 다음 해인 2002년에는 러시아의 성피터스버그 (St. Petersburg)에서 모인 자리에서 상해협력조직의 목적, 원칙, 운영의 형식을 상술하는 국제 법에의해 설립된 헌장에 서명했다. 2005년에는 이란, 인도, 몽골, 파키스탄의 대표들이 참석해 인류 총인구의 반을 대표하는 모임이 됐고, 2007년부터는 교통(transportation), 에너지(energy)와 통신(telecommunications)과 관련된 20개가 넘는 대형 개발 프로젝트를 착수했을 뿐 아니라, 회원국가들 사이에 안보, 군사, 국방, 외교, 경제, 문화, 금융 등의 관계자들의 모임을 정기적으로 개최했다. 그 후 2017년에는 인도, 파키스탄이 정식으로 가입돼 유라시아의 영토 80%를 차지하고 세계인구 50%가 포함된 세계조직으로 발전됐다.

후진타오와 푸틴의 미 지배세력을 겨냥한 공동 군사훈련

2005년 중국의 후진타오는 러시아를 방문해 푸틴과 만나 두 국가 사이에 남아있던 영토 분쟁을 해결하고, 에너지와 경제는 물론 국제 안보와 세계질서를 도모하는데 협력하기로 합의했다. 군사적으로도 협력해 2005년부터 매년 중국과 러시아 육해공군을 동원한 대대적 공동 군사훈련도 시작했다. 그때부터 중국과 러시아는 세계지배세력에게 군사적으로도 도전하고 나왔던 것이다. 2007년, 두 정상은 달러를 대체하는 금을 바탕으로 하는 세계화폐를 구축하기로 합의했다. 세계지배세력은 그때까지도 자신들이 발행하는 약속어음에 불과한 종이 화폐로 모든 자원과 생산품을 구입할 수 있다고 자만했다. 중국의 후진타오는 자원을 소유한 국가들과 제조업으로 제품을 생산해 수출하는 국가들이 단합해 미국 정부의 약속어음에 불과한 지배세력의 화폐를 거부함으로 그들의 화폐를 무용지물로 만드는 전략을 기획했던 것이다. 무엇보다 중국은 자국의 에너지 의존도를 보강하기 위해 상해협력국가들로부터 원유와 가스를 보급받을 수 있는 육지를 이용한 파이프라인 설치를 시작했다. 그러므로 자국이 보유한 생산력과 생산에 필요한 자원을 보유한 유라시아 국가들과 연맹을 만들어 신 실크로드의 기반을 다져 나감과 동시에 군사 협력체를 구축했다. 그와 동시에 중국은 지배세력이 대영제국 때부터 제국주의 정책으로 약탈하며 경제적 개발을 막아온, 자연자원을 보유한 중동, 아프리카와 남미 국가들과의 관계를 개선해, 지배세력이 자신들의 경제 약탈목적을 위해 구축해 놓은 국제연합 UN, 세계은행, IMF 등의 회원국가들을 하나하나씩 차례로 포섭해 나갔다. 지배세력이 자신들의 약탈 도구로 활용하기 위해 구축해놓은 세계 기구들을 그대로 유지하면서, 지배세력만을 그 기구에서 제외, 고립시키는 고도의 전략이었다.

정보전쟁을 위한 중국과 러시아의 인터넷 영어방송 시작

그다음의 전략은 세계지배세력이 소유, 통제하는 언론을 이용한 정보의 독점을 약화시키는 것이었다. 러시아와 중국은 각각 그들이 통제하는 언론을 대항하는 영어로 제작된 방송을 인터넷을 통해 시작했다. 러시아의 RTNews와 중국의 CCTV, 이란의 Press TV 등이다. 특히 서양인들의 취향을 잘 아는 러시아 TV는 영국과 미국 앵커들을 고용해 지배세력이 조작하고 은폐하는 뉴스를 노출하는 진실을 바탕으로 한 뉴스를 영어로 방영하기 시작했다. 그동안 미국은 물론 유럽을 독점해 온 그들의 조작된 뉴스를 대항할 수 있는 새로운 매체로 이미 주류 언론을 신뢰하지 않기 시작한 미국과 유럽의 지식층들을 겨냥한 언론시장의 틈새시장을 장악할 수 있었다. 안 그래도 2000년부터 인터넷이 세계적으로 확산됨과 함께 많은 웹사이트를 통해 독립적인 뉴스를 접할 수 있게 됐었으나 아직 규모 면으로 그들의 언론매체들을 대항하기에는 역부족이었다. 거기에 비해 세계적인 뉴스 망을 소유한 RT는 달랐다. 최근, 전 세계에서 자신들이 소유한 ABC, NBC, CNN같은 방송으로 세계를 호도하고 있으면서 미국에서는 러시아의 RT News를 외국 에이전트(Foreign Agent)로 등록을 요구하며 언론의 자유를 노골적으로 침해하며 워싱턴디시에서 방송을 금시하는 조치를 취한 것은 그들이 러시아방송 RT의 영향력을 그만큼 두려워하고 있다는 사실을 입증한다

26. 지배세력 은행들의 위기

26. 계속된 미국의 약탈 정책이 야기한 지배세력 은행들의 위기

미국 중산층의 약탈

지배세력은 그들의 의정서에서 국민들이 '투기'를 하게 유도해 국민들의 부를 갈취하라고 가르친 대로, 국민들의 부를 약탈하는 작업을 진행했다. 미국은 자유무역 정책에 의해 제조업이 외국으로 옮겨가 미국경기가 악화되고 있는 사실을 국민들로부터 숨겨야 했다. 그 수단으로 1986년 그들의 하수인으로 연준위 의장으로 임명된 그린스펀을 통해 저금리 정책으로 미국경제에 거품을 조성해 주식시장을 부풀렸다. 그리고 소련의 붕괴와 함께 소련의 수학 박사들을 대거 등용해 알고리듬(algorithm)을 이용한 컴퓨터 트레이딩을 개발했다. 이때부터 미국의 월스트리트 거래장에는 손짓으로 주고받던 거래가 없어지고 주로 컴퓨터로 거래가 이루어진 지 오래이다. 거래장이 한산한 이유이다. 그런 수법으로 미국의 주식거래는 그들이 컴퓨터로 실시간으로 조작해오고 있다. 그렇게 주가를 인위적으로 올려 인터넷 닷컴 머니를 조성해 국민들의 주식투기를 유도했다. 그들은, 인터넷의 출범으로 18세기 산업혁명을 능가하는 정보혁명이 미국을 정보 사회로 전환시켜 사회를 완전히 변형시킬 것이라며 언론을 통해 전 세계를 선동했다. 그들이 소유한 골드만 삭스 같은 투자은행들은 물론 언론과 학계는 인터넷이 사회를 다음 단계로 변화시키는 새로운 경제 패러다임이 될 것이라며 닷컴 주식투자를 권장했다. 그러면서 그들이 소유한 투자은행 골드만삭스, 모건스탠리 등은 아무 수익이 발생하지 않는 이름뿐인 닷컴 회사에게 수익 '가능성'을 '산출(조작)' 해 존재하지도 않는 수익을 바탕으로 엄청난 가치를 책정한 후, 신규상장으로 투자 붐을 조성했다. 연준의장 그린스펀 역시 여기에 동조했다. 그는 이제는 정보기술 (information technology) 시대이고 전 세계가 국제화 덕분에 비즈니스 사이클은 더 이상 적용되지 않는다는 거짓말로 주식이 내려갈 이유가 없다고 선전하며 국민들의 투자를 선동했다. 그리해 그들이 소유한 투자은행들은 고가의 성공보수 수수료는 물론 그 신규상장 주식에 직접 투자하여 주가를 올려 매도해 차액을 벌어들였다. 끝없이 오를 거라는 '전문가' 들의 사탕발림에 유린된 개인 투자자들은 그들에게 속아 자고 나면 오르는 주가 상승이 그들이 개발한 컴퓨터 트레이딩프로그램을 이용한 속임수라는 사실을 모르는 중산층이 너나 할 것 없이 주식시장으로 몰렸다. 그렇게 국내 닷컴 주식 거품을 키우다가 2000년 연준위는 갑자기 금리를 올려 거품을 터트렸다. 우리가 그들의 언론에 의해 세뇌된 것처럼 주식붕괴로 모두가 손해를 보는 것이 아니다. 오히려 주식시장의 붕괴는 지배세력의 횡재이다. 주식의 거품을 조성한 그들은 주식이 붕괴하기 직전에 고가의 주식을 국민들에게 넘겨 이득을 챙겼기 때문에, 그 붕괴로 인한 손해는 고스란히 개인 투자자들이 부담하는 것이다. 고로 닷컴회사들의 주식 붕괴 시 지배세력은 이미 그들이 선 투자해 가격을 부풀렸던 상장주식을 다 처분한 후였고, 개인 투자자들만 그들의 선전에 속아 구매했다가 자신들의 부를 갈취당했다. 이렇게 해 그들은 미국 중산층에 속했던 개인 투자자들로부터 약 6조의 달하는 부를 한 방에 약탈했다. 물론 그들은 이미 9·11 테러

공격으로 가장한 자작극으로 자신들의 그런 사기극을 덮을 계획이었고, 9·11 이후 그들의 사기극은 그들의 계획대로 자연스럽게 덮어졌다.

파생상품을 이용한 사기극이 야기한 대형은행들의 위기

닷컴주식시장이 그렇게 붕괴한 지 얼마 안 된 2001년 9·11 테러로 인한 쇼크로 전 세계의 주식시장이 혼란스러워져 주가가 하락하기 시작하자, 지배세력의 하수인 그린스펀은 또다시 저금리 정책을 감행해 이번에는 미국의 주택 부동산 거품을 일으켰다. 아들 부시 대통령은 미국 국민들의 '아메리칸 드림'인 주택 소유를 위해 저금리 정책으로 모든 국민들이 주택을 소유할 수 있게 만들겠다고 선언했다. 그리고 정부가 세운 민영 주택공사(government sponsored entity(GSE))인 페니매이(FANNIE MAE)와 프레디 맥(FREDDIE MAC) 등을 통해 은행들의 주택대출 계약을 구매해 줌으로 은행들이 부담 없이 주택대출을 할 수 있는 환경을 조성했다. 페니 메이와 프레디 맥은 은행들로부터 구매한 대출계약 수백, 수천 개를 다발(bundle)로 묶어 그 다발이 발생하는 총상환금을 근거로 증권화한 모기지 담보 증권(MBS)으로 알려진 채무 파생상품을 만들어 기관 투자자들에게 판매했다. 페니 메이와 프레디 맥은 그런 판매로 벌어들인 수익으로 다시 각 은행들이 생성하는 주택 담보대출을 대량 구입해 줌으로 주택대출이 원활하게 이루어질 수 있게 자금줄 역할을 담당했다. 그 파생상품이 국민들의 연금과 은퇴자금을 관리하는 투자기관들의 호응을 받자, 대형은행들은 이런 파생상품들을 은행 예금자들이 예금해 놓은 돈을 레버리지 해 직접 구매한 후 기관투자자들에게 판매해 구매가격과 판매가격 사이에 생기는 차액을 벌었다.

원래 연금과 은퇴자금을 관리하는 기관투자자들은 미국 국채 같이 등급회사가 트리플에이(AAA)로 매긴 안전한 채권을 매입해 그 채권이 발생하는 이자로 수익을 올리게 돼 있다. 그러나 연준위가 임의적으로 내려놓은 금리 때문에 수익률이 줄어드는 바람에 더 수익성 있는 채권을 찾고 있던 기관투자자들에게 대형은행들은 이러한 파생상품을 그들이 소유, 통제하는 피치(Fitch), 무디(Mooody) 같은 등급회사들을 통해 최고의 안전자산을 상징하는 트리플에이등급을 매긴 후, 그 상품들을 기관투자자들에게 안전자산이라고 속여 판매했다. 그리고는 그들이 소유, 통제하는 AIG 같은 보험회사들에게 '신용부도 스와프(Credit Default Swap(CDS))'라는, 그 채권들이 디폴트를 할 경우 그 채권을 보험회사가 인수해 주어 손해를 방지할 수 있게 한다는 '보험'상품을 '개발' 해, 그 역시 그 파생상품을 매입하는 기관투자자들에게 보험인양 판매했다. 결국, 그 트리플 에이 파생상품을 매입할 경우 국채보다 더 많은 이자를 벌 수 있을 뿐 아니라, 미국 최고의 보험회사가 판매하는 보험 상품 CDS까지 구입하면 그 파생상품이 디폴트가 날 경우 원가로 보상해 줘 아무 리스크가 없다는 그들의 속임수에 넘어간 기관 투자자들은 줄 서서 그 보험상품을 구매했다. 그러나 이런 파생상품과 그 상품을 보증하는 보험 상품은 대형은행과, 등급회사와 보험회사가 합작으로 진행한 고도의 사기 행위였다는 사실이 2008년 미국발 금융위기 시 고스란히 드러났다.

그 사기극을 곧이곧대로 믿은 기관 투자자들에게 인기를 얻자, 그 파생상품을 만드는데 필요한 주택대출의 수요가 폭등했고 은행들은 그 수요를 충족하기 위해 그때까지 대출을 받을 수 없었던 자격 미달자들에게도 대출을 해주기 시작했다. 그런 조작된 수요 덕분에 주택시장에 붐을 일으켜 주택가격의 상승을 가져왔다. 주택가격이 계속 상승할 것이라는 믿음으로 은행들은 자격 미달자까지 상환능력과 상관없이 대출을 해주었던 것이다. 대형은행들은 이미 글래스 스티걸 법안의 폐지로 허용된 국민들의 예금을 담보로 레버리지 해, 그런 파생상품을 만들어 판매해 엄청난 수익을 벌었다. 대형은행들은 이제 장기대출을 통해 이자로 이윤을 내는 전통적인 수익 대신, 국민들의 예금을 레버리지 해 증권화한 파생상품을 판매하는 투기거래(Speculative trading)로 막대한 수익을 창출했다. 이미 빚의 포화상태로 빚으로 달러의 수요를 늘려 이자로 수익을 창출하는 방법으로는 거품을 지탱시키기에 역부족이었기 때문이다. 그러면서 국민들에게 거품현상으로 '상승' 한 주택가격을 담보로 하는 저금리 담보대출을 권장하여, 자신들의 부가 늘어났다고 믿는 국민들의 소비를 유도해 2000년 닷컴 붕괴와 9/11 테러 후 축소된 소비를 빚으로 '활성화' 시켰다. 이미 미국은 연 총생산량(GDP)의 70% 이상이 국민들의 소비로 형성돼 있었다. 같은 시기 GDP의 40% 이상이 자본투자(capital investment)였던 중국과 대조됐다. 그러므로 미국의 GDP가 상승하기위해선 국민들의 소비를 증가시켜야 했다. 그런 그들의 속임수에 넘어간 미국 중산상층은 자신들의 부가 늘어났다는 착시 현상을 믿고 그들의 주택을 담보로 받은 대출로 소비를 늘렸다.

2008년 월스트리트에서 발발한 미 지배세력의 도산위기

그러므로 2008년 미국 발 금융위기는 항상 오를 것으로 믿도록 선전했던 주택가격의 하락으로 시작됐다. 수익에만 눈이 멀었던 대형은행들은 2007년부터 미국의 베이비 붐 세대가 은퇴를 시작할 것이라는 인구통계학을 계산에 넣지 않았다는 게 공식적인 해명이다. 그러나 미국 연준위가 2004년에 1%로 내려놓았던 금리를 2006년에는 5.25%까지 올렸던 정황은 오히려 연준위가 부동산 거품을 고의로 터트렸다는 사실을 입증한다. 금리의 인상으로 부동산 공급에 비해 수요가 줄자 가격이 하락하기 시작했고 상환능력과 상관없이 항상 오를 거라고 믿고 투기로 부동산에 투자했던 섭 프라임 자격 미달 투자자들이 불이행(default)하기 시작했다. 그러자 그런 파생상품 값이 하락했고 그런 파생상품을 대량으로 보유하고 있던 대형은행들의 재무제표가 급속히 마이너스로 변해 예금주들의 돈을 상환할 수 있도록 보유해야 하는 준비금(reserve)이 순식간에 증발해 재무제표상으로 엄연한 대형은행들의 도산위기로 이어졌다. 그러자 그 소문이 순식간에 퍼져 대형은행들의 주가가 폭락하기 시작하였고, 대형은행들의 주가 폭락으로 미국의 주식시장 역시 폭락했고, 미국 주식시장의 폭락은 세계 주식시장의 폭락으로 이어졌다. 그중 150년 역사를 자랑하는 대형 투자은행 리먼 브라더스 사가 파산을 신청하자 미국 역사상 가장 규모가 큰 파산으로, 지배세력이 소유한 대형은행들 모두가 파산할 대 위기로 전개됐다.

중국의 은밀한 화폐 공격 정황

2008년 미국발 금융위기는 미국 지배세력이 자신들이 놓은 덫에 자신들이 걸려든 이례적인 사례이다. 그 후에 노출된 이메일 증거자료에 의하면 골드만삭스 같은 투자은행은 그런 위험한 파생상품을 판매하면서 그 상품을 구매하는 투자자들을 얼간이들이라고 비웃었을 뿐 아니라 오히려 그런 상품이 붕괴할 것을 알고 선 매도(put)까지 해 주가 폭락에 베팅했었다. 그렇게 계획적으로 수익을 목적으로 추진하던 사기행위가 그 파생상품을 기관 투자자들에게 모두 팔아넘기기 전 아직 그들의 은행들이 보유하고 있을 때 그 가치가 폭락했다는 점이 의문을 일으키는 대목이다. 그러므로 거품으로 형성된 주식시장에 투자했던 개인 투자자들의 부를 약탈하는 데는 성공했지만 그들이 국민들의 예금을 레버리지 해 구매해 놓은 대량의 파생상품을 처분하기 전에 그 가치가 붕괴하는 바람에 그들의 은행들이 위기를 맞았던 것이다. 금리를 올려 부동산 가격의 하락을 연준위를 통해 고의로 주도했던 대형은행들이 오히려 도산 위기를 맞았다는 사실이, 중국과 러시아의 은밀한 공격이 있었다고 의심되는 정황이다.

중국은 처음부터 그런 파생상품을 구입하지 않았으나 그런 파생상품을 만들어 증권시장에 내다 파는 역할을 했던 정부가 후원한 민영기업 페니메이와 프레디멕이 발행한 채권을 소유하고 있었다. 그러다가 부동산 가격의 하락으로 페니메이와 프레디 멕의 재정상태가 악화되자 중국은 그 회사들의 채권을 대량으로 매도해 그 기업들의 주가가 폭락하는데 기여했다. 그러나 중국은 두 민영기업들의 급속히 악화되는 재정 상태를 근거로 그 채권들을 매도했다. 그 당시에는 미국 정부가 민영기업인 페니메이와 프레디멕을 구제할 것이라는 확신이 없었음으로 중국의 매도는 당연했다. 그렇게 하여 중국이 미국경제를 '공격' 했다는 의심의 여지를 제거했다. 거기다 중국은 매도금으로 오히려 미국 국채를 구입했다. 미국의 지배세력을 주시하고 있던 중국이 지배세력의 그런 무모하고 노골적인 투기 행각을 놓칠 리가 없었다. 특히 2007년 중국과 대한민국에서 베스트셀러가 됐던 '화폐전쟁'의 작가 쑹홍빈은 원래 페니 매이에서 근무하며 미국의 이런 무모한 정책을 목격해 그의 책에서도 소개했었다. 고로 중국과 러시아는 이런 추세를 파악하고 그 파생상품을 증권화해 증권시장에 내다 파는 역할을 하던 페니메이의 채권을 한꺼번에 매도하는 수법으로 그 파생상품가의 폭락을 유발시켰을 가능성을 시사한다.

드러나지 않게 진행되는 고도의 화폐전쟁 전술

2011년 미국 베스트셀러 '화폐전쟁(Currency Wars)'을 출간한 제임스 리커드(James Rickard) 변호사는 2009년 3월, 미 국방부가 진행한 경제전쟁게임(Financial War Game)에 경제전문가로 참여한 경험이 있다. 그에 의하면 진정한 화폐·금융전쟁은 외형적으로 보이게 진행되지 않는다고 했다. 만약 중국이 미국 경제를 공격하기 위해 미국 국채를 덤핑할 경우 미국은 그런 행위를 주관하는 계좌를 동결시키면 되기 때문이라고 했다. 리커드 변호사는 만약 그런 경제 전쟁이 실제로 진행될 경우에는 각 국가들이 보유하고 있는 국부펀드(Sovereign Wealth Funds)를 동원해 신원을 확인할 수 없는 대리조직을 이용해 추적하기 어려운 파생상품을 활용할 것이라고 했다. 그리고 가장 효율적인 전술은 미국 달러의 대한 신뢰를 무너트리는 것이라고 피력했다. 2008년 미국발 금융위기는 그러한 공격이었을 가능성을 확인시켜 주는 대목이 아닐 수 없다. 학구적이기로 소문난 중국의 후진타오 주석이 취임 직후 약 2년 동안 많은 시간을 공부에 할애하고 있다는 사실이 언론에서 공개됐었다. 오랜 구상을 하던 그가 때가 왔다고 판단하고 행동을 개시했을 가능성이 매우 높은 이유이다. 특히 그는 2005년 러시아의 푸틴을 찾아가 공개적으로 군사 동맹을 맺고 중국과 러시아의 공동 군사훈련을 가동하여 유라시아 지역을 지배세력의 침범이 있을 경우 공동으로 방어하겠다는 확고한 의지를 표명했었다. 2006년을 중국에서는 '러시아의 해,' 2007년에는 러시아에서 '중국의 해'를 각각 선포해 경제, 외교 및 군사 관계를 강화했다. 특히 후진타오와 푸틴은 2007년 금을 바탕으로 하는 새로운 통화를 시작하기로 합의했다. 그런 합의가 있었던 그다음 해인 2008년 중국이 파생상품을 증권화는 역할을 하던 민영기업 페니메이의 채권을 매도했다는 점이 그러한 은밀한 공격이었을 가능성을 시사한다. 더군다나 그 사태로 대형은행들의 취약점이 노출됐고 달러에 대한 신뢰에 치명타를 입혔다. 제임스 리커드 변호사가 우려했던 대로 중국과 러시아가 주도한 화폐전쟁이 현실화됐던 것이다.

망하게 두기에는 너무 크다는(Too Big to Fail) 은행들의 구제 그러나 그들이 자신들의 은행들을 도산하게 둘 리가 없었다. 그들은 우선 그들이 통제하는 미국의 의회를 움직여 대형은행들이 망하게 두기에는 너무 크다는(Too big to fail) 이유로 7천 억 불에 달하는 정부의 국채를 발행해 은행들에게 제공해 주었다. 결국 그들은 글래스 스티걸 법안을 폐지시킨 후 국민들의 예금을 가지고 투기로 막대한 돈을 벌다가 손해를 보게 되자 미국 국민들의 세금을 담보로 한 국채를 발행하게 해 구제를 받은 것이다. 수익은 그들의 것이고 손해는 국민들의 몫인 것이다. 연준의장 버냉키와 재무장관 폴슨(Paulson)은 투자은행 리먼 브라더스를 파산시킨 후, 모든 은행들이 연쇄적으로 파산할 것이고 그럴 경우 모든 예금주들은 예금을 날리고 미국과 전 세계의 금융이 중단될 것이라는 과장된 이유로 국회의 동의를 만장일치로 끌어냈다. 그로 인해 미국의 연준의장이나 재무장관은 국민들의 이익이 아닌 지배세력의 이익을 위해 존재한다는 사실이 알만한 자들에게 명백하게 드러났다. 그들의 주장은 사실이 아니었다. 우선 예금주들은 미국의 연방예금보험공사(Federal Deposit Insurance)에 의해 10만 불까지 보상받게 돼 있어 대다수의 국민들의 예금은 보호돼 있었다. 또한 그들의 은행의 붕괴는 당연한 것이었고 그 은행들의 악성 자산들을 처분하는 게 당연했다. 그들은 CDS라는 파생상품에 대한 보험 상품을 판매했다가 자금이 없어 지불하지 못해 도산위기에 처해진 AIG에게도 정부가 수십억 불의 구제금을 제공하게 했다. 그러나 그것은 AIG를 구제해주기 위해서가 아니라, AIG가 발행한 '보험상품' CDS를 보유한 그들의 투자은행 골드만삭스의 손해를 보상해주기 위해서였다. 고로 AIG의 구제금은 고스란히 골드만삭스에게 지불됐다. 그러면서 주식시장에서 폭락한 은행 주식들을 정부가 인수했다. 그러나 그것은 대형은행들이 정상을 찾을 때 돌려주기 위한 은행들을 위한 방편이었지, 정상을 되찾을 경우 국가가 보유해 국민들이 이득을 보기 위한 조치가 아니었다.

연준위가 창조한 여신으로 제공한 16조 달러의 무이자 대출

또한 정부로부터 받은 자금으로 구제받은 은행들의 CEO로부터 직원들에게까지 상여금이 지불되었다. 경영과실로 정부의 구제를 받은 주제에 그 돈으로 상여금까지 지급한 사실이 드러났던 것이다. 그리고 얼마 안 돼 '기적적으로' 주가가 정상을 찾았고 은행들은 구제금을 일찍 갚아 정부가 구제하며 '인수' 했던 주식을 돌려받았다. 그러나 은행들이 어떻게 1년 만에 구제금을 갚고 상여금까지 지불했는지는 그로부터 2년 후인 2010년 연준위가 생긴지 100년 만에 처음으로 이루어진 부분 감사에서 드러났다. 미국 대형은행들을 포함한 유럽과 일본 은행들은 비밀리에 연준위로부터 $16조에 달하는 대출을 0% 이자로 받았던 것이다. 그리고 대출보증(loan guarantee)조로 7조, 총 23조의 공돈을 연준위로부터 비밀 '대출' 받아서 정부에게 받았던 구제금을 일찍 갚을 수 있었다. 그러면서 그들은 그 당시 언론을 통해서 마치 잠깐의 유동성 문제였던 것처럼 국민들을 속였다. 그들은 그런 식으로 아무 비용도 안 들이고 발행하는 여신으로 자신들의 은행들을 구제할 수 있었으나 외형적으로는 아직도 세계가 가장 부유한 국가로 알고있는 미국정부의 '도움'으로 구제된 것처럼 연출했다. 왜냐면 그들이 아무비용도 안들이고 발행하는 달러에 대한 세계적인 신뢰의 대상은 그들이 비밀리에 소유한 연준위가 아니라 미국정부였기 때문이다. 2008년 미국에서 일어난 사태는 그러므로 1997년 대한민국이 경험한 유동성 위기가 아니라, 자산 값이 폭락해 발생한 은행들의 도산 위기였고 재무제표 상 실제로 도산을 했었다. 정부의 구제 규모로는 턱없이 부족했던 관계로 연준위는 비밀리에 16조라는 여신을 창조해 무이자로 은행들에게 '빌려'주었고, 그 자금으로 국제 증권과 채권시장에서 폭락한 주식과 채권을 사들여 빠지기 시작한 거품을 다시 부풀렸다. 연준위의장 버냉키가 국회소위원회의 그 많은 돈을 어디에다 사용했냐는 질문에 답을 할 수 없었던 진짜 이유이다. 만일 그것이 드러날 경우 세계 증권시장과 채권시장을 그들이 '찍은' 돈으로 조작하고 있어 주가와 채권가격 역시(시장의 수요와 공급의 원리에 의해서가 아니라) 그들에 의해 조작되고 있다는 사실이 노출될 것이기 때문이었다.

1조(TRILLION) 달러의 엄청난 규모

앞에서 이미 언급했듯이 초로 환산했을 때 백만(1 MILLION) 달러는 약 12일이고, 10억(1 BILLION) 달러는 31년, 그리고 1조(1 TRILLION) 달러는 31,688년이다. 그만큼 1조는 어마어마한 금액이다. 그리고 미국의 연 GDP가 그 당시 14조 달러였다. 0% 금리로 받은 16조의 대출은 그 돈을 그냥 선사해 준 것이다. 이자가 쌓이지 않기 때문에 갚지 않아도 되기 때문이다. 그들의 은행들은 그렇게 무상으로 선사 받은 즉, 무이자로 대출받은 자금으로 미국의 국채를 매입해 가만히 앉아서 이자를 벌 수 있었다. 그들은 자신들이 만들어 놓은 금융제도로 땅 짚고 헤엄치기를 해 온 것이다. 반면에 인류는 그들이 아무 비용도 안 들이고 발행하는 돈에 대한 이자와 원금을 갚기 위해 열심히 일을 해야 하는 그들의 경제 노예였다. 미국의회 소위원회가 진행한 연준위에 대한 부분 감사에서 왜 그리고 어디에 그런 많은 대출이 사용했냐는 질문에 버냉키 의장은 연준위는 정부산하 기관이 아님으로 대답을 할 의무가 없다며 답을 거부했고 정부는 더 이상 추궁하지 못하였다. 그들은 그 부분 감사가 아니었으면 얼마나 많은 돈을 인류가 모르게 발행해 얼마나 많은 자산을 구입했는지를 공개할 의무조차 없이 세계를 그들의 돈으로 지배해 왔다.

정부 구제에서 제외된 미 국민들의 주택담보 대출

대형은행들은 그렇게 구제해 주었으나 그들의 선동에 속아 주택을 무리하게 대출을 받아 구입했던 개인들은 정부가 아무런 도움을 주지 않았다. 그 결과 부동산 가격이 폭락하자 주택을 담보로 대출을 받아 소비를 했던 자들과 무리하게 대출을 받아 투기로 주택을 구매했던 자들 모두 주택 가격이 하락해 깡통 주택이 돼 투자했던 자본을 다 잃고 오히려 빚만 더 늘어났다. 그러나 국민들의 세금으로 구제받은 은행들은 대출금액을 상환하지 못하는 개인들로부터 주택들을 모두 차압한 후, 그들이 소유한 블랙록(BLACK ROCK)같은 비공개 기업투자 펀드(PRIVATE EQUITY FUND)들이 그렇게 차압된 주택을 담보로 지금리 대출을 받아 헐값에 사들였다. 결국 그들은 2008년 주가 폭락으로 2000년 닷컴 주가 폭락 이후 남아있던 개인 자본 수조 달러를 다시 한 번 걷어 갔던 것이다. 안 그래도 세계화라는 기치 아래 제조업이 외국으로 가버려 직장을 잃은 국민들은 그나마 남아 있는 유일한 자산이었던 주택과 은퇴자금을 그들이 조성한 주택거품에 투자했다가 날려버렸다. 의정서에서 가르친 대로 국민들의 자본을 약탈하는 데는 성공했으나, 그들이 처해진 도산 위기에서 벗어나기에는 아직 자금력이 부족했다. 미국정부가 은행들의 주식을 구매해 주고, 국제결제은행이 재무제표상 은행들이 보유한 악성부채를 장부가격으로 인정해 줌으로 그들의 은행들이 도산 위기에서는 모면했지만 운영자금에 필요한 자본금이 턱없이 부족했다.

대형은행들의 자본금 보조를 위한 '양적완화' (QE) 정책

그러자 그때부터 연준위가 직접 나서 경기 활성화를 위해서라는 명분으로 돈을 찍어 파생상품으로 형성된 은행들이 보유한 악성 부채를 액면가로 구매해줌으로 은행들의 자본금을 마련해 주었다. 다급해진 그들은 이제 그때까지 서서히 희석시켜 온 달러의 가치를 노골적으로 희석시켜 기존 달러 자산 보유자들로부터 갈취하는 강도 행위를 고수했다. 그러고는 그 정책을 고상한 경제용어인 '양적 완화(Quantitative Easing(QE))'라고 포장했고, 그들의 하수인들로 형성된 가짜 경제전문가들을 언론에 출현시켜 양적완화가 경제 활성화를 위해 당연한 정책인 양 세계를 속였다. 우리가 투자의 귀재로 믿도록 세뇌된 워렌 버핏 같은 자들 역시 그들과 함께 인류를 속이는데 동조했다. 그만큼 2008년 금융위기는 그들의 기반을 뿌리째 흔들어 놓았던 위기였다. 더욱이 그 위기로 그들이 구축해 놓은 금융제국이 전 세계의 주식과 증권시장을 조작을 할 수는 있지만 완벽하게 통제는 하지 못한다는 그들의 취약점이 드러났다. 그래서 그들은 그들의 언론과 학계를 통해 그들의 은행들이 건전하다고 세계를 속여야 하는 것이다. 그리고 세계가 그들의 속임수를 알아보는 순간, 그들이 아무 비용도 안 들이고 발행하는 돈에 대한 신뢰가 무너져 그들의 세계지배를 가능하게 한 그들의 무기인 돈의 위력은 사라지게 돼있다. 이것이 바로 중국과 러시아가 노린 것이다.

27. 중국과 러시아의 공동 경제 전면전

27. 지배세력을 상대로 시작된 중국과 러시아의 공동 경제 전면전

달러체제를 대체할 브릭스 연합 구축

2009년 지배세력이 자신들의 은행들을 구제하느라 정신이 없을 때 중국과 러시아는 브라질과 인도와 함께 브릭(BRIC) 연합을 구축해 미국달러 체제를 도전하고 나왔다. 그들은 새로운 기축통화와 더 유연한 통화체제의 필요성을 국제사회에 제시했다. 미국의 식민지 국가들인 일본과 사우디아라비아까지도 금을 바탕으로 하는 새로운 통화의 필요성에 대해 중국과 러시아와 함께 비밀리에 회동했던 사실이 미국 지배세력에게 드러났다. 일본은 그런 모임에 가담한 이유로 2011년 지배세력으로부터 핵을 이용한 쓰나미 공격을 받아야 했다. 2010년에는 남아공을 영입해 브릭스(BRICS) 연합이 됐고, 세계은행과 IMF를 견줄 브릭스은행을 설립할 계획을 발표함으로 그들의 세계지배를 가능하게 해 온 달러체제를 전면으로 도전하고 나섰다. 그때부터 브릭스 회원국가들 사이에 일어나는 무역결제를 달러가 아닌 자국의 통화로 직접 결제하기 시작했다. 그렇게 함으로 회원국들 사이에 일어나는 전 세계무역 양의 약 20%의 해당되는 무역거래에서 달러를 배제시켜 달러에 대한 수요를 그만큼 줄였다.

지배세력의 돈을 남발하는 최후의 방어 전략

더욱이 중국은 2009년부터 미국 국채를 더 이상 구입하지 않았다. 그 대신 장기 채권들이 만기가 되면 단기 채권으로 교체하면서 미국을 압박할 수 있는 부채 양을 유지했다. 중국이 새롭게 발행되는 미국 국채경매 시장에 나오지 않자 미국은 매년 충당해야 하는 예산적자를 위해 발행되는 국채마저도 양적완화에 포함시켜 연준위가 돈을 찍어 구입해야 했다. 정상적인 거래라면 미국이 국채금리를 올려 투자자들을 끌어들여야 했다. 그러나 연준위가 세계의 기축통화인 달러를 발행할 수 있는 한 연준위가 국채를 매입할 수 있으므로 미국은 금리를 올리지 않고도 디폴트를 면할 수 있었다. 그러나 만약 미국의 중앙은행이 돈을 찍어 자국의 국채를 구입하고 있다는 사실이 드러날 경우 미국 달러의 신뢰는 무너질 것임으로 비밀리에 진행해야 했고, 지금도 비밀리에 진행 중이다. 그들이 소유한 언론은 이 사실을 은폐해야 할뿐 아니라, 오히려 미국의 경제가 회복 중이라고 허위보도를 해 왔다. 그러므로 제임스 리커드 변호사가 우려했던 미국 달러의 신뢰를 떨어트리는 화폐전쟁은 이미 시작된 것이다. 동시에 그들은 미국의 이자부담을 줄이기 위해 제로 금리를 유지해야 했고 트위스트 작전(Operation Twist)이라는 통화정책으로 금리가 높은 장기 국채 대신 금리가 상대적으로 낮은 단기 국채로 교체해야 했다. 그런 식으로 미국은 늘어나는 국채의 이자 부담을 금리를 인위적으로 낮춘 임시방편으로 '해결' 해 왔다.

브릭스 연합의 공격에 속수무책이 된 지배세력

미국의 지배세력은 제2차 대전 이후 그들의 달러 발권력을 모든 수단을 동원해 지켜 왔다. 미국의 엔드루 잭슨 대통령의 암살은 총이 불발돼 두 번이나 실패했으나, 그 후 링컨 대통령의 암살로 시작해 케네디 대통령의 공개 암살도 그가 자국의 화폐를 연준위를 제거하고 정부가 직접 발행하려 했기 때문이었고, 레이건 대통령 역시 달러를 금과 다시 연계시키려다 저격을 받아 포기해야 했다. 물론 부시 부통령이 그를 제거해 자신이 대통령 자리를 인계하려는 이유도 있었으나 그 저격 후 레이건 대통령은 그가 추진하던 금과의 연계를 포기했다. 유럽의 드골 대통령 역시 CIA로부터 수십 차례의 암살 시도를 받았던 이유가 미국의 달러를 이용한 약탈을 막을 수 있는 대안을 모색해야 한다고 주장했기 때문이었다. 또한 이라크의 후세인도 2000년 유로가 출범하자 유로 역시 미국의 지배세력이 통제한다는 사실을 모르고 달러 대신 유로를 받겠다고 했다가 처형당했고 리비아의 카다피 역시 디나르(Dinar)라는 금을 바탕으로 하는 중동과 아프리카 지역의 통화를 발행했다가 살해당했다. 그런데 중국이 러시아와 함께 브릭스 연합을 구성해 미국의 달러체제에 전면으로 도전하고 나섰던 것이다. 브릭스 연합의 회원 국가들인 인도, 브라질, 남아공 모두 미국의 배후에 있는 지배세력의 횡포에 당한 경험이 있는 국가들이다. 그리고 그 국가들의 인구는 전 세계의 인구의 반을 차지한다. 아직 그 연합 국가들의 GDP는 세계 GDP의 20%에 불과하지만 그 국가들은 모두 개발 국가들이고 중국이 새롭게 주도하는 유라시아 개발 사업인 신 실크로드 프로젝트 '일대일로'에 참여하는 국가들로 앞으로 세계경제를 주도해 갈 국가들이다. 그들은 지배세력의 달러체제를 도전하고 나오는 배짱을 발휘했을 뿐 아니라 회원 국가들 사이의 교역을 달러를 우회하고 각 국가의 화폐로 결제하기 시작함으로 지금까지 어느 국가도 감히 엄두를 내지 못했던 지배세력에게 도전하는 행동을 과감하게 실천했다. 그러나 자신들이 소유한 은행들의 위기를 모면하기 바쁜 지배세력은 그들이 소유, 통제하는 언론에서 이 사실을 은폐시킴으로, 세계는 중국과 러시아가 그들의 무기였던 달러체제를 무력화시키는 치명타를 가함으로 경제전에서 이미 승부가 났으므로 달러체제의 붕괴는 그때부터 시간문제라는 사실을 감지하지 못하였다.

유럽의 국가 부채 위기

중국과 러시아의 반격은 지배세력의 지배를 받고 있어 그들의 막강한 힘을 두려워하는 유럽 국가들의 동조를 얻어내기에는 역부족이었다. 그런 얼마 후인 2009년 말부터 유럽 국가 부채 위기(Sovereign Debt Crisis)가 발생했다. 이는 미국과 마찬가지로 모든 유럽 국가들의 통화를 유로로 묶어놓고 저금리 정책으로 부동산 거품을 조성했다가, 미국 경제가 붕괴하기 시작하자 유럽에서도 연쇄적으로 부동산 가격의 거품이 빠지고 은행들이 보유한 자산가치가 떨어져 도산으로 이어질 판이었다. 유럽 국가들 또한 국채를 발행해 미국과 마찬가지로 도산위기에 처한 은행들을 구제해주어야 했다. 그러나 그리스, 포르투갈, 아일랜드, 스페인과 키프로스는 이미 부채 규모가 너무 큰 관계로 세계 투자자들이 그리스를 포함한 남유럽 국가들의 국채를 거부하고 나옴으로 유럽중앙은행이 정해놓은 금리를 무시하고 시장이 요구하는 국채의 금리가 급등하기 시작했다. 여기에도 중국과 러시아의 은밀한 공격이 있었던 것으로 보인다. 그리스 국채는 연 29%, 포르투갈은 연 13%, 스페인은 12%로 급등해, 그 국가들은 국채를 발행해 국내 은행들을 구제하는 게 불가능해졌다. 거기다 금리가 오르면 국채의 가치가 하락하는 시장원리에 의해 유럽은행들이 보유한 국채들의 가치가 폭락했다. 그들의 유럽은행들의 자산인 국채 가격이 하락하자, 안 그래도 부동산 거품이 빠져 위기에 처했던 은행들을 더 위급한 도산위기로 몰았다. 유럽중앙은행(ECB)이 금리를 낮추고 1조 유로를 저금리로 대출해주었으나 턱없이 부족했다.

유럽식 양적완화정책으로 모면한 유럽 국가 디폴트위기

결국 2012년 ECB가 연준위의 양적완화와 같은 '전면적인 통화거래(Outright Monetary Transaction)'로 시중의 모든 유럽 국채를 아무 비용도 안 들이고 발행하는 유로로 액면가로 구매해줌으로 남유럽 국가들의 금리가 다시 ECB가 임의적으로 정해 놓았던 수준으로 돌아왔다. 더분에 유럽 국가들은 저금리로 국채를 발행해 지배세력이 실소유주인 유럽은행들을 구제해 주어, 유럽 경제는 한숨을 돌려 '안정'을 되찾을 수 있었다. ECB의 이러한 유로를 남발하는 정책은 원래 유럽 중앙은행 설립 시 합의되지 않았던 주항으로 독일 중앙은행인 연방은행(Bundesbank)이 반발하고 나섰었다. 그러나 그러한 조치 없이는 유럽 국가들의 국채를 보유하고 있는 유럽 국제은행들의 도산으로 이어질 수밖에 없는 상황이라는 현실을 감수하고 '순응'해야 했다. 결국 유럽중앙은행이 무한으로 돈을 발행해서 국채들을 액면가로 사줌으로 금리가 떨어지고 국채들의 가격이 다시 상승해 지배세력이 소유한 은행들의 도산을 막을 수 있었다. 다시 말해, 지배세력이 유럽국가들의 화폐발권력을 갈취해 유럽 국가들의 자주권을 포기시킨 후 그 국가들의 국채를 그들이 소유한 은행들이 구매하게 만들어 빚으로 구속시키려던 계획이 국채가의 폭락으로 그들 은행들의 위기로 전개됐던 것이다. 그러나 이러한 국제은행들을 구제하기 위해 부채가 더 늘어난 유럽 국가들의 이자 부담 역시 급격히 늘어났다. 만약 유럽중앙은행이 금리를 올릴 경우 유럽 국가들은 늘어나는 이자 부담을 감당하지 못해 디폴트로 이어질 것이고 그럴 경우 국채가의 폭락으로 은행들이 도산할 수밖에 없는 최악의 사태로 번질 것이었다. 유럽중앙은행이 금리를 올릴 수 없는 진짜 이유일 뿐 아니라 인류 역사상 최초로 국채가 마이너스 금리로 판매돼야하는 이유이다. 돈을 빌려주고 오히려 원금을 삭감해 주는 마이너스 금리가 유럽 국가들의 신용이 향상돼서 그런 것이라고 선전하는 언론에 의해 세계는 속고 있는 것이 믿기지 않는 현실이다. 또한 전 유럽의 국채의 1/3이 마이너스 금리로 거래되고 있다는 사실은 아직도 유럽중앙은행이 '전면적인 통화거래' 라는 명분으로 은밀히 그런 국채를 구매하고 있음을 입증한다. 왜냐면 이윤을 목적으로 하는 기관투자자들이 원금이 삭감되는 국채를 구매 할 리가 없기 때문이다. 이런 식으로 아무 비용도 안 들이고 발행하는 유로로 국채를 구입해 경제를 지탱시키고 있는 상황이 오래가지 못한다는 사실은, 생각을 할 수 있으면 누구나 알 수 있음에도 언론의 세뇌에 길들여져 있는 인류는 감지하지 못하고 있다.

아이슬란드의 저항

　세계지배세력이 모든 유럽정부들이 나서서 국채를 발행해 은행들을 구제하라는 요구를 감히 거부하는 국가가 있었다. 33만의 인구를 가진 북유럽국가인 아이슬란드였다. 그 국가의 국민들은 냄비와 프라이팬들을 들고 나와 지배세력의 하수인들로 형성된 의회를 둘러싼 후 식기로 두드려 의회를 진행하지 못하게 만들어 사퇴를 종용함으로 정부가 국민들의 뜻을 거역하고 은행들을 구제해주지 못하게 했다. 그러자 유럽의 국가들이 아이슬란드 은행들의 해외지점들의 자금을 동결시키고, IMF는 아이슬란드에게 구제 금융을 해주지 않겠다며 아이슬란드를 도산으로 몰았다. 그 때 러시아가 아이슬란드에게 제일 먼저 40억 불의 융자를 해 주겠다고 제안했다. 그러자 러시아의 그런 영향력을 막아야 하는 지배세력의 IMF를 비롯한 유럽 국가들은 그들의 협박을 철회하고 구제 대출을 해줌으로 러시아의 개입을 막았다. 러시아의 제안이 없었다면 아이슬란드는 도산을 면할 방법이 없었을 것으로 러시아와 중국이 주도하는 브릭스 연합의 존재만으로도 지배세력의 경제적인 횡포가 견제됐던 것이다.

28. 세계금융제국의 파멸 위기

28. 세계금융제국의 파멸 위기

중국과 러시아의 공격으로 지배세력의 원래 계획했던 모든 국가들을 그들에게 빚을 지게 한 후 도산을 시켜 그 국가들의 자산을 차지하고 인류를 그들의 세계정부에 의존하게 만들려던 전략이 무산됐다. 오히려 그 계획이 역으로 중국과 러시아에 의해 그들의 파멸의 위기로 돌변했다. 그 엄청난 의미를 이해하기 위해서는 앞에서 배운 달러체제에 대한 상식을 상기해야한다. 앞에서도 이미 언급했듯이 세계지배세력은 두 차례의 세계 전쟁을 이용해 스위스에 위치한 그들이 소유한 국제결제은행(BIS)을 본부로 하는 국제금융제국을 설립해 놓았다. 미국의 연준위를 포함한 전 세계의 중앙은행은 BIS의 지시를 따르는 그들의 분점에 불과하고 그들이 2000년에 출범해 통제하는 유럽중앙은행(ECB)이 발행하는 유로, 일본중앙은행이 발행하는 엔, 영국은행이 발행하는 파운드 스털링을 포함한 세계 모든 국가의 통화는 그들이 소유한 은행들에게 빌려서 발행되고 있다. 1971년 일방적으로 달러와 금과의 연계를 끊은 후에도 원유를 구매하는데 달러를 사용하게 만들어 '페트로 달러'로 기축통화 지위를 유지하면서도 모든 통화의 가치는 달러를 기준으로 변동하게 만들었다. 그때부터 지배세력은 무한으로 아무 비용도 안 들이고 비밀리에 발행하는 약속어음에 불과한 달러로 전 세계의 부를 합법적으로 약탈(구매)해 왔고 그런 남발에 의해 희석되고 있는 달러의 가치를 인플레이션으로 포장해 전 세계로부터 보이지 않는 '조공'을 걷어 달러를 세계를 지배하는 무기로 사용해왔다.

달러 통화체제를 이용해 제도화해 놓은 인플레이션 수출 정책

또한, 국제무역을 바탕으로 하고 있는 국제 수출시장에서 각 국가는 달러에 의해 자국의 화폐가치가 설정되도록 그들이 제도화해 놓았다. 그러므로 자국의 수출경쟁력을 유지하기 위해 흑자로 벌어들인 달러의 양이 그대로 국내에 투입될 경우 그 국가의 화폐의 가치가 그만큼 달러에 대비하여 상승하게 돼 있다. 그럴 경우 국제무역시장에서 자국의 수출경쟁력이 저하된다. 그러므로 달러 대비 기존가치를 유지하기 위해 수출로 벌어들인 달러를 자국의 화폐를 발행해 '구매' 함으로 국내의 화폐가 국제시장에서 그 가치가 상승하는 것을 억제해야 한다. 지배세력이 달러를 희석시켜 그 가치를 하락시킨 달러를 구매하기 위해서는 자국의 화폐를 더 많이 발행해야 하므로, 미국의 달러 남발로 희석된 달러만큼 자국의 화폐 역시 희석되는 결과를 초래한다. 그 말은 달러의 희석은 자국 화폐의 희석으로 연결돼 그 가치가 상대적으로 같이 하락한다는 말이다. 뒤집어 말하면 달러의 인플레이션이 고스란히 자국의 인플레이션으로 나타난다는 말이다. 그러므로 미국의 남발로 인한 자산 값의 상승은 대한민국에서도 자산 값의 상승으로 이어졌다. 이는 앞에서 지적했듯이 자산 값이 오르는 게 아니라 돈의 물량이 늘어나 더 많은 돈이 같은 자산을 쫓다 보니 자산 값이 상승한 것처럼 보이는 것이다. 100불 하던 물건이 돈의 양이 두 배로 늘어날 경우 똑같은 자산 값이 두 배인 200불로 올라야 하는 것과 같은 이치이다. 다시 말해 만약 대한민국 통화를 두 배로 늘릴 경우 똑같은 자산의 가격은 그 가치가 반으로 줄어든 돈의 두 배를 받아야 하므로 그 자산 가격이 두 배로 오른 것처럼 보이는 것이다. 그렇기 때문에 고정된 임금을 받는 직장인이나 연금에 의존하는 은퇴자들은 그들의 고정된 임금과 연금이 돈의 가치의 하락으로 구매력이 상대적으로 떨어져 생활이 더 어려워지는 것이다. 반면에 부동산이나 주식을 보유한 자들은 그들의 자산 값이 상대적으로 올라 돈의 가치 하락에 의해 가격이 그만큼 올라 그들의 부가 유지되는 것이다. 이것이 바로 부의 양극화 현상을 일으키는 원인이다. 그러므로 2008년 금융위기 이후, 미국 연준위가 경기활성화를 빙자해 남발한 달러로 그 가치가 하락하였고, 대한민국은 대한민국의 수출경쟁력을 유지하기 위해서 흑자로 벌어들인 달러를 구매하느라 발행된 원화 때문에 대한민국의 화폐량이 늘어나 원화 가치가 하락된 것이 부동산과 주식가격의 상승으로 나타나 상대적으로 고정임금과 연금에 의존하는 직장인들과 은퇴자들은 구매력의 하락으로 연결돼 생활고가 어려워지는 부의 양극화 현상이 진행되고 있는 것이다.

가장 안전한 자산으로 포장된 미국 국채 남발로
세계 최대 채무국이 된 미국

전 세계의 돈인 달러로 모든 국가들의 가치가 설정돼야 한다는 점을 이용해 달러를 과잉 발행할 경우 BIS의 통제를 받고 있는 모든 중앙은행들은 같이 자국의 화폐를 발행해 모든 국가들의 화폐가 동시에 하락한다. 물론 각 국의 중앙은행은 자국의 화폐가 달러 대비 상승하는 것을 막기 위한다는 명분으로 진행된다. 대한민

국 중앙은행인 한국은행 역시 1997년 IMF 이후 국민들의 뜻과 상관없이 BIS의 지시를 따르는 통화정책을 진행하고 있다. 그래서 지배세력은 달러를 이용해 전 세계의 부를 구매(약탈)하는 데 사용해 왔을 뿐 아니라 그도 모자라 대한민국 같은 수출흑자 국가들이 보유하고 있는 달러마저 미국 국채를 주고 빌려다가 그들의 전쟁비용을 충당해 왔다. 그런데도 세계 국가들은 전혀 갚을 의사가 없는 미국의 약속어음(IOU)에 불과한 국채를 세계에서 가장 안전한 자산으로 믿고 보유하고 있다. 그런 식으로 미국은 자유무역 정책 때문에 줄어든 세수에 의한 예산 적자와 제조업의 삭감에 의한 경상적자를 세계 국가들로부터 국채를 주고 빌려온 달러로 충당해 왔다. 그 결과, 미국정부 빚의 규모는 2008년 금융위기 직전 8조 달러였던 총 국채 양이 10년도 채 안 돼 21조로 불어났다. 거기다 연준위는 비밀리 약 16조의 여신을 창조해 은행들에게 무이자 대출을 해주었을 뿐 아니라, '양적완화' 라는 명분으로 '창조' 한 약 4조 달러로 그들의 은행들의 악성부채를 구매해 주어 달러의 가치를 노골적으로 희석시켰다. 그 뿐 아니다. 미국 정부는 사회보장금을 시작한 1935년부터 미국 국민들이 부어온 사회보장 신탁자금(Social Security Trust Fund)과 국민 의료보험(Medicaid)을 다 빌려다 써버린 지 오래이다. 그러므로 미국 정부가 앞으로 책임져야 할 실제 부채는 200조 달러를 능가한다. 이는 도저히 갚을 수 없는 금액으로 미 지배세력은 애초부터 갚을 의사가 없었다.

달러의 붕괴로 세계정부를 설립하려던 지배세력의 계획

지배세력의 계획은 원래 그들의 의정서에서 가르친 대로 세계의 화폐인 달러를 과잉으로 발행해 미국의 도산으로 몰고 갈 계획이었다. 그렇게 해 달러에 의해 그 가치가 측정되는 모든 화폐도 동시에 과잉 발행되야 함으로 전 세계의 화폐를 동시에 하락시켜 세계 국민들의 부를 한꺼번에 갈취할 계획이었다. 그들이 로마제국을 붕괴시킬 때 썼던 동일한 수법이다. 자유무역을 빙자한 약탈정책으로 미국은 외형으로 드러난 부채만도 21조가 되는 도저히 갚을 수 없는 빚을 지고 있는 세계 역사상 최대 채무국으로 전락한지 오래이다. 일본을 포함한 유럽 국가들도 마찬가지이다. 유럽의 국가 부채 위기 직후 그리스를 IMF 자금으로 구제해주는 조건으로 그리스에게 긴축정책을 요구해 국민들의 사회보장금, 은퇴자금을 삭감하고, 소득세를 올리고, 공항, 항만 같은 국영자산을 민영화해 처분해 그들 유럽 은행들에게 진 빚을 상환할 것을 주문했다. 그런 식으로 그들은 세계의 모든 국가들을 그들의 빚의 경제식민지로 전락시킬 계획이었다. 그런 후 미국 정부의 불이행으로 미국 정부의 신용으로 보장하는 미국 달러의 가치를 폭락시킨 후, 그들이 통제하는 IMF의 특별 인출권 SDR로 세계의 모든 통화를 대체시킬 계획이었다. 그런 후 그들은 달러의 붕괴를 그들이 중동에서 시작하려 했던 제3차 세계전쟁 탓으로 돌릴 계획이었다. 이것이 그동안 보이지 않는 세계금융제국을 소유한 지배세력이 그들의 '시온장로들의 의정서'에서 가르친 대로 진행해온 그들의 세계정부를 설립하는 전략이었다.

무산된 그들의 세계정부 설립계획

그런데 그들의 그런 계획을 성사시키기 위해서는 그들이 제도화해 놓은 통화의 유통채널을 독점하는 것이 전제조건이었다. 그들의 의정서에 의하면 인류는 가축이나 다름없는 어리석은 무리에 불과하다. 그러므로 인류는 그들에게 속아 그들이 제도화해 놓은 달러체제에 속해있다는 사실마저 모르고 그들이 발행하는 IOU에 불과한 달러를 위해 경제노예로 살아왔고, 그들은 비밀리에 달러를 발행해 인류로부터 인플레이션이라는 보이지 않는 조공을 걷어왔다. 그리고 그들은 그 계획을 거의 완성시켰었다. 그들은 이제 모든 국가들을 도산시켜 그 국가들의 신용을 바탕으로 발행해온 화폐들의 가치를 동시에 폭락시킬 준비를 진행하고 있었다. 마치 인류가 정부가 깔아놓은 전기 그리드에 연결돼야 없어서는 안 되는 에너지를 공급받을 수 있듯이 인류가 생존하는데 없어서는 안 되는 돈을 공급받기 위해서는 없어서는 안 되는 돈의 유통 채널인 통화체제를 그들이 설립해 놓은 보이지 않는 금융제국이 독점하고 있었다. 지배세력은 그들이 독점하고 있는 달러통화체제로 이미 북한과 이란, 이라크, 러시아를 제외시켜 세계경제에서 고립시키는 무기로 사용해 왔다. 그러므로 전 세계의 통화인 달러를 그들이 붕괴시켜 전 세계경제가 혼란스러워져 모든 무역이 중단되고 돈의 가치가 폭락해 식량과 에너지를 구입할 자금이 없게 된 인류가 생존의 위기에 처했을 때 달러를 IMF가 발행하게 될 통화인 특별인출권 SDR로 대체할 준비를 해 왔던 것이다. 그런데 그들이 독점해야 하는 통화체제를 대체할 새로운 통화체제를 중국과 러시아가 구축함으로 그들의 계획을 한 방에 무산시킨 것이다. 그들이 세계정부를 설립해 인류를 노예화시키기 위해서는 그들이 필히 독점해야 하는 통화체제 자체를 대체할 새로운 브릭스 통화체제를 구축하고 나옴으로 중국과 러시아는 그들의 세계경제를 붕괴시키는 계획의 전제 조건인 그들이 독점해야 하는 통화체제 자체를 무용지물로 만들어 버린 것이다.

그들의 계획에 의해 도산으로 몰고 가던 국가들을
거꾸로 소생시켜야 하는 이유

그러므로 지배세력은 이제 그들의 세계정부 설립을 위해 도산으로 몰고 가던 모든 국가들을 거꾸로 소생시켜 도산을 막아야 하는 처지가 됐다. 국가들의 도산은 곧 자신들의 은행들의 도산으로 이어질 것이기 때문이다. 중국과 러시아가 구축해 놓은 브릭스 통화체제가 존재하는 한, 도산한 국가들은 그들에게 진 빚을 불이행하고 브릭스 통화체제로 합류해 자국의 화폐로 다시 시작하면 되기 때문이다. 그때부터 세계지배세력은 그들이 전 세계를 노예화하기 위해 진행해 온 모든 전략이 부메랑이 돼 오히려 그들의 붕괴를 가속화하는 결과를 불러왔다. 그들은 이제 파생상품을 이용해 달러와 유로의 수요를 늘려가기 바빴다. 폰지 사기극이 계속되려면 그 사기에 말려드는 피해자의 수가 매번 늘어나야 하는 것과 마찬가지로 그들은 파생상품으로 인위적인 달러의 수요를 창조한 후 대출로 돈의 양을 늘려 거품이 빠지는 것을 막아왔다. 거기다 그들은 노골적으로 '양적완화' 라는 이름으로 달러, 유로, 파운드, 엔같이 아무 비용도 안 들이고 발행하는 돈으로 모든 악성부채를 사들여 다시 거품을 조성해 은행들의 자산 가치를 부풀려 자신들의 은행들이 건전하다고 세계를 속이기에 급급해졌다. 그들이 새롭게 창조하는 여신은 그들이 소유한 대기업들과 헤지 펀드가 빌려 자회사의 주식을 구입해 주식가치 대비 수익이 높게 보이도록 속이는데 사용되고 있다. 또한 헤지 펀드는 주식과 부동산을 구매해 그 주식과 부동산 가격에 거품을 형성해 부가 늘어나는 것처럼 꾸며 경제가 활성화되고 있다고 그들의 언론을 통해 거짓 선전하고 있다. 그들이 부풀려 놓은 주가는 그 기업의 연 수익에 수십 배가 되는 불합리적인 가격이지만 다급해진 그들은 그들의 언론을 통해 부풀려진 주가가 당연한 것처럼 속이고 있다. 그들은 이제 금리가 오르지 못하게 연준위, 유럽중앙은행, 일본중앙은행을 통해 비밀리에 돈을 찍어 모든 국채를 구입하고 있다. 동시에 그 국가들의 이자 부담을 줄이기 위해 마이너스 금리라는 자연의 이치를 역행하는 정책을 진행하고 있다. 인류 6000년 역사상 돈을 빌려주고 거꾸로 빌려 간 사람에게 이자를 지불하는 사례는 그 어디에도 없었다. 그런데도 그들의 세뇌공작에 완벽히 넘어간 인류는 도산 직전에 다다른 그들이 국가들의 이자 부담을 덜어주기 위해서 마이너스 금리까지 들고나와야 하는 다급한 상황이라는 사실을 간파하지 못하고 있다. 겉으로는 국채와 주가가 오르고 있는 것처럼 보이지만 실제로는 다급해진 중앙은행들이 국가들의 주식시장과 채권시장에 개입해 비밀리에 돈을 찍어 구매하여 거품이 빠지지 못하게 하고 있다. 그러면서 미국은 늘어나는 경상적자와 예산적자를 충당하기 위해 발행하는 국채를 구입할 국가들이 없어지자 연준위가 돈을 찍어 직접 구입하는 바나나 공화국으로 전락했다. 유럽의 ECB도 마찬가지이고 1990년주가 붕괴이후부터 그런 식으로 돈을 찍어 니케이 주식의 대부분을 소유하고 있는 일본 중앙은행은 말할 나위도 없다. 다만 그들이 소유, 통제하는 언론을 이용해 그들의 이 다급한 정황을 은폐하고 있는 게 현실이다. 그러나 이 사실을 국제사회가 알아차리는 순간 달러, 유로, 엔, 파운드를 발행하는 국가들의 신용이 추락함과 동시에 그 가치가 폭락하는 것은 이제 시간문제인 것이다. 앞에서 이미 지적했듯이 2008년 미국발 금융위기와 2009년 중국과 러시아의 브릭스 연합이 구축한 새로운 통화체제는 세계지배세력의 종말을 선언하는 징표로, 지배세력이 경제전쟁에서 완패했음을 입증하는 역사적인 사건이었다. 그러나 지배세력의 언론에 의존하도록 길들여진 인류는 그들의 언론이 은폐하는 바람에 그 사실을 인지하지 못하고 있다.

다급해진 IMF가 제안한 국민들의 예금을 갈취해
은행들을 구제하려는 방안

그러면서 그들은 2008년 위기사태를 방지한다는 취지로 만든 도드 프랭크 (Dodd Frank) 법안에서 더 이상 정부의 구제를 받지 못한다는 조항과 함께 은행들에게 또다시 그런 위기가 발생할 경우, 예금주의 돈을 은행들의 우선순위 부채를 갚는데 사용해도 된다는 법을 그들이 통제하는 의회를 통해 통과시켰다. 그 말은 은행에게 맡겨둔 예금은 아무 담보 없이 은행들에게 빌려준 자금으로 간주돼 은행들의 도산 위기 시 그들은 국민들이 맡겨놓은 예금으로 그들의 우선순위 부채를 갚아도 된다는 어처구니없는 이론이다. IMF가 공식으로 건의한 '안에서부터 구제한다'는 뜻을 의미하는 'Bail-in' 이라고 알려진 이 법은 이미 미국을 포함한 유럽 국가들은 통과시켜 놓은 상태이다. 유럽연합에서는 정부의 구제

(Bail-out)를 받기 위해서는 예금주들의 돈을 먼저 압류해 부채를 갚고 난 후에 구제신청을 할 수 있다는 조항이 이미 법으로 존재한다. 유럽 국가들 중에서 아직 재정이 건실한 독일이 독일의 은행들을 구제해서라도 자국의 건전성을 유지하는 정책을 진행하지 못하고 있는 이유이다. 만약 국민들의 예금을 먼저 강탈하는 그런 법을 집행할 경우 국민들이 들고일어날 것이 뻔하기 때문이다. 테러와의 전쟁을 빙자해 테러방지법으로 경찰을 군대식으로 무장시키는 데까지는 성공했지만, 유럽 시민들의 예금을 그런 식으로 노골적으로 갈취하는 결정을 내릴 경우 혁명이 일어날 수 있다는 사실을 알기 때문이다. 지배세력의 하수인들까지도 중국과 러시아가 구축해 놓은 새로운 통화체제 때문에 지배세력의 통화를 붕괴시켜 국민들의 부를 갈취한 후 새로운 세계화폐를 도입해 인류를 그들의 세계정부에게 의존하게 만들려던 세계정복 계획의 실현이 불가능하다는 현실을 잘 알고 있기 때문이다. 그러므로 그들의 유로 역시 붕괴하는 것은 시간문제이다.

세계지배세력의 무력함이 입증된 그리스 금융 위기 사태

그리스 정부의 긴축정책에 대한 국민들의 반발

유럽에서 2009년 시작된 국가부채 위기로 인한 국채금리 급등으로 제일 먼저 국채 디폴트 위기를 겪었던 그리스에서 2015년 또다시 위기가 발생했다. 그동안 그들이 유럽중앙은행 ECB가 발행하는 유로로 경제를 지탱해왔으나 유럽연합에 종속돼 자국의 화폐로 평가절하를 하지 못하는 그리스는 평가절하 대신 국민들의 임금을 약 20% 낮추어야 했고 그 결과 경제 규모가 줄었고 실업률은 25% 이상으로 증가했다. 줄어드는 세수로 정부의 예산을 대거 삭감했을 뿐 아니라 세금을 12차례 올리고 공항, 항만 같은 공공기업들을 민영화해 매도해야 했다. 그러나 그런 긴축정책으로 악순환에 들어선 그리스의 경제는 더 나빠졌다. 그리스를 구제한다는 명분으로 2010과 2012년, IMF, 유럽중앙은행, 유럽연합이 공동으로 제공한 구제 대출은 그리스의 국채를 보유한 은행들에게 진 빚을 갚는데 고스란히 지불됐고 그 결과 그리스의 빚만 더 늘어났다. 결국 그리스는 IMF로부터 받은 대출을 갚을 여력이 없어 2015년에 또다시 디폴트의 위기를 맞았다. 그때 그동안 그리스의 극좌파 소수당으로 IMF 구제 조건을 거부하고 나섰던 알렉스 치프라스(Alex Tsipras)가 이끄는 시리자(Syriza)당은 2015년에 있었던 조기선거(Snap Election)에서 다수를 차지해 정권을 잡았다. 그와 동시에 그리스가 IMF, 유럽중앙은행, 유럽연합으로 구성된 트로이카(Troika)가 제시하는 긴축정책을 받아들여야 할지, 아니면 거부하고 디폴트를 해 유럽연합에서 탈퇴해 자국의 통화로 돌아가야 할지를 국민투표로 붙였다. 지배세력의 은행들을 2015년 7월 5일에 실시된 국민투표에서 61%의 그리스 국민들이 정부가 트로이카가 제시한 구제를 거부하고 디폴트할 것을 요구했으나 치프라스는 국민들의 뜻을 어기고 트로이카의 구제를 받아들였다. 치프라스 정부의 재무장관으로 트로이카의 파격적인 채무삭감이 없을 경우 국민들이 트로이카의 구제를 거부할 것을 강력히 권고했던 야니스 바루파키스(Yanis Varoufakis)는 치프라스 정부가 구제를 받아들이기로 결정한 그

다음날로 트로이카의 요구에 의해 사임했다. 7월 13일에 치프라스는 트로이카와 3번째 구제 금융을 받아들이기로 합의했다.

> 유럽중앙은행을 포함한 트로이카가
> 그리스의 금융을 동결시키지 못한 이유

원래 트로이카는 2015년 1월에 그들의 구제 제안을 거부하며 들어선 치프라스 정권이 국민투표로 구제를 받아들일지를 결정하겠다고 하자 금융을 동결시켜 정부를 마비시키려 했다. 그러나 계속 연기를 해주며 그리스에게 유동성을 제공해 주어야 했던 이유는 러시아와 중국을 의식했기 때문이었다. 러시아는 치프라스 정부에게 그리스와 발칸반도를 통해 유럽으로 연결되는 가스 파이프라인을 설치할 것을 제안했고 중국은 같은 지역에 유럽과 연결시킬 고속 철로를 제안했다. 그리스는 지정학적으로 유럽의 동과 서를 연결하는 중요한 요지이다. 또한 그리스가 유럽연합에서 탈퇴할 경우 PIIGS로 알려진 포르투갈, 아일랜드, 이태리, 스페인의 탈퇴로 연결돼 유럽연합의 붕괴로 이어질 상황이었다. 그리스가 감히 유럽의 트로이카에게 대항하고 나설 수 있었던 이유는 당연히 중국과 러시아가 구축해놓은 브릭스 연합의 통화체제가 있었기 때문이었다. 고로 지배세력은 그리스를 러시아와 중국에 넘어가게 둘 수가 없기 때문에 그리스를 달래는 쪽으로 가야 했던 것이다. 거기다 이미 그리스 국민들은 그들이 소유한 은행들의 경제노예로 전락할 바에는 유럽연합을 탈퇴하겠다는 의사를 확실하게 밝혔다. 아이슬란드가 지배세력을 대항할 수 있었듯이 그리스가 감히 지배세력을 상대로 벌인 벼랑 끝 협상 역시 러시아와 중국이 지배세력의 통화체제를 대체할 수 있는 브릭스 연합 체제를 구축해 놓았기 때문에 가능했다. 지배세력은 그리스에게 요구하는 긴축정책을 완화시켰을 가능성이 높다. 왜냐면 외형적으로는 치프라가 국민들의 뜻을 저버린 것인지 아니면 트로이카의 위신을 살려주면서 시간을 더 벌기 위한 작전인지는 아직은 알 수 없다. 한 가지 명백한 것은 지배세력의 모든 국가들을 그들의 경제식민지로 만들어 그 국가들을 도산시키려고 준비해 온 그들의 계획이 중국과 러시아에 의해 무산되었다는 사실이다.

지배세력이 그리스에게 채무면제를 해줄 수 없는 이유

세계지배세력은 유럽연합의 전체 경제규모에 5%밖에 안 되는 그리스에게 그리스인들이 요구하는 파격적인 채무면제(Debt forgiveness)를 해줄 수 없다. 그 이유는 그리스 다음으로 PIIGS 국가들 역시 채무면제를 요구할 것이기 때문이다. 그들이 유럽연합을 구축하며 모든 유럽 국가들을 통제하기 위해 그 국가들이 국채를 발행해 그들의 은행으로부터 빌리게 만들어 놓은 제도가 거꾸로 그들이 보유하고 있는 유럽 국가들의 부채를 탕감해 줄 경우 그들의 은행들의 자산가치가 감소돼 재무제표상의 도산을 초래하게 될 것이기 때문이다. 외형적으로는 그리스가 트로이카의 지시를 따르는 것처럼 보였지만 실제로는 트로이카가 그리스에게 구제를 안 해 줄 수 없는 상황이었다. 그리스가 디폴트 할 경우 포르투갈, 아일랜드, 스페인, 심지어 이태리, 프랑스마저도 디폴트를 선택할 것이고 그럴 경우 그 국가들의 국채를 보유한 독일은행들도 도산을 면치 못하게 돼 있기 때문이다. 그러므로 이제 지배세력은 중국과 러시아가 구축해 놓은 통화체제에 의해 경제전에서 완패했다. 이제 그들이 판을 뒤집을 수 있는 유일한 방법은 미국의 군사력을 이용한 무력으로 이다.

29. 세계지배세력을 고립시키는 전략

29. 세계지배세력을 세계경제에서 고립시키는 중국과 러시아의 전략

　지배세력의 언론을 이용해 조작된 정보로 세계를 속이는 수법과 여신을 창조해 즉 돈을 찍어, 빚으로 무너지는 경제를 지탱시키는 수법이 오래가지 못한다는 사실을 잘 아는 중국과 러시아는 이제 지배세력을 경제적으로 고립시키는 작전에 몰입했다. 실물경제를 활성화할 수 있는 유라시아 개발 사업으로 아시아로부터 중동과 아프리카를 관통해 유럽으로 연결하는 신 실크로드가 될 고속 철도사업과 해운, 통신망과 도로로 연결되는 인프라 건설에 투자하며 세계 모든 국가들을 그들의 진영으로 끌어들이는 전략이다. 앞에서 언급했듯이 중국과 러시아는 우선 다섯 회원국 사이에 일어나는 무역은 자국의 통화로 직거래를 함으로 달러를 배제시켰다. 이제 전 세계의 GDP의 20%에 달하는 무역이 달러를 사용하지 않음으로 달러의 수요는 그만큼 줄어들었다. 그 핵심 국가들 외에도 약 120개국이 준회원으로 가입하려고 기다리고 있었고, 최근에는 그 수가 180개국으로 늘어났다. 예전 같으면 상상을 할 수 없는 일이 벌어진 것이다. 세계 국가들은 이제 중국과 소련의 위상을 인정한 것이다. 중국은 그동안 지배세력과 유연한 유대 관계를 유지했지만 그것은 중국인들의 고유의 수법이었다. 중국은 뒤떨어진 산업기반 때문에 지배세력에게 아편전쟁에서 패한 후, 약 1세기 반을 걸쳐 그들의 지배를 받아야했던 경험을 교훈삼아 내실을 다지며 때를 기다려 왔다. 더욱이 중국은 많은 국가들과 통화스왑을 체결해 직거래를 할 수 있는 여건을 마련하여 달러를 무역결제에서 배제시키는 작업을 확산해 나갔다.

중국의 무역흑자로 실제 부를 늘리는 정책

또한 중국은 그때부터 흑자로 벌어들이는 달러를 미국의 국채 대신 전 세계를 다니며 자연자원을 구매하는 자원외교로 2008년 사태 이후 실물경제가 침체돼 있는 국가들의 자원을 구매하며 실물경제를 활성화시키는데 기여했다. 이는 중국이 경상 흑자로 벌어들이는 달러를 철, 구리, 알루미늄, 시멘트 등의 실물로 교한해 축적하는 정책이기도 했다. 그리고 중국 국내에서도 기관시설 투자로 경제 활성화 정책을 주도했고 엄청난 규모의 아파트 주택건설과 관련 교통시설 등을 포함한 기관시설에 투자했다. 지배세력이 소유한 언론은 중국의 이런 투자를 유령도시를 지어가며 낭비하고 있다고 비하하는 보도를 했다. 그러나 중국의 그런 개발투자는 서부국가들이 돈을 발행해 주식을 구매하며 거품을 조성하는데 사용하고 있는데 비해, 실제 시설에 투자를 함으로 일자리 창출은 물론이고 그 투자가 국가의 실질 부를 창조하는데 사용됐다. 그 말은 천만 불을 발행해 천만 불의 가치가 있는 아파트 단지를 건설하면 그 돈을 발행한 만큼 국가의 부의 일부가 되는 아파트가 생김으로 국가의 부가 늘어난 것이다. 중국은 아직도 시골에 거주하는 국민들을 수용할 아파트 공급이 부족함으로, 그런 시설을 지어놓으면 얼마든지 수요가 있어 채울 수 있다는 걸 알고 내린 계산된 투자로, 실제로 그 건설이 끝난 후 그 '유령의 도시'가 채워지고 있다는 사실은 그들의 언론은 보도하지 않고 있다. 더욱이 중국은 내수시장을 키우고 있어 매년 국내소비가 10%씩 증가하고 있다. 결국 2008년 위기 이후 모든 중앙은행들이 돈을 찍어 악성부채를 사들이고 주식과 채권시장의 붕괴를 막기 위해 주식과 채권을 사들여 거품을 조성하며 부의 양극화현상을 초래하고 있을 때 중국은 새로 발행된 돈으로 실질 자산을 늘리고 자원과 자제를 구입해 국가를 개발했을 뿐 아니라 그로 인해 전 세계의 경제를 미국 대신 끌고 가는데 기여했다.

미국을 고립시키는 중국의 유라시아 개발 정책

그러면서 중국의 에너지 수요를 자급자족할 수 있도록 구소련 국가인 카자흐스탄에서 중국으로 원유 파이프라인을 설치하였고, 투르크메니스탄에서 중국으로 연결하는 가스 파이프라인, 그리고 러시아에서부터 중국으로 오는 원유 파이프라인을 설치했다. 우주베키스탄, 타지키스탄과 키르기스스탄을 통과하는 중앙아시아의 파이프라인도 2013년에 완공했다. 그럼과 동시에 중국은 중국에서부터 카자흐스탄을 거쳐 이란으로 연결하는 철도를 설치해 중앙아시아 전역을 철로를 이용해(항공보다 싸고 해항보다 빠르게) 교역을 할 수 있는 루트를 2016년 2월에 개통했다. 미국 대륙이 개발될 당시에도 대륙을 관통하는 철도를 먼저 지어 모든 지역을 연결시켜 가능했듯이 중국은 유라시아 전역을 연결시키는 철로와 에너지 파이프라인으로 인프라를 설치했다. 이미 중국은 아시아 개발은행, 세계은행, 유럽 개발은행들을 유라시아 개발사업에 끌어들여 터키, 독일을 포함한 유럽국가들 역시 이미 유라시아 개발에 초점을 맞추어 온 지 오래이다. 중국이 주도해 온 중앙아시아를 연결시키는 철도 네트워크는 중국서부터 벨로루시, 러시아, 카자흐스탄을 거쳐 유럽과 연결돼 유라시아 교역을 더욱 활성화할 것이다. 거기다 중국은 460억 달러를 들여 중국과 파키스탄을 연결시키는 경제복도(economic corridor)를 개발해 인도와의 분쟁지역이었던 카슈미르(Kashmir)를 통과할 계획이다. 지배세력이 통제하는 미국만 이 거대한 68개국이 참여하고 44억의 인구와 전 세계 GDP의 40%를 이미 능가하는 유라시아 지역의 개발 사업에서 고립돼 있을 뿐 아니라 오히려 중동에서 유라시아의 개발을 군사적으로 차단시키려 방해해 왔다.

지배세력의 포함외교를 무력화시키는 중국의 금전외교

중국은 세계지배세력을 고립시키는 전략으로 일찍부터 중동과 아프리카에 공을 들여왔다. 중국은 세계지배세력의 경제식민지 정책을 뒤집는 길은 그들에 의해 약탈당해온 자연자원을 보유한 국가들을 중국의 세력권으로 편입시키는 것이었다. 그래서 일찍부터 중국은 유엔과 세계은행의 회원국가이며 지배세력의 천대를 받아왔던 저개발 국가들에게 경제지원과 투자를 해오며 국가적 신뢰를 쌓아왔다. 또한 자원외교로 자연자원을 보유한 국가들의 자원을 구매하고 그 지역에 산업 기반 시설 개발에 필요한 자금을 대주고 공동투자로 그 국가들의 환심을 사 왔다. 거기에 비해 세계지배세력은 경제거품이 빠지는 바람에 위기에 처한 그들의 은행들을 구제하는 정책과, 중동과 아프리카지역을 전쟁으로 파탄에 빠트려 약탈하는 정책에 열중해 왔다. 즉 중국과 러시아는 지배세력의 포함외교(Gunboat Diplomacy) 대신 금전외교(Checkbook Diplomacy)로 새로운 시장을 개척해 왔다. 자연자원이 풍부한 중동과 아프리카가 발전하지 못했던 이유는 세계지배세력이 그들의 하수인들을 정권에 앉힌 후 그 국가들의 자원을 약탈하며 그 국가들을 식민지로 지배해왔었기 때문이다. 그리고 그 국가들의 이익을 추구하는 정권은 그들의 CIA를 이용해 전복시켜왔다.

거기에 비해 불과 30년 만에 세계 경제제국 1위인 미국을 제치고 세계의 공장으로 부상한 중국은 1990년대부터 자연자원이 풍부한 아프리카를 공약해 왔고, 2008년 이후 미국의 국채를 처분해 아프리카 국가들과의 교역을 늘려왔다. 세계지배세력의 아프리카 정책은 식민지 정책의 연속이었다. 그들은 일찍부터 그 지역의 독재정권을 이용해 그 지역을 고의로 개발을 하지 못하게 하여 아프리카 주민들을 기근 속에 살게 만든 후 자원을 약탈해왔다. 그들의 식민지 정책과 대조되게 중국은 아프리카 국가들에게 그때까지 상상도 하지 못했던 철도와 항만시설, 공항 등의 인프라 개발에 필요한 자금을 투자해 그 국가들로부터 환영을 받아왔다. 지배세력은 그런 중국의 개발 사업을 자연이 풍부한 국가들인 콩고(Congo), 앙골라(Angola), 가나(Ghana) 등에게 기관시설을 개발하는 대출을 해 준 후 중국의 건설 회사들이 돈을 벌어 가며 아프리카의 자원을 약탈하는 제국주의 정책을 진행하고 있다고 허위 보도했다. 2008년에는 이런 중국의 정책을 방해, 견제하는 목적으로 갑자기 미군의 아프리카 사령부를 설치했고 그때부터 그들이 배후에서 조종하는 테러 단체들을 침입시켜 말리, 소말리아 같은 국가에서 내전을 일으키고 자원을 약탈했다. 그러나 중국 장안에서 시작해 로마제국까지 연결시켜 인류의 가장 오래된 국제무역의 네트워크였던 실크로드를 이용해 19세기까지 중국이 세계의 가장 부유한 나라였던 이유는 중국의 교역 때문이었다. 도저히 그들의 동인도회사로 무역으로 중국과의 경상적자를 줄일 수 없자, 그들은 영국군대를 앞세워 아편전쟁으로 굴복시킨 후 강제로 아편을 수출해 중국을 약탈해야 했듯이, 중국의 국제무역은 막강했었다. 중국은 2014년 IMF 보고서에서 발표된 대로 이제 다시 교역으로 미국의 경제를 능가해 세계 제1의 경제국의 자리를 되찾았다. 이 사실 역시 지배세력의 언론은 은폐하고 있어 세계는 모르고 있다. 그러면서 중국의 투자로 아프리카에는 아프리카 역사상 최초로 그 지역을 연결하는 고속철도(high speed rail)와 최첨단 통신망이 설치되고 있고 중국은 그 지역의 자원개발은 물론 비행장, 항만시설, 그리고 제조업에 투자해 그 지역의 경제를 활성화시켜, 유라시아처럼 그들의 교역을 위한 새로운 시장을 개척하고 있다. 지배세력의 전형적인 분할통치로 지배해 온 수법과 대조되는 공생 정책으로 아프리카에서도 지배세력을 고립시키고 있다.

중국이 세계에 제시하는 중국식의 해결책(Chinese Solution)

러시아가 2015년 9월 30일부터 시리아 전쟁에 참전한 지 불과 3개월 만에 ISIS를 격파해 전세를 뒤집은 후인 2016년 1월. 중국의 시진핑은 중동지역을 순방해 이집트, 이란과 사우디아라비아를 방문했다. 시 주석은 그동안 전쟁에 시달려온 중동지역을 중국식 해결책(Chinese Solution)인 협력과 대화로 개선할 것을 제안했다. 그는 그래야만 중동지역이 경제개발을 통한 안정과 평화를 추구할 수 있다며 시진핑은 미국의 철수로 생길 중동에서의 권력공백을 중국이 메꾼다거나 그 지역에 중국을 대리할 국가를 선정할 의사가 없음은 물론, 각 국가들의 국내정치에 간섭할 의사도 없음을 밝혔다. 그 대신 중국은 투자와 경제지원으로 중동지역을 발전시키는데 기여할 것이고, 중동국가들이 중국이 주도하고 있는 '일대일로' 프로젝트에 동참할 것을 제안했다. 그와 관련해 철도, 도로, 공항 및 항만건설, 전력 발전소, 통신 등의 투자와 지원을 약속했다. 중국의 이러한 계획들은 세계지배세력의 자원약탈 경제식민지 정책과 판이하게 대조됐고 중동국가들의 대대적인 호응을 받았다. 사우디아라비아 방문 때에는 5년 전인 2011년 서부 국가들이 경제난으로 철수했던 정유공장 건설에 중국이 대신 100억 불을 투자해 완성된 정유공장의 준공식에 참석했다. 이란 역시 이란의 핵 협약을 성사시키는데 기여한 중국의 공헌을 치하했고 이집트도 그동안 중국의 일관된 투자와 지원이 중국이 개발 국가들의 신뢰와 신용을 얻게 됐음을 인정했다.

미국 페트로 달러의 기축통화 지위를 무력화시키는 전략

지배세력의 지배에서 벗어난 중국과 러시아는 이제 제2차 대전 이후 지배세력의 경제적 지배를 가능하게 했던 세계 기축통화인 달러를 대체할 수 있는 새로운 통화체제를 구축해놓았을 뿐 아니라, 지배세력이 경제제재 무기로 사용해 온 국제결제 시스템 스위프트(SWIFT)를 대체하는 국제 결제시스템 칩스(CIPS)도 설치, 가동시켜 놓았다. 거기다 중국과 러시아는 달러의 급소인 원유판매의 결제수단인 달러체제를 붕괴시키는 결정타가 될 원유

를 중국의 위안으로 판매하는 상해 에너지 선물시장을 준비해 왔다. 만약 지배세력의 속국으로 달러로만 원유를 팔아야 했던 사우디아라비아를 포함한 중동 산유 국가들이 원유를 달러 대신 위안으로 팔기 시작할 경우, 달러의 기축통화 지위는 무너지게 돼 있다. 그러므로 지배세력의 약탈정책 대신 투자와 개발 정책을 추진하고 있는 중국과 러시아가 사우디아라비아의 안보만 보장해 줄 수 있다는 확신을 줄 경우, 사우디를 포함한 나머지 국가들도 자국의 이익을 위해 달러를 버릴 준비가 돼 있는 것이다. 시진핑이 순방한 지 3개월도 안 된 2016년 3월에 사우디아라비아의 살만왕(King Salman)이 중국을 방문했고, 같은 해 8월에는 살만왕세자(Crown Prince Salman)가 중국을 방문했다. 그 후 10월에는 사우디와 중국의 특수부대가 15일간 합동훈련을 하였다. 살만왕세자는 비전(Vision) 2030이라는 야심 찬 경제개발 계획을 통해 원유수출에 의존된 사우디아라비아의 경제를 다양화된 산업으로 발전시킬 계획을 성사시키기 위해서는 중국의 유라시아 개발프로젝트와의 연대는 필수적이라는 사실을 잘 알고 있는 것이다.

30. 지배세력에 의해 억제돼 온 금의 부활

30. 지배세력에 의해 억제돼 온 금의 부활

금값을 억제해 온 이유

경제전쟁의 일환으로 중국과 러시아는 지배세력이 그들의 의정서에서 자신들이 다 소유하고 있다고 자랑했던 금을 조용히 구입해 왔다. 19세기 당시 중국과 러시아가 세계의 가장 부유한 국가였던 이유는 세계에서 가장 많은 금과 은을 보유했었기 때문이다. 지배세력이 유럽의 중앙은행과 미국의 중앙은행을 소유할 수 있었던 이유도 그들이 시온장로들의 의정서에서 자랑했듯이 유럽의 금을 다 소유했기 때문이었다. 실은 그들이 아편전쟁을 일으켰던 이유도 중국이 통화로 사용하는 은을 몰수하기 위해서였다. 왜냐면 은 역시 금과 마찬가지로 인류의 6,000년 역사 동안 돈으로 사용돼 왔기 때문이다. 은이 존재하는 한 금을 바탕으로 하는 그들의 통화로 세계의 화폐 발행권을 독점하는데 걸림돌이 됐다. 그들은 1863년 미국이 은을 많이 발굴해 은을 통화로 사용하자, 은을 돈으로 쓰지 못하는 법안을 통과시켜 은값을 떨어트려 미국경제를 붕괴시킨 후, 미국인들로부터 모든 은을 헐값에 몰수했던 경력이 있다. 그리고 그들이 통제하는 언론에서는 보도되지 않았지만 지금까지도 은값을 조작하고 있다는 사실을 2016년 도이치 은행이 미국 뉴욕법정에서 공개적으로 인정했다. 그러면서 제이피모건, HSBC, 시티은행 등도 연루돼 있다고 시인했다. 그리고 합의 조건으로 그들에 대해 증언하겠다고 했으나 그 후 지배세력의 개입으로 더 이상 거론되지 않고 있다.

지배세력의 아킬레스건인 은

그들은 오히려 은밀히 은값에 더 집착을 하고 있다. 은에 대해서만 평생을 연구해 온 찰스 사보이(Charles Savoie)는 그의 Silverstealers.net에 필그림 소사이어티(Pilgrim Society)라는 비밀사회가 은을 조작해 온 역사를 잘 분석해놓았다. 그 이유는 금과 달리 은이 현재 더 귀하기 때문이다. 금은 그대로 보유돼 왔는데 비해, 은은 여러 용도로 사용돼 온 이유로 지구의 남은 양이 금에 비해 더 적다. 은은 약재로도, 사진 현상에도, 미사일에도, 그리고 컴퓨터와 핸드폰에도 사용돼 왔다. 원유 다음으로 가장 용도가 많은 자원이다. 그럼으로 은의 수요가 늘어날 경우 그들이 조작해온 사실이 판이하게 드러나게 돼 있으므로, 그들이 통제하는 언론과 학계를 통해 금과 은을 일종의 구리, 철 같은 원자제정도로 생각하게 인류를 세뇌시켜왔다. 현재 금과 은의 발굴량이 약 10대 1인데 비해, 금 대비 은값은 약 80대 1이다. 더군다나 지금 지구상 존재하는 은의 양은 금의 절반도 안 된다. 그러니 산업에도 사용되는 두 가지 용도를 소유한 은의 가치는 1대 1도 가능한 것이다. 미국의 베어스턴(Bear Sterns) 투자은행이 2008년 초에 제일 먼저 희생됐던 이유는 그 은행이 은을 공매도한 한 후 가격이 상승하자 실물 은으로 지불할 능력이 없었기 때문이다. 베어 스턴을 50분의 1의 가격으로 인수한 제이 피 모건 체이스은행(JP Morgan Chase)이 새로운 공매도로 다시 은 가격을 떨어트리는 데 성공했었다. 그리고 현재까지도 은을 가장 많이 보유하고 있고, 미국 재무부의 에이전트 자격으로 미국 달러의 안정을 도모한다는 명분으로 금과 은 가격을 은밀히 조작하고 있다. 그런데 2014년 뉴욕의 가장 노른자위 빌딩으로 뉴욕 연준위 은행과 지하로 연결돼 있고 금을 비축할 수 있는 연준위 다음으로 가장 큰 금괴창고가 있는 JP 모건은행 사옥이, 실제 가격보다 훨씬 싼 가격으로 중국이 소유한 기업으로 넘어갔다. 그 이유가 1999년 중국이 WTO를 가입할 당시 그들이 은 가격을 조작하는 데 필요한 대량의 은을 중국으로부터 대여 받았다가 갚지 못해서라고 한다. 그리고 현재 그 은행이 보유하고 있는 대량의 은은 중국의 대리인자격으로라고 한다. 그들은 자신들이 9·11을 계기로 시작된 테러와의 전쟁으로 중동을 장악한 후 세계경제를 붕괴시킬 계획으로 중국의 은을 돌려줄 의도가 없었을 것이다. 그러나 중국은 그런 경우를 대비해 그 빌딩을 담보로 잡아 놓았지 않고서는 JP 모건이 그들의 본부빌딩을 시세보다 싼 가격으로 넘겨주었을 리가 없다.

지배세력이 선물시장을 이용해 조작해 온 금과 은값의 실상

지배세력은 그들의 달러가 희석되고 있다는 사실을 드러내는 금과 은의 가격을 조작하기 위해 금과 은값을 체계적으로 조작해 금과 은값의 인상을 억제해 왔다. 1960년대에 불란서를 포함한 유럽 국가들이 금을 퇴환해 가기 시작하자 1968년에는 약 9,000톤의 금을 시장에 대량으로 쏟아내 보았으나 시장은 바로 흡수해 버렸다. 물론 그런 식으로 지배세력 자신들이 정부의 금을 사들였는지는 알 수 없다. 여하튼 가격을 떨구는 효과가 없었고 하는 수 없이 닉슨이 1971년 금과의 연계를 일방적으로 끊었던 것이다.

앞에서 미국은 1933년부터 금의 소유를 불법화하고 국민들이 보유한 모든 금을 압수했었다. 그 직후 금값을 온스에 22불에서 온스에 35불로 올렸었다. 그런데 1975년 그들은 금 소유 금지법을 폐지하고 국민들이 다시 금을 소유하는 것을 허용했다. 그 대신 지략에 능한 그들은 금과 은을 뉴욕상품 거래소인 COMEX에서 거래되도록 하여 '시장'이 가격을 정하도록 하였다. 원래 금과 은 가격은 영국은행의 실소유주 로스차일드가 주가 된 런던 금은거래소(London Bullion Market)에서 그들끼리 비밀리에 임의적으로 결정해왔었다. 그러나 1975년부터는 금과 은에 대한 선물 계약으로 거래되도록 제도화 했다. 그들은 그렇게 해 만일 금에 대한 수요가 급증해 가격이 오르려 할 경우 선물시장에 무차입 공매도계약(naked short sale)을 쏟아내 가격을 임의적으로 떨어트렸다. 존재하지도 않는 금을 마치 소유한 것처럼 공매도 계약을 쏟아낸 것이다. 그리해 정상적으로 구매계약을 했던 자들은 손해를 보고 그들이 공매도로 떨어트린 더 싼 가격으로 그들이 금을 사들이는 방법으로 가격을 그들이 원하는 가격에 유지시켜왔다. 그렇게 해 만약 금 현물 배달을 요구할 경우 금 대신 현금으로 지불했다. 그들은 그러므로 소량의 현물 금과 은으로 선물시장에서 금과 은값을 조작해 왔다. 그들은 금을 보관하는 보관비용이 들기 때문에 현물배달을 요구하는 경우가 드물다는 점을 이용한 것이다. 그럴 경우를 대비해 그들이 보관하고 있어야 하는 금의 양은 은행의 부분준비 제도처럼 훨씬 더 적어도 됐다. 거기다 그들은 계약서 자체에 만일 천재지변 등 때문에 금이나 은 현물을 구할 수 없는 상황이 벌어질 경우에는 책정된 가격만큼 달러로 지불할 수 있다는 조항을 삽입했다. 그 말은 금을 만약에 대비해 구매한 투자자들이 금을 진작 요구할 때는 금 대신 달러로 지불할 수 있도록 하는 그들의 속임수에 넘어간 것이다. 심할 때는 그들이 보관하고 있는 금 대비 선물계약이 300 대 1이 넘었고 2008년 금융위기 이후 금에 대한 수요가 급등하자 Berik Gold 같은 금 ETF를 이용해 실제 존재하는 금보다 더 많은 ETF를 발행했다. 또한 그들은 금 수요가 급등하자 그때까지 기관투자자들의 금 보유를 금지했던 규정을 완화시켜 금 현물 대신 금 ETF의 보유를 허용했다. ETF와 COMEX의 선물시장을 합하면 종이로 계약된 금과 실제 존재하는 금의 비율은 심할 때는 500 대 1 이다. 그리고 그들은 1971년 이후 미국 재무부가 미국 켄터키 주에 포트 녹스(Fort Knox)에 '보관'하고 있던 금을 그런 용도로 은밀히 시장에 내다 팔았다. 그들은 그런 사실을 재무제표에는 대여(lease)해 준 금을 보유하고 있는 금인 것처럼 표시해 금이 없다는 사실을 숨길 수 있었다. 그러면서 그들은 그들의 언론을 통해 금과 은을 철, 구리 같은 원자재 정도로 취급하도록 세뇌시켜 금과 은을 고집하는 투자자들을 그린스펀, 버냉키 같은 연준의장들을 통해 아직도 야만적인 유물(Barbarous Relic)에 집착하는 것으로 묘사해 공개적으로 비웃었다. 그 수법이 대부분의 국민들에게 먹힌 증거로, 실제로 몰래카메라를 설치해 길가에서 지나가는 사람들에게 만 원짜리 초콜릿 바와 60만 원 하는 은 바를 놓고 둘 중의 하나를 가지라고 하면 모두 초콜릿 바를 선택했다.

금과 은값의 억제를 가능하게 한 무차입 공매도 수법

그러나 그들이 생각했던 만큼 그들의 오랜 세뇌 작전이 금과 은의 가치를 아는 투자자들에게는 먹히지 않았다는 사실이 2008년 금융위기 때 드러났다. 미국 연준위가 경기활성화 정책인 양적완화로 돈을 찍어내고 있던 2011년 초, 금은 1 온스에 1,900달러, 은은 1 온스에 50달러로 급등했다. 2001년까지만 해도 1 온스에 270불 하던 금이 불과 10여 년 만에 1900달러로 뛰었던 것이다. 그 현상은 그들이 돈을 대량으로 찍어내자 돈의 가치가 희석되고 있다는 사실을 알아차린 투자자들이 금을 구매해 달러의 가치가 떨어지고 있음을 드러냈고 달러로 세계를 지배하는 그들은 이를 허용할 수 없었다. 그런 후 2013년 4월 '정체를 알 수 없는 손(재무부의 환시장 안정 기금으로 그 후 드러난)' 이 동시에 금과 은에 대한 무차입 공매도 계약(naked short sale contract)을 쏟아낸 공격으로 금과 은값을 불과 1주일 만에 각각 1,200달러와 12달러로 떨어트렸다. 상식적으로 보아도 정말 금과 은을 매도하고 싶은 자들이라면 천천히 풀어 제값을 받지 한꺼번에 쏟아내 가격을 떨구어 처분한다는 것 그 자체가 상식을 벗어났지만 언론은 그런 사실을 은폐했다. 일반 투자자들이 감히 그런 대량을 쏟아내는 데 대항할 엄두를 낼 수 없었고 그리해 금과 은에 투자했던 자들에게 막심한 손해를 입혀 금과 은은 너무 위험한 투기라는 인식을 심어주었다. 그리고 원래 공매도계약은 불법이고 U.S.C.F.T.C. 상품거래소의 규제를 받게 돼 있으나 법은 힘없는 개인들에게나 적용되는 것이지 정부를 통제하는 그들에게는 적용되지 않았다. 지배세력이 1933년 금을 국민들로부터 압수한 후 금값을 올려 처분한 자금으로 조성한 '환시장 안정 기금(Exchange Stabilization Fund)' 이라는 비밀 펀드로 재부부가 달러의 '안정'을 위해 사용해 왔었다는 사실이 노출됐다. 제이피모건은행이 재무부의 에이

전트로 국가안보를 빙자해 '합법적으로 금과 은 가격을 조작해 왔다는 사실 역시 드러났다. 지배세력은 금과 은을 현물로 배달받으려면 대량의 금과 은을 구매한 자들에게만 가능하게 법을 바꾸었다. 그리해 2012년 초부터는 그들이 통제하는 대형 투자자들 외에는 모두 현물 대신 달러로 아니면 동등한 가격의 선물계약으로 지불해 왔다. 지금도 금과 은값이 상승하면 한꺼번에 무차입 공매도계약을 쏟아내 가격을 수시로 조작하고 있다. 최근 브랙시트(BREXIT), 트럼프 당선 같은 이변이 있을 때에는 세계 1년 총생산량에 달하는 금과 은의 무차입 공매도(Naked Short)계약을 한꺼번에 쏟아내 가격을 하향 조작했다. 그들은 그런 양을 매도할 금과 은을 보유하지도 않으면서 (대량의 계약을 쏟아내 가격을 떨어트리며 처분하는) 상거래 상식을 역행하는 수법으로 금과 은값을 조작하고 있으나 그들에 의해 길들여진 인류는 감지하지 못하고 있다.

바닥이 난 미국의 금 보유량

미국 연준위는 2차 대전 시, 미국에 금을 위탁한 타 국가들의 금마저도 그런 식으로 금을 빌려 준(gold leasing) 것으로 조작해 비밀리에 시장에다 내다 팔았다. 중국과 러시아가 지배세력과 벌이는 경제전쟁을 관망하던 베네수엘라의 우베스 차베스 대통령은 2011년 말, 미국에게 미국이 보관하고 있는 자국의 금을 반환해 달라고 요구했다. 전 세계에서 가장 원유매장이 많은 것으로 알려진 베네수엘라는 11개의 남미 국가들이 설립한 남미연합을 주도했다. 그리고 브라질의 룰라 다실바(Lula da Silva) 대통령과 함께 그는 미국 지배세력의 달러를 이용한 행패를 대항해 남미국가들만의 통화를 구축할 수 있는 남미은행을 설립하려 했다. 그는 약 211톤의 금을 2012년 초에 요구한 지 4개월 만에 돌려받는데 성공했으나 얼마 안 가 지배세력이 소유한 암을 발생시키는 무기로 공격을 받고 암으로 죽었다는 후문이다. 미국의 CIA는 심장마비, 암 등을 유발시키는 기술을 1970년대에 이미 보유했다는 사실이 드러났었다. 그 후 미국은 2014년 원유가 주 수출품목인 러시아와 브라질 그리고 베네수엘라의 경제를 파탄시키기 위해 원유값을 폭락시키자 원유판매에 의존도가 가장 높은 베네수엘라가 제일 먼저 타격을 받아 경제가 파탄됐고 외화가 고갈된 베네수엘라는 금을 다시 지배세력의 골드만삭스에게 맡기고 구제 대출을 받아야 했다.

독일의 금 반환 요구와 금의 존재를 확인 요청을 거절한 미국

2013년에는 독일 시민들의 요구에 독일 정부가 미국에 위탁한 금 1500톤 중, 300톤을 반환해줄 것을 요구했다. 그러자 미국은 돌려주려면 시간이 필요하다며 7년에 걸쳐 매년 50톤씩 300톤을 반환해주겠다고 했다. 이에 놀란 독일 정부는 그러면 300톤에 금의 존재를 확인만이라도 하자고 요청했으나 거부당했다. 그리고 첫해에 50톤도 반환하지 못한 후 나머지 금에 대해서는 언론이 거론하고 있지 않은 것만 보아도 미국의 금이 바닥이 났다는 소문은 사실로 보인다. 1968년 미국정부가 약 9000톤의 금을 한꺼번에 시장에 매도해 금값을 떨구는데 실패한 후 남은 약 8000톤의 금이 포트 녹스(Fort Knox)에 보관돼 있다고 했으나 그 금 역시 사라진 지 오래이다. 포트 녹스에 보관돼 있다는 금은, 1952년 아이젠하워 대통령 시절 감사를 한 이후 단 한 번도 감사가 이루어지지 않았다. 2012년 리비아의 카다피를 살해한 후, 약 143톤의 금과 같은 양의 은을 빼돌렸고 2014년 우크라이나 혁명으로 정권을 전복시키자마자 미국은 약 144톤의 금을 실어 미국으로 비밀리에 날랐다. 9·11 때도 약 1,500톤의 금이 사라졌듯이 이제 미국에 금이 바닥이 났다고 인터넷 매체들은 보도하고 있다. 대한민국이 1997년 IMF 구제 금융을 받아야 했을 당시 국민들의 금모으기로 모았던 227톤의 금은 현재 영국은행이 '보관' 하고 있으나 그 금이 실제로 존재할 가능성은 매우 희박한 이유이다.

중국으로 비밀리에 이송된 3만 톤의 금의 미스터리

그런데 그 금의 대량이 2012년 3월부터 매달 1,000톤씩 런던을 포함한 유럽 금괴에서 30개월간 총 3만 톤의 금이 중국으로 이송됐다는 사실이 인터넷에서 신뢰받을 수 있는 여러 사이트를 통해 보도되었다. 그리고 스위스에서 중국으로 보내지기 위해 금의 순도를 중국에 맞게 제작해주는 업자들에 의해서도 이 사실이 입증됐다. 떠도는 소문은 중국이 1999년 WTO에 가입하는 조건으로 지배세력에게 유로를 출범시키는데 담보역할 하는데 사용하라고 대여해 준 금을 지배세력이 중국의 허락 없이 처분했다가 그들이 금을 불법으로 처분한 사실을 알게 된 중국이 인터폴을 통해 확인한 후 그 사실을 유출하겠다고 하자 그들이 급히 3만 톤의 금을 반환해주었다는 소문이다. 그 금은 교황청과 BIS가 위치한 스위스 바젤에서 나왔다고 한다. 특히 금 전문가들에 의하면 세계에서 금이 제일 많이 생산되는 곳이 중국인데 중국은 금을 중국 밖으로 유출을 금지해 왔다. 그동안 비공개적인 루트를 통해 산적해 본 결과 중국은 적어도 2만 톤의 금을 보유하고 있다고 한다. 만약 3만 톤이 이송된 게 사실이라면 1944년 미국이 보유했던 약 2만 톤의 금을 훨씬 능가하는 양이다. 더군다나 중국이 3만 톤의 금을 보유했다는 기사는 최근 러시아의 정부신문 테스(Tass)에서도 보도됐다. 더욱이 중국은 모택동의 죽음과 함께 종결된 문화혁명 이후 중국 군대를 동원해 금을 발굴하는데 드는 비용과 상관없이 중국내의 모든 금을 캘 것을 지시했고 그렇게 발굴한 금을 절대 중국외부로 나가지 못하게 하며 금을 축적해 왔다. 중국은 미국이 1971년 금과의 연계를 끊을 당시 이미 미국의 화폐가 오래가지 못할 것이라는 사실을 감지했다고 앞에서 언급했다. 중국은 수천 년의 역사를 통해 이미 금과 은이 진짜 돈이라는 사실을 잘 알고 있었고 금과 은을 바탕으로 하지 않은 화폐는 종이 짝에 불과해 오래가지 못한다는 사실을 일찍부터 알았다. 물론 중국의 공식 발표에는 중국의 금 보유양이 약 1,500톤이라고 나와 있다. 그리고 이미 중국은 2013년부터 시민들에게 금을 소유할 것을 권장했고, 중국 시장에는 금을 파는 매점이 즐비하게 들어서 있다. 러시아 역시 많은 금을 소유하고 있고 옛날부터 금과 은을 선호해 온 인도 국민들 역시 많은 금과 은을 보유하고 있다. 남아공은 아직도 금광을 많이 소유하고 있다. 이 국가들이 모두 브릭스 연합 회원국가들인 것은 우연이 아니다.

중국과 러시아의 금을 이용한 달러 붕괴를 대비한 헤지 전략

더욱이 중국과 러시아는 미국이 금과 은 가격을 억제하고 있다는 사실을 역으로 이용해 그들이 보유하고 있는 달러로 금과 은을 구매하는 고도의 전략을 쓰고 있다. 중국과 러시아가 보유한 달러 국채의 가치가 폭락할 경우 상대적으로 지배세력이 임의적으로 달러의 하락을 감추기 위해 억제해 놓은 금과 은의 가격이 정상가격으로 급등해 국채 하락으로 인한 손해를 만회할 뿐 아니라 반사이익을 보기 위한 전략이다. 화폐전쟁의 고도의 전략인 것이다. 금과 은값은 가장 많이 소유한 자가 가격을 결정할 수 있다. 중국이 2014년 9월 '상해 국제 금 거래소(SGEI)'를 설립해 실물 금 거래를 시작한 이유는 어느 국가든지 위안으로 결제를 받은 뒤 그 위안을 가지고 금으로 바꾸어 갈 수 있다는 사실을 공표하기 위해서다. 위안을 금으로 태환할 수 있어 금 본위제와 다름없다는 사실이다. 자연스럽게 금을 바탕으로 한 중국의 위안은 가장 신뢰할 수 있는 화폐로 부상하고 있다. 그리고 2015년 정식으로 문을 연 브릭스은행(BRICS BANK)은 금을 바탕으로 하는 무역어음(TRADE NOTE)을 발행하기 위해서라고 한다. 달러의 실체가 드러날 경우 달러를 불신하게 된 세계 수출국가들이 유일하게 믿고 받을 수 있는 무역 결제 수단이 될 통화를 준비하고 있는 것이다. 이미 지배세력이 이란을 상대로 걸었던 경제제재가 진짜 돈인 금 때문에 소용이 없었다는 사실이 증명하고 있다. 이란은 그들의 원유를 인도에다 팔면 인도는 터키에서 금을 사서 이란에게 지불하는 삼각 거래로 그들의 제재를 우회할 수 있었다. 그렇듯이 금은 세계가 가장 신뢰하는 진짜 돈이다. 중국의 금 거래소는 현물로 거래되고 있고 가격은 위안으로 정해지고 있다. 그 거래소가 존재한다는 자체만으로도 미국의 지배세력이 금과 은값을 조작할 수 있는 운신의 폭이 줄어들었다. 왜냐면 두 거래소의 가격이 너무 많이 차이가 날 경우 미국의 COMEX 상품거래소에서 금 현물을 요구해 중국 상해 금거래소(SGE)에 가져다 팔려고 할 것이고, 그럴 경우 COMEX 상품거래소에 보관된 금이 없다는 사실이 드러날 수 있기 때문이다. 금의 가치를 아는 개인 투자자들마저 보유했던 금을 지배세력이 세계를 속이기 위해 금값을 억제해온 사실을 모르고 금값이 하락하자 내다 파는 실수를 범하고 있다. 금과 은은 미국의 세계지배를 가능하게 했던 달러가 붕괴할 때가 돼야 그 진가가 드러날 것이다.

31. 전쟁으로 판을 뒤집으려는 전략

31. 다급해진 지배세력의 전쟁으로 판을 뒤엎으려는 전략

A. 무명이었던 오바마의 부상

그 누구보다도 자신들이 경제전쟁에서 패했다는 사실을 잘 아는 세계지배세력은, 오바마 정권의 취임 후 테러와의 전쟁을 다시 가동했다. 그들의 이라크 전쟁이 사담이 대량살상무기를 소유하고 있다는 조작된 정보를 근거로 일으켰던 사실이 세계적으로 드러난 후, 바닥을 치게 된 미국의 신뢰를 만회하기 위해 새로 내세운 대통령이 바로 흑인 대통령 오바마이다. 그는 '희망과 변화' 라는 구호로 국민들을 속여 당선됐다. 그리고 그의 당선으로 아들 부시 정권의 중동전쟁 정책을 중단시킬 거라는 희망 속에, 공화당 후보 존 메케인(John McCain)을 물리쳤다는 이유 하나로 노벨 평화상을 수상했다. 그러나 그는 세계적인 사기꾼에 불과했고 노벨상 역시 그들이 이용하는 도구에 불과하다는 사실이 드러났다. 그는 아프가니스탄에서 미군을 철수하겠다는 약속을 번복하고 오히려 3만 3천 명의 추가군력을 배치했다. 오바마는 결국 부시·체이니 정권이 9·11을 통해 시작한 중동에서의 전쟁을 마무리 짓고 테러를 빙자해 부시가 통과시켜 놓은 애국자 법을 이용해 미국을 위시해 세계를 경찰국가로 만들어 그들의 의정서에서 계획한 세계정부 설립을 완결하기 위해 선출된 대통령이었다. 그들이 제2차 대전 전에 히틀러를 부상시켰듯이 그를 세계적인 지도자로 부상시켰던 것이었다.

위조된 오바마의 미국 태생기록

오바마는 원래 케냐(Kenya) 출신 흑인 아버지와 백인 어머니 사이에 케냐에서 태어났다. 그는 미국 헌법이 요구하는 미국 태생이 아니어 대통령으로 출마할 자격이 없었다. 그러나 그 사실이 드러나자 하와이 태생이라며 위조된 태생기록을 공개했다. 인터넷 매체에서 전문가들에 의해 위조라고 판정된 사실이 보도됐으나 주류 언론에서는 이 사실을 은폐했다. 그는 유년기를 인도네시아에서 지냈고 그의 이름 '버락'이 나타내듯 무슬림이다. 그의 아버지는 원래 CIA 요원이었고 그의 어머니는 로스차일드의 사생아였다. 그래서 그는 부시를 포함한 전직 대통령들과 인척관계이다. 그리고 일찍부터 CIA의 Mars Jump Room Program에 참여했다. 믿기지 않겠지만 미국 남가주에 화성(Mars)으로 여행을 가능하게 하는 공상과학 영화에 나오는 스타게이트가 존재한다고 한다. 그 점프룸(Jump room)의 존재에 대해서는 대학시절 그와 같이 그 프로그램에 참여했던 경력이 있는 CIA출신 변호사의 매우 신빙성있는 증언을 인터넷으로 확인할 수 있다. 오바마 역시 일찍부터 CIA 요원이었던 것이다. 그리고 그는 잠시 남가주에 있는 옥시덴탈 대학(Occidental College)에 다니다가 뉴욕 콜롬비아 대학으로 전학 한 것으로 돼 있으나 콜롬비아 대학 교수들은 그를 본 기억이 없다고 한다. 그 후 하버드 법대로 진학한 것으로 돼 있으나 그를 기억하는 동창들이 없고 그의 학과기록은 이례적으로 비밀에 부쳐져 공개되지 않고 있다. 그는, 의정서에서 대통령은 검은 과거가 있는 자들을 임명한다는 말 그대로, 그의 사생활 역시 화려하다. 그는 동성애자인데다가 그의 부인 미셀 오바마는 마이클 로빈슨(Michael Robinson)이라는 오리건 대학 미식 축구선수 출신이 성전환(sex transfer) 수술을 한 남자라는 사실을 인터넷에서 확인할 수 있다. 그 부부의 자식들은 빌려온 남의 자식들이다. 이 사실을 떠벌리고 다닌 이유로 미국의 코미디언 조언 리버스가 암살됐다고 했다.

CIA 도움으로 상원의원에 당선 후 언론이 만든 대통령

오바마는 하버드 법대를 졸업한 후 시카고 비영리단체에서 지역사회 조직자(Community organizer)로 일을 하던 중 갑자기 상원의원으로 출마했다. 그때 이미 오래전부터 준비해 온 유력 당선자였던 정치인의 비리를 언론에서 파헤쳐 물러나게 한 후 오바마가 민주당 후보로 선출됐다. 상원의원선거에서도 언론이 같은 식으로 유력 공화당 후보의 사생활 비리를 공개해 탈락시켜 오바마가 상원의원으로 당선됐다. 그가 초선 상원의원 시절인 2004년 민주당 컨벤션에서 연설을 하게 되자 주류 언론에서 그를 부각시킨 후 그를 다음 지도자라고 언론에서 부추겼다. 그리고 부시 정권의 전쟁정책을 비판하며 2006년 '희망과 변화' 라는 구호를 외치며 대통령 출마를 선언하였고 2008년 엑솔라드(Axelrod)라는 시오니스트 선거 전략가의 도움으로 대통령으로 당선됐다. 그는 결국 지배세력이 소유, 통제하는 언론에 의해 선출된 대통령이고 언론에서 소개된 것 외에는 그에 대해 아는 게 없는 인물이다.

은행가들의 비리와 불법행위를 은폐해 준 오바마 대통령

그의 선거자금은 지배세력이 소유, 통제하는 대형은행들이 댔고 당선된 오바마는 2008년 금융위기 후 드러난 대형은행들의 온갖 불법행위를 덮어주었다. 그런 대형 사건에 아무도 책임지지 않은 것이다. 한 예로 대형은행들의 수녀부 역할을 맡고 있는 골드만삭스가 악성 파생상품을 고객들에게 판매하면서 담당 직원들끼리 주고받은 이메일에는 그 상품을 구매하는 기관투자자들을 바보멍청이라고 비웃는 내용들이 드러났다. 그들이 권하는 파생상품이 악성이라는 걸 알면서 사기를 쳤다는 명백한 증거들이었다. 또한 이런 악성 상품에게 최고등급 평가를 매겼던 그들이 소유, 통제하는 무디스(Moodys), 피치(Fitch) 같은 등급사에 대해서도 아무 조사가 이루어지지 않았다. 오바마가 임명한 에릭 홀든(Eric Holden) 검찰총장은 이 같은 명백한 사건들을 망하게 두기에는 너무 크다(Too Big to Fail)는 은행들의 수사가 경제를 악화시킬 수 있다는 이유로 기소를 거부했다. 그 후에도 런던 은행들 사이의 금리인 LIBOR를 조작한 증거, 마약 거래자금을 세탁해 준 증거 같은 대형 범죄들이 드러났으나, 그런 은행들에게 상징적 벌금 외에는 아무도 기소되지 않았다. 결국 지배세력의 하수인들은 법 위에 존재한다는 사실을 노골적으로 드러낸 것이다.

B. 식량난을 이용한 아랍스프링: 리비아 정부 붕괴와 카다피의 살해

미국의 오바마 정권은 2008년 경제위기를 모면해 주식시장이 '정상'을 찾자 지배세력이 9·11을 일으킬 당시 원래 계획했던 중동 전쟁계획을 다시 추진했다. 우드로 윌슨과 FDR이 그랬듯이 그는 전쟁을 반대한다고 했던 선거 당시의 약속을 저버렸다. 2010년 '아랍의 봄(Arab Spring)'을 소로스의 NGO가 선동해 아랍국민들의 폭동을 일으켰다. '아랍의 봄'은 그들이 조작한 식량난 때문에 일어났다. 그들은 2009년부터 전 세계 농업기업들이 곡식 대신 바이오 연료(Bio fuel)을 생산하도록 유도해 식량 생산을 줄여 곡식 값이 오르도록 했다. 아프리카와 중동지역 국민들이 식량을 구입할 수 없게 되자, 투니시아에서 일어난 식량 폭동이 이집트를 시작으로 중동지역으로 번졌다. 결국 이집트의정권을 전복시켜 그들이 오래전부터 지원해 온 무슬림 동포단(Muslim Brotherhood)으로 형성된 군세력이 정권을 잡았다. 지배세력은 그들의 전형적인 수법으로 그들의 다음 표적인 리비아를, 그들이 배후에서 지원하는 리비아의 반정부 세력을 앞세워 리비아 정부를 상대로 테러를 조작해 리비아에 혼란을 조성했다. 이에 대응해 무아마르 카다피가 군대를 동원해 CIA가 배후에서 조종하는 반정부세력을 탄압하자 그들은 카다피가 자국민들을 학살한다는 조작된 이유로 NATO 공군으로 리비아를 공습한 후 카다피를 체포하여 국제재판을 생략하고 살해해버렸다. 카다피는 원래 1969년 쿠데타로 정권을 잡은 후 지배세력의 하수인 역할을 잘 감당했던 자였다. 그러나 그는 그 후 리비아 국민을 위한 정책으로 리비아를 아프리카에서 가장 부유한 국가로 만들어 국민들의 존경을 받던 지도자였다. 한 예로 그는 리비아 국민이 결혼을 할 때 정부가 5만 달러를 지원해주어 가정을 꾸릴 수 있는 자금을 대주었다. 미국의 행패를 잘 알고 사담을 배신하는 것을 본 그는 미국의 지배세력의 달러를 이용한 행패에 대항해, 아랍·아프리카 연합을 조직해 금을 근본으로 하는 디나르(DINAR)라는 화폐를 출범시키는 계획을 추진하고 있었다. 그가 감히 달러체제를 도전한 사실만 으로도 그를 제거해야 하는 이유로 충분했고, 그들은 그를 살해한 후 그의 144톤의 금을 갈취했다. 그리고 결국 그들의 계획대로 리비아를 붕괴시켜 그 지역에 혼란을 조성하는데 성공했다. 러시아의 푸틴은 미국의 이런 국제 법을 위반하는 살인 행위를 국제사회에서 공개적으로 문제삼았고 그때부터 미국 지배세력의 음모를 국제사회에 노출하는 외교전을 시작했다. 그는 2008년 금융위기 이후 다급해진 미 지배세력의 국제 법을 위반하는 반인도적인 행위를 낱낱이 러시아가 2006년 구축한 인터넷 매체 RT NEWS를 이용해 국제사회에 폭로했다.

미국 리비아 대사가 살해된 벵가지 사건의 배후

미국의 지배세력이 2001년 9·11 테러공격을 조작했을 당시, 아프가니스탄, 이라크, 리비아 다음으로 시리아와 이란을 상대로 전쟁을 벌여 장악하는 계획이었다. 리비아 카다피를 살해한 같은 해인 2010년, 리비아 벵가지 (Bengazi)에서 미국의 리비아 주미대사 크리스 스티븐스(Chris Stevens)가 테러범들에 의해 납치돼 살해당하는 사태가 일어났다. 스티븐스 대사는 원래 중동 전문가로 알려진 외교관이었다. 그가 일찍부터 그의 대사관 앞에서 시위를 하는 것에 위협을 느껴 수십 차례 경비 지원을 부탁했으나 힐러리의 국무부에 의해 묵살했다. 그 후 그 당시 국무장관이던 힐러리 클린턴이 그 사태를 의도적으로 방관했다는 사실이 드러났다. 그리고 테러 조직에 의해 공격을 당할 당시에도 힐러리 장관이 TV를 통해 지켜보고 있었으면서도, 근처에 있던 특수부대가 출격하는 것을 오히려 저지시켰던 사실도 드러났다. 결국 스티븐스 대사는 테러조직에 끌려가 화형을 당했다. 그렇게 고의로 관망했던 이유가 리비아에서 사용한 무기를 그들의 CIA가 지원하는 알케이다로 알려졌다, 아이시스로 이름을 바꾼 테러 조직에게 비밀리 넘겨주기 위해서였다는 사실 역시 그 후 드러났다. 결국 오바마의 묵인 속에 이루어진 힐러리의 노골적인 반역행위였다. 그런 후 그들의 지배를 받는 미국은 이란과 직접 전쟁을 일으키려 했다.

이슬람 수니파 사우디아라비아의 정적 시아파 이란

미 지배세력의 하수인 샤 정권을 반대하는 시위가 1978년부터 이란 전국으로 1년 이상 지속돼 정부가 마비 됐었다. 샤의 정보기관 SAVAK으로 국민들을 탄압해 왔음에도 불구하고 국민들이 자체적으로 들고 일어난 시민혁명이었다. 이란의 군부가 시민들을 향하여 총을 발포할 것을 거부함으로 1979년 2월 이란혁명이 성사될 것이 확실해지자 미국 지배세력은 급기야 샤를 저버리고, 불란서에 망명을 하며 자신은 종교인으로 정치에 관여할 마음이 없다고 한 이슬람 시아 종교 지도자 루홀라 호메이니를 귀환시키는 데 앞장 서 그를 자신들의 편으로 내세웠다. 처음에는 지배세력과 공조하는 것처럼 보였으나 새로운 정부를 형성한 호메이니는 1979년 4월 1일에 국민투표를 실시해 이란국민들의 98%의 지지를 받아 이슬람 공화국의 설립과 신정 공화국 헌법 (Theocratic Republican Constitution)이 채택됐다. 그리고 1979년 10월에 실시한 국민투표에서 호메이니는 이란의 최고지도자 (Supreme

Leader)로 선출됐고 그다음 해인 1980년 이란은 미국과의 국교를 단절했다. 그 당시 이란 국민들은 미국도 소련도 아닌 자신들만을 위한 정치제도를 선택했던 것이다. 이란의 혁명은 깨어있는 국민들이 자발적으로 일으킨 혁명으로 미국지배세력의 통제를 받던 왕실을 국민들의 지지를 받는 신권정부로 무혈로 교체시킨 혁명이었다. 이란 국민들은 미국 지배세력의 존재를 일찍부터 파악했고 일찍부터 교류가 깊었던 러시아의 기독교파가 볼셰비키를 몰아낸 직후라는 점을 보아 러시아의 도움을 받았을 가능성도 추정된다.

지배세력의 이라크를 이용한 이란과의 전쟁도발 실패

이란은 전 이슬람교의 약 20%를 차지하는 시아파 국가로 주로 이란, 이라크, 레바논, 그리고 예멘 일부가 시아파에 속한다. 전체 이슬람의 75%를 차지하는 수니파와는 서로를 인정하지 않는 종파들이다. 사우디아라비아를 지배하는 (지하드를 주장하는 과격파인) 와하브파를 포함한 나머지 중동 및 아프리카 국가들은 수니파에 속해있다. 와하브파는 원래 아랍인들로부터 배척됐던 파였으나 제1차 대전 이후 중동지역을 위탁받아 지배하던 영국이 회생, 부각시킨 종파이다. 그들의 호메이니가 지배세력이 심어놓은 하수인들과 NGO들의 숙청작업을 진행하자 1980년 9월 지배세력의 하수인이었던 이라크의 후세인이 이란을 군사적으로 공격했다. 이란은 이라크의 영토의 3배가 넘을뿐더러 이라크 인구의 두 배가 되는 국가이다. 이라크는 처음에는 이란의 영토를 차지하는 듯싶었으나 이란의 반격으로 되돌려주어야 했다. 이라크는 그 전쟁에서 미국으로부터 지원받은 화학무기로 많은 이란군인들과 이란 민간인들을 학살했으나 이 사실은 지배세력이 통제하는 언론에서 전혀 보도되지 않았다. 그러나 이 전쟁으로 이란은 군사력을 키울 수 있어 중동지역의 군사적 핵심 국가로 거듭났다. 이란은 많은 원유와 자연가스를 보유하고 있고, 일찍부터 OPEC 회원국가였다. 미국은 1980년부터 이란을 상대로 경제제재를 걸어 세계경제에서 고립시켜 이란의 부상을 저지해 왔다. 그러나 이미 지배세력의 정체가 국민들에게 드러나 이란국민들은 동요되지 않았다. 이란은 중국의 중요한 에너지 수출국가로 지정학적으로 유라시아 중앙에 위치하고 있어 중국의 유라시아 프로젝트에 전략적으로 매우 중요한 국가이다. 러시아 다음으로 가장 많은 자연가스를 보유한 이란 역시 러시아와 손을 잡고 시리아를 걸쳐 유럽의 자연가스 시장을 위한 파이프라인을 건설하고 있다. 또한 자국의 에너지 필요를 충족하기 위해 원자력 발전소를 건설하고 있으나 이란이 핵폭탄을 보유하는 것을 두려워하는 지배세력은 그들의 이스라엘을 동원해 이란의 평화적인 원전 개발을 핵무기 개발이라고 허위 선전 했다. 이스라엘이야말로 일찍부터 핵을 보유하고 있을 뿐 아니라 세계에서 유일하게 국제 핵 확산 방지 조약(Nuclear non proliferation treaty)에 서명을 거절해온 테러 국가면서 거꾸로 이란이 핵무기를 개발하고 있다는 거짓말로 세계를 속였다. 그들의 언론은 이스라엘의 주장이 사실인 양 보도해 그들과 공조했다.

이란이 핵무기를 개발한다는 허위뉴스로 전쟁유발 시도 실패

리비아의 카다피를 제거한 뒤 이스라엘과 미국은 이란이 핵폭탄을 제조하고 있다는 조작된 뉴스로, 이란의 핵 프로그램을 중단시키기 위해 이란의 핵시설을 선제 폭격해야 한다는 여론을 조성했다. 지배세력은 이란이 원자력발전소를 짓고 있는 사실을 왜곡해 이란이 핵무기를 제조하고 있다는 허위사실을 빌미로 선제 폭격을 감행하려고 했던 것이다. 그들은 이미 같은 조작된 이유로 이라크에서도 선제 폭격을 했던 경험이 있었다. 그러나 이란은 이라크처럼 만만한 국가가 아니었다. 거기다 이란의 요청에 의해 UN에서 파견된 조사단이 이미 이란이 핵무기를 제조하고 있다는 증거를 발견하지 못했었다. 설사 이란이 핵무기를 개발한다고 해도 그것은 이란의 자주권으로 이스라엘의 핵 보유를 허용했던 국제사회가 반대할 명분이 없었다. 여하튼 이란은 핵무기를 개발하지 않고 있다는 사실이 UN에 의해 이미 확인된 상태로 유럽을 포함한 미국의 우방 국가들과 미국 내부에서도 이란과의 전쟁은 무모하다고 반대하는 여론 때문에 그들의 선제 폭격 계획은 무마됐다. 그러자 이란을 전쟁에 끌어들이기 위한 술책으로 이란의 핵 과학자들을 암살하는 폭탄 테러를 감행해 이란을 자극했다. 그러나 이란은 말려들지 않았다. 이란 역시 그들이 전쟁을 일으킬 명분을 찾고 있다는 사실을 잘 알고 있기 때문이다.

이란에게 저지당한 이스라엘의 레바논 침공

이란은 2006년 지배세력의 이스라엘 군대가 레바논의 내전에 개입해 레바논을 침공하자, 헤조볼라라는 이란이 지원하는 군대 조직으로 이스라엘을 완패시키는 바람에 미국이 나서서 전쟁을 무마시켜야했던 경험이 있었다. 거기다 이란은 미국이 2003년 이라크를 침공해 사담 정권을 전복시킨 후 무법천지로 만들어진 이라크에서도 이라크의 시아파 게릴라 군대를 지원해주어 미국의 군대가 오히려 철수해야 했다. 그 결과, 옛 페르시아 제국이었던 이란은 지배세력의 중동 장악 계획에 가장 위협적인 국가로 부상했고, 결국 레바논, 이라크에서 그 위력이 증명됐던 것이다. 미국은 이란과의 전쟁도발에 실패하자 이란이 핵무기를 개발한다는 조작된 정보를 바탕으로 유럽연합과 함께 이란을 상대로 경제재제를 걸었다. 그들은 경제제재로 이란의 경제를 악화시켜 반란을 조성해 정권을 전복시키겠다는 전략이었으나 1979년부터 미국과의 수교가 중단됐던 이란은 동요되지 않았다. 오히려 세계의 진짜 돈인 금으로, 달러를 우회하고 무역을 하는 이란에 의해 그들의 경제제재의 한계가 드러났다.

이란의 군사동맹국 시리아와의 전쟁 도발 실패

이란과 전쟁을 할 명분이 부족하자, 그들의 하수인인 오바마는 이란과 군사협정을 가지고 있는 시리아를 먼저 공략하는 계획을 세웠다. 미국은 민주주의 절차에 따라 시리아 국민들이 선출한 아사드 정권을 전복시키기 위해 미국 CIA의 전통적인 수법인 그들이 배후에서 조직한 반정부 세력과 CIA가 지원하는 테러 조직 알케이다를 통해 아사드 정권을 공략했다. 아사드가 시리아 군대로 그들이 후원하는 테러 세력을 군사적으로 제거하려 하자 그들의 용병군대를 이용해 화학무기인 독가스로 시리아 시민들을 죽이는 조작극을 벌인 후 아사드 정권이 자국민들을 상대로 독가스를 사용했다고 그들의 언론을 이용해 허위 보도했다. 그러면서 시리아 국민들을 인도주의적인 차원에서 '보호' 한다는 빌미로 시리아를 폭격해야 한다는 여론을 조성했다. 시리아는 그 근거 없는 주장을 부인했고 유엔의 조사단이 와서 조사할 것을 요구했다. 유엔 조사단이 시리아에서 조사를 진행하고 있는데 또다시 독가스를 이용한 공격이 이루어졌다. 유엔의 조사를 받고 있는 와중에 시리아가 다시 가스를 이용한 공격을 할 리가 없는 것이 확실한데도, 미국은 또다시 아사드 정권의 소행이라고 보도한 후 UN에 아사드의 시리아 폭격을 허용하는 결의안을 제출했다. 그러나 UN 안보리의 중국과 러시아의 거부로 무산되자 일방적으로 NATO 군대를 동원해 시리아 폭격을 준비했다. 그리고 미국의회는 2013년 9월 오바마 정부의 시리아 폭격을 전적으로 허락했다.

시리아의 방어를 위해 중국과 러시아의 군사개입 정황

그러자 그때 까지 관망하고 있던 러시아와 중국이 군사적으로 개입하고 나섰다. 2013년 중국은 '일대일로' 신 실크로드를 개발 프로젝트를 대대적으로 세계 언론에 발표했었다. 중국의 신 실크로드 프로젝트에 이란은 중요한 전략적 동맹국가였으므로 지배세력은 그 이유 때문이라도 이란과 전쟁을 일으켜 중국의 에너지 공급 루트를 차단하고 중국과 러시아의 유라시아 개발 사업을 막아야 했다. 그들은 이제 중동에서 중국과 러시아의 대결이 불가피해졌다. 더군다나 이미 중국에게 경제전에서 패한 그들에게는 그들의 경제적인 파멸을 피할 수 있는 유일한 길은 중동에서 제3차 세계 전쟁을 도발하는 것이었다. 이란과 동맹 관계를 가지고 있는 러시아와 중국으로써는 미국의 시리아 폭격은 이란과의 전쟁으로 이어질 것이 뻔했기 때문에 더 이상 관망할 수 없었다. 시리아와의 전쟁은 그러므로 한 쪽은 미국의 NATO, 사우디아라비아와 이스라엘의 연합과, 그 반대쪽은 시리아, 이란, 러시아 그리고 중국이 연합돼 대결하는, 대규모 세계 제3차 전쟁의 도발 일보 직전이었다. 그러나 미국이 통제하는 세계 주류 언론에서는 NATO의 시리아 폭격을 시리아 시민들을 보호하기 위한 인도적 폭격으로 거짓 보도했다. 하지만 인터넷 매체에서는 그 당시 중국과 러시아의 군함이 페르시아만에 진출해 미국이 주도하는 NATO와 대대적인 전쟁이 일어나기 일보 직전인 정황이 상세히 보도됐다.

영국의회의 이례적인 공습참여 불허로 저지된 중동전쟁

그때 극적으로 영국의회가 영국군의 시리아 공습참여를 불허했다. 미국과 항상 같이 움직이던 영국 역사상 처음 있었던 일이다. 영국의 의회는 중국과 러시아와 상대로 진행될 시리아 전쟁은 유럽이 무대가 되는 핵전쟁으로 확산될 수 있다는 사실을 잘 알고 있었다. 더욱이 2009년부터 시작돼 2012년 유럽중앙은행의 양적완화 정책으로 국가들의 부채 위기를 모면한 유럽 국가들은 이미 경제전에서 중국에게 패한 상태에서 중국과 러시아를 상대로 하는 군사전이 무모하다는 사실을 감지하고 있었다. 독일은 애초부터 NATO의 공습에 직접 가담하지 않고 있었으므로 지배세력이 미국과 프랑스 공군만으로는 러시아, 중국과 이란을 상대하기에는 역 부족이었다. 다급해진 미국 정부의 네오콘 세력은 그럼에도 강력하게 폭격계획을 독자적이라도 진행할 것을 종용했으나 오바마는 시리아 공습계획을 철회했다. 지배세력이 미국 군부의 지지를 받지 못한다는 사실을 잘 아는 오바마가 먼저 꼬리를 내렸던 것이다. 러시아의 푸틴은 그의 능수한 외교로 아사드가 소유한 모든 독가스를 폐기할 것을 제안을 했고 이를 아사드가 수용함으로 미국과 NATO가 물러설 수 있는 명분을 제공해 주었다. 미국을 움직이는 지배세력은 그들의 경제적 위기를 극복하기 위한 제 3차 전쟁의 도발계획 역시 중국과 러시아에 의해 시리아에서도 저지됐던 것이다.

C. 미국의 중국을 겨냥한 아시아 피벗(Asia Pivot) 군사 정책

미국은 2차 대전 직후부터 공산주의를 견제한다는 명분 아래 일본 오키나와를 중심으로 대한민국, 필리핀, 호주 등을 포함한 아시아 전역에 군사 기지들을 배치해 놓았었다. 우리가 일본으로 알고 있는 오키나와는 류큐 왕국(Ryukyu Kingdom)이었다가 일본이 1868년 세계지배세력의 속국 메이지유신의 탄생과 함께 일본에 합병됐다. 오키나와는 지정학적으로 중국의 남해안을 감싸고 있어 중국 해안을 견제하기에 요지이다. 고로 약 5만 명의 미군의 75%가 있는 기지가 그곳 주민들의 지속된 반대에도 불과하고 배치돼 있다. 2008년 금융위기 다음 해인 2009년까지만 해도, 오바마 정권은 중국이 미국의 가장 중요한 동맹국가라고 했다. 그러며 중국 북경대학에 유학한 경력이 있는 티모시 가이스너(Timothy Geithner) 재무장관이 수차례 중국을 방문해 후진타오 서기와 원자바오 수상을 만나 경제협력을 추진하며 중국 위안의 평가절상을 요구했었다. 이는 지배세력이 1985년 플라자 합의 (Plaza Accord)에서 일본에게 요구했던 것과 흡사했고 그동안 미국을 연구해 온 중국이 일본경제를 파멸로 몰고 갔던 같은 수법에 응할 리가 없었다. 중국은 이를 무시했고 오히려 같은 해에 BRIC을 설립해 국제사회에 새로운 기축통화의 필요성을 제시함으로 미국의 달러체제를 전면 도전했다. 그러자 오바마는 그때부터 중국을 제외한 아시아 주변 국가들을 포함시킨 새로운 자유무역협약 TPP를 선언했고 2012년에는 아시아 피봇으로, 남중국해안의 국제 해항의 자유(Freedom of Navigation)와 북한의 핵위협을 견제한다는 명분으로 중국과의 군사전쟁을 노골화하는 정책을 선언했다.

천안함 침몰 자작극으로 아시아 지역의 전운 조성

지배세력은 공산주의의 붕괴 이후 냉전을 이유로 배치됐던 미국 해군기지의 철수를 요구하는 오키나와 시민들의 항의로 그들의 태평양 군사기지 유지의 정당성이 흔들렸다. 그러므로 그들은 2010년 그들의 군대 이스라엘 잠수함을 이용해 대한민국 천안함을 들어 받아 침몰시킨 후 북한의 소행으로 돌리는 위장 술책으로 아시아 지역에 전운을 조작했다. 앞에서 수차례 언급했듯이 이스라엘의 군대는 세계적인 테러조직으로 지배세력의 궂은일을 담당해 왔다. 그 공격 후 이스라엘 잠수함 역시 지배세력의 비밀작전을 알지 못한 미군 잠수함에 의해 침몰됐던지 극심한 충격으로 인해 침몰된 상태로 발견됐다. 그러나 대한민국 언론을 포함한 세계 언론은 그런 사실을 은폐했다. 우리가 알고 있는 연평도 폭격 역시 북한이 자신들의 영토로 지정한 지역을 대한민국 해군이 군사훈련을 핑계로 침범해 북한 지역에 폭격을 가한 MB 정권의 전쟁 도발행위였다. 북한이 폭격하기 전날 보낸 경고를 무시해 일어난 북한의 폭격을 MB 정권은 북한의 도발 행위로 국민들을 속여 한반도를 포함한 아시아지역에 전운을 조성하는데 공조했다.

중국을 포위한 아시아 해군기지 설치

그러면서 일본과 괌의 공군과 해군기지의 무기체계를 개선했고, 싱가포르에는 항공모함을 수용할 수 있는 해군기지를 건설했다. 또한 일본과 필리핀과의 상호 군사협정을 강화했다. 대한민국에게도 제주도에 새로운 해군기지 건설을 요구했다. 제주도 기지는 북한이 아니라 중국을 견제하기 위해서라는 것을 인지한 제주도 주민들이 반대하고 나섰고 노무현 정권시절에는 건설 계획이 수차례 중단됐었다. 그러나 미 지배세력의 하수인 이명박 정권의 출범 후 가속화돼 대한민국 예산 1조원(10억 불)을 들여 (국채를 발행한 빚으로) 대규모 해군기지를 건설해 중국을 완벽하게 포위하는데 협조했다. 그때부터 대한민국 군대는 북한 뿐 아니라 중국을 견제하는 역할에 비공식적으로 가담됐다. 미국 방위업체를 소유한 지배세력은 MB 정부 출범 후 북한과의 관계를 악화시켜 아시아지역에 전운을 조성한 후 아시아 지역의 국가들이 자국의 예산으로 군비를 늘리게 해 그들의 무기를 구매하게 했다. 물론 그들의 하수인 이명박과 지배세력의 지시를 따르는 군부 세력이 방산비리로 돈을 벌 수 있게 해주었다. 그 결과 자국민들에게 제공할 원유와 식량도 없는 북한의 군사적 위협을 빙자해 대한민국은 미국 지배세력이 소유한 무기산업의 가장 큰 '고객'이 되었다. 2010년 대한민국 군대가 도발한 연평도 폭격을 빙자해 오바마 정권은 대한민국에 미군의 병력을 더 늘렸고 오바마는 미국과 대한민국의 군사동맹이야말로 아시아 안보의 초석이라고 공식으로 선포했다. 오키나와 시민들의 반대는 잠재워졌고 재계약은 그들의 계획대로 성사됐다. 지배세력이 보유한 아시아의 최대의 군대인 대한민국을 우대하는 처세로 갑자기 유엔, 세계은행 등에 한국인들을 총재로 발탁한 것은 결코 우연이 아닌 것이다.

힐러리의 거짓 대북정책

더 기막힌 사실은 2003년 이라크 전쟁의 명분이었던 이라크 대량살상무기의 존재를 조작했다는 사실이 드러나 국제사회에서 추락한 신뢰를 회복하기 위해 선출된 오바마 정권의 국무장관 힐러리 클린턴은, 2009년 남한이 북한과 직접 대화를 할 것을 공식으로 '권장'했다. 그러나 그들의 그런 제스처는 오바마 정권이 연출한 국제적인 쇼에 불과했다. 왜냐면 이미 그런 '제안'을 이명박 정부가 거절하기로 각본이 짜여있었기 때문이다. 당연히 그들의 하수인 이명박은 국민들의 의지와 상관없이 거절했다. 그만큼 대한민국의 보수세력이 국민들보다 세계지배세력을 위해 민족을 배신하는 행위를 아무 거리낌 없이 감행할 정도로 부패했음을 드러낸 정황이다. 그들이 그런 역적 행위를 알고 감행했다는 정황은 이명박 정부가 북한에게 천안함 사건을 북한의 소행으로 '시인'해 달라고 북한에다 뇌물까지 줬다는 사실에서 알 수 있다. 그들은 지배세력이 중국과 러시아를 상대로 전쟁을 도발하기 위해 전운을 조성하는데 앞장섰던 것이다. 국민들에게는 툭하면 국가안보를 운운하는 보수세력에게 대한민국 국민들의 진정한 안전은 아랑곳 없었던 것이다.

지배세력의 핵을 이용한 일본 쓰나미 공격

지배세력은 미국의 경제위기와 함께 중국과 러시아의 부상으로 아시아 국가들이 미국의 영향권을 벗어나려는 움직임을 감지했으나 외형적으로 그들의 군사 동맹 국가들을 군사적으로 제압할 명분이 없었다. 특히 일본은 중국과 아시아지역을 위한 새로운 화폐의 창출을 위한 회담에 가담하고 있었다. 그래서 그들은 기후무기를 이용해 일본을 공격했다. 그들은 일찍부터 개발한 HAARP를 이용했다. 앞에서도 언급했듯이 HAARP는 니콜라 테슬라가 일찍부터 개발했던 마이크로웨이브를 이용해 지구 대기 벽에 쏘아 반사시켜 지점 지역에 보내 기후를 조작하는 기술로 2007년 러시아를 포함한 해당 국가들은 그 기술을 전쟁용으로 사용하지 않기로 국제협약을 체결하기까지 했었다. 그러나 그들은 그런 국제협약을 무시하고 그 기술을 이용해 인도네시아에는 쓰나미, 필리핀에는 두 차례의 태풍으로 공격했다. 그 결과 필리핀은 해군군력을 늘리는 예산과 새로운 기지를 건설해야 했다. 특히 미국 지배세력의 군사 속국인 일본이 중국과 협력해 아시아지역의 새로운 통화출범에 대해 논의 중이라는 발표가 있은 지 두 달 만인 2011년 3월 11일, 9.0 규모의 일본 도호쿠 지진이 발생했다. 지배세력의 지진을 이용한 군사적 공격이었다. 그들은 일본 앞바다의 단층선(Faultline)이 있는 지역의 기반암(Bedrock) 밑에 소련의 붕괴 시 실종된 핵폭탄을 분리해 만든 미니 핵폭탄을 심었다가 HAARP를 이용해 단층선에 발사함과 동시에 핵을 기폭 시키는 방법으로 그곳에서 발생한 폭발력을 지진에 의한 것처럼 꾸며 쓰나미를 일으켰다. 그 지진이 자연에 의한 지진이 아니었다는 사실은 지진으로 의한 진동처럼 주파수가 서서히 강해졌다가 줄어들지 않고 폭탄이 폭발하는 강력한 주파수만 지진을 측정하는 리히터 척도(Richter Scale)에 포착된 정황으로 알 수 있다. 또한 만일 그것이 핵폭탄에 의한 '지진'이 아닌 자연 지진이었을 경우 쓰나미가 하와이로도 번졌어야한다. 그러나 이 쓰나미는 일본만을 향했던 것이다. 그들이 가축처럼 생각하는 인류는 그들의 기대를 저버리지 않고 그들의 조작된 뉴스를 곧이곧대로 받아들였다.

후쿠시마 원전 폭발과 이스라엘 정보기관 모사드의 개입 정황

그들은 이미 일본이 원유의 의존도를 줄이기 위해 일본 에너지양의 1/3을 자주적으로 충당하기 위해 원자력 발전소를 건설할 때부터 그들의 하수인이었던 다나카 총리를 통해 미국의 GE나 WESTINGHOUSE를 이용해 건설했고 그 점을 이용해 그들은 일본 후쿠시마 원전을 디자인할 때부터 그 지역이 지진유발 지역이라는 사실을 알면서도 고의로 바닷가에 그것도 고층으로 디자인했었다. 그 당시 많은 원자력 발전소 전문가들이 위험성을 제기했지만 소용없었다. 그리고 그 원전의 관리계약을 지배세력이 소유, 통제하는 이스라엘 엔지니어링 사와 맺었다. 이스라엘과 이스라엘의 정보기관 MOSSAD는 앞에서도 이미 언급했듯이 1948년 건립시킨 세계지배세력의 결속부대로 미국의 9·11과 같은 미국이 직접 나설 수 없는 궂은일을 도맡아서 하는 국제 테러조직이다. 그들은 도호쿠·센다이 지진을 공격하기 직전에 후쿠시마 원전에 평상시 사용해 온 농축물 대신 고밀도 우라늄 농축물을 투입해 핵폭탄과 동일한 위력의 폭발이 일어나도록 조작했다. 또한 원전의 보안장치로 지진으로 전기가 중단될 사퇴를 대비해 설치된 발전시설을 조종하는 컴퓨터에 미리 바이러스를 심어놓아 자동으로 전기를 발전해 원전을 식히는 역할이 가동되지 않게 했다. 지진으로 일어난 10미터가 넘는 쓰나미가 원전을 덮었고 원전의 작동이 중단됐을 때를 대비해 설치된 발전시설이 작동되지 않자 원전이 가열돼 폭발하였고 그 폭발에서 분출된 방사능은 핵폭탄이 터졌을 때와 같은 엄청난 양이 분출됐다. 원전을 식히지 못해 가열된 우라늄이 녹아 바다로 급속도로 속출됐고 바다 속으로 엄청난 양의 방사능이 흘러들어갔다. 그러나 이런 사실은 그들이 통제하는 학계와 언론에서 은폐해 인터넷 매체에서만 공개됐다.

지구 생태계 파괴를 의도한 방사능 분출이 중화된 미스터리

그들의 원래 계획은 도쿄를 물에 잠기게 해 일본 국민들을 북한으로 이주시켜 북한을 장악하는 것이었으나 실패했다. 또한 그들은 일본에서 쓰나미에 쓸려간 방사능을 함유한 잔해가 태평양 바다의 기류로 미국의 서부를 강타해 미국 서부에 방사능을 퍼트려 대대적인 혼란을 조성하는 것이었다. 더 놀라운 사실은 체르노빌에 비교해 그 규모가 수백 배가 넘는 대형사고로 대량의 방사능이 바다로 흘러들어가고 있음에도 일본의 도쿄전기 TEPCO는 자체적인 기술로 그 방사능이 바다로 흘러들어가는 것을 중단시킬 수

있다며 국제사회의 도움을 거절하고 그 규모를 은폐했다. 지배세력의 계획에 의한 조작된 자작극이라는 사실을 감지 못한 미국의 물리학박사 카쿠(Kaku)를 포함한 국제 핵물리학자들은 바다 생태물이 방사능에 의해 오염돼 전 지구의 생태계를 위협하는 대형사고이므로 도쿄전기가 자체적으로 해결하기에는 턱 없이 부족하다고 국제사회가 개입할 것을 강력히 주장했으나 도쿄전기에 의해 무시됐다. 이는 도쿄전기를 통제하는 지배세력의 지시에 의한 것이었다.

그런데 인터넷에서 그 원전사고의 현장을 녹화하던 영상에서 희한한 장면이 포착됐다. 비행접시처럼 생긴 물체가 나타나 원전 위에서 오렌지 색깔로 보이는 광선을 쏘고 있는 모습이었다. 그 후 인터넷에서는 외계인이 방사성 분출을 제거하는 광선을 발사했다고 떠들썩했다. 또한 엄청난 양의 방사능이 유출된 것에 비해 많은 과학자들이 우려했던 바다의 생태계에 악영향이 안 일어났다. 이미 대한민국에도 그 방사능에 의해 수산물을 먹지 못하는 상황이 발생했어야 했는데 그렇지 않았다. 비행접시가 광선을 발사하는 모습은 확실하게 그 당시 상황에 영상카메라에 포착되었고 인터넷에서 확인할 수 있었다. 앞에서 이미 지적했듯이 이미 미국과 러시아는 비행접시기술을 보유한 지 오래이다. 또한 러시아는 방사능을 제거하는 기술을 이미 개발했던지 러시아를 돕는 외계인들로부터 전수받았을 가능성을 배제할 수 없다. 더욱이 지배세력은 만약 방사능이 그들의 의도대로 대량으로 유출됐다면, 언론에서 은폐시키기는커녕 더 집중적으로 보도해 전 세계에 공포를 조성했을 것이다. 그러므로 오히려 그들의 그러한 계획이 실패한 사실을 알고 은폐했을 가능성이 더 유력하다.

'3.11 공격'으로 알려진 일본의 공개된 비밀

자신들이 일본을 그런 식으로 공격해놓았으나 지배세력의 그런 엄청난 음모를 모르는 미국 일본기지에 소속된 공·해군들은 '친구작전(Operation Tomodachi)' 이라는 이름으로 두 달에 걸친 재난 구조작업에 적극적으로 참여했다. 그 후, 일본 국방부 장관이 미국 항공모함을 방문해 미국과의 동맹을 자랑스럽게 생각한다고 직접 감사를 표시해 언론이 대대적으로 보도됐을 정도이다. 지배세력의 그런 엄청난 반인류적인 악의를 상상도 못 하는 미국 군인들의 참여는 진심에서 우러난 행위였다. 그러나 일본의 지진학자들과 핵물리학자들을 포함한 알만한 자들 사이에서는 그 지진을 3·11공격(3·11 Attack)이라고 칭하고 있다. 그 경험 후 일본은 지배세력의 하수인 아베를 다시 수상으로 선출했고 그는 지배세력의 지시대로 중국과의 관계를 중단시켰을 뿐 아니라 아베노믹스라는 양적완화 정책을 더 대대적으로 진행해 그들이 소유한 대형은행들이 소유한 부채는 물론 도쿄증권거래소에 상장된 기업들의 주식까지 매입해왔다. 일본은 일본 세수 40%를 국채의 이자를 상환하는데 사용하고 있고, 국가부채는 일본 GDP의 240%를 능가하고 있어 세계에서 가장 높다. 다행히 일본 국채는 미국과 유럽 국가들과 달리 대부분을 일본 국내 기업들과 국민들이 보유하고 있어 세계경제 붕괴 시 일본 정부의 도산은 피할 수 있지만, 국채를 보유한 국민들의 부가 사라지는 과정을 거쳐야 할 것이다. 또한 그들의 하수인 아베는, 북한의 위협을 핑계로 군비를 늘리고 군사력을 강화시키며 일본 헌법이 금지하는 자위대를 공격군으로 사용할 수 있는 법안을 의회에서 기습 통과시켰다. 그리고 그는 노골적으로 북한은 물론 중국을 견제하기 위해서 강력한 자위대가 필요하다고 주장하고 있다. 더군다나 아베의 재선은 미국에서와 같이 투표 기계를 조작해서 가능했고 이미 그 증거가 법원에 소를 제기하며 제출됐으나, 지배세력의 통제를 받는 법원은 그 소송을 기각시켰다. 그러나 일본 안에도 러시아와 중국과 미국이 주도하는 지구동맹이 존재하고 있어 제이 록펠러(Jay Rockefeller), 리처드 아미타지(Richard Armitage) 같은 일본을 움직이는 지배세력이 제거될 위기에 처해 있다.

필리핀을 이용한 중국 비방 작전

중국은 미국 태평양 함대가 남중국 해안을 봉쇄해 중국의 해로를 차단시키려는 전략에 대응해 남중국 해안에 위치한 스프레틀리(Spratley) 섬들을 메꾸어 대규모 해군 기지를 건설했다. 제2차 대전 이후 미국이 UN을 통해 그렸던 해안국경선에 준하면 그 지역은 당연히 중국의 영역이다. 그러나 그들은 중국이 국제해항의 자유를 가로막고 있다며 중국의 영역을 부정하고 중국의 기지 건설을 전쟁 도발 행위라고 억지를 부렸다. 그들은 노골적인 제국주의 이론으로 아시아 태평양 지역도 그들의 통제하에 있다는 일방적 주장이다. 원래 미국의 태평양기지는 공산주의로부터 보호한다는 구실로 유지했던 것이기 때문에 공산주의 붕괴 후 폐지돼야 마땅했다. 중국의 해군이 미국의 영역인 카리브(Caribbean) 해 지역을 자유자제로 순찰하겠다고 우기는 것과 마찬가지로 미국의 주장은 억지이다. 그러나 그들은 필리핀 정부를 앞세워 국제중재 기관에 남중국해는 필리핀의 영역이라는 억지를 부리는 중재재판(Arbitration) 신청을 제출하게 했다. 중국은 그 국제중재 기관의 정당성을 인정하지 못한다며 중재에 참여하지 않았으나 미국의 통제하에 있는 그 기관은 중재는 양쪽이 중재를 받기로 합의해야만 이루어지는 것이라는 간단한 이론을 무시하고 일방적으로 중국이 남중국 해안에 위치한 스프레트리 섬에 군사기지를 설치할 권한이 없다고 '판결'을 냈다. 그 조작된 결과로 미국은 그들이 통제하는 세계 언론을 통해 중국이 전쟁을 도발하고 있다고 묘사해 미국의 태평양 군사전략을 정당화시켰다. 오히려 미국은 중국이 미국의 해로를 위협한다는 조작된 이유로 중국의 영토에 침범하며 중국해군을 군사적으로 자극하고 있다.

아시아 공동방어를 위한 중국과 러시아의 공동 군사훈련

이에 대항해 2014년부터 중국은 러시아 해군과 함께 이 지역에서 공동 군사훈련을 실시하고 있다. 이 사실 역시 한국 언론을 포함한 세계 언론은 보도하지 않고 있을 뿐 아니라 오히려 중국이 미국해군을 위협한다는 식의 허위 보도를 하고 있는 게 현실이다. 그러나 미국 지배세력의 이런 제국주의적인 아시아 정책은 이미 경제적으로 몰리기 시작한 미국이 지탱하기에 무리였다. 특히 그들의 아시아 피벗은 이라크 전쟁으로 미국의 군대 통제력을 상실한 후 아시아 국가들의 군대를 그들의 군대로 활용하려는 것이 진짜 목적이다. 그러면서 그들은 대한민국 30만의 군대를 총동원해 매년 두 차례씩 실제 화력을 사용한 대규모 군사훈련을 진행하며 전운을 조성하고 있다. 일본 하수인 아베 역시 그들의 언론을 이용해 북한의 핵 실험에 대비한 대피 훈련을 실시하여 자국민들에게 공포를 조성해 자위대 강화에 대한 필요성을 조작하여 군비를 늘려 아시아에서 미국의 군대 역할을 담당하기 위한 준비를 추진했다. 일본이 자국민들의 반대를 무시하고 일본 헌법이 금지하는 자위대를 공격군으로 전환하는 법안을 기습 통과시킨 이유이다.

중국을 상대로 핵 선제공격을 허용하는 미국 법안

2008년 지배세력이 소유한 대형은행들의 도산위기로 경제전에서 패한 미국은 그런 식으로 아시아와 중동지역을 동시에 군사적으로 장악하겠다는 무리한 정책으로 그들의 군사적 우위를 '과시'했다. 그렇게 중국을 포위함과 동시에 2012년 통과된 '국방수관법안(National Defense Authorization Act)'에 오바마에게 중국을 상대로 핵으로 선제공격을 할 수 있는 권한을 부여했다. 미국의회가 NDAA 법안에 오바마 대통령이 핵으로 선제공격을 할 수 있는 권한은 예수회가 운영하는 조지타운 대학이 준비한 보고서에 중국이 약 3,000마일 길이의 땅굴이 있는 것을 원적 측정기를 탐지했음으로 그 정도면 핵무기 약 3,000개를 숨겨둘 수 있다는 추측을 바탕으로 한 것이었다. 물론 그들은 경제전쟁을 진행 중인 중국에게 그들이 공개적으로 핵으로 공격할 수 있다는 경고를 했던 것이다. 그들이 얼마나 다급해졌는지를 드러낸 정황이다. 그러자 중국은 미국의 레이더에 잡히지 않는 스텔스 폭격기의 금속을 도용해 개발한 핵잠수함으로 미국 해군의 레이더망을 뚫고 로스앤젤레스 앞바다에 나타나 공중에 미사일을 발사한 후 유유히 중국으로 돌아갔다. 이는 만약 미국이 선제공격을 시도할 경우 핵잠수함으로 미국을 불바다로 만들 수 있음을 확인시켜 준 사건이다. 그러나 언론은 이런 중국의 출현을 은폐했고 오히려 핵무기를 이용한 선제공격 조항이 미국의 방어를 위해서 당연하다는 식으로 보도함으로 국민들은 그 법안의 심각성을 인지하지 못했다. 그들은 그들이 소유, 통제하는 싱크탱크를 통해 미국은 핵전쟁에서 이길 수 있다는 보고서를 인용하여 다급해진 어빙 크리스톨(Irving Kristol)을 포함한 미국의 네오콘 세력은 그들이 통제하는 언론에 출연해 핵을 사용하지 않을 것이면 왜 그 많은 핵미사일을 제조해 놓았냐며 핵을 이용한 선제공격을 당연하게 생각하도록 국민들을 세뇌했고 이미 그들의 세뇌작업에 길들여져 무뎌진 대다수의 미국 시민들은 그들의 그런 발언을 당연하게 받아들이기 시작했다. 2016년 러시아에 의해 시리아 전쟁에서 패한 지배세력이 갑자기 2017년 4월, 대한민국에 사드미사일을 기습 설치한 이유는 바로 다급해진 지배세력이 한반도에서 핵전쟁을 일으키려는 수작이었다.

비밀 지하도시의 존재(UNDERGROUND CITIES)

지배세력이 그런 핵전쟁에 대한 발언을 스스럼없이 할 수 있는 이유는 그들은 이미 그런 핵전쟁에 대비해 미국을 포함한 유럽, 호주 등에 지하도시를 구축해 놓았기 때문이다. 그들은 19세기 말에 써진 '시온장로들의 의정서'에서 이미 지하도시를 준비해 온 사실을 자랑했다. 미국과 유럽 지하에는 이미 자연에 의해 형성된 동굴들이 있다. 그리고 그 동굴 속에는 물을 포함한 여러 생태게가 형성돼 있다. 그들은 제2차 대전 이후 핵을 이용해 땅굴을 파는 기술을 개발했고, 이 기계의 사진을 인터넷에서 확인할 수 있다. 이 기계는 하루에 약 10마일씩 뚫을 수 있으며 땅을 고온도로 녹이기 때문에 터널 벽이 자연스럽게 만들어지게 돼 있다. 1947년 로즈웰 비행접시 사고 이후 미국 정부는 라스베이거스 근교에 위치한 51지역에서 UFO를 제조해 온 사실이 일찍부터 소문이 자자했다. 이 AREA 51로 알려진 미국 비밀 공군기지의 존재는 2005년 FOIA 신청에 의해 2013년 CIA가 공개한 자료로 확인됐다. 그 기지는 원래 UFO로 알려진 비행접시와 외계인들이 운영하는 인간 복제시설이 지하에 위치하고 있다. 그 지역에서 일찍이 기지를 짓는 작업에 관여됐던 내부고발자 필 슈나이더가 1990년대에 최초로 그런 지하 기지들에 대해 폭로했고 51지역에서 땅굴을 파던 중 그레이 외계인들과 전투가 벌어져 그들이 발사한 레이저 총에 의해 손가락이 타버린 그가 D.U.M.B.(DEFENSE UNDERGROUND MILITARY BASES)의 존재를 인터넷에서 공개한 그의 영상들을 볼 수 있다. 그러나 그가 그런 발표를 한 얼마 후인 1996년에 지배세력에 의해 의문의 죽임을 당했다.

세계지배세력은 그 핵을 이용해 땅굴을 파는 기술로 미국과 유럽, 호주 등 지하에 진공터널 속에 달리는 고속철도(Highspeed Rail)로 연결된 지하 도시들을 건설해 놓았다. 미국에는 오랜 시간이 걸려 건설된 덴버공항 지하와 로스앤젤레스에는 게티 박물관(Getty Museum)지하가 중심 허브로 워싱턴을 포함한 전국으로 연결돼 있고 각 도시 지하에는 호화 주택들이 건설돼 있을 뿐 아니라 장기간 편하게 생활할 수 있는 시설들과 온실 농토까지 있다. 그런데 더 흥미로운 사실은 2011년부터 이런 시설들이 하나씩 파괴되는 사례가 발생하기 시작했다는 것이다. 인터넷에 이런 정보를 제공하는 매우 신빙성 있는 사이트들에 의하면, 파충류 외계인의 도움으로 세계 지하 곳곳에 전자기의를 이용해 인류의 뇌파를 컨트롤하는 장비들이 건설돼있다고 한다. 그러므로, 파충류를 무력화시켜 인류가 그들의 통제에서 벗어날 수 있게 인류를 도와주고 있는 외계인들 연합이 음파를 이용한 첨단 무기로 그들이 지하기지들을 파괴시키고 있다고 한다. 확인할 수 없는 정보이나 그런 지하 시설들이 파괴될 때마다 지진을 측정하는 기계에 그런 주파수가 잡히고 있다. 최소한 그들의 지하시설의 존재를 아는 군부의 애국세력이 그들에게 그런 계획을 엄두도 내지 말라는 경고라고 추정할 수도 있다. 그런 지하 터널의 사진과 영상을 인터넷에서 D.U.M.B이라고 검색하면 쉽게 확인할 수 있다. 그들은 이미 의정서에서 만약의 하나 그들의 계획이 폭로돼 인류가 자신들을 공격할 경우 그들이 건설해 놓은 지하 도시로 대피한 후 지상 시설들을 파괴하고 모든 기록을 없앤다는 계획을 세워놓았고 그 계획대로 그러한 지하도시를 완성시켜 놓았다. 여하튼 그들은 자신들의 정체가 드러날 경우를 대비해 철저히 준비해온 사실을 그들의 의정서를 통해 가르쳐왔다. 그들이 말하는 '삼손 옵션(Samson Option)'이다. 삼손은 구약성경에 '삼손과 데릴라'에 나오는 장사이다. 그가 자신을 꼬인 델릴라에게 자신의 힘은 자신의 긴 머리카락에서부터 나온다는 비밀을 알려주자 잠든 사이에 삭발돼 구금됐다가 그의 머리카락이 다시 자라자 그가 구금돼 있던 건물의 기둥을 무너트려 다 함께 죽었다는 전설이다. 그들은 자신들의 정체가 드러날 경우 인류가 자신들을 공격할 것은 기정사실이라는 현실에 대비해 지하 터널로 도피한 후 핵폭탄을 이용해 지구를 파괴시킨 후 지구의 방사능이 사라질 때까지 그 속에서 거주할 계획을 준비해 왔다.

D. 조작된 우크라이나 시민혁명

러시아와의 전쟁을 유발하려고 조작된 우크라이나 시민혁명

시리아와의 전쟁이 러시아에 의해 저지되자, 그들은 이제 러시아와 직접 전쟁을 도발하기 위해 소로스의 NGO를 통해 우크라이나에서 혁명을 조작했다. 아무 비용도 안 들이고 발행하는 50억 불로 반정부 세력을 지원해 2014년 2월 민주주의 절차에 의해 선출됐던 빅토르 야누코비치(Victor Yanukovych) 정부를 전복시켰다. 러시아 국경에 위치하고 러시아의 해군기지가 있는 우크라이나의 정부를 전복시켜 러시아를 전쟁에 끌어들이려는 수법이었다. 우크라이나는 원래 러시아의 영토였다가 소련체제 하에 있을 당시 우크라이나 출신인 흐루시초프(Khrushchev)가 우크라이나의 독립을 허용했다. 소련의 붕괴 이후 지배세력은 동유럽에 위치한 구소련국가들을 모두 유럽연합에 끌어들였고 우크라이나도 같은 식으로 유럽연합에 존속시키려했다. 그러나 우크라이나의 야누코비치 대통령은 유럽연합보다는 오히려 러시아와 연대를 유지하려 했다. 우크라이나는 러시아의 부품공장들이 있어 러시아에 부품 수출산업이 있을 뿐 아니라 동유럽 국가들이 유럽연합에 가입한 후 오히려 공영자산을 약탈당하고 경제가 악화되는 것을 보았기 때문이었다. 미국은 소로스의 NGO를 앞세워, 혁명

을 선동해 민주주의 절차에 의해 출범한 우크라이나 정부를 전복시킨 후 극우세력으로 제2차대전 시 나치스 정권을 지지했던 자들의 포로첸코(Pororchenko)를 그들의 꼭두각시로 앉혔다. 위의 사실은 러시아 정보부가 입수한 미국 국무부 차관 빅토리아 눌런드(Victoria Nuland)의 전화 내용을 도청한 육성녹음을 세계에 공개하여 입증됐다. 도청된 음성녹음에는 힐러리 국무장관의 차관 빅토리아 눌런드가 'Fuck the EU'라고 말하는 내용도 포함돼 있어 유럽 국가들과 협약 없이 추진했다는 사실도 드러났다.

러시아의 소행으로 조작한 MH-17 여객기 폭발사건

그들은 말레이시아 MH-17 여객기를 그들이 통제하는 관제탑에서 일부러 우크라이나 지역으로 침범하게 지시한 후 그들이 통제하는 우크라이나 군대가 미사일을 쏴 추락시켰다. 그리고는 러시아의 지원을 받고 있는 반우크라이나 군대의 소행으로 덮어씌우려했다. 나중에 러시아가 위성으로 포착한 자료에 의해 우크라이나 관제탑에서 여객기를 전쟁지역으로 유도한 후 우크라이나 전투기 두 대가 나타나 호위하며 미사일의 사정거리로 내려오게 한 후 밑에서 발사한 미사일로 폭발시켰다는 사실이 드러났다. 그들이 그 폭발을 러시아에게 씌우려는 계획을 인지한 러시아는 군을 파견해 폭발지역을 봉쇄해 우크라이나 군대나 지배세력의 하수인들이 진입하지 못하게 한 후 잔해를 보존시켰다. 그리고 러시아군이 먼저 찾은 블랙박스를 보관하고 있다가 국제기구에다 넘겼고 러시아는 이미 그들이 조작했다는 증거를 입수해 인터넷매체를 통해 폭로했다. 한 예로 지배세력의 우크라이나의 전복세력이 증거로 제시한 녹취 테이프에 기록된 녹취시간이 사고 하루 전날 그들에 의해 조작됐다는 사실이 입증됐다. 그러나 그들이 소유, 통제하는 언론은 그런 사실을 보도하지 않았고 그 조사를 위탁받았던 네덜란드는 몇 년을 끌다가 조용히 거짓 결과를 발표했으나 그들의 언론마저도 보도하지 않았다. 결국 그들은 그들이 모든 전쟁을 일으키는데 써온 위장 술책 수법으로 조작극을 연출한 후 그들의 언론으로 러시아를 적으로 몰아 러시아와 전쟁을 시작하려던 계획 역시 실패했다. 2003년 이라크 전쟁을 조작된 정보로 세계를 속였던 사례 때문에 미국의 그런 얕은 수법은 이제 국제사회에 예전처럼 먹히지 않았다. 더욱이 러시아의 푸틴은 그들의 정보전쟁 전략에 대비해 2006년부터 방영한 러시아 투데이(RT NEWS) 인터넷 영어 방송을 통해 그들의 조작을 노출시키는 정보전쟁에 성공해, 미국과 유럽의 깨어있는 많은 시민들의 시청률을 보유하고 있다. 또한 같은 시기에 시작된 이란의 PRESS TV와 중국의 CCTV, 미국의 인터넷 독립 방송매체 덕분에 그들의 무기인 언론의 조작된 정보로 세계를 속이는 수법이 그 기능을 상실했다.

크리미아반도를 독립시켜 러시아에 흡수한 푸틴

우크라이나의 크리미아반도는 소련 시절부터 러시아의 해군기지가 있는 군사 지정학적으로 매우 중요한 요지이다. 그뿐 아니라 우크라이나는 러시아가 유럽에 제공하는 자원가스 파이프라인이 유럽으로 배송되는 교차로이다. 미국은 새롭게 들어선 신 나치스(Neo Nazi) 정권에게 무기를 제공하여 우크라이나에 거주하는 러시아인들에게 폭격을 가해 러시아가 그들을 보호하기 위해 전쟁에 가담하도록 유도했다. 그러나 러시아는 그들이 도발하려는 전쟁에 말려들지 않고 오히려 국제법에 의거해 합법적으로 크리미아를 독립시킨 후 러시아연합에 그 지역 국민들의 97%의 찬성투표로 합병시켰다. 그러자 미국은 러시아가 크리미아를 '침략'했다는 거짓 이유를 근거해 유럽연합 (EU)과 함께, 유럽국민들의 의지와 상관없이 러시아에게 경제제재를 걸었다. 그들의 경제제재는 이란 다음으로 러시아를 겨냥한 노골적인 전쟁행위였다. 그러나 고도의 전략가로 그들의 공격을 예측한 푸틴은 미리 750억 달러어치의 미국 국채를 처분해 식량 구입에 필요한 자금을 준비해 놓았다가 유럽으로부터 수입하던 곡식을 남미로 바꾸어 대체하는 바람에 안 그래도 불경기에 고전하는 유럽 국가들이 막대한 손해를 보았다. 그러나 이런 사실은 한국 언론을 포함한 미국이 통제하는 주류 언론에서는 전혀 보도되지 않았고 아직도 한국 언론은 러시아가 크리미아를 침략한 것으로 거짓 보도하고 있다.

러시아를 겨냥한 원유가격 폭락

같은 해인 2014년, 그들은 러시아를 상대로 경제제재뿐 아니라 그들이 1990년 소련의 경제를 붕괴시키기 위해서 그리고 1998년 러시아 경제를 붕괴시키기 위해 두 차례에 걸쳐 사용했던 원유가격의 조작된 폭락을 그들의 중동의 식민지 국가 사우디아라비아에게 과잉생산을 지시해 진행했다. 이 원유가격을 폭락시키는 수법은 감히 브릭스 연합에 가담한 브라질과, 남미연합으로 11개국이 남미국가들과 달러를 우회하는 지역통화를 준비하고 있던 베네수엘라를 겨냥한 공격이기도 했다. 원유 수출에 의존도가 가장 높은 베네수엘라가 제일 먼저 타격을 받았다. 그리고 그 공격으로 그동안 미국의 유일한 일자리를 제공해온 셰일 원유생산업체들을 도산으로 모는 결과를 초래했으나 마다하지 않았다. 그들은 미국의 원유생산을 희생해 가면서 러시아를 상대로 공격을 진행했던 것이다. 그 대신, 연준위는 비밀리 그 업체들에게 자금을 지원해 주어 그 기업들의 도산을 막아주었다. 그 공격은 러시아의 루블의 가치를 40% 하락시키는 데 성공했으나 이미 원유수출을 자국의 화폐로 하고 있으며 외국에 빚을 지지 않고 있는 러시아의 GDP는 루블로 환산할 경우 오히려 상승해 그들의 계획이 러시아에게 경제적인 타격을 주는 데 실패했다.

러시아의 전자기의를 이용한 최첨단 무기 공개

그때 러시아의 푸틴은 미국에게 러시아가 보유하고 있는 최첨단 무기를 선보여 미국 군대의 간담을 서늘하게 했다. 2014년 4월 미국의 토마호크 미사일로 무장한 최신형 구축함 도널드 쿠크호(USS DONALD COOK)가 국제법을 어기고 흑해에 위치한 소련의 해안에 출연해 군사적 과시를 하려했다. 그러자 러시아가 새롭게 개발한 최신 무기로 무장한 러시아의 전투기로 그 구축함의 미사일 방어시스템을 고정시켜버린 후 90분 동안 그 구축함을 맴돌다 가는 사건이 주류 언론에서는 보도되지 않았지만 인터넷매체를 통해 공개됐다. 이란의 과학자 메헤란 케시(Mehran Keshe)가 개발한 기술로 알려진 이 키비니 전파방해 시스템 (KHIBINY ELECTRONIC WARFARE SYSTEM)은 미국의 최첨단 AEGIS

미사일 방어시스템의 작동을 무력화시켰고 그 기능에 쇼크를 받은 DONALD COOK에 타고 있던 27명의 해군 장교들은 모두 그 다음 날로 사표를 제출했다. 그 후 2015년 3월에도 미국의 항공모함의 모든 작동이 중단돼 견인되어야 했고 2017년 4월에는 그들이 언론을 통해 러시아의 무기는 원시적이라고 거짓 선전하자, 러시아의 공군이 출현해 미국의 알라스카 북미 대공 방위 사령부 NORAD의 방어시스템 작동을 무력화시켰다. 러시아는 미국 군대에게 자국이 보유한 무기의 기능을 과시하는 방법으로 전쟁으로도 러시아를 이길 수 없다는 사실을 알렸다. 오로지 러시아가 그들과의 전쟁을 피하는 이유는 그들이 경제적으로 붕괴할 것을 전쟁으로 덮으려는 얕은 수법을 알고 있기 때문에 말려들지 않기 위해서였다.

러시아가 EMP 공격을 준비하고 있다는 허위 정보 유포

그들은 러시아와 도발하려던 전쟁계획이 불발하자 다급해져 러시아가 미국의 전력망(POWER GRID)과 나스닥을 포함한 전자 망에 악성코드(MALWARE)를 심어놓았다는 정보를 입수했다고 거짓 보도했다. 그러면서 미국 곳곳에 지역적으로 전력망을 수시로 차단시키고 나스닥 증권거래소에 여러 차례에 걸쳐 잠시 중단되는 자작극으로, 그런 공격의 가능성을 대중에게 선전, 인식시켰다. 한 예로 2014년에 있었던 소니영화사의 해킹 사건은 북한의 소행이라는 근거 없는 보도로 미국 국민들에게 북한을 국가의 적으로 몰았다. 북한이 그중 포함되는 이유는 지정학적으로 북한은 러시아와 중국을 공격할 수 있는 요지이기 때문이다. 그러면서 그들은 북한에 경제제재를 걸면서도 북한이 인공위성을 발사하는 것을 허용했다. 왜냐면 북한이 핵폭탄뿐만 아니라 인공위성을 이용해 미국의 전력망을 파괴하는 전자기 펄스 (ELECTROMAGNETIC PULSE (EMP)) 공격을 할 수 있다고 선전, 호도하기 위해서인 것으로 보인다. 그런 식으로 미 지배세력은 미국의 경제가 붕괴할 경우 자작극으로 전력망과 전자결제망을 파괴시킨 후 러시아나 북한의 컴퓨터 악성코드 공격, 혹은 EMP 공격에 의한 것으로 한 후 전쟁을 일으키려는 전략을 준비해 왔다. 그들이 트럼프가 취임한 후인 2017년 5월, 워나크라이 랜섬웨어(Wanna Cry Ransomware)로 전 세계를 공격했던 주 타깃은 러시아의 전력시설이었다. 그러나 러시아는 이런 공격에 대한 방어를 구축해 놓아 피해를 보지 않았다. 그 후 위키리크스가 7번 금고 (Vault 7)라는 CIA가 제작한 악성코드가 러시아나 북한에서 온 것처럼 속이는 방법을 개발해 놓았다는 사실을 폭로해 그들이 이런 컴퓨터 파괴 소프트웨어(computer malware)를 이용한 자작극을 준비해 왔다는 사실을 확인시켜 주었다.

E. CIA가 창조한 용병군대(Mercenary Army) 아이시스와의 전쟁

아시시스와의 전쟁을 빙자한 시리아 폭격

러시아가 우크라이나에서 전쟁에 응하지 않자 다시 시리아에서 러시아와 전쟁을 도발하려 했다. 2013년 시리아가 자국민들을 상대로 독가스를 사용했다는 조작된 정보를 근거로 시리아를 폭격하려다 국제적으로 저지당한 미국은 CIA가 비밀리 후원해 온 그들이 만든 용병군대 알케이다(Al Queda) 테러조직의 이름을 아이시스(ISIS)로 바꾸어 시리아에 진출시켜 시리아 군대를 공격하게 했다. 그런 후 미국은 아이시스 테러조직을 제거한다는 명분으로 다시 NATO의 미국 전투기로 시리아를 일방적으로 폭격하기 시작했다. 미국의 시리아 폭격은 국제법을 위반하고 시리아의 국경을 침범하는 행위였다. 그러나 미국의 주류 언론은 이 사실을 은폐하고 오히려 미국의 폭격을 테러와의 전쟁의 일환으로 인도적인 차원에서인 것으로 세계를 속였다. 그러면서 NATO는 아이시스를 공격한다는 구실로 시리아의 다리, 도로, 학교, 병원, 전력발전소 등의 기관시설을 파괴시키고 오히려 시리아 군대를 공격하는 지원 폭격으로 아이시스가 영토를 늘릴 수 있도록 도왔다. 여기서 더 흥미로운 사실은 지하드를 외치는 아이시스가 그들의 가장 정적인 이스라엘을 공격하지 않는다는 점이다. 오히려 시리아군에 의해 포로가 된 ISIS 요원들 가운데 ISIS 군대를 통솔하던 이스라엘 장교가 포함돼 있었다. 물론 지배세력이 소유, 통제하는 언론이 이를 보도할 리가 없어 세계는 모르고 있지만, 인터넷에서는 이미 지배세력의 군대인 이스라엘이 아사드 정권을 전복시키기 위해 ISIS를 배후에서 비밀리 지원해 주고 있을 뿐 아니라 ISIS 부상자들을 이스라엘로 이송해 치료해주고 있다는 사실은 다 공개된 비밀이다. 1년 반 넘게 지속된 NATO의 폭격은 결국 민간인들의 난민사태를 유발했고, 시리아의 아사드 정권은 군사적 위기에 처해졌다. 미국의 지배세력은 시리아 정권을 전복시키는 것은 이제 시간문제라고 생각하기에 이르렀다.

이란과의 전략적 평화협상을 유도한 중국과 러시아

그러자 그들은 갑자기 이란과의 협상을 주도했다. 시리아 다음으로 이란을 공격하려는 속임수 전략이었다. 그들은 자신들이 소유한 싱크탱크 랜드(Rand)에서 제시한 전략이 담긴 보고서에 의하면, 이란을 공격하는 여론을 조성하는 전략으로 이란에게 그들이 거절할 수 없는 후한 제안을 할것을 조언했다. 그래서 전 세계가 미국이 그들에게 후한 제안을 했다는 사실을 믿게 한 후 그럼에도 이란이 세계를 속이며 핵폭탄을 준비하는 배은망덕한 국가라고 이란을 묘사해 이란을 제거하는 여론을 조성하면 된다는 전략이었다. 또한 그들은 이란과 협상을 함으로 핵 조사단의 감시로 이란이 핵을 개발하지 못하게 한다는 전략이었다. 그들은 자신들의 이란을 제거하려는 계획이 지연되자 그 사이 이란이 핵폭탄을 개발할 경우 그들의 전쟁계획에 차질을 빚을 것을 우려해 벌인 작전이기도 했다. 그에 따라 오바마는 정말로 이란에게 느닷없이 핵폭탄을 개발하지 않겠다고 약속하고 국제 핵 조사단 IEAE 의 검증에 응할 경우, 1979년 이란혁명 이후 동결시켰던 이란의 금융자산을 풀어주겠다고 제안했다. 그 결과 이란과의 대화는 빠르게 진행됐고 곧 합의에 이르렀다. 푸틴이 미국의 NATO가 1년 반 동안 시리아 내에서 노골적으로 진행한 폭격을 관망했던 이유는 지배세력이 시리아를 이미 장악했다고 믿고 그들이 이란과의 평화협상을 제시할 것을 알고 그렇게 유도하기 위해서였다고 한다. 손자병법에서 나오는 지는 척하며 적군을 적진으로 깊숙이 유인하는 전략인 것이다. 시리아를 장악하는데 성공했다고 믿은 지배세력이 그때까지 진행하던 이란이 핵폭탄을 개발 중이라는 조작된 선전을 중단하고 이란이 '핵 개발'을 '포기'했음으로 이란에게 걸어놓았던 경제제재를 풀어줄 것을 예상하고 기다렸다는 것이다. 그리고 그렇게 이란과의 협상이 시작된 후에서야 러시아가 시리아 전쟁에 개입한 정황이 그런 추측을 뒷받침한다.

시리아 정부의 요청에 의한 러시아군대의 시리아 전쟁 참전

미국의 용병군대 아이시스에게 패할 위기에 처해진 시리아의 아사드 대통령은 2015년 9월, 러시아에게 정식으로 시리아 내에서 벌어지고 있는 ISIS와의 전쟁에 러시아가 군사적으로 참전해줄 것을 요청했다. 러시아의 푸틴은 2015년 9월 UN 연설에서 유럽에서 일어나고 있는 난민사태를 해소하는 최선의 방법은 난민들을 받아주는 것이 아니라 난민사태의 원인을 제공하고 있는 아이시스를 제거하는 것이라고 했다. 그렇게 ISIS가 중동의 평화를 위협하므로 제거해야 할 필요성을 발표한 후 시리아의 요청을 받아들여 불법으로 시리아에서 폭격을 하고 있던 NATO와는 달리 국제법에 준하여 합법적으로 2015년 9월 30일 시리아 안에서 폭격을 시작했다. NATO가 1년 반이 넘게 폭격해도 진전을 안 보이고, 오히려 아이시스에게 밀리던 전세가 불과 3개월 만에 판세가 바뀌어 아이스시가 전멸 위기를 맞았다. 러시아는 그럼과 동시에 아이시스가 시리아와 이라크에서 원유를 훔쳐 터키로 이동하는 수송트럭의 행렬을 위성으로 포착한 사진과 동영상을 세계에 공개했다. 그렇게 해 이스라엘이 아이시스가 훔친 원유를 미국의 Exxon 같은 석유회사에게 시가보다 싸게 팔아 그 자금을 아이시스에게 전쟁자금으로 대 주고 있던 사실이 드러났다. 최근 인터넷에서 공개된 자료에 의하면 그들은 약 6조 달러어치의 원유를 이라크에서 그리고 약 8000억 달러어치의 원유를 시리아에서 빼돌려 그들의 용병군대를 지원해왔다. 이런 사실 또한 국제 주류 언론은 보도하지 않았다. 그 후 러시아가 아시시스의 원유 수송루트를 폭격하여 아이시스의 사금줄을 차단시켜 버렸다.

터키의 러시아 전투기 격추를 이용한 전쟁 도발 행위

그러자 갑자기 터키가 NATO F-16 전투기로 러시아의 폭격 전투기가 터키의 영토를 침입했다는 조작된 이유로 격추시키는 사건이 발생했다. 같은 NATO 회원 국가가 공격을 받을 경우 공동방어를 해주어야 하는 NATO 협약 제50 조항(Article 50)을 작동시켜 전쟁을 도발하려는 수법이었다. 고로 러시아가 터키를 공격하는 걸 유도한 후 러시아의 공격을 공동으로 방어한다는 명분으로 러시아와 전쟁을 도발하려 했던 것이다. 그러나 러시아는 다시 한 번 그들의 수법에 안 말려드는 절제를 보여주었다. 오히려 러시아의 전투기가 터키의 영토를 침범하지 않았다는 증거를 그들이 소유한 방송 RT News와 다른 언론매체들을 통해 공개했다. 터키의 대통령 에르도안(Erdogan)은 자국의 행위를 정당방위라고 공개적으로 주장했지만 그 후 일어난 사태를 보아서는 그 격추는 에르도안의 허락 없이 군 조직 내의 지배세력의 하수인의 독자적인 도발 행위였을 가능성이 매우 높다. 그 대신 러시아는 터키를 상대로 경제 제재를 걸었다. 터키 경제의 큰 부분을 차지하는 러시아의 터키 관광이 중단되자 터키는 경제적으로 타격을 입게 됐다. 그러자 터키 여론을 의식한 터키 대통령은 푸틴에게 화해를 요청했고, 푸틴은 흔쾌히 받아들였다. 터키는 지정학적으로 유럽과 중동의 연결고리로 터키의 인세를릭(Incerlick) 공군기지는 NATO의 전략적으로 가장 중요한 기지로 러시아를 겨냥한 핵미사일을 설치해둔 곳이다. 또한 그 기지는 지배세력이 아프가니스탄에서 제조한 마약을 수송하는 데 중요한 요지이다. 그러므로 유라시아개발의 연결고리인 터키를 러시아와 중국 영역으로 끌어드리는 것은 군사 지정학적으로뿐 아니라 경제적으로도 매우 중요하다. 푸틴은 터키와 화해를 해 경제제재를 풀어줌과 동시에 터키를 통해 유럽으로 가는 원유와 자연가스 파이프라인을 건설하려다가 지배세력에 의해 중단됐던 사업을 재개하기로 합의했다.

터키의 중국과 러시아를 향한 피벗과 에르도안을 상대로 일으킨 쿠데타의 실패

에르도안이 러시아와 화해를 해 경제적으로 협력을 하며 중국의 '일대일로'에 가담하는 쪽으로 기울이자 지배세력은 2016년 7월, 전 NATO 사령관인 미국 장성이 CIA와 함께 터키군대 장성들을 매수해 터키의 에르도안 정권을 붕괴시키려는 쿠데타를 감행했다. 그러나 러시아가 그들의 쿠데타 정보를 입수해 에르두안에게 제공해 줌으로 CIA가 조작한 쿠데타는 실패했다. 그 결과 터키는 확실하게 러시아와 중국 영역으로 돌아서 그들의 인세를릭 NATO 공군기지에서 NATO의 폭격기는 물론이고 러시아를 겨냥한 핵미사일을 철수시켰다. 세계지배세력은 이제 전략적으로 중동과 유럽의 연결고리로 그들의 가장 중요한 NATO 기지였던 터키를 잃었고 그들의 마약 수송지도 잃었다. 그래서 그들의 핵미사일도 루마니아로 옮겨야 했다. 그렇게 러시아는 지배세력에게 전략적으로 중요한 터키를 그들의 NATO의 영역에서 지배세력을 상대로 러시아와 중국, 이란이 형성하고 있는 동맹으로 끌어들이는데 성공했다. 그와 동시에 중국의 유럽과 아시아를 연결시키는 '일대일로' 신 실크로드 사업에 터키를 포함시킴으로 터키를 고속철도와 통신시설을 포함한 유라시아 개발 프로젝트에 필요한 기관시설사업에 가담시켰다. 또한 터키는 러시아가 시리아 전에서 NATO 공군이 시리아 항공을 침범할 엄두를 못 내게 만든 S-400 반 미사일 시스템을 구입해 배치했다.

32. 지배세력이 조작해 일으킨 유럽 난민사태

> 유럽국가들의 난민 허용정책

2013년 유럽의 NATO국가 영국이 시리아 전쟁에 참전할 것을 거부해 저지됐던 지배세력은 조지 소로스의 NGO를 이용해 유럽의 난민사태를 조성함으로써 유럽을 혼란 속으로 몰았다. 먹을 것도 없는 난민들이 유럽까지 가는 뱃삯을 마련할 수 있었던 이유는 소로스가 배후에서 지원하는 NGO들이 자금을 지원해 줬기 때문이었다. 그리고 그들이 소유, 통제하는 언론은 배가 전복돼 죽은 어린아이를 조명해 세계로 하여금 그들을 인도적 차원에서 도와야한다는 세계적인 여론을 조성했다. 그러나 실제로 유럽으로 이동하는 난민들은 소말리아나 아프리카 지역에서 온 젊은 청년들로 난민들이라기보다는, 오히려 난민 사태를 일으킨 주범이 유럽국가들이라고 믿는 이슬람 지하디스트들이 대다수였다. 그리고 소로스의 NGO조직은 유럽에 가면 그들이 잘 살 수 있다며 그들이 유럽에서 대우를 받을 권리가 있는 것처럼 부추겼다. 대량으로 이동하는 난민들이 국경순찰대에 의해 저지돼야 하는 게 당연했으나 메르켈을 포함한 유럽 정치인들은 지배세력의 유럽연합의 지시에 따라 국경을 난민들에게 개방했다. 독일의 메르켈 수상은 자진해서 100만 명의 난민들을 수용하겠다고 하며 부근 유럽 국가들에게도 같은 식으로 수용할 것을 강요했다. 당연히 국경에서는 아무 이민 관련 서류를 지참하지 않은 그들을 심사할 수 없었고, 그것을 핑계로 지배세력은 지하디스트 요원들을 유럽에 대량으로 침투시킬 수 있었다.

유럽을 혼란에 빠트린 난민들의 폭력

인도주의적 차원에서 난민을 받아 주는 게 당연하다고 생각하도록 정신적으로 세뇌된 대부분의 유럽국민들은 저항하지 않았다. 그런 난민 정책은 안 그래도 적자운영을 하고 있고 불황에 허덕이고 있는 유럽 국가들의 재정을 더 악화시켰다. 그뿐 아니라 이슬람 종교는 그들의 종교에 불복하는 자들을 폭행하고 강간하는 것을 허용함으로 이 '난민'들은 유럽의 여성들을 대량으로 강간하고 지역주민들에게 폭력을 휘둘렀으나 유럽연합의 결정에 복종해야 하는 유럽 국가들은 오히려 이 난폭한 난민들을 보호하고 나섰고, 언론은 그런 사실을 보도하지 않았다. 인터넷에서는 그들이 떼를 지어 파리를 포함한 유럽의 도시를 파괴하는 모습이 담긴 영상을 접할 수 있다. 비행장을 입국할 때는 신발까지 벗게 하여 심사를 하면서 정직 해야 힐 테러 용의자들에게는 국경을 개방해 떼로 들어오게 허용하는 지배세력의 하수인들로 전락한 정부의 모순과 이론을 당연하다고 보도하는 언론이나, 이를 당연하게 받아들이도록 세뇌된 유럽인들의 어처구니없는 모습이다. 그리고 그런 노골적인 정보전쟁에 하수인으로 가담하고 있는 대한민국 특파원들이 그런 사실을 감지나 하고 있는지가 의심되는 정황이다. 그 여파로 유럽의 테러 사건들이 급증한 것은 말할 여지도 없다. 러시아의 푸틴이 언론에서 지적했듯이 난민사태를 해결하는 최선의 방법은 난민들을 생산하는 전쟁을 종결시키는 것이고, 더 나아가 그 테러조직 아이시스를 제거하는 것이므로 2017년 러시아에 의해 시리아에서 아이시스가 쫓겨나자 진짜 시리아 난민들은 조국으로 대거 귀향했다.

유럽난민사태가 조작된 정황

더 의아한 사실은 그 난민들이 시리아 부군에 있는 중동국가들로 가지도 않을뿐더러 사우디를 포함한 그 국가들은 단 한 명의 난민들을 받지 않고 있다는 점이다. 여하튼 최근 이태리에서 발표된 조사에 의하면 이태리에 입국한 '난민'들의 2.65%만 시리아의 난민들이고 나머지는 소말리아 등 아프리카에서 온 경제 이주자(migrants)들이고 대부분은 젊은 청년들이며 아이들은 하나도 없다고 한다. 그리고 독일의 메르켈이 받아들인 난민들의 수만 해도 2백만인데, 아이시스가 러시아 개입 직전에 차지했던 지역의 전체 시리아인 인구가 3백50만을 감안하면 유럽에 '난민'으로 위장해 침입한 자들의 대부분은 가짜 난민이다. 터키 에르도안 대통령과 Open Society NGO의 조지 소로스는 공식 석상에서 난민은 전쟁을 위한 인간 무기라고 인정했다. 지배세력의 목적은 그들의 의정서에서 가르친 대로 유럽사회에 혼란과 불화를 조성하기 위한 것이다. 특히 지속된 세계 경제 불황으로 유럽국민들이 지배세력의 유럽연합에 불만을 표출하기 시작했을 뿐 아니라 그들의 은행들을 위한 통화정책의 여파로 부의 양극화 현상이 불거져 불만에 찬 중상층들의 주의를 난민사태와 테러로 돌려 산만하게 만들려는 그들의 의정서에서 가르쳐 온 수법의 일환인 것이다. 그리해 그들의 지배를 가능하게 했던 달러와 유로 등을 이용한 통화정책이 붕괴하기 일보직전이라는 사실에 눈을 뜨지 못하게 하는 것이다. 그렇게 시간을 조금이라도 더 벌어 그 사이 세계전쟁으로 판을 뒤집어야 하기 때문이다.

33. 미국의 테러 자작극 시도

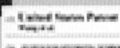

33. 지배세력의 테러 자작극 시도

미국 국내에서 실패한 핵을 이용한 자작극 시도

러시아와 중국에 의해 그들의 달러체제의 붕괴가 피할 수 없게 되자 미 지배세력은 2013년 시리아와의 전쟁을 준비하던 같은 시기에 9·11같은 대규모 테러 자작극으로 국민들을 분노하게 만들어 시리아와 이란을 상대로 제3차 세계전쟁으로 몰고 갈 계획이었다. 그 테러 자작극으로 그들은 미국 내에서 계엄령을 선포해 2013년 1월 오바마가 서명한 국방 수권 법안(NDAA)에 의거해 군부의 애국자 세력을 제거하고 그들의 정체를 노출하고 있는 인터넷 매체들을 탄압할 계획이었다. 그 목적으로 그들은 미국 국내에서 핵폭탄을 이용한 테러를 기획했다. 다행히 중동에서 중국과 러시아가 군사적으로 개입하고 나서고 영국의회가 불참하기로 결정 하는 바람에 시리아 전쟁계획이 좌절됐듯이 같은 시기에 계획됐던 테러 자작극 역시 군부 애국자 세력에 의해 무산됐다. 오바마는 2013년 10월 8일 사우스캐롤라이나 주 찬스턴 시에서 소형핵무기(Mini nuke)를 폭발시키라는 명령을 내렸다. 그러나 군은 그 지시를 어기고 약 600마일 떨어진 대서양 바다에 폭발시켰다. 오바마정권이 핵 자작극을 시도하려 한다는 정보는 미국의 핵무기를 군 지휘부 절차를 위반하고 소규모 핵폭탄을 비밀리에 이동하는 정보를 제일 먼저 감지한 핵 최고 사령관들인 해군 제독 팀 지아디나 (Tim Giardina) 와 미국 공군 소장 마이클 케리

(Michael Carey)에 의해 누설됐다. 그 직후, 북 캐롤라이나 주에 주둔하고 있는 해병대를 통솔해 오바마의 계엄령을 집행하는 임무를 담당하고 있던 두 해병대 소장들이 외부로 누설해 미국의 인터넷 매체 Infowar.com과 프랑스의 인터넷 매체 Dedefensa.org에서 9월 초에 보도됐다. 군부가 자신의 명령을 거부했다는 사실에 분노한 오바마 대통령은 이 4명의 장성들을 즉각 해임했다. 그들이 통제하는 언론은 그 장성들이 도박을 일삼고 술을 남용했다는 사실이 드러나 해임됐다고 보도했다. 더 놀라운 사실은 지배세력이 9·11 조작극 이후 설립한 국토 안보부 산하로 들어간 FEMA를 통해 38만 6천명의 유엔군들이 9주 전부터 그 지역을 확보하는데 필요한 군사훈련을 받았다는 점이다. 지배세력은 일찍부터 그들이 통제하는 외국 군인들로 구성된 유엔 군대를 이용해 미국시민들을 제압할 계획을 세웠고 이를 위해 미국 안에서 훈련을 시켜왔던 것이다. 미국 군인들이 자국민들을 향해 총을 발포하라는 지시를 거부할 상황에 대비해 왔던 것이다.

실종된 MH 370 여객기의 미스터리

2014년 3월에는 말레시아 항공 MH 370기가 납치되는 사건이 발생했다. 그런데 그 비행기가 갑자기 레이더에서 사라져버려 행방불명이 됐고, CNN을 포함한 그들의 언론은 이례적으로 이 사실을 대서특필로 보도했다. 그 여객기의 행방을 추적하는 구조대는 그 블랙박스가 발신하는 장소를 찾았다고 수색에 나섰고 세계 언론이 그 여객기에 대해 집중보도를 했다. 그러면서 블랙박스를 찾는다며 혈안이 됐고 언론에서 실시간으로 보도하며 난리를 떨었다. 그러면서 엉뚱한 지역에서 수색을 하고 있던 중 그 비행기에 탑승하고 있던 승객의 여자 친구가 그 승객으로부터 무선 전화기로 연락을 받았다는 소식이 나돌자 언론이 갑자기 조용해졌다. 그 전화기의 발신 장소를 추적해보니 인도양 한 복판에 위치한 디에고 가르시아(Diego Garcia)섬에 있는 미국 비밀 공군기지였다. 그렇다면 수색 팀은 고의로 엉뚱한 곳에서 그 여객기를 찾고 있었던 것이다. 그 비행기에는 공교롭게도 중국의 과학자 학회에 참석차 가던 프리스케일 반도체 (Freescale Simiconductor, Inc.)라는 회사의 상급엔지니어들 20명이 타고 있었다. 그들 중 4명은 그들이 개발해 특허신청을 한 기술의 각각 20%의 권리를 소유한 자들이었고 그들이 개발한 반도체는 중국을 포함한, 모두가 관심을 갖는 특수 반도체였다. 더 흥미로운 사실은 특허가 발행되기 직전에 그들이 사라졌고 그런지 며칠 후에 특허가 발행됐다는 점이다. 이미 앞에서 그들은 특허청을 통제해 왔다고 했다. 그런데 그 특허가 발행이 되기 전에 소유자들이 죽게 되면 그 특허를 상속하지 못한다. 그리고 생존하는 4명 외의 나머지 20%를 소유한 자가 전체를 소유하게 된다. 그런데 그 20%를 소유한 실체가 바로 로스차일드가 소유한 블랙스톤이라는 회사였다. 그 자체로만도 그 비행기 납치사건이 특이했다. 지배세력은 어떤 사건을 기획할 때 여러 가지 목적을 한꺼번에 달성한다. 그런데 그 여객기가 추락하지 않고 갑자기 레이더에서 사라진 것은 더 특이했다. 물론 그들은 레이더에 안 잡히게 가리는(Cloaking) 기술을 사용했다. 그 엔지니어들이 개발한 반도체를 중국에 노출되는 것을 막기 위해서라는 설과, 혹은 그 엔지니어들과 그 기술에 대해 알고 있는 모든 엔지니어들을 한적한 장소로 납치해 몰래 생산하려는 것이라는 설이 나돌았다. 그런 얼마 후 그 여객기가 그 기지에서 다시 사라졌다.

MH 370을 이용한
'헤이그 국제 핵 협의회' 폭격을 시도한 조작극의 실패

그 사건을 추적하던 에이블 댄저(Able Danger)라는 웹사이트에서 그 여객기가 BOEING 777이고 그 비행기는 원격으로 조종이 가능하게 제조되었다는 사실이 공개됐다. 실은 9·11시 '사용' 됐던 비행기들도 그런 식으로 원격으로 조종하는 장비가 부착돼있었다. 앞에서 이미 폭로했듯이 그 비행기들을 원격으로 조종해 무역센터에 보낸 게 아니었고 그 기술로 그 비행기들을 다른 곳으로 보냈던 것이다. 그렇다면 왜 그들이 그 비행기를 세계 언론을 총동원해 집중보도했는지가 의문이었다. 그런데 그 의문은 엉뚱한데서 풀렸다. 17일 후인 3월 25일에 그 여객기와 유사한 BOEING 777 모델의 비행기가 화물수송기로 개조돼 모든 국가 원수들이 참석한 해이그(Hague)에서 열리고 있는 국제 핵 협의회(Nuclear Security Summit)로 향해서 날아가던 중 네덜란드 공군의 전투기에 의해 포착됐다. 그 여객기가 네덜란드 항공에 들어올 아무 사전허가를 받지 않았던 게 드러났고, 항공교통관제와 통신하기를 거부하는 바람에 네덜란드 항공 밖으로 호위된 후 그 비행기는 독일의 프랑크푸르트 공항에 착륙했다. 그 의문의 비행기 모델이 MH 370과 같았고 그 비행기는 레이더에 안 잡히는 장치(CLOAKING TECHNOLOGY)가 순간적으로 작동이 안 돼 네덜란드 공군 전투기에게 노출됐던 것이다. 그리고 그 비행기는 헤

이그(Hague)에서 열리고 있는 국제협의회 장소로 가고 있던 중이었다. 그들은 그 비행기로 세계 원수들이 모인 장소를 폭격해 국제대형 사고를 조작하려다 실패했던 것이다. 그것이 그들의 전형적인 계획이었다는 사실을 뒷받침하는 증거는 그 국제회의 이틀 전에 네덜란드에 있는 이스라엘의 대사관을 닫고 외교관들과 직원들을 이스라엘로 귀국하라는 명령이 있었다는 점이다. 이는 9·11(세계무역센터), 7·7(2005년 런던폭발 사고), 3·11(후쿠시마)이 있기 전 날 각각 모든 유대인들을 집에 있으라고 했던 것과 같은 조치였다. 그랬을 경우 그 여객기를 납치해간 테러리스트들의 범행으로 조작해 세계적인 분노를 조성해 전쟁의 빌미를 만들려했다고밖에 볼 수 없다. 그 비행기를 레이더에 안 잡히게 가리는(cloaking) 장치가 순간적으로 작동을 안한 것은 신의 중재였다. 그리고 인터넷에 이 사건을 폭로한 사이트는 지배세력의 악한 계획을 중단시키기 위해 외계인이 개입했다고 추정했다. 그러나 러시아는 이미 그런 기술을 보유한 지 오래일 뿐 아니라 지배세력의 정보망을 침투한 지 오래이다. 그러므로 이는 러시아를 포함한 지구동맹의 개입이었을 가능성이 더 높다.

말레시아 항공 여객기가 그들의 납치 사건에 이용된 이유

더 흥미로운 사실은 지배세력이 납치한 MH-17과 MH-370 모두 말레시아 항공 여객기들이라는 점이다. 말레시아는 전 말레시아 수상 마하티르 모하마드(Mahathir Mohamad)가 신설한 쿠알라 룸파루 전쟁범죄 법정(Kuala Lumpar War Crimes Tribunal)에서 2005년에는 부시대통령을 상대로 미국이 2003

년 이라크 전쟁에서 저지른 민간인들 학살에 대한 전쟁범죄로 유죄판결을 내렸고, 2010년 이스라엘 군대가 1,400명이 넘는 팔레스타인 민간인들 학살한 것에 대해 이스라엘을 상대로 전쟁범죄로 공개재판을 열어 유죄판결을 내렸다. 마하티르 말레시아 전 수상은 1997년 아시아 금융위기 때 IMF의 구제조건을 그대로 수용했다가 국가의 자산을 지배세력에게 약탈당한 경험을 한 후 그들의 진정한 정체를 알았다. 그는 수상 직에서 물러난 후 자신의 재산을 털어 인권단체를 만들어 지배세력의 행패와 악의를 노출하는데 힘써 왔다. 그는 한 외국 언론사와의 인터뷰에서, 처음에는 더치 (Dutch)들이 와서 말레시아를 200년 동안 식민지로 지배하더니, 그다음에는 영국이, 마지막으로는 미국이 와서 자국을 경제 식민지로 지배 했다고 한탄했었다. 그러므로 그들이 말레시아 항공 여객기들을 이용한 이유는 지배세력이 말레시아 국민들을 상대로 한 보복이고 세계를 향한 경고였다.

34. 국가안보를 빙자한 경찰국가 설립

34. 국가안보(National Security)를 빙자한 경찰국가 설립

> 2012 년 국가 국방수권 법안 (NDAA)

앞에서 이미 미국의 지배세력은 그들이 조작한 9·11 테러를 빙자해 국민들의 인권을 침해하는 애국자 법을 기습 통과시켰던 사실을 지적했다. 미국 국회는 2013년에 통과된 2012년 국가 국방수권법안(NDAA)에 대통령에게 테러로 의심되는 미국 국민들을 기소나 재판 없이 무한적으로 억류할 수 있는 권한을 부여했다. 이는 국민들을 테러로부터 보호한다는 명분으로 미국 헌법이 보장하는 국민들의 인권을 침해하는 법이었다. 부시정권 시절인 2002년 테러와의 전쟁을 선포한 후부터 관타나모 만(Guantanamo Bay) 해군기지에 약 750명의 중동 전쟁범들을 아무 기소 없이 무한정으로 수용소에 가두어두고 고문을 한 사실이 노출돼 세계로부터 인권침해라는 비판을 받았었다. 2008년에 당선된 오바마는 대선공약으로 그 수용소를 폐쇄하겠다고 약속했었으나 그 공약을 지키지 않았다. 그리고는 오히려 NDAA에 의해 중동 전쟁범들이 아닌 미국 국민들을 그런 식으로 무한정으로 억류할 수 있는 법안을 통과시킨 것이다. 나치스정권 때의 탄압적인 법규를 능가하는 법으로, 미국을 합법적으로 경찰국가를 만들려는 이 법안을 지배세력의 하수인들로 전락한 미국의 의회가 통과시켰고 그들이 소유, 통제하는 언론은 그 법안을 테러와의 전쟁을 위해서 당연하다는 식으로 여론을 몰았다. 그들의 정신통제

(MIND CONTROL)작전에 의해 세뇌된 미국 국민들은 눈을 뜨고도 헌법이 보장하는 자신들의 인권을 침해하는 법안이 통과되는 사실을 당연하게 받아들였다. 이 법안에 서명하는 오바마는 자기가 이 법안을 가지고 죄 없는 미국인들을 억류하겠냐며 농담을 했고, 그 자리에 모였던 의원들과 기자들은 그의 의미심장한 발언을 웃어넘겼다. 그러나 오바마 정권은 그 법에 의해 정부를 반대하는 미국의 시민들을 테러 의심자로 몰아 조용히 그들을 탄압하는 도구로 이용했다.

세계를 경찰국가로 전환시키는 계획

경제전쟁에서 중국과 러시아에게 패한 사실을 잘 아는 지배세력은 전쟁을 이용해 판을 뒤집는 계획을 추진함과 동시에 미국과 유럽 그리고 아시아 국가들을 테러와의 전쟁을 빌미로 경찰국가로 전환시키는 계획을 감행했다. 앞으로 있을 경제 붕괴 시 반란이 일어났을 때를 대비한 것이었다. 원래 그들의 의정서에서도 경찰을 무장시켜 시민들을 통제하라고 가르쳐왔다. 그러나 이제 경제전에서 패한 그들은 만약 그들이 전쟁으로 판을 뒤집는데 실패를 하더라도 미국을 포함한 모든 국가들을 무력으로 통제할 계획을 진행했다. 그때부터 미국을 위시해 전 세계의 국가들의 경찰들이 군대 복장과 군대에서 사용하는 무기로 무장하기 시작했고 비행장 같은 공공장소에서는 기관총을 휴대한 군복 차림의 경찰들이 순찰하며 테러를 빙자해 공포를 조성했다. 자신들의 안전을 위해서라는 그들의 세뇌작전에 넘어간 세계 국민들은 이를 당연하게 받아들였다. 동시에 지배세력은 미국 내에서 9·11 직후부터 시작됐던 헌법 개정안 제2조항이 보장하는 국민들이 총을 소유할 수 있는 권리를 폐지시키려는 계획을 가속화했다.

미국 국민들의 무기를 압수하려는 계획

　미국 국민들은 일찍부터 총을 보유해 왔기 때문에 그들이 계엄령을 선포할 경우 국민들이 총을 들고 대항할 수 있으므로 국민들로부터 총을 압수하는 것이야말로 필수였다. 그러나 미국 내에는 일찍부터 무기를 보유하는 권리를 지키기 위한 전미 총기 협회(National Rifles Association)라는 막강한 민간인 조직이 그들의 계획을 저지해왔다. 그러므로 그들은 언론을 이용해 국민들의 여론을 바꾸기 위해 총을 이용한 허위 총격사건들을 조작하는 수법을 썼다. 우리가 언론을 통해 알고 있는 미국의 총격사건들의 배후에는 그들의 CIA가 개입돼 있었다. 미국의 컬럼바인 총격사건, 보스턴 마라톤 폭발사건, 샌디 훅(Sandy Hook) 총격사건을 포함한 최근에 미국에서 있었던 대형 총격사건들 모두가 그들이 조작한 자작극이었다. 특히 샌디 훅 초등학교에서 일어났던 총격사건은 그 당시 폐쇄됐던 초등학교에서 일어난 사건이었다. 인터넷에서 샌디훅이라는 검색어를 치면 그 사건이 조작됐다는 사실을 폭로하는 책과 영상을 접할 수 있다. 그러나 그들의 그런 세뇌작전에 넘어간 인류는 총을 허용하고 총을 보유할 수 있는 권리를 부여하는 미국을 야만국가라고 칭하며, 그들의 언론의 속임수에 넘어간 줄도 모르고 오히려 비웃고 있다. 그러나 영국의 지배를 받은 경험이 있는 미국의 창시자들은 민주주의 국가에서 정부의 독재를 방지하기 위해서는 국민들이 총을 소유해야 한다는 사실을 알았고, 그래서 그 권리를 헌법으로 보장했다. 그리고 그 창시자들이 우려했던 대로 세계지배세력은 미국을 노예화하기 위해 그 권리를 빼앗으려 하고 있는 것이다.

에드워드 스노든의 미국 NSA의 국민사찰 폭로

그 법이 통과된 얼마 후인 2013년 전 CIA 요원이며 컴퓨터 전문가인 에드워드 스노든이 NSA가 소유한 유타에 위치한 대형 컴퓨터 서버에 전 세계 정부 관료들은 물론 모든 미국 시민들의 전화통화, 이메일 통신기록을 수집해 보관해 오고 있다는 사실을 폭로됐다. 그런 기록으로 누구든 정부를 반대하는 행동을 한다고 의심될 경우, 그들의 통신기록을 수색해 그들의 약점을 찾아내 처벌할 수 있는 조지 오웰의 책 "1984년"에 버금가는 경찰국가를 실제로 운영해 온 사실이 노출됐던 것이다. 그는 오바마 정권이 독일의 메르켈을 비롯한 모든 세계 지도자들을 사찰해 온 사실 또한 폭로했다. 이는 그리 놀랄 일이 아니다. 세계지배세력은 제2차 대전 이후 1947년에 '다섯 눈(Five Eyes)'이라는 국제정보 연맹을 설립해 유쿠자(UKUSA)라는 비밀 안보조약에 의해 전 세계 통신을 감청해왔다. 미국의 안보국(NSA), 영국의 일반통신청(GCHQ), 캐나다의 통신안전청(CSE), 호주의 국방안전국(DSD), 뉴질랜드의 정보통신안보국(GCSB)으로 형성된 이 연맹은 모두 영연방국가들의 회원 국가들이다. 이들은 전 세계 곳곳에 도청장치를 설치해놓았고, 7대양에는 정찰용 선박을 배치해 놓았고 공중에는 극비의 인공위성들인 인텔세트(Intelsat)와 인마르사트(Inmarsat)를 이용해 각국 간의 외교통신과 민간통신을 감찰해

온 지 오래이다. 그리고 그들은 그렇게 수집한 정보를 서로 공유해 왔을 뿐 아니라, 미국은 국가 첩보실(National Reconnaissance Office)이 보유한 첨단 인공위성으로 국내는 물론 전 세계의 이메일과 전화 내용을 모두 도청해 분석하고 있다. 그런데 미국의 NSA가 대형 서버로 모든 국민들의 통신 내용을 저장해 놓았다가 정부를 대항하는 자들의 기록을 확인하고 그들의 약점을 이용해 그들을 제거하기 위한 시설을 운영해 왔다는 사실이 스노든에 의해 드러났던 것이다.

스노든을 반역죄로 몰아 체포하려는 미국 정부와 이에 공조하는 세계 언론

그러나 오바마 대통령을 포함한 국내 정치인들은 스노든에 의해 노출된 정부의 불법사찰 사실보다, 오히려 그런 정보를 폭로한 스노든을 국가 기밀을 누설한 반역죄로 몰아 그를 체포하기 위해 세계적으로 그를 수배하고 나섰다. 물론 지배세력이 소유, 통제하는 언론은 스노든을 처벌하는 것을 당연한 것으로 몰았다. 그리고 이미 그들에 의해 정신적으로 세뇌된 미국 국민을 포함한 세계 역시 정의를 위해 자신의 목숨을 걸고 미국의 불법행위를 폭로한 스노든을 반역자로 보았다. 그는 결국 미국의 보안을 피해 홍콩으로 도피했다가 지배세력의 보복이 두려워 아무도 그의 망명을 받아주지 않자 러시아의 푸틴이 임시로 받아 준 후 러시아에서 은둔하고 있다. 그가 노출시킨 자료에는 미국이 세계 정치인들의 개인 통신내용을 도청, 녹화해 놓은 사실부터 미국의 비밀 항공프로젝트가 외계인들과 같이 협력하고 있다는 증거들까지 포함돼 있다고 한다. 문제는 이런 엄청난 폭로 내용보다 이를 폭로한 스노든을 반역자로 몰고 있는 지배세력의 세뇌에 길들여진 국민들이 오히려 당연하게 받아들이고 전혀 동요되지 않고 있다는 사실이다.

G-20 정상 회담에서 거부된 미국의 단계적 달러 평가절하

2013년 2월과 3월 두 차례에 걸쳐 모스코바에서 열린 러시아가 주관한 G-20 재무장관들과 중앙은행 총재들의 모임에서 중국과 러시아는 미국의 달러를 평가절하 할 것을 제안했다고 신뢰할 수 있는 인터넷 매체에서 언급했다. 미국의 달러가 붕괴할 경우 일어날 수 있는 세계적인 위기 사항을 방지하기 위해 3차례에 걸친 점차적인 평가절하를 제안했다고 한다. 물론 자신들의 권력을 우선으로 하는 지배세력이 그런 제안을 받아들일 리가 없었고 중국과 러시아 역시 그들이 거부할 것을 알았을 것이다. 다만 러시아와 중국은 그 모임을 통해 G-20 국가 정상들에게 미 지배세력의 무책임한 달러의 과잉발행이 세계경제를 위협하고 있다는 사실을 G-20 국가들에게 알리는 기회로 이용했을 것으로 추정된다. 앞에서도 설명했 듯이 달러의 과잉 발행은 무역경쟁력을 유지해야하는 모든 국가들이 통화의 과잉발행으로 이어져 다 같이 그 가치가 희석됐다. 그런 과잉발행은 주식과 자산가의 거품을 야기했음으로 거품이 한꺼번에 빠질 경우 일어날 세계적인 혼란에 대비해 거품을 단계적으로 제거하는 방안으로 달러의 평가절하가 거론됐을 것으로 추정된다. 그래서인지 2013년 9월, 영국의회가 이례적으로 미국의 시리아 폭격에 불참하기로 결정함으로 지배세력의 지시에 불복했다.

35. 유럽의 반발

> 독일이 주도한 민스크 (Minsk) 평화협정

앞에서 미국이 우크라이나 정권을 전복시키는 역할을 담당했던 책임자가 미 국무부 차관 빅토리아 눌런드(Victoria Nuland)이었다는 사실이 러시아가 공개한 그녀의 녹음된 음성파일에서 드러났다고 했다. 그 녹음에서 그녀는 'Fu_k the EU' 라고 해 유럽연합과 사전 논의 없이 우크라이나 정권을 전복시켰음이 입증됐다. 유럽 국가들은 지배세력이 우크라이나를 전복시키는 계획이 러시아와 전쟁을 도발하기 위해서라는 사실을 인지했고 지배세력이 유럽을 다시 한 번 전쟁터로 만들겠다는 의도를 읽었다. 그들은 이미 러시아가 과시한 첨단무기 때문에 NATO를 앞세운 러시아를 상대로 한 유럽에서의 전쟁은 무모하다는 사실을 감지했다. 더욱이 영국의원들은 이미 2013년 시리아 전쟁에 불참하면서부터 중국, 러시아와 이란과의 전쟁은 승산이 없다는 사실을 알고 있었다. 유럽의 OSCE가 주관하고 독일, 불란서, 벨라루스, 러시아, 우크라이나가 우크라이나의 내전의 정전협상인 민스크 의정서 (Minsk II Protocol)를 2015년 2월에 이끌어냈다. 그러자 2015년 3월 26일 독일 루프트한자 (Lufthansa) 여객기가 추락했다. 조종사가 고의로 추락했다고 보도됐으나 사고지역에서 파편을 발견하지 못했다. 독일이 우크라이나 정전 민스크 의정서를 주도한 것에 대한 지배세력의 보복으로 그들이 발사한 미사일로 공중에서 폭발됐던 것이었다. 독일은 총 자연가스 소비양의 약 30%와 원유 약 20%를 우크라이나를 거쳐 제공되는 러시아의 자연가스와 원유에 의존하고 있다. 그러므로 독일은 지배세력의 우크라이나를 이용한 러시아와의 전쟁도발에 직접 영향을 받게 될 것에 반발했던 것이고 지배세력의 하수인 메르켈도 이를 막을 명분이 없었다. 그리고 독일은 약 5,000개의 업체들이 러시아와 무역을 하고 있어, 지배세력이 러시아가 크리미아를 침략했다는 허위 정보를 근거로 러시아를 상대로 한 경제제재에 가장 늦게 합류했고 그마저 실제로 준수하지 않았다. 2014년 지배세력이 러시아를 상대로 진행한 경제제재는 오히려 러시아에 곡식과 과일 채소 등을 수출하던, 안 그래도 지속된 불황에 고전하는 유럽 국가들에게 막대한 손해를 입혔다. 독일기업들은 유럽국민들의 의지와 상관없이 유럽연합이 결정한 러시아를 상대로 한 경제제재를 우회하는 방법으로 러시아 국내에 러시아 법인을 설립해 그 결정에 불복했다.

유럽 국가들의 중국 AIIB 개발은행 설립 참여

중국은 2009년 시작된 유럽 국가부채 위기 이후 2012년 유럽 중앙은행이 유로를 무한으로 발행해 국채를 구매하는 유럽식 '양적완화' 정책으로 '안정'을 되찾자 유럽을 순방하며 투자외교를 진행했다. 유럽 국가들은 이미 지배세력이 소유한 은행가들이 2008년 금융 위기의 근본원인을 해결하기보다는 화폐를 발행해 인위적으로 지탱시키고 있다는 정황을 일찍 알아차렸다. 유럽의 지도층은 이미 1960년대부터 미국의 남용을 알아차리고 금으로 태환했던 경력이 있었고, 그 후 1971년 닉슨이 일방적으로 1944

년 브래튼우즈 협약을 위반하였으나 지배세력의 달러체제를 대항할 수 있는 통화체제를 구축할 여력이나 용기가 없었다. 그런데 2008년 지배세력을 도산 위기로 몰은 후 중국과 러시아가 브릭스 연합을 설립하자 지배세력이 이미 중국에게 경제전쟁에서 패하고 있다는 사실을 감지한 유럽의 지도층은 미국 군부와 러시아가 주도하는 지구동맹에 비밀리 참여하고 있었다. 거기다 영국의 나이절 파라지(Nigel Farage)는 유럽연합의 시작부터 유럽연합의 의회에 영국대표 자격으로 출석한 자리에서 노골적으로 유럽연합을 비난해 왔다. 지배세력의 하수인들로 형성된 유럽연합의 의원들과 언론은 그를 대놓고 비웃었으나 그는 막무가내였다. 지배세력은 비행기 사고를 포함한 여러 방법으로 그의 암살을 시도했으나 매번 실패했다. 그러므로 유럽의 지도층은 감히 나서지는 못했지만 파라지의 비난이 진실이라는 정도는 이미 알고 있었다. 중국과 러시아는 지배세력의 하수인들을 겨냥하기보다는 지배세력의 통화체제를 무력화시키는 전략으로, 유럽 국가들의 지도층에게 지배세력의 취약점을 노출시켰던 것이다. 1960년대부터 미국의 달러를 이용한 지배를 알면서도 순응해야했던 유럽 지도층은, 이제 지배세력의 빚을 바탕으로 한 통화체제는 브릭스연합의 출범으로 더 이상 지탱될 수 없다는 사실을 알아차렸다. 그리고 달러와 유로가 붕괴할 때 중국의 브릭스 통화체제로 옮겨 타는 것이 유럽 국가들이 살 길이라는 사실도 감지했다. "화폐전쟁(Currency Wars)"의 저자 제임스 리커드가 말했던 대로, 중국은 달러와 유로의 대한 신뢰를 무너트렸을 뿐 아니라 달러체제를 대체할 새로운 통화체제를 구축한 것이다. 그 결과 유럽국가들은 이제 지배세력의 은행들에게 진 도저히 갚을 수 없는 빚을 디폴트하고 브릭스 통화체제 안에서 자국의 화폐로 새롭게 시작할 수 있는 대안이 생겼다는 사실을 감지했다. 거기다 중국은 중국 위안의 금융 허브의 역할을 독일의 프랑크푸르트와 영국의 시티 오브 런던을 놓고 저울질을 하며 경쟁을 붙였다. 특히 유럽 국가들은 중국이 주도하는 유라시아 시장이 유럽의 침체된 제조업의 새로운 수출시장이 돼, 그 국가들의 경제를 활성화시킬 수 있는 유일한 돌파구라는 사실도 알았다. 고로 이미 앞에서 언급했듯이 2015년 3월, 영국을 포함한 독일, 프랑스, 이태리가 미국의 강력한 반대에도 불구하고, 유라시아 개발 사업을 위해 중국이 설립한 아시아 인프라 투자 은행인 AIIB에 창립멤버로 참여하기로 결정했던 것이다. 그에 힘입어 대한민국도 참여할 수 있었고, 일본도 참여의사를 밝혔다가 미국의 강력한 제재 때문에 철회해야 했다. 중국은 유럽 G-7 국가들의 참여를 이끌어냄으로 지배세력과의 경제전쟁에서 이겼다는 사실을 국제사회에 입증했다. 왜냐면 중국과 러시아를 위시한 지구동맹의 궁극적 목적은 지배세력의 지배를 가능하게 했던 무기인 달러체제를 무력화시키는 것이기 때문이다.

영국 중상층의 반발: 브랙시트 (BREXIT)

영국은 1992년 마스트리히트(Maastricht) 조약에 의해 설립된 유럽연합의 창립 회원국이었다. 그러나 2002년 유럽연합의 공동화폐 유로가 탄생할 당시, 영국은 유로 대신 자국의 화폐인 파운드 스털링을 유지했다. 우리가 알다시피 제2차 대전 이후 미국에게 패권을 넘겨주기 전에는 은을 바탕으로 한 영국제국의 파운드가 사실상 기축통화였다. 앞에서도 언급했듯이 유럽연합은 국제

협약으로 설립됐다. 2005년 불란서와 네덜란드 국민들이 유럽연합의 헌법 채택을 국민투표에서 거부하자 지배세력은 유럽국민들의 동의를 구하는 것을 포기하고 국제협약에 의존하여야 했다. 그렇게 각 국가의 국민들의 투표가 아닌 국제협약에 의해 설립된 유럽연합의회의 의원들과 회장단은 유럽의 국민들이 아닌 지배세력이 임명한 유럽국민들이 들어보지 못한 자들로 구성돼 있다. 그럼에도 각 유럽 국가의 국민들의 투표로 선출된 유럽 정치인들은 의정서에서 가르친 대로 지배세력의 하수인들로 형성돼있어 자국의 의회의 결정보다 유럽연합의회의 결정을 더 존중했다. 결국 세계지배세력의 하수인들로 구성된 유럽의 정치인들은 유럽의회의 결정을 따랐고, 유럽연합은, 유럽중앙은행 ECB가 통화의 대한 결정을 하듯이, 유럽의 무역 정책을 포함한 모든 규제를 관장했다. 결국 유럽은 유럽의 군대인 NATO, 유럽의 중앙은행인 ECB, 그리고 유럽의 의회인 유럽연합의회에 의해 통치됐다. 유럽 국가들에게 불리한 러시아 경제제재 결정 역시 유럽 국가들이 아닌 유럽연합에 의해 결정됐다. 물론 그들이 소유, 통제하는 언론에 의해 세뇌된 유럽의 국민들은 그러한 결정을 당연하게 받아들이도록 길들여져 있었다.

드러난 유럽연합의 지배세력의 이윤을 위한 정책

그런 유럽연합의 모든 결정은 유럽 국가들의 권익보다 지배세력이 소유한 국제은행과 국제기업들의 이익이 우선이었다. 처음에는 유럽연합이 유럽 개별 국가들의 이익보다 공동 이익을 추구해 더 시너지를 얻을 수 있다는 선전으로 유럽국민들의 지지를 받았으나, 거꾸로 유럽연합의 규제는 각 분야에서 유럽 개별 국가들에게 불이익을 가져왔다. 그런 사실은 인터넷에 무료로 올려진 "BREXIT"이라는 다큐멘터리에 상세히 설명돼있다. 특히 앞에서도 언급했듯이 유로의 출범으로 그리스를 포함한 남부유럽 국가들은 그때까지 경험해 보지 못한 저금리 대출 덕분에 부동산 투기가 조성됐다가, 2008년 금융위기 이후 거품이 빠지자 빚더미에 앉았고 자국의 화폐발행권을 ECB에게 넘겨준 결과 자국의 화폐를 개별적으로 절하할 수 없어 수출 경쟁력이 저하돼 수출 경쟁력이 월등한 독일과 북 유럽국가들에게 모든 혜택이 돌아갔다. 거기다 지속되는 경제 불황 때문에 실업률이 상승해 남유럽 국가들의 청년 실업률은 50%에 달했다. 일찍부터 정부가 국민들의 사회복지를 보장해 왔음으로, 유럽의 국가들은 계속 빚으로 유지해야 했으므로, 유럽 국가들의 부채는 계속 증가했다. 그리스의 경험에서 드러났듯이, 국채를 소유한 대형은행들의 빚을 갚기 위해 내핍정책(Austerity)을 통해 국민들의 세금을 늘리고 국민들의 복지 예산을 줄여야했고, 자국의 화폐를 발행해 자금을 조달할 수 없게 된 유럽 국가들은 결국 그 국가들의 부채를 소유한 대형은행들의 경제 식민지나 다름없었다. 만약 부채 상환을 못할 경우 유로로 유통되는 자국 경제의 모든 여신(credit)이 고갈돼 국가경제가 마비될 것이기 때문이다.

유럽인들이 피부로 느끼기 시작한 부의 양극화 현상

그러나 지배세력의 모든 국가들을 빚으로 결박하는 수법이 성사되기 위해서는 그들의 하수인들로 구성된 정부 관료들이 정부의 공권력으로 지배세력의 뜻을 집행할 수 있어야 가능하다. 그래서 그들은 미국에서부터 시작해 그 동안 테러와의 전쟁을 빌미로 경찰력을 강화하고 국민들을 사찰해 정부를 반대하는 자들을 축출하는 정책을 은밀히 진행해 왔다. 대한민국에서 MB정권이 시작한 블랙리스트도 동일한 계획에 의한 것이었다. 그러나 2008년 금융위기 이후 지배세력이 연준위와 함께 그들의 통제 하에 있는 영국 중앙은행, ECB, 일본 중앙은행을 통해 전 세계적으로 진행한 노골적인 화폐발행과 제로 금리 정책으로 지배세력의 대형 은행들의 건전성은 보존할 수 있었으나, 부의 양극화 현상에 의해 유럽국가들 중산층의 부가 감소되는 결과를 초래했다. 결국 인플레이션으로 포장한 보이지 않는 '조공' 의 여파로 유럽 국민들이 그 악영향을 피부로 느끼기 시작했고 반발하기 시작했다. 지배세력의 유럽연합이 강요한 중동과 아프리카 난민들의 이민정책은 그런 국민들의 불만을 더 키웠다. 그런 축적된 불만의 분출이 바로 영국 국민들이 2016년 유로를 탈퇴하겠다는 국민투표 결과를 가져왔다. 처음부터 유럽연합의 회원국으로 가입은 했으나, 다른 유럽 회원 국가들과 달리 자국의 파운드 스털링의 발권력은 유지함으로 자주권을 지켰던 영국이 제일 먼저 유럽연합에서의 탈퇴를 선언한 것이다.

영국 언론과 투표조작이 실패한 영국국민들의 탈퇴 결정

이는 데이비드 카메론 (David Cameron)수상이 선제로 국민들에게 국민투표를 실시해 영국국민들이 유럽연합을 지지한다는 사실을 확신시키려 했던 것이 거꾸로 역발(backfire)한 결과다.

지배세력은 유럽연합이 국민들의 지지를 받고 있다고 그들이 소유, 통제하는 언론을 통해 설득할 자신이 있었다. 또한 그들은 투표기계를 조작해 투표결과를 조작할 수 있다고 믿었었다. 그리해 그 결과로 전 유럽 국가들의 저항은 소수에 불과하다고 유럽 시민들을 속이는 데 이용할 계획이었다. 그리고 그들이 조작한 여론조사가 이를 뒷받침해 주었다. 그들이 소유, 통제하는 언론을 통해 만약 탈퇴할 경우 영국의 파운드가 폭락할 것이고 영국의 무역에 타격을 줄 것이라는 등의 위협을 했다. 그러나 지배세력은 그들의 하수인들을 통해 강요한 난민정책의 역효과를 과소평가했을 뿐 아니라 영국 도시 외각에 사는 영국국민들의 투표참여를 과소평가하는 실수를 범했다. 그 결과 반대가 승리할 것이라는 언론의 예상을 뒤엎고 주로 도시 외각 지역에서 탈퇴를 찬성하는 투표가 쏟아 나와 52대 48%로 역전을 일으켰다. 대도시에만 전력했던 투표 조작이 그들이 기후를 조작해 일으킨 것으로 추측되는 폭우도 영국도시 외곽지역 국민들의 대거 투표참여를 막기에는 역부족이었다. 탈퇴 찬성 결정에도 불구하고 지배세력의 하수인들로 이루어진 평론가들과 언론이 위협했던 영국 경제가 붕괴하는 사태는 일어나지 않았고, 반대의 승리를 예보했던 주류 언론의 신뢰는 격추됐다. 결국 데이비드 카메론수상은 국민들의 찬성 결정에 책임을 지고 사퇴해야 했다.

유럽연합의 시초부터 반대해온 Nigel Farage의 부상

처음부터 영국의 유럽연합 가입을 줄기차게 반대해 왔던 UKIP당의 나이절 파라지 (Nigel Farage)는 그의 20년 동안 벌여온 투쟁에서 승리해 영국의 국가적인 지도자로 부상했다. 그는 사업가로 유럽연합을 반대하기 위해 정치에 뛰어들어 유럽연합 의회에서 영국을 대표해 오며 유럽연합 의회 동료는 물론 언론으로부터 비웃음을 사면서도 끝까지 유럽연합에서의 탈퇴를 요구해왔었다. 나이절 파라지의 그런 노력이 성공을 할 수 있었던 이유는 영국의 지도층이 중국과 러시아가 설립한 달러와 유로를 대체할 새로운 통화체제의 출범으로 유로의 종말은 이제 시간문제라는 사실을 감지했기 때문이다. 또한 유럽연합을 통제하는 지배세력이 브릭스 연합을 대항하기 위해 제시한 환태평양 전략적 경제동반자협약 (TPP)에 근거한 무역 정책은 전 유럽 국가들을 그들이 소유한 대형은행과 대기업에게 영국의 사법 자주권마저 넘겨주려는 폭정이라는 사실을 감지했다. 영국 지도층은 지배세력의 금융제국을 유지하기 위해 그리스를 포함한 남유럽 국가들에게 강요되고 있는 긴축정책은 국민들의 저항 때문에 가능하지 않다는 사실도 알았다. 오히려 그들은 브릭스의 출범이 지배세력이 씌워놓은 도저히 갚을 수 없는 부채로부터 자유로워질 수 있는 기회라는 사실을 간파했다. 더군다나 지배세력이 판을 뒤집기 위해 전쟁을 도발해 중국과 러시아를 제압하려는 수법은 결과적으로 유럽에서 핵을 이용한 전쟁으로 이어질 수 있다는 사실 역시 감지했다.

유럽연합의 지연작전과 천문학적 금액의 배상요구

브랙시트 결과에 놀란 유럽연합의 회장 장클로드 융커(Jean-Claude Juncker)가 그의 2016년 6월 28일 유럽연합의회 연설에서 자신이 외계인들과 영국의 탈퇴를 상의 했다는 사실과 그들 역시 매우 걱정을 하고 있다는 발언을 해 논란을 일으켰다. 그러자 독일의 메르켈 수상은 곧바로 융커회장의 사퇴를 요구하고 나섰다가 언론에서 더 이상 보도하지 않았다. 그런 후 유럽연합은 영국이 탈퇴를 하기 위해서는 1200억 유로라는 엄청난 금액의 보상금을 요구하고 나섰다. 과연 지배세력의 하수인들로 형성된 정치인들이 국민들의 브렉시트 투표 결과대로 탈퇴를 진행할 지는 아직 미지수이다. 그런 몇 달 후 미국에서 언론의 예측을 깨고 트럼프가 대통령으로 당선되는 이변이 일어났다. 결국 지배세력의 무리한 그들만을 위한 정책은 그 정책의 직접 피해자들인 중상층들의 반발로 분출된 것이다. 2016년 12월 이태리에서 진행된 이태리 의회의 의원들 수를 줄이려는 지배세력이 주도한 국민투표에서도 국민들이 부결시킴으로 지배세력에 대한 반발은 계속됐고 그로 인해 지배세력의 하수인 로렌조 렌지(Lorenzo Renzi) 이태리 수상 역시 사퇴해야 했다. 이태리 국민들 역시 유럽연합을 탈퇴하는 국민투표를 요구하고 있는 상황이다.

36. 2016년 대선 중 드러난 민주당 후보 힐러리의 부정부패

힐러리 클린턴의 숨겨진 배경

　2012년의 대선은 2008년에 지배세력이 갑자기 부상시켜 대통령에 당선됐던 오바마와, 빌 클린턴 대통령의 부인이었고 뉴욕 상원의원을 지낸 힐러리 클린턴과의 대결이었다. 힐러리는 빌 클린턴과 마찬가지로 일루미나티 혈통이었고 오랫동안 지배세력의 조직인 CFR회원을 지낸 경력을 소유했다. 앞에서도 언급했듯이 미국의 대통령선거는 지배세력이 통제하는 두 당에서 선출한 자들 사이에 벌이는 정치 쇼에 불과하다. 그리고 2011년 빌더버그 회의에서 이미 오바마를 대통령으로 재임하기로 결정된 상태에서 힐러리에게는 그다음인 2016년의 대권을 약속했다. 그 대신 오바마는 지배세력이 가장 중요하게 생각하는 국무장관을 그녀에게 선사했다. 빌 클린턴은 아칸소(Arkansas)주의 주지사를 지낸 윈스럽 록펠러의 (Winthrop Rockefeller)의 사생아이고, 힐러리 클린턴 역시 뉴욕 금융가 존 록펠러(John Rockefeller, Jr.)의 사생아로 둘은 친척이라고 앞에서 지적했다. 빌 클린턴과 힐러리는 대외적으로 부부였지만 사생활은 문란했다. 둘 사이에서 난 딸로 알려진 첼시 클린턴의 친아버지는 아칸소 주의 리틀록(Little Rock) 시장이었던 웹스터 허블(Webster Hubble)이라는 사실은 워싱턴에서는 다 아는 비밀이다. 아칸소 주는 클린턴이 주지사로 지냈던 주이다. 힐러리는 레즈비언으로 존 레논의 부인 요코 오노가 그녀와

백악관에서 동성애관계를 한 사실을 인터넷에 폭로하기도 했다. 더욱이 힐러리에게 최고 보좌관으로 발탁돼, 그녀를 수행해 온 사우디 아라비아 출신 휴마 아베딘(Huma Abedin)은 힐러리의 동성 애인으로 알려졌을 뿐 아니라, 최근에는 힐러리와 아베딘이 어린 여자아이와 소아애 관계를 가진 후 그 아이를 고문하고 살해한 동영상이 존재한다는 소문을 데이비드 주블릭(David Zublick)의 'Truth Unsealed' 라는 신뢰할 만한 유투브 채널에서 확인할 수 있다. 더군다나 그녀는 사탄을 숭배하는 마녀(witch)로 매달 한 번씩 마녀들의 모임에 정기적으로 참석해왔다. 물론 빌 클린턴을 포함한 전직 대통령 아버지와 아들 부시도 사탄 루시퍼를 섬기는 자들이라 그리 놀라운 일은 아니다.

드러난 힐러리의 클린턴 재단을 이용한 부정부패와 오바마 정부의 은폐

이미 앞에서도 언급했듯이 대통령이나 수상 또는 장관 같은 지위에 '임명' 되는 자들은 지배세력의 최고 하수인들이다. '시온장로들의 의정서' 에서도 설명했듯이 그들은 대부분 재산이 많은 자들이기 보다는 명예를 추구하며 앞에 나서기를 좋아하는 자들로 과거가 있어 통제하기 쉬운 자들이다. 그런 자들의 야심을 충족시켜 주고 필요만큼의 재물로 매수해 지배세력의 지시를 따르도록 하는 것이다. 그러면서 그들이 자신들의 지위를 이용해 부정부패를 일으키는 것을 묵인해 준다. 할아버지 프레스코트 부시 때부터 예일 대학에서 스컬앤본스라는 비밀조직의 멤버로 나치스를 도와 돈을 벌었던 부시가문과는 달리 힐러리와 빌 클린턴은 야심가들로 그들의 야심을 보고 지배세력이 그들의 혈통 중에서 선택했던 자들이었다. 제2차 대전 때 영국의 처칠, 그리고 그 후에 영국 수상을 지낸 마가렛 대처, 토니 블레어, 데이비드 카메론, 그리고 지금의 테리사 메이 모두 같은 부류들이다. 재물에 대한 욕심이 많은 힐러리 클린턴은 국무장관 지위를 이용해 그들 부부가 설립한 클린턴 재단을 통해 부를 모았다. 그들은 지배세력이 비영리 단체를 만들어 세금을 내지 않고 부를 키우는 것을 배워 자신들도 그런 재단을 만들었고 두 부부는 그 재단에 기부하는 자들에게 자신들의 영향력을 팔았다. 한 예로 2010년 아이티 (Haiti)지진 시 전 세계에서 들어오는 기부금을 국무장관 지위를 이용해 가로챈 후 2%만 아이티를 위해 사용하고 나머지는 다 클린턴 재단으로 들어갔다. 또 하나의 예는 국무장관의 허가가 필요한 국내 우라늄을 외국에 판매하는 것을 러시아정부를 대행하는 회사에게 뇌물을 받고 허가를 내주어 국가안보법을 위반했다. 그녀의 이런 노골적인 부정부패는 그녀의 2016년 대선에 맞추어 출판된 클린턴 캐쉬 (Clinton Cash)라는 책과 다큐멘터리에 의해 폭로됐다. 그녀의 그런 불법행위를 일찍부터 포착한 미국의 애국자 FBI 요원들이 진행한 수사로 그녀의 범죄 혐의를 찾아냈으나 오바마 정권의 연방검찰에 의해 은폐됐다.

힐러리의 국가보안법 위반 행위와 관련된 증거인멸 정황

또한 그녀는 일찍부터 국무부 직원들을 자신의 클린턴 재단의 업무를 보게 했고, 그녀와 미팅을 원하는 자들은 클린턴재단에 기부를 해야만 했다. 이런 식으로 국무장관 자리를 그녀의 클린턴재

단을 위해 사용하다보니 정부가 제공하는 보안 이메일과 핸드폰을 사용하는 것이 거추장스러웠다. 왜냐면 공식 업무에 사용한 기록은 미국의 FOIA 정보공개법에 의해 요청할 경우 개방해야하기 때문이다. 그러므로 그녀는 정부의 보안법을 위반하고 자신의 개인 핸드폰과 개인 서버를 이용해 이메일을 주고받았다. 그러다보니 자연스럽게 공식 업무로 수신·발신된 기밀문서들이 그녀의 개인 이메일로 송달됐다. 기밀문서를 보안되지 않은 개인 이메일 주소를 사용하는 것은 국가기밀이 누출될 수 있는 국가안보를 위협하는 중범 행위로 국가보안법의 처벌대상이다. 그러나 그녀는 클린턴재단의 이익을 위해 국가보안법을 무시했다. 그러던 중 그녀의 2011년 리비아 벵가지 사건을 조사하던 국회의 정부감독 소위원회가 그녀의 개인 기록을 요청했다. 그러자 그녀는 그런 기록이 존재하지 않는다고 국회에서 거짓증언을 했고 그 증언을 불신한 위원회가 그녀의 개인 기록을 소환하자 그녀는 컴퓨터 전문가를 불러 개인서버의 기록을 아예 복구 할 수 없도록 파괴해버렸다. 거기다 그녀와 그녀의 직원이 사용한 개인 전화기와 휴대형 컴퓨터들은 망치로 파괴했다. 노골적인 증거인멸 행위였다.

복구된 힐러리가 인멸한 이메일 기록

그런 와중에 힐러리는 빌더버그회의에서 그녀에게 약속됐던 2016대선에 출마했다. 그러나 그녀의 그런 불법통신을 관찰하던 지구동맹에 속한 애국자 NSA 요원들은 2013년 에드워드 스노든에 의해 드러난 모든 시민들의 기록을 불법으로 저장해 둔 NSA 서버를 해킹해 그녀가 파괴한 통신기록을 입수해 고발사이트인 위키리크스(Wikileaks)에게 비밀리 제공해 주었다. 미국의 애국군부세력은 위키리크스의 창시자 줄리안 어샌지(Julian Assange)를 신뢰할 수 있다고 결정하고 애국자세력의 폭로 사이트로 선정했다. 어샌지는 이미 2007년, 이라크 전쟁에서 브루스 매닝이 제공한 미군의 잔혹행위를 폭로해 네티즌에게 알려졌었다. 위키리크스는 국민들의 관심이 가장 높을 때인 2016년 대선에 맞추어 힐러리가 파기한 통신기록을 모두 공개했다. 그렇게 폭로된 기록에는 그녀의 기밀문서 노출사실을 입증했을 뿐 아니라, 그녀의 클린턴재단관련 기록들과 그녀의대선과 관련된 이 메일들도 동시에 노출됐다. 위키리크스라는 이름은 지배세력이 무료로 제공하는 인터넷 백과사전인 위키피디아(Wikipedia)에서 그 이름을 딴 것으로, 거기에서 제외된 내용이 새나왔다(Leak)는 뜻에 위키리크스인 것이다. 지배세력은 위키피디아를 통해 그들의 조작된 정보로 세계를 속이는 수단으로 인터넷에서 무료로 온갖 정보를 실시간으로 제공해 주고 있다.

폭로된 힐러리의 부정 경선 승리

힐러리는 민주당 경선에서 젊은 층들이 대거 지지하는 버니 샌더스(Bernie Sanders) 후보에게 밀렸다. 그러자 경선투표를 조작해 부정투표로 당선됐다. 그 부정을 증명하는 민주당 서버에 보관된 자료가 위키리크스에게 전달돼 노출되는 바람에 민주당의 의장이 책임지고 물러나야 했다. 그러면서 힐러리는 민주당 서버를 해킹해 노출시킨 책임을 러시아의 푸틴에게 돌렸다. 그리고 얼마 지나지 않아 샌더스 후보를 지지하며 민주당 컴퓨터를 관리하던 셋 리치(Seth Rich)라는 자가 갑자기 그의 워싱턴 아파트로 밤늦게 귀가하다가 살해됐다. 러시아가 아니라 리치가 자료를 위키리크스에 제공했던 것이다. 경찰은 그의 죽음이 강도살인이라고 결정을 내렸지만 그가 차고 있던 고급시계와 지갑과 현금이 그대로 남아있었다. 그리고 힐러리의 선거 위원장 존 포데스타(John Podesta)의 이 메일에서 민주당 서버의 내용을 누설시킨 자를 찾을 경우 확실하게 본보기로 만들겠다는 내용이 노출되는 바람에 힐러리 선거위원회의 소행이라는 소문이 나돌았다. 결국 트럼프 취임 후 그 소문이 사실로 드러났다. 그들이 통제하는 MS13이라는 갱 단원들의 소행이었다. 앞에서 이미 지적했듯이 지배세력은 지하세계 역시 통제하고 있어 갱들도 그들의 도구인 것이다.

미국 군부 '하얀 모자'가 주도한 힐러리 비리 노출 작전

대선에 맞추어 위키리크스에 의해 노출된 힐러리의 이메일 기록을 보수파 언론인 폭스를 제외하고는 지배세력이 소유, 통제하는 주류 언론에서는 전혀 보도하지 않았다. 반면 이미 주류 언론을 불신하는 많은 네티즌들의 높은 시청률을 보유한 Infowar.com, X22report.com, Zerohedge 같은 매체들에서는 대서특필로 다루어졌다. 폭스는 다른 주류 언론들과 달리 각 뉴스 앵커들의 재량에 보도 결정을 맡겨두었다. 군부 애국자 세력의 영향이었을 것으로 보인다. 그 덕분에 폭스방송의 시청률은 대선 기간 동안 급등했다. 또한 인터넷 매체들의 시청률 역시 대선 기간 동안 급등했다. 하얀 모자(White Hats)라고 알려진 미국의 비밀 애국자 세력은 인터넷 매체를 통해 힐러리의 클린턴재단의 부정부패

뿐 아니라 그녀의 국가 반역 행위, 그녀의 선거법 위반 행위, 그리고 그녀와 그녀 측근들의 소아애와 관련된 범죄 행위를 모두 폭로했다. 1996년 빌 클린턴 대통령의 반역 행위와 부정부패를 드러내려다 그들에 의해 소탕된 경험이 있는 애국자 군부세력은 국민들에게 직접 인터넷을 통해 그녀의 정체를 폭로시켜 이미 지배세력에 의해 다음 대통령으로 지정된 힐러리를 낙선시키는 데 활용했다.

힐러리 이 메일 기록에 의해 증명된 국가보안법 위반 행위

우선 그녀의 노출된 이메일 기록에서 그녀가 군사 국가기밀을 개인 서버를 이용하여 주고받은 사실이 입증됐다. 이는 국가보안법 위반으로 중범이었고 그녀의 후보 자격을 박탈했어야 할 위법행위였다. 거기다 그녀는 국회에게 거짓 증언을 했고, 증거를 은폐하기 위해 컴퓨터 기록을 삭제하고 노트북과 스마트 폰을 파괴했다. 분명한 증거 인멸이었다. 그러나 지배세력의 하수인인 FBI의 제임스 코미(James Comey) 국장은 그녀의 이런 위법행위가 발견된 사실을 인정하면서도 그녀가 고의로 했다는 증거가 없어 불기소를 결정했다고 했다. 그러면서 FBI 조사에 아무 도움을 주지 않은 힐러리의 측근들은 조사에 응한 것만으로 기소 면제(prosecution immunity)를 해 주었다. 많은 국민들에게 오바마 검찰이 힐러리에게 적용하는 법의 잣대가 다르다는 것이 암암리에 드러났다. 그런 기밀노출 외에도 힐러리의 서신에서 힐러리 국무부는 미국의 우방 국가들인 카타르와 사우디아라비아가 미국이 대외적으로 '전쟁' 중인 테러조직 아이시스에게 전쟁자금을 지원하고 있다는 사실을 알고 묵인했다는 사실도 드러났다. 이는 엄연한 반역 행위였다. 그러나 이런 내용들은 주류 언론에서는 아예 다루어지지 않았으나, 뒤늦게 인터넷 매체를 알게 된 많은 미국 국민들은 오바마 정권의 치부와 힐러리의 부정부패의 실체를 처음으로 접할 수 있었다.

이메일 기록에서 드러난 힐러리의 러시아뇌물 수수 혐의

힐러리가 클린턴재단을 이용해 주고받은 이메일 기록에서 힐러리의 측근들과 선거 운동 조직원들이 얼마나 자신들의 지위를 믿고 자만했는지를 알 수 있다. 그들은 자신들의 행동이 그런 식으로 드러나게 될 것을 전혀 예상하지 못 했다. 그들의 선거법 위반 행위들만 드러났을 뿐 아니라, 힐러리의 딸 첼시 클린턴의 결혼비용도 모두 클린턴재단에서 지출된 사실도 드러났다. 엄청난 규모의 pay for play 즉, 그들의 영향력을 기부자들을 위해 동원했을 뿐 아니라, 빌 클린턴은 수십에서 수백만 불 단위의 출연료(speaking fee)로 뇌물을 받아왔다는 사실도 노출됐다. 심지어 러시아가 내세운 회사에게 미국의 전략적 자산인 우라늄 총 보유량의 20%를 파는 거래를 클린턴 재단이 1억4천만 불의 기부금을 받고 힐러리의 국무장관 지위를 이용해 가능하게 한 사실도 드러났다. 그리고 클린턴 재단에 기부를 한 기업들에게 특혜가 주어진 정황도 드러났고, 힐러리의 선거 위원장 포데스타가 클린턴 재단을 이용해 러시아를 포함한 외국 기업들의 자문을 맡아 도움을 준 사실도 드러났다. 그러나 지배세력이 통제하는 주류 언론은 위키리크스에 의해 노출된 정보는 러시아 정부가 미국 대선에 영향을 주기 위해 제공한 불법으로 노출된 정보라는 어이없는 이유로 보도를 거부하며 폭로된 사실들을 은폐했다.

이메일 기록에서 드러난 힐러리의 소아애와 관련된 정황

그러나 그런 불법행위보다 더 놀라운 사실들이 노출된 것은 선거 위원장 포데스타를 포함한 힐러리의 측근들이 소아애와 깊숙이 관련돼 있다는 사실이었다. 함께 노출된 포데스타의 이메일 기록에서 소아애 성범죄자들이 쓰는 은어들이 발견됐다. 포데스타를 포함한 핵심 측근들이 어린 아이들과 소아애 성행위를 벌였다는 사실을 입증하는 내용들이었다. 그리고 그런 행위가 정기적으로 벌어지는 장소가 워싱턴디씨에서 잘 알려진 고급 식당의 지하실로 지목됐다. 그때부터 인터넷에서는 피자게이트(Pizza Gate) 스캔들로 알려진 소아애 성범죄가 워싱턴 고위층 사이에서 벌어진다는 소문이 급속도로 번졌다. 소아애(Pedophilia)는 사탄을 숭배하는 지배세력을 항상 따라다녔다. 앞에서 이미 유대교 탈무드에서 어린아이와의 성관계는 죄가 아니라고 나와 있음을 지적했다. 1990년대부터 세계적으로 로마 가톨릭교 사제들에 의해 어렸을 적부터 성적으로 소아애 성폭력을 당했다는 피해자들이 집단소송을 하는 사태가 일어났다. 그들이 소유 통제하는 언론에 의해 은폐돼 대대적으로 보도되는 것은 막았으나 교황청은 거금을 들여 합의를 해야 했다. 2002년 보스턴 글로브(The Boston Globe)의 기사로 인해 미국 안에서도 주목을 받아 2015년 "스포트라이트(Spotlight)"이라는 영화로까지 만들어졌다. 2010년이 돼서는 유럽과 호주에서 그런 가톨릭 사제들의 소아애 범죄가 언론에서

다루어졌다. 특히 교황청 내에서 소아애와 관련된 대대적인 파동 때문에 이 사실을 은폐한 사실이 노출되어 2012년 베네딕트교황이 교황청 역사상 최초로 교황 자리를 건강을 핑계로 사퇴하는 사태가 벌어졌다. 이를 수습하기 위해 예수회의 프란치스코교황이 빈자리를 채웠으나, 법적 처벌을 우려한 베네딕트 교황은 아직도 법으로부터 보호를 받는 교황청에 거주하고 있다.

지배세력의 아킬레스건인 소아애 범죄

소아애는 앞에서 언급한 루시퍼를 섬기는 그들의 종교와 직접적인 연관이 있다. 고대부터 그들은 바알신에게 어린아이들을 인간 제사물로 바쳤다고 했다. 중세기에 십자군으로 국제은행역할을 하며 막강한 권력을 행사하던 탬플 기사단이 퇴출되게 됐던 이유도 그들이 사탄을 섬기며 인간제사를 한다는 사실이 드러나서였다. 예수회로 거듭난 후 그들은 신성로마제국을 통해 유럽을 통치하다가 명예혁명과 함께 영국왕실을 침투했다. 그때부터 영국왕실은 지배세력의 혈통으로 이어졌다. 그들은 그때부터 영국제국의 배후에서 동인도회사를 앞세워 전 세계의 부를 약탈하며 어마어마한 부를 축적했고, 제2차 대전 이후 영국제국을 해체하고 나서도 영국 영토였던 미국, 캐나다, 호주, 뉴질랜드, 영국을 포함한 영국연방을 유지하고 있다. 그들은 루시퍼에게 인간제사를 거행할 때 제사물을 고문으로 공포를 일으킨 상태에서 몸에 상처를 낸 후 피를 흘려서 서서히 죽음으로 몰고 간다고 한다. 그들의 그런 제사에 가장 선호하는 제사물이 어린 아이들이다. 그런 아이들을 공포에 떨게 만드는 행위가 그들을 강간하는 것이다. 전 미국에서만 매년 80만 명, 그리고 세계적으로 매년 수백만의 아이들이 행방불명이 되는 이유이다. 그렇게 잔인하게 아이들을 죽인 후 아이들의 피를 마시고 갓 죽은 아이들의 장기까지 먹는다고 한다. 그러면 자신들에게 신비의 힘이 생긴다고 믿는다. 실제로 그렇게 공포에 질려 죽은 아이들의 피를 마시면 그 피에 분비된 호로몬 아드레나크롬(adrenachrome)에 의한 환각현상을 경험한다고 한다.

우리가 잘 알고 있는 영화 '카운트 드라큘'라는 영국의 고위층인 백작의 이야기이다. 그리고 드라큘라는 그의 성 같은 저택에서 여자들을 홀린 후 그들의 피를 빨아먹는 것으로 묘사됐다. 영국의 왕실은 지금의 엘리자베스 여왕까지 사탄을 숭배하는 가문이고 300위원회의 가문들 역시 그러하다. 물론 그중에도 JFK와 지금의 트럼프대통령처럼 사탄 숭배를 거부한 자들도 있다. 그러나 그들이 가문들의 혈통을 중요시 하고 자기들끼리 결혼을 하는 이유는 그들이 자신들을 황실의 혈통이라고 자부하며 그 혈통을 유지하기 위해서다. 그리고 앞에서 이미 언급했듯이 자신들은 신의 피가 섞인 네피림이라고 자부한다. 우리가 잘 아는 마이크로소프트의 빌 게이츠 역시 그들의 혈통이며 사탄숭배자이다. 앞에서도 언급했듯이 그는 아프리카의 제3국 국가들의 보건을 빙자해 그의 재단을 통해 오히려 그들에게 독이 포함된 예방접종을 통해 인구감소(Depopulation)를 진행시키는데 앞장서고 있다. 그들은 이미 UN과 WHO같은 그들이 만든 세계적인 기관을 통해 인류의 수를 지금의 70억에서 5억으로 줄이는 계획을 추진하고 있다고 했다. 심지어 그들은 그들의 계획을 1980년 조지아주 아틀란스 외부에 익명의 기부자를 내세워 약 3천만불을 들여 영국의 스톤헨지를 모방한 화강암으로 만든 6개의 돌판으로 약 6미터 높이로 제작한 조지아 가이드스톤 (Gerogia Guidestones)라는 기념비를 전시해 놓았다. 약 2만 평방미터의 토지에 천문학적으로 조정되게 세워진 이 6개의 돌판에는 중국어를 포함한 8가지의 언어로 인구의 수를 5억으로 줄이는 것이 당연지사인양 새겨놓았다

미국의 경찰과 검찰에 의해 철저한 보호를 받아온 지배세력의 소아애 범죄

이런 아이들을 인간제사로 바치는 지배세력의 사악한 행위는 그들이 의정서에서 가르친 대로 경찰과 사법부에 종사하는 그들의 하수인들 프리메이슨 조직을 통해 철저히 보호받아 왔다. 미국에서 FBI의 캘리포니아의 국장으로 은퇴한 후 사설탐정을 하다가 우연히 맡게 된 어린아이 납치사건을 통해 아이들 납치조직의 규모와 그들의 정체를 알게 된 테드 건서슨(Ted Gunderson)는 이런 사실을 노출하고 다니다가 그 얼마 후 암살당했다. 그 외에도 그들은 특정 연예인들을 자신들의 기일에 맞추어 죽이는 의식을 거행한다. 휘트니 휴스턴, 프린스, 마이클 잭슨, 모두 그런 식으로 희생됐다. 우리가 잘 아는 다이아나 공주는 지배세력의 혈통으로 왕실의 혈통을 지속시키기 위해 19세의 나이에 찰스왕자의 부인으로 선택돼 그의 자식들을 생산하는 역할을 담당했다. 그들의 정체를 알게 된 후 찰스왕자와 이혼을 한 후 이집트 사람인 영국 해롯 백화점 회장 아들의 아이를 임신하자 다이아나는 불란서 파리에서 그들의 종교가 정해놓은 비밀장소에서 정해진 시간에 자동

차 사고로 꾸민 인간제사로 죽임을 당했다. 다이아나는 죽기 오래 전부터 자신이 자동차 사고를 빙자해 죽임을 당할 것을 예고했었다. 2014년 대한민국 세월호 비극 역시 지배세력이 그들의 하수인이며 사탄 숭배자인 박근혜를 이용해 저지른 아이들의 인간제사였다고 인터넷에서 소문이 떠돈다. 박근혜 전 대통령이 사탄 숭배자라는 사실은 위키리크스가 노출한 이메일에서도 확인할 수 있다고 한다. 이미 대한민국 국정원이 개입됐다는 사실과 황기철 전 해군참모총장이 구출함을 보내는 명령을 묵살한 사실, 그리고 아이들을 구출하기는 커녕 오히려 자리를 지킬 것을 지시했던 사실, 그리고 3년이 넘도록 배를 방치해 둔 사실들이 모두 고의적으로 아이들을 죽이려고 했던 것으로 의심되는 정황들이다. 통일교의 문성명 목사, 박근혜의 지주 최태민 목사 모두 그들의 지배를 받는 사탄숭배자들이었다고 한다.

소아애를 이용한 정치인들과 관료들의 협박

거기다 지배세력은 그들의 하수인들인 국회의원들을 비롯한 관료들을 소아애로 유혹한 후, 그 장면을 사진이나 영상으로 포착해 두었다가 그들에게 불복할 경우 협박(blackmail)하는데 사용해왔다. 물론 그들은 소아애 뿐 아니라 영화에서 나오듯이 성상납을 한 후 그것을 이용해 협박해 온 것과 그들의 예수회가 자객을 이용해 특정 인물들을 자살한 것으로 꾸며 암살해 온 것들은 그들이 고대부터 써온 전형적인 수법이다. 소아애 범죄로 유죄를 받은 경력이 있는 제프리 엡스타인이 미성년자들을 태운 로리타 익스프레스(Lolita Express)라는 개인 전용기로 자신이 소유한 엡스타인 섬에서 뿐 아니라 세계를 누비며 소아애를 벌였기로 유명하다. 빌 클린턴은 1997년부터 자신의 경비원들을 떼어놓고 20여 차례 그 비행기를 탑승했던 기록이 폭로됐고 힐러리 역시 수차례 탔던 기록이 나왔다. 불란서의 IMF 디렉터 도미니크 칸(Dominic Khan)이 미국 달러의 남발을 지적하고 새로운 기축통화의 필요성을 발언했다가 뉴욕에서 호텔 메이드를 강간했다는 혐의로 체포된 것도 그들은 이미 그 호텔에서 메이드로 일하는 그의 오랜 흑인 애인과의 관계를 포착하고 있다가 그녀로 하여금 거짓 고발을 하도록 해 지배세력이 소유, 통제하는 언론을 이용해 그를 세계적으로 망신을 준 사건이다. 그리해 불란서의 대통령 후보로 유력했던 그의 명예를 격추시켰다. 미국의 부통령 후보였던 존 에드워즈(John Edwards)가 대통령에 출마하자 그의 불륜을 노출해서 그를 저지시켰고, CIA 국장 데이비드 퍼트레이어스(David Petraya)가 그들의 지시에 불복하자 그의 여기자와의 불륜을 공개한 것도 그들의 소행이었다. 앞에서도 언급했듯이 그들의 소아애를 이용한 성적 변태행위는 루시퍼를 섬기는 그들에게는 아이들을 죽여 인간제사를 거행하는데 자연스런 종교 의식에 한 부분에 불과하다.

세계 지배세력의 연례적으로 진행되는 사탄 숭배의식

세계지배세력은 일 년에 한 번 씩 캘리포니아 북쪽에 위치한 보헤미안 그로브(Bohemian Grove)에 모여 비밀모임을 해왔다. 헨리 키신저, 닉슨대통령, 록펠러 등이 여름에 일주일 동안 모이는 장소를 Infowar라는 인터넷 매체를 운영하는 알렉스 존스 (Alex

Jones)가 2000년대에 몰래 침입해 동영상을 찍어 그들이 부엉이 모양으로 된 대형무대에서 검은 사탄의 복장을 한 자들에 의해 커다란 모닥불(bonfire)을 지피고 마귀 목소리를 내며 인간제사를 드리는 '가짜(mock)' 의식을 거행하는 모습이 포착돼 공개됐다. 부엉이, 황소 모두 몰록(moloch)으로도 알려진 바알 신을 상징한다. 인터넷에서 그런 식의 인간제사를 드리는 의식을 몰래 촬영한 장면들을 확인할 수 있다. 그들은 2008년 이후 자신들의 정체가 점점 드러나기 시작하고 러시아와 중국에 의해 그들의 계획이 좌절되자, 그들이 배후에서 일루미나티 조직으로 조종하는 마돈나, 브리트니 스피어스등을 이용해 노골적으로 사탄을 숭배하는 의식을 묘사하는 음악과 댄스를 미국의 미식축구 결승전과 음반상을 수상하는 그래미 쇼에서 공연하며 세계적으로 방영하고 있다. 2016년 스위스의 30km 길이의 터널 개통행사에는 메르켈 수상, 불란서의 홀란드 대통령 등 유럽의 정부 관료들이 모인 장소에서 노골적으로 사탄과 루시퍼를 숭배하는 의식을 포함한 공연을 한 것을 인터넷에서 확인할 수 있다. 그리고 지배세력이 과학적 명분으로 스위스에 위치한 입자충돌(Particle Hadron Collider) 실험을 위해 지어 놓은 '유럽 입자 물리 연구소' CERN의 진짜 목적은 3차원과 4차원 사이의 베일을 파괴해 4차원에 존재하는 사탄을 3차원으로 해방시키기 위해서라고 한다. 이는 앞에서 언급했듯이 자신들을 지배하는 사탄 루시퍼는 제4차원에 존재하는 파충류 외계인과 연관됐기 때문이라고 한다.

37. 트럼프 혁명

A. 공화당 대선 후보로 선출된 트럼프

지배세력의 통제를 안 받는 트럼프의 공화당 후보 선출

2008년 이후 중국과 러시아가 주도한 경제전쟁에서 패한 미국의 지배세력은 어떻게든 전쟁을 일으켜 판을 뒤집으려고 애를 쓰고 있던 와중에 그들의 거점인 미국 안에서 최고의 위기를 맞았다. 1963년 존 에프 케네디 대통령의 공개 암살 이후 미국의 대통령 선거는 지배세력이 통제하는 양 당이 미리 그들에 의해 선정된 후보들을 내세워 그중 한 명이 투표로 국민들에 의해 선택되는 형식적 절차에 불과했다. 그런데 트럼프는 공화당에서 그들이 내세운 후보들을 제치고 공화당의 후보로 선정되는 이변을 일으켰다. 처음에는 정치를 해 본 경험이 없는 트럼프를 쉽게 누를 수 있다고 생각해 오히려 그가 공화당 후보가 되는 걸 언론에서 부추겼었다. 2016년 대선은 지배세력이 러시아와 중국과의 전쟁을 밀어붙일 수 있는 빌 클린턴 대통령의 부인이며 뉴욕 연방상원의원을 지내고 오바마정권에서 국무장관을 지낸, 힐러리가 선출되도록 계획됐던 선거였다. 그러나 공화당 자체 내에서도 지지를 받지 못한 트럼프가 공화당의 후보로 선출 됐다. 미국의 지배세력은, 그들이 통제하는 주류 언론을 동원해 허위로 성추행자로 조작했던 트럼프가 정치 경험이 없어 미국의 안보를 맡기기에는 자격미달이라고 여론을 몰았다. 또한 그들은 이미 그동안 이용해 온 투표 사기

로 힐러리의 승리를 맡아놓았다고 믿었다. 그들은 죽은 사람들의 명단을 이용해 허위투표를 하고, 불법 이민자들의 투표를 허용하고, 투표기계를 컴퓨터로 조작하는 등, 온갖 부정을 동원해 힐러리가 패할 수 없게 손을 써 놓았었다. 거기다 그들이 소유, 통제하는 언론은 힐러리의 당선은 기정사실인양 보도했고, 언론들이 진행한 여론조사로 힐러리가 트럼프를 엄청난 차이로 완벽하게 따돌린 것으로 보도했다.

불황을 피부로 느끼는 중상층의 지지로 이루어낸 시민혁명

그러나 2008년 경제위기 후 경기가 회복됐다는 언론의 보도와 달리 더 악화되는 경기를 실감한 국민들은 오히려 기득권 정치에 오염되지 않은 트럼프를 열망했다. 그는 선거유세로 가는 곳마다 그를 지지하는 국민들로 성황을 이루었다. 거기에 비해 힐러리 유세 장소는 텅텅 비어 돈을 받고 온 자들로 채워야 했다. 그러나 언론은 트럼프의 유세는 보여주지 않고 힐러리의 유세만 부분적으로 비춰주어 그녀를 국민들이 열망하는 것처럼 국민들을 속였다. 민주당 정권 덕분에 경기가 활성화 됐다는 거짓말을 하는 힐러리에 비해 세계화 정책으로 쇠퇴된 경제를 미국을 먼저로 하는 'America First' 정책으로 미국을 다시 위대하게 만들겠다(Make America Great Again)는 트럼프의 메시지가 국민들의 심금을 울렸다.

실패한 투표조작과 인터넷 매체로 무력화된 언론의 선전방송

선거 당일까지 주류 언론에서 조작해서 내놓은 설문조사는 힐러리가 승리할 것으로 예측했고 언론은 힐러리의 승리가 기정사실인양 보도했으나, 그 예상을 뒤집고 미국의 지배세력의 통제를 받지 않는 트럼프가 그들이 내세운 후보 힐러리를 꺾고 대통령으로 선출되는 괴변이 일어났다. 그들은 계획대로 투표 조작으로 결과를 뒤집으려했으나 애국자세력이 사전에 많은 부정을 방지하였고 워낙 트럼프의 지지가 월등하여 투표 결과 조작에 실패했다. 트럼프의 승리는 미국의 지배세력이 소유, 통제하는 주류 언론의 힘이 약화됐다는 사실을 증명했다. 힐러리는 10억 달러가 넘는 선거자금을 들여 주류 언론을 총동원했으나 트럼프는 그의 1/4도 안 되는 선거자금으로 새 미디어인 SNS를 활용하고 인터넷 매체를 통해 힐러리의 주류 언론이 대거 동원한 선전방송을 누른 것이다. 그리고 지배세력이 선전방송을 통해 떠벌린 경제가 좋아지고 있다는 허위방송은, 실제로 경제가 악화되고 있는 현실을 피부로 느끼는 국민들에게 먹히지 않았던 것이다. 이미 그들의 양정완화 정책은 부의 양극화 현상으로 극소수의 자산을 소유한 자들에게 혜택이 가고, 고정 수입에 의존하는 근로자들과 고정된 은퇴 자금에 의존하는 국민들의 생활고는 더 어려워졌었다. 그리고 정부에서 발표하는 조작된 4.9% 실업률은 실제로 4명 중 1명이 직장이 없는 국민들에게 먹히지 않았다. 거기다 그들은 예전의 고급 제조업 일자리 대신 최저임금을 주는 서비스 일자리로 소득은 더 줄어들어 생활수준은 저하됐다. 그러므로 기업들을 위한 세계화와 자유무역 대신, 외국으로 나간 미국의 제조업을 다시 미국으로 들여와 제조업을 키워 미국 국내경제를 살리려는, 미국이 먼저가 되는 (Ameria First) 보호정책을 약속한 트럼프가 미국의 중산층들의 지지를 받으므로 그가 가는 곳마다 대중이 들끓었다. 거기에 비해 힐러리의 유세현장에서는 연예인을 동원해 연예인을 보러 온 관객들에게 의존해야했고 그도 모자라면 돈으로 사람들을 사서 채워야 했다. 트럼프는 미국하고 아무 상관없는 중동지역에서 벌이는 전쟁을 중단하고 그 전쟁 비용을 미국의 쇠퇴된 도로를 포함한 기관시설을 재건하는 데 쓰고 기존 정치인들의 부정부패를 척결(Drain the Swamp)하겠다고 약속했다.

미국 군부 애국자세력의 결정적인 기여

더욱이 이번 선거는 그들이 통제해 온 정보기관인 CIA와 국내 정보기관인 FBI, 군부 안에 숨어있던 애국자세력이 오래 전부터 계획해 온 총성 없이 국민들을 동원해 국민들의 힘으로 합법적으로 이루어낸 시민혁명이었다. 또한 이 혁명은 그동안 숨어서 지배세력과 대항해 온 많은 미국의 숨은 애국자들이 운영하는 인터넷 매체들이 벌인 정보전쟁이기도 했다. 9·11 테러가 이스라엘의 모사드와 미국의 CIA가 주도한 자작극이라는 사실은 9·11 희생자 가족들로 형성된 진실을 파헤친 조직들, 미국의 건축가 조직에서 작성한 정부의 공식 발표를 반증하는 보고서, 수많은 다큐멘터리들이 인터넷을 통해서 배포돼 많은 미국인들을 일깨워주는 역할을 했다. 2008년 미국 발 금융위기 이후 대형 은행들의 구제와 그 사태에 대한 진상조사 없이 아무도 책임지지 않고 넘어간 사실은 주류 언론에서는 묻어버렸지만 주류 언론을 불신하는 지식층들은 인터넷 매체를 통해 확인할 수 있었다. 그 후 깨어난 국민들은 미국 중앙은행인 연준위가 정부기관이 아닌 은행들을 위한 카르 텔 조직으로 은행가들의 이익을 추구하는 사조직이라는 사실 뿐 아니라, 미국 정부가 시오니스트들로 형성된 네오콘과 이스라엘에 의해 조종되고 있고 중동에서 벌어지는 끝없는 전쟁 역시 같은 세력이 배후에 있어 미국 젊은이들이 희생돼야 할 하등의 이유가 없다는 사실들을 인터넷을 통해 알게 됐다.

지배세력이 배척한 트럼프의 지지를 철회한 공화당 지도부

그러므로 트럼프의 승리로 제2차 대전 이후 세계지배세력의 세계통치의 거점이었던 미국에서 정권을 빼앗기는 엄청난 이변이 일어났던 것이다. 트럼프가 공화당 경선대회에서 그와 마지막까지 겨루던 마르코 루비오(Marco Rubio) 후보가 포기를 선언하여 승리하는 게 확신됐을 때, 공화당 지도부는 트럼프를 져버렸었다. 공화당과 민주당 모두 지배세력의 통제를 받는다는 사실이 입증됐던 것이다. 그의 선출이 발표될 2016년 7월 공화당 경선대회 전 날까지도, 공화당은 연설 스케줄조차 잡혀있지 않을 정도로 혼란 상태였다. 그리고 그 후에도 공화당은 그의 선거자금을 한 푼도 대주지 않았을 뿐 아니라 언론에서 트럼프의 조작된 여성관계를 '폭로'하자, 기다렸다는 듯이 공화당 출신 폴 라이언(Paul Ryan) 국회의장을 포함한 공화당 지도층은 트럼프의 지지를 철회했다. 공화당 역시 지배세력의 통제를 받고 있기 때문이다. 그런데 루비오 후보가 포기하게 된 이유는 그가 지배세력과 대항할 의지가 없다는 걸 알아차린 그의 후원 세력이 그의 지원을 철회했기 때문이었다. 그 후원세력은 기업투자 펀드를 성공적으로 운영해 온 로버트 머서(Robert Mercer)라고 하는 10억대 부자로, 시티즌스 유나이티드(Citizens United)라고 하는 비영리단체를 지원해 왔던 자였다. 시티즌스 유나이티드는 미국의 대기업들에게 선거자금 기부를 허용하는 법이 위헌이라고 소송을 제기했다가, 지배세력의 하수인들로 구성된 미국 대법원의 합헌결정을 받기까지 지배세력과 법적으로 대항해 왔던 조직이다. 그 조직을 주도하며 머서의 두뇌 역할을 담당해온 인물이 스티브 배논(Steve Bannon)이다. 그는 해군 장교 출신이고 하바드 MBA로 지배세력의 투자은행 골드만삭스에 근무한 경력이 있다. 그는 인터넷 언론매체 브라이트바트 뉴스(Breitbart News)의 창시자인 앤드류 브라이트바트(Andrew Breitbart)가, 오바마가 미국 시민권자가 아니라는 사실과 국회의원을 위시한 정치인들이 소아애를 즐기는 성욕자들이라는 사실을 폭로하려다 의문의 죽음을 당하자, 그 매체의 회장으로 취임해 운영해 왔다. 또한 그는 인터넷에 데이터 마이닝(Data Mining)이라는 최신 방식으로 여론조사를 하는 회사 역시 운영하며, 정보 분석에 앞서가던 인물이었다. 공화당에서마저 버림받은 트럼프의 선거 조직은 머서의 조직과 만나 의기투합이 이루어졌다. 그러나 이 역시 머서 같은 자들이 배후에 있다는 것을 알면 지배세력의 주목을 받게 될 것을 의식하여 지배세력을 속이기 위한 지략이었을 가능성이 높다. 애국자세력은 트럼프를 아무 정치적 기반도 없이 나르시시즘에 빠진 정치인으로 연출시켜, 그들의 준비된 후보 힐러리와 비교도 안 되는 후보로 과소평가하게 유도했던 것으로 보이다. 그러던 트럼프가 막판에 스티브 배논 같은 선거 전략가를 얻었고, 그의 도움으로 힐러리를 상대로 역전을 이루어냈던 것이다. 그리고 스티브 배논과 로버트 머서의 배후에는 비밀 애국자군부세력이 있었던 것으로 추정된다.

B. 트럼프의 역전승

권력을 빼앗긴 지배세력의 핵을 이용한 자작극의 실패

트럼프의 역전승은 그에게 패할 것을 상상도 못했던 지배세력에게 치명타였고, 그들의 권력을 빼앗기는 일생일대의 위기가 됐다. 그 선거 결과에 놀란 지배세력은 트럼프가 대통령으로 취임하는 것을 막으려고 온갖 노력을 기울였고, 트럼프가 선출된 지 열흘도 채 안 된 2016년 11월 16일 핵을 이용해 엄청난 테러계획을 시도했다. 트럼프의 취임을 막아 현직 대통령 오바마가 대통령직을 계속 유지하게 하려는 수법이었다. 캘리포니아 공군기지에서, 미국에 핵전쟁이 일어났을 때를 대비해 공중에서 작전을 전개할 수 있도록 핵포탄을 보유한 둠스데이(Doomsday)로 알려진 E-6B Mercury 비행기가, 누군가의 지시를 받고 동부를 향해 날아가고 있다는 정보를 러시아 정보부가 미국 NSA 국장 마이클 로저스(Mike Rogers)에게 알려왔다. 둠스데이 비행기의 이륙은 2011년에 양국이 서명했던 시작협정(New Start Treaty) 규정에 의해 이륙하기 전에 러시아의 사전 동의를 받아야 하는 협약조항을 노골적으로 위반한 행위였다. 그들이 국장으로 임명했던 해군 제독 출신인 로저스 국장은 미국 군부의 숨은 애국자 세력이었다. 그 정보를 입수하자마자 로저스 NSA국장은 미국 동부로 이동 중이던 그 비행기의 이동을 즉시 중단시킬 것을 지시해 미국 덴버에서 약 1시간 동안 공중 대기를 하다가 캘리포니아로 돌아가 착륙했다. 비행기를 착륙시킨 후 로저스 국장은 곧바로 트럼프가 있는 뉴욕의 트럼프타워로 '피신'하여 이 사실을 알렸다. 그러자 오바마 정부와 주류 언론은 갑자기 그를 해임시킬 것을 요구했다. 로저스 NSA 국장은 불과 3일 전까지만 해도 힐러리 이메일 노출과 관련해 러시아가 개입했다고 (허위)발언을 해 지배세력이 통제하는 언론에 의해 찬사를 받았었다. 그렇게 그들은 미국의 국가안보 최고책임자도 모르게, 그들의 직속 하수인의 명령으로 그 비행기를 이용해 핵폭탄 테러로 대선 결과의 집행을 막기 위해, 트럼프 대통령을 제거하려 했든지 아니면 오바마가 계엄령을 내릴 수 있도록 핵 테러 자작극을 벌이려 했었다.

시작협정은 오바마가 대통령이 된 후 노벨상을 수상하고 지배세력이 그를 이용해 미국의 이미지를 개선하려던 때와 맞추어 러시아가 이루어낸 고도의 전략이었다. 러시아는 지배세력을 견제하기 위해 별 의미가 없는 핵 삭감 협약을 세계가 지켜보는 가운데 성사시켰다. 지배세력에게는 처음부터 그 협의를 준수할 의도가 없는 국제 홍보용에 불과했고 러시아도 알고 있었다. 그러나 지배세력을 제거하는 게 목적이었던 러시아는 아무 쓸모없는 협약을 통해 그들이 원하는 모든 조항들을 수긍하면서 한 가지 그들이 처음부터 노렸던 중요한 양보를 받아냈다. 서로가 협약을 준수하는 지를 확인(verify)할 수 있는 조항이었다. 그 조항에서는 양쪽이 인공위성과 원격으로 확인을 허용하는 조항이 포함됐었다. 러시아는 지배세력이 미국의 군부 전체를 통제하지 못하다는 사실을 잘 알고 있었다. 그러므로 그들이 핵폭탄을 사용하려면 그들이 심어놓은 하수인들을 이용할 것이고 극비로 진행할 것을 알았기 때문에 그럴 때를 대비해 러시아가 원격으로 감시(monitoring)하면서 그들이 허튼수작을 부릴 때 미국의 군부에 알릴 수 있는 제도를 만들어 놓았었다. 그리고 그 전략이 적중해 그들의 그런 엄청난 계획을 막을 수 있었던 것이다.

다급해진 오바마의 노골적인 은폐 정황

그 외에도 오바마는, 대통령 선거 결과가 발표된 후에는 전임대통령이 모든 결정을 보류하고 후임 대통령 당선자에게 넘기는 전통을 위배하고, 대통령명으로 국가안보 관련규정을 바꾸고, 자신의 집권 시 있었던 일들을 은폐하기 위한 작업을 진행했다. 전혀 자신들이 정권을 빼앗길 것을 예상하지 못했던 오바마 정부는 그들이 CIA와 FBI를 이용해 후보 트럼프를 노골적으로 사찰해왔던 사실을 은폐해야 했다. 그는 트럼프가 러시아와 내통하고 있다는 조작된 자료를 근거로 9·11 이후 설립된 외국 정보 감시 법원(FISA Court)으로부터 사찰 영장을 받아낸 후, 트럼프 후보를 선거기간 동안 사찰해 왔고 그 후 트럼프의 인수위원회의 거동을 사찰하고 있었다. 더욱이 그 영장심사를 위한 허위서류 조작을 위해 오바마 대통령을 비롯해 검찰, FBI, 심지어 힐러리까지 가담된 사실이 드러날 위기였다. 오래된 권력이 그들을 너무 자만하게 만들은 그들에게 법은 국민들을 속이기 위해 있는 것임으로 당연히 무시했었다. 그러다가 상상도 못한 정권을 빼앗기는 괴변을 당했던 것이다.

지배세력이 조작한
트럼프의 러시아 공모설을 이용한 방어를 위한 공격

그러므로 그들은 이제 무슨 수를 써서라도 자신들의 불법행위를 은폐해야 했다. 그러기 위해서는 '공격이 최선의 방어' 라는 말 그대로, 트럼프가 러시아와 공모를 해 선거에 이겼다는 허위 주장으로 트럼프 정부를 공격하고 나왔다. 그들은 자신들이 소유한 언론으로 트럼프가 러시아와 공모했다는 여론 때문이라도 러시아와 거리를 두게 함과 동시에 그 이유를 근거로 트럼프를 자신들이 통제하는 의회를 이용해 탄핵시키는 계획을 세웠다. 미국에서는 탄핵을 상원의회가 결정하게 돼 있어 충분히 가능하다고 판단했다. 미국의 의회는 그들의 통제 하에 있었다. 그들은 언론매체들을 동원해 트럼프가 러시아와 공모했다는 근거 없는 허위뉴스로 사실인양 보도했다. 그들은 군부 애국자세력이 위키리크스를 통해 폭로한 자료들을 모두 러시아의 소행으로 돌렸다. 동시에 그들은 그들의 통제 하에 있는 NSA와 CIA를 포함한 현직 정보기관장들이 모두 그렇게 생각한다고 사실인양 대대적으로 보도해, 국민들을 속였다.

그들이 트럼프의 러시아 공모 설을 내세운 또 하나의 이유는 트럼프가 러시아의 푸틴과 손을 잡지 못하게 해야 했기 때문이었다. 러시아에서 밀려난 경험이 있는 미국의 네오콘 세력은 러시아가 2013년 시리아 전쟁 계획을 중단시킨 후, 우크라이나에서 러시아와 전쟁을 일으키려고 안간 힘을 쓰고 있는 중이었다. 그들이 힐러리의 부정부패를 무리하게 덮어서라도 대통령으로 당선시켜야 했던 이유다. 만약 전쟁을 일으키는데 실패할 경우 최악의 수법으로 악성코드로 미국의 증권 거래소 혹은 전기 그리드를 공격한 후 러시아의 소행으로 돌려 경제를 붕괴시킨 후, 러시아를 상대로 전쟁을 일으킬 계획도 준비해 왔었다. 설령 러시아가 공격을 했을 경우 그렇게 허술하게 흔적을 남길 리가 없지만, 그들은 언론을 이용해 대중을 속이면 되는 것이었다. 그런데 힐러리가 낙선하는 바람에 그들의 그런 계획이 무산될 위기에 처하자 모든 수단을 동원해서 러시아를 적으로 묘사해 러시아가 미국을 상대로 사이버 공격을 한 것으로 조작해 러시아와의 전쟁을 도발할 수 있는 여론을 조성해야 했다.

트럼프가 당면한 난제들

19세기 말에 작성된 '시온장로들의 의정서'에서 민주주의 제도에서 대통령에게 막강한 권한을 부여하라고 가르쳤던 대로 그들은 미국 대통령에게 많은 권한을 부여했고 그들이 조작한 9·11 테러 직후 통과시킨 애국자 법안과 2012년 통과시킨 국방수권법안(NDAA)을 통해 대통령의 권한은 더욱 강화돼 있었다. 특히 9·11 이후로는 대통령명으로 의회 대신 대통령의 권한으로 법을 만드는 사례가 늘었고, 오바마에 의해 거의 보편화 되다시피 했었다. 이 역시 '시온장로들의 의정서'에서 대통령이 직접 입법할 수 있게 하라는 가르침 대로였다. 트럼프의 당선으로 자신들의 하수인들이 그들의 지시를 수행하기에 수월하게 만들어 놓은 대통령의 권좌를 그들의 통제를 받지 않는 트럼프에게 빼앗긴 것이다. 거기다 트럼프는 미국군부의 애국자세력에 의해 지배세력을 제거하는 데 앞장서 달라는 요청을 수락해 그들의 도움으로 군대의 최고사령관인 대통령으로 취임했다. 부동산 개발 사업으로 자신의 이름을 딴 트럼프 호텔, 카지노, 골프 리조트 등을 세계적인 명품으로 만드는데 성공한 그는, 자신과 자신의 가족들의 생명까지 모험하는 위태로운 삶을 선택하지 않아도 됐다. 더군다나 그는 미국의 역대 대통령들처럼 영국왕실의 혈통까지 받은 자로, 힐러리와도 친척관계였다. 그런 그가 대통령으로 출마하기로 결정을 내림으로써 그는 세계지배세력을 제거하는 역할을 수용한 것이었다. 트럼프는, 지배세력이 세계화의 기치 아래 미국을 비산업화 정책으로 제조업을 외국으로 보낸 후 미국을 빚더미에 앉혀놓았다는 사실과, 미국과 아무 상관 없는 중동전쟁에 군인들의 생명과 국고를 탕진하고 있다는 사실에 반발해, 미국의 이익이 먼저가 되는 '미국이 먼저(America First)'라는 정책을 국민들과 약속해 대통령직을 쟁취하는데 성공했다. 그는 그의 개발 사업을 하는 과정에서 수차례의 파산신청으로 빚을 조정해 회생시킨 경험이 있었다. 그런 의미에서 도저히 갚을 수 없는 빚을 지고 있는 미국 정부가 당면한 국가도산 위기를 감당하기에는 적임자였다. 더욱이 트럼프는 "협상의 예술(The Art of Deal)"이라는 책을 출판해 베스트셀러가 됐을 정도로 협상의 고수였다. 앞에서 이미 언급했듯이 미국군부의 애국자세력은 이미 러시아와 중국이 가담한 비밀 지구동맹(The Earth Alliance)을 통해 인류의 공공의 적인 세계지배세력을 제거하는 데 비밀리 협조하고 있었다. 지배세력이 구축해 놓은 CIA와 그들의 통제를 받고 있는 군부의 존재를 알지 못해, 그들에 의해 공개 암살을 당했던 JFK와 달리 트럼프는 군부의 철저한 보호를 받고 있었다.

트럼프가 제거해야 하는 미국 안의 숨은 정부(Deep State)

트럼프는 백악관에 입성하는 데는 성공했지만 아직 가야할 길이 멀었다. 지배세력은 미국 정부 안에 그들의 영구적인 '숨은 정부(Deep State)'를 설립해, 외형적으로 보이는 미국의 정부를 조종해 왔다. 그들은 이미 국회의 공화당과 민주당을 둘 다 통제하고 있어 그가 임명하는 자들의 인준을 거부해 내각을 꾸미는 데 방해를 할 수 있을 뿐 아니라, 정부의 예산을 쥐고 있어 정부의 예산을 차단해 정부의 운영을 마비시킬 수 있었다. 또한, 그들이 소유한 민영 중앙은행 연준위로 미국의 통화량을 통제하며 빚으로 경제를 지배하고 있어, 언제든지 거품을 터트림으로써 경제를 붕괴시키고, 국가를 혼란에 빠트려 정부의 기능을 마비시킬 수 있었다. 그들은 미국의 검찰과 연방경찰 FBI, 사법부도 그들의 의정서에서 가르친 대로 그들의 하수인들로 형성된 비밀 조직이 장악하고 있어, 트럼프 행정부의 모든 정책의 실행되는 것을 시시각각 방해할 수 있었다. 또한 그들의 세계적 정보조직인 NSA를 통해 정치인들은 물론 모든 국민들에 대한 정보를 NSA 서버에 저장해 놓아, 언제든지 트럼프가 임명하는 자들의 약점을 찾아내 문제화할 수 있었다. 그들은 그들이 소유, 통제하는 언론을 통해 국민들의 생각을 통제하며, 그들의 하수인들로 형성된 전문가들을 동원해 여론을 조작할 수 있으므로, 국민들 사이에 분열을 조성해 정부의 정책을 방해할 수 있었다. 그들은 미국 정부의 중요한 관료 직에 그들의 하수인들을 심어놓아, 트럼프가 임명한 자들이 통제하지 못하게 제도화해 놓은 지 오래였다. 트럼프는 이런 열악한 환경 속에서 국정을 운영함과 동시에, 숨은 정부를 운영해 온 지배세력을 제거하는 임무를 수행해야 했다.

C. 트럼프의 고도의 심리전

그러기 위해서는 고도의 심리전 (Psychological Operation)과 때로는 속임수를 이용해 그들을 혼동시키는 전략을 고수해야 했다. 공교롭게도 지배세력의 존재와 그 엄청난 규모에 대해 감조차 없을 뿐 아니라, 주류 언론의 정보를 진실로 받아들이는데 길들여진 국민들이, 지배세력을 제거하려는 트럼프의 가장 커다란 장애물로 부상했다. 지배세력은 트럼프가 안보국장으로 선임한 마이클 플린(Michale Flynn)을 해임할 것을 요구했다. 그들은 안보국장 내정자 플린이 인수위원회 시절 러시아와 소통을 했다는 당연한 사실을 언론을 통해 마치 그가 반역행위를 한 것처럼 묘사해 그를 해임할 것을 요구했다. 플린은 그가 장성 시절 미국의 중동정책을 반대하다가 퇴임했고, 그가 군 정보기관 DIA 국장시절 아이시스를 미국이 비밀리 지원하고 있다는 사실을 인터넷 매체를 통해 노출시킨 자로, 트럼프의 국가안보 자문을 담당하였음으로 그들의 자연적인 공격의 대상이었다. 트럼프는 지배세력과 타협을 하지 않고서는 국정을 운영할 수 없다는 현실을 잘 알고 있었음으로, 지배세력의 하수인들을 내각에 임명해 그들과 타협할 것처럼 믿게 했다. 그가 임명한 비서실장 린스 프리브스(Reince Preibus)를 포함해 재무장관 스티븐 미누신(Steven Mnuchin), 최고 경제참모 개리 콘(Gary Cohn), 백악관 대변인 션 스파이서(Sean Spicer) 모두 지배세력의 하수인들로 알려진 자들이었다. 특히 재무장관 미누신의 경우 전 연준의장 알란 그린스펀이 80년대에 설계한, 주식거래를 실시간으로 감찰, 조작할 수 있는 컴퓨터 프로그램을 가장 잘 아는 자였다. 그리고 미누신 외에도 최고 경제참모 개리 콘 역시 지배세력의 골드만삭스 사장으로 지배세력의 앞잡이였다. 트럼프가 비서실장으로 임명한 프리브스는 공화당 의장으로 있으며 트럼프의 당선에 전혀 도움을 주지 않은 자였고, 트럼프가 백악관 대변인으로 선정한 션 스파이서 역시 마찬가지였다. 협상의 고수로 알려진 트럼프는 지배세력과 타협해 국정을 운영할 의사를 그의 인사를 통해 전함으로 그들을 안심시켰다. 그러나 그것 역시 그의 계략이었다는 사실이 시간이 지나면서 서서히 트럼프의 사람들로 교체되며 드러났다.

D. 트럼프의 외교정책

TPP로부터의 탈퇴

당연히 힐러리가 당선될 것을 기대했던 세계는 트럼프의 역전승에 놀람을 금치 못했다. 트럼프는 지배세력이 추구해온 세계화 대신 미국이 먼저 되는 America First 정책을 펼 것을 선언했다. 그의 첫 번째 외교정책 결정으로 오바마가 추진해온 환태평양 경제동반자협약(Transpacific Partnership)에서 탈퇴했다. 또한 미국의 제조업을 외국으로 보내 미국을 비산업화 시키는 결과를 가져온 북미 자유무역 협정(NAFTA)을 포함한 모든 자유무역 협정을 재협상하겠다고 선언했다. 앞에서 이미 지적했듯이, TPP는 회원국가 정부의 법적 자주권을 지배세력의 국제기업들에게 양도하는 협약으로, 그의 미국이 먼저 되는 정책과 상반됐다. 그러자 그들의 언론은 트럼프의 정책이, 자유무역의 힘으로 향상되고 있는 세계경제를 후퇴시키는 소극적 정책이라고 비난하고 나섰다.

그들의 언론에 의해 세뇌된 지 오래인 세계는, 자유무역이 그들이 소유한 대기업들의 이익의 극대화를 위하는 정책이라는 사실을 감지하지 못했고 그들의 선동에 넘어갔다. 이미 TPP는 그들의 계획을 알아차린 유럽 시민들의 반발에 의해 무산 위기에 놓여있었다. 그러나 지배세력은 그들의 언론을 통해 트럼프의 TPP 철회 결정과 그의 보호무역 정책을 통털어 비하하는 기회로 이용했다.

파리 기후조약에서 탈퇴

그것보다 더 세계를 놀라게 한 사실은 트럼프의 파리기후협정(Paris Climate Accord)으로부터의 탈퇴 결정이었다. 지구 온난화를 방지한다는 이유로 1992년 브라질, 리우데자네이루에서 열렸던 Rio Convention부터 시작해 1997년 일본 교토에서 합의한 교토 의정서(Kyoto Protocol) 이후, 2015년에 채택됐던 파리기후조약(Paris Climate Accord)에서 탈퇴하는 결정이야말로 세계 지배세력에게 날린 직격탄이었다. 기후협정은 지배세력이 미국 국민들의 부를 착취하는 수단으로 만들어낸 또 하나의 도구였다. 오바마는 미국 국민들과 단 한 번의 상의도 없이 2015년 파리기후조약에 서명하겠다고 동의했었다. 지구 온난화 이론은 세계지배세력이 조작해서 만들어낸 사기극이다. 그들은 인류가 석유를 소비하며 생산하는 탄산가스(CO_2)가 그린하우스를 형성해 지구의 생태계를 파괴하고 있다는 과학적으로 증명되지 않은 이론으로 세계를 설득하는데 성공했다. 그러므로 그들은 UN과 같은 국제기구를 통해 탄산가스를 생산하는 국가들에게 세금을 징수해야한다고 주장했다. 물론 이 소위 탄산세금(Carbon Tax)은 그들이 소유, 통제하는 국제기관인 UN이 거두게 돼있다. 미국은 이를 조사, 연구, 알린다는 명분으로 매년 47억 달러를 세금으로 지출해 왔다. 그러면서 그들은 가장 탄산가스를 가장 많이 생산해 온 미국이 생산하는 탄산가스에 대한 세금을 제일 먼저 징수하고, 늦게 많이 생산하기 시작한 중국은 2030년부터 세금을 징수하고, 인도는 2050년부터 징수 한다는 조약을 맺었다. 그러면서 미국의 석탄 산업을 금지하며 그런 사업을 중국과 인도로 옮겨가 관련 직종을 없애는 것이었다. 미국의 석탄 산업은 과학기술의 향상으로 탄산가스 발생률이 근소하다. 또한 이 조약은 국민들의 자동차에 측정기를 부착해 매년 사용도에 대한 세금을 징수하겠다는 것이다. 안 그래도 생활수준이 하락하는 미국 국민들에게 또 하나의 세금을 걷겠다는 것이었다. 이 역시 국민들로 하여금 세계정부를 받아들이게 길들임과 동시에 세계정부를 실현하는데 필요한 자금을 충당하겠다는 그들 계획의 일부였다.

지배세력에 의해 조작된 지구 온난화 과학

더 놀라운 사실은 인류가 탄산가스를 사용하는 것과 지구 온난화는 과학적인 근거가 없는 조작된 이론이라는 사실이다. 기후 관련 과학자들 3만 5천여 명이 서명한 보고서에는 지구온실화는 태양계(solar system) 전체의 온도가 변화해서 일어나는 현상이지 인류가 생산하는 탄산가스와 아무 연관이 없다는 사실을 증명하고 있다. 그런데도 그들은 학계에서 기후 변화를 과학으로 받아들이지 않는 과학자들의 고용을 금지하고 기존 과학자들은 해고시켜왔다. 의정서에서 가르쳤듯이 그들이 소유, 통제하는 언론과 학계를 통해 인류의 생각을 통제하고 있는 것이다. 미국의 기후 방송(Weather Channel)의 창시자이자 기후학 박사인 존 콜먼(John Coleman)은 공개적으로 이 사실을 폭로해 왔으나, 언론에서는 그들에게 매수된 가짜 학자들을 내세워 반박해 왔다. 지배세력의 통속인 알 고어 (Al Gore) 전 부통령이 제작한 다큐멘터리 "불편한 진실 (Inconvenient Truth)"은, 2006년 그들이 소유, 통제하는 아카데미에서 다큐멘터리 부분 최우수상을 수상했다. 그는 2004년부터 5년에서 10년 사이 남극에서 얼음이 완전히 사라질 것이라고 '경고' 했고, 그 예측이 틀렸다는 게 드러났음에도 언론에서는 거론되지 않고 있다. 최근 정부가 국민 세금을 들여 조작한 조사 내용을 과학자들에게 공개할 것을 요청했으나 거절했다. 이 사실을 잘 알고 있는 트럼프 대통령은, 취임 4개월 만에 미국이 파리기후협정에서 탈퇴한다고 발표했던 것이다. 그러자 그들이 소유, 통제하는 언론은 트럼프를 환경보다 미국의 경제만 고수하는 인류의 적으로 묘사하자 이미 그들의 언론에 세뇌된 지 오랜 인류는 트럼프의 그런 소위 '비 인류적인' 결정을 덩달아 비난하고 있다. 트럼프는 지구 온난화가 조작된 과학이라는 사실을 폭로 해 그의 결정을 정당화할 수도 있었다. 그러나 그럴 경우 그들의 언론과 불필요한 논쟁에 휘말리는 것을 피하고, 그 조약이 미국에게 불공평함으로 미국의 국익과 상반된다는 이유로 탈퇴했다.

트럼프의 NATO 해체 정황

트럼프는 미국과 아무 상관없는 중동에서 수 조 달러의 비용을 들여 불필요한 전쟁으로 국가예산을 낭비해왔다며, 앞으로 그는 중동에서의 전쟁을 중단 할 것을 공약했었다. 그러면서 유럽의 NATO를 없앤다는 표현 대신, 유럽의 방어를 위한 것이니 만큼 유럽이 예산을 부담하라는 표현으로 대신했다. 물론 NATO의 원래 목적이 유럽의 방어를 위해서 설립됐던 것은 사실이었으나, 소련의 붕괴 후에는 미국의 헤게모니를 위해 존재하는 공격군대로 전환됐었다. 유럽 국가들 입장에서는 NATO 경비의 대부분을 미국이 부담하는 것은 당연했다. 더욱이 NATO는 지배세력에 의해 러시아 국경에 배치돼 있었다. 트럼프는 유럽이 비용을 더 부담하라는 말로, 미국은 더 이상 비용을 부담하지 않겠다는 의사를 전달했던 것이다. 그 말은 곧 아프가니스탄, 이라크, 시리아는 물론이고 우크라이나를 포함한 다른 주변 국가들과의 전쟁에 개입하지 않겠다는 선언이었다. 지배세력은 2003년 이라크전쟁 이후 미국 펜타곤의 신임을 잃어 NATO 군대에 전적으로 의존해 왔다. 그리고 시리아에서 러시아가 개입한 후 아이시스의 자금줄을 차단시키고 러시아의 첨단 무기로 시리아에서 퇴출 위기를 맞자, 미국은 느닷없이 러시아가 유럽을 위협한다는 억지를 부려 러시아와의 국교를 끊고 유럽의 NATO 군대를 러시아 국경에다 배치해 놓은 상황이었다. 이에 대응해 러시아 역시 유럽을 상대로 핵미사일들을 배치해 놓았다. NATO 군대가 없이는 러시아와의 전쟁을 일으킬 수 없는 형편인 것을 잘 알고 있는 트럼프가, NATO의 전쟁비용을 더 이상 부담하지 않을 테니 유럽 국가들이 부담을 하라고 하므로, 미국은 유럽에서 러시아와 전쟁을 할 의도가 없다는 선언이기도 했다.

트럼프의 시리아 폭격; 핵 항공모함 북한 출전명령의 배후

그러나 지배세력의 하수인들로 형성된 유럽의 정치인들은 트럼프의 그런 결정이 그가 국민들과 한 선거공약을 위해서 하는 정치쇼이든지 아니면 지배세력에 의해 곧 철회될 거라고 믿었다. 오바마를 포함한 과거 모든 미국 대통령들도 변화를 약속하고 당선되고 나서는 약속을 지키지 않았기 때문이다. 특히 트럼프는 이미 그가 중동에서의 전쟁을 중단시키겠다는 약속을 역행하고, 2017년 4월 6일 시리아에서 아사드 정부가 자국민들을 상대로 새란(Seran) 가스를 사용했다는 조작된 정보를 근거로 시리아를 폭격할 것을 명령했었다. 세란 가스를 썼다는 주장은 언론이 증거로 방영한 화면자료만 보아도 거짓이라는 게 명백했다. 세란 가스를 사용했을 경우, 그 실상을 조사하는 조사단이 보호복을 입고 있어야 했으나 그렇지 않았다. 러시아의 개입으로 아이시스를 성공적으로 제거하고 있는 아사드가, 그런 국제사회에 비난을 불러올 가스 공격을 감행할 하등의 이유가 없었다. 그러나 다급해진 지배세력은 자국민 폭격 설을 다시 조작했던 것이고, 트럼프는 그들의 계획에 '동조' 하는 척 했다. 그것도 트럼프 대통령의 초청으로 미국을 방문 중인 중국의 시진핑 주석과 만찬을 하는 자리에서 그런 명령을 한 후 시진핑에게 그 자리에서 통고해, 마치 그를 고의로 홀대한 것 같은 인상을 주었다.

지배세력을 속이기 위한 전략

그러나 이 역시 트럼프가 지배세력을 속이기 위해 연출한 속임수였다. 그 속임수로 지배세력과 언론은 그가 이제 지배세력과 협조한다고 믿게 만들기에 충분했다. 그 시점에 트럼프는 더 시급한 문제를 직면하고 있었다. 트럼프는 4월 말에 다가올 국가 빚의 한도를 늘려 정부가 마비되는 상황을 방지하기 위해서 그들의 협조를 받아 내야했다. 미국 의회는 미국이 빌릴 수 있는 금액의 한도를 정해 놓고, 매년 그 빚의 한도를 늘려왔다. 이는 의회가 국민들과 국제사회에게 미국이 그만큼 국가 빚의 증가에 각별히 신경을 쓰고 있는 것처럼 연출하는 정치 쇼에 불과했다. 그러나 만약 의회가 그 한도를 늘려주지 않을 경우 실제로 예산이 모자라 정부가 마비될 수 있었다. 같은 시기에 그들의 언론은 북한이 미사일을 발사했다는 이유로 북한을 폭격해야 한다고 여론을 조성하고 있었다. 트럼프는 이때도 지배세력의 뜻을 순응하는 것처럼 북한의 김정은을 위협함과 동시에 핵으로 무장한 카를 빈슨호 (USS Carl Vinson) 항공모함과 B-52 폭격기를 북한으로 출항시켰다. 그런 식으로, 트럼프는 지배세력의 뜻에 동조하는 것처럼 행동해 언론이 그의 정책을 비난할 명분을 사전에 제거했다. 그러나 트럼프는 시리아 폭격 30분 전 러시아에게 폭격 계획을 알려주어 그 공항에 세워져 있던 전투기들은 격리됐고, 59개의 토마호크 미사일 중 대부분을 러시아의 미사일 방어체제로 격추시켜, 그 다음날로 그 활주로를 사용할 수 있을 정도로 폭격의 효과는 미비했다. 북한을 공격할 것처럼 항해하던 항공모함 역시 북한을 지나 호주로 계속 항해했다. 그러나 이러한 트럼프의 명령으로 북한은 말할 것도 없고 중국과 러시아마저 전투태세로 진입해야 했다. 중국은 15만 명의 병력을 북한 국경지역으로 배치했고, 러시아 역시 북한과 국경을 같이 하는 블라디보스토크(Vladivostok)로 러시아의 미사일 시스템 S-400을 이동해 배치시킴과 동시에 군함을 출항시켜 미국 항공모함 카를 빈슨호의 움직임을 감시했다. 트럼프가 시리아의 폭격을 명령하고 북한을 향해 핵 항공모함과 폭격기를 보내자, 그를 공격만 하던 주류 언론이 갑자기 트럼프가 이제야 대통령다워 졌다고 그를 부추겼고 국회는, 전쟁 위기상황을 감안해 즉시 빚의 한도를 1조 달러로 늘려주어 6개월을 연장해 주었다. 트럼프는 예산 위기를 극복함과 동시에 지배세력을 저항하다 암살당한 앤터닌 스캘리아(Antonin Scalia) 대법관이 비워놓은 자리에 그가 추대한 대법관 네일 고수츠 (Neil Gorsuch)의 인준도 받아냈다. 트럼프의 그런 위장 술책은 지배세력이 통제하는 의회로부터 국가 빚의 한도를 늘려 예산을 충당하기 위한 술수로, 지배세력과 언론을 속이는데 성공했다. 그러나 트럼프의 그런 의도를 알 수 없는 그를 지지했던 애국자들로 형성된 몇몇 인터넷 매체에서는 트럼프 역시 지배세력과 결탁한 자라고 그에게 속았다고 규탄하는 여론이 형성되기도 했다. 적군을 속이기 위해서는 아군을 속이는 병법이었다는 사실이 나중에 드러났다.

트럼프의 아프가니스탄의 군 추가배치 결정의 배후

급한 불을 끈 트럼프는 비서실장으로 뽑았던 린스 프리브스(Reins Priebus)가 정보를 유출시킨 사실을 '발견'한 후 그를 해고시키고 7월 1일 자로 해병대 장성출신인 존 켈리(John Kelly)를 대신 임명했다. 그리고 그의 백악관 대변인 역시 같은 이유로 교체했다. 트럼프의 국방부 장관 짐 마티스(Jim Mattis)도 해병대 장성 출신이고, 그의 NSA 국장 마이크 로저스(Mike Rogers)도 해군 제독 출신이었다. 미국의 합참의장 존 던포드(John Dunford) 역시 해병대 사령관 출신으로 트럼프는 군 장성들로 둘러싸였다. 그렇게 되자 이번에는 트럼프의 지지자들이 트럼프가 군부 출신들로 정부를 구성하는 것이 군과 협조해 그가 전쟁에 더 이상 개입하지 않겠다는 선거 공약을 어기려는 것이 아닌지 의심을 받았다. 이미 지배세력의 고도의 속임수에 대해 잘 아는 미국 애국자들은 방심할 수 없었기 때문에 트럼프를 색안경을 쓰고 관찰하는 것은 당연했다. 그러더니 정말 트럼프는 아프가니스탄에서 군대를 철수하겠다던 약속을 번복하고 거꾸로 5,000여명의 군대를 더 배치시키는 결정을 내렸다. 그는 자신의 직감은 군대를 철수하는 것이지만 군부와 상의한 결과 그곳에서 군을 철수할 경우 아프가니스탄의 안보가 악화될 것을 우려해, 군을 더 배치해 그 전쟁에서 확실하게 이길 필요가 있다고 판단했다고 했다. 트럼프의 그런 결정은 또다시 그를 지배세력에 하수인이라고 의심을 하는 많은 애국자들의 의심과 반감을 샀고, 반대로 지배세력의 언론은 그의 추가배치 결정을 지지하고 나섰다. 그러나 이 역시 트럼프가 지배세력의 자금줄을 차단시키기 위한 전략이었다는 사실은 몇 개월 후인 11월, 아프가니스탄에 위치한 지배세력의 아편생산 기지들을 찾아내 폭격을 지시함으로 밝혀졌다. 아프가니스탄의 추가 배치는 그러므로 지배세력과 협조하는 것처럼 그들을 속인 후 오히려 역으로 그들의 아편생산을 파괴하기 위한 책략이었다.

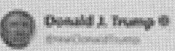

"The recusal of Jeff Sessions was an unforced betrayal of the President of the United States." JOE DIGENOVA, former U.S. Attorney.

Why is A.G. Jeff Sessions asking the Inspector General to investigate potentially massive FISA abuse. Will take forever, has no prosecutorial power and already late with reports on Comey etc. Isn't the I.G. an Obama guy? Why not use Justice Department lawyers? DISGRACEFUL!

38. 지배세력과의 내전

38. 미국 안에서 벌어지는 보이지 않는 지배세력과의 내전

지배세력은 그들의 언론을 이용해 트럼프의 당선은 러시아와 공조해서 가능했다는 허위주장으로, 그가 미국을 대표하기에 부당함으로 그를 국회가 탄핵시켜야 한다는 여론을 조성했다. 그럼과 동시에 그들의 하수인 Comey FBI 국장은 트럼프 선거단의 러시아 공모설에 대한 수사를 시작했다. 그런 공세로, 트럼프가 오히려 러시아와 공모한 사실이 없다고 변명을 해야 하는 상황으로 몰았다. 트럼프는 우선 국가의 법을 집행하는데 가장 중요한 검찰을 장악하기 위해 그의 검찰총장으로 공화당 4선 상원의원이며 연방검사를 지낸 경력이 있는 제프 세션스(Jeff Sessions)를 지명했다. 미국의 검찰총장은 대한민국 제도에서는 법무부장관과 검찰총장을 겸하는 자리이다. 지배세력이 그의 인준을 반대하고 나섰으나, 그의 20년 넘는 상원의 경력을 예우해준 공화당 동료들의 전적 지지로 상원의 인준을 받아냈다. 그러나 지배세력은 그가 대통령인수위원회 시절 러시아 대사를 만났다는 이유를 문제삼아 그가 트럼프의 선거단을 수사 중인 FBI의 상사로 부적합하다고 여론을 몰았다. 그러자 세션스 검찰총장은 즉시 그 수사에 개입하지 않겠다고 선언함과 동시에 자신을 그 사건으로부터 자진기피(recuse)했다. 세션스의 기피 결정은 언론이 세션스가 러시아와 공모했다는 허위주장으로 검찰총장의 임무수행을 방해하려는 것을 간파한 트럼프와 함께 내린 결정이었다. 그러나 개인서버를 이용해 국가안보법을 위반했을 뿐 아니라, 증거인멸을 했던 힐러리의 범죄와 그 사실을 은폐해 준 오바마 정권을 수사할 것을 기대했던 트럼프 지지자들은, 세션스의 기피결정을 보고 그 역시 지배세력의 하수인이라고 의심하기에 충분했다. 트럼프까지도 세션스가 러시아 공모설에 대한 수사로부터 기피할 줄 알았으면 그를 임명하지 않았을 것이라고 공개적으로 세션스 검찰총장을 비난하며 그의 충성을 의심하고 나왔다. 그러나 이 또한 지배세력을 안심시키기 위한 속임수였다는 사실이 나중에 드러났다.

러시아 공모설을 역으로 이용한 전략

오히려 트럼프는 그들의 조작된 러시아 공모설을 내세운 언론의 공격을 허용해, 역으로 그들의 주류 언론의 신뢰를 무너트리는 작전으로 이용했다. 트럼프는 이미 그의 당선 직후 지배세력의 수작을 노출한 마이크 로저스 NSA 국장으로부터 지배세력이 그와 그의 선거단을 상대로 불법 사찰을 진행했던 사실과, 그 사찰로 그가 러시아와 공조했다는 아무 증거도 찾지 못했다는 사실을 알고 있었다. 만약 찾았다면 그들이 대선 전에 벌써 공개해 선거에 이용했을 것이었기 때문이다. 주류 언론에 의해 세뇌돼 미국을 조종하고 있는 숨은 지배세력이 있다는 정황을 짐작조차 하지 못하는 국민들에게, 언론의 신뢰를 격추시키는데 이용한 작전이었다. 그러므로 그들이 허위사실을 가지고 공격을 하는 것을 오히려 허용해 언론의 거짓을 폭로하는 기회로 삼았다. 더군다나 트럼프는 대통령의 총통치권자의 자격으로 FBI의 수사를 중단시킬 권한이 있었다. 그러나 그가 중단시킬 경우 언론에게 트럼프 자신이 감출게 있어서 수사를 중단했다는 공격의 빌미를 줄 수 있음으로 오히려 허용했던 것이다. 지배세력 역시 아무 증거가 없다는 사실을 잘 알고 있었으나 다급해진 그들은 지푸라기라도 잡아야 했다. 힐러리를 비롯한 검찰과 FBI는, 힐러리가 대선에서 패할 것을 전혀 예상하지 못했던 관계로, 자신들이 오히려 러시아와 결탁해 미국이 보유한 전략자산인 우라늄을 러시아에게 파는 것을 허용해 엄청난 뇌물을 수수한 사실이 드러나는 것을 막아야했다. 그러므로 그들은 허위사실로 트럼프를 공격해서 그가 자신의 결백을 방어하기에 바쁘게 만들고, 트럼프가 자신들의 혐의를 노출할 때 그 혐의를 트럼프 자신의 결백을 증명하기 위해 조작한 허위라고 우겨 국민들을 속일 참이었다. 그러며 함정수사로 증거를 조작해 그를 자신들이 통제하는 의회를 이용해 탄핵시킬 계획이었다.

은밀히 진행된 힐러리와 오바마 정권에 대한 수사

그러나 그들의 그런 계획을 잘 아는 트럼프는 그들의 언론이 그런 허위사실로 그를 공격하느라 정신이 팔린 틈을 타, 이미 위키리크스를 통해 드러난 힐러리의 모든 불법행위에 대한 수사를 은밀히 진행했다. 지배세력도 트럼프가 대통령으로 취임하는 순간 힐러리와 오바마가 그동안 저지른 불법행위에 대해 군정보기관은 물론이고 NSA로부터 보고를 받았다는 사실을 감지했다. 트럼프를 추대한 미국 군부의 애국자세력은 힐러리와 오바마 정권의 비리를 증명하는 증거자료를 NSA 서버를 통해 이미 소유하고 있었다. 거기다 대통령인 트럼프는 이제 NSA 서버에 저장돼 있는 모든 정보를 열람할 수 있게 돼, 거꾸로 그들의 행동을 모두 감찰할 수 있었다. 그들이 국민들을 통제하기 위해 테러와의 전쟁을 빙자해 구축해 놓은 첨단 감찰 도구와 그 도구에 저장해 놓은 자료가 이제 트럼프의 수중에 들어온 것이다. 그런 엄청난 사찰기록은 이제 지배세력을 제거하는데 최고의 무기로 전환됐다. 그러므로 그들은 이미 자신들의 비리가 드러났다는 사실을 알면서도 악착같이 그들의 언론을 이용해 트럼프가 러시아와 공모했다는 허위사실로 트럼프를 압박했다. 동시에 그들은 수차례에 걸쳐 트럼프의 암살을 시도했다. 그러나 트럼프는 미 군부의 보호를 받고 있어 모두 실패했다. 케네디 대통령의 공개 암살을 성공했던 이유는 케네디가 전혀 그들의 그런 계략에 대해 의심을 하지 않았고, 그를 경호하게 돼있는 비밀 서비스(secret service)도 CIA가 통제했었기 때문이다. 그러나 트럼프는 군으로부터 철통같은 보호를 받고 있음으로 그때와 상황이 달랐다.

언론과 지배세력을 혼동시킨 트럼프가 연출한 연기력

여하튼 트럼프는 이제 그들이 구축해 놓은 NSA의 감찰 데이터를 이용해 지배세력을 제거하기 위한 수사를 은밀히 진행시키면서, 언론과 지배세력을 그들의 러시아 공모설에 치중하도록 대대적인 쇼를 연출했다. 트럼프는 세션스가 트럼프의 러시아 공모설 수사에서 자진해서 기피한 결정을 못 마땅해 하는 것처럼 공개적으로 그의 트위터에 올렸다. 세션스의 기피로 검찰 조직을 오바마가 임명한 부 검찰총장 대행 셀리 예이츠 (Sally Yates)에게 넘겨준 것이 돼 트럼프가 검찰의 통제를 잃은 것처럼 보이게 지배세력을 속였다. 거기다 트럼프는 세션스가 이미 드러난 힐러리의 혐의를 조사하지 않고, 그 역할을 오바마가 임명한 마이클 호로비츠

(Michael Horowitz) 감찰관에게 위임했다는 사실도 못 마땅하다는 식으로 공개적으로 비난했다. 그러면서 코미 FBI 국장이 대통령인 자신의 선거단은 수사하면서, 그가 오바마 정부에게 사찰당한 사실은 수사 하기를 거부하고 있다고 비난했다. 그 얼마 후 트럼프는 대통령 권한으로 코미 국장을 해고했다. 언론은 그의 해고가 수사를 방해하는 행위라고 특별검사를 임명할 것을 요구했고, 새로이 부총장으로 상원에 인준을 받고 세션스 검찰총장을 대행하고 있으며 힐러리와 한패로 알려진 로드 로즌스타인 (Rod Rosenstein) 검찰 부총장이 코미 국장의 전임 FBI 국장이었던 로버트 뮬러 (Robert Mueller)를 특별검사로 임명해, 트럼프의 러시아 공모 설에 대한 수사를 계속했다. 그런 식으로 트럼프는 FBI의 수사를 못마땅해 하는 것처럼 연출했고, 언론은 자신들이 트럼프의 검찰을 무력화시켰다고 믿고 더 집중적으로 트럼프 공모 설을 보도했다. 지배세력은 국회 상원 정보위원회를 움직여 코미의 해고가 트럼프 러시아 공모설에 대한 수사방해를 위해서인지를 조사하도록 했다. 그들 언론은 트럼프가 FBI 조사를 방해하기 위해 코미를 해고했음으로 당연히 탄핵 돼야 한다고 여론을 조성했다. 그러나 웬만한 스포츠 경기 때보다 더 많은 국민들이 그 청문회를 시청하는 가운데, 코미는 러시아가 개입했다는 증거를 찾지 못했고 트럼프가 조사를 방해하지 않았다고 증언했다. 오히려 오바마 정권의 검찰총장이었던 로레타 린치 (Loretta Lynch)가 FBI의 힐러리의 조사를 은폐했다고 증언해 오바마 전 정권이 개입한 정황을 폭로했다. 결국 아무 근거 없이 조작된 러시아 공모 가짜 뉴스가 온 국민들이 보는 가운데 그 실체가 드러났다. 그럼에도 그들의 CNN뉴스는 끝까지 트럼프의 러시아 공모설 수사를 계속해

야 한다는 국민들의 여론을 조성하기 위해 언론조사를 진행했다. 그런데 오히려 70%의 CNN 응답자마저 조사를 할 이유가 없다고 대답을 해, 그들은 국민들의 여론을 조성하는 데도 실패했다. 오히려 그들의 공격은 미국 국민들의 주류 언론에 대한 공신력을 떨어뜨리는 결과를 초래했다. 최근 진행된 여론조사에 의하면 미국 국민들의 57%가 주류 언론을 불신한다는 결과가 나왔다. 그러나 언론은 특별검사 뮬러의 수사가 러시아 공모설에 대한 열쇠를 쥐고 있다며 포기하지 않았다.

트럼프의 소아애 범죄를 이용한 지배세력 제거 작전

언론이 러시아 공모설에 집중하고 있는 동안 세션스는 선거 당시 위키리크스에 의해 노출됐던 소아애와 관련된 수사를 은밀히 진행했다. 세션스 검찰총장이 러시아 공모설에 관한 수사로부터 기피했던 진짜 이유이다. 세션스는 그들의 수사를 허용해 그들의 허위 주장이 드러나 언론의 신뢰가 자연스럽게 무너지는 것을 유도함과 동시에 언론과 지배세력이 세션스가 자신들을 보호해주고 있고, 아직도 자신들이 검찰을 장악하고 있다고 믿도록 속였다. 그리해 그들에 대한 소아애와 관련된 수사가 은밀히 진행되고 있다는 사실을 감추었다. 위키리크스가 대선 직전 폭로한 힐러리의 선거 사무장 존 포데스타의 이메일에서 소아애에서 사용하는 소아애에서 사용하는 은어 피자, 핫도그 등이 노출되자 그가 소아들의 인신매매에 개입됐다는 소문이 확산됐었다. 그 사건이 앞에서 잠시 언급한 피자게이트이다. 그와 동시에 워싱턴디씨에 민주당 의원들과 고위 관직, 언론사 사장들이 단골인 '혜성 핑퐁

(Comet Ping Pong)'이라는 식당이 소아애를 위한 인신매매 본부라는 소문이 확산됐었다. 그러자 그들의 언론을 총동원해 그 소문을 가짜뉴스로 몰았고, 그들이 소유, 통제하는 유투브, 페이스북에서 그런 기사를 다루는 매체들의 채널을 폐쇄시켰다. 그러나 소아애와 소아들이 살해되는 것을 가능하게 하는 소아 인신매매야말로 트럼프 정부가 지배세력을 제거하는 데 사용될 가장 은밀한 무기였다.

트럼프는 선거유세 시 워싱턴의 부패를 척결하겠다고 공약했었다. 그러나 그 부패의 규모는 국가의 관료들과 의회 대부분이 연루돼 있을 정도로 심각했고, 모든 증거를 확보하기 전에 그 사실을 공개했을 경우 그들의 언론에 길들여진 국민들은 그들의 선동방송에 동요돼 국가를 혼란에 빠트릴 우려가 있었다. 미국의 지배세력은 그들이 무한으로 발행할 수 있는 달러로 모든 요직을 매수해 놓았을 뿐 아니라 의정서에서 가르친 대로 드러나면 안 될 약점이 있는 자들을 등용했기 때문에 지배세력에게 충성을 해야 하는 자들이었다. 더군다나 그들은 많은 정치인들과 관료들을 소아애로 유혹해 그들의 약점들을 쥐고 있어 정치인들과 관료들은 자신들의 정치생존을 위해서라도 지배세력과 동조해야 했다. 트럼프 자신도 소아애와 연루됐던지, 소아애를 덮는데 연루된 정치인들과 관료들의 수와 규모에 놀랐다. 거기에는 주류언론사를 위시한 구글, 페이스 북, 마이크로 소프트 같은 국제 기업들의 최고 경영자들까지 포함돼 있다는 사실이 드러났다.

중세기에도 템플 기사단으로 막강한 권력을 휘두르다가 그들이 아이들을 죽여 제물로 바치는 사탄 숭배의식을 한다는 사실이 드러나 숙청된 전례가 있듯이, 트럼프와 애국 세력은 그들의 아킬레스건인 소아애 범죄로 그들을 잡아들이는 작전을 은밀히 진행했다. 그러면서 언론에는 공개하지 않았다. 설사 누설됐다 하더라도 주류 언론은 당연히 이를 다루지 않았다. 또한 트럼프를 지지한 국민들은 세션스 검찰총장이 이미 위키리크스를 통해 드러난 힐러리의 클린턴재단의 비리는 물론 힐러리가 국회에서 위증을 하고 증거인멸을 했던 사실과, 그녀가 국가 보안법을 위반한 사실에 대한 조사를 진행하지 않는 걸 봐서는, 센서스 역시 지배세력의 하수인이라고 원성이 높았다. 이 역시 지배세력의 하수인들을 속이기 위한 고도의 권모술수였고, 오히려 세션스는 비밀리 지배세력의 아킬레스건인 소아애와 관련된 범죄에 몰두한 사실이 나중에 드러났다. 그 이유는 소아애 만큼은 아무리 지배세력이 언론을 통해 '정당화' 하려해도 소용이 없는, 인류가 배척하는 소름끼치는 악 그 자체이기 때문이다. 앞에서 이미 소아애 인신매매(Sex trafficking)를 위해 미국에서만 약 80만 명의 어린아이들이 매년 행방불명이 된다고 했다. 미국에 4배가 넘는 인구를 보유한 중국에서 매년 수천 건도 안 되는 것과 대조된다. 거기다 소아애 인신매매는 그들의 마약사업보다도 더 수익성이 높다고 한다. 어린아이들은 '재활용' 이 가능하기 때문이다. 그리고 아이들이 나이가 차 사용가치가 다되면 살해해 인간제사를 드리고, 그 아이들의 피를 마시고 일부 신체부위를 먹을 뿐 아니라 장기를 판매한다고 한다. 더 놀라운 사실은 미국 정부의 1/3이 이 사탄을 숭배하는 소아애와 연루돼 있다는 믿기지 않는 사실이다. 그들은 그런 행위가 그들의 권력을 가능하게 한다고 믿는 자들이다. 그러므로 지배세력의 여러 머리를 가진 이 괴물을 제거하기 위해서는 소아애로 연결돼 있는 그들의 조직을 소탕해야 했다.

감찰감실의 감사원장을 이용한 감사로 위장한 수사 진행

여하튼 세션스 검찰총장은 은밀히 힐러리의 혐의는 물론 오바마 정부의 검찰과 FBI가 힐러리의 수사를 은폐한 정황, 트럼프의 러시아 공모설, 트럼프 선거단과 인수위원회의 불법사찰, 소아애 관련 성매매 등에 대한 광범위한 수사를 비밀리 진행했다. 그러나 그 수사를 검찰이 직접 하지 않았다. 앞에서도 지적했듯이 언론이 트럼프의 러시아 공모설을 수사 중인 검찰과 FBI를 검찰이 나서서 수사할 경우 정치적 보복수사라고 여론을 조성할 것에 대비해 그 수사를 감찰감실(Office of Inspector General)을 통해 진행시켰다. 정부로부터 독립된 감찰감실은 각 정부기관에 설치돼있어 담당기관을 감시하는 역할을 맡고 있으나, 지배세력의 하수인들에 의해 형식적인 부서에 불과했다. 세션스는 그러므로 연방검찰과 그 산하 조직인 FBI 연방경찰을 담당하는 감찰감실에게 수사를 의뢰해, 정치적 보복 수사라는 언론의 공격을 무력화시킴과 동시에 지배세력을 안심시켰다. 더군다나 그 감찰감실의 감사원장 마이클 호로비츠는 오바마가 임명한 자인 사실을 인용해, 트럼프는 세션스가 오바마가 임명한 아무 기소권이 없는 감사원장에게 수사를 맡겼다는 사실에 대해 도대체 세션스가 수사를 할 의지가 있는지가 의심된다며, 공개적으로 세션스를 비난하는 쇼를 벌였다. 그러면서 세션스가 더 적극적으로 수사하지 않을 경우 그를 해고하겠다고 발언을 해 지배세력과 그들의 언론이 세션스를 오히려 옹호하고 나오도록 유도했다. 속임수를 이용한 고도의 정보 전쟁이었다.

감찰감실 보고서를 근거로 대배심원을 이용한 비밀기소

그러나 감사원장 호로위츠는 트럼프 정부에 협조해 엄격한 수사를 진행하여 2018년 1월, 120만 장에 달하는 보고서를 의회에 제출했다. 세션스는 그렇게 입수한 정보를 바탕으로 사법부를 배제한 비밀리 구성된 대배심원(Grand Jury)을 통해 비밀기소(sealed indictment)를 확보해 왔으나 그 사실을 발표하지 않았다. 대배심원 제도는 판사가 없이 검찰이 국민들로부터 선정한 대배심원들 앞에서 증거를 제시한 후, 배심원들이 기소할 증거가 충분하다고 결정하면 검찰이 비밀기소를 하는 제도이다. 지배세력의 하수인들로 형성된 사법부를 통해 예심(preliminary hearing)을 거칠 경우 사법부에 심어놓은 판사가 편견적인 결정을 내릴 수 있을 뿐 아니라, 판사들을 통해 정보가 샐 것을 우려했던 것이다. 그런 식으로 검찰은 은밀히 말단 관료로부터 시작해 힐러리와 오바마까지 옭아매는 수법으로 비밀기소를 확보해왔고, 최근 인터넷 매체에서 공개된 바에 의하면 그 수가 4만 건이 넘는다고 한다. 비밀기소 기록은 법적으로 각 주마다 공개하게 돼있어 확인이 가능하다.

지배세력은 그들의 의정서에서 가르친 대로 검찰과 경찰을 그들의 프리메이슨 조직에 충성을 맹세한 자들로 심어놓아 장악하고 있었다. 그러므로, 법을 집행하는 연방검찰조직이야말로 지배세력의 가장 중요한 수뇌부조직이라는 사실을 잘 아는 트럼프와 세션스 검찰총장은, 처음부터 지배세력을 안심시키기 위해 각별히 신경을 썼던 것이다. 세션스는, 지배세력의 공권력인 검찰을 숙청을 감행할 만큼 지배세력을 대항할 용기가 없는 행세를 하며 오바마가 임명한 호로위츠 감찰관에게 수사를 의뢰했던 것이다. 그렇게 해 자신은 이미 위키리크스를 통해 드러난 힐러리의 불법 행위에 대한 수사를 할 의지가 없는 것처럼 함으로 지배세력을 안심시켰다. 그 대신 애국자들로 형성된 국민들의 원성은 물론 트럼프의 불신마저 사게 연출해, 지배세력의 하수인들을 안심시켜 자만하게 만들었다. 이는 트럼프와 세션스의 적군을 속이기위해 아군을 속이는 전법이었다.

39. 트럼프 정부가 시작한
   숨은 정부를 향한 반격

감찰감실에서 국회에 제출한 감사 보고서

2018년 1월 12일, 예상됐던 것보다 일찍 연방검찰 감찰감실에서 수사한 약 120만 쪽이 넘는 보고서가 국회의 하원 상시 특별 정보위원회, 하원 법사위원회와 상원 법사위원회 3곳에 배달됐다. 배달된 지 두 주 만인 2018년 2월 3일 하원 정보 상시 특별위원회의 위원장 데빈 누네스(Devin Nunes) 의원이 작성한 4쪽짜리 누네스 메모로 알려진 보고서로 트럼프의 러시아 공모설이 힐러리에 의해 조작됐던 사실이 언론에 공개했다. 누네스 메모에 의하면 러시아 공모설에 바탕이 됐던 트럼프 러시아 기록서류(Trump-Russia Dossier)는 민주당과 힐러리 선거본부가 자금을 지원해 조작된 허위사실이었고, 그 서류의 작성을 주도한 크리스토퍼 스틸은 영국의 정보기관 MI5의 전 멤버로, 민주당과 힐러리가 고용했던 사실이 드러났다. 그뿐 아니라 오바마 정부가 그 기록서류 작성에 민주당과 힐러리의 개입이 있었다는 사실을 알고서도, 미국의 외국첩보 감시법원에 그 사실을 숨기고 트럼프대통령의 대선을 감시하는 목적으로 트럼프의 선거자문 카터 페이지의 사찰영장을 발부받아 선거단을 사찰해온 사실 또한 드러났다. 그러므로 지배세력이 트럼프를 공격하기 위해 주도한 러시아 공모설의 조사는 거꾸로 힐러리의 민주당이 조작한 트럼프 러시아 기록서류, 일명 'Russian Dossier' 를, 불법으로 인용한 오바마 검찰과 FBI의 합작이었던 사실이 드러났다. 결국 그들이 트럼프의 당선 때부터 주장해 온 러시아 공모설이 허위였을 뿐 아니라, 오히려 그들에 의해 조작됐던 사실이 발각된 것이다. 자신들이 조작한 기록을 근거로 국가안보를 목적으로 신설된 외국첩보감시법원 (FISC)을 속여 사찰영장을 발부받아 대통령 후보를 사찰해 왔다는, 70년대 미국 워터게이트 사건과는 비교도 안 되는 엄청난 음모사실이 노출된 것이다. 그러나 그들의 언론은 이 사실을 은폐해 보도하지 않았을 뿐 아니라, 오히려 누네스 메모가 조작됐다는 허위보도로 국민들을 속이고 나섰다. 그러나 이미 폭스방송과 모든 인터넷매체에서 대대로 보도돼 지배세력의 치부가 알만한 국민들에게 드러났다. 감찰보고서가 국회에 전달된 지 3개월도 안 돼 오바마가 임명한 연방검찰의 부총장 보(Asstant Attorney General)인 앤드루 메카베(Andrew McCabe)가 세션스 검찰총장에 의해 해임됐고 부총장 역시 해임될 위기에 처해졌다.

푸틴이 파 놓은 함정에 빠진 힐러리와 오바마

누네스 메모를 은폐하기 바쁜 와중에 힐러리와 오바마 정권이 국가 전략자산인 미국의 우라늄의 20%를 러시아 정부 기업인 로스탐(Rostam)에게 판매를 인가해 주어, 약 1억 4천 5백 만불의 뇌물을 수수한 혐의가 드러났다. 앞에서 이미 미국의 구부 애국자 세력이 국민들의 관심이 많을 때인 대선을 이용해 힐러리의 부정부패를 위키리크스를 통해 노출했다고 설명했다. 같은 시기에 피터 스바이저(Peter Schweiser)가 2015년 출간한 '클린턴 캐

쉬(Clinton Cash)' 라는 책과 같은 제목으로 2016년 유투브에 올린 다큐멘터리에서 우라늄 원(Uranium One)과 관련해 힐러리와 오바마 정권의 부정이 폭로됐었다. 우라늄 원은 미국의 총 우라늄의 20%를 소유한 캐나다 광산 업체였다. 2010년 러시아 정부의 자회사인 로스탐(Rostam)이 13억불에 인수했다. 원래 핵무기 제조와 원자력 발전소의 연료로 사용되는 우라늄은 전략적 자산(Stretegic asset)으로, 그 매매는 국무부를 포함한 9개 정부기관으로 형성된 '미국 외국인 투자 위원회'의 인가를 받게 돼있으나 실제로는 국무부가 결정했다. 그런데 러시아 회사가 우라늄 원의 인수를 인가받게 해 주는 조건으로 클린턴 재단에게 1억 4천 5백만 불을 기부한 사실이 드러난 것이다. 거기다 외국인 투자 위원회가 그 거래를 인가해 준 2010년의 1년 전인 2009년에, 이미 FBI가 러시아가 우라늄 운송회사에게 뇌물을 준 사실과 클린턴 재단으로 뇌물이 전해진 사실을 포착하고 있었다. 그러나 이 사실을 투자위원회로부터 숨겨 인가를 성사시켰을 뿐 아니라 오바마 정부가 그 범죄를 은폐하고 기소를 지연시켰다가, 2015년이 돼서야 축소된 기소를 한 사실이 2017년 10월 워싱턴 소재 더힐(The Hill)에 의해 폭로됐다. 그러자 그동안 러시아 공모설과 관련된 수사에서는 자진해서 기피했던 세션스 검찰총장이 이 사건을 직접 수사하고 나섰다.

우라늄과 관련된 사업은 소련이 붕괴된 후인 1993년 미국의 지배세력의 최고책임자 아버지 부시대통령이 지배세력의 하수인들인 고바르체프와 옐친과 함께 시작한 '메가톤을 메가와트로 프로그램(Megatons for Megawatts Program)'을 통해 러시아가 소련으로부터 인계한 약 2만개의 핵미사일을 해체시키는 과정에서 축출한 약 500톤의 고농축(90%) 우라늄을 저농축(5%) 우라늄으로 전환시켜 원자력 발전소의 연료로 미국에게 판매하는 협약이었다. 그런데 그 협약에 의해서 모든 우라늄을 저농축으로 전환시키는 과정, 특별 운송, 그리고 판매 모두를 정부기관이 아닌 민영업체들이 상업적 목적으로 운영하게 협의했다. 그 조건을 충족하기 위해 미국의 공기업인 미국 농축주식회사(United States Enrichment Corporation(USEC))를 민영화시켜 미국의 대리인으로 선정해 러시아의 자회사인 TENEX와 20년 계약을 성사시켰다. 이는 아버지 부시 대통령이 그가 개인적으로 비밀리 투자한 미국 농축주식회사를 통해 온스당 14만 5천불에 거래되는, 그 당시 금시가 $300불의 44배가 되는 거금을 벌기 위해 시작된 프로그램이었다. 500톤을 저농축으로 전환시키면 약 9,000톤이다. 이미 앞에서도 언급했듯이 부시가문은 베트남 전쟁 때부터 마약으로도 엄청난 돈을 벌어왔던 가문으로 정부를 이용해 돈을 버는 기술을 그들을 따라갈 자가 없었다.

빌 클린턴이 1993년 취임했을 때는 이미 아버지 부시가 유라늄 사업을 그의 몫으로 성사시켜 놓은 후였다. 부시의 기막히게 돈을 버는 수법을 배운 빌 클린턴은 힐러리의 국무장관의 권한을 이용해 그들의 영향력을 팔아 2010년 러시아의 로스탐이 우라늄 원을 인수하는 걸 인가해 주었다. 자신들이 정권을 빼앗길 것을 의심조차 하지 않았던 오바마와 힐러리, 오바마 정부의 검찰총장 애릭 홀든(Eric Holden)과 그 당시 FBI 국장이었던 로버트 뮬러(Robert Muller)를 포함한 검찰과 FBI의 수뇌부가 모두 개입됐던 사건이었다. 지금 트럼프 러시아 공모설을 수사하고 있는 특별 검사 뮬러가 우라늄의 샘플을 러시아에 손수 전달했던 사실 역시 드러났다. 그러므로 트럼프정부가 지배세력을 속이기 위해 고의로 허용하고 있는 트럼프 러시아 공모설에 대한 특검수사를 뮬러가 트럼프 편에서 허위로 진행하고 있다는 소문이 신빙성 있게 들리는 이유이다. 해병대 출신인 뮬러는 이미 자신을 조사하고 있다는 사실을 알았고, 자신의 혐의를 줄이기 위해 군부 애국자세력과 협조해 그가 트럼프에 대한 수사를 계속하고 있는 것처럼 보이도록 지배세력과 언론을 속이는데 협조하고 있다는 소문이다. 여하튼 우라늄 원 스캔들은 힐러리와 빌 클린턴이 클린턴 재단을 이용해 뇌물을 받고 그들의 권력을 '판매' 한다는 정보를 입수한 러시아의 푸틴이 놓은 덫에, 정권을 빼앗길 것을 전혀 예상하지 않았던 힐러리와 오바마 정권이 모두 걸려들었던 것이다. 그들이야말로 러시아와 공모해 미국의 전략자산인 우라늄을 팔아넘겨 엄청난 뇌물을 수수했던 것이다. 그러니 자신들이 러시아 공모설로 미국의 적으로 묘사한 러시아와 오히려 공조했다는 사실이 노출될 경우, 그들이야말로 미국을 배신한 국가반역자라는 오명을 벗을 길이 없게 됐다. 트럼프는 지배세력의 러시아 공모설을 역으로 이용해 그들언론의 신뢰를 격추시킴과 동시에 그들의 혐의를 드러내, 그들이야말로 러시아와 공모한 사실을 노출시키는 고도의 전략을 진행 중인 것이다.

트럼프가 작전상 허용한 CIA가 기획한 라스베이거스 자작극

2017년 10월 1일 라스베이거스에서 야외 공연 중 대규모의 총격사건이 발생했다. CIA와 FBI 그리고 라스베이거스 경찰들이 개입된 자작극이었다. 그 총격 사건을 혼자서 기획하고 수행했다가 경찰에 의해 저격된 것으로 CIA가 지명했던 범인이 오히려 오랜 기간 CIA가 고용했던 자였다는 사실이 영국 정보부에 의해 폭로됐다. 또한 그 총격을 그가 혼자서 집행했다고 하는 CIA, FBI, 라스베이거스 경찰의 공식 발표는 그곳에서 총격을 경험한 시민들에 의해 거짓으로 드러났다. 그곳에서 공연을 보러 왔던 자들의 대부분은 트럼프 지지자들이었다. CIA 고위직을 지낸 경력이 있는 스티브 피체닉(Steve Pieznick) 박사는 인터넷매체를 통해 트럼프 정부가 CIA와 동조해 이 자작극을 허용한 것으로 오해를 해, 트럼프의 국방 장관과 비서실장을 공개적으로 비난했을 정도로 전형적인 CIA의 조작극이었다. 더 흥미로운 사실은 사건 당시 사우디아라비아의 왕세자인 모하메드 살만왕세자가 그 옆에 호텔에서 묵고 있었고, 트럼프도 라스베이거스에 묵고 있었다는 점이었다. 그 며칠 후 인 10월 6일 트럼프 대통령은 군 장성들과 부부 동반으로 백악관에서 만찬을 한 후, 그 자리에 와있는 기자들에게 '폭풍 전의 고요함(calm before the storm)'이라는 의미심장한 발언을 한 후, 그 발언이 무엇을 의미하느냐는 질문에, 곧 알게 될 것이라고만 답을 해 언론에서 각종 의문을 불러 일으켰다.

해병대 예비군을 동원해 CIA 서버 압수

2017년 11월 18일 애국자들 사이에 그 의문이 풀렸다. 트럼프는 우선 10월 20일자에 서명한 대통령명으로 국가비상사태를 선언해 미국의 예비군을 동원했다. 그런 후 대통령의 명령에 따라 예비군으로 형성된 미국 해병대의 해병원정 부대(Marine Expeditionary Unit (MEU))를 출동시켜 군 헬기로 미국 버지니아 주에 위치한 CIA 본부에 출현해 약 30분간 맴돌다 돌아갔다. 이는 10월 1일 라스베이거스에 일으킨 자작극이 트럼프를 암살하기 위해 CIA가 벌인, 정부를 향한 반역행위로 확인돼 군대 정보부(military intelligence)가 CIA의 자료를 압수하려 했으나 이를 거부하자, 해병대를 출동시켜 무력으로 압수할 수 있음을 확인시켜 협조를 끌어냈던 사건이었다. 그 결과 군대 정보부에서 CIA의 컴퓨터 서버를 압수하는 데 성공했다. 그리고 그 정보를 근거해 2017년 11월 20일, 지배세력의 자금줄 역할을 하고 있는 아프가니스탄의 마약 생산 기지들을 폭격했다. 피체닉 박사가 의심했던 대로 라스베이거스 총격사건은 CIA의 자작극이었던 것은 사실이었으나, 트럼프 정부가 개입됐던 것이 아니라 그 자작극을 허용해 그 자작극을 기획하고 실행한 관련자들을 잡아내기 위해 역으로 이용했던 것으로 드러났다. 그리고 그 자작극을 근거로 CIA가 국가 반란(sedition)을 주도했다는 이유로 국내의 적(domestic enemy)으로 간주돼, 대통령이 군대를 동원할 권한이 주어졌다. 미국에서는 국내에서는 군대를 동원할 수 없다는 규정이 있어 경찰들만 동원할 수 있으므로, 지배세력의 하수인들로 형성된 경찰력으로는 그러한 작전이 불가능했던 것이다. 트럼프 대통령은 CIA가 라스베이거스 총격사건에 개입된 증거를 이용해 CIA가 반란을 도모하는 국가의 적으로 규정해 11월 18일 MEU를 CIA를 제압하는데 동원할 수 있었고, 이제 군으로 그들을 제거할 준비가 완결됐던 것이다. 그리고 군을 동원해 CIA에서 압수한 서버에 있는 자료를 확보함으로 지배세력의 제거는 이제 시간문제가 됐다. 지배세력이 국민들을 사찰하기 위해 구축해 놓은 NSA 서버로 지배세력의 하수인들의 혐의를 찾아낼 수 있을 뿐 아니라, 그들과 소통을 한 자들 역시 찾아낼 수 있게 됐다. 거기다 CIA 서버에서 지배세력이 주도하는 모든 비밀공작들은 물론 관련 인물들과 그들의 비밀 네트워크도 찾아낼 수 있게 됐다. 그리고 지배세력의 숨은 정부(Deep State)를 조종하는 비밀조직인 '고위공무원단(Senior Executive Service(SES))'을 찾아냈다. 고위공무원단은 1979년 연방공무원 개혁법에 의해 만들어진 행정조직으로, 미국 행정부의 17 기관 모두에 대통령이 임명한 관료와 공무원들과 사이에서 연결고리 역할을 하는 '간부(executive)'들로, 자신들이 배치된 기관으로부터 급여를 받지 않고 별도로 급여를 받는 비밀조직이다. 그들은 연방공무원 제도의 가장 상급인 G-15보다도 더 많은 급여를 받으며, 해고가 불가능하고, 만약 해고가 되더라도 평생 같은 급여와 혜택을 받을 수 있게 제도화해놓았다는 사실이 드러났다. 또한 그들 중에서 선정된 500명으로 형성된 이사회는 모두 변호사들이고, 전 FBI국장 코미, 특별검사 뮬러, 검찰 부총장, 부총장 보 모두 고위공무원단 간부이자 이사들이라는 사실 역시 드러났다. 의정서에서 말한 프리메이슨과 흡사한 현대판 비밀조직인 셈이다.

CIA 서버 확보로 드러난 지배세력의 숨은정부 조직도

그 외에도 국제기업들과 최고경영자들, 정치인들과 관료들 모두가 연결된 조직도를 찾아냈다. 결국 그렇게 형성된 세계적인 조직으로 지배세력의 아킬레스건인 사탄을 숭배하는 소아애를 위

한 인신매매로 마약보다도 더 큰 돈을 벌어왔을 뿐 아니라, 그들 모두가 소아애 범죄에 관련된 사실을 발견했다. 거기에는 미국의 아동을 보호하는 명분으로 정부가 운영하는 아동보호서비스 (Child Protective Service)와 세계적으로 여성의 낙태권리를 옹호하는 가족계획(Planned Parenthood) 같은 기관들 역시 모두 연루돼 있다. 트럼프와 세션스가 소아애와 관련된 수사를 극비로 진행해 온 이유는 소아애야말로 지배세력의 상위조직의 숨은 실체를 발견, 제거하는데 가장 중요한 연결고리라는 사실을 알았기 때문이었다. 그렇게 지배세력의 아킬레스건인 소아애와 소아 인신매매에 연루된 자들의 명단을 확보한 트럼프는, 2017년 12월 21일 '심각한 인권 박해 또는 부패에 연관된 자들의 재산을 동결시키는 '대통령 명 18318(Executive Order 18318 Blocking the Property of Persons Involved in Serious Human Rights Abuse or Corruption)' 에 서명함과 동시에 1만 1천 쪽에 달하는 관련된 자들의 명단을 첨부시켰다. 그는 그런 학대와 부패가 국가의 경제와 안보를 위협한다고 한 후, 그 법을 위반하고 그들의 재산을 이동하는 그 자체를 불법화하였다. 트럼프가 이 대통령명에 서명하자, 그 날로 미국 Google의 모회사 Alphabet의 최고경영자 에릭 슈미트 (Eric Schmidt)가 사임했다. 지배세력은 자신들이 구축해 놓은 시스템에 자신들이 걸려드는 사태가 발생한 것이다. 이런 엄청난 대통령명을 지배세력의 언론은 전혀 다루지 않고 은폐하고 있어 미국 국민들을 포함한 세계는 전혀 알지 못하고 있으나, 인터넷 매체에서는 그 명단에 포함된 자들이 거론되고 있다. 더욱이 앞에서도 언급했듯이 세션스의 연방검찰이 비밀기소하고 보류하고 있는, 공개적으로 드러난 사건의 수가 4만 건이 넘는다. 그 많은 사건들이 공개될 경우 미국 국민들의 정부에 대한 신뢰가 무너질 것을 우려해, 서서히 전국의 각 주마다 체포가 진행되고 있고 국회의원들에게는 사임할 기회를 주고 있다. 그 결과 공화당 국회의원이며 국회의장인 폴 라이언(Paul Ryan)과 존 메케인(John McCain) 같은 거물 의원들을 포함한 많은 의원들이 다음 선거에 불참하고 은퇴하기로 결정했다. 또한 미국의 엔터테인먼트 계의 거물로 알려진 하비 웨인스타인(Harvey Weinstein)이 그의 과거 성폭행 사건이 폭로돼 사임했고, 힐러리의 선거사무장을 지내고 국제 로비회사 사장인 존 포데스타(John Podesta) 역시 사임했다.

군사법원을 이용한 군사재판 진행 준비 완성

트럼프 대통령은 2018년 3월 1일에는 미국의 '군법회의 지침(Manual for Courts Martial)'을 개정하는 '대통령명 13825'로, 군사재판을 위해 민간인 법률 전문가들을 고용해 군사재판을 집행하는 것을 허용하는 법을 선포했다. 이는 인권 박해와 부패와 관련된 소아애와 소아 인신매매 사건들을, 지배세력의 하수인들로 형성된 민간인 법원 대신 군사재판으로 진행하겠다는 의도이다. 그 많은 사건들을 민사재판으로 진행한다는 것은 너무 많은 시간이 소요될 것이기 때문에, 군사재판으로 신속히 처리하겠다는 의도이다. 또한 아들 부시 정권 때부터 테러범으로 의심되는 자들을 구금해온 미국 해군기지 관타나모만(Guantanamo Bay)에 위치한 포로수용소의 확장공사도 완성해 놓았다. 트럼프는 이제 지배세력의 하수인들로 형성된 정치인, 고위공무원 간부들, 정부 관료들, 오바마와 힐러리를 포함한 과거 및 현직 정치인들, 그들의 방위업체를 포함한 국제기업의 최고경영자, 그리고 그들을 배후에서 조종해온 로스차일드와 록펠러 등의 실체가 파악돼 그들을 검거할 준비를 완성하고 있는 것으로 추정된다. 그리고 그들이 정부와 국민들을 속여 축적해 놓은 재산들을 압수할 준비도 완수했다. 트럼프가 2017년 10월 6일 군 장성들과 가졌던 모임에서 말했던 '폭풍 전의 고요함(Calm before the Storm)'은 그의 이런 계획을 예고했던 것이다.

40. 트럼프의 세계평화 정책

40. 트럼프의 세계평화 정책

트럼프의 사우디아라비아 정책의 배후

트럼프는 지배세력이 세계전쟁 분쟁지대로 선정해 놓은 중동과 한반도에서 그들이 추진해온 전쟁도발 계획을 중단시키고 세계평화를 위한 외교정책을 은밀히 성사시키고 있다. 그러나 그 목적을 달성하기 위해 트럼프는 지배세력과 언론을 속이기 위해 지배세력의 전쟁도발 계획에 동조하는 것처럼 행동해 그의 애국 지지 세력의 오해를 샀다. 트럼프는 2017년 5월 말에 그의 중동순회에서 제일 먼저 사우디아라비아를 방문했다. 트럼프는 사우디아라비아를 방문한 자리에서 2015년 사우디의 왕권을 물려받은 살만 왕과 그의 직계 아들이며 2016년 그의 후계자로 선임된 모하마드 살만 왕세자가 주도하는 걸프 협력회원국들이 모인 자리에서 이란을 적으로 묘사해 아랍 국가들의 환심을 샀다. 살만왕세자는 이미 그해 3월, 미국을 방문해 트럼프와 회담을 가졌었다. 사업가 출신답게 트럼프는 사우디아라비아로부터 미국의 무기를 10년에 걸쳐 약 1,100억 불 어치를 구입하겠다는 계약을 성사시켰다. 그리고 사우디로부터 극빈 대우를 받은 트럼프는 미국 대통령으로는 처음으로 그들과 칼춤까지 같이 추는 장면이 언론을 통해 공개됐다. 사우디아라비아 왕실은 원래 오토만 제국 시, 제비(Zevi)가 자신이 메시아라고 하다가 오토만 황제가 그 사실을 증명을 하든지 이슬람으로 개종하라고 하자 이슬람으로 개종한 후,

그의 추종자들과 함께 숨은 유대인으로 이슬람을 침투했던 자들의 후손들로서, 사탄 루시퍼를 섬기는 숨은 유대인들이다. 또한 앞에서 이미 지적했듯이 이슬람 종교 자체가 지배세력이 조종하는, 로마가톨릭의 교황청이 중동아시아를 통제하기 위해 세운 종교였고, 이슬람이 빠른 속도로 전파될 수 있었던 이유는 이슬람으로 개종하기를 거부하는 자들을 무력으로 개종시켰기 때문이다. 이슬람 종교에서는 개종을 거부하는 이교도들(infidel)은 죽음으로 다스리라고 가르친다. 그 이슬람의 성지가 바로 사우디아라비아의 메카로, 모든 이슬람들은 매년 그 도시로 순례를 간다. 사우디아라비는 수니파로 전 세계의 약 20억으로 추정되는 이슬람교의 80% 이상을 차지한다. 그리고 수니파를 주도하는 과격파인 와하브(Wahabi)파가 바로 이슬람 테러의 원천이다. 이 수니·와하브(Wahabi)파가 알케이다와 지금의 아이시스의 배후에 있다. 사우디아라비아는 외형적으로는 이스라엘을 적으로 묘사해 왔지만, 실제로는 이스라엘을 통제하는 루시퍼를 섬기는 시오니스트들과 한 통속이다. 그래서 이스라엘과 사우디아라비아, UAE를 위시한 모든 중동국가들이 지배세력의 지시에 의해 아이시스를 포함한 테러조직들을 이스라엘과 함께 경제적으로 지원해 왔다.

트럼프의 이란을 적대시하는 정책의 숨은 의도

이미 수차례 앞에서 지적했듯이 이스라엘은 세계지배세력이 건국한 테러국가로 이스라엘 모사드는 영국 MI-6, 미국의 CIA와 한 통속이다. 그런데 트럼프가 그의 첫 번째 외국 순방으로 사우디아라비아를 제일 먼저 방문해 중동국가 정상들이 모인 걸프협력회의에서 이란을 그 지역의 테러 국가라고 몰아 적으로 묘사했던 것이다. 이란은 일찍부터 수니파로부터 분리 되서 나온 시아파로, 수니파와 적대관계이다. 아랍 이슬람 국가들과 달리 옛 페르시아 제국의 후손들인 이란은 1953년 새롭게 출범한 민주정권이 CIA의 조작으로 전복된 후, 그들의 하수인 샤(Shah)의 군사독재 하에 있다가 1979년 이란 시민혁명으로 샤를 몰아낸 후 시아파 종파의 최고지도자(Ayatollah)에 의해 다스려지는 세계 최초의 이슬람 공화국이다. 최고지도자 밑에는 국민들이 민주절차를 통해 선출한 민간 정부가 있어, 최고지도자 아야톨라(Ayatollah)와 상의하며 국정을 운영해 오고 있다. 지배세력에게는 그러므로 그들의 속국 사우디아라비아의 수니파의 과격파 와하브파로 중동을 통제하려는 계획을 방해하는 이란이야말로 그들이 제거해야 할 국가로서 2001년 9·11로 시작된 테러와의 전쟁을 선포한 후 제일 마지막으로 제거하기로 계획됐었다가, 중국과 러시아에 의해 시리아에서 저지되는 바람에 성사시키지 못 했다. 거기다 이란은 중국과 러시아가 주도하는 유라시아의 중요한 협력국가로 2018년 중국과 러시아가 설립한 상해협력조직에 정식으로 가입하게 돼있는 중국과 러시아의 동맹국이다. 이란은 레바논의 헤즈볼라 (Hezbollah)를 지원해 2006년 레바논을 이스라엘로부터 방어해줬을 뿐 아니라, 미국의 부시 네오컨 정부가 2003년 침략해 사담 후세인 정권을 붕괴시킨 후 무정부 상태로 전락한 이라크에서 아이시스를 저항한 이라크 독립군들을 지원해주어 그곳에서 아이시스를 몰아내는데 기여했다. 고로 이란은 지배세력의 이스라엘과 그들의 속국이며 자금줄 역할을 담당해 온 사우디아라비아에게 가장 위협적인 적대국이다. 거기다 사우디아라비아는 오랫동안 지배세력의 속국으로 최대 양의 원유를 수출해 지배세력이 소련과 러시아를 상대로 벌인 두 차례의 원유가를 폭락시키는 경제전쟁을 주도해 온 결과 원유 매장량이 다 소모됐다. 그래서 사우디아라비아의 남쪽에 위치하고 있으며 아직 원유를 개발하지 않아 많은 매장량을 보유한 예멘에서 내전을 일으켜 원유를 빼앗기 위한 전쟁을 해왔다. 그런데 그 전쟁에서 미국에서 구매한 무기와 미국의 군사적 도움을 받고 있음에도 이란의 도움을 받는 시아파인 후티(Hoothi)와의 전쟁에서 패하고 있다. 사우디아라비아는 예멘과의 전쟁에서 (미국이 제공한) 제네바조약에서 금지하는 인산염(Phosphate)폭탄으로 민간인들을 태워 죽이는 잔인함을 저질러 왔을 뿐 아니라, 콜레라균을 이용한 생물학 무기로 민간인들을 살상하고 있으나 지배세력의 언론은 이 사실을 은폐하고 있다. 그런데 트럼프가 사우디아라비아를 옹호하고 오히려 이란을 테러 지원국이라고 하며 적대시하고 나선 것이다. 이는 지배세력의 중동정책을 그대로 따르겠다는 것으로 보였다.

사우디아라비아가 주도한 카타르 봉쇄 작전의 배후

트럼프가 사우디아라비아를 방문한 약 한 달 후인 7월, 사우디아라비아는 느닷없이 UAE와 바레인과 걸프협력회의(GCC)와 함께 카타르가 테러를 지원하고 있다는 이유를 근거로 그 국가를 봉쇄했다. 카타르가 테러조직 알 누스라(Al Nusra)를 지원해 준 것은 사실이었으나, 이는 지배세력의 요구에 의한 것이었고 테러조직들의 지원을 주도했던 사우디아라비아가 카타르를 테러지원국으로 묘사한다는 그 자체가 희극이었다. 사우디아라비아는 카타르를 봉쇄해 사우디아라비아가 주도하는 걸프협력회(GCC)의 회원국가 카타르를 길들이려 했다. 사우디아라비아는 카타르가 테러지원을 당장 중단할 뿐 아니라 세계적으로 전파가 되고 있는 카타르의 알자지라(Aljajeera) 방송을 폐쇄할 것을 요구했다. 카타르는 페르시아 만으로 연결된 이란과 엄청난 자연가스 매장량을 공동으로 보유하고 있을 뿐 아니라, 2016년 이란과 함께 이란에서 터키를 걸쳐 러시아의 파이프라인으로 아시아로 자연가스를 수출하는데 합의를 보았다. 거기다 카타르는 이미 중국의 위안을 받고 원유를 팔기 시작했었다. 그러므로 사우디아라비아에게 카타르는 그들의 적인 이란과 한 패로 간주됐던 것이다. 그리고 그 봉쇄가 발표되자마자 트럼프 대통령은 그의 트위터로 사우디왕실을 지지하는 메시지를 올렸었다. 그러나 사우디왕실의 계획은 보기 좋게 실패했다. 카타르는 사우디의 요구를 거부했고 봉쇄된 카타르에게 이란과 터키가 식량과 물품들을 공수해 주었다. 카타르에는 미국의 중앙본부(Central Command)의 군사기지가 위치해 약 만 명의 미군이 주둔하고 있어 미국이 가볍게 카타르를 군사적으로 제압할 수 있었으나 미군은 전혀 요동하지 않았다. 그 사건으로 트럼프는 중동에서 이란과 전쟁을 벌일 의도가 없다는 게 드러났다. 사우디아라비아의 살만 왕세자가 진두지휘한 이 계획은 미국이 이란을 제압하기 위해 군사적으로 나서주지 않음으로 실패로 끝났다.

트럼프의 유엔 연설의 숨은 의도

2017년 9월 UN 연설에서도 트럼프는 이란이 테러를 지원하고 있다고 비난하고 이란은 살인을 일삼는 부패한 독재 정권이라고 묘사하며, 2015년 이란과의 핵 협약은 잘 못된 협상으로 폐지해야 한다고 주장했다. 그러자 이란의 하산 로하니대통령은 UN 연설을 통해 트럼프의 증오적이며 터무니없는 발언은 오히려 평화를 위협함으로 UN연설로 적절하지 못하다고 반박했다. 그 협약은 이란이 핵폭탄을 개발하는 것을 금지 했었고, 이란은 그 협약에 따라 그동안 농축해 놓았던 대량의 우라늄을 폐기처분하였다. 또한 국제 검사단의 주기적 검사를 받기로 약속하여 국제 검사단에 의해 모든 조항을 준수하고 있다는 확인도 받았다. 그런데도 트럼프는 미국이 이를 인준 할 수 없다고 했다. 이스라엘과 사우디아라비아는 이란이 9월 23일 탄도 미사일을 성공적으로 테스트하자, 그 실험이 핵 협약의 위반이라고 떼를 썼다. 그러자 이란은 자국은 핵폭탄을 개발하지 않겠다고 했던 것이지, 자국의 방어를 위한 미사일을 개발하지 않겠다고 한 적이 없음으로 당연히 개발할 권리가 있다고 반박했다. 트럼프의 이런 이란을 적대시 하는 발언은 국내에서처럼 지배세력과 언론을 혼동시키기 위한 작전으로 보인다. 트럼프의 그런 발언들이 있은 후 사우디에서 살만왕자가 지배세력의 CIA와 깊은 관계를 가지고 있는 왕자들을 대거 숙청하는 소탕작전에 성공한 것을 보면 더욱 그러하다.

지배세력의 하수인 사우디아라비아 왕자들의 숙청

11월 7일 사우디아라비아가 인공지능 로봇에게 사우디아라비아 시민권을 부여하는 행사를 시작으로, 리야드에서 세계 박람회를 개최했다. 그때 사우디 왕자들이 모두 집합하자, 모든 실권을 가진 살만왕자가 국가의 적폐를 청산한다는 대대적인 소탕작전으로 사우디 왕손의 11명의 왕자들을 검거해 사우디 Ritz Carlton 호텔에 감금하고, 그들의 자금을 동결시키는 사태가 일어났다. 트럼프는 이 소식을 언론으로 접하자마자 그의 트위터로 살만의 소탕작전을 지지하는 문자를 올렸다. 그리고 이 소탕작전이 일어나기 직전에 트럼프의 사위 제러드 쿠슈너 (Jared Kushner)가 비밀리 사우디를 방문했던 사실이 인터넷에 보도됐다. 그의 형 나이프 빈 알 사우드 (Nayef bin Al Saud)의 죽음으로 2015년 왕위를 승계한 살만 (Salman bin Al Saud)왕은 그의 형의 아들 무함마드 빈 나예프 (Mohammad bin Nayef)왕자를 후계자로 선임했었다. 그러다가 2016년 갑자기 살만 왕은 그의 직계 아들 살만왕자를 후계자로 선임하고, 미국 CIA와 가까운 나예프 왕자를 내려앉혔었다. 이 소탕작전으로 감금된 왕자들은 모두 미국의 지배세력의 하수인 재산가들로, 살만왕자는 그들의 은행계좌를 동결시켜 갈취한 약 8천억 불을 확보함으로써 자금난 때문에 사우디의 국부펀드를 처분해 예산을 충당하던 사우디왕실은 당분간 자금난을 모면하게 됐다. 그러나 하찮은 박람회에 사우디 왕자들이 다 모였다는 것은 설득력이 없다. 오히려 카타르의 봉쇄에 실패한 후 그다음 대책을 논의하는 모임이었을 것으로 보인다. 그러므로 트럼프가 그런 모임이 일어날 수 있도록 배후에서 (살만왕자가 지배세력의 하수인들로 형성된 사우디 왕자들을 숙청하기 위해 연출한 속임수가 성사될 수 있게) 도와주었던 것으로 추정되는 이유다.

사우디의 러시아 방문과 러시아의 S-400 구매

여하튼 그 숙청으로 살만왕자는 이제 지배세력의 눈치를 보지 않고 그가 계획한 비전 2030를 추진할 수 있게 됐다. 그리고 트럼프가 이란을 적대시하는 이유도 이스라엘과 사우디아라비아의 지배세력의 하수인들을 제거하기 위해 그들에게 자신이 그들과 생각이 같은 척하여 그들을 안심시키려는 숨은 의도가 있었던 것으로 보인다. 트럼프는 그 봉쇄에 동조하는 것처럼 행동해 살만왕자가 카타르봉쇄를 이용해 이란과 전쟁을 벌일 것처럼 행동해 하수인 왕자들의 신임을 얻는데 도움을 주었던 것이고, 고로 카타르 봉쇄작전은 지배세력의 하수인들인 왕자들을 축출하기 위해 벌인 커다란 연출극이었던 것으로 보인다. 특히 그 축출을 감행하기 전달인 10월 11일 살만왕(King Salman)이 러시아의 푸틴을 방문한 사실도 그런 추측의 신빙성을 제공한다. 러시아가 유라시아의 중요한 협력국가인 이란과의 관계를 차단할 리가 없는데도, 러시아를 방문해 양국의 투자를 약속함과 동시에 러시아로부터 S-400을 포함한 무기들을 구매했다. 이는 카타르 봉쇄에 실패한 후 미 지배세력에게 더 이상 의존하지 않겠다는 뜻임과 동시에 살만왕자의 Vision 2030을 성취하기 위해 필요한 중국과 러시아와의 관계를 개선해 유라시아 개발사업에서 낙오되지 않겠다는 의지를 표명한 것으로 보인다. 특히 사우디아라비아 역시 위안을 받고 원유를 판매할 경우 미국 지배세력의 보복이 있을 경우에 대한 안보를 보장받고 싶었을 것이고, 그 확답으로 러시아가 S-400을 판매했다고 봐야 할 것이다. 이미 러시아의 우방국들인 이란과 터키도 각각 S-400을 구매해 배치한 것을 볼 때, 그런 확약 없이 러시아가 사우디아라비아에게 그 첨단무기를 판매했을 리가 없기 때문이다. 거기다 2017년 3월 살만왕자가 트럼프를 방문할 같은 시기에, 사우디아라비아의 살만왕은 중국을 방문해 시진핑과도 만났었다. 세계의 원유 수출량의 1/4을 구매하는 중국은 이미 사우디로부터 구매하던 양을 서서히 줄여오며 위안을 받고 판매하게끔 은근히 압박해 왔다. 거기다 중국은 사우디가 처분하려는 국영석유회사 아람코(ARAMCO)의 지분을 구매하겠다고 제안했다. 사우디아라비아 또한 러시아, 중국과 이란을 중심으로 재편성되고 있는 중동에서, 자국의 위치를 확보하기 위한 움직임으로 보인다.

중동국가들의 달러 남발에 대한 우려

중동국가들도 일찍부터 미국의 달러 남발을 감지하고 있었다, 이라크의 후세인이 유로의 출범과 함께 유로를 받고 원유를 팔려고 하다가 죽음을 당했고, 리비아의 카다피 역시 달러를 대체할 금을 바탕으로 한 디나르를 출범시켜 디나르만 받고 원유를 팔려하다가 죽임을 당했다. 결국 지배세력은 미국의 군사력으로 원유를 달러로만 팔게 해 기축통화 지위를 지켜왔다. 그런데 시리아 전쟁에서 러시아의 군사력과 무기가 미국보다 우월하다는 게 드러났다. 그렇다면 구태여 미국의 예산적자와 전쟁 비용을 충당하기 위해 남발해 그 가치가 꾸준히 하락하는 달러를 받고 원유를 팔아야 할 이유가 없는 것이다. 특히 원유판매 수입에 의존하고 있는 중동산유 국가들에게는 그들의 생존이 걸려있다. 사우디아라비아의 살만왕이 2016년에 그의 아들 살만왕자에게 왕위를 물려주기로 결정한 이유도, 그나마 살만왕자는 사우디아라비아의 미래를 위해서 Vision 2030이라는 경제 개발계획으로 2030년까지 사우디의 원유수출 의존도를 줄이고 새로운 산업을 키우겠다는 야심찬 계획을 세웠기 때문이었다.

지금까지 사우디왕실이 권력을 유지할 수 있었던 이유는 그들이 지배세력의 충실한 하수인 역할을 잘 감당해 왔었기 때문이다. 그리고 그들은 사우디 국민들에게 세금을 안 내고 일을 안 하고도 먹고사는데 지장이 없도록, 사회보장제도를 유지해 왔다. 그런데 2008년 지배세력의 금융위기 직후 자금이 필요한 지배세력은 사우디아라비아가 '위탁' 해놓은 수 조 달러에 달하는 국채는 물론 스위스의 Credit Swiss와 UBS 은행에 맡겨둔 금괴마저 미국 국민들의 세금탈세를 징수한다는 명분으로, 두 은행의 자산을 동결시킨 후 모두 강탈했고, 사우디왕실은 앉아서 당해야만 했다. 사우디아라비아로써는 국제 조폭 조직 일원인 이상 조폭 두목의 필요에 의해 내린 결정을 불평할 수 있는 처지가 아니었다. 거기다 사우디왕실은 테러조직들의 자금줄 역할을 감당해야 했다. 물론 사우디아라비아는 지배세력이 시리아를 점령한 후 시리아를 거쳐 지중해로 연결시키는 가스 파이프라인을 설치하여 카타르와 예멘의 원유와 자연가스를 갈취해 유럽시장에 판매할 계획이었다. 그런데 시리아전쟁에서 러시아에 의해 그 계획이 무산됐고, 예멘의 원유를 갈취하는 계획도 이란에 의해 좌절됐다. 그동안 전쟁 비용을 대고 전쟁에 필요한 무기를 미국과 영국으로부터 구매하느라 사우디왕실의 재정은 바닥이 났고, 급기야 그들의 국영석유기업인 ARAMCO 지분을 팔아 예산을 확보해야 하는 사정에 다다랐다. 그동안 미국이 소련과 러시아의 경제를 공격해야할 때마다 원유를 대량생산해 가격을 떨어트리는 역할을 감당해 와야 했던 사우디아라비아는, 2014년 미국의 러시아, 베네수엘라, 브라질 국가들을 경제적으로 공격하기 위한 지배세력의 지시에 따라 또다시 대량생산으로 가격을 폭락시켜야했던 관계로, 국가 재정은 더 악화됐다. 거기다 사우디의 원유매장량은 이미 소갈 직전에 와있으나, 그들은 이 사실을 은폐해 왔다. 사우디는 배럴당 100불을 받아야 국정이 정상적으로 운영이 되기 때문에, 그 반 가격을 받고 판매해 일어나는 엄청난 적자를 국부펀드를 처분해 충당해 왔다. 만약 국민들에게 사회보장지출이 중단될 경우, 안 그래도 왕실 가문들의 사치와 부패에 진저리가 난 국민들의 반란을 감당할 수 없게 될 것이기 때문에, 재정을 정상화시키는 것은 사우디왕실의 존속과 직결 돼있는 중대사이다.

트럼프의 아시아 순방과 한반도 평화정책

트럼프는 2017년 11월에 이루어진 아시아 순방에 일환으로 대한민국을 방문해 국회연설에서, 만약 김정은이 미사일을 계속 발사할 경우 지금까지 경험해 보지 못한 미국의 분노(fury)의 맛을 보게 될 것이라고 공개적으로 경고했다. 미국은 이미 유엔결의 하에 북한에게 경제제재를 걸어놓은 상태였고 중국과 러시아도 경제제재에 참여했다. 트럼프는 여러 공개석상에서 중국이 북한에 대한 경제제재를 엄격히 집행하지 않고 있다며 중국이 더 적극적으로 나올 것을 요구해 왔었다. 그러나 2017년 4월에 북한을 압박하기 위해 핵을 보유한 함대와 B-52 폭격기를 보내 공격할 것처럼 했던 행동과 그의 전투적인 발언도 연출된 것이었다. 트럼프는 이미 2017년 3월에 그의 밀사를 보내 김정은측과 회담을 했었다. 그리고 2017년 4월 미국 군함이 한반도 근처에 도달했을 당시, 미국의 특수부대가 북한을 통제하고 있는 지배세력의 본부를 공격해 그들을 제거했다는, 신임할 수 있는 보도를 인터넷에서 확인할 수 있다. 그러므로 트럼프의 북한을 향한 군사 출동은 지배세력을 혼동시킴과 동시에, 북한에 주둔하고 있는 지배세력의 하수인들을 제거하기 위해서였다고 신뢰할 수 있는 한 인터넷매체가 보도했다.

트럼프와 시진핑의 남북통일에 대한 비밀 합의

여하튼 트럼프는 이미 중국과 러시아와 한반도를 통일시키는 데 합의를 보았다. 앞에서도 언급했듯이 트럼프를 추대한 군부 애국자 세력은 비밀 지구동맹(Earth Alliance)을 통해 러시아와 중국과 은밀히 지배세력을 제거하는 데 협력해 왔다. 그리고 그들이 분쟁지대(Hot spot)로 선정해 놓고 공을 들여온 한반도에서 전쟁 불씨를 제거하는 것이 최우선 순위였다. 시리아에서는 용병군대에 의존해야 했지만, 한반도에서는 60만 군대를 동원할 수 있는 대한민국 군대가 있고, 거기다 MB와 박근혜 같은 충실한 하수인들은 전시작전권마저 그들에게 갖다 바쳤다. 또한 대한민국 정부는 북한뿐 아니라 중국과 러시아를 상대로도 군대를 출동하기로 묵시적으로 암시돼 있었다. 지배세력은 소련의 붕괴 후 북한을 경제적으로 고립시켜 악의 축으로 지정함으로 북한이 자체방어를 위해 핵을 개발하게 유도했다. 그런 후 그들은 핵기술과 탄도 미사일 개발에 필요한 정보와 플루토늄을 은밀히 제공해주어, 북한이 핵을 보유할 수 있도록 오히려 도와왔었다. 거기다 그들은 자신들이 통제하는 대한민국 언론을 통해 북한의 미사일 실험이 대한민국을 공격하기 위해서라고 믿도록 국민들을 세뇌시켜, 남한 군대가 북한을 공격하는 것을 당연하게 받아들이도록 해 놓았었다. 촛불혁명으로 국민들이 박근혜 정부를 끌어내리자, 문재인 정권이 들어서면 그들의 군부 하수인들이 교체될 것을 우려해, 대선 직전에 사드를 기습 설치하는 무리수를 두어야 했던 이유이다.

트럼프는 중국에서 외국 원수로서 최고의 대접을 받았다. 2016년 9월 오바마 대통령이 G-20 참석차 방문했을 때 레드카펫은 고사하고 계단마저도 준비돼 있지 않았을 때와 대조됐다. 그리고 그곳에서 트럼프는 김정은의 특사와 접견했다고 신뢰할 수 있는 인터넷 매체들이 보도했다. 그러므로 언론을 통해 연출된 것과 달리, 트럼프는 이미 한반도에서 전쟁 불씨를 없애고 평화 통일을 허용하기로 중국과 러시아와 은밀히 합의를 보았던 것이다. 2018년 1월 김정은의 신년사는 그러므로 이미 쓰인 각본에 의한 것이었고, 평창올림픽의 참여 의사 역시 마찬가지이다. 그런 와중에 2018년 1월 13일 남북 정상들이 회담을 하고 있는 시간에, 갑자기 하와이에서 미사일이 하와이를 향해 오고 있다는 미사일 공격 경보가 발동해 하와이 시민들이 도피하는 사태가 벌어졌다. 한 시간도 안 돼 그 경고가 오보라고 언론에서 보도했다. 그러나 미사일 경고는 다섯 단계를 걸쳐야 함으로 오보가 있을 수 없다. 실제로 미국 CIA가 보유한 핵잠수함이 중국과 북한의 경계선 바다에서 탄도 미사일을 하와이로 발사했고, 미국이 그 미사일을 피격시켰다. 신뢰할 수 있는 인터넷 매체에 의하면 미국의 비밀 항공 프로그램의 첨단 무기로 피격했다고 한다. 미국은 이미 2017년 11

월 CIA본부에서 압수한 컴퓨터 서버와 NSA의 감찰로 그들이 미사일 공격을 시도할 것이라는 정보를 보유하고 있었다. 한반도의 전쟁의 불씨를 없애는 남과 북의 대화가 진전되자, 다급해진 지배세력은 북한의 소행으로 위장한 미사일 공격으로 전쟁을 일으키려 했으나 실패했던 것이다. 평창 올림픽 시 한국을 방문한 부통령 펜스의 부적절한 행보는 그가 트럼프의 비밀계획을 모르고 있든지, 아니면 알고서도 연출한 쇼였다. 신뢰할 수 있는 인터넷 매체에 의하면 펜스는 지배세력의 하수인으로 원래 케네디를 뒤이은 존슨부통령처럼 트럼프가 암살된 뒤 그의 대통령직을 인계하게 계획돼있던 자이고, 트럼프도 이 사실을 알고 있다는 소문이다. 고로 트럼프가 김정은의 초청에 곧바로 응한 것도 이런 이미 합의된 각본에 의한 것이고, 임박한 지배세력의 제거로 이제 양측 국민들의 의지만 확고하면 남북통일이 성사 안 될 이유가 없다.

트럼프의 중국과 러시아 정책

트럼프는 2017년 12월 18일 TV로 중계된 미국의 안보전략을 발표하는 연설에서 미국이 먼저가 되는 정책으로 미국의 경제를 되살리고 평화를 추구하겠다고 했다. 그는 이미 중국을 방문한 후이면서도 오바마 정권 때와 마찬가지로 이란과 북한을 불량배(rogue) 국가로 묘사하고, 미국의 목적을 달성하는데 경쟁국가로 중국과 러시아를 지명했다. 그는 중국과 러시아는 수정주의(revisionism)를 추구하는 국가로 현 질서를 뒤집으려 하며 미국의 국제영향력, 경제와 안보를 위협하고 있다고 했다. 특히 러시아는 국제 법을 무시하고 우크라이나와 조지아를 침략했다고 거짓 주장한 후, 오히려 미국이 중동의 아이시스를 제거했다고 러시아의 공훈을 가로챘다. 또한 중동의 걸프협력회(GCC)회원 국가들과 협조하여 이란의 테러지원 행위를 중단시키겠다고 선언했다. 그리고 미국은 아직도 세계의 강대국으로 중국과 러시아 없이도 목적을 달성할 수 있을 뿐 아니라 꼭 승리할 수 있다고 장담했다. 그러나 그의 이런 발언 역시 지배세력을 혼동시키기 위한 정보전쟁의 일환이었다는 사실은 그가 연설 중 최근에 미국 CIA가 세인트 피터스버그 대성당(St. Petersberg Cathedral) 테러계획을 진행할 것이라는 정보를 입수해 러시아에게 알려줘 그 테러를 방지할 수 있었고, 러시아의 푸틴으로부터 고맙다는 답례를 받았다고 한데서 짐작할 수 있다. 그리고 그 발표를 한 사흘 후인 12월 21일 지배세력의 자산을 동결시키는 대통령명을 선포했다. 그러므로 그 안보 발표 역시 그들의 자산을 동결시키는 중대한 작전을 개시하기 직전, 지배세력을 안심시키기 위해 벌인 쇼였을 가능성을 시사한다. 물론 지배세력의 언론은 그 대통령명에 관한 내용을 보도하지 않았다.

트럼프의 시리아 정책의 배후

트럼프는 국가예산을 확보하기 위해 시리아의 폭격을 지시 한 이후에는 시리아에서도 오히려 아이시스를 제거하는 데 협력했다. 물론 CIA가 배후에서 지원하고 있는 아이시스 용병군대가 퇴출 위기에 처해 있는 상황에 아이시스를 제거하는데 일조를 한 것처럼 하려는 미국의 꼼수도 있었을 것이다. 그의 갑작스러운 시리아 폭격 명령으로 그의 전쟁을 중단하겠다는 선거 공약을 어긴 것으로 오해를 샀었으나, 그 후 그는 시리아의 관한 모든 결정은 군부가 내리라고 하며 더 이상 개입하지 않았다. 지배세력은 시리아를 완전히 포기하지 않고 시리아를 둘로 분단시킨 후 커드(Kurd)민족의 영토를 지켜준다는 명분으로 시리아 일부 지역을 통제할 계획이었으나, 미국군부가 협조하지 않아 그 계획도 무산됐다. CIA는 결국 공수로 아이시스 병력을 리비아로 탈출시켜야 했다. 그리고 2018년 4월 그는 국민들과 한 행사에서 시리아에서 군을 철수하겠다는 발언을 했다. 그러자 지배세력의 언론은 그런 그의 결정이 잘 못됐다고 비난하고 나온 것은 말할 필요도 없다. 트럼프가 군을 조속히 철수하려했던 이유는 지배세력이 미국기지를 아이시스를 비롯한 그들의 용병군대의 미밀 집합지로 이용하고 있어 러시아와 시리아 군이 공격하지 못하고 있었기 때문이다. 섣불리 미군 기지를 공격했다가는 지배세력의 언론이 러시아가 미군을 공격했다고 전쟁의 빌미로 악용할 수 있어서였다. 트럼프의 시리아 철수는 그들의 중동정책의 종말이라는 사실을 잘 아는 지배세력은, 또 다시 시리아에서 아사드가 자국민들에게 화학무기를 사용했다는 조작극을 그들의 남은 용병군대를 이용해 연출했다. 그런데 그 조작극이 아사드의 소행이라고 확인도 되기 전에 그 며칠 전에 군을 철수하겠다던 발언을 뒤엎고 시리아에 폭격을 지시했다. 그러면서 미국의 B52 폭격기와 군함을 출항시켰다.

이란과의 2015년 핵 협약에서 철회한 트럼프의 숨은 전략

그러나 이 역시 속임수 전략인 것으로 보인다. 이미 러시아의 도움으로 아이시스를 제거하는 데 성공한 아사드 정권이 귀향을 하기 시작한 자국민을 화학무기로 공격할 하등의 이유가 없기 때문이다. 거기다 이미 그들의 화학무기를 이용한 조작극은 3번씩이나 아이시스의 소행으로 드러났다. 오히려 제거 위기에 있는 아이시스의 최후의 발악인 것은 누가 봐도 명백했다. 그런데 트럼프가 그 확인도 안 된 조작극을 근거로 시리아 폭격을 지시한 것은 오히려 그가 한반도에서 그랬듯이 그 명분으로 미국의 군대를 그 지역으로 출동시켜 이란을 전복시키기 위해 지배세력이 심어놓은 그들의 조직을 제거하기 위해서라고 신뢰할 수 있는 인터넷 매체가 보도했다. 또한 그 폭격으로 오히려 아이시스의 화학무기 제조 시설을 파괴했다는 사실이 그 후 드러났다. 그런 얼마 후인 5월 8일 트럼프는 갑자기 이란과의 JCPOA 핵 협약에서 일방적으로 철회함과 동시에 이란을 상대로 진행돼 왔던 경제제재를 복귀시켰다. 그러자 그 협약을 성사시켰던 미국 지배세력을 포함한 유럽국가들이 일제히 반발하고 나섰다.

　트럼프가 이란이 중동지역에서 테러를 일삼는 국가가 아니라는 사실을 모를 리가 없다. 그런데도 이란을 적으로 묘사하는 데에는 더 큰 숨은 이유가 있을 것으로 보인다. 2015년 핵폭탄을 개발하고 있다는 증거도 없음에도 갑자기 이란이 핵을 포기할 경우 핵 협약을 하고 1980년부터 진행해 온 경제제재를 풀어주겠다는 미국의 오바마 대통령과 존 케리 국무장관의 결정은 중국과 러시아가 배후에서 중개했었다. 이때는 아직 러시아가 시리아전에 참전하기 전이었고 그 당시 미국의 지배세력은 그들의 용병군대 아이시스로 시리아를 군사적으로 장악해, 그들이 계획했던 아사드 정부의 전복이 눈앞에 와있었다. 그 협약은 그러므로 중국과 러시아가 지배세력의 하수인들을 그들이 판 함정에 빠트리기 위한 고도의 전략이었을 가능성을 시사한다. 그런 의심쩍은 정황은 트럼프가 철회결정을 발표하자마자 이란 정부가 만약 유럽국가들이 그 협약 조항대로 이행하지 않을 경우 그 협약에 연루된 모든 미국과 유럽 지도자들의 부패를 폭로하겠다고 선언했다는 사실이다. 또한 그 직후 미국의 오바마 전 대통령이 콜롬비아로 급히 날아갔고, 미국의 케리 전 국무장관이 이란으로 급히 날아갔다. 전직 대통령과 국무장관이 외교에 관여하는 행위는 미국 로간법(Logan Act)이 금지하는 불법행위로, 그들이 얼마나 다급했는지를 알 수 있다. 그러면서 독일의 메르켈 수상과 프랑스의 마크롱(Macron) 대통령을 포함한 유럽 국가 정상들이 트럼프의 결정을 비난할 뿐 아니라, 유럽연합은 미국이 복귀시킨 이란을 상대로 한 경제제재를 준수하는 유럽 국가들을 오히려 경제적으로 제재하겠다고 하며 미국의 결정에 전면으로 대항하고 나섰다.

신뢰할 수 있는 인터넷매체에 의하면 지배세력의 하수인들로 형성된 유럽 정상들이 그토록 거세게 반발하고 나오는 이유는 그들의 비리가 국제사회에 드러날 것을 우려해서라고 한다. 미 지배세력은 1980년에 일방적으로 동결시켰던 이란의 수천어에 달하는 자금을 다 써버렸고, 이 사실을 잘 아는 이란은 2015년 핵 협약의 조건으로 미국의 달러 대신 유로로 지불할 것을 요구했다고 한다. 수천억 불의 유로가 현금으로 전달되는 과정에서 존 캐리와 오바마를 포함한 지배세력의 유럽 하수인들에게 수백억 불에 달하는 '뇌물' 이 지급됐다고 한다. 또한 오바마가 콜롬비아로 급히 날아갔던 이유는 미 지배세력이 그곳에서 재배되는 마약을 이란으로 비밀리 밀수입하던 사업에 차질이 생길 것을 방지하기 위해서였다고 한다. 그들은 이란과 핵 협약을 하면서 비밀리 마약밀수입으로 이란의 정권을 전복하는데 필요한 자금을 조달해왔고, 이 사실을 일찍부터 감지한 트럼프와 군부는 그들의 자금줄을 차단함과 동시에 지배세력의 하수인들로 형성된 유럽 정상들의 비리를 국제사회에 폭로해 유럽연합을 무력화시키는 고도의 전략일 가능성을 시사하고 있다.

41. 지배세력과의 경제전쟁

41. 지배세력과의 최후의 전투가 될 경제전쟁

연준위의 금리를 올려 경제를 붕괴시키려는 계획

　2018년 2월 3일, 지배세력 하수인 의원들의 강력한 반대에도 불구하고 하원 정보위원회 위원장 누네스가 러시아 공모설은 지배세력이 조작했다는 정황을 담은 그의 메모를 공개하자, 갑자기 상승만 하던 미국 주식시장이 정확하게 666포인트 하락했다. 666은 그들의 사탄을 의미하는 숫자이고 그들이 주가를 컴퓨터로 조작하고 있다는 소문이 사실이라는 정황이다. 제닛 엘린 다음으로 들어온 파월 연준의장도 돈을 찍어 거품을 부풀리는 정책을 유지했다. 그러나 누네스 메모의 공개는 이제 지배세력의 하수인들을 숙청하겠다는 트럼프의 의도가 명백한 반격의 시작이었다. 그때부터 상승만 하던 주식시장이 휘청거리기 시작했다. 그들이 주가를 폭락시킬 수 있다는 경고였다. 그들은 안 그래도 피할 수 없는 미국 경제 붕괴의 원인을 트럼프의 보호무역 정책에 전가시킬 계획을 준비해 왔었다. 트럼프는 2017년 12월 22일, 그가 국민들에게 공약했던 약 1.4조 달러를 감세하는 법안(Tax Cuts and Jobs Act)에 서명했다. 그들은 이제 트럼프의 보호무역을 포함한 감세정책이 주가를 불안정 하게 만든 것으로 몰고갔다. 그때부터 연준위는 금리를 계속 올릴 것이고 연준위가 양적완화를 명분으로 사들여 보유하고 있는 부채도 2018년 10월부터 월 600억불어

치씩 처분할 계획을 발표했다. 트럼프의 감세는 정부가 국채를 더 발행해 빌려서(감세로 줄어들) 세수를 충당하겠다는 말로 이미 약 1조에 달하는 예산적자 규모를 2배로 더 늘리겠다는 정책이었다. 그런데 미국의 예산적자를 충당하는데 필요한 자금을 매년 비밀리 돈을 찍어 '구매' 해 왔던 연준위가 이제 거꾸로 월 600억 불씩 부채를 처분하겠다는 발표로, 트럼프의 경제정책에 동조하지 않겠다는 의사였다. 지배세력도 최후의 수단으로 경제를 붕괴시키겠다는 의도로 트럼프 정부와 그들의 연준위는 이제 미국 경제를 놓고 고도의 심리전을 벌이고 있다.

트럼프의 펜타곤과 미 주택개발부의 외부감사 지시

그도 그럴 것이 트럼프는 아프가니스탄의 마약 재배 시설들을 폭격해 지배세력의 자금줄 역할을 하던 마약 사업을 차단시켰고, 마약보다 더 많은 수입을 창출하던 그들의 소아 인신매매 사업 역시 12월 21일 서명한 대통령명으로 동결시켰다. 거기다 트럼프는 2017년 12월 11일 미국 역사상 최초로 미국 국방부 펜타곤의 외부감사를 지시했다. 최근 미시간 대학교 교수 마크 스키드모 (Mark Skidmore)가 발표한 조사에 의하면 지난 1996년부터 2015년 사이 미국 펜타곤과 미국 주택개발부(HUD) 예산에서 약 21조 달러의 지출이 흔적 없이 사라졌다. 2015년 한 해에만 펜타곤의 국군예산에서 약 5조가 넘는 금액의 지출에 대한 기록이 없어졌다. 특히 이 사라진 금액은 국군 총 예산인 1200억의 수십 배가 되는 금액이라는 점이다. 정부예산에도 없는 돈을 연준위가 비밀리 발행해 펜타곤을 통해 방위산업에 종사하는 그들의 기업들에게 흔적 없이 지불했다는 정황이다. 그렇게 지불된 돈으로 그 기업들이 주식과 채권을 구입해 주가를 부풀려왔다는 소문이다. 2008년 발생한 그들의 경제 위기 후 지배세력은 경제가 무너지는 것을 막기 위해 주식과 채권을 구매해왔으므로 그때부터 상승한 주가는 모두 지배세력이 돈을 찍어 구매하여 주가를 부풀려 놓았다는 사실을 입증한 것이다. 그들은 그 외에도 국가안보를 빙자해 의회의 감독 없이 쓸 수 있는 조 단위의 비자금인 환율 안정 기금(Exchange Stabilization Fund)으로도 주가를 조작해 왔다. 이 비자금에 사우디아라비아가 40년 넘게 벌어 위탁해 놓은 수 조 달러에 달하는 국채가 포함돼 있다. 그리고 그들은 각 국가의 중앙은행들이 미국, 유럽, 일본 등의 국가들의 주식과 채권을 서로 구매하는 방법으로도 세계 주가에 거품을 조성하고 있다.

전쟁도발 실패로 다급해진 지배세력

이미 연준위, 유럽중앙은행을 포함한 그들의 중앙은행은 2008년 후 경기가 회복됐다고 하면서도 경기활성화를 핑계로 제로로 내렸던 금리를 올리지 못하고 있었다. 왜냐면 경기가 회복됐다는 것은 그들이 경기지수를 그렇게 보이게 조작해 언론을 통해 거짓 보도했던 것이지 실제경제는 그 후 더 악화됐기 때문이다. 그들이 모방한 고대 바빌론 왕실이 사용하던, 빚을 이용해 시민들의 노동을 착취하던 통화체제에서도 빚의 양이 늘어나 경제가 침체되기 시작하면 부채 주빌리(Jubilee)로 시민들의 빚을 탕감해 주어 새로 시작하게 해 주었었다. 그런데 빚으로 국가들을 도산시켜 모든 부를 가로챌 계획을 추진해온 그들이 만약 부채를 탕감해줄 경우,

그들의 은행들이 도산할 것임으로 어떻게든 부채를 더 늘려 거품을 키워야 했다. 세계는 이미 빚의 포화상태에 와있어 전통적인 대출로 거품을 유지하는 것으로 부족해, 그들은 빚의 파생상품을 만들어 빚의 수요를 더 늘려왔다. 그러므로 파생상품을 이용해 늘려놓은 빚의 양은 이제 천문학적인 천 조 단위이고 이러한 부채는 그들 은행들의 재무제표에서 아예 제외됐다. 2008년 위기 때에는 정부가 나서서 악성부채들을 인수해 줄 수 있었지만, 그 후 도저히 갚을 수 없는 부채를 떠안게 된 정부는 이런 천문학적 빚을 진 대형은행들을 구제할 여력이 없을 뿐 아니라, 금리가 정상을 찾을 경우 국가디폴트를 면할 도리가 없다. 이미 중국과의 경제전에서 패한 지배세력은 그렇게 해서라도 빚을 키워 경제를 지탱시켜 시간을 버는 게 목적이었다. 시간을 벌어 전쟁으로 판을 뒤집을 계획이었다. 그런데 그 전쟁계획이 처음에는 중국과 러시아에 의해 중단된 후, 이제는 트럼프에 의해 무산될 위기뿐 아니라 아예 자신들이 소멸될 위기에 처했다.

지배세력의 최후의 발악이 될 달러 붕괴 작전

아무래도 제거될 위기에 처한 이상, 차라리 경제를 붕괴시켜 국가를 혼란에 빠트리겠다는 최악의 수단을 고수하겠다는 것으로 보인다. 금리가 시장원리에 의해 정상으로 돌아갈 경우 이미 도저히 갚을 수 없는 빚을 지고 있는 미국과 모든 유럽 국가들은 이자를 상환할 능력이 없어 디폴트를 피할 수 없다. 그렇게 될 경우 미국 정부의 신용을 바탕으로 하는 달러와 유럽 국가들의 신용을 바탕으로 하는 유로 역시 그 가치가 폭락할 것은 기정사실이다. 부채가 21조가 넘는 미국의 경우 금리가 1%만 올라도 상환해야할 이자 부담이 2,000억 불이 늘어난다. 만약 정상 금리인 4~7%가 될 경우 세수의 반 이상을 이자 상환에 사용해야 한다. 유럽과 일본도 같은 처지이다. 그렇게 되면 이제 세계는 그 국가들의 국채를 구매하기는커녕 보유하고 있는 국채를 덤핑하는 사태가 발생할 것임으로, 그 국가들의 국채를 자산으로 보유하고 있는 지배세력의 은행들 역시 도산을 면할 수 없다. 다급해진 그들은 자신들의 입지를 좁혀가는 트럼프에게 자신들의 은행들의 붕괴를 고수하고 경제를 파괴시키겠다고 으름장을 낸 것이다. 그러고 나서도 정체 모를 실체가 주식과 채권시장에 개입해 채권과 주식을 구매하고 있는 게 판이하게 드러나고 있다. 그 실체가 아직 경제를 붕괴시킬 준비가 안 된 트럼프 정부일 가능성도 배제할 수는 없을 뿐더러 그 가능성에 무게가 더 실린다. 그러나 만약 투자자들이 주가와 금리가 조작되고 있다는 사실을 감지할 경우, 그런 조작행위로 시장의 붕괴를 막기에는 역부족이다. 왜냐면 시장의 투자자들을 조작된 지표로 속일 수는 있지만 만약 경제가 그들에 의해 조작돼왔다는 실체가 드러날 경우에는 2008년 때 보았듯이 걷잡을 수 없어져 통제가 불가능해지기 때문이다.

달러를 절하시켜 정부가 발행하는 새로운 달러로 교체하려는 트럼프의 계획

이미 트럼프는 거품을 터트려 아무래도 피할 수 없는 경제의 붕괴를 허용한 후 그동안 그들이 비밀리 발행해 놓은 엄청난 달러를 세계가 덤핑해 국내로 흘러들어올 경우 발생할 하이퍼인플레이션의 악영향을 방지하고, 그들이 무기로 사용해온 연준위를 해체시키는 계획을 비밀리에 준비하고 있을 가능성이 높다. 트럼프는 사우디 살만 모하메드 왕자처럼 지배세력의 혐의를 찾아내 그들의 자산을 동결시켜 회수할 준비를 하고 있을 것으로 보인다. 그런 후 미국 재무부가 직접 발행하는 새로운 달러로(평가절하된) 연준위의 달러를 교체할 것으로 보인다. 그 말은 곧 전 세계가 보유한 달러의 가치를 절하시킴으로, 빚의 부담을 줄여 미국의 국제 경쟁력을 되찾겠다는 것으로 보인다. 소련, 러시아, 아르헨티나 모두 통화의 가치가 폭락한 경험이 있다. 그런 의미에서 트럼프의 보호무역 정책과 감세 정책은 그 상황을 대비한 것으로 미국의 입장에서는 당연한 발상이다. 지배세력으로부터 권력을 되찾은 후 노화된 미국의 기관시설에 재투자하고, 외국으로 나간 제조업을 다시 들여와 미국의 경쟁력을 강화시켜야 된다. 그러나 매년 6천억 불의 경상적자를 내고 있는 미국의 경제를 다시 일으키는 것은 절대 쉬운 일이 아니다. 더군다나 이제 미국의 달러는 중국과 러시아에 의해 기축통화 지위를 빼앗길 위기에 처해있다. 달러가 평가절하될 경우, 자체적으로 생산을 하지 않고서는 수입에 의존하는 지금 미국의 경제체제로는 자급자족이 불가능하기 때문이다. 그 상태로는 자유무역체제 하에서 미국은 영원히 후진국으로 남을 수밖에 없다. 그러므로 자연자원이 풍부한 미국은 지배세력의 세계화 정책으로 쇠퇴된 미국의 제조업이 경쟁력을 되찾을 때까지 관세로 보호해 주어야 하는 것은 당연하다. 특히 최근 트럼프가 철강수입에 관세를 부과한 이유는 지배세력이 미국의 국방에 필요한 철강마저도 자체생산하지 못하게 미국을 비산업화 시켜 놓았기 때문이다. 미국의 국방과 안보를 위해서라도 미국의 철강 산업을 관세로 보호해 주어 다시 키워야 하는 것이다. 그렇게 해 국내에서만큼은 새롭게 발행한 달러로 국민들이 자급자족할 수 있어 수입에 의존도를 줄임으로, 미국이 다시 수출경쟁력을 확보하여 미국의 국익이 먼저가 되게 만들겠다는 그의 공약을 지키겠다는 의도이다. 그러기 위해서 트럼프는 모든 국가들과 쌍방의 무역협상을 벌이고 있다. 미국이 생산하기에 경쟁력이 없는 제품은 관세를 낮추고 경쟁력을 키워야하는 부분은 관세를 높이겠다는 매우 정상적인 발상이다. 자유무역이 당연하다고 세뇌된 인류는 아직도 그들의 언론에서 트럼프의 보호무역 정책을 비난하는 데 합세하고 있다. 최근 미국과의 무역협상에서 대한민국의 자급자족을 보장하기 위해 농산물의 관세를 양보하지 않고 있는 것은 당연처사로 대한민국의 식량 자급자족능력을 보호하기 위한 올바른 처세이다. 자유무역에 의존하다가 갑자기 식량수입이 중단되는 상황이 벌어질 경우를 대비해 농업을 보호해야할 의무가 있는 것이다.

중국의 달러를 향한 결정타가 될
금으로 태환이 가능한 페트로 위안의 출범

중국은 2018년 3월 26일부터 새로이 개장한 상해 에너지 선물 거래소에서 판매대금을 금으로 보장하는 위안으로 결제하기 시작했다. 1944년 브래튼우즈 국제 협의 이후 가장 역사적인 사건인데도 지배세력의 오랜 세뇌와 은폐로 세계는 감지하지 못하고 있다. 원래 2017년 10월 18일로 발표했다가 2018년 3월로 연기됐었다. 그리고 지배세력의 언론과 평론가들은 전체 원유시장

에 큰 영향을 못 끼칠 것처럼 보도했었다. 그러나 상해 에너지 선물거래소는 성공적으로 개장됐을 뿐 아니라, 아직 러시아는 참여하지 않고 있음에도 불과 개장 2개월도 안 돼 전 세계 거래양의 12%를 넘어섰다. 앞에서도 언급했듯이, 중국은 2015년 중국의 위안으로 거래되는 상해 금 선물시장을 개장해 무차입 공매도로 금값이 조작되는 미국의 COMEX 선물거래소와 달리, 위안으로 실물거래가 이루어지고 있다. 그러므로 에너지 선물시장에서 판매대금으로 받은 위안을 실물 금으로 전환해 갈 수 있게 허용함으로, 중국의 위안으로 선정된 에너지 선물시장에서 원유를 판매할 경우 대금으로 받은 위안을 중국 상해 금 거래소에서 금으로 태환할 수 있어, 궁극적으로 위안은 현물 금으로 그 가치가 보장되는 통화가 된 것이다.

1944년 브레튼우즈 국제 협의에서 미국이 금으로 태환해 주겠다고 했다가 1971년 일방적으로 그 약속을 어긴 후 처음으로 다시 금을 바탕으로 한 통화인 위안이 탄생한 것이다. 중국의 이런 구상은 2007년 후진타오와 푸틴이 상해협력조직에서 이미 합의했던 것을 10여년이 넘게 걸려 이루어낸 것이다. 2008년 미국발 금융위기 이후 지배세력이 미국 달러의 가치가 떨어지는 사실을 감추기 위해 금 선물시장에서 금 가격을 억제하는 동안, 중국과 러시아는 인위적으로 값을 낮추어 놓은 금을 헐값에 구매해 축적해왔고, 동시에 국민들에게도 금을 사도록 권장해 왔다. 이제 중국은 위안으로 정해지는 상해 에너지 선물 시장과 상해 금 선물 시장을 연계시켜 금으로 원유를 판매할 수 있는 제도를 구축했다. 사우디아라비아를 포함한 에너지 산유국가들 입장에서는 금을 받고 원유를 팔든지, 그 가치와 미래가 불분명한 달러로 팔든지 선택에 여부가 생긴 것이고, 어느 쪽을 선호할 지는 물어볼 가치조차 없는 것이다. 이제 달러의 유일한 수요로 작용해 달러의 기축통화 지위를 유지시켜 주었던 원유판매가 금을 바탕으로 한 위안으로 몰리게 될 것은 시간문제이다. 그동안 달러 대신 다른 통화로 판매할 엄두를 내지 못했던 중동 산유 국가들은 러시아와 중국에 의해 그들의 안보를 보호받게 될 경우 더 이상 달러를 받을 이유가 없어졌다. 달러의 마지막 고지였던 원유판매에서의 사용이 중단될 경우 세계 모든 국가들이 에너지를 구매하기 위해 보유했던 달러를 처분하게 돼 달러의 가치가 폭락할 것은 기정사실이다. 이는 중국과 러시아의 달러를 겨냥한 최종의 결정타이고 달러의 붕괴는 이제 시간문제가 됐다. 오로지 그 피할 수 없는 달러의 붕괴를 트럼프 정부가 개입하여 단계적으로 절하되는 연착륙을 성사시키느냐의 여부만 남았다.

42. 러시아의 최첨단 핵미사일 공개

42. 미국 핵 방어 시스템을 무력화시키는 러시아의 최첨단 핵미사일 공개

지배세력의 핵전쟁의 무모함을 국제사회에 알린 고도의 전략

 2018년 3월 1일, 푸틴은 러시아 의회의 연례 연설에서 러시아가 그동안 개발해 놓은 첨단 핵무기를 공개했다. 극초음속으로(Hypersonic) 발사하는 탄도탄 요격 미사일로 미국이 보유한 최첨단 미사일 방어 시스템을 무력화시키는 무기이다. 2002년 아들 부시 대통령이 러시아의 핵미사일이 쇠퇴됐다고 판단하고 일방적으로 탄도탄 요격 미사일 규제 조약(ABM Treaty)에서 탈퇴하자 러시아가 비밀리에 개발한 무기로, 미국의 방어 시스템을 무용지물로 만드는 획기적인 무기이다. 거기다 러시아가 개발한 잠수함이 발사하는 드론(drone)은 한 번 발사하면 선정된 목표를 향해 폭발시킬 때까지 무한정으로 찾아가는 무기이다. 푸틴은 그 무기들의 성능을 컴퓨터 시뮬레이션을 통해 미국의 방어 시스템을 피해 미국의 도시들을 타격시키는 동영상까지 공개했다. 그는 2002년 당시 미국에게 러시아가 탄도탄 미사일 규제조약의 탈퇴를 재고하고 협상에 응할 것을 제안했으나, 미국이 거부하는 바람에 그때부터 개발했고, 그렇게 개발한 첨단무기를 공개하는 이유는 지금이라도 핵 탄도탄 미사일 규제 조약을 위한 협상을 미국에게 제안하기 위해서라고 했다. 이는 핵미사일을 사용하지 않을 것이면 왜 보유하느냐며 그들의 언론을 통해 마치 그들이 핵전쟁으로 승산이 있는 것처럼 선전하는 네오콘들의 거짓주장을 잠재우기 위해서 푸틴이 그들의 하수인들에게 확인을 시키준 것이다. 세계가 세뇌된 것과 달리 이미 시리아전에서 러시아 군대가 미국의 군사력보다 우위에 있다는 사실을 증명했다. 그 후 다급해진 세계지배세력이 일으키려는 핵전쟁에서도, 그 우위를 빼앗겼다는 사실을 그들의 하수인들에게 알려, 세계지배세력의 지시를 따르다가는 오히려 자신들이 극초음속 미사일에 의해 희생되는 최후를 맞을 것이라는 사실을 알린 것이다. 2018년 8월에는 중국도 그동안 중국해군을 노골적으로 위협해온 미국 항공모함의 방어시스템을 무력화하는 극초음속 미사일을 성공적으로 시험발사했음을 발표했다. 2005년부터 러시아와 군사동맹을 맺은 중국이 그동안 배후에서 러시아의 극초음속 무기 개발에 필요한 자금과 기술력을 물심양면으로 지원해 왔을 가능성을 시사하는 대목이다. 물론 지배세력의 통제를 받고 있는 대한민국 언론은 이 중대한 사실을 모르고 있던지 알면서도 은폐하고 있다.

코너에 몰린 영국정부의 러시아와의 군사전쟁도발 시도

트럼프 정부에 의해 인신매매에 깊숙이 연루돼 있어 자신들의 정체가 드러날 위기에 처해있는 영국의 왕실과 테레사 메이 총리를 비롯한 영국 지배세력은, 2018년 3월 11일, 러시아 스파이 세르게이 스크리팔 (Sergai Skripal)과 그의 딸이 독살되는 자작극을 벌인 후, 아무 증거도 제시하지 않고 푸틴의 소행으로 언론에서 대대적으로 보도한 후, 그 독살을 핑계로 러시아의 외교관들을 대거 추방시켰다. 지배세력의 소굴인 영국은 민영화라는 이름으로 러시아의 공영자산을 헐값에 약탈했다가 푸틴에 의해 추방됐던 지배세력의 하수인들로 형성된 러시아 갑부들에게 망명을 허용했었다. 스크리팔은 러시아에 의해 그가 영국의 이중간첩이라는 사실이 발각돼 러시아에서 추방됐을 때 영국에서 망명을 받아주었던 자이다. 그 뿐 아니라 영국은 러시아 정부가 인도를 요청한 약 40명에 달하는 범죄자들의 인도를 국제법을 위반하고 거부해 오며 그들이 횡령한 자금을 그들의 은행에 입금을 허용해왔다. 그러나 최근 러시아를 적대시하며 전쟁을 도발하려고 다급해진 영국과 미국의 지배세력이 러시아 갑부들의 재산을 압류할 것을 내다본 푸틴은 영국에 거주하는 러시아인들에게 사면을 제안하며 귀국할 것을 권장해 왔다. 그러자 보리스 베레좁스키 (Boris Berezovsky)라는 갑부가 비밀리 푸틴에게 사면을 요청하는 서신을 보낸 사실이 드러나 영국 MI-6에 의해 암살당했고 그의 암살을 거론하던 한 러시아 갑부 역시 암살됐다. 그러므로 그들이 러시아의 소행으로 보도한 스크리팔의 독살도 그들의 소행이다. 왜냐하면 러시아에 거주하는 그의 딸이 방문했던 이유가 그의 귀환을 권유하기 위해서였기 때문이다. 그런데 영국은 오히려 그 독살을 러시아에게 덮어씌우고는 러시아가 국제법에 의해 요구하는 증거를 제시하기를 거부하고 있고, 그 독살에서 죽지않고 생존한 그 부녀의 연락처를 제공하지 않고 있다. 그럼에도 그들은 그 '암살'을 빙자해 모든 NATO 국가들과 합세해 러시아의 외교관들을 추방했고, 그 행위가 NATO의 회원국가의 자주권을 침해한 전쟁 행위라며 러시아와 전쟁을 도발하려했다. 이렇게 상식을 벗어나는 유치한 방법으로 전쟁을 도발하려 하고 있다는 사실은 이제 코너에 몰린 지배세력의 지푸라기라도 잡으려는 최후의 발악으로 그들의 파멸이 임박하다는 증거이다.

43. 대한민국 근대사

A. 일제 강점기 시대

우리 민족의 원수는 일본을 앞세웠던 세계지배세력

우리는 지금까지 일본이 우리 민족의 원수로 믿도록 세뇌돼 왔다. 그러나 역사가 보여주듯이 일본은 대영제국 배후에 있던 지배세력의 도구에 불과했다. 아시아를 정복하기 위해 일본을 일찍부터 침투했다가 도쿠가와 이에야스에 의해 쫓겨났던 예수회는, 신성로마제국의 게르만 혈통인 하노버 왕가의 조지 왕을 영국의 왕으로 즉위시킨 후 대영제국을 유럽의 강자로 부상시켰다. 그런 후 다시 페리 제독을 앞세워 일본을 침투해 쇼군과 사무라이 군대를 제거하고, 1868년 메이지 천황을 앞세워 일본을 산업국으로 키웠다. 우리는 이토 히로부미 같은 일찍 서양에 눈을 뜬 젊은 개혁파들이 근대화를 진행해 일본을 산업화시켜 서부 제국주의 열강에 합세한 것으로 알아왔다. 그러나 그것은 지배세력이 아시아 국가들로 하여금 그들이 아닌 일본제국을 원수로 믿게 만들기 위한 고도의 전략이자 속임수였다. 그들은 앞에서도 언급했듯이 일본군대를 앞세워 청일전쟁으로 청나라를 물리치고 조선을 그들 손에 넣은 후, 그들의 세계정복 계획의 가장 큰 걸림돌 역할을 해 온 적국 러시아를 일본을 통해 노일전쟁으로 약화시켜 공산혁명으로 러시아제국을 전복시킬 기초를 마련했다. 또한 그들은 일본제국을 앞세워 중국과의 전쟁으로 중국을 약화시키는데 이용한 후, 그 이용가치가 다하자 일본이 필요한 석유, 고무 같은 전쟁에 필요한 자원공급을 중단시켜 하와이의 진주만을 공격하게 유도했고, 그 유도작전에 넘어간 일본이 진주만을 공격하자, 그 공격을 빙자해 일본과 전쟁을 선포해 미국을 제2차 대전에 참전시켰다. 실컷 이용한 다음 그들은 그들의 돈으로 부상시켰던 일본제국을 거꾸로 전쟁범죄국으로 몬 후, 이미 군을 통해 항복을 했음에도 핵폭탄을 민간인들에게 투하해 불태워 인간제사로 희생시켰다. 일본을 점령한 미군점령정부로 일본을 그들의 완벽한 속국으로 건국하고, 파괴된 일본 기업들을 아무 비용도 안 들이고 발행하는 돈으로 헐값에 구입한 다음, 다시 일본을 제2의 경제대국으로 키웠다. 지금도 그들은 록펠러 가문의 하수인 정치인이자 아버지 부시의 친척인 리처드 아미티지(Richard Armitage) 같은 자들을 통해 일본을 지배하고 있다. 아베는 물론이고 다나카, 나카소네 같은 일본 수상들 모두 지배세력이 임명한 일본 민족을 배신한 그들의 하수인들이었다.

일본은 우리와 언어가 같은 동일민족

일본은 우리 민족의 혈통이다. 가야국이 신라와 고구려 연합군에 의해 와해될 때 일본으로 건너가 일본을 장악해 일본의 무사도를 시작했다. 일본천황은 김해김씨가 하는 종친행사에 비밀리에 참석했던 적도 있다. 일본어는 한국어와 어순도 같고 발음까지 비슷해, 언어학적으로 도저히 부인할 수 없이 한국의 제주도어가 변형되듯이 변형된 한국어이다. 이 사실은 일본의 학자들도 모두 인정한다. 다만 지배세력의 보수파 하수인들이 이 사실을 억제하고 있고 신사참배를 고집해 한국과 일본이 가까워지지 못하게 하고 있다. 그들의 의정서에서 가르친 대로 일본과 한국인들이 서로를 증오해 화합하지 못하도록 하는 그들의 전형적인 분할 정복 수법에 의한 것이다. 솔직히 가야의 후손들은 일본을 사무라이 무사들을 통해 지배하며 유순한 민족으로 만드는데 성공했으나, 지배세력에게 패함으로 유순한 일본인들을 그들에게 넘겨주는 꼴이 됐었다. 그러므로 일본 국민들을 적대시하는 것은 지배세력의 분할 정복 수법을 이용한 세뇌공작에 넘어간 것이라는 사실을 깨달아야 한다. 오히려 우리는 일본인들을 우리 민족으로 받아들여야 한다.

메이지 유신 시절부터 지배세력의 식민지 군대였던 일본

일본은 메이지 유신 시절부터 그들의 식민지로 지배돼 왔다. 쇼군에 의해 상징적인 존재였던 천황을 복구시켜 신으로 숭배하게 만들어 천황을 통해 일본 국민들을 정신적으로 통제했다. 그리고 그들이 내세운 군부세력은 일본 국민을 천황을 위해 목숨을 바치도록 세뇌시키는 데 성공했다. 그러면서 의정서에서 유대인들을 선택된 민족이라고 세뇌시키듯 일본제국이야말로 아시아를 주도해 갈 민족이라고 국민들을 세뇌시켰다. 그리고 그들이 만든 이슬람 종교에서 지하드를 위한 죽음을 칭송하듯이 일본 젊은이들에게 가미가제로 천황을 위해 목숨을 바치도록 세뇌시켰다. 일본을 적으로 몰아 제패 한 후 일본을 군사적으로 점령한 미국이 도조 히데키 수상을 상징적 전쟁범으로 희생시킨 후, 그들의 하수인으로 잘 훈련된 군부세력 멤버들을 그대로 등용했다. 일본의 최초 수상이나 그들이 가장 중요하게 생각하는 일본 중앙은행 총재 등에는 그들의 하수인 역할을 담당했던 전쟁범들을 그대로 등용했다. 일본의 최초 수상과 중앙은행 총재 등은 모두 전쟁범이었거나 군부에 속했던 자들이다. 그리고 독일과 마찬가지로 일본의 헌법과 모든 부서를 그들이 만들어 그들의 하수인들로 앉혔다. 그리고 그런 정책을 저항하는 일본의 젊은이들과 운동가들을 필리핀에서 들여온 저격병들로 마구 살해했다. 미국의 군사점령 하에 있는 상황에서 아무도 이를 문제 삼을 수 없었고, 그래서 일본의 저항세력은 철저히 제거됐으며 일본의 학계, 언론계, 법조계, 금융계, 재계, 정치계 모두 그들의 하수인들로 구성돼 그들의 지배를 받는 영원한 속국으로 지금도 지배받고 있다. 제2차 대전 이후 태어난 일본 국민들은 그들이 통제하는 학계, 언론계에 의해 완벽하게 세뇌됐다. 한때 한국에서 베스트셀러가 됐던 '일본은 없다' 는 그러므로 사실인 것이다. 그들의 의정서에서 그들은 인류를 자신들이 통제하는 언론, 학계가 주입시키는 대로 생각하게 만들게 될 것이라고 했던 대로 된 것이다. 거기에 비해 제주 4.3 양민학살을 통해 그들의 사악한 정체를 간파한 박정희 대통령이, 그들에게 매수된 줄도 모르는 문민정부가 그들에게 문을 열어주기 전까지, 그들의 국내 침투를 막았다. 그 덕분에 지배세력의 언론과 학계를 이용한 세뇌의 역사가 일본에 비해 비교적 짧아, 최근 촛불혁명을 성사시킬 정도로 국민들의 의식이 아직 깨어 있었던 것이다.

임진왜란 때부터 일본을 앞세워 조선을 침략하려 했던 예수회

그러므로 일본은 일찍부터 지배세력이 키운 그들의 아시아 식민지 군대였다. 조선 민족의 진정한 원수는 도요토미 히데요시의 배후에서 임진왜란을 일으켰던 지배세력의 예수회이다. 도쿠가와 쇼군에 의해 일본에서 쫓겨난 약 2세기 후 대영제국을 이용해 다시 일본을 침입해 도쿠가와 게이키 쇼군을 몰아내고 신격화 시킨 메이지 천황을 그들의 꼭두각시로 만드는데 성공한 그들은 일본제국군대를 앞세워 청일전쟁을 승리해 한국을 일본의 식민지로 만들었다. 일본의 제국주의는 그들이 막후에서 조종했음으로 세계지배세력이 바로 우리 민족의 진정한 원수이고 일본은 그들에게 이용당한 군대에 불과하다. 일본제국군대의 난징학살도 사탄을 숭배하는 그들이 막후에서 지시했고, 그 사건 역시 그들의 의정서에서 가르친 대로 중국이 일본을 철천지 원수로 여기게 만들기 위해 조작한 사건이다. 그러고는 일본 본토를 폭격해 민간인들을 학살하고 그것도 모자라 핵폭탄까지 투하하는 반인류적인 범죄를 이미 항복한 그들에게 저질렀다. 우리는 그러므로 지배세력에 의해 일본을 우리 민족의 원수로 조작한 그들의 세뇌에서 벗어나 일본을 우리의 동족으로 끌어안아야 한다.

지배세력에게 희생돼 온 일본

일본을 다시 경제대국으로 키웠다가 1990년 그들이 조작한 주가폭락으로 국민들의 부를 갈취했고, 그때부터 시작된 잃어버린 30년 동안 일본에는 서서히 중산층이 사라졌으나 그들의 언론은 이 사실을 숨기고 있다. 두 세대가 넘게 그들의 세뇌를 받은 일본 국민들에게 일본이라는 국가개념이 없는 이유이다. 거기다 2011

년에는 지배세력에 의해 그들이 조작한 지진을 이용한 쓰나미 공격을 받았고, 그들이 동시에 기획한 후쿠시마 원전 폭발로 일본국민들을 방사능 중독으로 학살하려했다. 그들의 원래 계획은 그 공격으로 일본 땅 일부를 바다에 가라앉힌 후, 그로 인해 발생될 일본 난민들을 북한으로 이주시키는 것이었다. 그러나 그들의 그런 계획은 실패했고, 방사능을 이용해 세계를 공포로 몰고 가려던 계획 역시 실패했다. 지금도 그들이 내세운 하수인 아베 총리는 지배세력의 지시에 의해 마이너스 금리정책으로 그들이 통제하는 중앙은행이 돈을 찍어 일본 국채를 구매하고 있을 뿐 아니라, 빠지는 거품을 부풀리기 위해 일본 대기업들의 주식의 대부분을 중앙은행이 구매해 보유하고 있다. 현재 일본의 빚은 이미 일본 GDP의 240%로 세계에서 가장 높고, 연 세수의 40%가 이자를 상환하는데 사용되고 있다. 일본이 마이너스 금리로 가야 하는 이유이다. 다행히 트럼프정권에 의해 지배세력이 미국에서 제거되는 위기에 있어 일본 역시 그들로부터 해방되는 것은 이제 시간문제이다.

어린 나이에 세계 정세를 보는 총명함으로 조선을 구하려 했던 명성황후

그런 뜻에서 그 당시 조선의 명성황후는 어린 나이에 서부세력과 관계를 맺어 외교로 대영제국의 조종을 받는 일본을 대항하려는 총명함을 보였고, 그 당시 대영제국의 철저한 적국이었던 러시아제국과 손을 잡는 데까지 성공했었다. 그러나 그녀는 이미 대영제국을 조종하는 예수회가 러시아의 차르 니콜로스를 상대로 국내에서 반란을 조성함과 동시에 일본해군의 기습공격으로 러시아의 해군을 무력화시키는 로일전쟁으로 러시아 제국은 약화돼 파멸되기 직전이었던 사실을 몰랐다. 결국 1917년 그들이 조작한 볼셰비키 혁명으로 러시아는 그들의 속국으로 전락하고 말았다. 우리 민족의 독립 운동가들은 세계지배세력이 일본의 막후에 있다는 사실도 모르고 목숨을 걸고 1930년 헤이그에서 열렸던 국제연맹회의(League of Nations Conference)에 찾아가 영국, 미국을 포함한 국제사회가 조선을 일본으로부터 구해줄 것을 호소했던 것이다. 결국 한반도는 그들에 의해 그때까지 들어보지도 못한 공산주의와 민주주의라는 조작된 이념의 전쟁에 말려들어 민족들끼리 서로 죽고 죽이는 비극을 경험해야 했고, 우리 민족 400만의 생명을 불필요한 폭격으로 앗아갔다. 그들의 대한민국을 방글라데시 같은 후진국으로 그들의 철저한 속국으로 만들려던 계획이 박정희 군사정권의 혁명으로 좌절돼, 대한민국이 경제 산업국으로 부상할 수 있었다. 그러나 그들은 대한민국 반정부 세력을 군사독재를 타파한다는 '민주화'라는 명분으로 비밀리에 지원해 문민정부를 정착시킨 후, 그들이 조작한 1997년 아시아 외환 위기로 대한민국을 그들의 경제 및 군사 식민지를 만드는데 성공해 그때부터 대한민국을 비밀리 지배해 왔다. 그러다가 지배세력의 존재도 알지 못하지만 그나마 깨어있는 대한민국 시민들이 부패한 보수정권의 권력남용을 알아차리고 그들을 끌어내리는 촛불혁명을 성사시켰다. 그러므로 우리 민족의 진정한 적은 바로 미국의 배후에서 세계를 지배해 온 지배세력이고 우리는 지금도 그들의 정보전쟁에 속아 그들을 우리 민족의 은인으로 알고 있다.

B. 8.15 해방 후

해방 직후 지배세력에 의해 제거된 독립 투사들

외형적으로 한국을 일본으로부터 해방시켜줬으나, 그들은 한국에서도 독립 운동가들인 김구, 여운형 같은 지도자들을 암살해 그들의 계획에 저항하는 자들을 제거했다. 앞에서 보았듯이 그런 목적으로 16세기에 시작됐던 예수회에게, 암살은 그들의 고유의 수법으로 그들을 저항하는 자들을 제거하는데 사용돼 왔다. 그런 후, 일본 교육을 받고 자국민을 배신해 지배세력의 하수인으로 잘 숙달된 친일파 세력을 그대로 등용했다. 우리는 흔히 그때 친일파를 숙청 못한 것이 커다란 실수였다고 한다. 그러나 실제로 일본과 일본의 속국이었던 한국이 그들에게 인수인계 됐던 상황에서 우리에게는 그럴 수 있는 기회가 아예 존재하지 않았다. 거꾸로 친일파를 숙청하려던 독립 운동가들과 그들의 가족들이 숙청을 당했던 게 비극적 현실이다. 그들로서는 그들의 식민지 군대에 의해 일제 강점기부터 잘 길들여진 매국노 세력을 그대로 등용하는 것은 당연했다. 대한민국 초대 대통령 이승만은 그들이 의정서에서 말하는 자만심과 명예욕을 소유한, 그들이 부리기 용이한 전형적인 하수인 유형이었다. 그는 대통령 자리에 눈이 멀어 그들에 의해 이용됐을 뿐 아니라 민족을 배신했다. 그들이 기획 연출한 공산당과의 가상의 대결인 냉전을 세계적으로 인식, 세뇌시키기 위한 전쟁에 우리 민족이 '선택'됐던 것이다. 남한의 이승만처럼 북한의 김일성은 일찍부터 프리메이슨으로 그들에 의해 선출됐던 자신의 명예와 권력에 도취한 야심가였다. 한국전쟁 시 그들의 하수인 이승만 자신은 후퇴하면서 국민들을 속여 피난을 하지 말라고 해놓고는 한강다리를 파괴하는 명령을 내렸다는 사실은 이미 역사적으로 증명됐다. 그리고 그런 후 오히려 북한군에게 공조했다는 이유로 피난을 가지 못했던 그의 저항세력을 숙청하는 계기로 이용했다. 이승만은 학생들이 일으킨 4.19 시위를 보고 민주주의를 위해 자진해서 물러난 것이 아니라, 자신이 국민들을 배신한 사실을 누구보다 더 잘 알고 있어 국민들에게 맞아 죽을게 두려워 도망갔던 것이다.

세계지배세력의 조작된 이념 전쟁에 이용당한 대한민국

앞에서 이미 설명했듯이 한국전쟁은 그들이 공산주의와 민주주의의 가상의 전쟁을 세계에게 인식시키기 위한 계획된 전쟁으로, 제2차 대전 종결 시 한반도의 북한을 아무 이유 없이 공산주의 소련에게 떼어 주었다. 그렇게 한 후 미군은 아무 무기도 안 남겨 놓고 남한에서 철수해 북한의 공격을 유도했다. 자만하게 된 북한의 김일성은 그들이 계획한 전쟁인 줄도 모르고, 순진하게 자신의 군사력으로 짧은 시간에 남한을 합병할 수 있다고 믿고 공산주의 국가 소련의 '허락'을 받고 일으킨 전쟁이었다. 그 역시 그 전쟁을 경험으로 자신이 지배세력에 의해 철저히 이용당했다는 사실을 뒤늦게 깨달았다는 사실은, 그가 그 후 지배세력의 지배를 철저히 거부하고 저항해 왔다는 역사적 사실이 증명하고 있다. 지배세력은 그 전쟁을 이용해 한반도를 불필요한 폭격으로 모든 기관시설과 거주 공간은 물론 식량을 재배할 수 있는 논과 밭을 모두 파괴했을 뿐 아니라, 민간인들을 폭격해 전 인구의 20%라는 4백만의 우리 민족을 학살했다. 그리고 그들의 의정서에서 가르친 대로 북한으로 끌고 간 많은 종교인들을 포함한 지식층을 학살했다. 그들이 대한민국을 철저하게 폭격하여 수많은 민간인 희생자를 낸 이유는 한국인들은 일본인들과 달리 그들에게 정신적으로 세뇌되는 것을 저항했을 뿐 아니라, 이순신장군에게 패한 경험으로 한국인의 저력을 알았기 때문이다. 그러므로 그들이 제2차 대전 시, 이미 소련에 의해 패한 독일에서 민간인 폭격으로 학살을 감행했던 것과 마찬가지로 한국인들의 기를 꺾어 버리겠다는 의도였다. 그리고 그들의 세계은행을 통해 재건비용을 대출해 주어 빚으로 대한민국을 그들의 경제식민지로 만들 계획이었다. 거기다 대다수의 한국인들이 일찍부터 로마 가톨릭교를 배척하고 개신교를 받아들였던 사실은 더 그들이 한국민족을 학살해야했던 이유였다. 지금도 대한민국은 전 세계적으로 개혁파 기독교가 가장 번창해, 선교사를 가장 많이 배출하는 국가로 알려져 있다. 역사가 보여주었듯이, 사탄을 숭배하는 지배세력은 전쟁으로 그런 국가들을 철저히 그들이 숭배하는 루시퍼를 위한 인간제사로 학살해 왔다. 그러므로 지금도 그들이 계획하는 제3차 전쟁을 한반도에서 일으켜 그들이 증오하는 개혁파 종교인들이 날뛰는 대한민국이 그들의 학살의 대상이 되는 것은 피할 수 없는 운명이었다. 그러나 조선왕조 500년 동안 조선왕실의 통치하에 살아온 국민들은 분별력을 행사해 본 경험이 없어, 미국 배후에 존재하는 지배세력의 정체를 파악하지 못하였고, 그들의 경제 제국주의를 위해 창조된 민주주의라는 이념을 곧이곧대로 받아들였다. 다행히 미 지배세력의 정체를 일찍 파악해, 민중의 무지함을 폭력을 써서라도 바로잡겠다는 박정희 대통령의 투철한 의지 덕분에 지금의 일본처럼 우리 민족의식이 소멸되는 운명에 처했던 대한민국 국민들에게, 우리 고유의 민족성을 강제로라도 안치시켜 그나마 보존될 수 있었다.

CIA에 의해 제거된 세계의 무수한 민족 지도자들

앞에서도 말했듯이 세계지배세력은 제2차 대전 이후 전 세계를 민주주의와 공산주의 두 진영으로 나누었다. 그리고 공산국가는 공포로 다스리며 자원과 노동력을 약탈했다. 그러면서 소위 민주주의 국가들은 그들이 만든 시장체제를 통해 경제적으로 약탈해 왔다. 남미, 아프리카, 중동 등에 진정한 민주 정권이 들어서 그들의 경제 식민지 정책에 대항할 경우, 반 정부세력을 키워 그들을 이용해 정권을 전복시킨 후 그들의 하수인들로 앉혀, 그 국가의 자원과 노동력을 경제적으로 착취해 왔다. 미국처럼 자원이 풍부한 중남미 국가들이나 아프리카 국가들이 개발을 하지 못하고 국민들이 아직도 빈곤한 생활을 하고 있는 이유는, 그들이 조작한 '교육'을 통해 인류를 속여 온 것처럼, 그 국가들의 국민들이 게을러서가 아니다. 진정한 민주주의를 추구하며 국민들을 위하는 세계지도자들은 그들의 CIA가 지원하는 반정부 세력에 의해 제거됐다. 그리고 그들은 그들의 하수인으로 통제하기 용이한 군사 독재정권을 선호했다. 남미에서 일찍부터 경제를 웬만한 유럽 국가들보다도 더 성장시켰던 아르헨티나가 제2차 대전 이후 몰락한 것을 그 국가가 너무 일찍 샴페인을 터뜨려서라고 우리는 배웠다. 그러나 사실은 지배세력이 지지하는 군부세력에 의해 후안 페론의 민주정권을 쿠데타로 전복시킨 후, 그 국가의 기관시설과 자원을 경제 식민지 정책으로 약탈했기 때문이다. 지배세력이 주도해 들어선 군사정권은 '더러운 전쟁(DIRTY WAR)' 으로 알려진 대대적인 숙청으로 약 3만 명이 넘는 민주 운동가들을 쥐도 새도 모르게 납치한 후 학살했다. 그리해 전 국민들이 공포에 떨게 만들어 감히 정부를 대적할 엄두를 못 내게 만들었다. 2013년 교황으로 선출된 예수교 출신 프란체스코(Francis) 교황은 그 당시 아르헨티나 로마교 카디날로 그 공포 '전쟁' 에 핵심 역할을 했던 전쟁범이다. 그러나 그들의 통제를 받는 대한민국 언론은 그가 대한민국을 방문했을 때 그를 세계지도자로 칭송하는데 앞장섰던 것이다. 지배세력은 아르헨티나에게 세계은행을 앞세워 갚지 못할 금액의 대출을 해 준 후 앞에서 이미 설명한 전형적인 수법으로 그 국가의 자산을 약탈했다. 그런 식으로 그들은 브라질, 칠레를 포함한 중남미 국가들과 아프리카 국가들을 그들의 경제식민지 정책으로 개발하지 못하도록 저지해 후진국으로 남겨둔 것이다.

C. 5.16혁명으로 시작된 군사정권 시대

지배세력의 지배를 거부한 박정희 대통령의 쿠데타

대한민국 역시 '시온장로들의 의정서'에서 가르친 대로 그들이 통제하는 정치인들을 내세워 서로와 분쟁과 불협을 조성하는 수법을 통해 그들에게 종속된 저개발국가로 두려는 것이 그들의 계획이었다. 정부의 부정부패로 정부를 무능하게 만들어 인도나 파키스탄에서처럼 서로 개혁을 주장하며 아무 결정도 내리지 못하게 하는 것이 그들의 계획이었다. 그런 와중에 그들은 대한민국 군대조직 안에 그들을 불복하는 잔여세력을 없애기 위해 숙청을 진행하고 있었다. 4·19 시위로 학생들이 불만을 표출하고 나서자 이승만이 사퇴를 했지만, 식민지를 통치하는데 경험이 풍부한 그들은 새로운 하수인들로 교체하면 그만이었고 4·19혁명이 요구한 정권을 교체해주는 시늉만 하면 됐다. 그리고 성공 할 뻔 했다. 그런데 대한민국 군부 안에서 그들의 숙청 대상이던 박정희 소장이 여순반란사건에 연루됐던 경험을 통해 그들의 악한 정체를 간파하고, 1961년 5월 16일 군사쿠데타를 일으켰다. 그것도 지배세력의 막강한 군대가 버젓이 배치돼 있는 상황에서 벌인 간 큰 행위였다. 그 당시 자료를 보아도 박정희 혁명세력이 미국의 정세까지 파악하고 일으킨 혁명같이 보이지는 않는다. 그러나 대한민국의 국운은 살아있었다. 미국의 지배세력은 그들의 예상을 뒤엎고 1960년 대선에서 마흔 두 살의 케네디가 그들이 내세운 하수인 닉슨을 제치고 대통령에 당선되는 바람에, 그를 제거하기 위해 정신이 없을 때였다. 앞에서 이미 케네디가 미국의 지배세력의 지배구도를 해체하려했다고 언급했다. 그리고 그는 박정희 대통령이 지배세력을 상대로 벌인 용기는 물론, 국가를 진심으로 건설하려고 하는 애국심을 높이 샀다. 만일 그 당시 미국 안에서 벌어진 케네디 '혁명'이 아니었다면 박정희의 쿠데타는 미국군부의 개입으로 실패했을 것이다. 지금 대한민국에서 촛불혁명으로 정권교체가 가능했던 것도 미국 안에서 일어난 트럼프 혁명 때문에 그들이 한국 국내 정치에 손을 쓸 겨를이 없었기 때문인 것과 마찬가지이다.

박정희 정권의 진정한 적은
북한이 아니라 지배세력에게 세뇌된 국민들

케네디를 암살한 후 존슨정부가 들어서자, 그들의 베트남전쟁에 군대를 보내는 바람에 박정희 정권은 그나마 미 지배세력과의 관계를 유지할 수 있었다. 그러나 지배세력에게 박정희 정권은 눈엣가시였다. 그 당시 미 지배세력은 남미와 아프리카 국가들의 민주정권을 그들의 하수인 역할을 감당하는 군사정권을 이용해 쿠데타로 전복시키면서, 대한민국에서는 군사독재 정권이 민주주의와 상반된다며 학생들과 반정부 '민주' 세력을 선동, 지원했다. 그리고 그 명분은 민주주의 이념이 그들의 속임수라는 사실을 감지 못하고 세계정세에 어두운 대한민국 젊은이들에게 먹혀들었다. 또한 군사 독재를 반대하는 것이야말로 자신의 명예와 권력이 최우선이고 국가의 안위는 뒷전인 야심가 정치인들에게도 그들의 명분을 세우기에 안성맞춤이었다. 특히 케네디 집안에서 그의 똑똑한 형들과 달리 일찍부터 음탕한 생활을 해오던 에드워드 케네디는 대한민국의 소위 민주주의 지도자들을 워싱턴에 초청해 박정희 독재정권을 타도하는 그들의 업적을 찬사하며 반정부 세력을 지원했다. 그러면서 그들은 그들의 전형적인 분할 통치(Divide and Rule) 전략으로 대한민국 국민들을 지역감정을 부추겨 분열시켰다. 미국의 정치인들로부터 지원을 받고 미 주류 언론에서까지 부추겨주는 것이 그들의 수법인지 모르고, 자신들이 대단해서 그러는 것으로 착각한 대한민국 반정부세력은 반대를 위한 반대로 사사건건 정부의 발목을 잡았다. 지배세력의 의정서에서 가르친 대로 자신의 자만과 명예욕에 빠진 자들의 욕구를 만족시켜 주어 그들의 하수인을 만드는 전략에 넘어갔던 것이다. 자원이라고는 인적자원밖에 없는 대한민국의 열악한 환경 속에서도, 박정희 대통령은 그들의 경제식민지 수법인 그들이 제공하는 차관에 의존하지 않고, 일본과 추진한 속전속결 협상으로 일제 식민지에 대한 배상금을 받아내 그 자본으로 대한민국의 제조업을 숙성시켜 경제적으로 자립하는 방법을 선택했다. 그러나 미국의 정체를 알지 못하도록 그들에 의해 세뇌된 대한민국의 소위 '민주' 세력은 그것이 마치 매국행위인양 묘사해, 학생들을 앞세워 반대를 위한 반대를 했던 것이다. 박정희의 결단력이 아니었으면 우리는 지배세력의 속국에 불과한 일본과 그 배상금을 협상하는데 시간을 허비했을 것이다. 고로 박정희 정부의 진정한 적은 북한의 공산당이 아니라, 지배세력에 의해 세뇌된 반정부 세력이었고 무지한 국민들이었다. 1969년 박정희 대통령이 국민들과의 담화에서 야당이 '반대를 위한 반대'를 하는 한, 독재자라고 불리는 자신이 진짜 국민을 위한 대통령 이라고 자부했던 이유이다. 그럼에도 의지를 굽히지 않고 독재자라는 누명을 쓰고, 나중에 자신의 무덤에 침을 뱉으라며 지배세력의 체계적인 방해에도 불구하고 대한민국을 발전시킬 수 있었기 때문에 지배세력에 대해 너무 잘 아는 러시아의 푸틴 대통령이 박정희 대통령을 그가 가장 존경하는 지도자들 중 한 명으로 꼽는 이유이다.

자유무역 정책을 거부한 보호무역 정책으로 성장한 대한민국

원래 미국의 지배세력은 아시아를 포함한 모든 저개발 국가들을 그들이 통제할 수 있는 정권을 통해 경제식민지로 만드는 게 목적이었고, 그 목적을 위해 모든 개발도상국들의 자주적인 발전을 막는 것이었다. 필리핀이 대한민국보다 먼저 시작했으나 대한민국보다 뒤떨어지게 된 이유가 바로 그들의 그런 방해공작 때문이었다. 그리고 필리핀의 마르코스는 그들과 협조해 독재를 하다, 1980년대에 가서 한국처럼 필리핀을 발전시키는 정책을 감행하다 그 나라에서도 그들의 CIA가 지원한 문민정부에 의해 전복된 후 지배세력에 의해 암살되는 신세가 됐던 것이다. 그런 식으로 케네디의 도움으로 인도네시아를 개발하려던 수카르노를 쿠데타로 전복시켜 그들의 꼭두각시인 수하르트를 앉혔고, 태국, 말레시아 등의 발전도 방해해 그들의 경제 식민지로 만들었다. 박정희 대통령은 지배세력의 시장개방 요구를 거부하고 보호정책으로 국내 기업의 경쟁력을 키움과 동시에 그들이 대한민국을 경제 식민지로 만드려는 그들의 계획을 막아냈다. 그리고 박정희 정권은 베트남전쟁을 대한민국이 달러를 벌어들이는 기회로 활용하였고, 중동 원유파동 같은 그들이 조작한 세계적인 악재 역시 중동 건설 붐으로 역이용하여 경제적으로 발전하는 기회로 활용했다. 거기다 박정희 대통령은 공산주의와의 전쟁으로 묘사했던 베트남전쟁은 실제로 공산주의를 퇴출하기 위한 전쟁이 아니었다는 사실을 미국이 베트남을 공산당에게 넘겨주고 철수할 때 알아보았다.

박정희 정권의 자주적 행보가 불러온 그의 암살

그때부터 그는 북한과 자주통일을 비밀리 타진했고 핵폭탄을 비밀리 개발하기 시작했다. 미국의 지배세력은 경제적으로 발전하며 자주력을 키워가는 대한민국의 박정희 정권을 더 이상 허용할 수 없었다. 대한민국 중앙정보부가 반정부 지도자 DJ를 바다에 빠트려 수몰하려는 찰나에 CIA에 의해 극적으로 구출된 사건은 미국 CIA가 그들이 비밀리 지원해온 DJ를 언론을 이용해 부상시키기 위해 조작, 연출한 사건이었을 가능성이 매우 높다. 그 당시 중앙정보부가 그의 암살을 실제로 계획했다면, 미국 스파이 인공위성이 배치돼 있는 일본 앞바다에서 시도했을 리가 없기 때문이다. 더욱이 박정희 대통령이 DJ를 그런 식으로 죽일 경우 오히려 그를 영웅으로 만들 거라는 정도를 몰랐을 리가 없다. 미 지배세력의 속국 일본정부가 개입된 정황이 그들의 연출이었을 가능성을 더 뒷받침한다. 캄보디아의 폴 포트 수상이 300만 명의 자국민을 학살하는 것을 묵인하면서, 대한민국의 반정부 세력을 탄압한다고 인권을 문제 삼은 카터 정권의 이중 잣대를 박정희 대통령은 대놓고 경멸했다. 그러면서 그들로부터 자유로워지는 유일한 방법은 핵보유국이 되는 것이라는 결론으로 핵무기를 개발하기 시작했다. 거기다 민족을 진심으로 위하는 그는 이미 한반도를 통일하는 계획을 감히 추구하고 있었다. 그가 더 이상 그들이 통제할 수 없는 자립국가로 성장하기 전에 그를 제거해야 했던 이유다. 그들은 박대통령의 최측근인 김재규 정보부장이 불만을 가진 사실을 악용해 그를 부추겨 박대통령을 암살하였던 것이다. 일찍부터 부정부패로 돈에 눈이 멀었던 김재규는 그들이 이용하기에 적임자였다. 분명 그들의 전형적인 수법인 아무 비용도 안 들이고 발행하는 많은 금액의 달러를 그의 앞으로 만들어진 스위스 은행계좌에 넣어주었을 것이고, 그러면서 김재규에게 박정희를 제거하는 일은 대한민국의 민주화를 위한 국민을 위한 업적으로 남을 것이라고 속였을 것이다. 정세에 어두운 김재규는 그가 박대통령을 암살하면 미국이 자신을 구제해 민족의 영웅을 만들어 줄 것이라고 믿었던 정황을, 그가 박대통령을 살해한 후 육군본부로 가서 기다린 사실만 보아도 알 수 있다. 자신의 예상대로 되지 않자 그는 대한민국 민주화를 위한 '거사'였다고 거짓 자백하여 그들로부터 받은 막대한 돈만큼은 자손들에게 넘어가도록 했을 것이다. 아무 비용도 안 들이고 발행하는 달러로 그들은 지금도 그들의 하수인들을 매수하는데 돈을 아끼지 않기 때문이다.

박정희 정권의 대한민국을 자주 산업국가로 부상시킨 업적

박정희 대통령의 언론통제와 국영은행을 통해 화폐 발권력을 정부가 보유한 정책, 경제전문가들을 실력 위주로 등용해 경제를 키운 정책, 삼성, 현대 같은 기업들을 국가신용보증으로 밀어주어 세계에서 경쟁력을 가질 수 있게 해 준 정책, 새마을 운동으로 농촌의 생활수준을 향상시켜 국민들의 평등을 주도함과 동시에 자주적으로 식량을 생산하는 능력을 향상시킨 정책, 외국 자본이 국내 기업의 지분 소유를 제한한 정책, 국내 시장을 보호해 국내 기업들이 세계 경쟁력을 가질 때까지 키워준 정책, 노동자들을 위한 정책, 민족정신을 일찍부터 주입시킨 정책, 지배세력이 제2차 대전 이후 미국을 타락시키기 위해 주도했던 히피와 성적 문란을 타파한 정책 등, 이 모든 정책은 대한민국이 일본처럼 지배세력에 의해 철저하게 세뇌되는 것을 막아, 대한민국 국민들이 합심해 세계적인 국가로 거듭나게 한 수많은 업적이다. 중국의 덩샤오핑이 문화혁명 이후 박정희 정책을 모델로 삼을 정도로 중국에게 지배세력을 대항하는 방법을 제시 해준 정책이기도 하다. 솔직히 박정희는 우리 민족 역사의 우뚝 선 우리민족 역사상 최고의 영웅이다. 그야말로 대한민국이 그 열악한 환경 속에서 세계지배세력의 막강한 방해에도 불구하고, 지금의 대한민국을 가능하게 한, 이순신장군도 따라갈 수 없는 우리 민족의 영웅이다.

하나회 조직의 존재를 몰랐던 지배세력

세계지배세력은 박정희 대통령을 제거하면, 그들이 그때까지 공들여 키운 '민주'지도자들이 당연히 정권을 잡을 것으로 생각했다. 그러나 반대하는 것밖에 아는 것이 없는 민주 지도자들이 권력에 공백이 생겼다고 그 기회를 잡을 수 있다는 생각은 오산이었다. 그리고 그들은 박정희 대통령이 키워놓은 하나회 조직을 예상하지 못했다. 박정희 대통령은 원래 사범학교 출신으로 선생을 하다가 늦게 군대에 입대했다. 그는 일본에게 나라를 잃은 것에 한탄해 교육의 길을 선택했었지만, 조국을 되찾는 방법은 군사적으로 밖에 없다는 판단에, 일본군에 입대하여 호랑이 굴에 들어갔다. 그러나 나이가 너무 많아 자격조건에 미달하자, 혈서를 써서 일본제국에게 거짓충성을 '과시'해 일본 육군사관학교에 입대할 수 있었다. 푸틴 역시 러시아를 구하기 위해 FSB 국장으로 그들의 신임을 얻기 위해 거짓충성해야 했던 것과 유사하다. 그는 군에서 병서를 공부했고, 그러므로 그는 그가 제거될 때를 대비해 하나회를 조직해 두었던 것이다. 그 조직의 수장으로 선정됐던 전두환이 그의 뒤를 이어서 대한민국을 다시 지배세력으로부터 구했다. 또한 그들이 전두환을 암살하기 위해 치밀하게 계획했던 버마에서 그를 제거하는 데 실패함으로 우리의 국운이 살아있다는 사실을 다시 한 번 입증했다. 지배세력은 버마 폭발사건을 그들의 언론을 이용해 북한의 소행으로 조작했다. 물론 북한의 요원들을 매수하는 방법을 활용했을 것이다. 전두환 역시 박정희 대통령에게 배운 대로 실력 있는 경제전문가들을 등용했다. 그러자 그들은 그들이 통제하는 반 정부세력을 동원해 광주 민주항쟁을 조작했다. 우리가 알아야 하는 사실은 그런 반정부 활동을 주도하는 자들의 대부분은 자신들이 진정으로 민주주의를 위해 일한다고 믿고 있을 뿐 아니라, 자신들의 명예욕에 만취돼 자신들이 그들에게 이용당하고 있다는 사실을 모르든지 인정하지 않으려 한다는 점이다. 그러나 그런 항쟁을 주도하는 자들의 막후에는 CIA가 통제하는 사회, 경제 단체들이 있어 그런 자들을 교묘하게 그들 자신도 모르게 조종해 왔다.

지배세력 CIA가 도발한 광주항쟁의 군 진압의 배후

세계지배세력은 의정서에서 가르치듯이 권모술수에 능하고 간교한 자들이다. 그들이 불란서 혁명 때부터 사용해 온 수법으로 국민들을 선동한 후 그들이 비밀리 내세운 도발자(Provokateur)들을 이용해 충돌을 조작해 왔다. 전두환이 광주항쟁 때 총을 발사하라는 명령을 내린 적이 없다고 하는 말은 사실일 것이다. 왜냐면 2004년 우크라이나에서 그들이 조작해 일으켰던 '오렌지 혁명' 때 화면에 잡혀 증명됐듯이, 그들이 내세운 숨은 도발자들이 국민들에게 몰래 발포해 총격전이 일어나도록 조작했을 것이다. 대한민국에서는 그 도발 역할을 북한간첩들이 한 것으로 보인다. 미 CIA는 그 당시 북한 간첩들의 활동을 '허용'하고 이용했다. 이미 황장엽을 포함한 여러 탈북자들의 증언에 의해 북한이 개입됐던 사실은 입증됐다. 거기다 미국이 그 시점에 맞추어 항공모함 두 대를 남한으로 급파했던 이유는, 북한이 그 사태를 이용해 남침하는 것을 견제하기 위해서였다. 미국의 목적은 북한 간첩을 이용해 광주항쟁을 전국적으로 확산시켜 전두환 군사정부를 물러나게 하여 문민정부가 들어서게하는 것이었지, 북한이 그 사태를 이용한 남침을 허용하는 게 아니었다. 그들은 그들의 더 큰 계획을 위해 원래대로 남북을 분단시켜 두어야 했다. 고로 광주 사태는 그들이 배후에서 개입된 전형적인 조작극이었을 가능성을 시사한다. 10년 후 덩샤오핑이 미국의 NGO들이 조작한 천안문 사태 때 처럼, 전두환 정권은 강경하게 탄압하여 진압하는데 성공했다. 그러자 그들의 숨은 조작이 성공했음에도 불과하고 그들이 기대했던 국민들의 혁명이 실패하자, 미국대사 리차드 워커(Richard Walker)가 대한민국 국민들을 앞에 가는 쥐떼들을 무작정 따라 집단으로 절벽 아래로 떨어지거나 강물속으로 빠지기까지 하는 레밍(lemming) 쥐들로 비하하는 발언을 했던 것이다. 그러나 전두환의 강경한 탄압 덕분에 대한민국의 보호정책은 그의 임기동안이나마 지속됐고, 노태우와 YS의 연합으로 문민정부가 들어 설때까지 지배세력의 대한민국의 침투를 저지할 수 있었다. 물론 박정희 같은 영웅이 아니었던 그는 권력과 재물에 탐욕을 부려 민영은행의 설립을 허용하고 민영방송 허가를 내주는 등으로 많은 재산을 은닉했다. 그러나 박정희 대통령의 자신이 제거됐을 때를 대비한 치밀한 계획 덕분에 그들의 방해를 조금이나마 더 오래 저지시켜, 대한민국의 경제발전을 더 지속시킬 수 있었다..

D. 문민정부 시대

문민정부의 출범으로 시작된 민영화와 자유무역 정책

노태우 정부는 반정부 세력과 타협해 군사정부에서 문민정부로 전환시키는데 성공했으나, 그는 자신의 부와 명예가 더 소중했던 자로 역사에 남을만한 국민들을 위한 업적에는 관심조차 없었다. 오히려 그의 사위인 SK 최태원에게 정부가 독점하던 통신사업을 민영화를 빙자해 선사했다. 노태우는 전두환 정부 때부터 기획된 1988년 서울 올림픽을 성공적으로 성사시켜 대한민국을 세계에 알리는 데 성공했고, 그가 물러나고나서야 지배세력은 그들이 오랜 기간 동안 공을 들여 키웠던 문민정부를 정착시키는데 성공했다. 우선 YS는 대한민국이 OECD국가에 회원국이 되는 것이 선진국이 되는 길인 줄 알았고, 그 조건으로 대한민국의 금융시장을 개방했다. 지배세력에 의해 세뇌된 경제'전문가' 들은 그 동안 박정희 정권의 국내 금융보호 정책이 마치 반 민주주의였던 것으로 믿고, 박정희 정권의 보호정책을 폐지시켰다. 반정부 활동으로 평생을 살아와 세계정세나 경제를 알 수가 없던 김영삼 정부는 국가의 곳간을 열어주는 역할을 잘 감당해 지배세력이 그동안 그를 지원해 준 것에 대한 '보답'을 확실하게 했다. 지금도 대한민국의 다수는 1987 민주항쟁이 대한민국을 진정한 민주주의로 향상시킨 것으로 오해하고 있다. 박정희대통령에 비해 언론의 중요성을 알지 못한 전두환이, 공중파 방송을 SBS에게 허가를 내줌으로 그때를 계기로 대한민국 언론이 지배세력의 수중에 들어갔다. 그리고 그들에 의해 매수된 언론의 선전에 속았다는 사실을 모르는 대부분의 국민들은 그렇게 완벽하게 세뇌됐다. 그때부터 YS정부는 대한민국의 개인 GDP를 향상시켜 선진국을 따라잡는 목표를 세웠다. 선진국이 되는 길이 무역을 늘리고 국가의 GDP를 늘리는 것으로 생각하도록 세뇌됐던 것이다. 그 정책은 그들의 의정서에 나왔듯이 국민들을 산업으로 관심을 돌려 정부의 국정에 대한 관심을 잃게하려는 수법이었다. 그러면서 그때부터 정부 공기업의 민영화를 들먹이기 시작했다. 민영화는 지배세력이 아무 비용도 안 들이고 발행하는 달러로 구매할 수 있게 해주는 국가의 자산을 그들에게 넘겨주는 행위라는 사실을 감지하지 못했다. 또한 그때까지만 해도 정부가 직접 화폐를 발행해서 정부예산을 충당하던 것을 국채를 발행해 민영은행들로부터 빌리도록 했다. 그리고 그것이 선진국으로 가는 길인 것으로 국민들을 속였고 자신들도 속았다. 그것이 바로 의정서에서 자국정부가 직접 발행할 수 있는 돈을 자신들의 은행들에게 빌려가는 바보들이라며 그들의 하수인 정치인들을 비웃었던 대목이다.

민주주의라는 조작된 이념에 속아
지배세력의 자유무역을 받아들인 문민정부

그들의 의정서에서 가르친 대로 반대를 위한 반대로 정부의 국정운영을 방해하는 것밖에 할 줄 아는 게 없던 문민정부의 무능이 정권교체를 성사시킨 후에 고스란히 드러났다. 민주운동을 한다는 그들을 배후에서 지원해 준 것은 그들이 대한민국에 진정한 민주주의를 현실화시켜 주기 위해서가 아니라, 한국을 그들의 경제식민지로 만들고 한국의 자산을 가로채기 위한 것이었다. 그들에

게 자신들도 모르게 매수된 문민정부는 지배세력이 한국을 약탈하기 위해 내세운 '자유무역'이라는 이념을 그것이 곧 선진국으로 가는 길로 믿고 실행했다. 우리나라의 산업이 아직 없을 당시 시장을 개방했었다면 우리는 제 3세계국가들처럼 그들에게 노동을 착취당하며 제대로 된 산업 하나 없는 저개발국가로 남았을 것이다. 그리고 우리나라의 기관시설은 모두 그들의 소유가 되었을 것이다. 박정희 군사정권이 그들의 시장개방 요구를 거부하고 우리 시장을 그들의 기업들로부터 보호해 우리 산업을 키웠기 때문에 대한민국이 산업국가로 거듭날 수 있었다. 또한 그들이 우리 기업을 소유하는 것을 막았기 때문에 그들이 아무 비용도 안 들이고 발행하는 달러로 우리 기업들을 삼킬 수 없었던 것이다.

　대한민국의 금융시장을 개방하는 것이 국내 기업들의 세계 경쟁력을 향상시켜 주는 선진국으로 가는 길로 그들이 지배하는 언론과 학계를 통해 국민들을 세뇌했고, 문민정부 자체도 그들의 세뇌에 속아 넘어갔다. 그리고 기업들도 이제 국제시장에서 저금리로 자금을 빌릴 수 있어 그들의 국제 경쟁력이 향상된 것으로 믿었다. 그러면서 그들이 소유, 통제하는 세계 언론을 통해 대한민국을 아시아의 호랑이라며 추켜 주어, 국민들은 물론 기업들마저 그 사실을 믿도록 세뇌시켰다. 지배세력이 대한민국 경제를 붕괴시키기 위한 고도의 전략이라는 사실을 감지하지 못했던 것이다. 박정희 군사정권은 처음부터 국내시장을 그들의 경제 공격으로부터 철저히 보호하는 법으로 외국 기업들의 직접 투자를 허용하지 않았을 뿐 아니라 투자 금을 회수해가는 것도 어렵게 했다. 대한민국 기업들은 저금리로 국제시장에서 빌려 국내 부동산시장에 투기를 함과 동시에 기업들을 문어발식으로 늘려 자산불리기 경쟁이 붙었고 국내 부동산과 자산 거품을 형성했다. 금융시장개방은 자금이 국경의 제한 없이 자유로 들어옴과 동시에 자유로 빠져나갈 수 있다는 사실은 염두에 두지 않았다. 그러나 그것이 바로 지배세력이 고의로 판 함정이었다.

자유무역이 허용한 경제 기습약탈 공격 IMF

미국의 검은 자금을 포함한 외국자본들이 대거 유입됐고, 한국 기업들은 그 자본을 융통해 사업을 늘려나갔다. 그렇게 한 후 1997년 태국을 시작으로 갑자기 아시아경제의 거품이 과다하다며 자금을 인출하기 시작했다. 그러고는 한국을 포함한 아시아시장에 거품이 형성됐다는 소문을 조작해 갑자기 자금을 인출해갔다. 그 결과 기업들은 유동성위기를 맞았고, 대한민국의 외환보유고가 바닥이 나자 원이 급락하는 외환위기를 맞았다. 원래 IMF는 국가가 유동성 위기를 맞았을 때 긴급지원을 해 주게 돼있다. 그러나 실제로 IMF는 미국 배후세력들이 외국자본을 강도질하는 데 쓰이는 조폭기구라는 사실을 대한민국 기업들은 처음으로 경험했다. 일본에서 유동성을 위한 자금을 제공해주려 하자, 미국의 재무장관인 루빈이 직접 나서 금지하여 오로지 IMF에게 의존하도록 만들었다. 긴급자금을 공급해 주는 조건으로 유동성을 위해 금리를 낮추어야 할 상황에, 오히려 금리를 올릴 것과 무리한 구조조정을 요구해 자산들을 헐값에 매도하도록 주문했다. 그리해 한국은 울며 겨자 먹기로 알짜 기업들의 부채를 헐값에 그들에게 넘겨주어야 했고, 도산한 은행들은 외국자본으로만 살릴 수 있게 하는 조건을 만들어 한국계 은행 제일은행의 지분을 그들의 영국계 은행 스탠다드차타드가 인수하였다. IMF에게 '지원' 받은 약 200억 달러는 1997년 대한민국 GDP 557억 달러에 1/3이 조금 넘는 금액이었다. 그들이 조작한 유동성 위기 때문에 연 GDP의 1/3 규모의 자금이 없어 국가 경제권을 그들에게 넘겨주었던 것이다. 거기다 1998년 1월 26일 자 동아일보 머리기사에서 한국은행이 외환위기가 임박했음을 그해 3월부터 23차례에 걸쳐 YS 정부에게 경고했으나 이를 무시했던 사실이 드러났다. YS정부가 알면서도 미 지배세력과 공조했음을 의심하게 하는 대목이 아닐 수 없다.

또한, 대한민국 중앙은행인 한국은행에게 '독립성'을 부여하게 했다. 그 말은 한국은행이 직접 돈을 발행하지 못하고 국채를 발행해 이자를 주고 빌리게 됐다는 것이다. 그리고 여기서 말하는 대한민국 정부로부터 독립된다는 것은 대한민국 중앙은행을 지배세력이 소유한 중앙은행들의 중앙은행인 국제결제은행 BIS의 지배를 받도록 하는 것이다. 그때부터 대한민국 정부의 부채가 늘어났다. 그리고 그 국채를 담보로 정부가 직접 발행해도 될 돈을 정부소유 은행이 아닌 민영은행들에게 빌려 그 은행들이 여신을 창조해 원을 '창조(발행)' 하게 한 것이다. 그들의 의정서에서 이방인 정부들이 어리석다고 비웃은 그대로 된 것이다. 또한 한국의 노동법을 개조해 정리해고가 수월하게 할 것과, 5%에서 10%로 늘렸던 기업의 외국인 소유지분을 50%로 늘릴 것을 주문했고, 이 모든 요구를 한국은 IMF수혈을 받는 조건으로 수락해야했다. 대한민국 은행들은 물론이고, 삼성, LG 그리고 네이버 등의 대주주 지위가 아무 비용도 안 들이고 발행하는 달러로 그들의 손에 넘어갔다. 또한 대한민국 정부가 발행한 캠코 채권으로 기업 부실 채권을 인수해 외국시장에 판매해 한국은행들의 도산과 대기업들의 도산을 일부 막을 수 있었으나 알짜 기업들은 그들 손에 넘어갔다. 한국은 그래도 IMF의 요구를 곧이곧대로 받아들인 말레시아나 태국보다는 어느 정도 자산을 지킬 수 있었다. 그것도 대한민국 국민들이 자진해서 모은 금모으기 운동 덕분이었다. 국민들의 힘으로 모은 약 227톤의, 6천년 인류 역사 동안 항상 돈이었던, 금이 세계의 화폐 달러와 동등한 외환으로 인정받았기 때문이다. 그때 국민들은 이미 금의 위력을 경험했음에도, 지배세력의 하수인들로 형성된 언론과 학계는 이 사실을 인지하지 못했던지, 아니면 지배세력을 의식해 의도적으로 부각시키지 않았다. 또한 대한민국 국민들은 파산 위기에 있는 기업들의 부채를 구매해 국제시장에 재판매하기 위해 설립된 캠코 (KAMCO)의 채권을 구매해 주었다. 우리에 비해 말레시아와 태국은 대부분의 알짜 기업과 자산들이 그들 손에 넘어가는 강도질을 당했다. 대한민국의 알짜배기 대기업들의 대주주도 그들의 손으로 넘어갔으나, 그 사실을 알만한 지위에 있는 그들의 하수인으로 그 자리에 간 한국은행 총재와 경제 관료들은 그런 사실을 국민들로부터 숨기며, 자신들의 개인의 '명예'와 권력을 선택했다. 대한민국 언론은 이런 사실을 파악할만한 지식을 보유하지 못한 자들에 의해 운영돼 온 지 오래다. IMF에 의해 수탈당한 말레시아 수상이 그들을 적으로 묘사하게 됐으나, DJ대통령은 그 화폐 공격을 총지휘한 조지 소로스를 극빈으로 그의 집에까지 초대한 사실을 봐서, 그 당시 김대중 대통령은 일찍이 영국의 화폐도 공격한 바 있는 소로스가 바로 우리나라 수탈 작전에 배후에서 진두지휘한 사실을 정말 몰라서였는지 아니면 알고 한 행동인지는 측정할 수 없다. 그러나 그가 지배세력의 도움으로 대통령의 지위에까지 갈 수 있었다는 사실은 부인할 수 없다. 1991년에 인생의 대부분을 반정부 운동으로 교도소에서 지낸 것으로 알려졌던 남아공의 넬슨 만델라대통령이 아파르트헤이트를 정리하고 흑인 다수를 위하는 정권으로 교체하는 협상을 추진할 때에, 그동안 남아공의 정권교체를 위해 일해 온 자들의 반대에도 불구하고, 결정적인 순간에 남아공의 중앙은행을 백인들에게 내주어 지배세력의 뜻을 따른 적이 있다. 그가 프리메이슨으로 지배세력의 하수인이었다는 후문은 다 아는 사실이다.

김대중 대통령의 의심적인 행보

그러므로 DJ가 그동안 지배세력의 경제적, 정치적 지원을 받아왔던 이유로 그들에게 발목이 잡혀 그들을 위한 결정을 했어야 할 가능성을 배제할 수 없는 이유이다. 특히 그는 돈을 밝혀 많은 부를 축적한 것으로 알려졌고, 이미 그의 대선시절부터 그의 엄청난 규모의 비자금의 존재가 거론돼왔다. 돈과 명예를 추구하는 자들이 지배세력이 가장 선호하는 하수인 유형이기 때문이다. 그리고 그들에게 단 한 번 매수당하면 그때부터는 그들의 압력을 거부할 수 없게 되기 때문이다. 한 가지 더 의심 가는 정황은 외형적으로는 DJ의 정치 라이벌로 묘사됐던 YS의 경제참모진에, DJ의 오래 측근이며 그 후 그의 비서실장을 지낸 박지원이 포함됐었다는 점이다. 두 정권이 한 통속이었을 가능성을 시사하는 정황이다. 여하튼 1997년 외환위기는 미국의 클린턴 정권이 일본에게까지 한국을 지원하지 못하게 할 정도로 노골적으로 진행한 화폐 공격이었다. 그들이 우리 국민들의 애국심을 자극해 금모으기 운동으로 우리 국민들이 보유한 약 227톤의 진짜 돈인 금 역시 영국은행이 수탈해간 셈이다. 보다시피 금은 그들의 국제결제은행 BIS도 제1순위로 인정하는 진짜 돈이다. 외형적으로는 보관해 준다는 것이지만, 최근 미국이 독일의 금을 회수해주지 못하듯이 대한민국도 그들이 아무 비용도 안 들이고 발행하는 달러나 파운드로 받아야한다. 국민들의 애국심을 자극하는 수법은 1933년 미국에서 국민들의 금을 수탈할 때 사용한 동일한 수법이었다. 또한, 김대중 정권이 금융위기에서 탈출하는데 사용한 경기부양 정책은 대한민국 은행들이 부분준비제도로, 여신을 일으켜 국민들의 가계 빚을 늘려 경기를 활성화 시키는 것이었다. 그 결과 우리 국민들은 빚더미에 앉았을 뿐 아니라 민영은행이 여신으로 '창조(발행)' 해 늘어난 돈의 물량은 원화의 가치를 희석시켜 부의 양극화를 초래했다. 더욱이 그렇게 진 빚을 상환해야하는 압박 때문에 이제 직장을 잃을 것을 우려해 직장인들은 지배세력이 대주주로 전환된 기업들의 빚의 노예로 전락했고, 자유무역의 기치 아래 제조업을 중국으로 보내며 노동비를 줄여 늘린 기업들의 이윤은 배당금으로 그들의 몫이 되었다.

그 후 대한민국은 그들이 소유한 언론과 대기업들을 위한 기업 위주 정책으로 바뀌었고, 정부는 대기업의 확실한 하수인들로 전락했다. 원래 박정희 정권은 대기업을 국민들의 세금으로 밀어주어 세계에서 경쟁할 수 있는 기업을 만들어 대한민국 국가를 키우기 위해 정경유착을 허용했었다. 그런 의미에서 대한민국 대기업은 국민들이 키워준 것임으로 당연히 국민들과 그 혜택을 공유해야 마땅하고, 그 것이 원래 박정희 대통령의 의도였다. 그러나 김영삼 정권이 시작해 김대중 정권이 물려받은 '세계화'라는 명분 아래 이루어진 자유무역 정책은, 미국과 마찬가지로 기업들의 수익을 극대화하는 정책으로, 제조업을 외국으로 보내며 국내의 제조업 일자리가 줄어들어 국민들의 소득이 하락해, 국내경제가 축소되는 결과를 초래했다. 국민들이 합심해 키운 기업들은 이제 그들과 재벌들만을 위한 기업이 됐고, 국민들의 그동안의 헌신은 자유무역과 이윤극대화의 뒷전에 밀려 내팽겨졌다. 그리고 그들은 그런 대기업의 최고 경영자들을 자신들의 하수인들로 교체해 놓은 지 오래이다. 그들이 소유한 대한민국 '국민기업' 삼성과 엘지의 최고 경영자들은 그 기업들이 제조하는 TV, 휴대용 전화기에 미국 지배세력의 NSA가 요구하는 원격으로 가동할 수 있는 스위치가 설치돼 있어, 언제든지 국민들을 감청, 감찰할 수 있게 하는 데 비밀리 협조해 왔다. 물론 그들을 저항하는 자들은 일찍이 축출된 지 오래이니 당연히 자신들의 이익만을 우선으로 하는 자들이 등용됐다.

세계화를 빙자한 자유무역으로 빼앗긴 대한민국 경제자주권

DJ정권은 세계화라는 명분으로 그들의 요구에 따라 그들이 내세운 자유무역 정책 FTA를 추진했다. 물론 그것이 선진국이 되는 길이라고 국민들을 세뇌했다. 앞에서 설명했듯이 자유무역은 대기업들을 위한 정책이다. 그리고 97년 IMF를 계기로 이제 포스코같은 국영기업은 물론 대한민국 대기업들을 그들이 소유하게 됐다. 문민정부는 '자유무역'으로 우리보다 더 경쟁력이 있는 국가에서 싸게 제조하고, 우리가 경쟁력 있는 제품을 수출해 국가의 GDP를 늘려야 한다고 국민들을 세뇌했다. 우리나라 농업기업들이 자유무역에 거세게 반대한 이유는, 외국에서 헐값에 들어오는 농산품 때문에 경쟁력을 잃어 폐업을 해야 되기 때문이다. 이제 정부는 자유무역이 더 경제적으로 효율적이라며, 국민들을 그들이 통제하는 학계와 언론을 통해 세뇌시켰고, 자신들도 세뇌됐다. 그러나 박정희 정권은 이 자체가 우리나라의 안보를 위협한다는 사실을 알고 보호했던 것이다. 전법을 공부한 그는 식량을 자주적으로 생산을 못하게 되면 그들이 소유, 통제하는 독점기업들에게 의존하게 돼, 그들의 노예가 될 수 있다는 사실을 알고 있었다. 그런데 지배세력에게 '빚'을 진 DJ는 그들이 제시한 자유무역 정책을 당연하게 받아들였다. 그들에게 교육을 받은 참모진들에게 세뇌가 됐던 것인지 아니면 박정희 정권이 국가의 안보를 위해 유지해 온 정책을 알고서 내 준 것인지는 알 수 없다. 여하튼 경제에 문외한인 그와, 아는 것이라고는 정부를 반대하고 비판하는 것밖에 모르며 그에게 충성했던 그의 추종자들의 무지가 역사를 통해 드러났다. 지배세력이 자유무역 정책으로 자신들이 소유, 통제하게 된 대한민국 기업들의 이윤을 극대화하는 정책이 오히려 노동자들의 권익과 위배된다는 사실을 몰라 자신을 대통령으로 만들어준 국민들을 배신하는 행위라는 사실조차 감지하지 못했을 수도 있다. 헨리 키신저는 세계의 에너지를 통제하면 국가를 통제할 수 있고 식량을 통제하면 인류를 통제할 수 있다는 말을 공식 석상에서 한 적이 있다. DJ 자신의 의도는 순수했을 수도 있고, 그가 지배세력의 하수인들로 형성된 참모들의 잘 못된 조언을 받았을 수도 있다. DJ가 추진한 햇빛 통일정책을 볼 때 그가 모르고 협조했을 가능성에 무게가 간다. 왜냐면 그의 통일 정책은 지배세력의 뜻을 거역하는 것이었기 때문이다. 그러나 그는 명예욕이 많았음으로 지배세력이 통제하는 노벨평화상을 위해 그들의 지시에 의해 북한에게 자금을 대주었을 가능성도 배제할 수는 없다. 그러므로 그의 대한 판단은 아직 더 기다려봐야 한다. 진실은 시간이 가면 드러나게 돼있기 때문이다. 더욱이 DJ는 김일성과 같이 정권 말기가 돼서야 그 현실을 간파했을 수도 있다. DJ가 그의 후임자로 지역감정을 해소하는 것과 한반도 통일정책을 이어갈 노무현을 선택한 것을 봐서는 그가 뒤늦게 깨달았을 가능성을 시사한다.

문민정부의 출범으로 제도화된 금권 정치

그러나 한 가지 분명한 사실은 문민정부가 들어선 후부터 지배세력이 대한민국의 정치계, 언론계, 학계, 법조계, 경제계 등을 돈으로 매수하는 게 용이해졌다는 것이다. 군사정권이 없어진 후 언론이 더 자유스러워질 것이라는 믿음을 깨고 정반대의 결과를 초래했다. 예전에는 중앙정보부로부터 강도 높은 수사를 받고 탄압을 감수하면 됐으나 문민정부가 들어선 이후에는 경제적인 압력을 이용해 정부의 정책을 반대하는 표현이 더 지능적으로 억제됐다. 그들은 그러므로 그들이 아무 비용도 안 들이고 발행하는 돈으로 언론인들을 매수했고 그들을 저항하는 자들은 해고시켜 본보기로 삼았다. 이제 자신과 자신 가족의 생계를 경제적으로 위협받게 된 언론인들은 감히 저항할 엄두를 못 내고 순응해야 했다. 그리고 그때부터 돈이 최고인 세상으로 변했다. 우선 그들이 통제하는 언론매체로 재벌가들에 대한 드라마로 그들을 우상화했다. 앞에서도 언급했듯이 대한민국 대기업은 정부가 국민들의 세금으로 기업들의 세계경쟁력이 자체적으로 생길 때까지 국민들의 세금을 담보로 한 정부의 지불보증으로 자금을 조달해 주었기에 가능했다. 그러므로 대한민국 공기업을 포함한 모든 대기업은 국민들의 기업이었다. 그런데 이제 그 기업들은 지배세력에게 넘어갔고, 그들의 하수인들로 전락한 재벌가들은 기업의 이윤을 위해 국민들을 배신하고, 드라마에서 추켜세워지는 대로 자신들이 대단해서 이룩한 것으로 착각하기에 이르렀다. 자유무역이라는 명분으로 미국에서처럼 제조업을 외국으로 보내 국내의 고가 일자리가 줄어들었다. 그러면서 노동력의 이동 역시 자유화해야 하는 자유무역의 일환으로 제 3국의 노동자들을 받아들여 임금이 오르는 것을 저지했다. 그리고 그때부터 명예와 실력을 상징하는 학계에서까지 실력보다 웃돈이 있어야 교수직을 구할 수 있게 됐다. 학계에서도 만약 지배세력을 비판하던지 그들이 정해놓은 교육과정에서 이탈하면 조용히 축출됐다. 그들이 중요시 하는 경찰, 검찰 사법부에는 당연히 더 심했다. 지배세력은 그렇게 그들의 의 정서에서 가르친 대로 돈을 숭배하는 돈을 위주로 하는 사회로 대한민국을 타락, 변질시켰다.

지배세력의 통제 하에 들어간 대한민국 국가 공권력

대한민국의 정치계와 언론계 그리고 법조계가 지배세력에 의해 완벽히 매수됐다는 사실은 노무현 정권의 출범서부터 나타났다. 그들이 우선 노무현을 매수하려 했다는 사실은 노무현 대통령을 그들의 비밀 조직에 가담을 시키려 한 것을 보면 알 수 있다. 인터넷에는 노무현 대통령이 그들의 초대로 프리메이슨로지로 보이는 곳에서 프리메이슨의 상징인 앞치마를 하고 같은 복장의 사람들과 찍은 사진을 찾을 수 있다. 그가 실제로 김대중과 마찬가지로 프리메이슨이었다는 소문도 있고 사실일 수도 있다. 만약 그랬었다면 그는 그들의 정체를 알게 된 후 그들을 배신했다는 정황을 그의 업적이 증명한다. 노무현은 그들의 유혹에 넘어가지 않았다. 오히려 그는 지배세력의 직속 하수인조직인 국정원장의 보고를 받는 자리에 제3자를 배석시키는 치밀함을 보였다. 앞에서 이미 설명했듯이 그들은 그들의 CIA를 이용해 돈으로 매수해보고 안되면 그의 정부를 전복시키는 수법을 써왔다. 그리고 그것마저 안 될 경우 암살로 제거해왔다. 그들이 그 수법을 그대로 진행했던 것은 아무 명분 없는 그의 탄핵에서 드러났다. 이미 지배세력의 CIA로부터 지원을 받고 있는 비영리 단체, 학계, 금융계, 재벌계를 통해 매수돼 온 대한민국 국회의원들과 그들의 선전방송으로 전락한 언론을 동원해 말도 안 되는 조작된 이유로 노무현의 탄핵을 시도했다. 우리는 그 당시 여당을 포함한 대한민국 국회의원들 대부분이 그의 탄핵에 동조했다는 그 사실 하나만으로 얼마나 대한민국 정치권이 이미 그들의 통제 하에 있었는지를 짐작할 수 있다. 그러나 일부 깨어있는 국민들이 촛불시위를 시작하자 확산될 것을 우려한 헌법재판소의 결정으로 그 위기를 넘길 수 있어, 그들의 계획에 차질을 빚었다. 그러자 그가 물러나 직후 그들의 전형적인 수법으로 그의 경호인들을 매수해 암살했을 것이 의심된다. 자살로 단정한 유일한 증거는 그의 컴퓨터에 입력된 '유서'인데, 담당 경호인이 거짓말 탐지기 검사를 완강하게 거부하고, 검찰이 그 사건을 덮어버린 정황이 이를 뒷받침한다. 지배세력은 자신들을 저항하고 대통령까지 지내고 국민들의 신임을 받는 그를 살려둘 수 없기 때문이다. 만약 그가 프리메이슨이었으면 더더욱 그러하다. 프리메이슨회원들 앞에서 하는 비밀선서에는 배신은 곧 죽음이라는 사실을 받아들인다고 시인하게 돼 있기 때문이다. 그의 묘지가 프리메이슨 상징으로 치장돼 있다는 점이 그 가능성을 시사한다.

세계지배세력을 정면으로 도전했던 노무현 정권

처음부터 그들이 우려했던 대로, 노무현대통령은 공산주의의 붕괴 후 시장경제체제로 전환한 중국과 러시아가 배후에도 없는 북한으로부터 방어를 하는데 아직도 미국에게 의존하고 있다는 모순을 지적하며, 전시작전권 반환을 시도했다. 그의 그런 시도는 지배세력의 세계질서를 도전하는 위험한 행보였다. 안 그래도 지배세력의 속국 일본의 통치를 받아온 오키나와에서 미군기지의 재계약을 반대하고 미국의 군 기지 철수를 요구하고 있는 상황에, 대한민국에서는 작전권을 돌려달라고 나섰던 것이다. 이는 그들이 전 세계를 테러와의 전쟁을 빌미로 경찰국가로 만들려고 시작한 세계정부를 설립하는 계획에 정면 도전이었다. 또한 노무현 정권은 김대중 정권에 의해 만들어진 자유무역협약인 FTA는 예정대로 통과시켰으나, 1997년 IMF 이후 그들이 소유, 통제하게 된 대기업들에게 노동자들을 보호하는 정책을 요구했다. 그러면서 노무현은 지배세력이 기득권세력인 보수파를 이용해 이미 통제하고 있는 언론과 검찰조직을 감히 개편하려했고, 대한민국이 보유하고 있는 미국 국채 일부분을 금으로 전환시키려했다. 지배세력은 IMF를 이용해 대한민국이 그들의 국채를 '충분히' 보유하고 있지 않으면 외환위기가 발생할 수 있음을 대한민국 국민들의 의식에 심어놓았다. 그러므로 정부는 4천억에 가까운 수출로 번 달러로 미국의 국채를 매입해 고스란히 그들에게 '빌려' 주게 만들었다. 그런데 감히 그 국채를 팔려고 했다. 그냥 두었다가는 부근 국가들도 팔려고 나올 수 있기 때문에 허용할 수 없었다. 그러자 그들은 2005년 인천 앞바다에 군함을 출현시켜 노골적으로 노무현 정권을 위협하고 나와, 그는 그 계획을 포기해야 했다. 물론 그들의 지배를 받는 대한민국 언론은 그가 금을 비싸게 구입해 손해를 냈다며 그의 그런 정책을 공개적으로 비난했다.

지배세력의 경제정책이 불러온 불황의 누명을 쓴 노무현정부

그러고는 2006년부터 그 증조가 보이기 시작한 섭프라임 사태로 미국을 포함한 전 세계경제가 악화되는 상황을, 그들의 통제를 받는 언론에서 노무현 정권의 경제정책에다 뒤집어 씌었고, 경제에 무지한 국민들을 그들에게 철저히 속았다. 그 직후 일어난 2008년 미국 발 금융위기가 입증 했듯이, 대한민국의 경제 악화는 노무현 정권과 아무 상관이 없었다. 그러나 그들은 2008년 미국에서 일어난 경제 붕괴 전인 2006년부터 불황의 징조가 한국으로 확산됐던 것을 대한민국 언론을 이용해 노무현 정권의 무능으로 몰았다. 세계경제에 대해 알지 못하는 대한민국 국민들은 그들의 그런 그 허위보도를 믿고 노무현 정권에 등을 돌렸고, 경제를 살릴 수 있는 '기업인' 이명박을 다음 대통령으로 선출했다. 이미 노무현대통령의 탄핵에 동조함으로 지배세력에게 매수된 사실이

명백하게 드러난 여당과 야당 국회의원들이 합세해 문재인을 비롯한 노무현 정권과 연루됐던 정치인들을 '친노'파라고 하며 언론과 함께 그들을 실패한 정권의 잔여세력으로 폄하했다.

E. 이명박의 보수 정권 시대

노무현 정부에게 씌운 경제 불황의 누명을 이용해
당선된 '경제 대통령' 이명박

2007년 지배세력의 하수인으로 선정돼 대통령에 당선한 이명박은 그가 자신을 포장했던 것처럼 가난을 극복해 성공한 기업인으로 대한민국을 위해 애국하고자 한 위인이 전혀 아니었다. 그는 장사꾼 출신으로 그의 가난하게 태어났던 열등의식을 경제적 성공으로 메우고 싶은 야심가로, 지배세력이 선호하는 하수인 프로파일에 적임자였다. 그리고 그는 재벌 오너를 모시는데 탁월했던 두뇌로 지배세력의 뜻을 간파해 충성함으로 국민들을 배신한 간신배였다. 그가 대박을 내고 싶어 BBK사건에 연루됐다가 손해를 본 자금을 그의 대통령지위의 공권력을 이용해 회수한 것 하나만으로도 그가 돈에 대한 열등의식의 소유자로써 자신의 이익이 국가의 이익보다 더 소중했던 사실을 알 수 있다. 물론 언론에 길들여진 국민들은 언론의 그런 속임수를 이용한 계획된 연출을 알 도리가 없었다. 말이 전문경영인이지 오너에게 아부를 잘하는 타고난 고급 하인 출신이었던 그는 국민들에게 자신이야말로 대한민국 경제를 살릴 수 있는 적임자라고 그럴듯하게 사기를 치는데 성공했다.

그는 우선 IMF 이후 본격화된 자유무역 정책의 여파로 고임금 일자리가 줄어드는 사실을 숨기기 위해 '조기 퇴직' 이라는 명분으로 가장 생산력이 높고 노련한 50대를 내쫓아 더 낮은 인건비를 지불해도 되는 젊은 층으로 대체해 고용함으로 청년일자리를 채웠고, 동시에 고임금을 줘야하는 50대 직장인들을 '조기' 퇴직시켜 인건비도 줄일 수 있었다. 은퇴한 자들은 실업률에 포함되지 않기 때문이다. 더군다나 지배세력은 민주화운동을 통해 아직 의식이 깨어 있어, 자신들의 지시를 저항할 수 있는 50대를 경영진에서 대거 퇴출시킴으로써 대기업들의 경영진을 자신들이 부리기 편한 젊은 층으로 대체할 수 있었다. 기업가인 그는 이미 기업들을 위한 자유무역정책은 일자리 축소로 이어진다는 것을 누구보다 잘 알고 있었다. 그런 정책이 사회의 가장들을 쫓아내 기업들에게는 이익이 되나, 국가적으로는 손해라는 사실은 철저히 무시했다. 이미 지배세력의 하수인들이 주요직을 차지한 언론과 학계는 그의 정책을 경제위기를 극복하는 길이라며 옹호했다.

이스라엘 군의 천안함 침몰에 공조한 이명박 정권

같은 시기에, 지배세력의 속국인 일본의 통치를 받으며 제2차 대전 이후 줄곧 미군 해군기지 역할을 감당해온 오키나와 국민들이 미국과의 미군기지 재계약을 반대하고 나섰다. 그러자 지배세력은 그들의 테러군대인 이스라엘의 잠수함으로 대한민국 천안함을 들이받아 침몰시키는 자작극으로 아시아에 전운을 조성했다고 앞에서 지적했다. 그러고는 그 공격을 북한이 쏜 어뢰라고 북한군의 소행으로 뒤집어씌웠다. 천안함에 어뢰가 폭발한 흔적이 없이 무슨 충격에 의해 배가 두 동강이 난 사실은 국방부에서 군부가 증거를 조작해 은폐한 정황을 인터넷에서 확인할 수 있다. 지배세력의 앞잡이로 전락한 이명박은 그렇게 북한의 소행으로 조작하는데 앞장섰다. 설상 그 공격이 북한의 소행이라고 가정하더라도, 대한민국 국군통수권자라는 대통령이 군 장성들과 나란히 앉아, 대한민국 국가예산의 10%를 군비로 소비하면서도, 대한민국 경제의 1/4도 안 되는 경제규모를 가진 북한의 잠수함공격 하나를 막지 못한 것을 부끄러워하기는커녕, 오히려 늠름하게 발표를 하고 있는 모습은 가관 그 자체였으나, 지배세력의 선전방송으로 전락한 대한민국 언론은 물론 지배세력에게 매수된 군사 전문가들마저 당연하다며 맞장구를 치며 국민들을 속였다. 그는 안 그래도 지배세력의 지시대로 북한을 적대화하는 정책으로 대한민국의 전쟁 공포를 조성해왔었고, 천안함은 그의 그런 노력에 힘을 실어주어 국정원을 포함한 정부 공권력을 강화하는데 활용됐다. 그리해 아시아를 북한으로부터 '보호' 하기 위해 오키나와의 미군기지는 물론 대한민국의 제주도에 해군기지를 지어야하는 정당성을 조작해, 불황으로 어려움을 겪고 있는 국민들에게 써야 할 국비를, 그것도 정부국채를 발행하여 조달한 빚으로, 지배세력의 해군기지를 건설하는데 할애했다. 이미 정부와 언론의 말을 곧이곧대로 받아들이도록 세뇌된 대한민국 국민들 역시 이 사실을 간파하지 못했다. 국가의 자주권을 되찾으려 했던 노무현 정권의 뒤를 이으려는 국회의원들을 '친노'세력으로 묘사한 지배세력의 언론은 '친노' 파를 종북 세력으로 몰았고, 그들의 조작된 정보전쟁에 의해 국민들은 그들의 허위 선전에 속아 넘어 갔다.

대한민국 공영자산의 민영화를 가속화시킨 이명박 정권

　이명박은 대한민국 국영자산을 민영화시키는 데 앞장섰다. 민영화는 지배세력의 전형적인 경제제국주의 정책으로 이미 남미와 동유럽의 구 소련국가들의 부를 약탈하는 수법이었다. 그는 '민영화'가 대한민국의 국제 경쟁력을 강화시키는 길이라며 국민들을 속였다. 민영화는 앞에서도 설명했듯이 지배세력이 아무 비용도 안 들이고 발행하는 그들의 달러로 국영기업을 사들이는 전형적인 약탈수법이다. 문민정부가 경제를 몰라서 그들에게 당했다면, 그는 알면서 국민들을 배신했다. 가난한 배경에서 '성공'해 국민들을 위하는 것처럼 포장했지만, 실제로는 그의 부에 대한 탐욕이 그들에게 매수당하기에 적임자였던 것이다. 교회 파킹장에서 베푼 '자원봉사'도 돈을 버는 수단에 불과했던 것이다. 앞에서도 설명했듯이, 국가의 돈을 발행하는 역할은 은행들이 아무 비용도 안들이고 창조하는 여신(credit)인 대출로, 은행들의 몫이다. 그러므로 국가가 소유한 은행들을 그들에게 민영화를 빙자해 넘겨주는 것은 정부가 돈을 창조할 수 있는 권한을 그들에게 넘겨주는 매국 행위 그 자체이다. 물론 그 절차는 97년 IMF 이후부터 시작됐으나, 이명박 정부가 들어서며 금융분야로 확대 됐다. 경제를 잘 안다고 믿고 국민들이 선출해 주어 정부의 경제를 위탁받은 그는, 오히려 재벌 오너의 하수인에서 지배세력의 하수인으로 상승되어, 그들을 위해 국민들을 배신하는 데 앞장섰다.

대한민국을 의정서에서 가르친 대로 빚으로 구속시킨 이명박

또한 대한민국 정부를 빚더미에 앉히는 수법으로 그는 '4대강 사업' 이라는 뜬금없는 프로젝트를 창조했다. 그의 건설업 배경이 생각해낸 꼼수였다. 대한민국은 미국과 G7국가들에 비해 빚이 상대적으로 적어 건실했다. 특히 그나마 정부소유로 남아있는 산업은행, 우리금융지주 및 기업은행이 직접 돈을 창조했고 인천국제공항, KTX, 가스 공사 등을 정부가 직접 소유하고 있었다. 우선 그는 국영은행들을 민영화시켜 국가가 이자를 받고 여신을 창조하는 기능을 지배세력이 배후에 있는 지주회사들에게 넘겨주려 했다. 또한 그는 KTX는 물론 그의 조카가 고용된 지배세력의 투자은행 골드만삭스를 통해 세계적으로 인정받으며 흑자를 내고 있는 인천국제공항을 민영화하여 정부의 중요한 수입창구를 없애려했다. 그러나 다행히 민영화의 혜택를 불신하게 된 국민들의 거센 저항에 부딪혀 포기해야 했다. 또한 그는 대한민국 정부가 더 빚을 지게 하는데도 앞장섰다. 국민들의 저항 때문에 민영화에 실패한 석유공사, 가스공사, 광물공사 등은 공채를 발행해 빚을 지게 했다. 그렇게 그는, 정부가 지배세력이 조작한 경제 붕괴로 인해 갚을 여력이 없어질 경우, 공영기업들을 그들에게 헐값에 넘겨주어야 하게 만드는 그들의 수법에 공조했다. 그리고 그는 그렇게 빌려서 마련한 국가자금을 '자원투자'라는 명목으로 불투명하게 사용했고, 모두 실패했다. 더 의심쩍은 정황은 그런 막대한 자금을 투자하기 위해 국가를 대표한 인원이 단 한 두 명으로 구성됐다는 어이없는 사실이다. 그는 벌써 지배세력의 하인으로 상승함과 동시에 자신도 그들처럼 국민들을 가축처럼 보게 됐던 것이다. 그렇게 그는 국가 경제를 기업처럼 경영해 줄 것을 기대했던 국민들의 바람과 정반대로, 그가 대통령 자리를 물러날 때는 국가의 재정 적자를, 그가 경제에 실패했다고 비난했던 노무현 정권의 부채 10.9조원의 10배에 가까운 98.8조로 늘려놓았다. 기업경영에서는 용납될 수 없는 낙점 경영을 하고도 부끄러워하기는커녕 오히려 당당했고, 언론도 그런 모순을 은폐하는데 동조했다.

이명박의 국민들을 정신적으로 세뇌시키는 종편방송 설립

그는 또한 국민들을 세뇌시키는 역할을 담당할 종편방송들의 설립을 계획, 진행했다. 언론의 통제는 지배세력의 의정서가 돈 다음으로 가장 중요시하는 국민들의 생각을 통제하는 도구이다. 역시 대한민국의 최고의 노가다 기업인 건설회사의 최고경영자답게, 그는 다방면으로 그의 주인들의 비위를 잘 맞추어줘, 자신도 앞으로 일본의 다나카처럼 그들의 대한민국 총책임자 역할을 부여받을 자격이 있다는 사실을 증명하려했던 것으로 보인다. 이미 대한민국 국민들은 문민정부가 들어섬과 동시에 SBS같은 민영방송매체를 앞세워 국민들의 정서를 홍석천, 하리수 같은 동성애자들을 내세워 성의 자유라는 명목으로 문란을 조성했고, 젊은 세대에게는 서양문화를 숭배하고 우리의 고유문화를 저버리도록 세뇌했다. 대한민국의 연예계는 이미 미국과 유럽 같이 일루미나티의 영향을 받아, 사탄 숭배를 의미하는 숫자와 상징과 기호가 들어간 무대, 음악, 춤, 옷차림, 손놀림, 대사 등을 볼 수 있다. 그들의 사탄을 숭배하는 일루미나티가 대한민국 연예계를 깊숙이 침투했다는 증거이다. 그리고 드라마를 통해 의정서에서 가르친대로 돈을 숭배하는 문화를 조성했다. 그러면서 종편방송으로 국민들의 생각과 판단력을 조종해 그들이 주입하는 대로 생각하도록 만들기 위해, 그들이 선정한 그들의 하수인들로 형성된 전문가들을 출현시켜 국민들의 생각을 통제하는 기구로 만들었다.

이명박의 자유무역을 빙자해 노동자들의 임금을 억제한 정책

그리고 그는 대한민국의 이민정책을 개방해 외국계 노동자들의 입국을 허용함으로써 기업의 노동비용을 줄이는 정책에 기여했다. 물론 이는 지배세력이 추구하는 자유무역정책의 세 가지 자유인, 국경 없는 1) 무역, 2)자본의 이동, 그리고 3)노동의 이동을 실현하는 세 번째를 이행하는 것이었다. 자유무역을 빙자해 노동비용의 상승을 억제하는 정책이다. 거기다 기업의 이윤을 위해 비정규직이라는 임시 채용을 허용해 서서히 제도화시켰다. 비정규직은 대한민국 기업들이 정규직을 보호하는 노동 근로법을 우회해 인건비를 줄이게 해주는 제도이다. 그런 식으로 그는 의정서에서 가르친 노동자들을 노예화하는 데 앞잡이 역할을 했다. 또한 그는 지배세력이 세계적으로 진행하고 있는 저금리 정책으로 거품경제를 일으켜 부의 양극화에 공언해 한정된 고정수입에 의존하는 월급쟁이들과 은퇴자들의 생활고를 더 악화시켰다. 그는 정부의 빚을 늘렸고 저금리 정책으로 국민들의 가계 빚을 증가시켰다. 의정서에서 가르친 대로 국가와 국민들의 가계 빚을 늘려 빚의 노예로 만드는 정책으로 국민들은 빚을 갚을 능력을 상실할 것이 두려워 기업주들에게 감히 대항할 엄두를 못 내게 됐고, 직장인과 근로자들은 빚을 갚기 위해 일해야 하는 경제노예로 전락했다. 반면 그의 당선에 기여한 대한민국 기득권 보수세력을 위해서는, 노무현 정권이 인상했던 상속증여세, 부동산 양도소득세율을 다시 인하 시키고, 양도세득세 과세표준을 6에서 9억으로 상향조정하고, 장기보유특별공제 보유 기준을 20년 이상에서 10년 이상으로 단축시켜 자산가들의 세금부담을 대폭 줄여주었다.

박근혜 대통령 만들기에 동원시킨 국가 공권력과 투표조작

미국 지배세력의 하수인 이명박은 언론을 위시해 국가의 공권력인 국정원, 검찰, 경찰을 포함해 사법부까지 장악했다. 그런 정황은 삼성 X 파일사건에서 확인됐다. 삼성 변호사의 내부자 고발과 노회찬 의원의 X 파일 공개는 오히려 노회찬 의원의 구속과 의원직 상실로 결론이 났다. 그로인해 지배세력이 실질 소유주인 삼성이 대한민국 검찰과 모든 공권력을 돈으로 지배한다는 사실이 입증됐다. 이명박은 그의 인사들을 요지에 앉혀 정권을 그들이 영원히 주무르려는 계획을 구상했을 것으로 추정된다. 그리고 그가 완벽하게 장악한 언론과 공권력을 활용해 그가 조종할 수 있는 새누리당을 존속시키기 위해 세상물정도 모르는 박근혜를 대통령을 만드는 작업을 주도했다. 그리고 그들의 권력을 위협할 수 있는 문재인과 친노파 세력을 대항하기 위해 그들이 통제하는 언론을 통해 제 3의 인물로 국민들에게 신선한 이미지로 포장한 안철수를 부상시켰다. 같은 시기에 미국에서 언론을 통해 오바마를 부상시킨 것과 같다. 그러면서 안철수는 오바마처럼 변화를 추구하는 것처럼 포장됐다. 그는 원래 문재인의 당선을 방해하기 위해서 부상된 인물이다. 그가 아무 내용이 없는 언론이 창조한 로봇과 같은 지배세력이 내세운 인물이라는 정황은 2017년 대선토론 때 자신이 이명박의 아바타냐고 물을 때 드러났다. 그러므로 2012년 그가 후보 단일화를 막판까지 끌었던 이유는 문재인의 당선을 가로막는 역할을 담당하기 위해서였을 것이다. 대한민국을 경찰국가로 만드는 책임을 수행했던 이명박은 그가 통제하는 국정원을 이용해 온갖 부정을 저질렀으나, 이미 지배세력의 선전방송으로 전락한 지 오랜 대한민국언론은 이명박정부가 조작한 NLL사건을 이용한 거짓 방송으로 국민여론을 조작하는데 공조했다. 그것으로도 모자라 이명박 정권은 노골적인 투표기계 조작을 감행해, 다수 국민들의 지지를 얻은 문재인 후보를 가까스로 눌렀다는 사실은 2017년, 국민들이 크라우드 펀딩으로 지원해준 자금으로 김어준이 제작한 다큐멘터리 '더 플랜'에서 입증됐다. 그런 부정부패를 동원해 대한민국 역사상 가장 수치스럽게 현직 대통령직에서 물러나게 될 박근혜의 당선에 기여했고 그들의 완벽한 통제를 받는 언론은 그런 부정부패를 은폐하는데 동조했다. 그러고도, 대한민국언론은 지금도 지배세력이 진행 중인 정보전쟁의 도구로, 국민들의 전폭적인 지지를 받고 있는 문재인 정권의 국정을 방해하는데 공조하고 있다.

2008년 이후 경제가 회복 중이라고 속이는데 동조해온 대한민국 언론과 학계

2008년 미국발 금융 위기는 지배세력이 고의로 일으켰다가 중국과 러시아의 은밀한 화폐 공격으로 그들이 소유한 은행들의 도산 위기였다. 그러자 지배세력은 미국 정부를 움직여, 그들이 소유, 통제하는 대형 은행들을 구제한 후, 경제 활성화라는 명분으로 달러 여신을 남발해 빚으로 경제를 지탱시켜왔다. IMF의 공개

된 자료에 의하면 2008년 세계 GDP가 70조 달러인데 비해 세계적으로 정부, 기업, 개인 총 빚의 액수가 175조 달러였다. 그때 비해 지금은 빚의 액수가 60조 가까이 더 늘어난 235조 달러이다. 이는 그들이 공개한 자료에 의한 것으로, 그들이 비공개로 '창조'한 빚의 액수는 알 도리가 없다. 그러나 2008년 직후 그들의 연준위가 비밀리 창조한 23조 달러와 최근에 펜타곤과 주택개발부에서 사라진 21조 달러는 그 금액에 포함되지 않았으므로 최소한 40조 달러의 비공개로 창조된 빚이 더 존재한다.

앞에서도 지적했듯이 빚으로 창조돼 유통되는 돈의 양이 늘어날 경우, 돈의 가치가 희석돼 자산 값이 오르는 것처럼 보이는 현상이 일어난다고 했다. 결국 자산 값은 오르지만 돈의 구매력은 오히려 떨어져 월급과 고정수입을 버는 국민들은 더 가난해지는 부의 양극화 현상이 일어나 국민들의 생활고가 악화되는 것이다. 지배세력의 통신사로부터 받은 정보를 전하는데 길들여진 대한민국의 언론은 만약 종편방송 토크쇼 진행자가 초빙한 경제전문가가 그들의 언론이 선전하는 경제정보에 이의를 제기하는 '실수'를 범하면 그 다음날로 하차시키며 진실된 정보를 은폐하고 있다. 그들의 언론은 대한민국 국민들을 포함한 전 세계로부터 그런 정보를 은폐해야만 달러가 아직도 최고의 안전자산으로 믿도록 호도할 수 있기 때문이다. 2008년 세계 금융위기를 예측하지 못했던 같은 경제 전문가들이 아직도 언론에서 전문가로 출현하고 있는 이유이다. 문제는 언론으로부터 정보를 얻는데 길들여진 국민들 역시 2008년에도 금융위기가 임박했다는 정황을 예견하지 못했던 같은 전문가들에게 아직도 의존하고 있다는 현실이다.

지배세력의 약탈을 모르고 동조한 문민정부와 대조되게 알고 공조한 이명박

국민들이 경제전문가라고 믿고 대통령직을 맡겼던 이명박은 2008년 하반기, 미네르바라는 필명으로 인터넷 포털사이트 다음 아고라에서 2008년 하반기 리먼 브라더스의 부실과 환율폭등 및 금융위기의 심각성 그리고 당시 대한민국 경제 추이를 예견하는 글을 써 주목을 받자, 그를 찾아내 오히려 그의 적중한 예견을 허위사실유포혐의로 체포해 구속시켰다. 그리고는 미국의 경제가 회복중이고 대한민국 경기가 회복할 것이라는 지배세력을 위한 거짓말로 국민들을 호도하는데 앞장섰다. 그러면서 자신의 개인 이익에 눈이 멀어 국가 공사채를 발행해 국가 빚으로 조달한 자금을 자원외교라는 명분으로 횡령한 정황이 드러났다. 그는 지배세력과 공조해 그들의 자작극인 천안함 사태로 한반도를 둘러싼 아시아 지역에 전운을 조성하는데 동조해 그들에 의해 조작된 북한의 핵 위협을 빙자해 대한민국 총 예산의 10%를 국방비로 할당해. 국채를 발행한 빚으로 지배세력의 방산업체가 생산하는 무기를 사들이는 데 소비했다. 그가 대통령직에서 물러난 후에는 그의 전 국방장관이며 박근혜정부의 현직 국가안보실장을 통해 원래 국방위원회가 선정한 무기구입 계획을 무산시키고, 커미션을 받기 더 용이한 록히드마틴사의 무기로 대체시킨 정황이 드러났다. 그는 노무현 정권이 추진해온 민족통일 사업을 중단했을 뿐 아니라, 그 사업을 추진하던 친노세력을 약화, 제거하는데 앞장섰다. 그는 결국 국민들이 위탁한 국가의 원수 자리를 지배세력의 이익과 자신의 이득을 챙기는 데만 연연한 대한민국 국민들을 배신한 국가 반역자였다. 그런 그가 자신의 부정부패를 덮어줄 박근혜를 국정원과 국방부와 언론을 총동원해 다음 대통령으로 만드는 데 공헌했던 것이다.

F. 박근혜 정부 시대

박근혜 정권의 통합진보당을
조작된 허위사실로 해체시킨 반 민주주의 행보

박근혜 정권은 대한민국 좌파를 상징하는 통합진보당을 공산당으로 몰아 해체시켰다. 통합진보당 대통령 후보였던 이정희가 대통령 토론회 TV 생방송에서 그녀를 모욕했었던 것에 대한 보복이었다. 통합진보당이 무력으로 정부를 전복시키려다 국정원에 의해 발각됐다는 3류 소설에서도 안 통할 각본을 조작해 그들의 언론을 통해 사실인양 보도해 국민들을 속였다. 국민들에게 대한민국의 좌파세력은 종북세력으로 국가를 무력으로 전복시킬 계획을 음모했다는 조작극이었다. 1970년대에 이태리에서 CIA가 글레디오작전명 하에 비밀리 제공한 무기로 과격파들을 좌파당 붉은 여당(Red Brigade)에 침투시켜 좌파당 전체를 준군사조직으로 변질시켰던 수법의 일부를 표절한 픽션에 불구했다. 그런 식으로라도 보수의 정당성을 국민들에게 '확신' 시킴과 동시에 좌파세력의 정당성을 격추시키려는 대한민국 국정원의 어설프기 짝이 없는 작품이었으나 대한민국 언론은 이를 사실인양 보도해 국민들을 속이는데 공조했다. 그런 후 박근혜 정권은 미국에서 에드워드 스노든이 노출시켰던 지배세력의 하수인 오바마가 진행한 국민들을 사찰하는 정책을 그대로 인용해 국가 여론에 영향을 끼칠 수 있는 연예인들, 작가, 학자, 정치인들을 대상으로 블랙리스트를 작성해 그들을 사찰했을 뿐 아니라 그들이 일거리를 찾기 어렵게 만드는 작업을 진행했다. 이는 지배세력이 오바마 정권의 출범과 함께 가속화 된 경찰국가로 가는 정책을 그대로 따라한 것이었다. 앞에서도 언급했듯이 미국에서는 이미 9·11을 계기로 애국자 법(Patriot Act)을 통과시킨 후 2012년에는 국방 수권 법안(NDAA)으로 테러와 연루된 것으로 의심되는 미국 시민들을 무한정으로 억류할 수 있는 헌법을 위반하는 법안이 통과된 후 조용히 집행됐다.

박근혜 정부의 자작극으로 보이는 세월호 참사 정황

박근혜 정권 2년 차인 2014년 4월 16일, 대한민국의 역사를 바꾸어 놓을 참사가 일어났다. 제주도 수학여행으로 향하던 고등학생 300여명이 탄 여객선 세월호가 해항 중 침몰해 대부분의 학생들이 물에 빠져죽는 대형 불상사가 일어났다. 정부가 언론을 통제하는데 실패해 온 국민들이 실시간으로 지켜보는 가운데 아이들이 수장된 엄청난 사건이었다. 어느 미국 인터넷 언론매체가 잠시 올렸다 삭제된 보도에 의하면 세월호 참사는 지배세력이 어린 아이들을 사탄에게 인간제사로 바치는 의식으로 대한민국 국정원이 개입된 사건이었다고 했다. 세월호 이후 잠적한 유병렬이 사이비 종교 교주라는 사실도 우연이 아니다. 그리고 정부는 그가 죽은 것으로 조작했으나 그의 죽음은 정황적으로 허점투성이다. 그 배가 뒤집어진 장소의 좌표(coordinate)와 4월 16일은 사탄을 숭배하는 지배세력에게 종교적 의미가 있는 숫자들이었다고 한다. 선장과 선원들은 도망을 치면서 어린 학생들에게는 자리를 지키라는 지시를 내린 것을 포함해 그 배가 국정원의 소속이었다는 사실 등 설명이 안 되는 정황이 너무 많다. 그리고 구조하러 왔던 구조대가 승객들 쪽에는 관심을 보이지 않고 선원들만 구조했다는 정황도 수상하다. 그 소식을 접한 황기철 해군참모총장이 내린 투항명령이 두 번씩이나 국정원에 의해 번복(override) 됐다는 사실과 오히려 그 명령을 내린 해군참모총장이 소소한 일로 그 후 옷을 벗어야 했다는 점, 그 당시 법무부장관이었던 황교안과 청와대 우병우 정무수석의 개입된 은폐 정황, 등등 수긍이 안 되는 정황이 너무 많다. 그 외에도 정부가 은폐하고 있다는 정황은 계속 나왔다. 그러나 정부의 선전방송으로 전락한 종편방송에 출연한 '토론자'들은 정부를 노골적으로 감싸고 나왔고 만약 그들이 제시하는 정론에서 벗어나는 발언을 하는 토론자가 있으면 그다음 프로부터는 하차됐다. 또한 정부를 비판하고 나서는 연예인들과 작가들은 정부가 작성한 블랙리스트에 올라갔고 그런 후 그들은 출현이 금지되는 불이익을 당했다.

의식 있는 국민들에게 드러난 박근혜 정권의 오만과
국민들에 대한 경멸

고로 정부가 아이들을 희생시키기 위해 고의로 구조를 방치한 정황을 모르는 국민들은 구조 과정을 생방송으로 지켜보며 그들 눈앞에 펼쳐진 정부의 무능에 쇼크를 받았다. 거기다 박근혜 대통령은 하루 종일 연락이 두절됐다가 오후 늦게 자다가 일어난 모습

으로 나타나 그제야 상황보고를 받고 있다는 것이 고스란히 드러났다. 그렇다면 온 국민들이 애타게 아이들이 죽어가는 모습을 지켜보고 있는 동안 대통령인 그녀는 어디서 무엇을 했는지가 의심됐다. 그 후 죽은 아이들의 조회를 하러 나타나서는 실제 피해자와 아무 연관이 없는 사람을 끌어안는 장면이 보도된 직 후 그 피해자로 위장했던 여성이 박사모 회원으로 정부가 국민들을 상대로 조작한 연출극이었다는 사실이 드러났다. 그리고 그 참사의 의심되는 '의도'를 알고 있어 죄의식 때문이었는지 박근혜는 희생자들의 부모들을 만나는 것 자체를 거부했다. 또한 정부는 국민들이 사고의 원인과 진실 해명을 요구하는 촛불시위와 4백만 명의 서명운동을 통한 요구 모두 무시했다. 정부는 오히려 사고 원인을 은폐하기 바빴고, 언론을 통해 거짓된 정보로 피해자 부모들이 보상금을 받기 위한 쇼를 하고 있다는 식의 허위정보를 흘려 피해자 가족들의 명예를 격추시켰고 일부 보수언론은 가족들의 그런 행위가 국정을 방해하고 경제를 악화시킨다는 식으로 보도했다. 그 과정에서 그동안 생활난에 쫓겨 당연히 정부가 잘 하고 있을 거라는 믿음 속에 살아왔던 국민들은 처음으로 그 사이 정부가 국민들을 무시하고 오만해졌다는 사실을 깨달았다. 그리고 국민들이 죽은 어린 영혼들을 위해 진상을 밝히라는 시위 장소에 무장경찰을 대거로 동원해 공포를 조성하고, 오히려 경찰과 검찰의 공권력으로 정부를 비판하는 자들을 범죄자로 모는 정황을 감지한 국민들은 박근혜 정부가 어느새 대한민국을 경찰국가로 만들어 오히려 국민들을 탄압하고 있다는 사실에 눈을 떴다. 결국 사탄에게 인간제사로 희생된 것으로 추정되는 300명의 어린 학생들 덕분에 전 국민들이 국민들에 의해 선출된 정부가 국민들을 노골적으로 무시하는 오만한 권력으로 변질된 사실을 간파할 수 있는 계기로 작용했다.

그 참사가 지배세력의 지시에 의한 자작극으로 보이는 정황

세월호 참사는 중국과의 경제전쟁에서 패한 지배세력이 중국과 러시아와의 전쟁을 일으키기 위해 공을 들여온 한반도에서 그들의 전쟁 지시에 절대복종하게 만들기 위해 박근혜와 국정원을 비롯한 그들의 정치 하수인들이 조작하도록 지시한 인간제사였던 것으로 의심된다. 그로인해 대한민국 하수인들이 자신들이 저지른 범죄행위가 드러나는 것이 두려워 그들이 북한을 공격하라는 지시를 거부할 수 없게 만들고 그들이 계획한 대한민국을 경찰국가로 만드는데 공조하도록 그들을 옭아매기 위해 계획했던 자작극이었을 가능성을 시사한다. 그들의 의정서가 가르치는 내용과 일치할 뿐 아니라 지배세력이 전형적으로 활용해 온 수법이기 때문이다. 그러나 그 여객선이 원래 계획했던 대로 곧바로 침몰하지 않는 바람에 아이들이 보낸 카톡과 문자메시지에 의해 언론에 노출돼 전 국민이 바라보는 가운데 아이들을 구제할 수 있는 황금시간을 '놓쳐' 정부의 '무능' 이 국민들에게 드러났다. 물론 그 '무능' 이 국정원이 미리 예행까지 했던 침몰계획이 빗나가는 바람에 '드러난' 정황을 국민들은 그당시 감지하지 못했다. 그러나, 시간이 갈수록 더 의심쩍은 정황이 드러나자 국민들이 진실 규명을 요구하고 나왔다. 세월호 선체 인양을 국가 재정을 핑계로 방치한 것도 국정원이 기획한 자작극이라는 사실을 은폐하기 위해서였다고 의심되는 정황이다. 박근혜 정부는 그런 국민들의 요구를 무시

하고, 오히려 그런 의문을 제기한 자들을 탄압하고 나왔고, 반정부운동으로 군사정부를 불신해본 경험을 아직 잊지 않은 국민들에게 정부에 대한 불신을 키우는 효과로 작용했다.

박근혜 정부의 대한민국을 경찰국가로 전환시키려했던 정황

지배세력의 대한민국 하수인들은 무능력한 박근혜를 그들의 꼭두각시로 앞에 내세운 뒤, 이명박의 국방 장관을 지냈던 이명박의 직속 부하를 국가안보실장으로 임명했다. 이명박이 배후에서 미국 지배세력과 연결돼 영향력을 행사했을 것을 의심하게 하는 정황이다. 박근혜의 국가안보실장은 미국의 NSA와 똑 같은 기능을 가지고 미국 지배세력의 조직인 CIA와 NSA로부터 직접 지시를 받았을 것으로 의심된다. 그러던 중 2015년 7월에 국정원이 국민들을 사찰해 왔다는 사실이 국정감사에서 드러나자 이를 은폐하는 과정에서 국정원 요원을 '자살' 시키는 사태가 일어났다. 국정원에 의해 공개된 그의 유서의 마지막에 '감사합니다' 라고 종결한 사실을 볼 때 상부가 그에게 책임을 지는 자백을 자필로 쓰게 한 후 그를 제거하고 그의 자백을 유서로 둔갑시킨 정황으로 보인다. 특히 그의 시체를 발견한 과정에서도 수상스런 정황이 더 드러났다. 그 요원의 시체가 발견된 자동차와 CCTV에 포착된 자동차가 별도의 모델이라는 사실이 드러나 언론에 보도되자 국정원은 그 의문의 자동차를 그 날로 폐차시켜 증거를 인멸해 의문을 더 키웠다. 국정원은 또한 국민들을 사찰한 정황이 담긴 컴퓨터의 서버를 삭제했다. 민주당에서는 컴퓨터 전문가를 자칭하는 안철수를 조사위원회 위원장으로 임명했으나 그는 삭제된 컴퓨터를 복구시키겠다는 기자회견까지 해놓고는 조용히 조사를 중단했고 더 이상 언급하지 않았다. 지배세력이 부상시킨 그가 제대로 조사할 것을 기대했던 것 그 자체가 무리였다. 거기다 지배세력은 이미 사찰을 통해 웬만한 정치인들의 약점을 쥐고 있어 그들을 침묵하게 만들 수 있었을 것으로 보인다. 민주주의 국가의 눈과 귀라고 자부하며 국민들을 속이는데 동조해 온 언론 역시 더 이상 언급하지 않고 은폐했다. 그러나 국정원이 온 국민들이 이미 알았는데도 그런 무리한 수를 두며까지 국정원의 요원을 '자살'시킨 것은 그들이 얼마나 다급해졌는지를 드러낸 정황이다. 국정원 안에는 이미 세월호 참사를 조작하는데 가담해 돌이키기에 불가능한 자리까지 갔던 자들이 다른 국정원 요원들에게 배신할 엄두를 내지 못하게 하는 경고를 하기 위해서라도 무리해야 했을 것이다. 이때는 지배세력의 국제은행들에서 잘나가던 실무 경영인들 수천 명이 유럽에서 의문의 자살로 사라지고 있을 때이다. 물론 그런 사실은 언론의 은폐로 보도되지 않았다.

박근혜 정부의 테러방지법 기습통과가 드러낸
대한민국 보수세력의 정체

거기다 새누리당은 그동안 국민들의 부정적인 여론 때문에 2001년 9·11 직후부터 상정하려다 폐기돼 왔던 테러 방지법을 15년 후인 2016년 3월, 일방적으로 기습 통과시켰다. 대한민국에 테러방지가 갑자기 중점이 될 이유가 없었을 뿐 아니라 야당 민주당이 거세게 반대했음에도 새누리당 국회의원들이 독단적으로 통과시킨 걸 봐서 미국의 지배세력의 지시에 의한 것으로 추정된

다. 그 당시 그 법안이 너무 광범위해 모든 국민들을 사찰할 수 있도록 돼 있다는 뜻에서 민주당 의원들은 테러방지법이 아니라 '국민 사찰법'이라고 명명 했을 정도였다. 그러나 한 국정원 출신 국회의원은 그 법을 사용하는 자가 박근혜 대통령인데 그녀가 국민들을 상대로 그런 사찰을 지시하겠냐며 국민들을 안심시키려 했다. 그러나 지배세력은 이미 미국과 유럽을 경찰국가로 전환시켜왔고 미국에서도 2012년 국민들의 헌법이 보장하는 권리를 침해하는 국방 수권 법안 (NDAA)을 통과시켰을 때 오바마가 그 법안에 서명하며 자신이 이 법을 국민들을 상대로 사용하겠냐고 '농담' 했던 것과 흡사하다. 그 후 2013년 에드워드 스노든에 의해 NSA가 전 국민을 상대로 감찰을 하고 있다는 사실이 노출됐으나, 스노든은 오히려 국가 반역죄로 몰려 도망자 신세가 돼 러시아에 망명을 가야 했다. 테러 방지법을 통과시킬 당시 대한민국에는 국민들이 테러에 위협을 느낄만한 상황이 아니었음에도 일방적으로 통과시키는 무리수를 두었던 이유는 이 법안으로 김기춘 비서실장 지시 하에 진행됐던 블랙리스트에 오른 자들을 그 법조항을 근거해 정부를 반대하는 자들을 축출하려는 숨은 의도에서였다고 의심되는 정황이다.

G. 대한민국의 시민혁명

자칭 진보 세력의 문재인 정권 출범의 방해를
4.13 총선에서 근절시킨 국민들

또한 지배세력의 하수인으로 의심되는 안철수는 민주당 안에서 친노 세력을 분열시키는 작업을 진행했다. 분명 2012년 대선에서 국민 다수의 지지를 받았으나 이명박 정부의 국정원 개입과 투표조작으로 대선에서 실패했다는 사실을 누구보다 더 잘 아는 당원들이 유력한 대권 후보 문재인을 실패한 후보라고 비하하며 문재인 죽이기에 나섰다. 물론 안철수로서는 자신의 대권을 향한 야심을 위해서였겠지만, 안철수의 야심을 자신들의 목적을 위해 활용한 지배세력은 그를 통해 분열을 조작하기 위해서였을 가능성이 더 지배적이다. 지배세력에게 문재인이야말로 그들의 지배에 가장 위협적인 인물이었다. 이미 노무현 탄핵에서 증명됐듯이 대한민국국회는 지배세력의 하수인들인 정치꾼들로 변질돼 있었다. 민주당 공동대표들이 물러선 후 문재인 후보가 당대표로 선출되자 안철수와 그의 공조세력은 민주당 자체를 파멸로 몰고 가기 위해 분열을 조작했다. 그러자 당을 어떻게든 존속시키려는 문 대표는 대표자리를 안철수에게 양보하려까지 했으나 원래 자신이 대권을 잡기 위해서는 친노세력을 존멸시켜야 하는 안철수는 문대표를 문전박대했다. 그는 당을 파멸시키고 자신이 오히려 제1당을 만들 수 있다고 착각했다. 그러나 안철수의 그런 꼼수를 국민들은 간파했다. 안철수가 탈퇴하자 문재인 대표는 '더 민주당'이라는 새로운 이름으로 새로운 일꾼들을 끌어들였다. 민주당을 계획된 분열로 파멸시키려는 정치꾼들의 음모를 국민들은 간파하고 있다. 거기다 새롭게 영입한 김종인 비대위원장의 출현은 국민들에게 더 민주당을 신뢰할 수 있는 믿음으로 작용해 문재인 대표가 이끄는 더 민주당이 최다 국회의원석을 차지해 제1당으로 부상하는 변수를 일으켰다. 국민들은 박근혜정부와 집권당인 새누리당에 대한 불신을 겉으로 드러내지 않고 있다가 4·13 총선에서 표심으로 드러내 여론조사에서 자신들이 패할 것을 의심조차 하지 않았던 새누리당의 수뇌부를 충격으로 몰았다. 국민들은 4.13총선에서 더민주당을 파격적으로 지지를 해 제1야당의 자리를 선사함으로 세월호 때 드러난 부정부패와 공권력의 힘을 믿고 국민들을 업신여겨온 기득권 세력 새누리당을 기억해 결정적인 시기에 오만한 그들에게 국민들이 안겨준 참패였다.

최순실·박근혜 국정논단이 불러온 촛불혁명

국민들의 표심을 이용한 소리 없는 반란이 가져온 4·13총선 패배로 새누리당 자체 내에서 분열의 조짐을 수습하기에 정신없는 시점인 2016년 10월, 최순실 국정농단 사건이 터졌다. 이 사건은 이미 2014년 정윤회 문건 사건에서 최순실과 문고리 3인방에 대한 내부자의 고발로 인해 조사를 받았을 때 드러났어야 했던 사건이다. 그러나 권력실세이며 비서실장이었던 김기춘과 민정수석 우병우의 지시로 검찰이 문고리 3인방과 관련된 비리를 문권유출 사건으로 프레임을 바꾸어 내부 고발자를 오히려 구속시켰고, 그와 같이 연루됐던 청와대 비서관이 국기문란사범으로 지목돼 재판을 받아야했다. 이는 미국에서 에드워드 스노든이 미국 NSA가 전 미국 시민을 상대로 벌이고 있는 불법사찰 행위를 폭로하자 그 폭로된 사실을 조사하는 대신 폭로한 그를 국가기밀을 유출한 범죄자로 몰아 그를 도망자로 만든 것과 흡사한 수법이었다. 지배세력이 소유, 통제하는 언론에서 정부와 동조해 스노든을 범죄자로 몰자 이미 언론의 선전방송에 길들여진 미국 대중은 그 폭로된 사실이 자신들의 인권을 침해한다는 심각성을 인지하지 못하고 언론에서 스노든을 국가의 반역자로 모는 걸 당연하게 받아들였다. 그와 마찬가지로 지배세력의 하수인들로 구성된 대한민국 국회의원들과 언론은 정부의 그런 비리를 은폐하는 데 동조했다.

여하튼 최순실 국정농단을 입증하는 관련 자료가 JTBC 방송을 통해 보도되자 박근혜 대통령의 실체가 드러났다. 그리고 이 사실을 알면서도 그들의 이득을 위해 박근혜의 실체를 은폐해온 새누리당의 지도부의 실체 역시 드러났다. 이에 분노한 국민들이 광화문 광장에 쏟아져 나와 촛불혁명에 불을 붙였다. 이미 세월호 참사를 은폐하고 국민들의 목소리를 외면할 때 쌓였던 분노가 전 국민들에 의해 폭발한 것이다. 동시에 언론을 불신하는 국민들은 이제 인터넷 매체를 통해 정보를 접하기 시작해 지배세력의 선전방송 역할을 담당해온 언론은 더 이상 국민을 속일 수 없게 됐다. 그러자 안철수를 포함한 철새 정치인들이 제일 먼저 박근혜의 탄핵을 외쳤다. 그러나 국가의 미래를 진심으로 걱정하는 문재인 대표는 기자회견을 통해 박근혜 대통령이 자진해서 대통령직에서 하야하는 결단을 촉구했다. 안 그래도 경제적으로 어려운 시기에 국정 공백을 피하고 대통령이 자진 사임할 경우 명예롭게 퇴임할 수 있도록 예우를 보이겠디고 했다.

자만에 빠져 국민들의 민심을 읽지 못한 대한민국 보수세력

그러나 국가와 국민들의 이익보다는 개인의 명예와 권력에만 눈이 어두워진 지 오랜 박근혜 대통령은, 자신의 권력을 믿고 사태의 심각성을 간파하지 못했다. 문고리 삼인방 사태 때처럼 덮을

수 있다고 믿는 실수를 범했다. 그녀는 정부가 통제하는 언론도 백만 명이 넘는 세계 어느 곳에서도 보지 못한 민주적인 시민들의 촛불 시위를 보도하지 않을 수 없을뿐더러 반대 여론을 조작하기에는 역부족이라는 사실을 깨닫지 못했다. 또한 지금까지 한국을 지배해 온 세계지배세력이 그들의 거점인 미국 안에서 정권을 잃는 위기에 처했다는 사실을 감지하지 못했다. 물론 지배세력이 자신들의 불리한 정황을 알려줄 리 만무했다. 더욱이 국민들이 가능하게 한 4.13 총선 결과의 여파로 박근혜 정권의 통제력에는 이미 레임덕 현상이 일어나고 있었다. 이미 4·13총선으로 국민들은 정부에 등을 돌렸고 더 민주당으로의 정권교체는 앞으로 시간문제라는 사실을 그동안 지배세력에게 동조해왔던 언론과 공권력에 종사하는 자들도 감지함으로 미래가 불확실한 지배세력의 하수인들로부터 거리를 두기 시작했다는 사실을 정부만 몰랐다. '민심이 곧 천심' 이라는 간단한 이치를 잊었던 것이다. 민심과 대항하기에는 경찰과 검찰의 공권력을 이용한 공포정치는 한계가 있다는 사실을 몰랐다. 결국 새누리당 내에서도 자신들의 국회의원 자리에 위협을 느낀 자들 사이에 분열이 일어났고 그들이 합세해 특검을 임명하고 박근혜 대통령을 탄핵시키는데 성공했다.

언론이 촛불혁명에 개입하게 된 의문적인 정황과 배후

그렇다면 왜 그때까지 지배세력의 하수인으로 형성된 정부와 한 통속이었던 언론, 그것도 삼성 계열사인 JTBC에서 최순실 국정농단의 핵심 증거로 작용한 테블릿PC를 공개했는지가 의문이다. 이미 인터넷 매체와 한겨레에서 논란이 불거지고 있어 대세라

고 판단해서 그랬을 가능성도 있다. 또한, 박근혜 보수정권의 몰락은 기정사실이라고 본 기자들이 적극적으로 나오기를 꺼리게 돼 정부가 통제력을 잃었을 가능성도 있다. 그러나 또 하나는 대한민국에 배치돼 있는 미군부와 미국 CIA 안에 숨어있는 애국자 세력 '하얀 모자(White hat)' 가 배후에 있었을 가능성이다. 대선 선거운동이 한창 진행되고 있을 그 당시 군부 애국자 세력은 트럼프 혁명이 성공할 것이라고 자신했었다. 이미 애국세력이 대선을 이용해 그들이 소유한 힐러리의 비리를 위키리크스 폭로사이트를 통해 노출하여 지배세력이 내세운 힐러리가 고전을 하고 있었다. 거기다 군부 애국세력은 힐러리와 지배세력이 자신들의 승리를 보장한다고 믿고 있는 투표조작도 무력화시키고 있었다. 그러므로 하얀 모자가 그런 정보를 흘려 언론을 끌어들이는 작업을 은밀히 진행했을 수도 있다. JTBC 방송의 손석희 사장도 그런 정황을 일찍 간파하고 미국의 폭스방송이 트럼프혁명에 가담해 협력해온 것 처럼 이에 동조했을 수 있다. 그러나 인터넷에는 홍회장의 누이가 이재용을 몰아내려는 삼성 내의 권력투쟁때문이라는 설도 있어 JTBC개입에 대한 의문은 여전히 풀리지 않고 있다.

무용지물이 된 보수세력의 기득권을 지키려는 최후 발악

그러나 당대표와 전직 경제 부총리를 포함한 지배세력의 핵심 하수인 역할을 담당했던 당 골수분자들은 자신들의 기득권을 지키기 위한 최후의 발악에 나섰다. 그들은 지배세력이 통제해 온 전경련의 자금력을 동원해 반대집회로 대항했다. 명분이 없다는 것을 잘 아는 그들은 자신들의 반대집회에 태극기를 들고 나와,

이미 드러난 부정부패를 애국심으로 덮으려고 조작했다. 태극기로 부족하다고 생각한 그들은, 주로 일당을 받고 나온 노인들로 형성된 시위에, 미국의 성조기를 대거 동원했다. 원래 친미파인 그들은 그들의 미국에 대한 충성심을 과시함으로 미국의 도움을 호소했던 것이다. 그들은 미국 성조기를 들고 나오면 미국의 지배세력이 나서서 박근혜를 구해 줄 것으로 기대했던 것이다. 일제강점기 시절부터 권력에 빌붙어 자신들의 기득권을 지키는데만 연연해온 그들에게는 자신들의 그런 행동이 우리민족을 상징하는 태극기를 모욕하는 행위라는 사실을 짐작조차 하지 못했고 안중에도 없었다. 그들은 지배세력의 통제를 받아온 헌법재판소가 국민들의 촛불 민심을 거역하기에는 역부족일 뿐 아니라 그들이 의지하는 미지배세력이 트럼프혁명 때문에 제거될 위기에 처해져 대한민국에 개입할 겨를이 없다는 사실을 감지하지 못했다. 그들은 선고 당일까지 자신들을 지지하는 재판관들의 반대표로 탄핵이 부결될 거라고 믿었다는 정황은 그들이 축하케이크까지 준비했던 데서 드러났다. 그러나 그들이 그토록 믿었던 헌법재판소는 만장일치로 탄핵선고를 내렸다. 미국의 트럼프 혁명과 버금가는 시민혁명이 대한민국에서도 성사됐던 것이다.

진보진영 안에도 여전히 존재하는 적폐세력

박근혜 정부의 정당인 여권만 세계 지배세력의 하수인들이 아니라, 민주당 안에서 분열을 조작하며 문재인 대표와 친노세력을 파멸로 몰고 가려던 안철수를 위시한 가짜 진보세력 역시 지배세력의 하수인들이라는 사실도 명백하게 드러났다. 이미 국민들이

4·13 총선을 통해 문재인 대표와 친노세력에게 보여준 민심을 간파하지 못한 보수 세력과 다를 바 없었다. 국민들을 위한 새 정치를 갈구한다던 그들 역시 자신들 개개인의 명예를 추구하는 위선자들이었음이 드러났다. 민주당에서 탈당한 후 자신만의 기반으로는 당을 꾸려나가기 부족한 현실을 감안해 호남파 국회의원들과 합세하자 언론은 명백한 '안철수 띄우기'에 나섰다. 그가 문재인 후보를 누를 수 없지만 그에게 표를 몰아주는 방법으로 진보세력의 표를 분열시켜 보수세력이 내세운 홍준표 후보를 당선시키겠다는 전략이었다. 그러면서 대선 기간 동안 모든 후보들은 국민들의 지지를 받고 있는 문재인 후보를 공격하는데 합세했다. 왜냐면 문재인 후보야말로 세계지배세력이 당선을 허용할 수 없는 그들의 최고의 적이기 때문이다. 그러나 미국의 오바마처럼 갑자기 혜성같이 나타나 언론의 힘으로 새로운 정치를 상징하는 지도자로 급부상한 안철수가 내용이 없는, 꾸며진 후보라는 사실이 TV 토론에서 드러났다. 미국에서처럼 정부의 통제를 받는 언론에서 조작된 여론조사로 안철수를 띄웠으나 미국의 트럼프 후보가 그랬듯이 선거 유세 현장에서 안 후보의 지지도는 문재인 후보의 것과 비교할 수 없었다. 그럼에도 지배세력의 통제를 받는 대한민국 언론은 그 대조되는 상황을 전혀 보도하지 않았고 대한민국 인터넷 매체들만 사실대로 보도했다.

대통령 대행이 감히 대선 직전에
사드 기습배치 지시로 드러난 하수인 정체

앞에서도 언급했듯이 대한민국의 촛불혁명으로 정권교체를 이

루어내는 것이 가능했던 이유는 세계지배세력 자신들이 미국에서 위기에 처해 있어 대한민국 국정에까지 신경을 쓸 겨를이 없었기 때문이다. 그러나 이 사실을 모르는 김광진안보실장은 탄핵 의결뒤 대통령이 부재한 상황에 미국을 두 차례나 방문한 후, 탄핵 결정이 있을 나흘 전인 3월 6일 밤, 모든 절차를 무시하고 오산공군기지로 사드를 실어날랐다. 김광진은 사드를 기습배치하는 '충성심'을 과시할 경우 미지배세력의 CIA가 힘을 써 헌법재판소의 부결을 보장해 줄 것으로 믿고 그럴 경우 계엄령으로 국민들을 탄압할 계획을 세웠었던 것으로 보인다. 그 후 발견된 기무사 비밀문건이 그런 정황을 입증한다. 그 문건에서 그들이 이미 그 해 2월, 국군기무사령부를 통해 탄핵이 기각됐을 때 기무사령부의 계엄 포고문, 언론매체 장악, 국회의원 체포계획 등 사실상 쿠데타를 방불케 하는 헌정파괴 계획을 세웠었던 사실이 드러났다. 더 놀라운 사실은 헌법재판소의 탄핵선고에도 불구하고, 황교안 이 대선 직전인 4월 26일 새벽, 사드를 기습적으로 배치하는 무리수를 감행했다는 점이다. 그 사실 자체가 탄핵선고에도 불구하고 그가 계엄령을 선포하려했음을 의심하게 하는 정황이다. 설상 그랬다하더라도 다행히 그들의 기대를 저버린 헌법재판소의 탄핵선고 덕분에 군부 내에서 분열이 조성돼 그 계획이 무산됐을 것이다. 탄핵이 선고된 상태에서의 계엄령은 아무 명분없는 무모한 국가반란 행위로 그와 김광진을 믿고 따르던 군부세력의 호응을 받지 못했을 것이다. 특히 미국 대사 마크 리퍼트가 트럼프 당선직후 후임도 선정되기 전에 부리나케 철수해버린 후 생긴 미 지배세력의 공백으로 여당 수뇌부는 혼란상태였다. 다만 그들이 충실히 지배세력의 지시를 따르면 그들을 구해 줄 것이라고 믿었던 것으로 보인다. 왜냐면 그들은 미국 안에서 세계지배세력이 존멸 위기에 처했다는 사실을 모르고 있기 때문이다. 그들 역시 정보전쟁의 희생자들인 것이다. 그러므로 대한민국 보수세력이 알게 모르게 지배세력의 하수인역할을 해 온 사실을 깨닫고 돌이키지 않는 한 그들의 몰락은 이제 얼마 남지 않았다. 문제는 이 엄연한 사실을 모르고 있는 국민들이 그들에게 아직 호도되고 있다는 점이다.

H. 국민대통령 문재인

> 문재인 대통령이 저지시킨 지배세력의
> 북한을 빙자한 세계전쟁 도발 계획

그들의 하수인 박근혜가 탄핵되고 문재인의 당선이 확고해지자 이미 시리아와 우크라이나에서 전쟁도발에 실패한 지배세력은 그들의 마지막 전쟁터인 한반도에서 대선이 진행되고 있는 틈을 타 북한과 전쟁을 도발하려 했다. 아직 자신들의 하수인들이 대한민국 군부를 장악하고 있을 때를 활용하려 했던 것이다. 사드를 기습배치 시킨 후 북한의 미사일 테스트를 빙자해 북한을 공격해야 한다고 국제여론을 몰아 전쟁을 일으킬 준비를 완성했었다. 거기다 트럼프는 국정을 위해 지배세력과 타협 중이었음으로 그 역시 북한을 상대로 미국의 분노의 맛을 보게 될 거라며 전투적인 발언을 해오던 중 2017년 4월, 핵을 보유한 함대와 B-52폭격기를 한반도로 출전시켰다. 물론 트럼프의 출전명령은 지배세력을 속이기 위한 고도의 전략이었으나 트럼프의 그런 전략을 아무도 모르고 있을 그 당시에는 전쟁이 나기 일보 직전인 위기상황이었다. 거기다 사드를 기습배치 시킬 정도로 지배세력의 지시에 복종하는 황교안 대통령 대행이 국정을 책임지고 있었다. 그 전쟁의 궁극적 목표가 자국들과의 전쟁이라는 지배세력의 의도를 잘 아는 중국과 러시아는, 각각 중국과 러시아의 국경으로 군대를 배치시켰고, 러시아의 경우 육군을 통해 S-400을 배치시키고 해군은 미국 함대의 움직임을 감시하고 나섰다. 지배세력이 조그만 사고만 조작해 북한의 소행이라고 할 경우 걷잡을 수 없는 전쟁으로 번질 수 있는 급박한 상황이었다. 다행히 미국의 함대가 북한 바다를 지나치고 호주로 계속 운항하는 바람에 전쟁은 일어나지 않았으나 아무도 트럼프의 진정한 의도를 몰랐음으로 전쟁이 일어날 수 있는 위급한 상황이었고, 미 지배세력은 트럼프가 자신들의 뜻을 따르는 걸로 오해했던 상황이었다. 그러나 대부분의 대한민국 국민들은 이 사실을 알지 못했을 뿐 아니라 북한의 미사일 실험이 대한민국을 핵으로 공격하기 위해서라는 언론의 거짓 선전에 세뇌된 이유로 김정은이 실제로 도발행위를 하고 있다고 믿고 있었다. 김정은은 지배세력이 남한과 함께 매년 두 번씩 진행하는 김정은을 제거하는 작전명 하에 실제 화력을 발사하는 대대적 한미 공동 군사훈련이 언제 실제 침공으로 이어질지 모르는 상황에서 미사일로 미국을 공격할 수 있다고 미사일을 발사해 위협을 주는 방법으로 최선의 방어를 하고 있었다. 그러나 지배세력 언론의 북한이 남한을 공격하려고 미사일을 발사하고 있다는 선전방송에 넘어간 국민들은 정말 그런 줄 알았다. 지배세력의 북한과의 전쟁은 중국과 러시아와의 전쟁으로 확산시키려는 의도였고 그 의도를 아는 중국과 러시아와의 세계전쟁이 일어날 수 있는 위기 상황이었다. 그러나 그런 급박한 정세를 짐작조차하지 못할 뿐 아니라 그들의 선전방송에 세뇌된 대한민국 국민들은 미국이 가볍게 북한의 군대를 제압할 수 있다고 믿었고 미국의 그런 도발적인 행동을 안일하게 받아들였다. 그러므로 만약 촛불혁명이 아니었으면 박근혜정부와 국방부가 나서서 연평도 사건 때처럼 전쟁 도발의 구실을 만드는데 기여하고도 남았을 것이었고 지배세력이 일으키려던 전쟁으로 확산될 수 있었던 급박한 상황이었다.

준비된 대통령 문재인의 '새옹지마'

그러므로 문재인 대통령의 당선은 우리나라 국운이 아직 살아있다는 명백한 증거였다. 앞에서 이미 1961년 박정희 소장의 5·16 혁명 때도 하늘은 대한민국을 도왔었다고 했다. 그가 미국의 군대가 주둔하고 있는데도 과감하게 혁명을 성공시킬 수 있었던 이유는 그 당시 미국 안에서 지배세력을 대항한 케네디 정권이 백악관을 장악하고 있었기 때문이었다. 지배세력은 그들의 통제를 받지 않는 케네디가 미국 CIA를 해체시키고 연준위의 달러 발권력을 재무부가 회수하려는 정황 때문에 미국 군부가 대한민국의 군사혁명을 무력으로 저지하고 나설 수 있는 상황이 아니었다. 거기다 케네디는 5.16 군사혁명으로 자주발전을 희망하는 박정희 정권을 공인해 주었다. 마찬가지로 트럼프정권의 출범은 대한민국 국민들의 촛불혁명을 가능하게 해 주었을 뿐 아니라, 지배세력의 지시를 받지 않는 문재인 대통령의 선출을 가능하게 했다. 만약 힐러리가 당선됐다면 한반도에서 전쟁이 일어나는 것은 기정사실이었다. 거기다 문재인 대통령은 반정부 활동만 하다가 대통령으로 당선됐던 그 동안의 문민정부에 비해 준비된 대통령이었다. 그는 청와대에서 민정수석에서 비서실장까지 지냈었고, 그 후 민주당 대표까지 지냈다. 그런 의미에서 그의 2012년 대선 패배는 그에게 새옹지마로 작용했다. 만약 그때 당선됐더라면 그 당시의 민주당은 그가 대통령의 임무를 수행하는데 오히려 방해하는 역할을 감행했을 것이다. 또한 노무현을 제거한 지배세력이 문재인을 암살시켰을 가능성도 배제할 수 없다. 문재인은 지배세력이 매수할 수 없는 사람이기 때문이다. 그는 다른 정치인들처럼 명예나 권력에 대한 집착 없이 평범한 생을 추구하다가 노무현의 죽음을 보고 진심으로 적폐청산을 위해 정치인이 된 사람이었다. 그래서 그들은 그들의 통제를 받는 민주당 의원들을 동원해 그를 친노라는 이유로 매장시키려 애를 썼던 것이다. 그러나 그 경험으로 문재인은 추잡하기 짝이 없는 의회정치를 배웠다. 안철수 같은 정치꾼들이 당을 파멸로 몰고 가 그의 대선출마 기회를 소멸시키려는 꼼수를 부리자 깨어있는 국민들이 오히려 2016년 4·13총선에서 더 민주당을 제1당으로 부상시켜 주었고, 촛불혁명으로 부패한 박근혜를 탄핵시켜, 유일하게 준비된 대통령이었던 그를 국민의 힘으로 선출시켰다.

트럼프의 숨은 평화전략에 기여한 문재인 정부의 자주적인 대북정책 행보

앞에서도 언급했듯이 트럼프 대통령은 한반도에서 전쟁의 불씨를 제거하는 게 목적이었고 2017년 11월에 이미 중국의 시진핑과 남북통일을 허용하기로 합의가 돼 있었다. 그러나 대한민국 군대를 지배세력의 하수인들인 박근혜의 보수세력이 장악하고 있었다면 그 목적을 실현하는데 어려움이 있었을 것이다. 문재인 정부의 출범으로 상황이 전환되는 듯 했으나, 세계 정세에 어두울 수밖에 없는 문재인 대통령은 미국 지배세력에 의해 교육받은 미국 파들이 그의 참모진의 주를 이루는 바람에 사드 추가배치 결정을 내려 중국과의 관계를 악화시켰다. 동시에 김정은을 협상 테이블로 끌어내기 위한 전략으로 문대통령은 지배세력의 뜻에 부응하는 경제 및 군사적 압박정책을 선택했다. 그는 아직도 북한의 미사일 테스트가 대한민국 안보에 위협을 주는 행위라는 지배세력의 세뇌작전을 간파하지 못하였던 것으로 보인다. 앞에서도 언급했듯이 북한은 자체 방어를 위해 핵과 핵을 전달할 수 있는 미사일을 개발해 왔고 탄도 미사일 개발 역시 미국 공격용이었다. 같은 핵보유국인 중국과 러시아가 문제 삼지 않는 북한의 핵개발을 수천 마일 밖에 있는 미국이 문제를 삼고 있는 진정한 이유가 중국과 러시아와의 전쟁을 도발하기 위해서라는 정황을 간파하지 못했던 것으로 보인다. 그도 그럴 것이 그를 보좌하고 있는 군사전문가들은 모두 지배세력이 배출한 자들이다. 중국과 러시아는 대한민국 군대와 미군이 매년 두 번씩 진행하는 실제 화력을 이용한 군사훈련을 중단할 경우 북한이 미사일 테스트를 중단하겠다는 설충안을 제안했었으나, 지배세력의 미국 군부와 대한민국 보수정권이 이를 거부했었다. 미국은 무조건 북한이 핵을 포기해야만 대화에 응하겠다는 자세로 미국 지배세력의 음흉한 의도를 잘 아는 북한이 도저히 수용할 수 없는 제안이었다. 북한을 이용해 중국과 러시아와 전쟁을 도발해야 하는 미국의 지배세력 역시 그런 절충안을 받아들일 리 만무했다. 지배세력의 하수인들로 형성된 대한민국 보수정권은 그들과 호응해 북한과의 전쟁을 당연하다고 언론을 이용해 국민들을 세뇌시켜 왔다. 그리고 북한의 방어용인 핵개발과 탄도미사일 개발이 대한민국의 안보를 위협한다는 지배세력의 거짓말에 동조해왔다. 그들이 매년 두 번씩 진행하는 대대적인 군사훈련은 한반도에 전운을 조성함과 동시에 대한민국 군인들이 그들이 계획해 온 실제 침공 명령을 하달했을 때, 두 말없이 복종하게 길들이기 위한 반복적 훈련이었다.

러시아 푸틴에게 한 수 배운 합리적인 대북전략

문재인 대통령이 2017년 9월 러시아가 주최한 동방경제포럼에 참석했을 때 러시아의 푸틴 대통령은 한 외신 기자의 질문을 답하는 과정에서 문재인 대통령에게 대북정책에 대해 한 수 가르쳐 주었다. 푸틴은 핵을 방어용으로 개발하는 북한이 이미 이라크의 사담후세인과 리비아의 카다피가 핵을 포기한 후 죽임을 당하는 걸 봤는데, 미국이 핵을 포기하지 않으면 경제제재를 더 강화하고 공격을 하겠다는데 북한이 왜 핵을 포기하겠냐고 반문했다. 그러면서 중국과 러시아는 핵을 포기할 경우 북한을 일본에서 시작돼 러시아로 연결될 도로와 철도를 건설해주고, 북한을 관통할 가스 파이프라인을 통해 에너지를 제공해 주고, 통신을 비롯한 기관시설에 필요한 투자를 하겠다는 데 기자양반 당신 같으면 어느 쪽을 선택하겠냐고 반문했다. 그때 부터인지는 몰라도 문재인 대통령은 그의 대북정책의 방향이 바꾸어졌다. 실제로 그동안 미국의 지배세력이 통제하는 언론의 편파보도에 의해 대한민국국민들은 러시아의 푸틴을 침략을 일삼는 자로 잘못 알고 있다. 거기다 대한민국 국민들은 러시아가 미국 지배세력의 무기를 능가하는 첨단무기를 보유하고 있다는 사실을 전혀 모르고 있다. 이미 필리핀의 두타르테 대통령은 러시아와 손을 잡고 미 지배세력을 과감하게 배척했고, 러시아의 무기로 무장했다는 사실 역시 모르고 있다. 필리핀대통령이 오히려 세계정세에 더 밝았던 것이다.

자주적인 결정임을 배제할 수 없는 문재인 정권의 대북 정책

물론 문재인 대통령 역시 미국의 트럼프 대통령처럼 속임수를 이용한 전략을 벌여왔을 가능성도 배제할 수는 없다. 그렇다면 그의 사드 추가 배치 역시 지배세력을 속이기 위한 전략이었을 가능성을 시사한다. 미국 군부 애국자 세력 하얀 모자(White Hat)가 그에게 그런 고급 정보를 제공해 주었을 수도 있기 때문이다. 아니면 그가 트럼프 대통령을 만나러 미국에 갔을 때 이미 그런 전략을 전수받았을 가능성도 있다. 그러나 문재인 후보를 철저히 감시해 온 지배세력 때문에 그 가능성은 상대적으로 낮다. 또한 트럼프는 그가 미 지배세력을 제거하기 위해 벌이고 있는 국내에서 진행 중인 고도의 심리전 때문에 겉으로는 북한을 적대시해야 했다. 대한민국이 주도권을 가지고 남북대화를 추진하여야만 그가 그런 대화의 노력에 순응해 줄 수 있었다. 사전에 트럼프와 조율됐었는지의 여부는 알 수 없으나, 문재인 대통령의 대북 압박정책은 러시아 방문 얼마 후 완화돼 그 무게가 북한과 대화를 통한 해결점을 찾는 방향으로 바뀌었다. 그 역시 필리핀의 두타르테 대통령같이 지배세력이 중국과 러시아에 의해 경제전에서 이미 패했을 뿐 아니라, 시리아에서 봤듯이, 군사전에서도 러시아의 군사력에 눌렸다는 정보를 접했을 수도 있다. 그러므로 중국과 러시아와 손을 잡기로 결정했을 수도 있다. 이미 유럽 NATO에서 지배세력에게 없어서는 안 될 회원국 터키가 러시아와 중국으로 돌아섰다는 정보를 입수했을 수도 있기 때문이다. 그들의 '식민지' 군대인 대한민국과 필리핀이 돌아 설 경우, 오키나와에 배치된 미군 병력으로만 북한을 핑계로 중국과 러시아와 전쟁을 도발하기에는 역부족이기 때문이다.

문재인 정권의 중국과의 관계 개선

그런 후 문재인 대통령은 중국을 방문해 박근혜정부가 사드배치를 결정한 후 악화됐던 중국과의 관계를 개선하는 외교를 벌였다. 대한민국은 당연히 중국과의 관계를 더 중요시해야 했다. 미국의 2008년 경제 위기 후 줄어든 대미 수출이 대중 수출로 만회돼 중국과의 교역이 미국과의 교역을 능가했기 때문이다. 거기다 중국과 러시아가 주도하는 유라시아 개발 사업은 수출에 의존하는 대한민국 기업들이 당연히 진출해야 할 새로운 시장으로, 이미 축소되고 있는 미국과 유럽시장을 대체하게 될 것은 기정사실이다. 그러나 대한민국을 미국 지배세력의 경제 및 군사 속국으로 여기는 대한민국 보수정권은 북한과의 안보를 빙자해 오히려 중국을 적대시하는 정책을 추진해왔다. 자신들의 이익을 국익보다 우선시 하는 제2의 병자호란을 야기하는 행동이었다. 거꾸로 미국의 속국 일본과 함께 중국의 유라시아 개발시장으로부터 고립되는 정책을 추진하려했다. 일본의 아베총리는 공개적으로 중국을 견제해야 한다며 일본의 자위대를 공격 군대로 전환시키는 일본헌법과 위배되는 법안을 상정해, 국민들의 여론을 무시하고 기습통과 시켰을 정도로 지배세력의 하수인 역할을 잘 수행해 왔다. 그러던 그가 문재인 대통령과 만난 자리에서 미국, 한국과 일본이 함께하는 공동 군사훈련을 개시할 것을 제의하자 문재인 대통령은 그 자리에서 거절했다. 또한 문재인대통령이 중국을 방문하자 지배세력의 하수인 언론들과 보수 당대표는 문재인의 중국방문을 신하의 예를 드리러 갔다고 비하했을 뿐 아니라 푸대접을 받았다고 거짓 보도해 문재인 대통령이 그동안 중국과 쌓였던 불신을 제거하는 커다란 성과를 거두어 중국과의 관계를 개선하는데 성공한 사실을 은폐했다.

평창올림픽을 이용한 남북정상 회담: 지배세력이 조작한 하와이 미사일 공격

트럼프가 2017년 11월 중국을 방문했을 때 시진핑과 함께 비밀리 작성된 각본에 의해 북한의 김정은은 2018년 1월 그의 신년사에서 남한의 평창올림픽에 참여할 의사를 표명했고 곧바로 1월 13일 대한민국에서 회담이 열렸다. 전 세계가 주목하게 될 평창올림픽을 이용해 남북정상회담을 시작한 것은 올림픽을 지켜보고 있는 국제사회에게 한반도에서 지배세력이 조성해 놓은 전운이 제거됐음을 공식화하는 고도의 전략이었다. 그때까지 북한과 전쟁이 임박하다고 선전하던 지배세력의 언론은 갑자기 판세가 뒤집히자 당황해 북한에 대한 보도를 중단했다. 그러나 한반도에서 전쟁을 일으키려고 끈덕지게 계획해 왔던 그들은 남북 평화협상을 허용할 수 없었다. 다급해진 세계지배세력은 회담이 진행되고 있던 1월 13일 그들의 CIA가 보유한 잠수함으로 중국바다 부근에서 하와이로 탄도미사일을 발사했다고 이미 앞에서 언급했다. 그리고 미 군부 애국자 세력은 그 미사일을 격추시킴으로 그 미사일 발사를 북한의 소행으로 돌려 전쟁을 도발하려는 미 지배세력의 조작극은 실패했다. 대한민국 국민들이 촛불의 힘으로 그들의 하수인들을 정권에서 끌어내려 그들과 공조하지 못하게 함으로, 그들의 한반도에서의 전쟁 계획은 무산됐던 것이다. 물론 미국 애국자 군부세력이 그 미사일 공격을 막아주지 않았으면 국민들은 다시 한 번 북한의 소행이라고 속아 북한과의 전쟁을 지지하게 됐을 수도 있다. 왜냐면 지금도 그들의 지배를 받고 있는 대한민국 언론이 건재하고 있어 당연히 국민들을 속이는데 기여했을 것이기 때문이다. 여하튼 깨어있는 대한민국 국민들의 촛불혁명이 아니었으면 그들의 하수인 역적들이 공조해 다시 한 번 우리가 그들의 전쟁에 이용당해 대한민국을 불바다로 만들 뻔했던 생각만 해도 치가 떨리는 정황이었다.

평창 올림픽 성사를 위한 과감한 한미 공동 군사훈련 연기

문재인 대통령은 과감하게 미국에게 평창올림픽을 명분으로 미국 군대와 벌이는 공동 군사훈련을 연기하자는 제안을 했고 트럼프는 이를 흔쾌히 수락했다. 대한민국 보수당의 홍준표 대표는 미국이 절대 허용하지 않을 거라고 장담했다가, 그의 예상을 깨고 트럼프 대통령이 수락했음에도 그는 트럼프에게 제거되는 위기에 있는 미 지배세력의 뜻을 따르는 행보를 계속했다. 그는 평창 겨울 올림픽을 '평양 올림픽' 이라고 지칭했을 뿐 아니라 문재인 대통령이 김정은의 고도의 전략에 속고 있어 국가안보를 위협으로 몰고 가고 있다고 묘사했다. 미 지배세력의 신문들인 조중동 역시 문재인 대통령 정책을 종북 정책으로 몰았다. 지배세력의 삼각위원회 회원 명단에 정식회원으로 기재돼 있는 나경원 의원은 심지어 남북한의 공동팀을 허용한 올림픽위원회에게 공식으로 보낸 편지로 이를 불허할 것을 종용했을 정도로 대한민국의 정치인들은 문재인 정부의 한반도의 전운을 없애고 진정한 평화통일을 이루어 내려는 노력을 노골적으로 방해했다. 그들은 미국의 트럼프, 중국의 시진핑과 러시아의 푸틴의 협력으로 남북통일은 이미 결정됐다는 사실을 모르고 반대를 위한 반대로 문재인 정권의 국정을 사사건건 방해하고 있다. 그러나 그들의 무리한 행보는 문재인 대통령이 남북통일을 성사시키는 순간 자신들이 판 무덤이 될 것이다.

I. 이미 시작된 달러의 붕괴로 임박한 세계불황

가장 중대한 국가사업인 남북통일

남북통일이야말로 이미 임박한 세계경제 재편성이 가져올 경제불황을 벗어나는데 대한민국의 가장 긴요한 돌파구이다. 앞에서 설명했듯이 트럼프는 이미 지배세력의 중앙은행들이 돈을 찍어 인위적으로 지탱시키고 있는 거품경제를 붕괴시키는 작업에 착수했다. 그렇게 해 미국 달러를 재평가(Reset)하려는 계획이다. 그럼과 동시에 연준위를 비롯한 세계 중앙은행을 통해 벌인 그들의 사기행위를 찾아내 그들이 인류로부터 갈취하여 축적해 놓은 자산을 회수하려 하고 있다. 중국과 러시아가 주도하고 있는 금을 바탕으로 한 새로운 통화체제로 대체하는 계획에 동조하고 있는 트럼프는, 미국 달러의 가치를 자진해서 평가절하시켜 그 충격을 완화하는 정책을 은밀히 추진 중이다. 달러의 재평가는 최소 50%가 될 것이고 그렇게 될 경우 미국 달러를 사용하고 있는 미국 시민들은 그들의 구매력이 50% 절하되는 100% 인플레이션을 경험하게 될 것이다. 그들이 비밀리에 발행해 온 달러, 유로, 엔, 파운드를 포함시키지 않고도 이미 공개된 통화로만 환산해도 50% 평가절하는 매우 관대한 재평가이다. 고로 그 후 추가로 평가절하 될 가능성이 거의 확실하다. 특히 달러자산을 외환으로 보유하고 있는 대한민국을 포함한 세계 국가들이 달러를 급처분하기 시작할 경우 외국의 달러가 미국으로 모두 유입돼 미국 국내에서 달러 구매력의 하락은 더 가속화 될 것이다. 경제 거품이 빠지면 지배세력의 은행들이 2008년 때처럼 그들이 보유한 자산가격의 폭락으로 이어져 줄줄이 도산할 것이고, 유럽 국가들의 디폴트로 그 국가들의 국채를 보유하고 있는 유럽 은행들 역시 도산을 면할 수 없다. 전 세계가 2008년과 비교도 안 되는 대공황으로 침입할 것은 피할 수 없는 현실이다. 그렇게 세계 경제가 어려워졌을 때, 북한의 저렴한 노동력과 대한민국의 기술력으로 통일된 한국은 세계에서 가장 경쟁력 있는 국가로 부상해 유라시아 시장과 일본의 연결다리가 될 북한지역의 개발로 대한민국기업들에게 새로운 활력을 불어 넣게 될 것이다.

세계경제가 정상을 되찾기 위해 불가피한 세계경제 재편성

앞에서 이미 언급했듯이 이러한 달러의 재평가는 하루라도 더 일찍 이루어져야만 이미 부의 양극화 현상으로 더욱 심해진 국민들의 생활고를 덜어줄 수 있다. 그래야만 경제가 다시 정상을 되찾아 자체적으로 시장원리에 의해 활기를 되찾게 될 것이기 때문이다. 그러나 그러한 통화의 재평가는 지배세력이 인위적으로 부풀려 놓은 세계경제의 거품이 빠져 많은 세계기업들의 도산으로 이어질 것이고 대한민국 역시 예외가 아니다. 그러므로 세계는 1997년 대한민국이 경험했던 구조조정이 불가피해져 더 많은 일자리가 사라져 세계적인 대공황으로 이어지고 세계 경제가 회생될 때까지 있을 어려움을 고수해야 할 것이다. 또한 정부의 신용만을 바탕으로 한 법정화폐를 인류가 더 이상 신뢰하지 않을 것임으로, 6,000년 인류 역사 동안 진정한 돈으로 유일하게 그 가치를 보존해온 금을 바탕으로 하는 통화만을 신뢰하게 될 것이다. '금본위제'의 부활이고 중국이 자국의 위안을 금으로 보장하고 나선 이유이다. 지배세력은 지금까지 자신들의 달러를 포함한 화폐의 가치가 하락하는 현상을 숨기기 위해 금 선물시장을 이용해 억제해 오던 금 가격은 억제됐던 만큼 반등해 정상적인 가격을 되찾을 것이다. 그들의 의정서에서도 자신들이 세계의 금을 보유하고 있다고 자랑했듯이 금이 진정한 돈이다. 그러므로 금을 가장 많이 보유한 중국과 러시아에 의해 금값이 정해져 금값을 상향조종 할 것은 당연처사이다. 종이화폐, 채권, 주식으로 된 자산에서 금과 은을 포함한 실질자산으로 옮겨가는 세계적인 부의 이동이 일어날 것이다. 앞에서도 언급했듯이 지배세력이 자신들이 세계적으로 조성해 놓은 거품이 빠지지 않도록 여신을 창조해(돈을 찍어) 주식과 부동산 자산의 가격을 인위적으로 부풀리고 있는 동안 중국과 러시아는 그들로부터 벌어들인 달러를 유라시아 개발 사업에 투자해 새로운 시장을 개척해 실제 부를 늘려왔다. 그리고 중국과 러시아는 이미 위안을 금과 연계시켜 놓았고 달러체제를 대체할 새로운 통화체제를 구축해 놓았다. 지배세력이 약탈 도구로 사용해 온 달러 대신 금값에 고정돼 그 가치가 불변하는 통화체제의 도입으로 세계경제가 정상을 되찾게 될 것이다. 그럴 경우 지배세력이 억제해 왔던 수많은 저개발 국가들이 그들의 경제식민지체제로부터 해방돼 더 활기찬 새로운 시장이 조성될 것이다. 그리고 그 새로운 시장을 형성하는데 필요한 기관시설인 도로, 철로, 통신망, 공항, 항만시설, 에너지 파이프라인 등을 중국과 러시아는 이미 건설해놓았고 지금도 건설하고 있다.

> 피할 수 없는 세계적인 불황에서
> 제일 먼저 벗어나는 돌파구가 될 남북통일

그렇게 새롭게 형성되고 있는 유라시아 시장에, 제3의 경제대국 일본을 연결시키는 지정학적 위치에 있는 북한이 포함돼야 하는 것은 당연한 이치이다. 지금까지 북한의 정식 수교 요구에도 불구하고 북한을 고립시켜 발전을 막아온 지배세력이 제거됨과 동시에, 북한은 즉시 중국과 러시아가 주도하는 시장경제체제에 합류될 것임으로 북한이 핵개발을 계속해야 할 이유가 없어진다. 그러므로 김정은의 비핵화 하겠다는 선언은 진심이다. 그렇게 새롭게 형성되고 있는 시장에서 남한과 북한의 통일로 엄청난 시너지 효과가 발생할 것이다. 한국전쟁 경험으로 사악한 지배세력의 존재를 알게 된 김일성은 그들과 같은 통속으로 세계지배세력의 통제를 받아 왔던 소련의 간섭도 거부하며 북한을 지배세력으로부터 보호해왔다. 앞에서도 언급했듯이 북한은 6조 달러에서 10조 달러로 추정되는 첨단기술에 필요한 광물을 보유하고 있는 자원부자국가이다. 거기다 그동안 지배세력의 억제 때문에 시장경제에서 제외돼 아직 분발하지 못한 잠재된 노동력이 존재한다. 남한의 기술력과 북한의 노동력, 그것도 언어소통이 가능한 노동력이 결합될 경우 중국의 저렴한 노동력에 밀리던 대한민국 제조업에게 새로운 활력을 제공할 것은 당연하다. 거기다 북한이 그동안 지배세력의 약탈로부터 지켜온 광물자원을 활용해 부가가치를 늘릴 수 있다. 지배세력의 하수인들로 형성된 대한민국 학계와 언론계가 국민들에게 남북의 통일이 빈부차이가 심해서 불가능하다고 세뇌시켜온 것은 새빨간 거짓말이다. 그러므로 남북통일은 피할 수 없는 세계적인 불황에서 가장 먼저 벗어날 수 있는 기회로 작용하게 될 우리에게 가장 중요한 국가사업이다. 이제서야 그동안 우리 민족을 우리와 아무 상관없는 이념으로 갈라놓고 그것으로도 모자라 그들의 언론과 학계를 이용해 정신적으로 세뇌시켜 서로를 원수로 만든 그들의 정체를 알게 됐다. 거기다 그들은 이미 그들의 거점인 미국에서 제거될 위기에 처해있어 더 이상 우리의 통일을 방해할 수 없다. 그러므로 지금까지 우리 민족을 일제 강점기 때부터 시작해 지금까지 그들의 식민지로 지배해 온 지배세력으로부터 최초로 독립할 수 있는 기회가 우리에게 주어졌다. 분단됐던 우리 민족을 합치는 것이야말로 우리 선조들과 우리 후세대를 위해 우리가 반드시 성사시켜야 할 숙명이다.

J. 아직 진행 중인 정보전쟁

중국의 시진핑과 러시아의 푸틴, 그리고 미국의 군부애국자세력을 대표하는 트럼프에 의해 세계를 지배해 온 사탄 숭배자들로 형성된 악의 세력은 제거되고 있다. 대한민국에서도 국민들의 의식이 이루어낸 촛불혁명으로 대한민국 국내에서 그들의 하수인들로 국가를 반역한 박근혜 정권을 합법적으로 끌어내리고 그 자리에 새로운 국민들의 뜻을 부합하는 문재인 정권을 창출시키는 데 성공했다. 그러나 그 혁명은 시작이었고 아직 완수되지 않았다. 합법적인 민주 절차에 의해 무혈로 이루어낸 이 혁명은 대한민국 역사는 물론 세계사에도 보존될 시민혁명이었다. 그것도 지배세력에 의해 그들의 언론과 학계로 완벽하게 세뇌돼 그들의 지배를 받고 있다는 사실조차 알지 못했던 국민들이 그들의 지시를 따르며 대한민국의 국익을 저버린 하수인들을 국민들의 자주적인 힘으로 끌어내렸다. 물론 지배세력이 그들의 거점인 미국 안에서 일어난 트럼프 혁명으로 그들의 권력기반을 빼앗기는 뜻밖의 위기사태에 정신이 팔려 대한민국에 개입할 겨를이 없었기에 가능했다.

그러나 아직 지배세력이 소유, 통제하는 삼성그룹을 위시한 금권세력에게 매수돼 정부 요소요소에 심어져 있는 대한민국의 보이지 않는 숨은 정부(Deep State)가 여전히 살아있는 한 촛불혁명은 아직 완수되지 않았다. 대한민국의 하수인들은 아직도 지배세력의 세계중앙은행인 스위스에 위치한 국제결제은행의 지시를 따르는 한국은행 총재를 비롯해 대한민국 경찰과 검찰 조직, 사법부, 대통령이 임명한 국정원장이 아직 통제하지 못하는 국정원 내부조직, 그리고 지배세력이 대한민국 국민들의 생각을 조종·세뇌하는 도구로 활용해 온 신문을 비롯한 언론 매체 요직에 심어놓은 그들의 하수인들이 형성하고 있는 보이지 않는 '숨은 정부' 조직을 유지하고 있다. 거기다 지배세력의 하수인들로 형성된, 국민들에 의해 선출됐으나 국익에는 관심조차 없고, 국회의원 자리를 자신들의 사욕을 채우는 수단으로 여기는 정치꾼들로 형성된 보수 및 진보를 자칭하는 대한민국 국회의원들 역시 숨은 정부의 일원들이다. 그들은 지금도 국민들이 선출한 대통령의 국정을 자신들을 선출해준 국민들의 뜻을 무시하고 노골적으로 방해하고 있는 자들이다. 물론 그들은 그렇게 해서 보수정권을 재창출해야만 그들의 기득권을 보존시킬 수 있음으로 그들의 정치적 생존이 달려있는 최후의 발악이다.

제거돼야 하는 지배세력의 하수인들로 형성된 숨은 정부

그러므로 그들의 숨은정부인 소위 '친미파' 세력을 제거하기 전에는 촛불혁명이 완성됐다고 할 수 없다. 그들이 바로 일제 시대 직후 미 지배세력에 재 등용됐던 친일파 세력이다. 지금 진행되고 있는 박근혜와 이명박의 적폐청산은 꼬리 자르기에 불과한 상징적인 청산일 뿐이다. 이미 최순실 국정농단에서 드러났듯이 대한민국을 지배하고 있는 지배세력의 실체는 삼성의 간판에 불과한 이재용이 아니라, 삼성의 숨은 실소유주인 세계지배세력이다. 그들은 삼성을 이용해 대한민국 안에 그들의 숨은정부를 구성하는 대한민국 공권력인 검찰, 국정원, 사법부를 모두 돈으로 매수해 놓았다. 그리고 이미 노무현 대통령의 탄핵에서 확인됐듯이 대한민국 국회 역시 돈으로 매수된 지 오래이다. 2016년 3월 테러방지법을 국민들의 의지와 상관없이 기습 통과시킨 보수파 국회의원들이 가장 먼저 제거돼야 할 적폐세력이다. 촛불혁명을 의식해 몸을 드러내지 않고 있을 뿐인 언제 국민들을 배신할지 모르는 지배세력에게 매수당한 정치꾼들이 진보진영에도 존재한다. 사욕에 눈이 멀어 자신들이 대한민국을 반역하고 있다는 사실조차 감지 못하는 그들이 버젓이 존재하는 한, 촛불혁명은 그들이 공개적으로 장담했듯이 곧 꺼질 수 있다. 그들의 눈에는 정치 초보자들로 형성된 문재인 정권을 방해해 아무 성과를 못 거두게 만들면, 자신들이 다시 권력을 장악할 수 있다고 믿고 있고 무지한 다수의 국민들이 정말로 그렇게 '설득'되고 있는 게 현실이다.

국민들을 속이는데 공조해 온 언론을 장악해
진실 된 정보보급 필수

국민들의 힘으로 창출된 문재인 정권은 대한민국의 국영방송조차 아직 장악하지 못했다. 그 이유는 대한민국 국영방송에는 지배세력이 심어놓은 하수인들이 중요 직을 맡고 있은 지 오래이기 때문이다. 지배세력은 그들의 의정서에서 가르친 대로 신문과 방송매체를 소유, 통제해 온 지 오래이다. 그들의 오랜 하수인들로 언론매체를 지배세력의 도구로 활용하는 노하우를 터득한 보수세력에 비해 진보 진영에는 언론매체를 제대로 이해하는 전문가들이 없는 게 현실이다. 그러다보니 소프트웨어인 방송 내용물보다

하드웨어에 불과한 방송사의 사장 자리를 놓고 시간을 허비하고 있다. 그들이 방송사의 뉴스데스크, 뉴스제작, 시사프로 제작, 편성 등에 심어놓은 하수인들부터 교체시켜 그 기능을 탈취해야 한다. 대한민국의 진정한 적은 국민들의 생각을 통제하며 거짓된 정보로 국민들을 속여 온 언론과 학계이다. 대한민국 언론인들은 지배세력의 의정서에서 그들이 이미 장악해 놓았다고 자랑한 로이터 통신, AP 통신 같은 통신사에 의존하도록 길들여져 있다. 이미 지배세력의 존재를 아는 깨어있는 세계시민들은 인터넷에서 러시아 투데이인 RT News방송을 포함해 미국의 인터넷 매체인 ZeroHedge, USA Watchdog.com, X22 Report, InfoWar.com 등 무수한 인터넷 매체들로부터 진실된 정보를 접하고 있다. 이런 방송에서는 현재 트럼프 대통령과 지배세력이 벌이고 있는 4차원 체스를 이용한 정보전쟁에 대한 진실된 정보를 접할 수 있다. 그리고 지금 미국에는 2017년 10월부터 미국 정보기관의 애국자들로 형성된 미국 정부의 최고 기밀 급인 Q급(Q clearance)을 인용한 QAnon(Q익명) 이라고 알려진 사이트가 인터넷에서 미 애국자들 사이에 선풍적인 인기를 누리고 있다. Q익명은 소크라테스식의 질문으로 알만한 애국자세력에게 '미래가 과거를 증명한다'며 트럼프 정부가 진행하고 있는 비밀작전을 소개해 왔고, 그 소개 후 사실대로 드러나 신뢰를 받고 있다. 트럼프의 대북정책에 대한 예측도 Q익명에 의해 사실로 증명됐다. 그러나 대한민국의 소위 진보 언론인들마저 아직도 지배세력이 제공하는 뉴스에 의존하다보니 국민들에게 제대로 된 정보를 전하지 못하고 있는 게 현실이다. 그렇게 해서는 정보전쟁에서 이길 수 없다.

지금도 조작된 정보로 국민들을 속이는데 동조하고 있는 언론

세계지배세력이 통제하는 세계 언론에서 대한민국 국민들의 촛불혁명을 치하해주며 마치 그 혁명으로 박근혜 정부를 끌어내린 것으로 촛불혁명은 완성된 것처럼 보도하고 있다. 이는 그들이 세계 언론을 이용해 대한민국을 포함한 작은 타이거들이 자유무역 덕분에 성공한 것처럼 묘사해 자만에 빠져 그들의 저렴한 금리의 돈을 빌려다 쓰게 한 후 갑자기 자금을 인출해 유동성 위기를 조성했던 것과 같다. 그러면서 그들은 국민들의 적폐에 대한 관심을 성추행 논란으로 틀을 바꾸어 몰고 가고 있는 것으로 보인다. 각광받던 대권 후보자의 성추행을 대서특필로 다루어 전 국민의 관심을 성추행으로 돌려 미투를 이끌어내는 작전으로 이미 국민들의 관심을 진정한 정부의 적폐로부터 엉뚱한 데로 돌리려는 전략일 수 있다. 물론 그 사건을 제일 먼저 보도한 방송이 최순실의 태블릿PC를 공개했던 JTBC라는 정황과 그 사건으로 그 후보의 부적격성을 드러냈다는 점으로 보아 언론을 역으로 이용하는 고도의 정보 전쟁일 수도 있음을 배제할 수는 없다. 그러나 지배세력의 언론이 조선시대부터의 관행인 성폭력을 마치 촛불혁명에 의해 드러난 것처럼 국민들의 주의를 그 쪽으로 돌리는데 이용하고 있음은 부인할 수 없다. 또한 그들이 이미 희생시키기로 작정한 박근혜, 이명박 같은 하수인들의 법적절차의 '중계' 로 국민들의 관심을 그들의 꼬리 자르기에 머물게 하고 있다. 그리고 그들은 계속 그런 식으로 국민들의 정신을 팔게 하는 새로운 관심거리를 찾아 국민들을 호도할 것이다. 그러므로 그들의 무기인 언론을 장악하는 것이야말로 촛불혁명을 성사시키는데 가장 중요한 사업이다. 그리해야만 지배세력의 실체를 국민들에게 알릴 수 있다.

지배세력과 그들의 하수인들의 실체를 폭로하는 게 급선무

문민정부가 들어선 시점부터 지배세력이 완벽하게 통제해 온 학계와 언론에게 세뇌돼온 자들로 형성된 문재인 정권마저 대한민국의 진정한 적은 검찰도 아니고 삼성도 아니라 그들을 비밀리 지배, 조종해 온 세계지배세력이라는 사실을 간파하지 못하고 있다. 문민정부의 출범과 함께 지배세력이 은밀히 대한민국 국민들을 상대로 진행해온 정보전쟁의 결과이다. 적을 모르면 전쟁에서 이길 수 없듯이, 정부조차 적의 실체를 아직 파악하지 못하고 있다. 그러면서 병의 원인보다는 겉으로 드러난 증세만 치료하고 있다. 지금 대한민국이 겪고 있는 부의 양극화 현상의 일환인 주택 부동산 가격의 상승은 대한민국 중앙은행인 한국은행이 세계지배세력의 국제결제은행(BIS)이 지시하는 저금리 정책으로 여신을 창조해(돈을 찍어) 돈의 양을 불려놓아 그 가치가 떨어지는 것이 부동산 주택의 상승으로 나타나고 있다는 사실을 인지하지 못하고 있다. 그도 그럴 것이 문재인 정부의 경제전문가들은 모두 지배세력의 학계에 의해 완벽히 프로그램돼 전문가들로, 미시 경제는 알아도 그보다 더 중요한 거시 경제를 제대로 이해하는 자들이 없기 때문이다. 만약 그런 학자들이 대한민국에 있었다하더라도 그들은 세계지배세력에 의해 이미 학계에서 축출된 지 오래이다. 대한민국 학계 역시 실력보다는 돈을 밝히는 자신들의 허위 '명예'를 우선으로 하는 자들로 구성돼온 지 오래이기 때문이다. 이는 조선시대부터 내려오는 그 당시 지배세력으로부터 세뇌돼 온 결과이기도 하다. 그때부터 벼슬을 하는 것 그 자체가 명예로운 것이지 벼슬을 감당할 덕망과 실력을 갖추어졌는지는 전혀 고려대상이 아니었다. 조정에 의해 선택된 것 그 자체가 가문의 영광으로 여기게 세뇌돼 그들의 지시에 복종하는 자들을 등용해 왔던 것이다. 대한민국을 일본으로부터 인수한 미국 지배세력은 친일파 세력을 그대로 등용해 그런 구시대적 관습을 돈과 명예로 대체시켜 대한민국 학계마저도 그런 허위 '명예' 를 우선으로 하는 자들로 진정한 학구파들을 교체해 놓은 지 오래이다.

진실 된 정보를 몰라 그들에게 당했음으로 아는 것이 힘

그러니 이 보이지 않는 정보전쟁에서 이기기 위해서는 하루속히 언론을 장악해 이 사실을 국민들에게 알려야만 혁명이 완성될 수 있다. 대한민국 촛불혁명과 유사한 진정한 시민혁명은 1979년 이란에서 일어났었으나, 지배세력의 언론이 이를 은폐했던 관계로 세계는 몰랐다. 이란의 혁명은 조명하지 않았으면서 아직 완성되지 않은 대한민국 촛불혁명을 그들의 언론이 치하하고 있는 이유는, 촛불혁명이 그들의 숨은 정부로 확산되는 것을 막기 위한 수법이다. 이란의 혁명은 곧바로 언론부터 장악했었다. 그렇게 해 이란의 시민들은 지배세력이 민주주의로 포장한 지배세력의 기업을 위한 자본주의 대신, 이란에 걸맞은 그들만의 이슬람 공화국을 건국함으로 혁명을 완성했다. 그동안 우리는 몰라서 그들의 조작된 이념을 곧이곧대로 믿고, 우리 민족들끼리 살생을 하며 서로를 원수로 아는 비극의 주인공으로 살아왔다. '아는 게 힘'이라는 표현대로 모르면 당하는 것이다. 그리고 그 여파로 우리는 자유민주주의라는 그들이 조작해 놓은 이념에 속아 결국 우리나라의 경제를 그들에게 고스란히 갖다 바쳤다. 일찍부터 지배세력의 실체를 간파하고 국민들의 무지함을 폭력을 써서라도 그들로부터 방어해 일구어낸 국가경제를, 독재정권을 반대하는 그 자체가 민주주의인 것으로 세뇌됐던 문민정부와 함께 자진해서 그들의 경제식민지를 자초했다. 그들의 정보전쟁에서 완패 당했던 것이다.

숨은정부의 정체를 알아야만 촛불혁명 완수

그런데 이제 그들의 정체를 알게 됐고 그들의 통제를 받는 언론이 국민들을 속여 대한민국을 그들이 계획한 세계전쟁에 희생시키는데 (자신들도 모르고) 공조해온 사실을 알게 됐다. 그리고 그들은 지배세력이 실질 소유주인 삼성그룹의 재력을 이용해 대한민국 각 분야에 그들의 하수인들을 심어 놓았다. 그러면서 아직도 그들은 그들이 통제하는 언론으로 국민들을 속이는 정보전쟁을 계속하고 있다. 그러므로 우리는 언론을 하루속히 장악해 국민들을 일깨워 우리 국민들이 주도하는 진정한 혁명을 일구어내야 한다. 일제 강점기 시기에 자신들만의 이익을 위해 국민들을 배신했던 친일파 세력에 비해, 지금의 반역 세력은 자신들을 믿고 정부를 그들에게 위탁한 국민들을 배신만 한 게 아니라, 자신들만의 이득에 눈이 어두워져 온 민족을 전쟁으로 희생시키는데 공조해 왔다. 다행히 우리는 깨어있는 국민들의 힘으로 한반도를 핵으로 존멸시킬 뻔한 엄청난 위기를 극적으로 모면했다. 그러므로 사욕에 눈이 멀어 국민들을 속이는데 자신들도 모르게 공조해 온 정치인들을 비롯한 삼성공화국으로 알려진 적폐 세력을 모두 숙청하기 전에는 혁명은 완성된 게 절대 아닌 것이다. 대한민국 국민들이 최순실 국정농단에 대한 정보를 접해 알게 됐기 때문에 촛불혁명이 가능했듯이 그들의 하수인들로 형성된 숨은 정부의 실체에 대한 정보를 국민들이 알아야만 그들을 끌어내리는 응집력을 발휘할 수 있다. 8.15해방 후 미국 지배세력의 하수인들로 변신했던 일제 친일파 세력을 청산할 수 있는 진정한 기회가 우리 앞에 있다는 사실을 국민들에게 알려 우리의 힘으로 그들을 끌어내려야만 혁명을 완수할 수 있다.

지배세력의 하수인들을 끌어내릴 수 있는 유일한 세력은 대한민국 국민들

아직도 언론에 휘둘림을 당하고 있는 문재인 정부 자체적으로는 그들을 제거할 재간이 없다. 조그만 북 유럽 국가인 아이슬란드가, 그들의 정치인들이 국민들보다 지배세력의 지시를 따르고 있다는 사실을 알아차린 국민들이 주방 도구를 들고 국회를 둘러싸 부패한 정치꾼들을 물러나게 만들었듯이 대한민국 국민들이 직접 그들의 하수인들로 형성된 대한민국 정치꾼들을 끌어내려야 한다. 대한민국 하수인 정치꾼들의 반역행위가 입증되기 전에는 그들의 '국가안보'를 들먹이며 반대를 위한 반대를 하는 행위를 처벌할 수 있는 법규가 없다. 그들은 그 점을 악용하고 있는 것이다. 그러나 그들을 선출해준 국민들은 그들이 국민들의 뜻을 거역하고 지배세력의 앞잡이로 국정을 방해하고 있다는 그 자체만으로도 그들을 끌어내릴 권리가 있다. 아이슬란드 국민들은 그것을 알고 직접 나서 행동했던 것이다. 그러므로 그들을 끌어내리는 일은 국민들의 몫이다. 그러기 위해서는 그들이 의정서에서 가르친 대로 분열을 조성하는 반대를 위한 반대로 국정을 방해하지 못하도록, 국민들이 직접 나서서 정부에게 조기 총선을 요구해서라도 투표로 그들을 끌어내려야 한다.

국민들이 정보로 무장하는 게 정보전쟁에서 승리하는 길

그렇게 해 지배세력의 하수인들 대신, 국가를 위해 헌신할 준비가 된 자들로 교체시켜야 한다. 국회의원의 자리는 국민들을 대표해 정부가 주도하는 정책에 필요한 법을 만드는 역할을 위탁받은 자리이다. 그런데 돈과 명예욕으로 매수된 정치꾼들이 마치 그 자리를 그들의 개인 사욕을 충당하기 위한 벼슬인양 착각하고 국민들의 이익이 아닌 지배세력의 하수인 역할을 해왔다. 그들을 끌어내리고 그런 추잡한 정치판에 끼는 것을 거부하고 정치를 멀리해 온 국익을 위해 헌신할 애국자들을 찾아내 등용해야 한다. 중국과 러시아와 트럼프의 협력으로 한반도에서 전쟁의 불씨는 제거됐으나, 이제 돌이킬 수 없는 세계경제 붕괴에 대한 정보로 국민들을 무장시켜야 한다. 그렇게 해 국민들의 힘으로 지금 문재인 정부가 추진하고 있는 남북통일을 성사시켜 임박한 세계경제의 돌파구를 마련해 붕괴에 대비해야 한다. 국민들이 직접 나서서 피할 수 없는 세계경제 재편성의 과도기가 가져올 그들의 은행들의 도산을 기회삼아 지배세력이 갈취해간 대한민국의 통화발권력을 회수할 것을 정부에게 직접 요구해야 한다. 그들의 도구에 불과한 한국은행 총재는 지금도 대한민국 국민들이 아닌 스위스에 위치한 국제결제은행 BIS의 지시를 따르며 지배세력이 소유한 대기업들을 위한 통화정책을 유지하고 있는 게 현실이다. 거기다 이미 붕괴 직전에 와있는 미국 달러로 된 국채를 처분해 인류 6,000년 동안 진정한 돈의 역할을 해온 금과 은으로 교환해 임박한 달러의 붕괴가 가져올 위기에 대비해야 한다는 정보를 국민들에게 은폐하고 있다. 1997년 IMF 시절 국민들이 국가경제 위기를 극복하기 위해 모았던 227톤의 금을 '맡겨둔' 지배세력의 은행인 영국은행으로부터 회수해야 한다고 국민들이 직접 정부에게 요구해야 한다. 자신들이 지배세력의 앞잡이 역할을 하고 있다는 사실조차 감지하지 못한 자들로 구성된 대한민국국회에는 그런 정보를 알 만한 국회의원들이 없을 뿐 아니라 알려고 노력조차 하지 않고 있는 게 현실이다. 그들은 국정감사를 하며 언론 앞에서 호통 치는 그 자체로 국회의원의 의무를 다하는 것인 줄로 착각하고 있다.

앞에서도 지적했듯이 지배세력이 조성해 놓은 세계거품경제의 붕괴는 언젠가는 한 번 겪어야 할 위기 상황이다. 그들이 구축해 놓은 속임수를 이용한 통화체제가 붕괴해야만 지배세력을 완벽하게 제거할 수 있을 뿐 아니라 그 자리에 새로운 정상적인 경제가 싹틀 수 있기 때문이다. 다행히 중국과 러시아는 지배세력의 달러체제의 붕괴 후 대체할 새로운 통화체제를 완성해 놓았으므로 세계경제의 회복은 예상외로 빠른 속도로 진행될 것이다. 그러므로 급변하고 있는 세계 속에서 반대를 위한 반대를 하는, 이미 제거될 위기에 처해진 지배세력의 하수인들로 형성된 국회를 하루속히 청산해 국민들과 정부가 합심해 임박한 경제과도기에 대비해야 한다. 새롭게 재편성되는 세계시장에서 통일된 한국은 무한한 경쟁력을 보유하게 될 것이다. 제조업에 의한 경제적 발전은 물론이고 지금까지 거짓된 정보에 속은 인류가 필요로 하는 올바른 정보를 제공해 줄 수 있는 지식산업에 가장 먼저 뛰어들 수 있다. 지금까지 세계지배세력이 인류를 속이는 데 이용해 온 언론계, 출판계, 영화계, 학계를 대체할 수 있는 새로운 콘텐츠 산업의 문이 활짝 열렸다. 그러므로 대한민국 기업들이 준비해 온 제 4차원 산업보다 더 고차원 산업인 지식산업을 주도하게 될 기회가 우리앞에 있다. 지식산업이야말로 악의 지배세력이 인류를 무지하게 만들고 분열시키기 위해 조성해 놓은 물질만능 주의를 타파하고 그 자리에 배려와 신의를 근본으로 하는 새로운 삶의 방식을 제시하는 이 시대에 없어서는 안 될 가장 고귀한 산업이다. 또한 이 산업은 '널리 인간세상을 이롭게 하라' 고 가르친 우리 선조들의 교훈인 '홍익인간' 의 정신을 실현시키는 길이기도 하다. 그러므로 우리부터 진실 된 정보를 터득하여 우리의 것을 만든 후 그 지식을 세상에 널리 알리는 데 기여함으로, 그동안 악의 세력이 인류를 상대로 진행해 온 정보전쟁의 결과로 아직도 거짓 패러다임 속에 헤매고 있는 인류를 해방시키는 의무를 감당하고 실행해야 할 때이다.

색인
(Index)

번호

3.11공격(3.11 Attack) 541
4.13 총선 746, 748, 751
4대강사업 730
4인방(Gang of Four) 411
5.16 혁명 34, 755
9.11 21, 282, 431, 611, 618
13번 째 부족 (The 13th Tribe) 156
51지역 (Area 51) 331, 546
'300명 위원회' 284
1812년 전쟁 60, 140
1848년 혁명 160, 162
1920년대의 호경기 62
1965년 이민개혁법 320
2012년 '국방수권법안'. 국방수권법안(NDAA) 참조

로마자

A

ADB Engineering 421
ADL 197
AIG 468
AIIB 13, 584
'America First' 정책 609. 미국이 먼지 참조
AP 통신 771

B

Bail-in 491

Bank for International Settlements(BIS). 국제결제은행(BIS) 참조
BREXIT. 브랙시트 참조 항목
BRICS. 브릭스연합 참조

C

CCTV 457
CFR. 외교협회(CFR) 참조
CIA 18, 79, 80, 83, 253, 272, 273, 287, 288, 289, 290, 291, 292, 293, 294, 299, 300, 302, 303, 305, 307, 308, 321, 355, 425, 616, 648, 649, 657, 658, 661, 662, 670, 671, 700, 705, 706, 709, 723, 755
CIA 본부 650
CIA의 '검은 예산' 283
CIA의 검은 예산 266, 283
CIA 컴퓨터 서버 650, 651, 669
CIPS 12
CNN뉴스 636
Crypto Jews 153
Currency Act. 통화조례법 참조

D

DNA 350
Dreyfus Affair 155
D.U.M.B. 546

E

EBOLA 175, 256

F

FBI 598, 616, 620, 633, 644, 648

FDR 523
Federal Institute of
        Technology 77
Federal Reserve Note 194
Frankist 153
Frank, Jacob 154
FTA 719, 724

G

Glorious Revolution 57

H

HAARP 537
Herzl, Theodore 154

I

IMF 9, 36, 60, 64, 84, 212,
        252, 253, 268, 295,
        374, 392, 393, 481,
        488, 491, 493, 714,
        715, 716, 725
inalienable right 143, 144

J

JCPOA 핵 협약 672
JP 모건 사옥 509
JTBC 747, 748, 749, 772

K

KAMCO 393
KHIBINY ELECTRONIC
        WARFARE SYSTEM
        553
Koestler, Arthur 156

L

LA 폭동 321
LG 77

M

Make America Great Again
        609
MI-6 657, 688
MJ-12(Majestic 12) 332
MK ULTRA 355
MS13갱 597

N

NATO 17, 18, 301, 390,
        555, 626, 688, 760
Neocon. 네오콘 참조
NSA 577, 578, 595, 620,
        669, 719
NSA 서버 650

O

One Belt One Road. 일대일
        로 참조
OPEC 65

P

pay for play 599
PIIGS 494

Q

QAnnon (Q익명) 771

R

RH 음성 혈액 93, 94
RT News 457, 525, 550, 771

S

SARS 175, 256
SDR 9, 84. 특별인출권 참조
SWIFT. 스위프트 참조

T

'The 13th Tribe' 156
'Thrive' 326
TPP 13, 325, 534. 환태평양경제동반자협약(TPP) 참조

U

UAE 657, 659
UFO 333, 344
U.S..C.F.T.C. 상품거래소 512
U-보트 200

W

Weishaubt, Adam 134
Werner Von Braun. 베르너 폰 브라운 참조
WHO(World Health Organization) 323

Z

Zevi, Sabbatai. 삽바타이 제비 참조
Zionism. 시오니즘 참조

한국어

ㄱ

가나(Ghana) 502
가난과의 전쟁 64
가다피 xxviii
가야 692
가야국 691
가족계획(Planned Parenthood) 652
간디 147, 301
감세법안(Tax Cuts and Jobs Act) 676
감자기근 175
감찰감실 640
강제수용소 231
개리 맥키넌 82
개리 콘 622
개혁파 124, 265
개혁파 유대교 (Reformed Judaism) 156
거짓기발(false flag) 119
걸프협력회 656, 657, 659, 660, 670
검은 교황(black pope) 126
검은 귀족들(black nobility) 103
검은 월요일 62
검은함대(Dark Fleet) 338, 342
게티 박물관 546
경제전쟁게임 466
경찰국가 577, 724, 734, 738, 740, 741, 742, 744
고대 우주비행사론 89, 364
고르바초프 387, 390, 646
고리대금(usury)업 161
고메이 천황 149
고위공무원단 (SES) 651
고이 162, 163
골드만삭스 468, 523, 622, 730
골든트라이앵글 266
공동창조주 363
공산당 181, 206
공산주의 79, 160, 190, 256, 257, 262, 264, 696, 698
관타나모만 653
광주항쟁 709, 710
교황 112, 122, 124, 126
교황청 69, 94, 95, 103, 104, 118, 121, 123, 138, 141, 159, 195,

243, 600, 601, 657
교황청의 줄사다리 (Ratline) 243
구글 80, 83, 638
구약성경 92
구약성서 91, 105
국가반란 650, 752
국가사회당 229
국가 첩보실 578
국립정찰국(NRO) 274
국민당 221, 237
국민 사찰법 744
국방수권법안(NDAA) 544, 567, 574, 618, 738, 744
국보론 167
국부펀드(Sovereign Wealth Funds) 467
국세청(IRS) 194
국정원 737, 738, 741, 742, 743
국제결제은행(BIS) xxiv, 74, 164, 211, 212, 213, 220, 228, 251, 252, 270, 384, 395, 454, 472, 715, 768, 773, 777
국제무역기구 WTO 379
국제연맹 202, 203, 210, 696
국제연합(UN) 211, 251, 254, 255, 256
국제 핵 협의회(Nuclear Security Summit) 570, 571
국제 환율시장 66
국토안보부 436
군법회의 지침 653
군사재판 653
군산복합체 335, 341
궁전 유대인 159

그레이 10 위원회 70
그레이 외계인 337, 338, 351
그리스 427, 479, 493, 495
그리스 금융 위기 사태 492
그리에이다 조약 338, 369
그린스펀 8, 459, 461, 621
극초음속 미사일 32, 686, 687
글래스 스티걸 (Glass Steagall)법안 229, 377, 463, 468
글래디오작전 737
금 ETF 511
금 교환 제도 64
금모으기 운동 393, 716
금본위제'의 부활 765
금소유 불법화 510
금전외교(Checkbook Diplomacy) 501
기축통화 63, 65
김광진 752
김구 697
김기춘 744, 746
김대중 300, 706, 716, 717, 719, 720, 721, 723
김대중 정부 393
김영삼 300, 392, 710, 711, 712, 715, 717, 718
김일성 25, 26, 248, 260, 261, 262, 263, 264, 420, 421, 697, 698, 767
김재규 706
김정은 421, 422, 666, 668, 669, 754, 757, 761, 766
김정일 421
김제규 300, 707
김종인 745

ㄴ

나가사키 151
나경원 763
나사(NASA) 81, 91, 244, 272
나예프 왕자 662
나이절 파라지 (Nigel Farage) 583, 588, 589
나치스 81, 99, 203, 212, 216, 217, 220, 221, 230, 238, 243, 244, 245, 266, 329, 334
나치스당 229
나카소네 691
나폴레옹 58, 135, 136, 137, 138, 146
나폴레옹 전쟁 78
난민사태 17, 562
난징조약 148, 222
난징학살 175, 694
남극 81, 94
남극조약 99
남북전쟁 140, 142, 143, 205
남북정상회담 761
남북통일 667, 668, 669, 756, 763, 766, 767, 777
남아공 475, 717
납탄 시대 302
냉전 697
네덜란드 571
네루 147, 301
네오컨 xxvii, 70, 154, 280, 389, 400, 407, 431, 532, 545, 612, 686
네이버 77, 83
네일 고수츠 629
네피림 92, 93, 602
넬슨 만델라 717
넬슨 올드리치 193
노르딕 외계인 338

노르망디 상륙작전 237
노무현 721, 722, 723, 724, 725, 728, 756
노무현 탄핵 723, 745, 770
노벨평화상 520, 721
노스우드 작전 307
노스트라다무스 356
노아의 방주 92
노태우 710, 711
누네스 메모 644, 645, 676
누네스 의원 644, 676
뉘른베르크재판 244, 272
뉴딜(New Deal)정책 228
뉴럼버그 242
뉴스와이어서비스 80
뉴욕상품거래소 (COMEX) 510, 683
뉴욕연방준비은행 290
뉴질랜드 577, 601
니므롯 105
니케아 자문단 110
니콜라스 황제 93
니콜라 테슬라 96, 97, 331, 348, 349, 357
닉슨 3, 6, 65, 174, 411, 509, 605, 702
닐 암스트롱 339

ㄷ

다나카 691
다섯 눈(Five Eyes) 577
다윈 (Darwin) 315, 362
다이아나 공주 603, 604
달러의 재평가 764, 765
대공황 216, 220
대량살상무기(WMD) 297, 439, 520
대배심원(Grand Jury) 641
대분열(Great Schism) xxvii
대영제국 xxii, 69, 71, 132, 192, 216, 695

대 장정 225, 226
대통령명 13825 653
대통령명 18318 652
대한민국 xxviii, 33, 42, 43, 46, 66, 80, 168, 170, 262, 263, 293, 300, 390, 392, 393, 394, 395, 533, 584, 666, 667, 690, 696, 697, 699, 702, 704, 705, 707, 710, 714, 730, 758, 760, 767, 768, 773, 774, 775
대한민국군대 265, 543
대한민국 금227톤 515
대한민국 보수정권 758, 760
대홍수 91, 92
더러운 전쟁(Dirty War) 294, 701
더 민주당 745, 746
덩샤오핑 221, 224, 411, 412, 413, 414, 415, 451, 454, 707, 710
덩커(Dunker) 234
데이비드 록펠러 210, 411
데이비드 아이크(David Icke) 351
데이비드 윌콕 355
데이비드 카메론 587, 588, 594
데이비드 퍼트레이어스 605
덴버공항 546
도널드 쿡호 31, 552
도드 프랭크(Dodd Frank)법안 491
도미니크 칸 605
도발자(Provokateur) 709
도요토미 히데요시 694
도이치 은행 507
도조 히데키 242, 692
도쿄전기 TEPCO 539, 540

도쿠가와 쇼군 70, 130, 145, 694
도쿠가와 이에야스 690
도호쿠 지진 537
독일 200, 216, 217, 220, 237, 238, 239, 240, 249, 500, 582, 584
독일 금반환 요청 514
독일연방은행(Bundesbank) 479
독일제3제국 217
독일제국 71, 93, 155, 192, 199, 201, 202, 215
돈 엘킨스 354, 356
동인도회사 58, 146, 192, 601
두타르테 759
둠스데이 614
드골 대통령 64, 67, 303, 477
드라큘라 602
드레스덴 240
드레퓌스 사건(Dreyfus Affair) 155
디나르(DINAR) 14, 524
디에고 가르시아(Diego Garcia) 섬 569
디엠 대통령 131, 267
디즈니사 313
딘 에치슨 263

ㄹ

라마크리슈나 357
라스베이거스 총격사건 648
라오스 282
라이베리아 297
라이언 일병 구하기 237
러시아 xxvii, xxviii, 7, 15, 32, 33, 71, 76, 121, 189, 204, 205, 206, 215, 399, 404, 405, 465, 467, 478, 481, 494, 501, 505, 514, 531,

548, 549, 551, 578,
  599, 615, 617, 618,
  626, 628, 660, 663,
  664, 665, 666, 667,
  669, 670, 681, 684,
  686, 688, 690, 695,
  754, 757, 758, 759,
  760, 764, 766, 777,
  778
러시아 공모설 22, 23, 616,
  617, 633, 636, 637,
  644, 645, 646, 647,
  648, 676
러시아 군대 687
러시아 연합 401
러시아연합 402
러시아제국 93, 155, 199,
  215, 403, 690, 695
런던 금은거래소(London
  Bullion Market) 510
럼스펠드, 도널드 421, 432
레닌 xxvii, 205
레바논 658
레바논의 내전 529
레이건 대통령 333, 387, 388,
  477
렌드리스 (Lend-lease) 219,
  260
로간법(Logan Act) 673
로드 로즌스타인 636
로레타 린치 636
로렌조 렌지(Lorenzo Renzi)
  590
로리타 익스프레스 604
로마 가톨릭교 xxii, 111, 112,
  124, 131, 203, 600,
  699
로마 공화국 101, 102
로마제국 69
로버트 머서(Robert Mercer)
  612

로스앤젤레스의 전투 330,
  335, 345
로스차일드 xxii, 46, 58, 59,
  60, 70, 137, 138, 140,
  146, 154, 160, 161,
  193, 200, 204, 205,
  222, 275, 404, 569,
  654
로스탐 645, 646
로욜라 70, 125, 127
로이터 통신 80, 166, 771
로일전쟁 71, 78, 150, 204,
  690, 696
로즈웰 330, 345
록펠러 46, 182, 193, 412,
  654, 691
록히드마틴 342, 736
롬멜 장군 235
루돌프 헤세 234, 235
루마니아 239
루빈 장관 714
루스벨트 대통령 (FDR) 62,
  221, 227, 228, 239,
  240, 270
루시타니아 78, 201
루시퍼 92, 104, 105, 107,
  108, 109, 120, 133,
  182, 207, 241, 242,
  265, 601, 605, 606,
  699
루프트한자 (Lufthansa) 여객기
  581
룰라 다실바(Lula da Silva) 대
  통령 513
리비아 14, 298, 406, 524,
  525, 671
리차드 워커 710
리처드 돌란 353
리처드 버드 328
리처드 아미티지 542, 691
린스 프리브스 621, 622

링컨 대통령 140, 141, 205, 477

ㅁ

마가렛 대처 594
마라톤 폭발사건 576
마르코 루비오 612
마르코스 299, 705
마르크스와 엥겔 160, 257
마스트리히트 조약 425, 584
마오주석어록 225
마이너스 금리 28, 480, 490, 695
마이크로소프트 80, 638
마이크 로저스 614, 615, 630, 633
마이클 살라 353
마이클 잭슨 603
마이클 텔린저 89
마이클 플린 621
마이클 호로비츠 635, 640, 641, 642
마인드컨트롤 344
마크롱 673
마크 리퍼트 752
마크 스키드모 교수 677
마테오 리치 128, 222
마틴 루터 124
마틴 루터 킹 321
마피아 306
마하티르 모하마드 571, 572
말레시아 392, 571, 572, 716
말레시아 항공 MH 370 568, 570
말레이시아 MH-17 549
말리 502
망하게 두기에는 너무 크다 (TOO BIG TO FAIL) 10, 468
맥스 워버그 202, 205
맥스 플랑크 348, 350

맥아더 장군 262, 264, 266
맨해튼 계획 244
메르켈 243, 562, 590, 606, 673
메이지천황 149, 690, 692, 694
메인호 78
메헤란 케시 552
멕시코 121
멜컴 엑스 321
면죄부 124
명나라 129, 147
명성황후 695
명왕성(pluto) 90
모기지 담보 증권 (MBS) 461
모부투 296
모사드 178, 271, 308
모사드(MOSSAD) 657
모택동 71, 150, 182, 219, 221, 222, 224, 225, 227, 260, 409, 410, 411
모하마드 모사데그 294
모하메드 114, 115, 250, 354
목킹버드작전 290, 317
무디스 75, 523
무솔리니 220
무스타파 아타튀르크 153, 207
무슬림 동포단 299, 524
무차입 공매도계약 510
문민정부 35, 696, 710, 713, 720, 721, 773, 775
문재인 38, 39, 726, 733, 745, 747, 750, 751, 753, 755, 756, 758, 759, 760, 762, 768, 777
문재인 정부 770, 773, 776
문화혁명 72, 182, 410, 411
물질주의 312
뮬러, 로버트 636, 647, 648, 651

미국 20, 33, 43, 155, 201, 237, 239, 244, 247, 248, 261, 263, 372, 577, 601, 624, 660, 665, 666, 670, 678, 680, 686, 702, 714, 757
미국독립전쟁 58, 59, 138, 139, 140, 255
미국애국자세력 611, 617
미국의사회 326
미국이 먼저 609, 619, 622
미국치과협회 323
미군점령정부 691
미네르바 736
미사일 시스템 S-400 629
미셸 오바마 521
미스터리바빌론종교 104, 111, 112, 113, 120, 133, 152
'미확인 비행 물체' xxiv, 328
민스크 의정서 581
민주당 644, 756
민주주의 171, 190, 249, 256, 262, 264, 696, 698, 699, 703
밀턴 프리드먼 168

ㅂ

바레인 659
바르바로사 작전 235
바르샤바 협정 390
바빌론 xxii, 69, 70, 100, 109, 118
바빌론 왕실 678
바알 신 100, 104, 106, 601, 606
바울사도 354
바이마르 공화국 202, 217, 218
바이오 연료 (Bio fuel) 524

바젤 원(Basel I) 384
박근혜 42, 733, 734, 737, 738, 740, 741, 742, 744, 745, 747, 748, 749, 753, 756, 757, 768, 769, 772
박정희 34, 35, 168, 300, 401, 693, 696, 699, 702, 703, 704, 705, 706, 707, 708, 711, 713, 718, 720, 755
반개혁주의 124
반 명예훼손 연맹(ADL) 196
반인력(anti-gravity) 331
반종교개혁 69, 124, 125
방어지하군사기지 345
밸푸어백작 200, 204, 250
밸푸어 선언 201, 204
버냉키 xx, 468, 470, 471
버니 샌더스 596
버마 폭발사건 708, 709
버틀러 장군 227, 228, 253
법정화폐 63
베네딕트교황 70, 601
베네수엘라 74, 514, 552, 666
베다경전 90
베르너 폰 브라운 272, 329
베를린 벽 386
베어스턴 508
베트남 131, 179, 266, 267, 268
베트남전쟁 60, 64, 78, 241, 266, 267, 293, 307, 703, 705
벨로루시 500
벵가지 (Bengazi) 525
보헤미안 그로브 605
보호무역 정책 681
볼란왕 117
볼셰비키 399, 400, 403
볼셰비키혁명 xxvii, 71, 121,

181, 204, 206, 207, 215, 399, 696
부분준비금제도 52, 59, 61
부시 시니어 대통령 25, 273, 332, 388, 389, 646, 647, 691
부시 주니어 대통령 25, 271, 389, 461, 571, 653, 686
부시, 프레스코트 218, 227, 231, 271
부의 양극화 773
부정부패 척결 (Drain the Swamp) 611
부처 357, 359, 366
북미대공방위사령부 553
북미 자유무역 협정 622
북한 xxix, 19, 25, 42, 43, 247, 260, 265, 420, 421, 536, 628, 666, 667, 669, 697, 698, 705, 710, 724, 753, 754, 757, 758, 759, 761, 762, 766, 767
북한간첩 709
불교 267
불란서 혁명 78, 133, 135, 146, 165
불소(Fluoride) 323
'불편한 진실' 625
불협화음 173
붉은 여단 (Red Brigade) 302, 737
브라운 셔츠 259
브라이트바트 뉴스 613
브라질 475, 514, 666, 701
브래튼우즈 국제협의 2, 3, 63, 64, 71, 174, 211, 252, 583, 682
브렉시트 13, 99, 584, 589, 590

브레인 드레인 340
브레진스키 6, 430
브레튼우즈 국제협의 683
브릭스연합 xxvii, 11, 27, 67, 74, 84, 213, 475, 477, 488, 491, 495, 583
브릭스은행 475, 517
블랙록 471
블랙리스트 738, 744
블랙스톤 569
비공개 기업투자 펀드 471
비밀기소 641, 652
비밀지식(occult knowledge) 332
비밀 항공 프로그램 83, 244, 272, 578, 668
비베카난다 357
비스마르크 71, 192
비즈니스 음모 (Business Plot) 227
비행접시 82, 344
비행접시 기술 331
비행접시 부대 330
비행접시 중대 333, 334
빅뱅 이론 361
빅토르 야누코비치 548
빅토리아 눌런드 549, 581
빈곤과의 전쟁 322
빌 게이츠 83, 296, 297, 602
빌더버그그룹 283, 284
빌더버그회의 592, 595
빌 클린턴 93, 333, 599, 605, 647
빌헬름 황제 201

ㅅ

사담 후세인 440, 441
사드 기습배치 545, 668, 752, 753, 754
사우드 왕 204
사우디아라비아 65, 203, 250,

504, 505, 598, 656, 657, 658, 659, 660, 661, 663, 664, 665, 666, 678, 683
사우디왕실 665, 666
사우스캐롤라이나 주 567
사해문서(Dead Sea Scrolls) 369
사회주의 215
살만왕 505, 663, 664
살만왕세자 505, 649, 656, 660, 662, 663, 664, 681
삼각지대(Golden triangle) 282
삼각회 285
삼성 77
삼성 X 파일사건 733
삼성공화국 775
삼손 옵션 547
삼합회(Triad) 79, 222, 223, 282, 411
삽바타이 제비 152, 153, 154, 207, 656
상온 핵융합 82, 316
상해국제금거래소 30, 517, 518, 683
상해 에너지 선물거래소 30, 505, 682, 683
상해 진보파 413
상해협력기구 7, 11, 74, 454, 455, 658, 683
새누리당 743, 746, 748
새로운 '진주만' 431
새 미국의 시대 6, 258, 389, 430
샌디 훅(Sandy Hook) 총격사건 576
생물 컴퓨터 346
샤(Shah) 76, 294, 526, 658
설형문자 명판들(cuneiform tablets) 87
성공회 126
성로마제국 103
성조기 750
세계경제 재편성 777
세계 대공황 61, 765
세계무역센터 431
세계무역센터 빌딩 7 433, 434
세계보건기구(WHO) 323
세계은행 252, 500, 699
세르게이 스크리팔 687, 688
세르비아 207
세션스 637, 639, 640
세션스의 자진기피 632, 635
세월호 xxviii, 604, 738, 741, 746, 747
셸리 예이츠 635
셋 리치(Seth Rich) 597
션 스파이서 621, 622
소련 xxvii, 216, 219, 222, 235, 236, 237, 238, 239, 244, 247, 257, 260, 261, 665, 681, 698
소로스 524, 549, 564
소말리아 296, 502
소아애 367, 368, 593, 598, 600, 601, 603, 604, 613, 637, 638, 639, 640, 651, 652
소아애 인신매매 639
수니파 116, 527, 657
수도회 총장 245
수메르 70, 87, 95, 167
수메르 테블릿 92
수카르노 299, 705
수하르트 299, 705
순나라 129, 147
숨겨진 지식(Occult knowledge) 94, 189
숨은 유대인(Crypto Jew)

123, 657
숨은정부 270, 619, 620, 768, 769, 776
숨은정부 조직도(미국) 651
쉰들러 리스트 231
스노든 579
스미스소니언 82
스위스연방공과대학 77
스위프트 12, 76, 378, 504
스컬앤본스 225, 267, 271, 593
스컹크 워크스 336, 342
스타트랙 363, 365
스탈린 216, 222, 236, 260, 263
스탠다드차타드 715
스톡홀름 증후군 xix
스티브 배논 613
스티븐 미누신 621
스페인 243, 479, 494
스프레트리 섬 19, 542, 543
시간여행 329, 330
시리아 xxviii, xxix, 14, 16, 17, 18, 525, 530, 531, 533, 554, 626, 667, 670, 671, 753, 759
시리아전쟁 78, 664, 665, 687
시리아 폭격 554
시리자(Syriza)당 493
시아파 116, 527, 530, 658
시오니스트 xxi, xxvii, 72, 155, 159, 192, 197, 200, 201, 204, 206, 215, 217, 218, 221, 222, 230, 237, 250, 251, 261, 271, 277, 280, 403, 612, 657
시오니스트 대회 72, 155, 158, 199, 218, 405
시오니즘 72, 154
시온장로들의 의정서 xxiii, 72,

83, 158, 160, 162, 195, 196, 207, 215, 216, 249, 251, 254, 256, 264, 311, 313, 345, 346, 361, 362, 364, 371, 372, 424, 487, 507, 521, 547, 564, 575, 585, 593, 603, 618, 620, 624, 638, 641, 651, 692, 693, 694, 697, 699, 701, 703, 709, 712, 722, 729, 731, 732, 741, 765, 770, 777
시온주의 154
시작협정(New Start Treaty) 614, 615
시저, 줄리어스 xxii, 101, 102
시진핑 39, 42, 413, 415, 452, 504, 505, 627, 664, 756, 761, 763, 768
시친스, 자카리아 89, 92, 95, 337
시티 오브 런던 5, 69
신사참배 692
신성로마제국 69, 114, 601, 690
신세계질서(NWO) 258, 388
신용부도스와프 (CDS) 462, 468
신해혁명 71, 222, 223
쑨원 216, 223, 224
쑹훙빈 466
쓰나미 공격 694

ㅇ

아누나키 87, 89, 91, 95
아담 바이스하우프트 134, 154, 158
아담 스미스 167
아동보호서비스 652

아드레나크롬 602
아라비아 204
아라파트 298
아랍스프링. 아랍의 봄 참조
아랍-아프리카 연합 524
아랍의 봄 xxviii, 14, 523, 524
아르메니아 민족 207
아르헨티나 81, 243, 295,
  681, 700, 701
아베 541, 544, 691, 695, 760
아베의 재선 542
아사드 530, 555, 557, 627,
  671
아서 케스틀러 156
아슈케나지 유대인 117, 156,
  275
아시아 개발은행 500
아시아 피벗 19, 533, 534
아이슬란드 42, 74, 481, 776
아이시스 xxix, 16, 18, 526,
  555, 626, 627, 657,
  658, 670, 671, 672
아이시스 전쟁자금 557
아이젠하워 335, 337, 338,
  352, 369
아이젠하워 고별사 341
아이티 594
아인슈타인 96, 329, 348, 350
아일랜드 494
아콘(Archon) 369
아탈란타 질병 통제센터(CDC)
  324
아틀란티스 98, 99, 356, 363
아파르트헤이트 717
아편전쟁 71, 129, 147, 148,
  222, 498, 507
아폴로 항공 프로그램 339,
  352
아프가니스탄 7, 148, 282,
  438, 626, 630, 650
아프리카 501, 503

아프리카 사령부 502
악덕자본가 144
안전보장 신탁자금 375
안철수 733, 742, 745, 747,
  750, 751, 756
안철수 띄우기 751
안토니 서튼교수 219, 267
알 고어 368, 625
알 뉴스라 659
알도 모로 302
알란 덜러스 236, 273, 306
알렉산더 솔제니친 208
알렉산드리아 도서관 94
알렉스 치프라스 493, 494
알자지라 방송 660
알케이다 526, 657
암흑시대 103
앙골라 502
애국자 법 435, 618, 738
애릭 홀든 523, 647
앤드루 메카베 645
앤드류 브라이트바트 613
야니스 바루파키스 493
야쿠자 79, 282
야후 83
야훼 91, 93, 104, 111
양도할 수 없는 권리 143, 144
양자물리학 xxvi, 363
양자이론 348, 359, 362
양적완화 10, 12, 472, 489,
  582
양털깎기 전술 385, 392
어빙 크리스톨 545
어젠다 21 256
에녹 기 92
에드거 케이시 356
에드워드 스노든 82, 83, 275,
  577, 578, 737, 744
에르도안 559, 564
에르도안 상대 쿠데타 559
에르빈 슈뢰딩거 350

에리히 폰 데니켄 89
에릭 슈미트 652
에모토 마사루 359
에볼라. EBOLA 참조
에이팩 (AIPAC) 278, 279
에이피 (AP) 통신 80, 166
엑솔라드 522
엔드루 잭슨 대통령 477
엘리자베스 여왕 602
엥겔 160
여순반란사건 702
여운형 697
연방검찰 감찰감실 644
연방수사국 (FBI) 196
연방준비법 193
연방준비위원회 (연준위) xxi, xxii, 10, 29, 46, 47, 48, 49, 60, 61, 62, 65, 75, 76, 77, 145, 193, 194, 199, 211, 252, 306, 307, 309, 311, 464, 469, 470, 471, 472, 490, 552, 611, 620, 676, 677, 678, 681, 735, 755, 763
연준위. 연방준비위원회 참조
연준위 부분 감사 469, 471
연평도 폭격 534, 536
영국 xxviii, 15, 230, 577, 584, 601, 688
영국연방 247
영국은행 49, 56, 58, 59, 127, 193, 252, 718
영국의회 532
영국 정보기관 GCHQ 644
영국제국 146, 199, 200, 247, 601
영국 중앙은행 54. 영국은행 참조
영적 공산당 xxvii, 399, 400, 403

영혼 347
예루살렘 203
예멘 659, 665
예수 xxvi, 106, 107, 108, 109, 110, 111, 112, 113, 179, 354, 356, 358, 359, 366
예수회 xxii, 69, 70, 71, 122, 125, 126, 130, 131, 132, 133, 134, 136, 137, 139, 141, 145, 148, 149, 150, 159, 160, 179, 195, 222, 233, 243, 245, 254, 267, 287, 294, 305, 308, 329, 364, 411, 601, 690, 693, 694, 695, 697
예수회 수도회 총장 69
옐친 xxvii, 387, 401, 646
오바마 14, 98, 174, 333, 520, 530, 533, 536, 544, 575, 578, 592, 616, 633, 646, 647, 648, 668, 672, 673
오바마 검찰 644
오바마의 미국 태생기록 521
오벨리스크 113
오사마 빈라덴 282, 437
오스트리아 헝가리제국 199
오슬로조약 281
오키나와 533, 534, 760
오토만제국 95, 199, 200, 202, 203, 215, 249
와츠폭동 321
와하브파 298, 527, 657
왓슨, 제임스 88
왕권신수설 114
왕실 유대인 138
외계인들 연합 547
외계 정치학 353

외교협회(CFR) 210, 211
외국첩보 감시법원 616, 644, 645
외화유동성 위기 392. 외환위기 참조
외환위기 xxix, 36, 300, 392, 394, 696, 715, 717, 778
요코 오노 592
우드로 윌슨 61, 145, 193, 194, 201, 202, 205, 523
우라늄 원 599, 634, 645, 646, 647, 648
우베스 차베스 513
우병우 739, 746
우즈베키스탄 500
우주연맹 365
우주의 기본지시 108, 366
우크라이나 15, 549, 550, 581, 626, 669, 753
우크라이나 시민혁명 548
워나크라이 랜섬웨어 554
워런 위원회 308
워런 버핏 472
워버그, 폴 193, 202, 210
워싱턴디시 69, 140
워싱턴 컨센서스 389
워털루전투 58, 138
원유가격 폭락 조작 551
원자폭탄 242
원천 361
원천의식 359, 360, 363, 369
웜홀 350
웹스터 허블 592
위대한 혁명 57, 127
위안 682, 683, 684, 766
위장 술책 78. 거짓기발(false flag) 참조
위키리크스 82, 441, 596, 597, 599, 617, 634, 637, 639, 645, 749
윈드롭 록펠러 93
윌리엄 왕 57, 58, 127
윌리엄 테프트 192
윌리엄 톰킨스 336, 339, 352
윌헴황제 93
유고슬라비아 390
유나이티드 시티즌스 613
유대교 116, 117, 156, 161, 203
유대민족 116
유대인 162, 163, 207, 217, 230, 232
유대인들의 해방 161, 162
유라시아 430, 528, 584
유라시아 개발사업 500, 663, 760, 766
유라시아 시장 764, 766
유럽 501, 678, 680
유럽 개발은행 500
유럽 국가부채위기 478
유럽식 양적완화정책 479
유럽연합 424, 425, 493, 494, 495, 500, 548, 551, 582, 583, 585, 587, 590, 673, 674
유럽입자물리연구소 (CERN) 606
유럽중앙은행(ECB) 28, 425, 426, 428, 479, 490, 493, 585, 678
유령도시 499
유로 426
유병렬 738
유스티스 멀린스 xxi
유인탐색 우주 정거장 333
유전자 변형 농산물 324, 325
유쿠자(UKUSA) 577
유투브 638
은하간복합기업 342
음모론 291, 308

의식 347, 359, 362
의정서. 시온장로들의 의정서 참조
이라크 7, 297, 439, 530, 626, 658
이라크전쟁 78, 297, 443, 520, 626
이란 xxviii, 9, 15, 43, 76, 294, 500, 504, 525, 528, 529, 531, 656, 658, 659, 660, 661, 664, 665, 672, 673
이란-이라크 전쟁 289
이란혁명 43, 526, 774
이란협상 556
이멜다 마르코스 299
이명박 725, 726, 727, 728, 732, 733, 736, 742, 745, 769, 772
이명박 정권 xxix, 535, 536
이순신장군 130, 265, 699
이스라엘 xxix, 18, 95, 155, 156, 217, 250, 251, 271, 275, 276, 277, 278, 281, 306, 528, 538, 555, 571, 612, 657, 658, 661
이스라엘 군대 529
이스라엘 잠수함 534
이슬람 공화국 526, 658, 774
이슬람교 114, 115, 153, 203, 207, 354, 657, 692
이승만 248, 263, 697, 698, 702
이자성 129, 147, 175
이정희 737
이집트 69, 504, 524
이태리 220, 302, 424, 494, 584, 590
이토 히로부미 690
인간복제 82

인도 146, 147, 301, 475, 624
인도네시아 299, 537, 705
인디언 보호구역 95
인세를릭공군기지 559
인신매매 637, 639
인플레이션 수출 정책 484
일대일로 12, 42, 478, 560
일루미나티 xxiii, 134, 154, 291, 292, 305, 318, 360, 606, 731
일반상대론 350
일본 43, 70, 146, 149, 150, 220, 237, 238, 239, 241, 242, 245, 248, 249, 260, 537, 542, 584, 678, 680, 690, 691, 694, 695, 704, 764
일본쓰나미 538, 539
일본자위대 542, 544
일본제국 216, 221, 238, 239, 247, 690, 691
일본제국군대 71, 149, 405, 694
일본제국주의 150
일본중앙은행 252, 490
임진왜란 70, 130, 693, 694
입헌군주제 57, 127

ㅈ

자비에 127, 128, 129
자오쯔양 413, 414
자원외교 499
자유무역 72, 168, 371, 372, 395, 622, 623, 682, 711, 714, 718, 719, 720, 722, 727, 732, 772
자유무역이론 168
자유의지 358, 363, 366
장제스 71, 216, 220, 221,

222, 223, 226, 260, 264
장쩌민 416, 451
장클로드 융커 99, 589, 590
저격자의 고백 253
저우언라이 224, 411
전경련 749
전기 349
전두환 708, 709, 710
전면적인 통화거래 479
전미총기협회 576
전자기 장 346
전자기 펄스 (EMP) 554
전체론적의학 326
전통기독교 120, 206, 207, 208, 400, 402
전통유대교 156, 277
정윤회 문건 사건 746
제1차 세계전쟁 78, 155, 199
제2의 병자호란 xxviii, 760
제2차 대약진 운동 409
제2차 세계전쟁 78, 155, 239, 247
제3차 세계전쟁 1, 155
제 4차원 산업 779
제네바 컨벤션 241
제닛 엘린 676
제러드 쿠슈너 662
제로포인트 에너지 81, 82, 316, 332
제약회사 326
제이 록펠러(Jay Rockefeller) 542
제이콥 프랭크(Jacob Frank) 154
제이피 모건 96, 192, 193, 194, 210
제이 피 모건 체이스은행 508
제일은행 715
제임스 리커드 466, 583
제임스 왓슨 350

제임스 코미 598, 632, 636
제임스 포레스털 333
제주 4.3 양민학살. 여순반란사건 참조
제카리아 시친 87
제퍼슨 대통령 59, 61
제프리 엡스타인 604
제프 세션스 632, 633, 640, 642, 646, 652
조기 퇴직 727
조단 204
조선 151, 188, 215, 265, 690, 695, 696
조선민족 694
조선시대 773
조선왕실 699
조언 리버스 174, 522
조지 소로스 15, 17, 386, 562, 716
조지아 406, 670
조지아 가이드스톤스 603
조지 오웰 577
조지왕 57, 127, 145
조지프 매카시 261
존 던포드 630
존 매크 352
존 메케인 520, 653
존메케인호 32
존슨부통령 64, 306, 308, 309, 669, 703
존 에드워즈 605
존 캐리 98, 271, 672, 673
존 켈리 629
존 콜먼 625
존 포데스타 597, 599, 637, 653
종교개혁 124
종교전쟁 78, 125, 147, 207
종편방송 731, 735, 739
주빌리(Jubilee) 678
주언라이 221

줄리언 어선지 82, 596
중국 xxvii, xxviii, 7, 15, 20, 67, 70, 71, 189, 216, 220, 221, 222, 237, 409, 412, 413, 415, 416, 417, 418, 452, 465, 467, 478, 494, 498, 505, 531, 582, 624, 628, 664, 667, 668, 669, 682, 684, 687, 691, 754, 757, 758, 759, 760, 761, 764, 766, 777, 778
중국계 유대인 223
중국공산당 222, 225
중국군부 450, 453
중국 금 보유양 516
중국식 해결책(Chinese Solution) 503
중국 원로들 451
중국 중앙위원회 413
중동 501, 504, 656, 664
중화 소비에트 공화국 224
지구동맹 84, 446, 542, 583, 584, 595, 619, 667
지구 온난화 358, 623, 624
지식산업 779
지하 고속철도 546
지하도시 345, 545, 547
지하 터널 547
진보주의 172
진주만 78, 239, 691
짐 마티스 629

ㅊ

차르 니콜라스 150, 205, 206, 695
차르 알렉산더 204
차별철폐조처 321
찰스왕자 603
창세기 90, 91, 92, 105

채무면제 495
처칠, 윈스턴 233, 594
천안문광장 폭동 413, 710
천안함 xxix, 278, 534, 536
청나라 71, 129, 147, 216, 223, 690
청년 터키당 207
청일전쟁 78, 150, 215, 690, 694
체코슬로바키아 239
첼시 클린턴 592
촛불시위 723, 740, 748
촛불혁명 33, 668, 702, 747, 752, 755, 756, 762, 768, 769, 772, 774, 776
총대주교 키릴 (Kirill) 98
최고지도자 아야톨라 526, 658
최순실 국정농단 746
최태원 711
춘분점세차 86
출판계 313
친노파 726, 733, 745, 756
친일파 774, 776
칠레 295, 701
칩스(CIPS) 12, 504

ㅋ

카다피 14, 298, 406, 477, 524, 664, 758
카디날 스펠만 305
카를 빈슨호 628, 629
카스트로 307
카자흐스탄 500, 501
카쿠(Kaku) 박사 540
카타르 598, 659, 660, 665
카타르봉쇄 659, 660, 662, 663
카터, 조지 273, 332, 706
캄보디아 266, 282, 706
캐나다 577, 601

커드 671
컬럼바인 총격사건 576
케냐 521
케네디, 로버트 305, 306
케네디, 에드워드 703
케네디, 존 (JFK) 176, 196,
　　305, 306, 307, 308,
　　477, 608, 635, 669,
　　702, 703, 705, 755
코미 651
콘돌리자 라이스 443
콘스탄티누스 황제 110, 111
콘키스타도르 121, 122, 364
콜럼버스 94, 121
콜롬비아 673
콜린 파월 443
콩고인민공화국 296, 502
쿠알라 룸파루 전쟁범죄 법정 571
크리미아반도 16, 550
크리미아의 독립 551
크리스 스티븐스 525
크리스토퍼 스틸 644
크리크, 프랜시스 350
크릭, 프랜시스 88
클린턴 21, 389, 444, 717
클린턴재단 23, 593, 594,
　　595, 597, 599, 646
클린턴 캐쉬 594, 645
키르기스스탄 500
키비니 전파빙해 시스템 552
키신저, 헨리 65, 720
키아누 리브스 368

ㅌ

타락한 천사들 92, 93
타이타닉호 194
타지키스탄 500
탄도탄 요격 미사일 규제조약
　　33, 686
탄산가스세금(Carbon Tax)
　　623, 624
탈리반 438
탈무드 106, 107, 109, 110,
　　118, 123
태국 392, 716
태극기 750
태극기반대집회 749
탬플 기사단 368, 601
터키 18, 500, 560, 660, 760
터키 러시아전투기 격추 558
테드 건서슨 603
테러방지법 37, 743, 744, 770
테러와의 전쟁 xxiv, 7, 9, 10,
　　79, 435, 439, 587, 634,
　　724
테리사 메이 594, 687
텔레파시 356, 362
텔레포테이션 362
템플기사단 118, 119, 120,
　　122, 638
토니 블레어 594
토라 354
톨화이트(Tall White) 외계인
　　329
통킹만 78, 266
통합진보당 737
통화조례법 58, 139
투르크메니스탄 500
투표사기 608
트럼프 20, 29, 30, 39, 84,
　　99, 590, 608, 609, 610,
　　614, 617, 618, 619,
　　620, 622, 623, 625,
　　628, 630, 632, 633,
　　634, 635, 638, 639,
　　640, 642, 652, 656,
　　661, 666, 667, 668,
　　669, 670, 672, 674,
　　677, 680, 681, 682,
　　684, 695, 702, 753,
　　754, 755, 756, 759,

761, 762, 763, 768, 771, 777
트럼프 러시아 공모설 647
트럼프 러시아 기록서류 (Trump-Russia Dossier) 644
트럼프의 시리아 폭격 627
트럼프 정부 771
트럼프 혁명 749, 750, 768
트로이카 493, 494
트로츠키 xxvii, 205
트루먼 221, 242, 251, 266, 270, 271, 273
트위터 83
특별인출권 9, 84, 212, 487, 488
특수 상대성 원리 329
티모시 가이스너 533

ㅍ

파동입자 348, 363
파리기후협정 623, 625
파생상품 8, 679
파월 연준의장 676
파충류외계인 337, 338, 351, 361, 365, 366, 367, 368, 369, 606
파키스탄 301
팔레스타인 250, 251, 276
패튼 장군 244
팬타곤 677
팬타곤 페이퍼 293, 307
페니메이 461, 465, 467
페드로 아루페 245
페론, 후안 700
페루 121
페르디난트 대공 199
페리제독 71, 146, 149, 690
페이스북 83, 638
페이퍼 클립 작전 272

페트로 달러 3, 64, 483
펜스부통령 669
평창올림픽 761
포렌 어페어스 211
포로첸코 549
포르투갈 479, 494
포스터 검블 (Foster Gumble) 326
포츠담회담 260
포트녹스 511, 514, 515
포함외교 501
폭스방송 597, 645
폭풍 전의 고요함 649, 654
폴 라이언 653
폴란드 233, 239
폴 볼커 374
폴슨, 행크 468
폴 포트 706
푸틴 xxvii, xxviii, 7, 8, 16, 17, 121, 208, 397, 400, 402, 406, 407, 467, 525, 533, 550, 551, 557, 559, 563, 596, 648, 663, 670, 683, 686, 687, 688, 704, 708, 758, 763, 768
프란체스코교황 70, 98, 319, 601, 701
프랑스 155, 301, 495, 584
프래디맥 465
프랭키스트 154
프레디맥 461
프리메이슨 xxiii, 127, 132, 133, 134, 135, 136, 140, 146, 148, 196, 225, 248, 254, 298, 320, 603, 641, 651, 697, 723, 724
프리스케일 반도체 569
프린스 603

플라자 합의 181, 382, 383
피노체트 295
피라미드 86
피자게이트 600, 637
피츠제랄드호 32
피치 등급사 75, 523
피터 스바이저 645
피터 시프 xxi
필그림 소사이어티 508
필라델피아 실험 330
필리핀 19, 74, 299, 533, 537, 705, 760
필 슈나이더 345, 546

ㅎ

하나의 법칙 354
하나회 708
하비 웨인스타인 653
하산 로하니 661
하얀 모자 21, 443, 597, 749, 759
하와이 538, 668
하이점프 작전 328, 333
하자르 117, 156, 161
하자르 민족 116, 152, 403
한국 xxviii, 9, 151, 247, 697
한국은행 395, 715, 773, 777
한국전쟁 78, 187, 241, 249, 260, 261, 262, 266, 697, 698
한미 공동 군사훈련 754
한반도 656, 667, 756, 761, 775
항공 우주국 나사 336
해병원정 부대 649
핵 선제공격 544
핸리 레야드 87
핸리 키신저 605
핸리 포드 xxiii, 197

헌법 개정안 제2조항 576
헌법 수정 제14조 143
헌법재판소 750
헝가리 74
헤르츨, 테어도어 154, 199, 218
헤즈볼라 (Hezbollah) 529, 658
헨리 포드 158, 197, 219
호메이니, 루홀라 526
호주 533, 577, 601
호치민 60, 267
혼성체 92, 352, 362, 366, 367
홀란드 대통령 606
홀로코스트 231, 232
홍익인간 779
홍준표 751, 762
화신(incarnate) 366
화폐전쟁 466, 467
환율 안정 기금 273, 290, 512, 678
환태평양경제동반자협약(TPP) 13, 325, 534, 589, 622, 623
황교안 739, 752
황기철 해군참모총장 739
황도 십이궁(zodiac) 86
흑운석 82, 88
황장엽 710
후세인 297, 477, 664, 758
후진타오 8, 451, 454, 455, 467, 683
후쿠시마 원자력 발전소 538, 539
후쿠시마 원전 폭발 695
후티(Hoothi) 659
휘트니 휴스턴 603
휴마 아베딘 593
흐루시초프 399

히데요시 70, 129
히로시마 151
히로시마와 나가사키 242,
　　　245, 249
히로히토 150, 220, 221, 242
히믈러 233
히틀러 215, 217, 220, 229,
　　　233, 234, 235, 243,
　　　251
힐러리 선거본부 644
힐러리 클린턴 20, 23, 93,
　　　333, 525, 536, 592,
　　　593, 594, 596, 598,
　　　605, 609, 613, 616,
　　　617, 618, 622, 632,
　　　634, 639, 640, 647,
　　　648, 749, 755